BERICHTE UND FORSCHUNGEN

JAHRBUCH DES BUNDESINSTITUTS FÜR KULTUR UND GESCHICHTE DER DEUTSCHEN IM ÖSTLICHEN EUROPA

14/2006

BERICHTE UND FORSCHUNGEN

JAHRBUCH
DES BUNDESINSTITUTS FÜR
KULTUR UND GESCHICHTE
DER DEUTSCHEN IM ÖSTLICHEN EUROPA

BAND 14
2006

R. OLDENBOURG VERLAG MÜNCHEN 2007

Redaktion:
Detlef Haberland
Jens Stüben

Bibliografische Information der Deutschen Nationalbibliothek
Die Deutsche Nationalbibliothek verzeichnet diese Publikation in der Deutschen Nationalbibliografie; detaillierte bibliografische Daten sind im Internet über <http://dnb.d-nb.de> abrufbar.

Satz und Layout: TZ-Verlag & Print GmbH, Roßdorf
Druck und Bindung: TZ-Verlag & Print GmbH, Roßdorf

ISBN 978-3-486-58039-6
ISSN 0945-2362

Inhalt

Axel E. Walter

Bemühungen um Simon Dach. Eine wissenschaftsgeschichtliche Darstellung zu den Dach-Ausgaben und zur Rezeption eines ‚ostpreußischen' Dichters

Herrn Dr. Heinz-Rudi Spiegel in größter Dankbarkeit für die stete Unterstützung meiner Forschungen gewidmet

1. Die erste posthume Ausgabe im 17. Jahrhundert: Dachs Panegyrik in der *Chur-Brandenburgischen Rose*

Von Simon Dach (1605–1659) erschien zu seinen Lebzeiten bekanntlich keine Sammelausgabe seiner Dichtungen.[1] Dach bildet damit editionsgeschichtlich unter den deutschen Dichtern des 17. Jahrhunderts, die seine poetische Statur aufweisen, einen singulären Fall. Die erste Sammelausgabe erschien erst mehr als zwei Jahrzehnte nach seinem Tod. Sie versammelte seine Panegyrik auf das Haus Brandenburg, die innerhalb der Gelegenheitsdichtung Simon Dachs eine geschlossene „Werkgruppe" bildete.[2] Mit seinem besonderen Verhältnis zum „großen Kurfürsten" Friedrich Wilhelm und dessen Haus zierten Dachs Biographen

1 Dieser Aufsatz ist im Frühjahr 2006 als Teil einer größeren Abhandlung zu Simon Dach entstanden und wurde für diese Veröffentlichung teilweise gekürzt und in den Anmerkungen angepasst. Aus Umfangsgründen muss an dieser Stelle auf eine nähere Charakterisierung des poetischen Gesamtwerks von Dach verzichtet werden. Verwiesen sei stattdessen auf den instruktiven und ausführlichen Beitrag von Alfred Kelletat: Nachwort. In: Simon Dach und der Königsberger Dichterkreis. Stuttgart 1986 (RUB 8281), S. 331–420, hier S. 340–383. – Für die Nachweise der Gedichte und anderen Texte Dachs werden in den Anmerkungen die folgenden Kürzel benutzt: Ziesemer: Simon Dach: Gedichte. Hg. v. Walther Ziesemer. 4 Bde. Halle 1936–38 (Schriften der Königsberger Gelehrten Gesellschaft 4–7) [zitiert in der Form: Band, Seite]; Arien: Erster [bis] Achter Theil der Arien/ Etlicher theils Geistlicher/ viel schöner Lehr- und Trostreicher/ Theils Weltlicher/ zu Ehrlicher Liebe und geziemender Ergetzlichkeit dienender Lieder [...] Von Heinrich Alberten. [Erstmals Königsberg 1638–50]. Ich zitiere nach den Exemplaren (in Kopie) der Bibliothek des Instituts für Kulturgeschichte der Frühen Neuzeit an der Universität Osnabrück. Dort sind vorhanden: die Bde. 1 und 6 in der 4. Aufl. 1652; die Bde. 2, 3, 4 und 5 in der dritten Aufl. 1651; der Bd. 7 in der (zweiten?) Aufl. 1654; der Bd. 8 in der Erstauflage 1650 [zitiert in der Form: Band, Nummer]; Oesterley: Simon Dach. Hg. v. Hermann Oesterley. Tübingen 1876 (Bibliothek des Litterarischen Vereins in Stuttgart 130). ND Hildesheim u. a. 1977.

2 Vgl. dazu als erste zusammenfassende, freilich keineswegs erschöpfende Untersuchung Alfred Kelletat: „Churbrandenburgische Rose, Adler, Löw und Scepter" poetisch besungen. Simon Dach und sein Kurfürst. In: Gerd Heinrich (Hg.): Ein sonderbares Licht in Teutschland. Beiträge zur Geschichte des Großen Kurfürsten von Brandenburg (1640–1688). Berlin 1990 (Zeitschrift für historische Forschung, Beiheft 8), S. 167–190.

Berichte und Forschungen 14 (2006), S. 7–106

seit frühesten Zeiten seine Lebensgeschichte. Seine „Weissagungen von unserem Hofe",[3] darunter insbesondere die Voraussicht der Regierung des nachgeborenen Friedrich, des späteren ersten Königs in Preußen, beschäftigten neben Dachs angeblicher Liebe zur Pfarrerstochter Anna Neander – dem historischen Ännchen von Tharau – die Phantasie der Nachgeborenen und festigten sich zu langlebigen Legenden. Schien sich doch hier die Vorstellung des Dichters als vates, als göttlich inspirierter Seher, verwirklicht zu haben. Sie freilich gehörte zum Selbstverständnis des Poeten und findet sich wie so vieles andere in der Antike vorgeprägt.[4] Dach selbst greift darauf in seinem Glückwunschgedicht auf die Geburt des Kurprinzen Karl Emil (1655) zurück:

> Es sah' Jhn ein Poet in Königsberg entspringen
> (GOtt sagt es ihm) und fing darüber an zu singen:
> Wer meint, Poeten sey der Götter Spruch nicht kunt,
> Daß ihr Geheimnüß sich nicht leg in ihren Mundt?[5]

Das Wohlwollen der herrschaftlichen Familie besaß für den Poeten im frühabsolutistischen Fürstenstaat entscheidende Bedeutung für die eigene Stellung und verhieß finanzielle und berufliche Vorteile. Dach hatte es durch seine Gedichte gewonnen und behielt es bis an sein Lebensende. Seine Berufung auf die Königsberger Poetik-Professur hatte er letztlich poetisch bewirkt. Die Herrscherpanegyrik zählte als eine ebenso fest durch die rhetorisch-poetischen Konventionen geprägte wie in das höfische Zeremoniell integrierte hoch artifizielle Dichtung zu den von den barocken Dichtern intensiv geübten poetischen Formen.[6] Gerade deshalb bestand dieser Dichtart gegenüber über die Jahrhunderte immer eine gewisse Reserve. Erich Trunz bezeichnet sie auch im Falle Dachs ausdrücklich als „künstlerisch am schwächsten".[7] Die von Wulf Segebrecht eingehend interpretierte „Unterthänigste letzte Fleh-Schrifft"[8] aus dem Jahre 1657 aber zeigt, wie sprachlich leicht und rhetorisch brillant zugleich Simon Dach die Feder zu führen verstand, um zu einer raffinierten und zwingenden Argumentationsführung zu gelangen, die nichts mit der devoten

---

3 [Gottlieb Siegfried] Bayer: Das Leben Simonis Dachii eines Preußischen Poeten. In: Erleutertes Preußen 1 (1723/24), S. 159–195 und 855–857, hier S. 184.

4 Gerade diese „Prophezeiung" trug viel zur Berühmtheit Dachs unter den Dichtern des 17. und 18. Jahrhunderts bei, vgl. Kelletat: „Churbrandenburgische Rose ..." (Anm. 2), S. 182f. Wie sie auch heute noch als historische Reminiszenz zum populären Bilde Dachs beizutragen vermag, zeigt sich bei Jürgen Manthey: Königsberg. Geschichte einer Weltbürgerrepublik. München u. a. 2005, S. 57.

5 „Der Printz von Brandenburg wird an der Spree gebohren ..." (Ziesemer II, 239f.).

6 Zur Funktion der Herrscherpanegyrik in der zeitgenössischen Öffentlichkeit vgl. die exemplarische Studie von Kerstin Heldt: Der vollkommene Regent. Studien zur panegyrischen Casuallyrik am Beispiel des Dresdner Hofes Augusts des Starken. Tübingen 1997 (Frühe Neuzeit 34). Einführend zum höfischen Zeremoniell: Jörg Jochen Berns, Thomas Rahn (Hg.): Zeremoniell als höfische Ästhetik in Spätmittelalter und Früher Neuzeit. Tübingen 1995 (Frühe Neuzeit 25).

7 Erich Trunz: Simon Dachs deutsche Gedichte. Drei Rezensionen aus der „Deutschen Literaturzeitung" 1936–1939. In: Ders.: Deutsche Literatur zwischen Späthumanismus und Barock. Acht Studien. München 1995, S. 363–377, hier S. 377.

8 „Held, zu welches Herrschaft Füssen ..." (Ziesemer II, 262).

und topischen Lobhudelei gemein hat, derer sich so viele panegyrische Dichtungen dieser Zeit befleißigten.[9]

Die Sammlung mit dem – auf das kurbrandenburgische Wappen anspielenden – Titel *Chur-Brandenburgische Rose/ Adler/ Löw und Scepter* erschien 1680 oder 1681 in Königsberg.[10] Das Druckjahr ist nicht angegeben, die Datierung ergibt sich aus der Widmungszuschrift an den Landesherrn: „ES sind bereits viertzig Jahr verfloßen/ da Ew. Churfürstl. Durchl. Jhre höchst=beglückte Regierung angetreten/ und mit unvergleichlichem Weltkündigem Ruhm Dero hohen Thron beseßen/ auch denselben erweitert/ und mehr als alle Ihre höchst=löbliche Vorfahren erhöhet haben."[11] In der *Nachlese zum Leben des Preußis. Poeten, Simonis Dachen*, d. h. also zu Gottlieb Siegfried Bayers erstem Lebensabriss des Dichters, wurde das Werk ohne weitere Angaben auf 1681 datiert.[12] Eine andere Ausgabe der *Chur-Brandenburgischen Rose* war um die beiden allegorischen Liederspiele *Cleomedes* und *Sorbuisa* vermehrt. Sie ist ebenfalls undatiert; ob es sich um eine in einem anderen Jahr erschienene vermehrte Auflage oder um eine parallel vorgelegte umfangreichere Ausgabe handelt, ist nicht zu verifizieren.[13] Die beiden angehängten Liederspiele beginnen mit einer neuen Foliierung ab dem Bogen A. Dachs panegyrische Dichtung auf das Haus Brandenburg, die im Jahre 1638 einsetzte und die er sein Leben lang fortführte – das späteste Gedicht in dieser Sammlung datiert vom 11. Juli 1658 –,[14] war wie seine übrige Gelegenheitsdichtung selbstverständlich ebenfalls zweisprachig. Aufnahme in die

---

9 Vgl. Wulf Segebrecht: Die Dialektik des rhetorischen Herrscherlobs. Simon Dachs Letzte Fleh-Schrifft. In: Gedichte und Interpretationen. Bd. 1. Renaissance und Barock. Hg. v. Volker Meid. Stuttgart 1982 (RUB 7890), S. 200–209. Zu einer von Segebrecht nicht nur in dieser Hinsicht abweichenden Interpretation der Möglichkeiten des Dichters im „Feudalstaat" (womit der zugrunde liegende theoretische Zugang offensichtlich wird) gelangt Knut Kiesant: Konvention und Innovation. Zur Problematik des Lyrik-Begriffs bei der literaturgeschichtlichen Wertung des 17. Jahrhunderts, am Beispiel Simon Dachs (1605–1659). In: Wissenschaftliche Zeitschrift der Pädagogischen Hochschule Potsdam 26 (1982), S. 209–218.

10 Chur=Brandenburgische Rose/ Adler/ Löw und Scepter/ von Simon Dachen/ Weyland Prof. Poëseos auff Chur=Brandenburgischer Preußischer Akademie Königsberg Poëtisch besungen. [...] Königsberg [s. a.]. Exemplar der Universitätsbibliothek Breslau/Wrocław, Sign.: 4 E 220 (353528).

11 Ebd. [Bl. 2r].

12 Vgl. [Anonym:] Nachlese zum Leben des Preußis. Poeten, Simonis Dachen. In: Acta Borussica 2 (1731), S. 942–946, hier S. 945.

13 Diese Auflage hat Gerhard Dünnhaupt: Personalbibliographien zu den Drucken des Barock. Zweite, verbesserte und wesentlich vermehrte Aufl. des Bibliographischen Handbuchs der Barockliteratur. Zweiter Teil. Stuttgart 1990 (Hiersemanns bibliographische Handbücher 9/2), S. 996–1230, hier S. 1000, in der Universitätsbibliothek Leipzig kollationiert. Für ihre Datierung um 1690 nennt er keine Gründe – sie wären wohl auch schwer zu finden. Dachs Witwe verstarb am 24. Juni 1685; eine Beibehaltung der unveränderten Vorrede danach scheint doch kaum wahrscheinlich. – Die Editionsgeschichte dieses Werkes ist bislang nicht hinreichend geklärt worden. Einen entsprechenden Versuch unternimmt Kelletat: „Churbrandenburgische Rose ..." (Anm. 2), S. 188f., ohne indes zu eindeutig zu verifizierenden Ergebnissen gelangen zu können. Relativ eindeutig ist lediglich die Datierung einer ersten Auflage durch die Vorrede; wann sie durch die *Sorbuisa* und den *Cleomedes* ergänzt wurden, ist bislang nicht zu klären.

14 „Printz, den Hoheit, Glück und Pracht ..." (Ziesemer II, 260f.).

Chur-Brandenburgische Rose fanden jedoch nur die deutschsprachigen Dichtungen. Sogleich mit dem Beginn der Dach-Ausgaben kündet sich somit jene unheilvolle Abtrennung seiner lateinischen Dichtung aus den editorischen Bemühungen an, mit deren Folgen die Forschung bis heute konfrontiert ist.

Die Widmungszuschrift der *Chur-Brandenburgischen Rose* ist unterzeichnet von „Seel. Simon Dachens Wittwe und Erben".[15] Mit dieser Ausgabe wollten sich die Nachkommen, das machen die eben zitierten einleitenden Worte sofort erkennbar, dessen versichern, was der verstorbene Dichter durch seine Verse stets genossen hatte: des Wohlwollens des Kurfürsten.[16] Inwiefern es gelang, ist nicht aufzuklären: Der Sohn Simon Dach, der auch als Gelegenheitsdichter in Erscheinung trat,[17] erhielt 1674 ein kurfürstliches Stipendium;[18] ein anderer Sohn, Roberthin Dach, ist schon vor 1680 als extraordinärer Kanzlei-Verwandter nachgewiesen. 1691 rückte er zum Ordinarius auf, trat aber schon im folgenden Jahr zur katholischen Religion über und wurde gemäß Rezess vom 27. Januar 1693 „aus der Cantzeley removirt".[19] Die Signierung der Zuschrift ist aber insofern von Bedeutung, als in diesem Werk nicht nur Dichtungen zu finden sind, die zuvor in Einzeldrucken oder in anderen Ausgaben erschienen waren. Einige Gedichte befanden sich bereits in den *Arien*, jeweils eines entstammte dem *Preußischen Gesangbuch* von 1657[20] und den *Preußischen Fest-Liedern* von 1642,[21] von den meisten anderen sind Separatdrucke nachweisbar. Für mehr als ein Drittel der Gedichte allerdings lassen sich diese bislang nicht ermitteln. Auch wenn gerade bei dieser Textsorte, deren repräsentativer Anspruch noch ausgeprägter war als bei der übrigen Gelegenheitsdichtung, handschriftliche

15 Chur=Brandenburgische Rose/ Adler/ Löw und Scepter (Anm. 10), [Bl. 2v].

16 Kelletat: „Churbrandenburgische Rose ..." (Anm. 2) wertet S. 188f. dieses Werk als eine erneute „Flehschrift" der Witwe an den Kurfürsten; diese Interpretation wird durch die gezielte Platzierung der „Unterthänigsten letzten Fleh=Schrifft" Dachs an das Ende der Sammlung gestützt.

17 Vgl. Bayer: Das Leben Simonis Dachii (Anm. 3), S. 175; Hermann Oesterley: Leben des Dichters. In: Oesterley, S. 24–88, hier S. 44f.

18 Vgl. den entsprechenden Eintrag in der Akte des GStAPK Berlin, XX, EM 19cI, Nr. 13, Bl. 52v.

19 Roberthin Dach, der 1643 geborene dritte Sohn des Dichters, gehörte der Kanzlei spätestens seit 1678 an (vgl. den entsprechenden Eintrag in: „CH[urfürstlich-] BR[andenburg-] PR[eussischer] CANTZELEY BVCHER CATALOGVS" [Akademiebibliothek Wilna/Vilnius, Sign.: F 15–89; ehem. Staatsarchiv Königsberg], Bl. 41r). Zu seiner Beförderung vgl. GStAPK Berlin, XX, EM 19b, Nr. 1, Bl. 35v; zu seiner Entlassung ebd., XX, EM 19b, Nr. 58 (Bl. 5r). Zur „Konversationswelle" in Königsberg zu dieser Zeit, die auf das erfolgreiche Wirken der Jesuiten zurückging, vgl. Dieter Breuer: Der Anteil der Jesuiten an der Kulturentwicklung im Hochstift Ermland und im Herzogtum Preußen (Braunsberg, Rössel, Königsberg). In: Klaus Garber, Manfred Komorowski, Axel E. Walter (Hg.): Kulturgeschichte Ostpreußens in der Frühen Neuzeit. Tübingen 2001 (Frühe Neuzeit 56), S. 319–333, hier S. 330–333. – Die hier gesichteten Aktenbestände sind teilweise auch bereits von Lotte Bartsch: Simon Dach. Leben, Familie, Zeit und Wirkung. In: Jahrbuch der Albertus-Universität zu Königsberg/Pr. 17 (1967), S. 305–333 nacherzählt worden; dieser Aufsatz sei nur der Vollständigkeit halber angeführt, sachlich ist er durch seine vielen persönlichen Bewertungen und Spekulationen bedenklich.

20 „Ist es sicher oder nicht ..." (Chur=Brandenburgische Rose/ Adler/ Löw und Scepter [Anm. 10], Bl. Hiijrff.; Ziesemer II, 184ff.).

21 „Du gesegneter des Herren ..." (Chur=Brandenburgische Rose/ Adler/ Löw und Scepter [Anm. 10], Bl. Evff.; Ziesemer II, 167f.).

Versionen wohl eher eine Ausnahme gebildet haben dürften, ist eine handschriftliche Überlieferungslinie dennoch nicht auszuschließen.

Es gibt eindeutige Belege dafür, dass in Königsberg auch nach dem Tode Simon Dachs eine ausschließlich handschriftliche Textüberlieferung existierte. So fanden in das *Preußische Gesangbuch* von 1675 zehn Lieder von Dach Aufnahme, für die bislang keine früheren Publikationen nachzuweisen sind.[22] Die in der Dach-Forschung bekannte Handschrift, die Walther Ziesemer Anfang der zwanziger Jahre des letzten Jahrhunderts im Königsberger Staatsarchiv entdecken konnte, enthielt sogar 73 bis dahin unbekannte – mit einer Ausnahme ausschließlich deutschsprachige – Gedichte und Lieder Dachs.[23] Die Mehrzahl der versammelten Gedichte besitzt keinen konkreten personalen oder zeitlichen Bezug. Nur ganz vereinzelt sind bislang Drucke der Gedichte wieder aufgefunden worden. Dass noch, wie auch im Falle der Kirchenlieder, weitere Einzelfunde gelingen können, ist nicht auszuschließen; aber es ist davon auszugehen, dass die meisten dieser Gedichte nicht im Druck erschienen sind. Die erwähnten Kirchenlieder befanden sich hier nicht. Offensichtlich gab es also in Königsberg mehr als nur eine Person, die sich in zeitlicher Nähe zum Lebensende des Dichters mit der ordnenden Bewahrung seines Nachlasses befasst hat – ob mit dem Ziel einer Ausgabe, bleibt allerdings ungewiss.

Auf jeden Fall erweist die *Chur-Brandenburgische Rose*, dass die Familie Simon Dachs auf ein offenkundig umfangreiches Textkorpus Zugriff hatte. Die bislang nicht in separaten Drucken nachgewiesenen Gedichte befanden sich bereits vor 1945 nicht mehr in Königsberger – oder anderen „öffentlichen" – Bibliotheken. Die Dach-Forschung ist also schon lange vor den Vernichtungen des Zweiten Weltkrieges damit konfrontiert, dass sie über die Jahrhunderte von unwiederbringlichen Verlusten in der – handschriftlichen wie gedruckten – Überlieferung ausgehen muss. Umso gravierender wirkt sich bis heute das Fehlen zeitgenössischer Ausgaben dieses Dichters aus.

Von der *Chur-Brandenburgischen Rose* in der um die beiden Liederspiele erweiterten Ausgabe erschien – nunmehr datiert – 1696 bei Heinrich Boye in Königsberg eine Titelauflage, die jetzt als *Simon Dachen/ [...] Poetische Wercke* ausgegeben wurde und damit – wohl aus buchhändlerischer Kalkulation heraus – den Eindruck einer Gesamtausgabe erweckte, die sie aber keineswegs ist.[24] Lediglich die Widmungszuschrift ist nun durch eine Vorrede des Herausgebers ersetzt. Als ihren nicht genannten – und erkennbar nicht als Gelehrten oder Dichter zu charakterisierenden – Verfasser darf man Heinrich Boye d. Ä. (1683–1711 als Buchhändler in

---

22 Sie sind bei Ziesemer IV, 493–504 ediert.

23 Vgl. Walther Ziesemer: Neues zu Simon Dach. In: Euphorion 25 (1924), S. 591–608, hier S. 592–595. Ziesemer stellte zwei Schreiberhände fest, die er auf die Mitte des 17. Jahrhunderts datierte. Die Beschreibungen Ziesemers lassen sich heute nicht mehr überprüfen, die Handschrift ist seit 1945 verschollen.

24 Simon Dachen/ Weyland berühmten Poëseos Professoris bey der Königsbergischen Academie Poetische Wercke/ Bestehend in Heroischen Gedichten/ Denen beygefüget zwey seiner verfertigten Poetischen Schau=Spiele/ Anitzo auf vielfältiges Verlangen zum Druck herausgegeben. Königsberg 1696. Diese Ausgabe erschien im Nachdruck (Hildesheim u. a. 1970).

Königsberg nachgewiesen)[25] vermuten. Offensichtlich hatte Simon Dach am Ende des 17. Jahrhunderts endlich einen Nachlassverwalter gefunden, der sich seines Werkes editorisch anzunehmen gedachte. So kündigte der Herausgeber der *Poetischen Wercke* für die nähere Zukunft eine „ausführliche Lebens-Beschreibung" sowie eine Ausgabe der „Oden" Dachs an.[26] Beides allerdings kam aus unerfindlichen Gründen nicht zustande.

2. Vom höfischen Panegyriker zum Dichter von „Volksliedern": Das 18. Jahrhundert

2.1 Der Dichter von Oden: Urteile über Dachs Dichtung um 1700

Die erste Lebensbeschreibung legte erst drei Jahrzehnte später Gottlieb Siegfried Bayer (1694–1738) vor.[27] Bayer war seit 1718 Bibliothekar der Stadtbibliothek und konnte somit direkt aus den reichen Beständen vor Ort schöpfen; aber er besaß auch Zugang zu Zeitzeugen, durch die ihm ebenfalls die im Alltagsgedächtnis lebendige mündliche Überlieferung zugänglich war.[28] Bayers Lebensabriss bleibt bis heute die wichtigste biographische Quelle über das Leben des Dichters Dach, über das man ansonsten nur wenig weiß. Bayer druckt auch einige – vor allem neulateinische – Gedichte Dachs, fast ausschließlich aber in den Anmerkungen und teilweise nur in Auszügen.

Auf eine erste Ausgabe der Oden Dachs, zumindest in einer Auswahl, dagegen blieb noch weit mehr als einhundert Jahre zu warten. Das lag nicht an einem mangelnden Interesse für diesen Dichter. Bereits Christoph Kaldenbach hatte in seinen *Poetice Germanica [...] libri duo* (1674), einer noch stark an Opitz orientierten Poetik, eine baldige Ausgabe der Gedichte Dachs angemahnt.[29] Kaldenbach bewegte sich bis zu seiner Berufung auf die Tübinger Professur für Beredsamkeit, Poesie und Geschichte (1656) im engsten Königsberger Freundeskreis um Dach und beteiligte sich mit zahlreichen deutschen wie lateinischen Gedichten (und mit einem in diesem Kreis singulären großen polnischen Panegyrikus anlässlich der Ablegung des Lehnseids Friedrich Wilhelms I. vor König Władysław IV.) am literarischen Leben

---

25 Vgl. zu ihm die Einträge bei David L. Paisey: Deutsche Buchdrucker, Buchhändler und Verleger 1701–1750. Wiesbaden 1988 (Beiträge zum Buch- und Bibliothekswesen 26), S. 25; Josef Benzing: Die deutschen Verleger des sechzehnten und siebzehnten Jahrhunderts. Eine Neubearbeitung. Frankfurt/M. 1977, S. 1106. Am ausführlichsten: Karl Lohmeyer: Geschichte des Buchdrucks und Buchhandels im Herzogthum Preußen. 16. und 17. Jahrhundert. In: Archiv für Geschichte des deutschen Buchhandels 18 (1896), S. 29–140, und 19 (1897), S. 179–304, hier S. 280ff.

26 Simon Dachen/ [...] Poetische Wercke (Anm. 24), [unpag.].

27 Bayer: Das Leben Simonis Dachii (Anm. 3).

28 So führt er ebd., S. 174f. aus: „Mit dem jüngsten Sohne Christian Dachen, habe [ich] gute Freundschafft gehalten, welcher biß jetzo noch das Andencken seines Vaters bey uns unterhält." – Zu Bayer vgl. den Eintrag von H. von Glasenapp: (sub verbo). In: APB 1, S. 35.

29 Christoph Kaldenbach: Poetice Germanica, Seu De ratione scribendi Carminis Teutonici libri duo [...]. Nürnberg 1674, Bl. A3r.

der Stadt, das damals von den Poeten um die „Kürbishütte" geprägt wurde. Er trug dazu ebenso als Komponist diverser Gelegenheitsmusiken bei und vereinte in seinem Schaffen das enge Zusammenspiel von (Lied-)Dichtung und Musik wie keine andere Gestalt dieses Freundeskreises.[30] In seiner Poetik zitiert er Dach aus verschiedenen Einzeldrucken. Sie dürften sich alle in seinem privaten Besitz befunden haben und sind von dort in die Universitätsbibliothek Tübingen gelangt, die damit noch heute über einen sehr wertvollen und umfangreichen Bestand an Dach-Drucken verfügt.

Dachs dichterischer Ruf gründete sich aber keineswegs nur auf eine regionale oder persönliche Verbundenheit mit ihm. In den ersten Jahrzehnten nach seinem Tod genoss er die allgemeine Wertschätzung des literarischen Deutschland, die nicht von der Existenz einer Ausgabe seiner Dichtungen abhängig war. Er verdankte dies seinen Liedern, im zeitgenössischen Gattungsverständnis als Oden bezeichnet.[31] Jakob Friedrich Reimmann (1668–1743) etwa lobte in seiner *Historia Litteraria*, dass durch ihn „die deutschen Oden zu einer größern Vollkommenheit gebracht" worden seien.[32] Erdmann Neumeister (1671–1756), wie Reimmann am Anfang einer deutschen Literaturgeschichtsschreibung stehend, rechnete ihn ebenfalls zu den bedeutendsten Dichtern seiner Zeit und beklagte das Fehlen einer Sammlung.[33]

---

30 Die beste Einführung in sein Leben und Werk bieten die Einleitung und die ausgewählten Gedichte (einschließlich des polnischen Panegyrikus *Holdowna Klio*) in: Christoph Kaldenbach: Auswahl aus dem Werk. Hg. u. eingeleitet v. Winfried Barner. Mit einer Auswahlbibliographie von Reinhard Aulich. Tübingen 1977 (Neudrucke deutscher Literaturwerke, Sonderreihe 2). Weiterhin Axel E. Walter: Caldenbachiana in St. Petersburg. Ein Beitrag zur Bibliographie des Königsberger Dichterkreises. In: Kulturgeschichte Ostpreußens (Anm. 19), S. 963–993 (hier auch die weiterführende Literatur aus den Bereichen der Musikwissenschaft und polnischen Philologie).

31 Vgl. zum zeitgenössischen Verständnis Opitz' Definition in seinem *Buch von der Deutschen Poeterey* (1624) von Lyrik als „getichte die man zur Music sonderlich gebrauchen kann". Zit. nach Martin Opitz: Gesammelte Werke. Kritische Ausgabe. Hg. v. George Schulz-Behrend. Bd. 2. Die Werke von 1621 bis 1626. 2 Teile. Stuttgart 1978–79 (Bibliothek des Literarischen Vereins in Stuttgart 300–301), hier Teil 1, S. 369.

32 Zit. nach Georg Christoph Pisanski: Entwurf einer preußischen Literärgeschichte in vier Büchern. Mit einer Notiz über den Autor und sein Buch hg. v. Rudolf Philippi. Königsberg 1886 (Publicationen und Republicationen der Königsberger literarischen Freunde 1). ND Hamburg 1994 (Sonderschriften des Vereins für Familienforschung in Ost- und Westpreußen e. V. 80/1), S. 409, Anm. 2. Zu Reimmann vgl. Herbert Jaumann: (sub verbo). In: Literatur-Lexikon. Autoren und Werke deutscher Sprache. Hg. v. Walther Killy. 15 Bde. Gütersloh 1989–1993, Bd. 9, S. 353f. – Eine kritische Geschichte der deutschen Literaturgeschichtsschreibung (als nationale Literaturgeschichte) bis hin zu Nadler stammt von Jürgen Fohrmann: Das Projekt der deutschen Literaturgeschichte. Entstehung und Scheitern einer nationalen Poesiegeschichtsschreibung zwischen Humanismus und Deutschem Kaiserreich. Stuttgart 1989. Vgl. auch Siegfried Seifert: „Historia literaria" an der Wende zur Aufklärung. Barocktradition und Neuansatz in Morhofs „Polyhistor". In: Klaus Garber (Hg.) in Verbindung mit Ferdinand van Ingen u. a.: Europäische Barock-Rezeption. 2 Bde. Wiesbaden 1991 (Wolfenbütteler Arbeiten zur Barockforschung 20), Bd. 1, S. 215–228.

33 Vgl. Erdmann Neumeister: De Poëtis Germanicis. ND der Ausgabe Halle an der Saale 1695 mit deutscher Übersetzung. Hg. v. Franz Heiduk in Zusammenarbeit mit Günter Merwald. Bern u. a. 1978 (Deutsche Barock-Literatur), S. 26 bzw. 158 (deutsche Übersetzung). – Das von Wulf Segebrecht: Simon Dach und die Königsberger. In: Harald Steinhagen, Benno von Wiese (Hg.): Deutsche Dichter des 17. Jahrhunderts. Ihr Leben und Werk. Berlin 1984, S. 242–269, hier

Dachs poetisches Werk besteht zu rund neunzig Prozent aus an Anlässe und Personen gebundener Gelegenheitsdichtung. In der medialen Form des kasualen Einzeldrucks erfuhren seine deutschen und lateinischen Gedichte kaum eine Verbreitung über die Grenzen des Herzogtums Preußen hinaus, zumal sich auch der Kreis seiner Adressaten mit wenigen Ausnahmen auf die Region – und insbesondere Königsberg – beschränkte. Weitere Verbreitung gewann lediglich seine Liederdichtung, die zum einen in evangelische Kirchengesangbücher nicht nur Preußens einging und zum anderen in verschiedene zeitgenössische Liedersammlungen wie die *Preussischen Fest-Lieder* Eccards und Stobaeus', die drei Teile *Geistlicher und Weltlicher Lieder* Weichmanns oder die *Arien* Alberts.[34] Mehr als ein Drittel dieser Lieder wurde von Dach eigens dafür verfasst, die übrigen erschienen zunächst ebenfalls in Einzeldrucken. Dass dieser Wechsel des Publikationsortes ohne Umarbeitungen möglich war, zeigt nur, wie sehr der liedhafte Ton Dachs poetischem *ingenium* verinnerlicht war. Den wichtigsten zeitgenössischen Publikationsort von Dach-Gedichten bzw. -Liedern bildeten dabei die *Arien* Heinrich Alberts (1604–1651).[35] Sie erschienen zwischen 1638 und 1650 in acht Bänden, teilweise auch in mehreren Auflagen und als Raubdrucke an anderen Orten, und sind musikgeschichtlich eines der repräsentativsten deutschen Liederwerke des 17. Jahrhunderts.[36] Dach verdankte vor allem diesen Bänden eine Bekanntheit seiner Verse über die Grenzen des Herzogtums hinaus, die durch vor Ort (und in kleinerer Auflage) produzierte und vor allem im lokalen Kommunikationsraum distribuierte Kasualdrucke nicht erreicht werden konnte.

Die Wertschätzung betraf gleichermaßen seine weltlichen wie geistlichen Oden. Benjamin Neukirch (1665–1729), der die maßgebliche zeitgenössische Anthologie galanter Lyrik, die bis zu den Anfängen der barocken Kunstdichtung zurückgriff, initiiert hatte, hielt Dach für „unvergleichlich in geistlichen liedern und ungemein glücklich in übersetzung der psalmen" – und bedauerte ebenso, „daß man seine sachen der welt nicht mehr bekannt gemacht" habe.[37] In den von ihm noch selbst heraus-

---

S. 243f., als weiterer Beleg für diesen Zusammenhang beigebrachte Zitat aus Daniel Georg Morhof: Unterricht von der teutschen Sprache und Poesie. ND der vermehrten und verbesserten Ausgabe Lübeck und Frankfurt 1700. Hg. v. Henning Boetius. Bad Homburg v. d. H. u. a. 1969 (Ars Poetica. Texte und Studien zur Dichtungslehre und Dichtkunst 1), S. 216, bezieht sich nicht auf Dach, sondern auf Röling; Dach wird von Morhof nur en passant erwähnt.

34 Johannes Eccard, Johann Stobaeus: Erster Theil Der Preussischen Fest-Lieder/ vom Advent an biß Ostern/ Mit 5. 6. 7. 8. Stimmen. [...]. Elbing 1642; Dies.: Ander Theil Der Preussischen Fest-Lieder/ Von Ostern an biß Advent Mit 5/ 6/ 7/ 8. Stimmen. [...]. Königsberg 1644. – Johann Weichmann: Erster Theil [bis] Dritter Theil Newer Geistlicher vnd Weltlicher Lieder [...]. Königsberg 1648.

35 Zu Albrecht vgl. Helmuth Osthoff: (sub verbo). In: MGG. 17 Bde. Hg. v. Friedrich Blume. 1. Aufl. Kassel u. a. 1949–1986, Bd. 1, Sp. 288–293, und – für die zweite Aufl. wesentlich überarbeitet – Werner Braun: (sub verbo). In: MGG. 21 Bde. Hg. v. Ludwig Finscher. 2. Aufl. Kassel u. a. 1994ff., Personenteil (bislang 14 Bde.), Bd. 1, Sp. 339–345. Außerdem die eingehende Vita von Hermann Kretzschmar: Einleitung. In: Heinrich Albert: Arien. 2 Bde. Hg. v. Eduard Bernoulli. Leipzig 1903 (Denkmäler deutscher Tonkunst 12–13), Bd. 1, bes. S. V–XV. – Die *Anke van Tharaw* wird bis heute von Einigen Albert und nicht Dach zugewiesen, vgl. dazu unten Anm. 354.

36 Vgl. Osthoff (Anm. 35), Sp. 291.

37 Angelo George de Capua, Ernst Alfred Philippson: Einleitung. In: Benjamin Neukirchs Anthologie Herrn von Hoffmannswaldau und andrer Deutschen auserlesener und bißher ungedruckter Gedichte

gegebenen zweiten Band nahm er zwei Dach-Gedichte auf, im vierten und dann vor allem dem fünften Band, die Christian Hölmann (1677–1744),[38] in jungen Jahren selbst ein produktiver Lyriker, edierte, finden sich dann dreißig weitere Gedichte Dachs.[39] Die Neukirchsche Sammlung wurde zur erfolgreichsten Lyrikanthologie auf dem deutschen Buchmarkt um 1700. Durch sie erreichten Dachs Gedichte eine breitere literarische Öffentlichkeit.

Angesichts des Fehlens einer Dach-Ausgabe gewannen die *Arien* indes den dominierenden Einfluss für die Rezeption seiner Oden, den sie bis weit in das 19. Jahrhundert hinein behalten sollten. Nur eines der in die Neukirchsche Anthologie aufgenommenen Gedichte ist aus der *Chur-Brandenburgischen Rose* zitiert, aber 25 aus den *Arien*. Zugleich machte die Neukirchsche Sammlung erstmals weitere Dach-Gedichte über diese beiden Ausgaben – und damit auch über Ostpreußen – hinaus bekannt. In den fünften Band sind sechs bis dahin ausschließlich in Einzeldrucken zugängliche Gedichte Dachs aufgenommen.[40] Sie stammen aus der Bibliothek des Leipziger Theologieprofessors Valentin Alberti (1635–1697), der zu seinen Lebzeiten ein bewunderter Dichter war.[41] Er verdankte seinen Ruhm und seine Wirkung auf die galante Lyrik seiner Zeit seinen Gelegenheitsgedichten, für die er vor allem die schlichte Odenform wählte. Simon Dach war dafür eines seiner großen poetischen Vorbilder.[42]

Mit Alberti wird der erste private Sammler von Dach-Dichtungen außerhalb Königsbergs namhaft. In Kaldenbachs Sammlung finden sich Dach-Drucke nur bis Mitte des Jahres 1656, also aus der Zeit vor Antritt seiner Professur in Tübingen.

[...] mit einer kritischen Einleitung und Lesarten. (ND der Ausgaben von 1697–1727). 7 Bde. Hg. v. Angelo George de Capua, Ernst Alfred Philippson, Erika A. Metzger u. a. Tübingen 1961–1991 (Neudrucke deutscher Literaturwerke, N. F. 1, 16, 22, 24, 29, 38, 43), Bd. 1, S. 12. – Zu dieser Sammlung und ihrer Wirkung vgl. jeweils die Vorworte der Herausgeber des Nachdrucks.

38 Zu ihm Erika A. Metzger: (sub verbo). In: Literatur-Lexikon (Anm. 32), Bd. 5, S. 390f.

39 Benjamin Neukirchs Anthologie (Anm. 37), Bde. 2 (1697), 4 (1704) und 5 (1705). Den größten Teil – 28 an der Zahl – enthält der fünfte Band. Das Lied *Fastus Sapientia ridet* („Mein Kind, dich müssen Leuthe lieben ...; vgl. Ziesemer I, 45) ist sowohl in den zweiten Band dieser Anthologie (S. 288f.) als auch wieder in den fünften Band (S. 68f.) aufgenommen worden. Ein Verzeichnis der in die Neukirchsche Sammlung aufgenommenen Dach-Lieder bietet Franz Heiduk: Die Dichter der galanten Lyrik. Studien zur Neukirchschen Sammlung. Bern u. a. 1971, S. 41f.

40 Es handelt sich zumeist um „Begräbniß=Gedichte“ (so die Überschrift dieser Abteilung in Bd. 5): „So sollte dieser Trost noch ...“ (S. 303ff.; Ziesemer III, 35ff.), „Den schon längst der Himmel ...“ (S. 380f.; Ziesemer III, 61), „Werthe Lohtin, Pracht der Frawen...“ (S. 306ff.; Ziesemer III, 76f.), „Seit, Fraw Doctorin, der Tod ...“ (S. 310ff.; Ziesemer IV, 44f.), „Die newlich grosse Schmertzen ...“ (S. 314ff.; Ziesemer IV, 73ff.) sowie um ein „Hochzeit=Gedichte“: „Vormahls als die Musica ...“ (S. 167ff.; Ziesemer I, 200f.). Die Erstdrucke finden sich zusammen nur in der British Library in London (Sign.: C.40.g.6.) Wie die dortige beachtliche Dach-Kollektion zustande kam, bleibt noch genau zu überprüfen! In der Chur=Brandenburgischen Rose (Anm. 10) findet sich das Lied „Was ist, Clio, dein Beginnen ...“ (S. 378ff.; Ziesemer II, 155f.), das unter „Vermischte Gedichte“ aufgenommen ist; auch von diesem war ein Erstdruck bis zu Ziesemers Ausgabe nur in London bekannt.

41 Zu ihm Erika A. Metzger: (sub verbo). In: Literatur-Lexikon (Anm. 32), Bd. 1, S. 88.

42 Vgl. die Einleitung von Erika A. Metzger und Michael Metzger in: Benjamin Neukirchs Anthologie (Anm. 37), Bd. 5, S. IX–XXXV, hier S. XIXf.

Diese Sammlung war also in Königsberg entstanden.[43] Hier bestand Anfang des 18. Jahrhunderts auch die offenbar bis dahin bedeutendste private Sammlung von Dach-Drucken, die der Königsberger Stadtsekretär Heinrich Bartsch (1667–1728) zusammengetragen hatte.[44] Bartsch, nach der Zusammenlegung der drei Städte Königsbergs (Altstadt, Kneiphof und Löbenicht) mit dem einflussreichen Amt des Registrators und Archivars betraut, hat sich insbesondere um den Ausbau der Königsberger Stadtbibliothek verdient gemacht.[45] Wiederum also führt das in Königsberg zu Anfang des 18. Jahrhunderts gepflegte Bemühen um Dach in das Umfeld der zentralen städtischen Memorialstätte. Das ist ein Indiz für eine Hinwendung der städtischen Führungsschicht auf die lokalen – altpreußischen – Traditionen, die in der eigenen Kulturgeschichte gefunden wurden. Diese Entwicklung verstärkte sich nach der Königskrönung 1701 und erst recht nach dem landesherrlich-absolutistischen Eingriff in die über Jahrhunderte verbürgten stadtbürgerlichen Rechte und Privilegien, die 1724 zur Vereinigung der drei Städte führte. Das Interesse von Bartsch für den Dichter Dach ist zweifellos dem in einem ausgeprägten Bürgersinn begründeten Bestreben geschuldet, die Zeugnisse städtischer Geschichte für die kulturelle Erinnerung Königsbergs zu bewahren. Wie eng dabei die Verzahnungen der kulturell führenden Schicht über die Generationen hinweg waren, erweist sich exemplarisch darin, dass Dach Bartschens gleichnamigen Vater einst selbst bedichtet hatte.[46]

Das Schicksal dieser Sammlung gehört zu den großen Mysterien, die die Dach-Philologie nicht mehr aufklären kann. Es weist jedoch den Weg, den die entscheidenden – und letztlich realisierten – editorischen Bemühungen um Dach bis weit in das 19. Jahrhundert hinein nehmen sollten. Bereits mit den Namen Hölmann und Alberti deutet sich an, dass sich das Gravitationszentrum der sammlerischen und editorischen Initiativen aus Königsberg nunmehr nach Breslau und Leipzig verschob. Das heißt nicht, dass Dach in seiner Region im 18. Jahrhundert in Vergessenheit geriet; darauf wird noch einzugehen sein.[47] Vielmehr leitete sich damit die Trennung der Bemühungen um Simon Dach auf eine Ebene der Region und eine der Nation ein, die erst – unter gänzlich veränderten gesellschaftlichen und literaturgeschichtlichen Prämissen – im 20. Jahrhundert wieder zusammengeführt wurden.

---

43 Seine Tübinger Antrittsvorlesung hielt Kaldenbach am 5. November des Jahres.

44 Die ausführlichste Vita in: Acta Borussica 2 (1731), S. 923–931; vgl. auch den kurzen Eintrag von William Meyer: (sub verbo). In: APB 1, S. 32.

45 Zu seinem Wirken für die Stadtbibliothek vgl. Christian Krollmann: Geschichte der Stadtbibliothek zu Königsberg. Mit einem Anhang: Katalog der Bibliothek des M. Johannes Poliander 1560. Königsberg 1929, S. 34ff., und die Würdigung bei Klaus Garber: Apokalypse durch Menschenhand. Königsberg in Altpreußen – Bilder einer untergegangenen Stadt und ihrer Memorialstätten. In: Kulturgeschichte Ostpreußens (Anm. 19), S. 3–116, hier S. 65–67 (jetzt auch in: Klaus Garber: Das alte Buch im alten Europa. Auf Spurensuche in den Schatzhäusern des alten Kontinents. München 2006, S. 491–596).

46 Dach hatte 1657 auf seine Hochzeit mit Regina Löbel ein Epithalamium gedichtet („Zwey gepaarter Hertzen Trew ...“, Ziesemer II, 111f.).

47 Siehe dazu unten Kap. V.

2.2 Der poetische Lehrer Preußens: Gottscheds Plädoyer für Simon Dach

Vermittelt wurden die sammlerischen und editorischen Initiativen durch eine der großen Gestalten der deutschen Literaturgeschichte des 18. Jahrhunderts, bei der sich allerdings eine landschaftliche Verbundenheit mit dem Dichter Dach deutlich artikulierte und in dessen Wirken sich somit noch beide Entwicklungslinien bündelten: Johann Christoph Gottsched (1700–1766).[48] Bartsch, so steht schon 1731 in der anonymen *Nachlese* zum Leben Simon Dachs im zweiten Band der *Acta Borussica* zu lesen, hatte kurz vor seinem Tod seine Dach-Sammlung an den 1724 vor der drohenden Zwangsrekrutierung aus Ostpreußen geflohenen Gottsched „gen Leipzig gesandt, der Hoffnung gemachet hat, dieses seines Landsmanns denen wenigsten bekannte Schriften zusammen drucken zu lassen."[49] Gottsched stand mit diesem Plan aber offensichtlich nicht alleine, denn die biographische *Nachlese* fährt fort: „So haben auch die Herren Schlesier eine Sammlung seiner Schriften heraus zu geben im Sinne gehabt, worauf man aber bisher vergebens gewartet hat."[50] Diese Notiz nun ist verwirrend und nicht zuzuordnen. Dachs erster und mit Details bestens vertrauter Biograph Bayer weiß darüber noch nicht zu berichten; ob hier ein Bezug zu Neukirchs bzw. Hölmanns Unternehmen und einem geplanten Anschlussvorhaben in diesem Umfeld hergestellt wird, lässt sich nicht verifizieren.

Gottsched, in Juditten bei Königsberg geboren, interessierte sich offensichtlich schon frühzeitig für die Dichtungen Dachs. Die Frühaufklärung schätzte Martin Opitz, den Vater der deutschen Dichtung, und seine „Schüler" ebenso sehr wie sie den „Schwulst" der sogenannten zweiten schlesischen Dichterschule verachtete. Simon Dach, der immer als Opitzianer galt, profitierte davon. Gottsched, einer der vehementesten Verteidiger Opitzens, interessierte sich aber eben nicht nur deshalb für Dach. Bei ihm vereinte sich ein ambitioniertes Programm für eine Reform der deutschen Sprache und Dichtung mit einem altpreußischen Landesbewusstsein, dem die regionale Literaturtradition inkorporiert war.[51] Für beides diente ihm Dach als poetischer Gewährsmann. In seinem bis in die Mitte des Jahrhunderts die poetischen Theoriediskussionen bestimmenden *Versuch einer Critischen Dichtkunst* zitierte Gottsched Dach immer wieder als Exempel. Die landschaftliche Verbundenheit, wie stets mit persönlicher Erinnerung verschmolzen, scheint auch hier zumindest an einer Stelle deutlich durch.[52] Das aber war nicht das Ausschlaggebende, vielmehr

---

48 Zu ihm seien als Einführungen in Leben und Werk aus der überaus reichen Literatur nur genannt: Philip M. Mitchell: Johann Christoph Gottsched. In: Benno von Wiese (Hg.): Deutsche Dichter des 18. Jahrhunderts. Ihr Leben und Werk. Berlin 1977, S. 35–61, und Gerhard Schäfer: Johann Christoph Gottsched. In: Gunter E. Grimm, Frank Rainer Max (Hg.): Deutsche Dichter. Leben und Werk deutschsprachiger Autoren. 8 Bde. Stuttgart 1988–1990, Bd. 3 (RUB 8613), S. 34–50.

49 Nachlese zum Leben [...] Simonis Dachen (Anm. 12), S. 945.

50 Ebd.

51 Vgl. Fritz Leibrock: Das Interesse an der Barockliteratur bei Gottsched und den Schweizern. In: Europäische Barock-Rezeption (Anm. 32), Bd. 1, S. 327–335, S. 329.

52 Johann Christoph Gottsched: Versuch einer critischen Dichtkunst. 4 Bde. Hg. v. Joachim Birke u. Philip M. Mitchell. Berlin u. a. 1973–1978 (Ausgewählte Werke 6; Ausgaben deutscher Literatur des XV. bis XVIII. Jahrhunderts 39, 40, 45, 78), hier Bd. 1, S. 399 (unter dem Paragraphen „de-

erweist sich die Auswahl der Gedichte Dachs als offensichtlich ganz genau kalkuliert. Gottsched entnahm seine Dach-Exempel keineswegs aus den *Arien*, sondern stützte sich fast ausschließlich – mit Ausnahme der *Christlichen Todes-Erinnerung* auf Roberthin[53] – auf die *Chur-Brandenburgische Rose* bzw. die *Poetischen Wercke*.[54] Repräsentiert – und damit auch zum Muster erhoben – wird somit in erster Linie der höfische Dichter Dach, mit jenem Bereich seines poetischen Schaffens also, den die nachfolgenden Generationen am heftigsten diskreditierten.

Das mag verwundern, propagierte Gottsched doch ein bürgerliches Literaturmodell, das frei war von den rhetorischen Schlacken der gelehrten Schulpoesie und das aus der Zuträgerfunktion zur höfischen Repräsentation abgelöst werden sollte.[55] Leitbild blieb der *poeta doctus*, von dem nun – „als einem redlichen Bürger"[56] – eine aufklärerische Dichtkunst eingefordert wurde, die nach den Regeln der Vernunft bemessen war und sich auf wahre Aussagen über die Natur verpflichtete.[57] Nur durch Nachahmung der Natur gelange die Kunst zur Schönheit, lautet eine der Kernforderungen der Poetik Gottscheds:

> Die natürlichen Dinge sind an sich selber schön: und wenn also die Kunst auch was schönes hervorbringen will, so muß sie dem Muster der Natur nachahmen. Das genaue Verhältnis, die Ordnung und das richtige Ebenmaaß aller Theile, daraus ein Ding besteht, ist die Quelle der Schönheit. Die Nachahmung der vollkommenen Natur, kann also einem künstlerischen Werke die Vollkommenheit geben, dadurch es dem Verstande gefällig und angenehm wird: und die Abweichung von ihrem Muster, wird allemahl etwas ungestaltes und abgeschmacktes zuwege bringen.[58]

In diesem Begründungszusammenhang gewinnt der Rückgriff auf die *Chur-Brandenburgische Rose* dann einen nachgerade programmatischen Charakter. Gottsched kannte Dachs Dichtung gut genug, um seine Exempel ganz gezielt auszuwählen. Wenn er sich vor allem für die Panegyrik entscheidet – und diese immer wie-

---

scriptio"): „Ich wähle nur, zum Exempel, eine Beschreibung die Simon Dach von dem Prospecte gemacht hat, der sich auf dem königsbergischen Residenzschlosse, von dem großen sogenannten moscovitischen Saale, westwerts zeiget; weil ich mich dabey einer sehr angenehmen Gegend meines Vaterlandes erinnern kann." Es handelt sich um einen Auszug aus dem Gedicht *Auff das darauff noch selbten Jahres […] gehaltene Beylager* („SO ist der wehrte Tag nun endlich angebrochen …"; ZIESEMER II, 186–199; daraus „Die Schloß=Kirch helt allhier ein schön Gemach erbauet" bis „Nichts aber ewig lässt, hat dieses so beliebt.")

53 „Ich bin ja, HERR, in deiner Macht …" (ZIESEMER III, 206f.).

54 Gottsched: Versuch einer critischen Dichtkunst (Anm. 52), vgl. zur schnellen Orientierung das Register in Bd. 4.

55 Vgl. Hans Freier: Kritische Poetik. Legitimation und Kritik der Poesie in Gottscheds Dichtkunst. Stuttgart 1973, S. 65ff.

56 Gottsched: Versuch einer critischen Dichtkunst (Anm. 52), Bd. 1, S. 163.

57 Vgl. István Gombocz: „Es ist keine Wissenschaft von seinem Bezirke ganz ausgeschlossen." Johann Christoph Gottsched und das Ideal des aufklärerischen Poeta doctus. In: Daphnis 18 (1989), S. 541–561. Vgl. auch den instruktiven Überblick von Ludwig Stockinger: Gottscheds Stellung in der deutschen Literaturgeschichte. In: Kurt Nowak, Ludwig Stockinger (Hg.): Gottsched-Tag. Wissenschaftliche Veranstaltung zum 300. Geburtstag von Johann Christoph Gottsched […]. Stuttgart u. a. 2002, S. 15–49.

58 Gottsched: Versuch einer critischen Dichtkunst (Anm. 52), Bd. 1, S. 183f.

der gleichgewichtig neben seine Beispiele von Opitz und Fleming stellt –, dann wird Dach zum Muster erhoben, das auch in diesem Bereich der Gelegenheitsdichtung die Regeln für eine vernünftige und rhetorisch pragmatische, für eine natürliche und schöne Form – in Gottscheds Verständnis – demonstrieren kann.

Welchen Stellenwert Gottsched dem Dichter Dach insbesondere für die deutsche Dichtung in Preußen zumaß, wird an mehreren Stellen seines Werkes deutlich. Noch in einem im Oktober 1757 König Friedrich II. von Preußen übereigneten Gedicht feierte er Dach als den Begründer der preußischen – und zwar der gesamtpreußischen – Dichtkunst.[59] Das Entstehen dieses Gedichts fällt in den Kontext der im 18. Jahrhundert immer deutlicher akzentuierten Bestrebungen, die kulturelle Eigenständigkeit, wenn nicht gar Überlegenheit der Provinz Ostpreußen gegenüber den anderen Teilen des preußischen Gesamtstaats zu belegen.[60] Gottsched hatte sein Urteil aber schon dreißig Jahre zuvor in der Vorrede zur Ausgabe der *Gesamleten Poetischen Schrifften* von Johann Valentin Pietsch (1690–1733)[61] formuliert und dafür den Vergleich mit Opitz und Schlesien, der unverändert anerkannten Keimregion der neuen deutschen Dichtung, hergestellt; und er hatte Dach schon damals als den den dortigen Dichtern gleichgewichtigen poetischen Lehrer Preußens positioniert: Dach habe es

> dem grossen Lichte der Schlesier Martin Opitzen, zu einer Zeit zuvorgethan, in welcher noch gantz Teutschland in allen seinen Provinzen, lauter elende Meister=Gesänge schallen hörete. Ich würde dieses treflichen Vaters wohlgerathene Söhne, einen Etmüller, Derschau, Kongehl und andere mehr erzehlen, die [...] durch ihre beliebte Federn, einem Schlesischen Flemming, Abschatz und Tscherning gleich geworden. Ich würde dem Preußischen Frauenzimmer zu Ehren, der berühmten Königsbergischen Muse, Gertraut Möllerin gedencken, welche noch zur Zeit von keiner andern Teutschen Poetin übertroffen worden.[62]

---

59 Johann Christoph Gottsched: Gespräch mit Friedrich II. In: Friedrich II., König von Preußen und die deutsche Literatur des 18. Jahrhunderts. Texte und Dokumente. Hg. v. Horst Steinmetz. Stuttgart 1985 (RUB 2211), S. 38f. Vgl. zu den angedeuteten Zusammenhängen Manthey: Königsberg (Anm. 4), S. 113f.

60 Vgl. dazu meinen Aufsatz: „Die Verbindung der Zeiten". Überlegungen zu Erinnerung und Gedächtnis des alten Königsberg und des ehemaligen Ostpreußen. In: Axel E. Walter (Hg.): Regionaler Kulturraum und intellektuelle Kommunikation vom Humanismus bis ins Zeitalter des Internet. Festschrift für Klaus Garber. Amsterdam u. a. 2005 (Chloe 36), S. 913–965.

61 Zu ihm Jürgen Rathje: (sub verbo). In: Literatur-Lexikon (Anm. 32), Bd. 9, S. 163. Pietsch, von Hause aus Mediziner, wirkte seit 1717 als Professor der Poetik an der Albertina und gehörte dort zu den Lehrern Gottscheds. Er war seinerzeit einer der bekanntesten Königsberger Dichter im literarischen Deutschland (an dem sich doch zugleich zeigt, dass die Rolle Königsbergs längst im Vergleich mit den großen literarischen Zentren marginalisiert war). – Zu seiner Verehrung Dachs vgl. unten S. 51.

62 Herrn D. Johann Valentin Pietschen [...] Gesamlete Poetische Schriften. [...] Mit einer Vorrede, Herrn le Clerc übersetzten Gedancken von der Poesie und Zugabe einiger Gedichte, von Johann Christoph Gottsched, A.M. Leipzig 1725, Bl. 6r-v (Staats- und Universitätsbibliothek Göttingen, Sign.: 8 P GERM III, 3250). – Die von Gottsched als Erben Dachs angeführte Dichterreihe beginnt mit Johann Erhard Etmüller mit einem überraschenden Namen: Er fehlt sowohl im *Literatur-Lexikon* (Anm. 32) als auch in der *Altpreußischen Biographie*, Pisanski (Entwurf einer preußischen

Gottsched avancierte im literarischen Deutschland des 18. Jahrhunderts zum vehementesten Verfechter der poetischen Bedeutung Simon Dachs. In den Mittelpunkt der Diskussion rückte die von ihm begründete Zeitschrift *Neuer Büchersaal der schönen Wissenschaften und freyen Künste*. Gottsched hatte sich hier im Jahre 1747 in einer *Kurtzgefaßten historischen Nachricht von den bekanntesten preußischen Poeten voriger Zeiten* intensiv Simon Dach zugewandt und wiederum

Literärgeschichte [Anm. 32]) erwähnt ihn immerhin als vornehmlich geistlichen Dichter – allerdings mit der Kritik, dass er in „den mehresten [...] die so genannten Realien gar zu stark" häufe (S. 656). Etmüller, ein gebürtiger Königsberger, der in landesherrlichen und städtischen Diensten bis zum Kommissionsrat aufstieg und 1717 verstarb, trat ebenso wie Friedrich von Derschau vor allem durch geistliche Dichtungen in Erscheinung. Derschau (1644–1713) war ebenfalls Königsberger und bekleidete mehrere kurfürstliche und städtische Ämter (u. a. Bürgermeister der Altstadt); vgl. [Christian] Krollmann: (sub verbo). In: APB 1, S. 128 (auch von ihm kein Eintrag im *Literatur-Lexikon*). Der zweifellos bekannteste Dichter in dieser Reihe ist Michael Kongehl (1646–1718). Er nun ist als Dichter vor allem durch die Nürnberger Pegnitzschäfer beeinflusst worden. Auch er stand nach seiner Rückkehr nach Königsberg zunächst in – freilich subalternen – Diensten des Landesherrn, trat dann aber in die Dienste des Kneiphof und brachte es dort zum Ratsherrn und kurz vor seinem Tod sogar zum Bürgermeister. Gertrud Moller (1637–1705) war wie Kongehl Mitglied des Pegnesischen Blumenordens; sie ist in der Tat eine der bedeutendsten Dichterinnen dieser Epoche und verdiente endlich eine eingehende literaturwissenschaftliche Würdigung ihres poetischen Werkes, das wiederum von geistlicher Lyrik und einer großen Zahl kasualer Beiträge dominiert war (vgl. zu ihr die beiden inhaltlich eng verwandten und wenig tiefgehenden Einträge von Hw. Heinecke: [sub verbo]. In: APB 2, S. 444, und Renate Jürgensen: [sub verbo]. In: Literatur-Lexikon [Anm. 32], Bd. 8, S. 195). Anders als für Kongehl und die beiden anderen ist bei ihr durchaus eine Beeinflussung durch Dach zu erkennen (vgl. schon L[udwig] v[on] B[aczko]: An Herrn B-- in M. In: Das preußische Tempe. Viertes Stück. April 1781, S. 237–247, hier S. 240). – Gottscheds Dichterreihe, in der das Fehlen von Röling bemerkt werden muss, wird also als literaturgeschichtliche Konstruktion einer regionalen Dichtung erkennbar, die durch das eben entwickelte Bemühen, die Bedeutung der Königsberger Dichtung durch die Verbindungslinie zu Opitz und über Dach für das zeitgenössische literarische Leben im gesamten deutschen Sprachraum hervorzukehren, gekennzeichnet ist. Die Biographien weisen dafür signifikante Gemeinsamkeiten auf: Die Erwähnten stammten aus Königsberg bzw. Ostpreußen und waren durch ihr amtliches wie poetisches Wirken eng mit der stadtbürgerlichen Gemeinde verbunden; es mag dazu beigetragen haben, dass sie vor allem auch als geistliche Dichter (auch von Kongehl sind einige Lieder damals in die Gesangbücher eingegangen) in der Region bekannt gewesen sind, eine Wahrnehmung, die Gottsched auch von Alberts *Arien* hatte. In seinem in der folgenden Anm. zitierten Aufsatz streicht Gottsched explizit Dachs Kirchenlieder heraus, die „nicht nur in Preussen, sondern fast in allen evangelischen Kirchen noch itzo gesungen werden" (S. 379). Gottsched gibt hier an, dass sich fast alle Kirchenlieder Dachs in den *Arien* fänden – Ähnliches wird schon behauptet in der Bayers Lebensabriss (Anm. 3) ergänzenden anonymen Nachlese zum Leben [...] Simonis Dachen (Anm. 12), S. 945; diese fehlerhafte Zuweisung, dass Alberts Werk vor allem geistliche Lieder Dachs enthalte, prägte die Rezeption längerfristig. Gleichwohl vermochte Gottsched, anders als die späteren Generationen, noch die panegyrische Dichtung Dachs anzuerkennen. – Zugleich zeigt diese Dichterreihe aber auch, welche enormen Aufgaben noch auf eine regionale Literaturgeschichte warten, die bislang immer nur die poetischen Gipfel abgeschritten hat. Kongehl ist der einzige Königsberger Dichter des 17. Jahrhunderts, zu dem neuere Forschungen initiiert worden sind, vgl. die äußerst umfangreiche Monographie von Andreas Keller: Michael Kongehl (1646–1710). „Durchwandert ihn/ gewiß! ihr werdet anders werden ..." Transitorische Textkonstitution und persuasive Adressatenlenkung auf der Basis rhetorischer Geneseprinzipien im Gesamtwerk des Pegnitzschäfers in Preußen. Berlin 2004 (Studium Litterarium. Studien und Texte zur deutschen Literaturgeschichte 2).

seine große Wertschätzung für diesen ersten bedeutenden „preußischen“ Dichter zum Ausdruck gebracht.[63] Diese Zeitschrift wurde in den folgenden Jahren der publizistische Ort, an dem das bis dahin intensivste Bemühen um eine Dach-Ausgabe dokumentiert ist.

2.3 Im Umkreis der schlesischen „Dichterschule“: die Breslauer Dach-Sammlung des Arletius

Verantwortlich dafür war der Breslauer Schulrektor Johann Caspar Arletius (1707–1784).[64] Arletius war einer jener leidenschaftlichen Bibliophilen, wie sie für das 18. Jahrhundert so typisch wurden.[65] Er trug in seiner Privatbibliothek die bis heute größte Sammlung an Drucken und Handschriften von Dachs Gedichten zusammen. Der Breslauer Gelehrte widmete sich mit ebenso großem Eifer der Kollektion von Martin Opitz und Andreas Tscherning. Diese Trias seines Sammelinteresses ist insofern von Bedeutung, als Tscherning neben Opitz derjenige zeitgenössische Dichter war, auf den Dach in seinen Gedichten am häufigsten anspielt.[66] Hier deutet sich eine rezeptive Verfestigung poetischer Referenzen an, die Dach selbst herstellte – und in die er keinesfalls Fleming einbezog, mit dem er heute, und zu Recht, in der Literaturgeschichte am ehesten verglichen wird.

Wie der Schlesier Arletius auf Dach verfiel, lässt sich nicht rekonstruieren; es ist zu vermuten, dass Arletius über seine Beschäftigung mit den schlesischen Dichtern – und hier an erster Stelle Opitz –, denen er seinen intensiven Sammeleifer widmete, auf Dach stieß – und somit jene poetische Filiation des Königsbergers vornahm, die bereits Gottsched hergestellt hatte.[67] 1728 studierte Arletius in Leipzig Theologie,

63 Johann Christoph Gottsched: Kurtzgefaßte historische Nachricht von den bekanntesten preußischen Poeten voriger Zeiten. In: Neuer Büchersaal der schönen Wissenschaften und freyen Künste 4 (1747), S. 371–384, zu Dach S. 376–383. Mit diesem Aufsatz beginnt die „Dachdiskussion“ in dieser Zeitschrift.

64 Zu ihm Schimmelpfennig: (sub verbo). In: ADB 1, S. 530–532.

65 Grundlegend zu den Privatbibliotheken des 18. Jahrhunderts Horst Gronemeyer: Bibliophilie und Privatbibliotheken. In: Werner Arnold, Wolfgang Dittrich, Bernhard Zeller (Hg.): Die Erforschung der Buch- und Bibliotheksgeschichte in Deutschland. (Paul Raabe zum 60. Geburtstag gewidmet.) Wiesbaden 1987, S. 461–472; Paul Raabe: Gelehrtenbibliotheken im Zeitalter der Aufklärung. In: Werner Arnold, Peter Vodosek (Hg.): Bibliotheken und Aufklärung. Wiesbaden 1988 (Wolfenbütteler Schriften zur Geschichte des Buchwesens 14), S. 103–122. Als Fallstudie zu den Göttinger Privatbibliotheken und ihrem Verhältnis zu den öffentlichen Bibliotheken Gerhard Streich: Die Privatbibliothek als Handwerkszeug des Gelehrten im 18. Jahrhundert, dargestellt am Beispiel Göttingens. In: Paul Raabe (Hg.): Öffentliche und private Bibliotheken im 17. und 18. Jahrhundert. Raritätenkammern, Forschungsinstrumente oder Bildungsstätten? Bremen u. a. 1977 (Wolfenbütteler Forschungen 2), S. 241–299. Eine beispielhafte kulturgeschichtliche Analyse privater Bibliotheken in einem regionalen Kulturraum legte Renate Jürgensen vor: Bibliotheca Norica. Patrizier und Gelehrtenbibliotheken in Nürnberg zwischen Mittelalter und Aufklärung. 2 Bde. Wiesbaden 2002 (Beiträge zum Buch- und Bibliothekswesen 43).

66 Vgl. etwa Ziesemer II, 42 und 46.

67 Dazu demnächst die sehr viel ausführlicheren – und konsistenten – Überlegungen von Klaus Garber in seiner Abhandlung: Die zerstobene Kürbishütte. Eine Studie zur Überlieferung des

wandte sich aber schon im Jahr darauf zur Fortsetzung seiner Studien nach Jena. Ob Gottsched vielleicht jener ungenannte Gönner und Freund war, dem Arletius öffentlich für eine große Zahl von Dach-Drucken dankte?[68] Könnte es möglich sein, dass es sich um die Sammlung von Bartsch handelte, die Gottsched „niemals wirklich erhalten" haben will?[69] Diese Möglichkeit ist zumindest nicht ausgeschlossen: Bayer zitiert in seiner Lebensbeschreibung Dachs noch 1723 zwei neulateinische Gedichte, die später nicht mehr in Königsberg, wohl aber in Arletius' Sammlung nachzuweisen sind.[70] Dass sich die von Gottsched begründete Deutsche Gesellschaft in Leipzig ebenfalls im Besitz „einer ziemlichen Sammlung" von Dach-Drucken befand, muss dieser Überlegung nicht unbedingt widersprechen.[71] Denn neben – bzw. vor – der aus Königsberg an Gottsched übersandten Sammlung von Bartsch befand sich in der Stadt ja immerhin bereits die Kollektion von Alberti, über deren Schicksal ebenfalls nichts bekannt ist. Auf jeden Fall sind die Ursprünge der Sammlung von Arletius im Umfeld von Leipzig, wo Alberti gelebt hatte und Gottsched lebte, und Breslau, woher wiederum der erst kurz zuvor verstorbene Hölmann stammte, der dort später einige Jahre als Arzt wirkte, zu suchen.

Arletius kündigte 1748 im *Neuen Büchersaal* eine Ausgabe der Dichtungen Dachs an und veröffentlichte im Jahr darauf ein Verzeichnis der von ihm bis dahin gesammelten Gedichte.[72] Wiederum am gleichen Ort meldete wenig später

---

Werkes von Simon Dach nebst einer Präsentation unbekannter Gedichte. Diese Studie (im Umfang einer Monographie) wird eingehen in das von Garber für das nächste Jahr in der Reihe *Aus Archiven, Bibliotheken und Museen Mittel- und Osteuropas* geplante Buch *Martin Opitz, Paul Fleming und Simon Dach auf der Reise in den Osten.* – Ich danke dem Vf., dass er mir das abgeschlossene Manuskript zur Verfügung gestellt hat. Soweit möglich, wurden neue Ergebnisse der Studien von mir bei der Schlussredaktion meines Aufsatzes eingearbeitet.

68 [Johann Caspar Arletius:] Zuverlässige Nachricht von der Ausgabe einiger trefflichen deutschen Dichter des 17. Jahrhunderts. In: Neuer Büchersaal der schönen Wissenschaften und freyen Künste 7 (1748), S. 253–267. Dort heißt es S. 261, er habe seine Sammlung durch „besondere Gewogenheit eines werthesten Gönners und Freundes" erhalten.

69 So die merkwürdige (und verdächtige?) Formulierung, die Gottsched auf S. 151 wohl selbst als Anmerkung in den Beitrag: Der königl. Deutschen Gesellschaft zu Königsberg in Preußen Schreiben, auf das, von Hrn. Professor Arlet ausgefertigte Verzeichniß, der deutschen und lateinischen Gedichte von Simon Dachen. In: Neuer Büchersaal der schönen Wissenschaften und freyen Künste 10 (1750), S. 149–156 lanciert hat.

70 Es handelt sich um die Gedichte *Ad Michaelem Gorlouium* („Quae mihi vernantem schola depopulata iuuentam est ...") und *In nuptiis Sigism. Veieri A. 1639* („Quisquis es, Ausonias cui ferri dicor in artes ...") (Bayer: Das Leben Simonis Dachii [Anm. 3], S. 164–167 bzw. S. 176–180). Ein anderes von Bayer im Anhang des 12. Stücks des *Erleuterten Preußen* zitiertes Gedicht (*Cura Borussiacae Weierus Bibliothecae*, ebd. S. 857) befand sich nicht in der Sammlung von Arletius, wohl aber in Königsberg, denn die dortige Königlich Deutsche Gesellschaft meldete es in ihren Nachträgen im *Neuen Büchersaal* (Anm. 69, S. 153).

71 So eine redaktionelle Notiz (von Gottsched?) zu [Arletius:] Zuverlässige Nachricht (Anm. 68), S. 266f.

72 [Johann Caspar Arletius:] Alphabetisches Verzeichniß der deutschen und lateinischen Gedichte von Simon Dach. In: Neuer Büchersaal der schönen Wissenschaften und freyen Künste 9 (1749), S. 349–361. Eine erste Beschreibung seiner Sammlung findet sich bereits in: Arletius: Zuverlässige Nachricht (Anm. 68), S. 262–266.

die Königsberger Königliche Deutsche Gesellschaft, deren Gründung ebenfalls auf Gottscheds Einfluss zurückging und die sich der Pflege der deutschen Dichtung verschrieben hatte,[73] rund 90 Nachträge zu Arletius' Verzeichnis.[74] Sie konnten in den Beständen der Königsberger Bibliotheken ermittelt werden.[75] Voll des Lobes für das Vorhaben des Breslauer Schullehrers, mit dem sich endlich die schon von Neumeister eingeforderte, von den – wiederum kryptisch zitierten – „Herren Schlesier[n]" und schließlich von Gottsched selbst, der „dem sel. Secretair Henrich Bartschen vor mehr als zwanzig Jahren Hoffnung gemacht" habe,[76] nicht verwirklichte Dach-Ausgabe realisiere, versprachen die Königsberger die Zusendung der bisher gefundenen und aller noch künftig zu entdeckenden Gedichte Dachs.

Arletius brachte bis an sein Lebensende in seiner Bibliothek 864 deutsche, 178 lateinische und ein griechisches Gedicht Dachs zusammen.[77] Er besaß außerdem ein Manuskript mit Abschriften von Dach-Gedichten, darunter 27 „Herrn Simon Dachen Lust-Reymen, welche noch nicht gedruckt worden",[78] sowie eine von dem Königsberger Poetik-Professor Johann Georg Bock (1698–1762)[79] verfasste hand-

---

73 Zur Gründung der Gesellschaft vgl. Gottlieb Krause: Gottsched und Flottwell. Die Begründer der Deutschen Gesellschaft in Königsberg. Festschrift zur Erinnerung an das 150jährige Bestehen der Königlichen Deutschen Gesellschaft zu Königsberg in Preußen. Leipzig 1893. Zur Rolle dieser Gesellschaft bzw. ihrer Mitglieder bei der Verbreitung aufklärerischen Gedankenguts in Königsberg und Ostpreußen der Aufsatz von Gerhard Kosellek: Aufgeklärtes Gedankengut in der Tätigkeit der Deutschen Gesellschaft in Königsberg. In: Erik Amburger, Michał Cieśla, Laszlo Sziklay (Hg.): Wissenschaftspolitik in Mittel- und Osteuropa. Wissenschaftliche Gesellschaften, Akademien und Hochschulen im 18. und beginnenden 19. Jahrhundert. Berlin 1976 (Studien zur Geschichte der Kulturbeziehungen in Mittel- und Osteuropa 3), S. 321–347; wiederabgedruckt in Gerhard Kosellek: Darstellung und Deutung. Aufsätze zur deutschen Literatur. Wrocław 1988 (Germanica Wratislaviensia 72), S. 142–165. Eine Studie, wie sie jüngst Döring für die den Königsbergern Vorbild gebende Leipziger Gesellschaft vorgelegt hat, fehlt zur Königsberger Schwestergründung, vgl. Detlef Döring: Die Geschichte der Deutschen Gesellschaft in Leipzig. Von der Gründung bis in die ersten Jahre des Seniorats Johann Christoph Gottscheds. Tübingen 2002 (Frühe Neuzeit 70).

74 Anm. 69.

75 Walther Ziesemer: Einleitung. In: Ziesemer I, S. VII–XVI, gibt S. VIIf. an, dass von den hier aufgeführten Gedichten weder die Urschriften noch die Erstdrucke aufzufinden gewesen seien. Die Gesellschaft unterhielt eine eigene Bibliothek, die später in die Stadtbibliothek Königsberg überführt wurde. Es ist deshalb davon auszugehen, dass sich die Quellen ihres Verzeichnisses nicht im Gesellschaftsbesitz, aber doch wohl in Königsberg befanden. Ob Ziesemers ebd. geäußerte Vermutung, sie seien möglicherweise in Pisanskis Sammlung vorhanden gewesen, zutrifft, ist angesichts des Verlusts dieser Sammlung nicht mehr zu klären. Pisanski war Mitglied der Gesellschaft und leitete als Vizepräsident zeitweilig (während der russischen Okkupation) ihre Geschäfte. Aber natürlich sind auch andere Königsberger Quellen denkbar.

76 Der königl. Deutschen Gesellschaft zu Königsberg in Preußen Schreiben (Anm. 69), S. 150.

77 Ich beziehe mich hier auf den Anhang bei Oesterley, S. 955–1024.

78 Der erste Hinweis auf diese Handschrift in der Einleitung von Hermann Oesterley, in: Oesterley, S. 1–23, hier S. 3. Eine Zusammenstellung der enthaltenen Gedichte bei Ziesemer: Neues zu Simon Dach (Anm. 23), S. 592f., Anm. 3.

79 Zu seiner Biographie Erminia von Olfers: (sub verbo). In: APB 1, S. 64. Bock lehrte von 1733 bis 1762 die Poesie an der Albertina. Er war damit nicht nur der Nachfolger von Pietsch, sondern besorgte auch: Des [...] Johann Valentin Pietschen [...] gebundne Schriften, in einer ver-

schriftliche Lebensbeschreibung Simon Dachs. Es steht zu vermuten, dass diese Handschriften im Zuge der von der Königlich Deutschen Gesellschaft angekündigten Unterstützung des Arletiusschen Vorhabens entstanden. Die in sie aufgenommenen Gedichte gingen, wie Ziesemer wahrscheinlich machen konnte, auf das bereits erwähnte Manuskript des Königsberger Staatsarchivs zurück.[80] Obwohl Arletius seine Sammlung bis an sein Lebensende weiter pflegte, kam eine Ausgabe wiederum nicht zustande. Er gehörte offenbar zu jenem – bis heute vertrauten – Gelehrtentypus, der lieber auf eine Veröffentlichung seiner Arbeiten verzichtete, als etwas vorzulegen, das nicht bis ins kleinste Detail Vollständigkeit erreichte.[81] Seine Sammlung ging in die Rhedigersche Bibliothek, die Arletius seit 1761 führte, über und ist bis heute in der Universitätsbibliothek Breslau/Wrocław, wenngleich mit tragischen Verlusten unter den Handschriften, erhalten geblieben.[82]

Auch wenn der Plan einer großen Dach-Ausgabe im 18. Jahrhundert nicht realisiert werden konnte, fanden nach der Neukirchschen Anthologie immer wieder Dach-Gedichte und -Lieder, wenngleich nur vereinzelt, Aufnahme in zeitgenössische Anthologien. Es zeigt sich allerdings, dass zumindest im Falle Dachs die von Neukirch begründete Reihe nur wenig konsultiert wurde; die Rückgriffe für spätere Neudrucke erfolgten direkt auf die *Arien*, während die *Chur-Brandenburgische Rose* nach Gottsched nur noch selten für ausgewählte Einzelstücke konsultiert wurde.

2.4 Der vortreffliche teutsche Poet: Früchte galanter Dach-Lektüre in der Ausgabe Mantzels

Singulär während des gesamten 18. Jahrhunderts – bis hin zu den Ausgaben Müllers und Gebauers[83] – blieb ein editorisches Unternehmen, das wiederum zurückführt in die galante Periode der Kultur in den Jahrzehnten um 1700. Ernst Johann Friedrich Mantzel (1699–1768), der zunächst Theologie studierte und später als Professor der Jurisprudenz in Rostock und durch seine zahlreichen Veröffentlichungen einer der bedeutendsten mecklenburgischen Juristen des 18. Jahrhunderts wurde,[84] hatte 1721,

---

mehrten Sammlung ans Licht gestellet. Königsberg 1740. Es gibt also einen ganz klar umrissenen Personenkreis auf der Achse Königsberg – Breslau, der sich bis in die Mitte des 18. Jahrhunderts um die Dichtung Dachs bemühte.

80 Vgl. Ziesemer: Neues zu Simon Dach (Anm. 23), S. 593.

81 Vgl. das Urteil von Schimmelpfennig (Anm. 64), S. 531.

82 Vgl. zur Geschichte der Bibliothek Klaus Garber: Die Biblioteka Uniwersytecka in Wrocław. Morphologie der Bestände, Umrisse der Provenienzen und Charakteristik der Personalschrifttums-Sammlungen. In: Klaus Garber (Hg.): Handbuch des personalen Gelegenheitsschrifttums in europäischen Bibliotheken und Archiven. Bd. 1ff. Hildesheim u. a. 2001ff., Bd. 1. Breslau – Wrocław. Universitätsbibliothek – Biblioteka Uniwersytecka. Abteilung I. Stadtbibliothek Breslau (Rhedigeriana/St. Elisabeth). Teil 1. [...] Hg. v. Stefan Anders, Sabine Beckmann u. Martin Klöker (2001), S. 17–80.

83 Vgl. unten Kap. III.2.

84 Zu ihm Hugo Böhlau: (sub verbo). In: ADB 20, S. 273–275. Die Einträge in: Grosses vollständiges Universal Lexicon [..., verlegt von Johann Heinrich Zedler]. Bd. 19. Halle, Leipzig 1739, Sp. 1125–1128, und insbesondere bei: Johann Georg Meusel: Lexikon der vom Jahre 1750 bis 1800

im Jahr seiner juristischen Promotion in Rostock, den ersten Band seiner Sammlung *Der Vortrefflichsten Teutschen Poëten verfertigte Meister-Stücke, wobei jedesmahl das Leben eines solchen Tichters, der den Namen eines Vortrefflichen bey der Galanten Welt durch seine Geschicklichkeit verdienet*, veröffentlicht.[85] Den Anfang machte ein Band zu Martin Opitz, geplant war vom Herausgeber, „biß auff die Heutigen“[86] fortzufahren. Es war das publizistische Projekt der Nebenstunden eines jungen Gelehrten, der auf dem Gymnasium und der Universität den damals üblichen Unterricht der Poetik und Rhetorik genossen hatte. Mantzel trat in seinem Leben immer wieder einmal mit Gelegenheitsreden und -gedichten in Rostock hervor, er legte mit einem kleinen *Versuch, wie weit es möglich eines lateinischen Poeten Verse in Teutsche zu bringen*[87] auch eine poetologische Jugendschrift vor, in der er am Beispiel des dritten Buchs der *Aeneis* die Möglichkeit einer wörtlichen Übersetzung mit gleicher Zeilenzahl exemplifizierte – als Dichter jedoch blieb Mantzel einer der typischen poetae minores seiner Zeit, die die Dichtkunst bei Gelegenheit als gelehrte Übung betrieben. Das Galante, dem er seine Reihe der Dichterausgaben zuordnete, war nicht mehr als ein modisches Etikett, mit dem er um Leser warb. Mit dem kulturellen Muster galanter Manier als Wertmaßstab, nach dem die Gedichte der „vortrefflichsten Poeten“ beurteilt werden, verband Mantzel ein humanistisch-barockes Dichtungsverständnis, wonach man durch Übung und Lektüre zu guten Versen gelangen könne, dass ein Dichter aber nicht schreiben könne, wenn man es von ihm verlange („Verse zu machen ist nicht vor eine jede Stunde“),[88] sondern nur, wenn er entsprechend inspiriert sei, wenn also der „Umbstand der Sache mit dem Hertzen eins ist“.[89] Deutlich wird das auch in der Vorrede zum zweiten, hier interessierenden „Stück“, in dem der Herausgeber „gestehet/ daß er Mühe gehabt sich in der Wahl der besten Gedichte zu überzeugen/ denn es mit denenselben so bewandt/ daß ob sie gleich öffters voll

---

verstorbenen teutschen Schriftsteller. ND der Ausgabe Leipzig 1808. Bd. 8. Hildesheim 1967, S. 463–474, sind wegen der Verzeichnisse der Schriften Mantzels wichtig.

85 Vgl. zu dieser Reihe Robert Paul Bareikes: Die deutschen Lyriksammlungen des 18. Jahrhunderts. In: Joachim Bark, Dietger Pforte (Hg.): Die deutschsprachige Anthologie. 2 Bde. Frankfurt/M. 1969–1970 (Studien zur Philosophie und Literatur des neunzehnten Jahrhunderts 2), Bd. 2, S. 48–139, hier S. 62–64. Inwieweit Mantzel seine Reihe aus kaufmännischem Interesse plante und als Handbuch für die Nachahmung verstand, wie Bareikes vermutet, ist spekulativ. Entscheidender ist sicherlich der mit dieser Reihe verbundene Versuch, in einem regionalen Kulturraum für die – dann in der Tat im Sinne der galanten Kritik an den Verfallserscheinungen der Literatur des ausgehenden 17. Jahrhunderts – Abwendung vom barocken „Schwulst“ zu wirken. Sigmund von Lempicki: Geschichte der deutschen Literaturwissenschaft bis zum 18. Jahrhundert. 2., durchges., um ein Sach- und Personenregister sowie ein chronologisches Werkverzeichnis vermehrte Aufl. Göttingen 1968, S. 241f., sieht dementsprechend in Mantzels Unternehmen ein Werk des Übergangs, das zu Gottsched überleitet.

86 Ernst Johann Friedrich Mantzel: [Vorrede.] In: Der Vortrefflichsten Teutschen Poëten verfertigte Meister-Stücke [...]. Erste PIECE, Worinn Martin Opitzen, Als Eines vortrefflichen Teutschen POËTEN Verfertigte Meister=Stücke. Nebst Desselben Lebens=Beschreibung. Rostock 1721, S. 3.

87 O.O. 1724.

88 Mantzel: [Vorrede] (Anm. 86), S. 5 (im Druck durch größere Buchstaben hervorgehoben!).

89 Ebd., S. 6.

schöner Gedancken/ dennoch die gantze Ausführung nicht gleich zierlich und geschickt“[90] sei.

Dieses zweite „Stück“, erst 1724 erschienen, versammelte die „besten“ Verse von Andreas Tscherning und Simon Dach. Es blieb für einhundert Jahre die einzige neue Ausgabe, die ausdrücklich für Dach konzipiert wurde. Hier allerdings ist Dach sogleich editorisch mit jenem poetischen Zeitgenossen vereint, mit dem er sich selbst wiederholt verglichen hatte. Mantzel erklärt beide Dichter „für am Geiste vollkommen gleich“.[91] Achtzig Seiten in Oktav umfasst das Bändchen, knapp die Hälfte davon (ab S. 45) kommt Simon Dach zu. Mantzel bietet einen Lebensabriss Dachs, der erkennbar an Bayers kurz zuvor erschienenen – und ihm bekannten – Aufsatz angelehnt ist und der zu Dachs Prophezeiung der zukünftigen Regentschaft des neugeborenen brandenburgischen Prinzen hingeführt wird. Wie diese dichterische „Sehergabe“ zum Bilde Dachs beitrug, wird daran noch einmal ganz deutlich. Benjamin Neukirch bezog sich darauf in einem Gedicht auf den preußischen König Friedrich I., das davon zeugt, wie bereits um 1700 auch außerhalb des Herzogtums diese Verse Dachs aufgegriffen und dem Gedächtnis an den Dichter implementiert wurden. Mantzel zitiert Neukirchs Gedicht und stellt damit die Verbindung zwischen Simon Dach und dem aktuellen literarischen Leben der Zeit über einen anerkannten poetischen Gewährsmann her.[92] Diese Überführung Dachs in das frühe 18. Jahrhundert verlief nicht über die Neukirchsche Anthologie, sondern über die posthume Ausgabe der Gedichte des Freiherrn Rudolph Ludwig von Canitz (1654–1699), denen – bis zur Neuausgabe durch Johann Ulrich König – nicht nur Neukirchs Gedichte, sondern auch einige Gedichte Dachs im Anhang beigegeben waren. Canitz wiederum wirkte durch seine Abstreifung des barocken Schwulstes und seine Aufnahme des französischen Klassizismus, die an Boileau geschult war, bekanntlich weit in das 18. Jahrhundert hinein.[93]

Diese Wirkung erreichte Mantzels Bändchen nicht. Nachdem ebenfalls 1724 das dritte „Stück“ Hans Sachs – zweifelsohne ein Kuriosum in der Reihe der präsentierten Dichter! – und das vierte und letzte „Stück“ im Jahr darauf Fleming und Rist vorgestellt hatten, stellte er die Reihe ein. Ihr war offensichtlich kein publizistischer Erfolg beschieden. Auch für die Rezeption Dachs im 18. Jahrhundert blieb Mantzels Ausgabe ohne Einfluss. Sie ist allerdings aufgrund der in sie aufgenomme-

---

90 Ernst Johann Friedrich Mantzel: [Vorrede.] In: Der Vortrefflichsten Teutschen Poëten verfertigte Meister-Stücke [...]. Anderes Stück Der POËTIschen Meister=Stücke, enthaltend: Andreas Tscherningen Und Simon Dachen Lebens=Beschreibungen, und Beste VERSE. Rostock, Parchim 1724, S. 4f. – Ganz ähnliche Worte finden sich später bei Oesterley (s. unten S. 43); hier zeichnet sich, freilich noch unter ganz anderen Präjudizien, ein Argumentationsmuster zur Begründung der jeweils getroffenen Auswahl ab.

91 Der Vortrefflichsten Teutschen Poëten verfertigte Meister-Stücke [...]. Anderes Stück (Anm. 90), S. 45.

92 Ebd., S. 79: „Beglückter Friederich (Frid. I. Rex Bor. gl. M.) || Jch bin zwar Dachen nicht an Geist und Kräfften gleich; | Doch scheint es daß sein Trieb sich heut in mir verneue. | Wollan ich prophezeye | Dir oder deinen Sohn ein zweytes Königreich. | Wie? sind woll einige, die es nicht können hoffen? | Dach war ein Mensch wie ich, und hat es doch getroffen.“

93 Zu Canitz vgl. Ulrich Maché: (sub verbo). In: Literatur-Lexikon (Anm. 32), Bd. 2, S. 359f.

nen Gedichte erwähnenswert. Mantzel hat, ohne Quellenangaben, insgesamt sechs Gedichte Dachs abgedruckt. Drei darunter entnahm er der *Chur-Brandenburgischen Rose* (oder ihrer Titelaufnahme von 1696), die anderen drei aber sind offensichtlich kasualen Einzeldrucken entnommen, die Mantzel zugänglich waren.[94] Es blieben in diesen Fällen die einzigen Abdrucke bis zu Ziesemers Edition. Die Zusammenstellung macht deutlich, dass es sich um zufällige Zugänge zum poetischen Werk Dachs handelt. Die Vorstellung, die sich Mantzel von der Dichtung Dachs aus Bayer und einigen anderen Quellen angelesen hat, ist ebenso schemenhaft wie diffus. Der Rückgriff auf die *Chur-Brandenburgische Rose* erfolgt zweifellos nur deshalb, weil dem Herausgeber ansonsten nur wenig verfügbar war.

Nur von der geistlichen Lieddichtung besitzt er einen Überblick, den er aus Alberts *Arien* (in einer späteren Ausgabe)[95] und dem Gesangbuch von Peter Sohren (gest. 1693) gewonnen hat.[96] In einem Verzeichnis listet Mantzel 23 geistliche Lieder daraus auf, die „alle mit einander wehrt vor Meisterstücke geschätzet" zu werden verdienten.[97] Wiederum also sind die geistliche Dichtung und insbesondere die Kirchenlieder als bedeutendste poetische Leistung Dachs apostrophiert. Die zufällige und – im Verhältnis dazu – schmale Auswahl der weltlichen Dichtung[98] dagegen zeigt, wie schwer es damals war, sich einen Eindruck von dem Dichter Dach zu verschaffen. Mantzels Ausgabe lässt das offenkundig werden: Tscherning ist in einem ganz anderen Maße – einschließlich einiger Proben seiner neulateinischen Gedichte – poetisch repräsentiert als Dach. Es mag dazu beigetragen haben, dass Mantzel in Rostock leichter Zugang zu Tscherning-Drucken hatte, die die Bibliotheken vor Ort aufbewahrten; auch ein besonderes lokalpatriotisches Interesse mag die Vertrautheit mit der Dichtung des Rostocker Professors Tscherning verstärkt haben. Als ausschlaggebenden Grund aber lässt sich wohl zweifellos anführen, dass von Tscherning

---

94 Vgl. Der Vortrefflichsten Teutschen Poëten verfertigte Meister-Stücke [...]. Anderes Stück (Anm. 91), es handelt sich um: „Daß ich mit Reime setzen ..." (S. 50f., Auszug; Ziesemer IV 219ff.), „Herr Thiel, ich wünsch' euch Glück zu diesen Ehren ..." (S. 66–72, Überschrift: „Als Herr Valentin THILO Prof. Eloquentiae zu Königsberg wurde Anno 1634"; Ziesemer I, 19ff.), und „Das schöne Kunst= und Tugend=Feld ..." (S. 72–75, Überschrift: „Auff das Begräbnis eines Studiosi Erhard Schönfelds Anno 1649"; Ziesemer III, 291f.). Die Überschriften der letzten beiden Gedichte sind offenkundig aus originalen Titelblättern abgeleitet.

95 Poetisch-Musicalisches Lust Wäldlein, Das ist, Arien oder Melodeyen Etlicher theils Geistlicher, theils Weltlicher [...] Lieder [...] zu singen gesetzt von Heinrich Alberten. Königsberg 1648.

96 Peter Sohren: Musicalischer Vorgeschmack/ Der Jauchtzenden Seelen im ewigen Leben. Das ist/ Neu-außgefärtigtes/ vollständiges und mit Fleiß durchsehenes nützliches Evangelisch-Luthrisches Gesang-Buch/ Darinnen Herrn D. Lutheri und aller anderer Geistreichen Gottseligen so wol Alten als Neuen Lehrer/ wolgesetzte Gesänge/ an der Zahl über 1100. Texten/ in richtiger Ordnung befindlich/ und mit Discant und Bass überzeichnet [...]. Hamburg 1683. – Zu Sohren, den größten Teil seines Lebens Kantor und Organist in Elbing, vgl. den knappen Eintrag von Danuta Popinigis: (sub verbo). In: MGG, 2. Aufl. (Anm. 35), Bd. 15, Sp. 1004. Sohren trat vor allem durch seine musikalischen Bearbeitungen protestantischer Kirchenliederbücher hervor, komponierte aber auch selbst Melodien zu Dichtern seines Jahrhunderts (u. a. zu Dach).

97 Der Vortrefflichsten Teutschen Poëten verfertigte Meister-Stücke [...]. Anderes Stück (Anm. 91), S. 76–78, Zitat S. 76.

98 Diese explizite Unterscheidung trifft Mantzel ebd., S. 76 selbst.

gleich mehrere zeitgenösische Sammelausgaben vorlagen, auf die der Herausgeber zurückgreifen konnte. Das editorische Versäumnis des 17. Jahrhunderts wirkte nachhaltig auf das Bild des Königsberger Dichters ein und führte zu einer nur partiellen Rezeption seiner Dichtung, die wiederum die Einlagerung Dachs in die kulturelle Erinnerung selektierte.

2.5 Das „Schönste" von Dach: Matthissons Anthologie und der Beginn einer Kanonisierung

Von Dachs Gedichten und Liedern blieb dem 18. Jahrhundert nur wenig erhalten. Die Quellen, auf die man zurückgreifen konnte, die Neukirch und Hölmann ebenso wie Mantzel für ihre Sammlungen konsultierten, aus denen auch Gottsched sein positives Dach-Bild schöpfte, waren in erster Linie die *Arien* bzw. ihre Nachdrucke und dann – als von der Albertschen Sammlung nur unscharf separierter Bezirk der Dachschen Dichtung – die *Preußischen* (und andere protestantische) *Gesangbücher*. Die *Chur-Brandenburgische Rose* gewann keine vergleichbare Bedeutung. Sie präsentierte den höfischen Panegyriker und damit eine Seite des Dichters Dach, die die nachfolgenden Jahrhunderte durchaus ambivalent betrachteten und die letztlich nur wenig zu dem Bild beitrug, das von ihm über die Generationen weitergetragen wurde. Sie wurde, trotz des etwas anderes verheißenden Titels der Ausgabe von 1696, niemals, auch von Gottsched nicht, als repräsentative Ausgabe wahrgenommen. Von der übrigen Dichtung Dachs, dem „bey Gelegenheit" entstandenen Hauptteil, wurden nur wenige einzelne, mehr oder minder zufällig den einzelnen Herausgebern zugängliche Stücke den zeitgenössischen Lesern bekannt gemacht. Ein umfassendes Bild konnte er sich nur aus den kurzen Titelangaben verschaffen, die um die Jahrhundertmitte im *Neuen Büchersaal* verzeichnet worden waren.

Dieter Martin hat in seiner Studie *Barock um 1800* die Aufnahme barocker Lyrik in Anthologien und Sammlungen zwischen 1770 und 1830 analysiert und die kulturgeschichtlichen Kontexte, unter denen diese Gedichte und Lieder ausgewählt und verbreitet wurden, eingehend untersucht.[99] Seine Auswertung belegt, dass Dach, dass aber auch die Barockdichter insgesamt, in den Anthologien weltlicher und geistlicher Lieder wie denen nicht spezifischer Auswahl nur eine geringe Rolle spielten. Nicht nur die Gelegenheitsdichtung im Besonderen, sondern die gelehrte Dichtung des 17. Jahrhunderts im Allgemeinen verlor in den letzten Jahrzehnten des 18. Jahrhunderts jede Reputation. In die populären Liederbücher der Zeit gingen

99 Dieter Martin: Barock um 1800. Bearbeitung und Aneignung deutscher Literatur des 17. Jahrhunderts von 1770 bis 1830. Frankfurt/M. 2000 (Das Abendland, N. F. 26). – Zur Barockrezeption vgl. neben dem nunmehr grundlegenden Sammelband Europäische Barock-Rezeption (Anm. 32) als eingeführte Studie Herbert Jaumann: Die deutsche Barockliteratur. Wertung – Umwertung. Eine wertungsgeschichtliche Studie in systematischer Absicht. Bonn 1975 (Abhandlungen zur Kunst-,Musik- und Literaturwissenschaft 181). Als aufschlussreichste Fallstudie für die Rezeption der Barockdichtung am Beispiel Martin Opitz' nach wie vor: Klaus Garber: Martin Opitz – der „Vater der deutschen Dichtung". Eine kritische Studie zur Wissenschaftsgeschichte der Germanistik. Stuttgart 1976.

die „altdeutschen" Lieder, zu denen die Lieder des Barock gezählt wurden, nur in geringem Umfang ein.[100] Erst mit den Befreiungskriegen rückten sie, im Soge der deutsch-nationalen Begeisterung, mehr in den Blickpunkt. Martin führt in seinem Anhang die Sammlungen aus seinem Untersuchungszeitraum auf, in denen sich Dachsche Gedichte und Lieder befinden.[101] Angesichts dieser nunmehr einschlägigen Arbeit kann hier auf eine wiederholende Ausführung verzichtet werden. Es sind in der Tat nur – erst recht im Blick auf das Gesamtwerk des Dichters – wenige Texte, die sich nachweisen lassen.

Die umfangreichste Auswahl in diesen Jahrzehnten bot das um 1800 am größten angelegte Reihenwerk, die in insgesamt zwanzig Bänden zwischen 1803 und 1808 erschienene *Lyrische Anthologie*, die Friedrich von Matthisson (1761–1831) besorgte.[102] Hier finden sich in Band 1 und unter den „Ergänzungen" in Band 18 insgesamt 32 Gedichte Dachs.[103] Es ist die zahlreichste Zusammenführung seit Neukirchs Anthologie. Matthisson bestimmte seine Anthologie „für das ganze lesende Publikum" und griff deshalb massiv in die Texte ein, um die von ihm präsentierten Dichter diesem Zweck verfügbar zu machen.[104] Er folgte, wie er es gegen seine Kritiker im Vorwort des achtzehnten Bandes noch einmal verteidigte, bei seiner Auswahl keinem historischen, sondern einem ästhetischen Plan und wählte das „Schönste" aus den Dichtern aus.[105]

Martin weist darauf hin, dass Matthisson im Falle Dachs vor allem aus einer ihm übergebenen Abschrift von Johann Joachim Eschenburg schöpfte, die jener von Dach-Gedichten ursprünglich für seine eigene Beispielsammlung angefertigt, aber nicht verwendet hatte, und dass er außerdem für den Band 18 intensiv auf Gerhard Anton Hermann Grambergs Blumen deutscher Dichtung zurückgriff.[106] Aus dieser nicht nur hier festzustellenden Zusammenarbeit zwischen den Herausgebern verschiedener Anthologien und den sich ebenfalls wiederholenden Rückgriffen auf bereits vorliegende Anthologien schließt Martin, „daß Matthissons Lyrische Anthologie einem fortdauernden Kanonisierungsprozeß angehört",[107] dem die Barockliteratur um 1800 unterworfen wurde. Im Falle Dachs bedeutete diese Kanonisierung eine weitere Auswahl aus dem ohnehin nur eingeschränkt verfügbaren Textkorpus. Fast alle Gedichte in der Lyrischen Anthologie sind den Arien entnommen, je ein Lied kommt aus Herders Volksliedern und Baczkos Preußischem Tempe hinzu.[108] Das also war es, was – mit den Worten Matthissons – als das „Schönste" von Dach dem

100 Martin: Barock um 1800 (Anm. 99), S. 90ff.

101 Ebd., S. 607f.

102 Matthisson trat selbst als Lyriker in Erscheinung, bekannter aber ist er durch seine Reisebriefe. Vgl. zu ihm einführend Ulrich Joost: (sub verbo). In: Literatur-Lexikon (Anm. 32), Bd. 8, S. 14f.

103 Dach dort auf den S. 47–76 bzw. 238–273. Er war in beiden Bänden, im Verhältnis zu seinen Dichterkollegen des 17. Jahrhunderts, damit durchaus ausführlich vorgestellt.

104 Vgl. Friedrich von Matthisson: Vorrede. In: Lyrische Anthologie. Bd. 1. Zürich 1803, S. 10f. (Zitat S. 10).

105 Vgl. Ders.: Vorrede. In: Lyrische Anthologie. Bd. 18. Zürich 1808, S. IV.

106 Vgl. Martin: Barock um 1800 (Anm. 99), S. 80f. mit Anm. 176 und S. 83f.

107 Ebd., S. 81 (Kursiva im Text).

108 Zu Baczko s. unten S. 55.

lesenden Publikum präsentiert werden konnte. Der höfische Dichter Dach fiel aus diesem Muster endgültig heraus.

2.6 Der Dichter von „Volksliedern“: Herders Interesse an Dach

Wulf Segebrecht hat schon früher angedeutet, dass das Interesse am Dichter Dach zum Ende des 18. Jahrhunderts weitgehend geschwunden war.[109] Dieter Martin ist nun die wichtige Konkretisierung zu verdanken, dass dieses schwindende Interesse, das Dach unter seinen poetischen Zeitgenossen des 17. Jahrhunderts keineswegs alleine traf, mit einer Kanonisierung der Barockdichtung einherging, die somit in einer sich immer mehr verfestigenden Auswahl für die literarische und gesellschaftliche Kommunikation des 19. Jahrhunderts bereitgestellt wurde. Es wird noch darauf einzugehen sein, dass die Verhältnisse in Ostpreußen ein wenig anders lagen. Im Falle Simon Dachs wirkte sich dieser kulturgeschichtliche Umbruch in der Rezeption der barocken Dichter freilich noch gravierender aus. Denn die Rezeption des Barockdichters Dach wandelte sich seit dem letzten Viertel des 18. Jahrhunderts ganz entscheidend: zum Bild eines deutschen Volks(lieder)dichters. Matthisson stellt mit seiner Anthologie dafür ein Bindeglied dar. Vorbereitet wurde dies aber durch Johann Gottfried Herder (1744–1803). In seinem volkspoetischen Konzept besteht zwischen Dichter und Volk eine unauflösliche schöpferische Einheit, Dichtung entsteht für ihn aus den Eigenheiten und der Lebenswirklichkeit eines Volkes heraus und ist zugleich gemeinschaftsbildend. In Herders Sammlung von *Volksliedern*, 1778/79 in zwei Teilen erschienen, soll die Vielzahl dieser ursprünglichen, echten Stimmen aller Völker in ihren Liedern erklingen.[110] Es ist eine gelebte, unmittelbarempfindende Sprache, in der ihm diese Lieder tönen und durch die sie für ihn zu Volksliedern werden.

Was für Herder ausschlaggebend war, wird deutlich an seinem Kommentar, mit dem er seine Übersetzung der *Anke van Tharaw* entschuldigte: „Es hat sehr verlohren, da ichs aus seinem treuherzigen, starken, naiven Volksdialekt ins liebe Hochdeutsch habe verpflanzen müssen“.[111] Neben diesem Lied wählte er drei weite-

---

109 Segebrecht: Simon Dach und die Königsberger (Anm. 33), S. 245f.

110 Ich benutze die Ausgabe: Johann Gottfried Herder: Werke in zehn Bänden. Hg. v. Martin Bollacher, Jürgen Brummack, Christoph Bultmann u. a. Bd. 3: Volkslieder, Übertragungen, Dichtungen. Hg. v. Ulrich Gaier. Frankfurt/M. 1990 (Bibliothek deutscher Klassiker 60). – Zu Herders volkspoetischem Konzept hier im Nachwort sowie in den Kommentaren das Wesentliche. Einführend der Beitrag von Manfred Windfuhr: Herders Konzept von Volksliteratur. Ein Beitrag zur literarischen Mentalitätsforschung. In: Jahrbuch Deutsch als Fremdsprache 6 (1980), S. 32–49. Zum Herderschen Geschichtsverständnis und seinen humanistischen Konzepten von Volk und Nation vgl. Michael Zaremba: Johann Gottfried Herders humanitäres Nations- und Volksverständnis. Ein Beitrag zur politischen Kultur der Bundesrepublik Deutschland. Berlin 1985 (Studien zu deutscher Vergangenheit und Gegenwart 1); Regine Otto (Hg.): Nationen und Kulturen. Zum 250. Geburtstag Johann Gottfried Herders. Würzburg 1996; Frederick M. Barnard: Herder on Nationality, Humanity, and History. Montreal u. a. 2003.

111 Vgl. Herder: Werke in zehn Bänden (Anm. 110), Bd. 3, S. 219; der Text hier S. 112f.

re aus: das Lied „Wer fragt danach ...", das aus den *Arien* zuerst in den vierten Band der Neukirchschen Anthologie unter dem Titel *Saufflied* überging und nunmehr von Herder als *Lob des Weins. Ein deutscher Dithyrambus* überschrieben und mit Weglassung der „grobianischen" ersten und letzten Strophe gedruckt wurde,[112] sowie das *Lied der Freundschaft* – „Perstet amicitiae semper venerabile Faedus!"[113] – und *Der Brauttanz* („Tanz, der du Gesetze / Vnsern Füßen giebst..."),[114] Ein weiteres Lied, auch dieses ein „Brauttanz" („Dieser Tag soll vnser seyn..."),[115] findet sich nur im Manuskript des zweiten Bandes, wurde aber nicht in die Ausgabe aufgenommen. Mit Ausnahme des in den *Volksliedern* enthaltenen Brauttanzes boten Herder wiederum die *Arien* die Vorlage, für jenes Lied dagegen griff er offenbar auf einen Einzeldruck zurück.[116] Herder bemühte sich für seine *Volkslieder*, jeden Situations- und Adressatenbezug zu tilgen. Das ergab sich als notwendige Konsequenz aus seinem universalen Anspruch; in diesem Konzept kann das Kasuale keinen Platz haben. Nur die – hochdeutsche – *Anke* ist von Herder vollständig abgedruckt und in seiner Nachfolge zum volkstümlichen *Ännchen* geworden.[117]

Noch in einer seiner spätesten Schriften sieht Herder im preußischen Volk jenes, das wie kaum ein anderes Volk in Europa an seinen Liedern hänge – und in diesen

---

112 Ebd. S. 257–259. Vgl. auch den Kommentar S. 1091f. – Dieses Lied gehört zu den Liedern in den *Arien*, die Dach nicht eindeutig zuzuordnen sind; es ist dort nicht unterzeichnet. In der Neukirchschen Anthologie wurde es unter der Chiffre „S.D." aufgeführt (Benjamin Neukirchs Anthologie [Anm. 37], Bd. 4 [1704], S. 364ff.). Zur Frage der Verfasserschaft, die hier eindeutig anhand des Berliner Exemplars (Sign.: Yq 2201) für Dach entschieden wird, vgl. Alfred Lowak: Zu Simon Dach. In: Euphorion 20 (1913), S. 737f. Die Aufschlüsselung des Namenskürzels schon bei Mantzel in: Der Vortrefflichsten Teutschen Poëten verfertigte Meister-Stücke [...]. Anderes Stück (Anm. 91), S. 80, und bei Johann Ulrich König: Vorbericht Bey dieser neuen Auflage. [Hier nach dem Neudruck:] Friedrich Rudolph Ludwig von Canitz: Gedichte. ND der Ausgabe Leipzig, Berlin 1727. Hg. v. Jürgen Stenzel. Tübingen 1982 (Neudrucke deutscher Literaturwerke, N. F. 30), S. 25. – Die Verfasserschaft Dachs in den *Arien* ist in drei weiteren Fällen nicht abschließend zu klären: „Soll denn, schönste Doris, ich ..." (ARIEN II, 13; ZIESEMER II, 332; die Infragestellung der Verfasserschaft Dachs ebd. S. 393); „Gute Nacht, du falsches Leben ..." (ARIEN I, 23; ZIESEMER II, 327f.; Dachs Verfasserschaft wird von Oesterley: [Einleitung] [Anm. 78], S. 18, bezweifelt); „Ich armer Madensack! Der ich vor wenig Wochen ..." (ARIEN IV, 4; ZIESEMER III, 67; in der Erstausgabe der *Arien* von 1641 unter Dachs Namen, in späteren Auflagen weggelassen und deshalb S. 469 von Ziesemer hinterfragt).

113 ZIESEMER I, 66f. Die Schlussstrophe ist – aus den genannten Erwägungen – von Herder ausgelassen, vgl. Herder: Werke in zehn Bänden (Anm. 110), Bd. 3, S. 271f.

114 Ebd., S. 412f. (ZIESEMER I, 258f.)

115 So der Titel des Einzeldrucks nach ZIESEMER I, Anmerkung S. 353, das Gedicht ebd. S. 241. In den ARIEN VIII, 17. Vgl. die Ausgabe Johann Gottfried Herder: Sämtliche Werke. Hg. v. Bernhard Suphan. 3. unveränderter Nachdruck der Ausg. Berlin 1885. Hildesheim u. a. 1994, Bd. 25, S. 577f.

116 Herder gibt als Quelle die *Musicalische Kürbs-Hütte* an; dort findet sich das Lied nicht. Er hat es, vgl. den Kommentar Herder: Werke in zehn Bänden (Anm. 110), Bd. 3, S. 1188f., offensichtlich aus einem Einzeldruck. Den einzigen bislang bekannten Einzeldruck besaß die Staats- und Universitätsbibliothek Königsberg (Sign. Pb 13.2°). Möglicherweise hat Herder schon für diese Arbeit Abschriften von seinen Königsberger Freunden erhalten? Der Druck ist bislang verschollen.

117 Vgl. zur Nachwirkung von Herders *Volksliedern* unten S. 83.

Liedern der preußischen Dichter „z. B. Simon Dachs, Alberti's u.f. zeigt sich der alte Nationalcharakter; furchtbarer Ernst und weiche Klage."[118] Für Herder, selbst ein gebürtiger Ostpreuße, spielte die landschaftliche Verbundenheit zwar längst nicht mehr die Rolle wie noch für Gottsched. Doch sie ist in seinem Engagement für den Dichter Dach durchaus noch erkennbar, wenn er kurz nach dem Erscheinen seiner *Volkslieder* beklagte, dass Dach in Deutschland neben einem Opitz oder Fleming nahezu unbekannt sei,[119] und er seinen Königsberger Freund Johann Georg Hamann (1730–1788) bat, ihm vor Ort Abschriften zu beschaffen, denn Dach-Gedichte „müßten doch bei Ihnen häufig seyn."[120] Den Königsberger Dichter genauer kennenzulernen, war gar nicht so einfach. Wenn man nicht gerade in Breslau oder Königsberg, über deren Sammlungen vor Ort man sich wenigstens im *Neuen Büchersaal* einen Überblick verschaffen konnte, saß, waren seine Gelegenheitsdrucke äußerst schwer zugänglich.

Die ihm aus Königsberg zugeschickten Abschriften von zwölf Epithalamien befinden sich bis heute in Herders Nachlass.[121] Zum Druck beförderte er sie nie. Gelungen ist es ihm gleichwohl, Dach weit über seine Zeit hinaus bekannt zu machen – wenn auch nicht in dem Maße, das er sich offensichtlich gewünscht hatte. Durch Herders *Volkslieder* jedoch wurde Dach in den poetischen Hausschatz der Deutschen hineingeführt. Wichtiger als die zeitgenössische Wirkung dieser Sammlung, die sicherlich aus der historisch-wissenschaftlichen Rückschau von der ihr in der deutschen Literaturgeschichte zuzuweisenden Bedeutung aus überschätzt worden sein dürfte,[122] ist aber eben diese ihr durch spätere Generationen zugewachsene Rezeption. Dach erhielt damit die Stelle im kulturellen Gedächtnis zugewiesen, an der er bis weit ins 20. Jahrhundert hinein verortet blieb. Um Dach von einem für seine Oden geschätzten und vornehmlich durch die *Arien* bekannten Dichter zum Dichter von Volksliedern zu erheben, musste man aber nicht nur das Volk als leitenden Wertmaßstab der Literatur erst einmal entdecken; möglich wurde es nur, wenn man die Dichtung des 17. Jahrhunderts nicht in ihren epochalen Signaturen wahrnahm.

---

118 Herder: Sämtliche Werke (Anm. 115), Bd. 23 (= Adrastea [1802]), S. 467.

119 So in seinem Brief an Hamann am 9. April 1779 (Johann Gottfried Herder: Briefe. Gesamtausgabe 1763–1803. Unter Leitung von Karl-Heinz Hahn hg. v. den Nationalen Forschungs- und Gedenkstätten der klassischen deutschen Literatur in Weimar. Bd. 4. Oktober 1776 – August 1783. Weimar 1979, Nr. 69).

120 Herder an Hamann, 1. Januar 1779 (Ebd. Nr. 62).

121 Vgl. Kelletat: Nachwort (Anm. 1), S. 409 mit Anm. 39.

122 Vgl. Martin: Barock um 1800 (Anm. 99), S. 90, Anm. 203.

3. Der „vaterländische“ Dichter: Von der Romantik bis zum Vormärz

3.1 Wandlungen des Dach-Bildes im Soge der politischen und gesellschaftlichen Umbrüche: *Des Knaben Wunderhorn* und Positionen der Germanistik

Was Herder, so könnte man sagen, „weltliterarisch“ anstrebte, konzentrierten dann in seiner Nachfolge die Romantiker auf die nationale Literatur. Für Achim von Arnim (1781–1831) und Clemens Brentano (1778–1842) zählten Dachs Verse zu jenen, die beitragen „zu dem allgemeinen Denkmale des größten neueren Volkes, der Deutschen, das Grabmahl der Vorzeit, das frohe Mahl der Gegenwart, der Zukunft ein Merkmal in der Rennbahn des Lebens“.[123] Ihre Sammlung *Des Knaben Wunderhorn*, die den Ton der deutschen Lyrik des 19. Jahrhunderts so entscheidend beeinflusste, erschien zeitgleich mit Matthissons *Lyrischer Anthologie*; wollte aber jene über einen ästhetischen Anspruch den zeitgenössischen Leser gewinnen, sollte das *Wunderhorn* im vaterländischen Geiste die poetische Kraft des deutschen Volkes dokumentieren. Arnim und Brentano nahmen in ihre Sammlung nicht nur das *Ännchen* auf,[124] sondern auch das frühe Lied *Veris tempore fervet Hymen* („Die Sonne rennt mit prangen“),[125] beide jeweils um einige Strophen gekürzt und mit anderen Titeln versehen. Anonym, aber im Gegensatz zu Herder vollständig, findet sich außerdem das Lied „Wer fragt danach ...“, nun als *Trinklied* abermals neu tituliert.[126] Zwei weitere Lieder sind dem *Kurtzweiligen Zeitvertreiber* entnommen, der von den Herausgebern Dach zugeschrieben wird.[127] Das von Herder grundierte Bild von Dach als Dichter

123 3 Bde. Heidelberg 1806–1808. Ich zitiere nach der Frankfurter Ausgabe: Clemens Brentano: Sämtliche Werke und Briefe. Historisch-kritische Ausgabe. Bde. 6–8: Des Knaben Wunderhorn. Alte deutsche Lieder. Gesammelt v. L. Achim von Arnim u. Clemens Brentano. Bd. 9, Teile 1–3: Lesarten und Erläuterungen. Hg. v. Jürgen Behrens, Wolfgang Frühwald u. Detlev Lüders. Stuttgart u. a. 1975–1979, hier Bd. 6, S. 441.

124 Ebd., S. 190f. Das *Ännchen*, von dem zehn Strophen in der Herder-Übersetzung aufgenommen sind, ist hier – eine Übernahme der barocken Metapher aus der sechsten Strophe – *Der Palmbaum* überschrieben; vgl. Klaus Wille: Die Signatur der Melancholie im Werk Clemens Brentanos. Bern 1970 (Europäische Hochschulschriften, Reihe 1: Deutsche Literatur und Germanistik 36), S. 119.

125 Brentano: Sämtliche Werke (Anm. 123), Bd. 8, S. 116f., hier – wiederum aus dem Gedicht selbst zitierend – überschrieben „Die Welt geht im Springen“ (Ziesemer I, 11). Ein zweites Exemplar des Erstdrucks (neben dem bekannten der Rhedigerschen Sammlung) weist jetzt das Handbuch des personalen Gelegenheitsschrifttums (Anm. 82), Bd. 7: Reval. Estnische Akademische Bibliothek, Estnisches Historisches Museum, Estnische Nationalbibliothek, Revaler Stadtarchiv [...]. Mit einer bibliotheksgeschichtlichen Einleitung und einer kommentierten Bibliographie von Martin Klöker. Hg. v. Sabine Beckmann u. Dems. (2003), in der Akademiebibliothek Reval/Tallinn nach (Nr. 0289). Arnim und Brentano allerdings zitierten aus den Arien I, 17.

126 Brentano: Sämtliche Werke (Anm. 123), Bd. 7, S. 420ff. Vgl. zu diesem Lied auch Anm. 112. Als Quelle ist hier „Poetisches Lustgärtlein. Gedruckt 1645. S. 21“ angegeben, also der 1645 anonym und vermutlich in Danzig erschienene erste Raubdruck der Albertschen *Arien* (Poetisches Lust-Gärtlein/ Darinnen schöne anmuthige Gedichten/ lustige Lieder/ Zur Anleitung guter Tugend und höfflichen Sitten [...]. [s. l. 1645]).

127 Brentano: Sämtliche Werke (Anm. 123), Bd. 7, S. 345–348 („Rühre nicht, Bock ...“) und S. 433 („Einladung zur Martinsgans“, hier die Quellenangabe „Aus: Simon Dachs Zeitvertreiber.

von Volksliedern konturierten Arnim und Brentano somit zu dem eines volkstümlichen vaterländischen Dichters. Es ist eine Volkstümlichkeit, die die Romantiker, angeregt durch Herders Naturpoesie-Konzept,[128] selbst konstruierten, ein romantischer Entwurf aber, der noch gänzlich frei ist von stammeskundlichen oder rassistischen Implikationen einer völkischen Ideologie. Diese Volkstümlichkeit überschneidet sich bei Arnim und Brentano soziokulturell noch mit der Elitenkultur, ihr *Wunderhorn* ist als romantisches Kunstwerk geschaffen und ist ebenso wie Herders *Volkslieder*

1700"). Benutzt wurde von Arnim und Brentano die Ausgabe: Neu-außgebutzter/ Kurtzweiliger Zeitvertreiber [...] Zusammengetragen [...] Durch C. A. M. von W. Zum Fünfftenmal vermehrt/ und an vielen Orten verbessert. [s. l.] 1700. – Die Frage nach einer möglichen Verfasserschaft Dachs für diese, 1668 – m. W. aber nur in dieser zweiten Auflage festzustellende – ohne Angabe des Druckortes erschienene Sammlung sowie für die Sammlung: Lustige Kurtzweil. Darinnen allerhand Sinnreiche/ Anmuthige/ Lust- und Freudeerweckende/ nach heutiger Hochdeutschen Reymarth/ wohlgefügte kurtzweilige Rätzel/ höfliche Historische Schertzfragen/ mit beygesetzter Antwort [...] Verfasset und begriffen [...]/ Zusammen getragen/ Durch ChAsMindo von Weitencher. [s. l.] 1666, scheint von der Forschung inzwischen gegen Dach entschieden. Der Verfasser dieser im 17. Jahrhundert jeweils mehrere Auflagen erlebenden Sammlungen (die teilweise sehr derb sind und auch vor sexuellen Obszönitäten nicht einhalten, in denen aber stets auch ein kritisch-belehrender Unterton mitschwingt, mit dem die Verhaltensweisen verschiedener Standes- und Berufsgruppen und insbesondere des Hofes in ihrer Scheinhaftigkeit und Falschheit brüskiert werden), benutzt mit seinem Pseudonym „Chasmindo" das schäferliche Anagramm, das auch Dach im Königsberger Freundeskreis wählte – allerdings in einer unüblichen Groß- und Kleinschreibung. Oesterley: [Einleitung] (Anm. 78) hat eine Autorschaft Dachs für den *Kurtzweiligen Zeitvertreiber* brüsk – und keineswegs sachlich – zurückgewiesen: „die sammlung liegt nach form und inhalt unserm dichter so fern, dass man ihm mit ähnlichem rechte ein lehrbuch der ägyptischen sprache oder eine theorie des hufbeschlages zuschreiben könnte" (S. 20). Dünnhaupt: Personalbibliographien (Anm. 13) schließt S. 1230 – ohne jegliche Angabe von Gründen – Dach als Autor beider Werke ebenso kategorisch aus; das Argument, dass Dach bereits früher verstorben war und deshalb nicht der Autor sein könne, ist keines angesichts der doch beachtlichen handschriftlichen Überlieferung von Texten, die noch nach seinem Tod in Königsberg existierten (s. oben S. 11). Dünnhaupt hat außerdem die Verfasserschaft des *Kurtzweiligen Zeitvertreibers* in einem früheren Aufsatz Johannes Praetorius zugeschrieben (Gerhard Dünnhaupt: Chronogramme und Kryptogramme. Geheime Schlüssel zu Datierung und Autorschaft der Werke des Polyhistors Johannes Praetorius. In: Philobiblon 21 [1977], S. 130–135, hier S. 135, Anm. 12). Er hat damit wiederum die gemeinhin angenommene Zuweisung an Johann Peter de Memel zurückgewiesen. Diese geben etwa auch die Herausgeber der Frankfurter Brentano-Ausgabe an (Anm. 123, hier Bd. 9/2, S. 345). Für die früheren Generationen aber, so auch für Arnim und Brentano, stand fest, dass beide Werke von Dach stammten: So sind etwa auch in einem Katalog der Königsberger Universitätsbibliothek, der um 1700 entstanden ist, beide Werke unter Dachs Namen aufgeführt, vgl. Axel E. Walter: Die virtuelle Rekonstruktion der versunkenen Königsberger Bibliothekslandschaft. In: Ders. (Hg.): Königsberger Buch- und Bibliotheksgeschichte. Internationales Symposion an der Universität Osnabrück vom 15. bis 17. Oktober 1999. Köln u. a. 2004 (Aus Archiven, Bibliotheken und Museen Mittel- und Osteuropas – Studien, Verzeichnisse, Editionen 1), S. 695–786, hier S. 780, Anm. 204. Die Frage nach Dachs Autorschaft bleibt von der Forschung also noch abschließend zu klären; an dieser Stelle ist darauf nicht weiter einzugehen. Segebrecht: Simon Dach und die Königsberger (Anm. 33) moniert S. 256 zweifellos zu Recht, dass eine „ernsthafte Diskussion über Dachs mögliche Verfasserschaft [...] bisher nicht stattgefunden" habe; Kelletat: Nachwort (Anm. 1) z. B. äußert sich gar nicht dazu.

128 Zu Herders Naturpoesie-Konzept vgl. Johann Nikolaus Schneider: Ins Ohr geschrieben. Lyrik als akustische Kunst zwischen 1750 und 1800. Göttingen 2004.

nicht zu den populären Anthologien der Zeit zu zählen. Dennoch schloss diese romantische Volkstümlichkeit Derbheiten der Diktion bewusst ein, ging es doch um eine endgültige Ablegung jeden gelehrten „Tands" in der Sprache, denn „nur wo es ungelehrter wird, [...] da entsteht manches Volkslied".[129] Der *Kurtzweilige Zeitvertreiber* passt da zum Dichter des *Trinklieds*, dessen „grobianische" Elemente Herder noch tilgte.

Das Entstehen des *Wunderhorn* fiel in eine Zeit, in der sich nach der Auflösung des Heiligen Römischen Reiches deutscher Nation das Verlangen nach einer nationalen Identität entfaltete. Ein intensives Bemühen um die Sammlung der „altdeutschen" Quellen der Vergangenheit war eine Folge davon. Die Romantiker machten es zu ihrem Anliegen, das Gesamte der nationalen Literatur in den Blick zu nehmen, in der sich die kulturelle Einheit des zersplitterten Deutschland erweise.[130] Arnim und Brentano gehörten zu den Vielen, die sich daran beteiligten. Man wandte sich diesen Quellen aus vaterländischem und nicht aus literarischem Interesse zu. Das oberste Kriterium, nach dem Literatur nunmehr zu bemessen war, wurde ihr vaterländischer Charakter. In der Dichtung glaubte man das Wesen des deutschen Volkes und seine kulturelle Zusammengehörigkeit am deutlichsten artikuliert. Es folgten Jahrzehnte widerstrebender gesellschaftlicher und literarischer Strömungen, nachdem die Epoche der Romantiker zu Ende war. Die Freiheitskriege wühlten eine Welle der nationalen Begeisterung auf, die in der Restaurationszeit zwar verebbte, mit der Julirevolution und im Jungen Deutschland jedoch wieder aufbrandete und sich 1848 überschlug. Doch blieb es in der partikularstaatlichen Realität Deutschlands ein „Nationalismus ohne Nation", die sich erst unter preußischer Führung gestaltete.[131]

Die Germanisten, die sich nach den preußischen Bildungsreformen allmählich im akademischen Lehrbetrieb etablierten, wurden von dieser nationalen Begeisterung besonders erfasst. Dem Fach war in seinen Anfängen ein eindeutiger gesellschaftspolitischer Führungsanspruch imprägniert. Wenngleich sich erste Vertreter philologischer Objektivität zeigten, dominierte eine dezidiert nationale Auffassung der Literatur und Literaturgeschichte.[132] Ludwig Wachler (1767–1838), einer der großen nationalen

---

129 Brentano: Sämtliche Werke (Anm. 123), Bd. 6, S. 430.

130 Vgl. Achim Hölter: Schwerpunkte der Barockrezeption in der Romantik. In: Europäische Barock-Rezeption (Anm. 32), Bd. 1, S. 465–490.

131 Ich greife hier die prägnante und treffende Formulierung auf von Johannes Willms: Nationalismus ohne Nation. Deutsche Geschichte 1789–1914. Frankfurt/M. 1985 (Fischer Taschenbuch 4350).

132 Vgl. zu den hier nur kurz anzudeutenden wissenschaftsgeschichtlichen Zusammenhängen Karl-Heinz Götze: Grundpositionen der Literaturgeschichtsschreibung im Vormärz. Frankfurt/M. 1980 (Europäische Hochschulschriften, Reihe 1: Deutsche Sprache und Literatur 343), zu Gervinus hier S. 251–355; Ders.: Die Entstehung der deutschen Literaturwissenschaft als Literaturgeschichte. In: Jörg Jochen Müller (Hg.): Germanistik und deutsche Nation. 1806–1848. Zur Konstitution bürgerlichen Bewußtseins. Stuttgart 1974 (Literaturwissenschaft und Sozialwissenschaften 2), S. 167–226. Literaturgeschichtsschreibung zielte auf die Rekonstruktion einer Nationbildung, die sich in der Literatur der Weimarer Republik in der Versöhnung von Freiheit und Natur als literarische Entelechie erfüllt habe, fasst Jürgen Fohrmann: Deutsche Literaturgeschichte und historisches Projekt in der ersten Hälfte des 19. Jahrhunderts. In: Ders., Wilhelm Voßkamp (Hg.):

Literaturhistoriker der ersten Stunde, erklärte in seinen *Vorlesungen über die Geschichte der teutschen Nationalliteratur* das Vaterländische zum höchsten Ziel der Literatur.[133] Aus dieser Perspektive heraus konnte er sogar den „Hofgedichte[n]" Dachs attestieren, dass sie „gewöhnlichen, auch besseren, in Ton und Sprache sehr überlegen sind; sie unterscheiden sich von diesen durch Wärme vaterländischer Gesinnung und treue Fürstenliebe, oft durch volksthümlichen Bürgergeist."[134]

Bei Georg Gottfried Gervinus (1805–1871), dem liberalen Vormärzler der folgenden Germanistengeneration, verschoben sich die Gewichte. Mit ihm politisierte sich der interpretatorisch-teleologische Ansatz einer nationalen Literaturgeschichte, die ihre Vollendung in Weimar erlebte, in eine andere Richtung. Die Germanistik formte sich als Teil der bürgerlichen Emanzipationsbewegung aus. Gervinus warnte in seiner *Geschichte der poetischen Nationalliteratur der Deutschen* geradezu vor der Lektüre von Dachs Gelegenheitsdichtung – hier nun wieder explizit der panegyrischen, auf das Haus Brandenburg bezogenen: Wer die geistliche Poesie und die Naturlieder Dachs kenne, der – so rät er –

> lese ja nicht seine Gelegenheitsgedichte, wo er als Hofpoet in langweiliger Leerheit, mit poetischem Bilderschwall, seinen Heldenfürsten oder dessen „Frau Mutter und Groß=Frau=Mutter" in Lobgesängen zu preisen sich abquält, in denen Niemand kurz sein will und Niemand lang sein kann. Hier kann man alle guten Eindrücke wieder völlig verlieren, die man dorther mitgebracht hat.[135]

Gervinus' Lob der Naturgedichte und geistlichen Lieder Dachs und sein vehementes Verdikt gegen dessen Panegyrik resultieren aus der scharfen Ablehnung einer höfisch-gelehrten Barockliteratur zugunsten einer im wirklichen Leben der Nation verwurzelten Dichtung. In seiner *Geschichte der deutschen Dichtung*, der bedeutendsten Literaturgeschichte dieser Jahrzehnte, interpretierte Gervinus die deutsche Literatur nach ihrem ideellen Beitrag zur Bildung der Nation, die in der Dichtung längst formuliert sei und in der Gegenwart – nunmehr aus dem Bereich der Literatur herausgelöst – in der „Einheit von Wissenschaft und politischem Kampf im emanzipatorischen Interesse der bürgerlichen Kräfte Deutschlands"[136] in lebenspraktischem Handeln zu verwirklichen wäre.

Wissenschaft und Nation. Studien zur Entstehungsgeschichte der deutschen Literaturwissenschaft. München 1991, S. 205–215, hier S. 214, diese zeitgenössische literaturgeschichtliche Konzeption zusammen. – Vgl. auch für das Beispiel Opitz die Studien von Garber: Martin Opitz (Anm. 99), für das 19. Jahrhundert hier S. 74–163.

133 Zu Wachler vgl. Klaus Weimar: Geschichte der deutschen Literaturwissenschaft bis zum Ende des 19. Jahrhunderts. München 1989, S. 286–290 u. passim; auch Götze: Die Entstehung der deutschen Literaturwissenschaft (Anm. 132), S. 167–226 (zu Wachler und Gervinus).

134 Ludwig Wachler: Vorlesungen über die Geschichte der teutschen Nationallitteratur. Zweiter Theil. Frankfurt/M. 1819, S. 39.

135 Georg Gottfried Gervinus: Geschichte der deutschen Dichtung. Bd. 3. Vierte gänzlich umgearbeite Ausg. Leipzig 1853, S. 251f.

136 Franz Greß: Germanistik und Politik. Kritische Beiträge zur Geschichte einer nationalen Wissenschaft. Stuttgart-Bad Cannstatt 1971, S. 28.

3.2 Der Dichter des deutschen Bürgertums: Die Auswahlausgaben Müllers und Gebauers

In diese zeitgeschichtlichen Kontexte fällt das Entstehen der beiden ersten größeren Dach-Ausgaben seit 1680/81. Die Aufgabe übernahmen bezeichnenderweise zwei Autoren, die selbst auch als „Volksdichter", wenngleich ganz unterschiedlichen literarischen Ranges, hervortraten. Der erste war Wilhelm Müller (1794–1827), der heute noch durch seine von Schubert vertonten Lieder *Die schöne Müllerin* und *Die Winterreise* bekannt ist und dessen sangbare Volkslieder, die maßgeblich zur Bildung des neueren deutschen Gesellschaftsliedes beitrugen, während des gesamten 19. Jahrhunderts immer wieder vertont wurden.[137] Von 1822 bis zu seinem Tod gab er in zehn Bänden eine *Bibliothek deutscher Dichter des siebzehnten Jahrhunderts* heraus.[138] Dieses Vorhaben ist ganz durch das zeitgenössische Interesse an der „altdeutschen" Dichtung inspiriert. Dafür jedoch müsse man nicht, so Müller, bis ins Mittelalter zurückgehen, sondern es wäre

> ein richtigerer, ob auch langsamerer, Weg gewesen, um die Zeitgenossen zu den Schätzen der alten vaterländischen Poesie zurückzuführen, wenn man, anstatt viele Jahrhunderte zu überspringen, Schritt vor Schritt in die Vergangenheit eintretend, durch allmähliches Entfernen von dem Neuen und Übergehen zu dem weniger Neuen, das Alte, Ältere und Älteste vorbereitet hätte.[139]

Es ist der einzige publizistische Versuch der Zeit, der sich unter den Reihenwerken ausschließlich des 17. Jahrhunderts annimmt,[140] denn in seinen Dichtern träfen, so Müller, die Deutschen auf „die eigentlichen Gründer der gegenwärtigen Form"[141] ihrer Poesie. Und so präsentiert Müller dann in seiner *Bibliothek* nahezu die gesamte Galerie der bedeutenden Poeten dieser Epoche.[142]

Der fünfte Band ist Simon Dach, Robert Roberthin und Heinrich Albert gewidmet.[143] Sofort am Anfang neuzeitlicher Ausgaben also wurde Dach in seinem Freundeskreis

---

137 Vgl. Detlef Haberland: (sub verbo). In: Literatur-Lexikon (Anm. 32), Bd. 8, S. 279f.

138 Leipzig 1822–1827.

139 Wilhelm Müller: Vorrede. In: Martin Opitz: Auserlesene Gedichte. Hg. v. Dems. Leipzig 1822 (Bibliothek deutscher Dichter des siebzehnten Jahrhunderts 1), S. VIIIf.

140 Vgl. Martin: Barock um 1800 (Anm. 99), S. 60.

141 Müller: Vorrede (Anm. 139), S. IX.

142 Einsetzend mit Opitz (Bd. 1), Gryphius (Bd. 2), Fleming (Bd. 3) führt Müller die Reihe über Weckherlin (Bd. 4), „die" Königsberger (Bd. 5), Logau und Abschatz (Bd. 6), Zincgref, Tscherning, Homburg und Gerhard (Bd. 7), Rist und Morhof (Bd. 8), Harsdörffer, Klaj, Birken, Scultetus, Schottel, Olearius und Scheffler (Bd. 9) schließlich bis zu Günther (Bd. 10). Gerade die Bde. 7 und 9 zeigen in der Zusammenstellung ihrer Autoren, dass von einem literaturgeschichtlichen Verständnis für das 17. Jahrhundert noch keine Rede sein kann. Nach Müllers Tod wurde die Bibliothek durch Karl Förster (Leipzig 1828–1838) fortgesetzt, der Schwieger, Neumark, Neander (Bd. 11), Spee (Bd. 12), Lund, Schirmer und Zesen (Bd. 13) und – quasi als Nachlese – Hoffmann von Hoffmannswaldau, Lohenstein, Wernicke, Canitz, Weise, Besser, Mühlpfort, Neukirch, Moscherosch und Peucker (Bd. 14) ergänzte.

143 Simon Dach, Robert Roberthin, Heinrich Albert: Auserlesene Gedichte. Hg. v. Wilhelm Müller. Leipzig 1823 (Bibliothek deutscher Dichter des siebzehnten Jahrhunderts 5).

fest verankert – und damit auch sogleich als der herausragende und zentrale Dichter darunter positioniert. Das aber liegt in erster Linie darin begründet, dass auch Müller wiederum vor allem auf die *Arien* zurückgriff, in denen Albert und Roberthin nach Dach am häufigsten vertreten waren.[144] Aus den *Poetischen Wercken*,[145] zwei *Preußischen Gesangbüchern* (1650 und 1690) und Herders *Volksliedern* nimmt er nur wenig auf. Die Breslauer Arletius-Sammlung erwähnt er zwar, konsultiert sie aber nicht. Dagegen druckt Müller fünf bis dahin nirgends sonst zugängliche deutsche Epicedien (die selbstredend alle den liedhaften Ton treffen) und – in Auszügen – Dachs lateinisches Gedenken an Roberthin anlässlich dessen ersten Todestages.[146] Die Einzeldrucke fand er in drei Dach-Konvoluten der Königlichen Bibliothek zu Berlin.[147]

Damit tritt erstmals eine Kollektion von Dach-Drucken in den Blick, die mit knapp 400 Einzeldrucken neben Breslau und Königsberg die größte Sammlung an Dachiana vereint. Über die Ursprünge dieser bedeutenden, bis heute unversehrt erhaltenen Sammlung existieren widersprüchliche Nachrichten: Oesterley gibt an, dass sie von der Bibliothek selbst zusammengestellt worden sei[148] – das wäre ein singulärer und wenig wahrscheinlich erscheinender Fall –; Kelletat ordnet sie dem Besitz Arnims zu[149] – was ebenfalls als äußerst spekulativ erscheint, denn dann wäre sie, wie durch Müllers Dach-Ausgabe belegt, von ihrem Besitzer bereits einige Jahre vor seinem unerwarteten Tod (1831) veräußert worden.

Müller benutzt nicht nur erstmals diese Sammlung, bei ihm sind auch erste, freilich ganz bescheidene, Ansätze bibliographischen Engagements zu erkennen, wenn er in seiner Einleitung sämtliche biographischen Artikel über Dach und alle ihm zugänglichen – gedruckten und in Bibliotheken erhaltenen – Sammlungen erwähnt. Seine Ausgabe allerdings erfüllt keinerlei textkritische Ansprüche, wie sie etwa damals schon bei Lachmann durchaus vorhanden waren. So greift Müller munter in die Gedichte ein, lässt Strophen aus, stellt Wörter um und gibt den Gedichten Überschriften, die die Ambitionen des edierenden Dichters deutlich werden lassen.[150] Sein Ziel war es eben, den Dichter von Volksliedern vorzustellen und seine Lieder dem Volk zuzuführen, gehöre Dach doch „zu den besten Liederdichtern,

144 41 der insgesamt 52 Gedichte Dachs stammen aus den *Arien* (dazu auch die Bemerkung ebd., S. IX: „für Roberthin und Albert sind sie die einzigen Quellen") bzw. der Ausgabe: Poetisch-Musicalisches Lust Wäldlein (Anm. 95).

145 In seiner Einleitung: Über das Leben und die Schriften Simon Dach's, Robert Roberthin's und Heinrich Albert's. In: Simon Dach, Robert Roberthin, Heinrich Albert (Anm. 200), S. XIII–XXXVI, weist Müller auch auf die *Chur-Brandenburgische Rose* hin (S. XXX) und markiert als erster, dass die *Poetischen Wercke* dieselben „heroischen Gelegenheitsgedichte" enthalten und lediglich die beiden „Schauspiele" zusätzlich aufgenommen haben.

146 Es ist seit Bayers: Das Leben Simonis Dachii (Anm. 3) das erste Mal überhaupt, dass auch – aber wieder nur als Randbemerkung und in Auszügen – die neulateinische Dichtung Dachs berücksichtigt wird.

147 Heutige Signatur: Yi 851 R.

148 Vgl. Oesterley: [Einleitung] (Anm. 78), S. 6.

149 Kelletat: Nachwort (Anm. 1), S. 342, Anm. 4.

150 Lediglich die Kasualia aus der Berliner Sammlung sind als solche durch ihre gekürzten Titel erkennbar.

nicht nur seines Jahrhunderts, sondern der Deutschen aller Jahrhunderte".[151] Und mit dem Pathos der jungen Generation der Freiheitskriege formuliert Müller die aus dieser Sicht entscheidende Begründung dafür: „Mehrere von Dach's lyrischen Gedichten haben den Ton des Volksliedes sehr glücklich getroffen, und werden deutsche Volkslieder in der ächten Bedeutung dieses Wortes bleiben, so lange es, wenigstens in Wort und Gesang, noch ein deutsches Volk giebt."[152]

Fünf Jahre später legte Christian August Gebauer (1792–1852), Jugendschriftsteller, Verfasser volkstümlicher Erbauungsliteratur und erster Herausgeber Jean Pauls, der sich als freier Autor und Herausgeber seinen Lebensunterhalt verdiente,[153] eine weitere Dach-Ausgabe vor.[154] Sein Vorwort erreicht nicht einmal das Niveau der Müllerschen Ausgabe, er bietet ebenso nichts bislang Unbekanntes an Texten. Anders als Müller greift Gebauer zwar seltener in die Texte ein, doch auch er gibt ihnen aussagekräftige Überschriften. Seine Abhängigkeit von der Ausgabe Müllers, zu dem er persönliche Kontakte besaß,[155] ist deutlich erkennbar. Wenn er – was für rund ein Drittel der von ihm auserlesenen Lieder der Fall ist – die gleichen Texte aufnimmt, behält er die Müllerschen Titel bei oder wandelt sie nur wenig ab. Gebauer hatte bereits im Jahr zuvor einen zweibändigen *Deutschen Dichtersaal von Luther bis auf unsere Zeiten* vorgelegt und für diesen das, wie es im Titel heißt, „Gediegenste" ausgewählt. Das lässt sich unschwer als das ‚vaterländisch Wertvollste' übersetzen. Nach dem gleichen Prinzip traf er die Auswahl für seine Dach-Ausgabe, die zudem nicht den Kirchenliederdichter, sondern Dach als geistlichen Dichter allgemein präsentierte.[156] Auch ihm gilt Dach als „einer unsrer vorzüglichsten Liederdichter",[157] der hier erneut als überragender Poet im Mittelpunkt des Königsberger Freundeskreises vorgestellt ist, dem nunmehr über Roberthin und Albert hinaus – die mit jeweils zwei Liedern vertretenen – Valentin Thilo, Georg Mylius und Johann Peter Titz zugesellt werden. Gebauers Ausgabe zielt mehr noch als Müllers Band auf eine Popularisierung – und Inanspruchnahme – Dachs für das große vaterländische Anliegen. So nimmt es nicht wunder, dass er als Gewährsmann für dessen vaterländische Bedeutung Ludwig Wachler zitiert.[158]

Für die Aktualisierung Dachs im kulturellen Gedächtnis, das in diesen Jahrzehnten eine „nationale" Identität der Deutschen verbürgen sollte, blieb die Dominanz der

151 Müller: Über das Leben und die Schriften Simon Dach's (Anm. 145), S. XXXIV.

152 Ebd., S. XXXV.

153 Zu ihm nur der Artikel von Schott: (sub verbo). In: ADB 8, S. 449, und der kurze Eintrag von R[einhard] M[üller]: (sub verbo). In: Deutsches Literatur-Lexikon. Biographisch-bibliographisches Handbuch. Begr. von Wilhelm Kosch. Dritte, völlig neu bearb. Aufl. Bd. 1ff. [bislang 23 Bde.]. Bern u. a. 1968ff., Bd. 6, Sp. 103f.

154 Simon Dach und seine Freunde als Kirchenlieddichter. Hg. v. August Gebauer. Tübingen 1828.

155 Vgl. Reinhold Steig: Wilhelm Müllers Übersetzung von Marlowes Faust. In: Euphorion 13 (1906), S. 94–104, hier S. 96 und S. 104.

156 Deutscher Dichtersaal von Luther bis auf unsere Zeiten. Auswahl des Gediegensten, geschichtliche Einleitungen, Biographien und Charakteristiken. Hg. vom [!] August Gebauer. 2 Bde. Leipzig 1827.

157 Gebauer: Simon Dach und seine Freunde als Kirchenlieddichter (Anm. 154), S. V.

158 Ebd., S. 13.

Arien ungebrochen. Sie bilden die zentrale Quelle auch dieser Auswahlausgabe, lediglich fünf Lieder entstammen ausschließlich den *Gesangbüchern.*[159] Aus den *Arien* nimmt Gebauer auch jene Lieder auf, die zwar nicht als Kirchenlieder verbreitet sind, die ihm „aber so gediegen und herrlich vor[kommen], daß ich sie, wenn sie auch nur leis' an den Ton des Kirchenliedes streifen, nicht ausschließen mochte und konnte. Welcher Leser möchte wohl das schöne Lied der Freundschaft entbehren wollen?“[160] Selbst ein wenig ambitionierter, aber doch um die geistliche Dichtung Dachs bemühter Herausgeber musste also implizit eingestehen, dass sich die scharfe Trennung zwischen geistlicher und weltlicher Dichtung, die spätere Dach-Editoren dann als Grundprinzip einführten, nicht durchhalten lässt. Gebauers rhetorische Frage erweist zugleich, wie es Dach gelungen war, in seinem Lied einen zeitlosen Ton der Freundschaft zu finden, der einen sozialpsychologischen Grundwert formulierte, der seit der Empfindsamkeit emotional im Kanon bürgerlicher Tugend codiert ist.[161] Vor allem aber zeigt sich in dieser Formulierung, wie sehr sich die Vorstellung Dachs als Dichter deutscher Volkslieder im Zuge der vaterländischen Euphorie nunmehr gefestigt hatte.

4. Der deutsche Dichter: Die Einschreibung Dachs in die Nationalliteratur im Wilhelminischen Zeitalter

4.1 Positivistische Sichtung des Gesamtwerks und Auswahl der literarisch wertvollen deutschen Gedichte: Oesterleys Dach-Ausgabe

Nach dem Scheitern der Revolution 1848/49 kam es zu einer allmählichen Professionalisierung der Germanistik. Es war freilich ein Rückzug auf die Sprache und das literarische Werk unter den Bedingungen der Reaktion, die nunmehr eine akademische Germanistik politisch zunehmend konformierte. Die Germanistik der Gründerzeit, die sich im Wilhelminischen Kaiserreich endgültig instutionalisierte, ließ sich dann für die Bildungspolitik und das neue Nationalgefühl weitgehend instrumentalisieren. Ihre Vertreter bemühten sich

> um einen wissenschaftlichen Objektivismus, mit dem sie sich einerseits als fleißige, ernstzunehmende Vertreter der neuen, nur noch auf Ausbreitung, aber nicht mehr auf

---

159 Unter den aus den Arien entnommenen Liedern wiederum befinden sich sieben, die von da aus den Weg in die verschiedenen *Preußischen Gesangbücher* fanden.

160 Gebauer: Simon Dach und seine Freunde (Anm. 154), S. VII. Hervorhebung im Original.

161 Vgl. dazu die Forschungsbeiträge in: Wolfram Mauser, Barbara Becker-Cantarino (Hg.): Frauenfreundschaft – Männerfreundschaft. Literarische Diskurse im 18. Jahrhundert. Tübingen 1991, mit dem wichtigen Forschungsaufriss von Eckhardt Meyer-Krentler: Freundschaft im 18. Jahrhundert. Zur Einführung in die Forschungsdiskussion, S. 1–22. Zu den geselligen Formen, die insbesondere im Kreis um Gleim gepflegt wurden, der grundlegende Essay von Wolfgang Adam: Freundschaft und Geselligkeit im 18. Jahrhundert. In: Der Freundschaftstempel im Gleimhaus zu Halberstadt. Porträt des 18. Jahrhunderts. Bestandskatalog. (Hg. vom Gleimhaus Halberstadt.) Bearb. von Horst Scholke. Halberstadt u. a. 2000, S. 9–34.

Demokratisierung drängenden Gesellschaftsordnung auszuweisen versuchten. Sie griffen deshalb alles Systematische, Hegelianische, Progressive als im falschen Sinn totalisierend an und beschränkten sich auf eine Fortschrittsvorstellung, die vorwiegend auf Material erschließenden Gesichtspunkten wie der Aufdeckung, Entzifferung und Veröffentlichung neuer Quellen und Dokumente beruhte.[162]

Simon Dach war nicht der einzige seiner Epoche, der diesem positivistischen Drang eine wissenschaftliche Zuwendung verdankt. Seit Mitte des 19. Jahrhunderts waren einige wenige Aufsätze und Lexikonartikel zu ihm erschienen, die zwar ein gewachsenes Interesse an seiner Biographie aufscheinen lassen.[163] Doch die Kenntnisse über diesen Dichter und sein poetisches Werk stagnierten auf der schmalen Basis, die zwischen Bayer und Müller, zwischen den *Arien* und Gebauers Ausgabe erreicht worden war. Das änderte sich erst, als Hermann Oesterley 1876 in der *Bibliothek des Litterarischen Vereins in Stuttgart* seine Dach-Ausgabe vorlegte. Oesterley (1833–1891), der zunächst mit Veröffentlichungen zur Musiktheorie und Liturgie hervorgetreten war, verkörperte den positivistischen Typus des unermüdlichen Sammlers und Editors. Er hatte selbst Germanistik und Musik studiert und wurde nach einem kurzen Wirken als Privatdozent für theoretische Musik an der Universität Kiel (1858–1861) zunächst Gehilfe und dann Sekretär an der Göttinger Universitätsbibliothek, bevor er seit 1873 als Kustos der Universitätsbibliothek in Breslau seine Lebensstellung fand.[164] Unter den zahlreichen Werken, die er herausgab, besitzt seine Dach-Ausgabe bis heute – trotz ihrer grundsätzlichen Mängel – bleibenden Wert. Mit Oesterley rückte Breslau nach mehr als einhundert Jahren erneut in das Zentrum der Bemühungen um Simon Dach.

Oesterley nahm sich des Gesamtwerkes Dachs freilich unter den seit der Empfindsamkeit tief sitzenden genieästhetischen Vorurteilen an. Seit der Empfindsamkeit hatte sich das Verständnis von Dichtung und Dichter grundlegend gewandelt, waren schöpferisches Genie, wahres Gefühl und ästhetischer Anspruch im Wort des Poeten einzulösen. Die Lieder Dachs, die aus den *Arien* bekannt waren, konnten die so gezogenen Grenzen zwischen „wahrer" Poesie und gelehrten Reimeschmieden überwinden. Ihr Ton und ihr Gehalt erfüllten die hohen Wertmaßstäbe, die nun an Dichter und Dichtung angelegt wurden. Eine gelehrte Kunstdichtung, wie sie in der Praxis der Gelegenheitsdichtung vor allem zum Ausdruck kam, erfüllte sie nicht. Das Scheitern aller Bemühungen um eine Gesamtausgabe Dachs war im 18. Jahrhundert wohl keineswegs zufällig mit diesem kulturgeschichtlichen Umbruch zusammengefallen. Wie nachhaltig die ver-

---

162 Jost Hermand: Geschichte der Germanistik. Reinbek b. Hamburg 1994 (Rowohlts Enzyklopädie 534), S. 59. Die maßgebliche wissenschaftsgeschichtliche Studie zur Entwicklung der Literaturwissenschaft im 19. Jahrhundert stammt von Weimar: Geschichte der deutschen Literaturwissenschaft (Anm. 133).

163 Sie sind aufgeführt bei Oesterley: [Einleitung] (Anm. 78), S. 11–13.

164 Zu ihm vgl. die kurzen Einträge von I[ngrid] B[igler]: (sub verbo). In: Deutsches Literatur-Lexikon (Anm. 153), Bd. 11, Sp. 604f., und André Schnyder: (sub verbo). In: NDB 19, S. 461. Im Germanistenlexikon (Internationales Germanistenlexikon. 1800–1950. 3 Bde. Hg. u. eingeleitet v. Christoph König. Berlin u. a. 2003) fehlt er.

änderte Vorstellung und ästhetische Bewertung der Dichtung wirkten, schlägt sich ganz signifikant in der Vorrede Oesterleys nieder. Er nahm nur die Gedichte auf, die „irgendwelchen höheren poetischen oder geistigen inhalt" und nicht „schon bei ihrer entstehung nur einen momentanen werth besaßen".[165] Eindeutiger kann die apriorische Missachtung gegenüber der Kasuallyrik unter einer genieästhetischen Prämisse nicht formuliert werden. Diese Geringschätzung setzte sich auch in der Literaturgeschichtsschreibung auf lange Sicht fest. Noch Herbert Cysarz, um nur einen der bedeutenden Wegbereiter der Barockforschung in Deutschland zu nennen, galten unter den geistlichen Gedichten Dachs nur jene etwas, die sich „von der Gelegenheits- zur Erlebnislyrik" aufschwängen.[166]

Die Ambitionen, die Oesterley mit seiner Ausgabe verfolgte, waren gleichwohl groß. In seiner Vorrede rechnet er radikal mit der bisherigen Beschäftigung mit Dach ab und stellt den eigenen wissenschaftlichen Anspruch des „modernen" Germanisten dagegen:

> man hat sich begnügt, das allbekannte wieder und immer wieder zu erneuern, hat hie und da einige unbekannte lieder mitgetheilt oder in die darstellung verflochten, hin und wieder einige der schreiendsten irrthümer bemerkt und berichtigt, ohne mehr als ein einziges mal zu versuchen, ein auf ernster wissenschaftlicher forschung beruhendes gesammtbild unseres dichters und seiner werke zu liefern.[167]

Dem ist, das haben die vorangehenden Kapitel aufgezeigt, nicht zu widersprechen. Doch sosehr sich Oesterley auch in Anspruch und Vorgehen von seinen Vorgängern unterschied – das Ziel auch seines Unternehmens blieb es, die Gedichte Dachs dem deutschen Volk näherzubringen.[168] Nur war dieses Volk jetzt ein anderes, eines des saturierten wilhelminischen Bourgeois, der sich gegen die Unterschichten abgrenzte und in dem der Chauvinismus des sich treu um den Kaiser scharenden Untertanen keimte.[169] Das zweite Kaiserreich war ein ganz anderes Deutschland, als es sich die nationalliberalen Wortführer 1848 gewünscht hatten. Oesterleys Diskreditierung der Kasualdichtung und ihr weitgehender Ausschluss von einer Publikation verband sich vor diesem sozialgeschichtlichen Hintergrund mit dieser ungebrochenen Ambition, die auch er mit seiner Dach-Ausgabe verfolgte. Denn: „Eine wiedergabe aller noch

---

165 Oesterley: [Einleitung] (Anm. 78), S. 14.

166 Herbert Cysarz: Deutsche Barockdichtung. Leipzig 1924 (ND Hildesheim u. a. 1979), S. 239.

167 Oesterley: [Einleitung] (Anm. 78), S. 1. So lässt er auch an den Ausgaben Müllers und Gebauers wenig Gutes (ebd. S. 12f.).

168 Wenn er jedoch sogleich einleitend (ebd. S. 1) deklariert, dass von Dachs Liedern außer den in den *Preußischen Gesangbüchern* erhaltenen und dem *Ännchen von Tharau* keine mehr bekannt seien, dient dies in erster Linie der Legitimation des eigenen Unternehmens; es deutet aber dennoch an, dass nicht nur die Ausgaben Müllers und Gebauers, sondern auch die Anthologien des 19. Jahrhunderts wenig Wirkung gezeitigt hatten, während das *Ännchen* eine geradezu monolithische Stellung für das Bild von Dach – sicherlich auch durch die dramatischen Bearbeitungen (s. dazu unten S. 67f.) – gewonnen hatte.

169 Einen sehr schönen Überblick bietet darüber der Band: Deutsche Sozialgeschichte. Dokumente und Skizzen. Bd. 2. 1870–1914. Hg. v. Gerhard A. Ritter u. Jürgen Kocka. 3., durchgesehene Aufl. München 1982.

vorhandenen gedichte von Dach würde den dichter dem deutschen volke nicht näher bringen, sondern ihn demselben nur noch weiter entfremden."[170]

So edierte Oesterley lediglich 413 Gedichte Dachs und zwar ausschließlich deutschsprachige, diese allerdings vollständig. Sie sind in sechs Abteilungen geordnet, die erkennbar durch die Traditionen der Dach-Rezeption und der bisher veranstalteten Ausgaben geprägt sind. Am Anfang stehen die geistlichen und die weltlichen Lieder; es folgen als Beispiel der „dramatischen" Dichtung der *Cleomedes*; dann die Panegyrik auf das Haus Brandenburg – mit der das soeben Ausgeführte trefflich illustrierenden Begründung, dass sie „weniger ihres dichterischen gehalts, als ihrer geschichtlichen bedeutung und der darin niedergelegten gesinnung hingebender unterthanentreue wegen werthvoll ist"[171] –; danach als eigene Gruppe die Freundschaftsdichtung – auch dies eine Bestätigung der vorangehenden Überlegungen[172] – und abschließend eine knappe, das Dichtungs(un)verständnis des Herausgebers offenbarende

> auswahl von gelegenheitsgedichten der verschiedensten art, die theils ihres alters, theils ihrer form oder ihres inhalts wegen, theils aber nur deshalb aufnahme gefunden haben, um einzelne weniger hervortretende eigenschaften in Dachs charakter, z. b. das neckische und schelmische, urkundlich zu belegen, wie denn auch, um keinerlei lücke in dem gesammtbilde zu laßen, selbst einige stücke aus der masse der nichtssagenden lohnarbeitsgedichte mitgetheilt worden sind.[173]

Zwar gestand Oesterley ein, dass Dach auch diese Gedichte „sehr häufig mit einigen wahrhaft poetischen strophen" beginne, sich dann aber „seitenlang in reimen der gewöhnlichsten art" ergehe.[174] Das Bild des Dichters Dach, der dem deutschen Volke ins Gedächtnis gemeißelt werden sollte, durfte nicht durch diese poetisch wertlosen Schreibarbeiten diskreditiert werden.

In seinem Anhang verzeichnet Oesterley allerdings alle zu ermittelnden Stücke Dachs. Es ist der erste Versuch einer vollständigen Bibliographie. Oesterley erfasst – in zwei alphabetischen Ordnungen – 1.002 deutsche und 259 lateinische (bzw. griechische) Gedichte. Der Herausgeber schöpft hier vor allem aus der – ihm als Kustos natürlich bestens vertrauten – Breslauer Arletius-Sammlung einschließlich der Handschriften, wertet aber auch die bereits von Müller konsultierten Konvolute der Berliner Bibliothek aus. Zudem hatte sich Oesterley bemüht, erstmals auch die Königsberger Dach-Bestände in seine Ausgabe einzubeziehen. Dort, so behauptet der Herausgeber, ließe sich freilich nur schwer etwas finden:

> Eine weitere sammlung von originaldrucken [neben den beiden erwähnten Sammlungen] ist mir nicht bekannt geworden, namentlich hat die vermuthung, dass derartiges in Königsberg vorhanden sei, sich als irrig erwiesen; die dortigen bibliotheken besitzen

---

170 Oesterley: [Einleitung] (Anm. 78), S. 14. Dieser Zusammenhang ist m. E. bislang nicht deutlich genug herausgestellt worden.

171 Ebd., S. 16. Die preußische Prägung dieser „unterthanentreue" zeigt sich darin, dass Oesterley explizit die Gedichte auf andere Herrscherhäuser ausnimmt.

172 Vgl. oben S. 40 die entsprechenden Ausführungen zum *Lied der Freundschaft*.

173 Oesterley: [Einleitung] (Anm. 78), S. 16.

174 Ebd., S. 15. Vgl. auch Anm. 90.

nur einen allerdings sehr reichen schatz von einzelnen, vielfach in den verschiedensten sammelbänden verstreuten und daher nur mit großer mühe aufzufindenden stücken.[175]

Oesterley hatte die Reise nach Königsberg allerdings nicht selbst angetreten, sondern sich hier auf Gewährsleute verlassen, die ihn mit Informationen versorgt hatten, die dem Bibliotheksforscher, der sich über Jahre um die Rekonstruktion der Königsberger Bestände bemüht hat, unverständlich bleiben – und die erst durch Ziesemers Dach-Ausgabe eindrucksvoll revidiert werden konnten.

Oesterleys Ausgabe bedeutete die endgültige Abkehr von der Fixierung auf die *Arien* und ebenso die *Gesangbücher*. In seinem positivistischen Sammeleifer bemühte er sich zwar um Vollständigkeit und wies in seinem Anhang die Einzeldrucke bzw. Publikationsorte der Gedichte nach. Die philologische Zuverlässigkeit seiner bibliographischen Nachweise ist indes gering. Er bietet zum einen neben dem Incipit nur einen selbstgebildeten Kurztitel, der bei den Kasualgedichten die bedichteten Personen und die Anlassdaten umfasst, zum größten Teil aber nicht an den Titelblättern der Drucke gearbeitet worden ist; zum anderen gibt er fast immer nur ein Exemplar an.[176] Die Entscheidung zur Auswahl, die von nationalliterarischen Wertvorstellungen ausging, und die Präsentation der ausgewählten Gedichte zwar in textlicher Vollständigkeit, jedoch ohne quellenkritische Vergleiche einzelner Exemplare und ohne jegliche Kommentierung, zumal die massiven Eingriffe des Herausgebers in die Dachsche Schreibung, genügen den Maßstäben einer historisch-kritischen Edition nicht einmal ansatzweise. Das gilt in dieser Zeit längst nicht nur für Oesterleys Dach-Ausgabe. Mit Oesterley hat Dach zwar seinen ersten, das gesamte poetische Werk in den Blick rückenden Herausgeber und Bibliographen gefunden, jedoch kodifizierte seine Ausgabe endgültig die Abtrennung der neulateinischen Dichtung aus dem poetischen Gesamtwerk und damit den seit Dachs Tod gepflegten Umgang mit dieser Textgruppe. Das war die tragische Folge der ideologischen Konzentration auf den ‚Dichter des Volkes'. Auch was sich mit den Ausgaben Müllers und insbesondere Gebauers anbahnte, nämlich die Trennung zwischen geistlichen und weltlichen Gedichten, wurde durch Oesterley zum Prinzip der Dach-Edition schematisiert, das auch Ziesemer sechzig Jahre später anwandte. Das aber ist willkürlich und der Dachschen Dichtung nicht angemessen. In Dachs Werk, einer Zeit verhaftet, in der es als die höchste Aufgabe des Dichters galt, das Göttliche zu verehren,[177] waren die Übergänge zwischen weltlicher und geistlicher Dichtung fließend. Die Bezirke der geistlichen und der weltlichen Dichtung sind bei Dach deshalb keineswegs so klar voneinander abzugrenzen, wie es – beileibe nicht nur in

175 Ebd., S. 5.

176 Er geht dabei grundsätzlich von den Breslauer Beständen aus, die übrigen Sammlungen sind nur ergänzend herangezogen. Ziesemer wird es später umgekehrt machen: Er nennt an erster Stelle die Königsberger Exemplare.

177 Zur geistlichen Lieddichtung des 17. Jahrhunderts Irmgard Scheitler: Das geistliche Lied im Barock. Berlin 1982 (Schriften zur Literaturwissenschaft 3); zusammenfassend auch Dies.: Geistliche Lyrik. In: Albert Meier (Hg.): Die Literatur des 17. Jahrhunderts. München u. a. 1999 (Hansers Sozialgeschichte der deutschen Literatur vom 16. Jahrhundert bis zur Gegenwart 2), S. 347–376 und 640–646.

seinem Fall – spätere Editoren bis hin zu Kelletat gerne als Ordnungsschema ihrer Ausgaben anwandten.[178]

4.2 Popularisierung im Zuge der Nationalliteratur: Dach-Ausgaben in Reihenwerken deutscher Dichtung und Stiehlers Ausgabe „fürs deutsche Volk"

Gleichwohl zeitigte Oesterleys Ausgabe den entscheidenden Quantensprung in der Kenntnis – und Zugänglichkeit – der Dichtung Simon Dachs. Sie bot die Basis für die in den folgenden Jahren erfolgte Einstellung Dachs (und der Königsberger Dichter) in den Kanon einer deutschen Nationalliteratur, der seit der Gründung des Norddeutschen Bundes von der Germanistik als ihr maßgeblicher Beitrag zu einer nationalen Kultur bürgerlich-wilhelminischer Prägung aufgestellt wurde. Oesterley kommt dabei die dominante Rolle zu. Parallel zu seiner großen Dach-Ausgabe edierte er noch im gleichen Jahr eine Auswahlausgabe in der von Karl Goedeke (1814–1878) begründeten Reihe *Deutsche Dichter des siebzehnten Jahrhunderts*, deren insgesamt 15 zwischen 1869 und 1885 im Leipziger Brockhaus-Verlag publizierte Bände durch den Reihentitel als Nachfolgeunternehmen an die zwei Generationen zuvor im gleichen Verlag von Wilhelm Müller herausgegebene *Bibliothek deutscher Dichter des siebzehnten Jahrhunderts* anknüpften.[179] Die Textauswahl stand nunmehr aber – wie dargelegt – unter gänzlich veränderten Vorzeichen sowohl der wissenschaftlichen Fundierung als auch der nationalliterarischen Implikationen.

1883 erschienen dann in den beiden bis heute bedeutendsten editorischen Reihenprojekten, die bereits in der Gründerphase der Germanistik konzipiert worden sind, zwei weitere Ausgaben. Sie vermitteln nunmehr den ganzen Kreis der Königsberger Dichter – und mit ihnen Dach als zentrale Figur – in das Ensemble des kulturellen Gedächtnisses der Nation. Leopold Hermann Fischer (1851–1930), Lehrer und später Schulinspektor in Berlin,[180] gab 1883/84 die Texte der *Arien* und der *Musicalischen Kürbshütte* – ohne Noten – in der Reihe *Neudrucke deutscher Literaturwerke des 16. und 17. Jahrhunderts* heraus.[181] Die Melodien wurden, in einer knappen Auswahl, in einem eigenen Band im folgenden Jahr von Robert Eitner nachgeliefert.[182] Damit wurden die *Arien* erstmals nicht mehr nur als Sammlung von Gedichten, zumal Dachs, rezipiert, sondern im Zusammenklang mit ihren zeitgenössischen Kompositionen in ihrer Eigenheit als Lieder erkennbar. Das schmale

178 Das zeigt nicht zuletzt auch eine Arbeit wie Franz Dostal: Studien zur weltlichen Lyrik Simon Dachs. Phil. Diss. Wien 1958 [masch.] in ihren Ergebnissen.

179 Gedichte von Simon Dach. Hg. v. Hermann Oesterley. Leipzig 1876 (Deutsche Dichter des 17. Jahrhunderts 9).

180 Für ihn vermag ich nur auf den äußerst knappen Eintrag von [Bruno] B[erge]r: (sub verbo). In: Deutsches Literatur-Lexikon (Anm. 153), Bd. 5, S. 135 zu verweisen.

181 Gedichte des Königsberger Dichterkreises aus Heinrich Alberts Arien und musicalischer Kürbshütte (1638–1650). Hg. v. Leopold Hermann Fischer. Halle 1883 (Neudrucke deutscher Literaturwerke des 16. und 17. Jahrhunderts 44–47).

182 Musikbeilagen zu den Gedichten des Königsberger Dichterkreises. Hg. v. Robert Eitner. Halle 1884 (Neudrucke deutscher Literaturwerke des 16. und 17. Jahrhunderts 48).

Heftchen Eitners und die große Einleitung Fischers stehen am Beginn der musikwissenschaftlichen Beschäftigung mit den Königsberger Dichtern um Dach und Albert. Sie rückten die bislang ausgesparten musikalisch-poetischen Kontexte des Dachschen Werks in die Bemühungen um diesen Dichter ein.

Ebenfalls 1883 veröffentlichte wiederum Oesterley in der von Josef Kürschner (1853–1902) von 1882 bis 1899 in schneller Folge auf 158 Bände gebrachten Reihe *Deutsche National-Litteratur* eine Ausgabe *Simon Dach, seine Freunde und Johann Röling.*[183] Diese Ausgabe, die für Dach, mit 125 aufgenommenen Gedichten der wiederum absolut dominante Poet, auf Oesterleys eigener großer Dach-Ausgabe, für Roberthin, Albert, Kaldenbach und Adersbach allerdings unverändert auf den *Arien* beruht, schenkt mit ihrer Ausdehnung auf Johann Röling (1634–1679) nun auch dem Nachfolger Dachs auf der Poetik-Professur (seit 1661) und dem nach seinem Vorgänger mit mehr als 700, zumeist in Einzeldrucken erschienenen, Kasualcarmina produktivsten Königsberger Dichter des 17. Jahrhunderts gebührende Aufmerksamkeit.[184] Oesterley hatte wenige Jahre zuvor eine erste Auswahl der Epithalamien Rölings vorgestellt[185] und lässt hier nun 54 vor allem geistliche Lieder folgen.[186] Damit ist die deutschsprachige Gelegenheitsdichtung Königsbergs im 17. Jahrhundert in ihren beiden führenden Vertretern präsentiert, deren poetisches Schaffen fester Bestandteil der gesellschaftlichen Kommunikation der bürgerlich-intellektuellen Führungsschicht der Stadt gewesen ist. Es blieb allerdings ein singuläres editorisches Projekt, das indes durch den direkten Vergleich mit einem in der poetisch-rhetorischen Technik durchaus versierten Dichter wie Röling nur noch deutlicher macht, welche herausragende dichterische Begabung Simon Dach in dieser Region in seinem Jahrhundert besaß.

Nachdem Dachs Gedichte und Lieder somit als poetische Denkmäler – und über sie zugleich auch das im 17. Jahrhundert politisch nicht zu Deutschland gehörige spätere Ostpreußen als deutsche Literaturlandschaft – einer Nationalkultur inkorporiert worden waren, unternahm der Dresdener Oberlehrer Heinrich Stiehler (1829–1913) einen weiteren Versuch, Simon Dach endgültig zu popularisieren.[187] Stiehler reüssierte zunächst als Jugendschriftsteller und trat dann in seinen späten Lebensjahrzehnten mit mehreren populären Dichterbiographien und -ausgaben hervor. So verfasste er unter anderem die biographischen Einleitungen in jeweils mehrbändige Ausgaben von Goethes und Schillers Werken, die um 1905 bzw. um 1911

183 Simon Dach, seine Freunde und Johann Röling. Hg. v. Hermann Oesterley. Berlin u. a. 1883 (Deutsche National-Litteratur 30). ND Tübingen 1974.

184 Zu Röling Dieter Lohmeier: (sub verbo). In: Literatur-Lexikon (Anm. 32), Bd. 9, S. 499.

185 Hermann Oesterley: Johann Röling. In: Archiv für Litteraturgeschichte 9 (1879), S. 173–200.

186 Simon Dach, seine Freunde und Johann Röling (Anm. 183), S. 231–345. Eine genaue Untersuchung zu Röling fehlt, vor allem auch dazu, inwieweit er durch Dach beeinflusst war. Röling hatte unter anderem Tscherning in Rostock gehört, den ja auch Dach mehrfach in einem Atemzug mit Opitz lobte. Die Arbeit von Paul-Gerhard Schulze: Johann Röling, ein ostpreußischer Lyriker des 17. Jahrhunderts. Phil. Diss. Königsberg 1925 [masch.] betont zwar seine Beeinflussung durch Dach, ist aber dringend ergänzungsbedürftig.

187 Zu Stiehler nur der Eintrag von R[einhard] M[üller]: (sub verbo). In: Deutsches Literatur-Lexikon (Anm. 153), Bd. 20, Sp. 104.

im Berliner Weichert-Verlag erschienen.[188] Sie atmen beide den gleichen Geist der Popularisierung und sollten als reine Leseausgaben die beiden größten deutschen Dichter in die Regale des gebildeten Bürgers einstellen. Das verbindet Stiehler mit einem „volkserzieherischen" Impetus nationalistischer Emphase: „Lasset uns unsere Ideale hochhalten und sie pflegen, vor allem auch Du, deutsche Jugend!" hebt etwa seine Einführung in „Schillers Leben und Werk" an, denn jener habe, so die abschließende Apotheose, „sein deutsches Volk geistig auferbaut, und sittlich veredelt!"[189] In diesen chauvinistischen Kontext ist auch seine Dach-Ausgabe eingebettet.

Stiehler hatte bereits Auswahlausgaben von Fleming und Brockes im Reclam-Verlag herausgegeben[190] und auch Fischarts *Glückhafft Schiff von Zürich* in einer „Jubelgabe" anlässlich des 300. Todestages ediert,[191] als er 1896 den Band *Simon Dach. Sein Leben und seine ausgewählten Dichtungen fürs deutsche Volk* vorlegte. Er bietet 87 Gedichte Dachs, die in die Abteilungen „Ernste Dichtungen" – „Lieder vermischten Inhalts" – „Heitere Dichtungen" eingeordnet sind.[192] Schon diese Überschriften machen den populären Charakter seiner Ausgabe deutlich. Noch deutlicher gibt sogleich aber der Titel die Intention des Herausgebers zu erkennen. Sie gilt einem Dichter, der – wie dann die biographische Einleitung ausführt – durch „das *musikalische Element* seiner deutschen Werke nicht minder, als durch die *Volksthümlichkeit seiner Stoffe* [...] in weite Kreise gedrungen" sei. Wie das nunmehr gelungen war, erklärt sogleich der nächste Satz: „Componisten und Männergesangvereine haben ihm mit Erfolg gehuldigt".[193] Der Dichter Dach, der hier unter dem deutschen Volk weiter verbreitet werden soll, wurde nun also ganz auf den populären Volksliederdichter reduziert, dessen „‚Ännchen von Tharau' [...] sowie sein inniges: ‚Der Mensch hat nichts so eigen' u. A. Allgemeingut des Volkes geworden" seien.[194] Stiehler hält sich ganz eng an Oesterleys Ausgabe und ebenso dessen quellenkundliche und biographische Vorrede, fixiert aber explizit die althergebrachte Wertschätzung, dass sich das „Beste von Dach's Arbeiten [...] bisher immer noch in *Albert's Arien*, in der *Kürbishütte*" finde.[195]

---

188 Goethes Werke. Auswahl in sechzehn Bänden. Berlin [s. a.].

189 Friedrich von Schillers sämtliche Werke. Zwölf Bände. Mit einer biographischen Einleitung von Heinrich Stiehler. Erster Band. Gedichte. Berlin [s. a.], hier S. 3 und S. 66.

190 Barthold Heinrich Brockes: Irdisches Vergnügen in Gott. In Auswahl hg. v. Heinrich Stiehler. Leipzig [ca. 1885] (RUB 2015); Paul Flemings Ausgewählte Dichtungen. Mit Erklärungen hg. u. eingeleitet v. Heinrich Stiehler. Mit des Dichters Bildnis. Leipzig [ca. 1888] (RUB 2454/2455).

191 Der Dichter Johann Fischart und insbesondere sein „Glückhaft Schiff". Mit Einleitung und Bemerkungen. Eine Jubelgabe. Dresden 1885.

192 Das „Morgenlied" „Des hohen Himmels Zinnen ..." (Ziesemer IV, 486f.) ist zweifach in die Ausgabe eingegangen (ebd. S. 70ff. und 89ff.). Es ist das signifikanteste Beispiel für die unzuverlässige, ja dilettantische Edition Stiehlers.

193 Simon Dach. Sein Leben und seine ausgewählten Dichtungen fürs deutsche Volk. Hg. v. Heinr[ich] Stiehler. Königsberg 1896, S. 3.

194 Ebd. Immerhin gibt Stiehlers Vorwort zu erkennen, dass es ganz so schlimm um die Bekanntheit Dachs nicht gestanden haben kann, wie es Oesterley behauptete (vgl. Anm. 168).

195 Ebd. S. 25. Auch die Wertschätzung der geistlichen Lieder (vgl. S. 29), die höher als die weltliche Dichtung einzuschätzen seien, wird wiederholt, hier allerdings rein ästhetisch be-

Auch nach Oesterleys Ausgabe und den großen nationalliterarischen Editionsprojekten, in die er Aufnahme fand, blieb Dach also im kommunikativen Alltagsgedächtnis als der Dichter von Volksliedern lebendig.[196] In den Kompositionen des 19. Jahrhunderts waren diese Lieder bekannt. Das *Lied der Freundschaft* und vor allem das *Ännchen von Tharau*, in der Übersetzung Herders und mit der Melodie Friedrich Silchers (1789–1860), trugen am meisten zu seinem Nachruhm bei. Daran hatte sich seit Herder auch durch die Anstrengungen einer positivistischen Germanistik nichts geändert. Schon damals hatte es ein Poet des 17. Jahrhunderts nicht leicht, die Aufmerksamkeit einer Nation zu gewinnen, in deren kulturellem Gedächtnis der Gipfel des literarischen Parnasses von Goethe und Schiller besiedelt war, deren mächtige Schatten von dort auf fast alle fielen, die zuvor die Feder geführt hatten. Die Germanistik entwickelte kein größeres Interesse für diesen Dichter, wenngleich die Urteile über ihn nunmehr ausgewogener waren – so etwa auch in der *Geschichte der deutschen Literatur* von Wilhelm Scherer (1841–1886), um nur den einflussreichsten Germanisten seiner Zeit anzuführen, der das Fach damals beherrschte.[197] Scherer fand in seiner grundlegenden Literaturgeschichte durchaus wohlwollende Worte für Dach und rückte ihn dabei stilistisch ausdrücklich in die Nähe von Fleming, ein Vergleich, der sich fortan in der Literaturgeschichtsschreibung hielt:

> Dachs Gedichte haben mit denen Flemings die Glätte und Leichtigkeit, das Melodische und Fließende gemein, das sich oft allzu geläufig ergießt. Seine geistlichen Gesänge neigen sich der Betrachtung des Todes zu; aber er malt ihn nicht in grellen Farben, sondern nur in leichtem Umriß; und nicht Furcht ist seine Muse, sondern eine sanfte Schwermut, die nicht ungern in das Jenseits blickt.[198]

Die ersten Dissertationen zu Dach – damals wie heute Gradmesser der jeweils dominierenden wissenschaftlichen Diskurse – erschienen aber erst kurz vor dem Ersten Weltkrieg.[199] Stiehlers Versuch, die Gedichte Dachs, ohnehin in schmaler Auswahl, „fürs deutsche Volk“ zu popularisieren, blieb ebenfalls nahezu folgenlos. So fand

---

gründet. – Die Gleichsetzung der *Arien* und der *Musicalischen Kürbs-Hütte* verstärkt den Eindruck des Dilettantismus dieser Ausgabe.

196 Symptomatisch für diese Einbindung Dachs als Dichter von Volksliedern in den Kanon der nationalen Literatur ist auch ein Beitrag wie derjenige von Otto Carsten Krabbe: Aus deutscher Vergangenheit. Ein Dreigestirn von Liederdichtern. Walther von der Vogelweide, Hans Sachs, Simon Dach. Nach ihrem Leben und Liedern in Vorträgen gekennzeichnet. Gütersloh 1878.

197 Vgl. zu ihm die wissenschaftsgeschichtliche Studie von Wolfgang Höppner: Das „Ererbte, Erlebte und Erlernte“ im Werk Wilhelm Scherers. Ein Beitrag zur Geschichte der Germanistik. Köln u. a. 1993 (Europäische Kulturstudien 5). Die biographischen und bibliographischen Grunddaten bei Dems.: (sub verbo). In: Internationales Germanistenlexikon (Anm. 164), Bd. 3, S. 1582–1585.

198 Wilhelm Scherer: Geschichte der deutschen Literatur. Berlin 1883, S. 322.

199 Die erste Dissertation, die über Dach entstand, stammt von Hans Böhm: Studien über Simon Dachs Lyrik. Phil. Diss. Bonn (handschriftlich, nur teilweise gedruckt unter dem Titel: Stil und Persönlichkeit Simon Dachs. Bonn 1910). Sie ist ebenso vernachlässigenswert wie die Arbeit von Bruno Nick: Das Naturgefühl bei Simon Dach. Phil. Diss. Greifswald 1911, gerade weil die Auffassung von der Naturnähe der Dichtung Dachs sich stereotyp in literaturgeschichtlichen Darstellungen zum Barock bis in unsere Zeit erhalten hat.

auch der 300. Geburtstag Simon Dachs 1905 in der Öffentlichkeit nur geringe Aufmerksamkeit.[200] Das war damals nicht anders als einhundert Jahre später. Ein Dichter des Barock hat es im kulturellen Gedächtnis einer Nation nicht leicht; zumal dann, wenn wie im Falle Simon Dachs die Erinnerung an sein Geburtsjahr stets mit dem Gedenken der Deutschen an das Todesjahr des Nationaldichters Schiller zusammenfällt.

5. Dach in (Ost-)Preußen

5.1 Nationaler oder regionaler Dichter? Ein Memeler Schulprogramm von 1873

Eine vehemente Invektive gegen Dachs Bedeutung als nationaler Dichter kam aus einer geographischen Ecke, aus der man sie wohl am wenigsten erwartet hätte. Im Jahre 1873 veröffentlichte Paul Salkowski im *Jahresbericht über das städtische Gymnasium zu Memel* eine Abhandlung zu Dach.[201] Die Meßlatte, die hier an seine Dichtung angelegt wird, gilt eben ihrer Bedeutung für die nationale Literaturgeschichte. Salkowski, als Gymnasiallehrer ein Angehöriger jener bildungsbürgerlichen Schicht, für die die großen nationalliterarischen Editionsvorhaben Goedekes oder Kürschners vor allem konzipiert waren, spricht sie Dachs Gedichten weitgehend ab:

> Im Vergleich aber zu der Masse ist die Zahl derjenigen Gedichte unverhältnissmässig gering, welche wirklich dichterischem Triebe entsprungen sind und sich über das Niveau gemeiner Gelegenheitsreimerei erheben. Doch vermag uns auch dieses Wenige noch heute für den Dichter zu interessieren, wenn es auch kein Recht giebt, ihn den dichterischen Grössen beizuzählen.[202]

Das Wenige, was noch für den Dichter interessieren könnte, seien – wenig überraschend – die Lieder in den *Arien*; den Ausschlag für dieses Urteil jedoch gab – auch das nun keineswegs überraschend – Dachs Ruf als Gelegenheitsdichter. Den Menschen Dach dagegen schätzt Salkowski in einer im Geist des Wilhelminischen Kaiserreiches psychologisierenden Gesamtwürdigung für seine Aufrichtigkeit und Frömmigkeit und seine bürgerlichen Tugenden. Nur wo diese einflössen, gelän-

---

200 Nachweisen kann ich bislang nur: Ed. Flick: Simon Dach. Ein Gedenkblatt zur 300. Wiederkehr seines Geburtstages. In: Allgemeine deutsche Lehrerzeitung 57 (1905), S. 356f.; Rudolf Löbe: Zur Erinnerung an Simon Dach[,] den Sänger der letzten Dinge, geb. 29. Juli 1605, gest. 15. April 1659. Stuttgart 1905; Ludwig Suderow: Simon Dach und der Königsberger Dichterkreis. Ein Gedenkbüchlein zur 300. Wiederkehr seines Geburtstages am 29. Juli 1605. Hamburg [1905]. Im Zusammenhang mit diesem Jahrestag ist auch das Erscheinen von [Ludwig] Suderow: Simon Dach und der Königsberger Dichterkreis. In: Unsere Kirchenliederdichter. Bilder und Bildnisse aus der Geschichte des evangelischen Kirchenliedes. Bd. 4. Hamburg 1905, S. 49–64, zu erwähnen.

201 Über Salkowskis Biographie war nichts zu ermitteln.

202 [Paul] Salkowski: Simon Dach. In: XIII. Jahresbericht über das städtische Gymnasium zu Memel[,] durch welchen zu der am 3. October 1873 stattfindenden öffentlichen Prüfung und zur Entlassung der Abiturienten im Namen des Lehrer-Collegiums ergebenst einladet Prof. Dr. Düringer, Director. Memel 1873, S. 2–20, hier S. 19.

gen ihm Gedichte, die „noch heute Jeden ansprechen, der nicht mit zu grossen Erwartungen an ihn herantritt."[203]

Oesterley hatte im gleichen Jahr in einer Ankündigung seiner bereits damals, also direkt nach seinem Wechsel nach Breslau, geplanten Ausgabe dazu aufgerufen, ihm bislang unbekannte Gedichte mitzuteilen, insbesondere aus der einstigen, in private Hände zerstreuten Pisanski-Sammlung. Er appellierte dafür an den „preußischen Patriotismus", da es doch „für jeden Preußen eine Ehrenpflicht ist nach Kräften dabei mitzuwirken, daß die Werke dieses echtpreußischen Dichters so vollständig wie möglich gesammelt werden".[204] Diese Formulierung ist zweifellos auf den Publikationsort, die *Altpreußische Monatsschrift*, berechnet. Sie wird durch Dachs Epithalamium aus dem Jahre 1655 („Ich hätte zwar der Tangen Rand ..."), hier in den Rang eines patriotischen Gedichts auf seine Vaterstadt Memel erhoben, aus dem dichterischen Wort untermauert.[205] Bei Salkowski, einem preußischen Untertanen, ist von diesem auf Dach ausgedehnten Patriotismus nichts zu spüren. Das enthusiastische Lob, das bereits mehr als einhundert Jahre zuvor seine Landsleute Dach als preußischem Poeten gezollt hatten, bietet ihm nur den Beleg für seine Argumentation, dem Dichter nicht mehr als eine „provincielle Bedeutung" zuzugestehen. Anders als Oesterley und dem Popularschriftsteller Stiehler taugt Dach ihm nicht zu einem Dichter des deutschen Volkes, für Salkowski besitzt er, von einzelnen Versen abgesehen, literarischen „Wert" nur als Dichter für die Region.

Man würde Salkowskis kleine Abhandlung sicherlich sehr überschätzen, wenn man ihrem Verfasser die Intention unterstellte, Simon Dach und sein Werk für den regionalen Kulturraum zurückgewinnen zu wollen. Und doch ist seinem impliziten Verweis auf Ostpreußen, wenn in seinem Falle auch in einem gänzlich anderen, genieästhetisch vorverurteilenden Argumentationszusammenhang begründet, nachzugehen. Denn letztlich war es die Fokussierung auf den regionalen Kulturraum, in dem Literatur und Volk in Geist und Gehalt kongruieren, über die die Verbindung

---

203 Ebd.

204 Hermann Oesterley: Aufforderung in Betreff der Gedichte von Simon Dach. In: Altpreußische Monatsschrift 10 (1873), S. 379–383, hier S. 380.

205 Ebd. S. 380–382 (bei Ziesemer II, 57ff.). Es ist nicht die erste posthume Publikation dieses Gedichts, das als Einzeldruck erschienen war. Lauson druckte es in den Fußnoten seiner Lobrede vollständig ab (vgl. unten Anm. 244); er liest dieses Gedicht autobiographisch. Soweit es durch Ziesemer nachgewiesen ist, befand sich kein Exemplar des kasualen Erstdrucks in Königsberger Bibliotheken. Der Verdacht liegt nahe, dass Lauson hier auf Pisanskis Sammlung zurückgegriffen haben könnte (vgl. Anm. 244). Oesterley legt seinem Abdruck den Breslauer Einzeldruck zugrunde (heutige Sign.: 4 E 221, 159). – Zu diesem Gedicht, in dem Dach die Erinnerung an seine Vaterstadt poetisch verräumlicht, das aber nicht einfach als autobiographisches Selbstbekenntnis zu lesen ist, vgl. jetzt Axel E. Walter: Simon Dach – der preußische Archeget der deutschen Dichtung des 17. Jahrhunderts. In: Jens Stüben (Hg.): Ostpreußen – Westpreußen – Danzig. Eine historische Literaturlandschaft. München 2007 (Schriften des Bundesinstituts für Kultur und Geschichte der Deutschen im östlichen Europa 30), S. 205–233; außerdem: George C. Schoolfield: Memory's lane. Simon Dach's Memel Epithalamium of January 18, 1655. In: Thomas Kerth, G. C. S. (Ed.): Life's golden tree. Essays in German literature from the Renaissance to Rilke. Columbia 1996 (Studies in German literature, linguistics, and culture), S. 64–100, der ganz der Versuchung erliegt, das Autobiographische in diesem Gedicht nachzuprüfen.

zwischen Dach und der Nation folgenreich hergestellt wurde. Die entscheidenden Initiativen für eine weitere Verbreitung der Gedichte und Lieder Dachs wurden zwar, wie gesehen, zunächst weit außerhalb der ostpreußischen Grenzen ergriffen, wenngleich sie bei Gottsched und Herder zweifellos auch aus landschaftlichen Konnotierungen inspiriert waren. In Ostpreußen jedoch war das Interesse an Dach während des 18. Jahrhunderts deutlich ausgeprägter als im übrigen deutschen Sprachraum.

Dachs Name blieb hier als der des bedeutendsten einheimischen Dichters des 17. Jahrhunderts präsent. Hier formte sich das Bild des Stammvaters der deutschen Dichtung dieser Region, der als preußischer Dichter die deutsche Dichtung nach Preußen gebracht und sie zugleich zu einer Blüte geführt habe, die der Dichtung im übrigen Deutschland in nichts nachstehe, ja durch die sich die eigene Literatur bis in die damalige Gegenwart im literarischen Leben des deutschen Reichs etabliert habe. Das ist die Argumentationslinie einer regionalen Literaturgeschichtsschreibung, die ihren maßgeblichen Beitrag zur Herausbildung einer regionalen Identität leistete. Mit Bayer und Bartsch wurde Dach dem kulturellen Gedächtnis der Stadt Königsberg eingeschrieben. Auch Pietsch, dessen Werke Gottsched herausgab, bekannte sich dichterisch zu Dach als poetischem Vorfahren für seine Dichtkunst.[206] Von ihm stammte auch das Epigramm unter dem 1730 von Wolfgang Philipp Kilian geschaffenen Porträtkupferstich, der von allen Dach-Bildnissen am weitesten verbreitet ist.[207] Doch das blieben Einzelinitiativen, die noch nicht in die breitere Öffentlichkeit hineinwirkten.

5.2 Dachs Entdeckung als „altpreußischer" Dichter in der Region: Königsberger Lobreden zu seinem 100. Todestag

Erst zum einhundertsten Todestag Simon Dachs ist in Königsberg eine Belebung des Interesses zu erkennen. Zu diesem Anlass erschienen zwei große Gedenkreden.

Die erste trägt den Titel: *Das lorrbeerwürdige Andenken eines vor hundert Jahren verstorbenen großen Preußischen Dichters, M. Simon Dach, [...] wagte sich vor einer ansehnlichen Versammlung in der Domschule zu Königsberg in einer Gedächtnißrede zu erneuren, Johann Friedrich Lauson.* Lauson (1727–1783), zu diesem Zeitpunkt (bis 1765) Lehrer am Kneiphöfischen Gymnasium, betätigte sich vor allem als Dichter und stellte sich hier ebenfalls in die Nachfolge Dachs.[208] Es handelte sich offenkundig um eine durchaus festliche Veranstaltung, mit dem Dachs ehemalige

206 Vgl. Manthey: Königsberg (Anm. 4), S. 100f.

207 Der Text des Epigramms findet sich – mit einer Abbildung des Kupferstichs – zuletzt bei Jovita Saulėnienė: Simonas Dachas Klaipėdietis prūsas [Simon Dach, ein Preuße aus Memel]. Klaipėda 2005, S. 84.

208 Vgl. Joseph Kohnen: Lyrik in Königsberg. 1749–1799. Frankfurt/M. 2000 (Regensburger Beiträge zur deutschen Sprach- und Literaturwissenschaft, Reihe B: Untersuchungen 74), S. 35–54; in der Lobrede bezeichnet er sich S. 8 explizit als „Nachfolger" (was zweifellos auch auf den offenkundig zur Selbstdarstellung der eigenen rhetorischen Begabung genutzten Anlass berechnet ist). Biographische Grunddaten bei Carl Diesch: (sub verbo). In: APB 1, S. 385.

Schule den Todestag des Dichters zelebrierte. Zu diesem öffentlichen Festakt wurde eigens Philipp Westphals Dach-Bildnis aus der Wallenrodtschen Bibliothek im Saal aufgehängt.[209] Lausons Enkomion ist von einer emphatisch-pompösen Festrhetorik getragen, die den geehrten Dichter, der sich stets eines schlichten Tons befleißigt hatte, im Grabe erschüttern musste. Auch hier wird das Lob in erster Linie auf den „geistlichen Odendichter von der ersten Größe"[210] geschüttet. Diese poetische Leistung wird aber sogleich am Anfang der Oratio auf den eigenen Kulturraum der Festgemeinschaft bezogen. Die Argumente, mit denen Lauson seine Zuhörer auf den Dichter einstimmt, sind die der Präsenz von Dachs geistlicher Dichtung in der alltäglichen Lebenswirklichkeit und der poetischen Bewahrung verstorbener Mitglieder der Gemeinschaft in der kollektiven Erinnerung. Die Garantie der Unsterblichkeit, die die Dichter des Barock für ihre Verse gaben, und die Dach immer wieder auch in seinen Gedichten als Topos ausgestaltete, sicherte für Lauson dem Dichter selbst seinen Platz im kommunikativen Gedächtnis der nachfolgenden Generationen. Im regionalen Kulturraum wird also der Gelegenheitsdichter durch seine Epicedien erinnert:

> Gönnen sie seiner Asche die Pflichten der Dankbarkeit, die Er besonders wegen seiner Psalmen verdient, die sie noch ermuntern und die letzten Stunden Jhres Lebens zur Ewigkeit bereiten können. [...] Verehren sie mit mir den Namen eines Dichters, der durch seine Lieder manche Namen, die sonsten im Staube geblieben, der Vergessenheit entrissen, und sie gleichsam auf den Flügeln seines Nachruhms auch zur Unsterblichkeit übergetragen.[211]

Die folgenden Seiten bieten dann gängiges Dichterlob, das die Biographie Dachs als Erfüllung des poetischen Genius entfaltet, ihn mit den größten Dichtern auf dem Parnass vergleicht und natürlich auch die Weissagung des künftigen Thronfolgers nicht auslässt.[212] Für den Dach-Forscher gewinnt Lausons Enkomion vor allem dadurch Wert, dass er mehrere, darunter einige bislang unbekannte Gedichte Dachs für die Druckfassung seiner Rede in die Anmerkungen aufnahm. Über das Leben des Dichters erfährt man dagegen nichts, was nicht schon Bayer in seinem Lebensabriss geboten hatte.

Das gilt auch für die zweite Lobschrift, die auf den 20. April 1759 datiert ist: *Denkmaal der Ehrerbietung, seinem vor hundert Jahren entschlafenen Urältervater dem grossen Preußischen Dichter Simon Dachen errichtet* von Christoph Ludwig Jester.[213]

---

209 Johann Friedrich Lauson: Das lorrbeerwürdige Andenken eines vor hundert Jahren verstorbenen großen Preußischen Dichters, M. Simon Dach [...]. Königsberg 1759, S. 41.

210 Ebd., S. 8.

211 Ebd., S. 7f.

212 Vgl. ebd., S. 29.

213 Christoph Ludwig Jester: Denkmaal der Ehrerbietung, seinem vor hundert Jahren entschlafenen Urältervater dem grossen Preußischen Dichter Simon Dachen errichtet [...]. Königsberg (1759). Ich benutze das Exemplar der Universitätsbibliothek Thorn/Toruń (Pol.8.II.2567), das sich ehemals im Besitz der Königlich Deutschen Gesellschaft in Königsberg befand. – Als Motto seiner Gedenkrede wählte Jester Verse von Fleming: „Die treflichen Poeten | Die Rächer der Natur | Die können, Tod, dich tödten."

Ihr Verfasser Jester weist sich auf dem Titelblatt als „d. W. u. B. R. B." aus, also – so ist dieses Kürzel wohl richtig aufzulösen – als „der Weltweisheit und beider Rechte Beflissener". Das deutet auf den akademischen Raum hin. In der Tat immatrikulierte sich ein Student dieses Namens, als dessen Herkunftsort Königsberg angegeben ist, am 30. März 1757 an der Königsberger Universität.[214] Über Jester ist ansonsten biographisch nichts in Erfahrung zu bringen, außer diesem Enkomion sind weitere Schriften unter seinem Namen nicht festzustellen. Lauson ist zu entnehmen, dass Jester weitläufig mit Simon Dach verwandt war.[215] Hier besteht also eine familiäre Verbindung, über die sich die Erinnerung an den Dichter über die Generationen knüpft. Eine direkte situative Kommunikation, wie sie Lauson immer wieder mit seinen Zuhörern führte und die für den mündlichen Vortrag konzipiert war, stellt Jester nicht her. Es handelt sich ganz offensichtlich um eine nur für den Druck verfasste Lobschrift, die dementsprechend mit einer gedämpften, weniger auf die Affekterregung der Kommunikationsteilnehmer kalkulierten Rhetorik auskommt. Man wird sich kaum vorstellen können, dass die führende akademische Institution der Stadt dieses Ereignis überging, wenn es andererseits in einer der örtlichen Schulen gefeiert wurde; ob Jesters *Denkmaal der Ehrerbietung* als Beitrag der Universität zum Andenken Dachs erschien, muss freilich dahingestellt bleiben, eindeutige Hinweise darauf gibt es nicht.[216]

Jesters Enkomion bringt bereits im Titel ganz deutlich zum Ausdruck, welchen Dichter es hier zu würdigen galt: Er errichtete sein *Denkmaal* dem „Urältervater dem grossen Preußischen Dichter". Der „Urältervater" ist doppeldeutig gemeint, er stellte sowohl die biographische Beziehung zum Urahnen des eigenen Geschlechts her als auch und insbesondere die Rolle Dachs als Stammvater der preußischen Dichtung heraus. Jester weiß ebenfalls über das Leben des Dichters nichts Neues zu berichten, was nicht schon an Details und Deutungen bei Bayer zu finden ist, der erkennbar die Vorlage auch für Jesters Ausführungen bot. Allerdings ist die Argumentationsführung seines Enkomions anders: Wo Lauson versuchte, den verstorbenen Dichter in die Gegenwart der Zuhörerschaft hineinzuversetzen, ging es Jester um eine historische

---

214 Vgl. Georg Erler (Hg.): Die Matrikel der Albertus-Universität zu Königsberg in Pr. 3 Bde. Leipzig 1910–1917 (ND Nendeln/Liechtenstein 1976), Bd. 2, S. 465. – Ein weiterer biographischer Nachweis in: Das älteste Bürgerbuch der Stadt Königsberg (Pr.). Hg. v. Carl Schulz u. Kurt Tiesler. ND der Ausgabe Königsberg 1939. Hamburg 1978 (Sonderschriften des Vereins für Familienforschung in Ost- und Westpreußen 36), S. 58, Nr. 33: Demnach erhielt Jester als „Referend. [und] Mälzenbr." 1765 das Bürgerrecht der Altstadt.

215 Vgl. Lauson: Das lorrbeerwürdige Andenken (Anm. 209), S. 48.

216 Als indirekter Hinweis, dass Jesters Enkomion eine „offizielle" Funktion erfüllt haben könnte, ließe sich vielleicht die explizite Datumsangabe erkennen, die überraschend nicht den Todestag Simon Dachs übernimmt, sondern den Tag, an dem bereits einhundert Jahre zuvor die akademische Trauerfeier an der Albertina stattfand. Vgl. Honor Exeqvialis, Viro [...] Dn. M. Simoni Dachio, Poeseos P.P. Poetarvm Nostri Secvli Facile Principi, Dn. Collegae Hucusqve Honoratissimo, Nunc Aeternum Desiderando, Exhibitvs, A Rectore Et Senatv Academiae Regiomontanae. Praelo Revsneriano. [Am Ende:] 1659. 20. Aprilis. (Exemplar der Universitätsbibliothek Thorn/Toruń, Sign.: Ob.7.II.5266, ehemals Stadtbibliothek Königsberg). Abdruck dieser biographisch wertvollen Intimatio bei Ziesemer IV, 527–531.

Beweisführung des Dichterruhms seines Vorfahren und dessen Rolle für Preußen und Deutschland. Dass dieser Ruhm ebenso wie Dachs poetisches Talent unvergleichlich gewesen seien, ist in beiden Lobschriften das selbstverständliche Beweisziel.

Jester beginnt mit Sabinus, Poliander, Speratus und einigen wenigen anderen, denen zwar noch das poetische Feuer gefehlt habe, die aber immerhin nicht, wie die große Mehrzahl, bloße Reimeschmiede im Stile Hans Sachsens gewesen seien. Diese knappe Vorgeschichte der wenigen nennenswerten Dichter in lateinischer Sprache und „in der Mundart der Deutschen“[217] dient aber nur dazu, die herausragende Bedeutung Simon Dachs damit zu kontrastieren. Dach habe seine „Waffen“ dafür im „Zeughaus der Alten“[218] gefunden, um den verdorbenen poetischen Geschmack nach dem Vorbild der griechischen und römischen Dichter zu bessern. Dach wird also als *poeta doctus* präsentiert, der es in seinen lateinischen Gedichten mit Horaz und Catull, mit Grotius und Heinsius aufnehmen könne und darin – natürlich – besser gewesen sei als Opitz und dessen Nachfolger. Den Vorwurf gegen Dach, das Lateinische nur schlecht beherrscht zu haben, griff schon Bayer auf – und widerlegte ihn sogleich.[219] Das jedoch ist nur eine Facette des Dichters Dach, die zu seiner Ehrenrettung angeführt ist. Entscheidend ist für Jester im Falle Dachs, dass er die Schönheit der Verse der antiken Vorbilder erkannt und verinnerlicht habe und deshalb auch in deutscher Sprache „erhaben, feurig und zärtlich zu singen“ verstanden habe:[220]

> Unser Dach war der Verbesserer der deutschen Schreibart in Preußen, und die Gegeneinanderhaltung seiner Werke mit den vor ihm an das Licht getretenen, liefert hiervon unleugbare Beweise. Durch ihn wurde schon dazumal das Vorurtheil widerleget, welches der reinen hochdeutschen Sprache ihren Sitz nirgends anders, als in den meisnischen Fluren, in den Mauren von Leipzig und Dresden anweisen will.[221]

Das ist nicht nur eine erkennbare Invektive gegen Gottsched, die ihrerseits den Wandel der poetischen Paradigmen des literarischen Lebens in Deutschland um die Jahrhundertmitte anzeigt, sondern es bereitet die weitere Beweisführung vor, in der es Jester vor allem darum geht, Dachs poetische Leistung als einen genuinen Beitrag dieser Region zur deutschen Dichtung herauszustreichen. Dach wird damit zu einem poetischen Gewicht, das man – hier geht Jester in die gleiche Richtung wie Gottsched in seinem Gedicht auf Friedrich II. – Mitte des 18. Jahrhunderts in der Provinz Ostpreußen in die Waagschale des literarischen Lebens in Deutschland werfen konnte, um den Beitrag der Region zur deutschen Dichtung zu verbürgen. Dieser Beitrag sei größer gewesen, als derjenige Opitzens und Flemings, denen Dachs poetische Kunst gleichzustellen sei, der aber in der Formung eines guten deutschen Ausdrucks mehr geleistet habe als beide zusammen. Wo Salkowski Dach Provinzialismus unter-

---

217 Jester: Denkmaal (Anm. 213), Bl. A3r.

218 Ebd., Bl. A3v.

219 Vgl. Bayer: Das Leben Simonis Dachii (Anm. 3), S. 168. – Dieser Vorwurf gegen Dach spielt für seine Rezeption nur eine untergeordnete Rolle. Denn es ging ja immer nur um den „deutschen“ Dichter.

220 Jester: Denkmaal (Anm. 213), Bl. A3v.

221 Ebd., Bl. A4r.

stellte, akzentuiert Jester ganz gezielt den von der Region für die literarische Nation durch diesen Dichter geleisteten Beitrag.

Diese Argumentationslinie schließt noch einen anderen, für Jester, aber ebenso für seine Zeitgenossen ganz wesentlichen Aspekt ein. Es ist die Verteidigung der eigenen Region gegen ihren provinziellen Status im brandenburg-preußischen Gesamtstaat und in Sonderheit gegen ihre kulturelle Herabstufung gegenüber Berlin. Diese Verteidigung gelingt wiederum über den poetischen Leistungsbeweis Simon Dachs in der deutschen Sprache und für die deutsche Dichtung:

> War es das deutsche Athen, so ihn unter seinen feinen Linden erzog? Nein: Die äusserste Grenzvestung von Preußen, Memel, geniesset die Ehre, einen so würdigen Zögling hervorgebracht zu haben; der seiner Vaterstadt sich nicht weniger schätzbar gemachet, als ein unter den Britten verewigter Wilkins und ein in Schweden beliebter Murray. Die nahe Nachbarschaft der litthauischen, curischen und sameytischen Sprache hatte keinen Einfluß in die Anmuth, so den deutschen Gedichten unseres Dachens eigen ist; und hier muß die Verleumdung beschämt verstummen.[222]

Hier wird also ein lokaler Kulturpatriotismus formuliert, der auf die Legitimation der „Deutschheit" der Region zielt. Den schlagenden Beweis dafür lieferte – und zwar schon in früherer Vorzeit – niemand anderes und niemand, der seinen Zeitgenossen überlegener war, als Simon Dach.

Nach diesem Ereignis aber wurde es auch in Ostpreußen wieder stiller um Dach. Ein wichtiges, wiederum einige Jahrzehnte weiter weisendes und somit zu Pisanski hinführendes Zeugnis bleibt aber noch beizubringen. Ludwig von Baczko (1756–1823), der als Historiker wie als Dichter und Erzähler trotz seiner Erblindung unermüdlich veröffentlichte,[223] bemühte sich in dem von ihm herausgegebenen *Preußischen Tempe*, in dessen Bänden er auch Gedichte Dachs abdruckte,[224] bezeichnenderweise in einem Aufsatz über die „vaterländischen" Dichter des 17. Jahrhunderts explizit um die Rehabilitation des Gelegenheitsdichters Dach:

> Ueberhaupt wußte Simon Dach seinen Gelegenheitsgedichten einen besondern Anstrich zu geben; sie bestanden nicht blos aus Glück= und Segenswünschen oder Trost und Zuspruch, wie viele der iezzigen Zeit. Wie rührend ist zum Beispiele nicht die Wendung in dem Frühlingsliede auf einen Todesfall?[225]

Wie weitblickend dieses Urteil ist, wie viel präziser auch als das der bereits zitierten Germanisten von Gervinus bis zu Cysarz und anderen, wurde bereits angedeutet

---

222 Ebd., Bl. A4v.

223 Vgl. Agnes Krup-Ebert: (sub verbo). In: Literatur-Lexikon (Anm. 32), Bd. 1, S. 282f.

224 Darunter zwei Gedichte, von denen schon Ziesemer keine separaten Drucke mehr nachweisen konnte: Das Preußische Tempe. Zweytes Stück. Februar 1781, S. 137–141: „Der Weise in der That. von Simon Dach 1649." („Der Weise in der That ..."; vgl. ZIESEMER II, 326), und „Muth im Leiden. Von demselben." („Sollt ich meinen Nacken beugen ..."; ZIESEMER II, 326f.).

225 Baczko: An Herrn B (Anm. 62), S. 242. Baczko gibt hier an, selbst einen Band mit Gelegenheitsgedichten Dachs zu besitzen. Möglicherweise sind ihm die beiden in der vorigen Anm. genannten Gedichte entnommen; von diesem Band fehlt ebenfalls jede Spur, auch hier sind also wieder Verluste singulärer Drucke zu konstatieren.

– es kongruiert, wenn man die „rührende" Formulierung außer Acht lässt, durchaus mit unserem heutigen Blick auf Dach.[226]

5.3 Die Präsenz des Dichters in den lokalen Memorialstätten: Dach-Sammlungen in den Königsberger Bibliotheken

Wie aber stand es um die sammlerische Bewahrung des literarischen Erbes von Dach in den Königsberger Bibliotheken nach dem nicht mehr genau aufzuklärenden Verlust der Sammlung von Bartsch? Als die Königlich Deutsche Gesellschaft im *Neuen Büchersaal* ihre Nachträge zu dem Verzeichnis von Arletius veröffentlichte, vermeldete sie, „dass wir [in Königsberg] keine so vollständige Sammlung, weder in den öffentlichen, noch einer einzigen Privatbibliothek vorzuzeigen vermögend sind".[227] Oesterley bestätigte mehr als einhundert Jahre später diesen Eindruck, wenngleich er erstmals erahnen lässt, dass in den Königsberger Bibliotheken doch einiges an wertvollen Drucken zu finden war.

Von den Königsberger Bibliotheken gingen bis zu ihrem Untergang allerdings keine Initiativen aus, sich gezielt der Sammlung der Dichtung Dachs anzunehmen oder wenigstens die weit über die Bestände verstreuten Einzeldrucke zusammenzuführen. Bibliothekare schätzten allerorten die Gelegenheitsdichtung ebenso wenig wie die Germanisten, solange sie sich nicht an bedeutende Adressaten richtete, und sie sammelten sie vornehmlich aus biographischem oder genealogischem Interesse. Die Königsberger Bibliotheken erfüllten in der Frühen Neuzeit die Funktion von Sammelstätten für das in den einheimischen Offizinen gedruckte Schrifttum. Die Durchsicht der erhaltenen frühneuzeitlichen Bibliotheksverzeichnisse zeigt, dass das sogenannte Kleinschrifttum der Königsberger Druckereien in zahlreichen Konvoluten zusammengebunden und damit in der Tat so vollständig wie an keinem anderen Ort versammelt gewesen ist. Das betrifft in erster Linie das akademische Schrifttum. Dass indes die lokalen Drucker ihrer Verpflichtung, Exemplare an die Schloss- und die Universitätsbibliothek abzuliefern, insgesamt in diesen Jahrhunderten nur schleppend nachkamen, war eine oft wiederholte Klage.[228] Für die zu privaten Anlässen entstandenen und entsprechend auch privat finanzierten Gelegenheitsdrucke wird man davon ausgehen dürfen, dass die Abgabe von Exemplaren noch unregelmäßiger geschah.

---

226 Hingewiesen sei außerdem noch auf das: Lob der göttlichen Vorsehung über Preußen und die Königliche Stadt Tilse, bey derselben zwoten Jubelfeier in der Königlichen deutschen Gesellschaft 1752. den 2. Novembr. besungen und entworfen von S. Königsberg, gedruckt bey Johann Friedrich Driest, Königl. privil. Buchdrucker. Dieser Schrift (die wiederum in einem Exemplar der Universitätsbibliothek Thorn/Toruń, Sign.: 280.330, benutzt wurde) ist ein Auszug aus Dachs Städtelob auf Tilsit vorangestellt („O Mümmel, welcher Strom zur Rechten und zur Lincken ..."; Ziesemer II, 262–268). Wiederum war es also die Königlich Deutsche Gesellschaft, die hier das Andenken Dachs bewahrte.

227 Der königl. Deutschen Gesellschaft zu Königsberg in Preußen Schreiben (Anm. 69), S. 150.

228 Vgl. Ernst Kuhnert: Geschichte der Staats- und Universitäts-Bibliothek zu Königsberg. Von ihrer Begründung bis zum Jahre 1810. Leipzig 1926, S. 165.

Insbesondere der Stadtbibliothek wuchs zu Anfang des 18. Jahrhunderts die Funktion als Sammelzentrum für die städtische Memoria zu, indem in sie Nachlässe einheimischer Dichter eingingen. Das sei nur am Beispiel der von Gottsched genannten Königsberger Dichter in der Nachfolge Dachs angedeutet. So besaß die Stadtbibliothek von Etmüller zahlreiche Einzeldrucke, vor allem aber auch mehrere Handschriften, und von Friedrich von Derschau „einen starken Band" handschriftlicher Gedichte.[229] Die Sammeltätigkeit blieb jedoch unsystematisch: Lausons Bibliothek zum Beispiel, die reich an lokalem Kleinschrifttum war, verkaufte die Stadtbibliothek unter Preis, um damit Geld für andere Erwerbungen zu verdienen.[230] Nach Dichtern angelegte Bände blieben aber die Ausnahme, die Regel stellten Konvolute dar, die entweder chronologisch oder alphabetisch nach Adressaten oder aber nach keinem erkennbaren Prinzip geordnet waren. Das gilt auch für die anderen Königsberger Bibliotheken. Eine geschlossene Sammlung wie die „Freüden- und Trauergedichte M. Johann Rölings in folio", die die Bibliothek der Geheimen Etats-Cantzley 1679 und 1681 in zwei Bänden zusammenzog,[231] besaßen sie nur vereinzelt. Es ist davon auszugehen, dass in diesen Fällen die Dichter bzw. ihre Erben die Einzeldrucke und Handschriften an die Bibliotheken übergaben. Von Dach ist Vergleichbares nicht nachzuweisen. Er bildet unter den regionalen Autoren hinsichtlich der Präsenz seiner Werke in den lokalen Bibliotheken eine bemerkenswerte Ausnahme. Auch die *Chur-Brandenburgische Rose* und die Titelauflage von 1696, beide in Königsberg gedruckt, gelangten beispielsweise nicht als Belegexemplare oder durch Ankauf in die Universitätsbibliothek, sondern erst mit der Bläsingschen Sammlung.[232]

Wie groß das Desinteresse der Königsberger Bibliothekare an Dach gewesen zu sein scheint, zeigte sich im Schicksal von Pisanskis Sammlung. Es war, wenn man Kaldenbachs mit ihrem Besitzer nach Tübingen gewechselte Sammlung ausnimmt, die neben Bartsch zweite bedeutende Dach-Sammlung, die in Königsberg im 18. Jahrhundert zusammengebracht worden war. Georg Christoph Pisanski (1725–1790), der – bis heute – unübertroffene Literärhistoriker Ostpreußens, hinterließ eine Bibliothek von weit mehr als 3.000 Bänden.[233] Sie gelangte im Jahr nach seinem Tod zur Versteigerung. Dem Auktionskatalog ist zu entnehmen, dass Pisanski in seiner Bibliothek eine für die Königsberger Verhältnisse singuläre Sammlung vereinigt hatte. Er besaß:

---

229 Vgl. Pisanski: Entwurf einer preußischen Literärgeschichte (Anm. 32), S. 656.

230 Vgl. den Artikel von Diesch (Anm. 208), S. 385.

231 „CH[urfürstlich-] BR[andenburg-] PR[eussischer] CANTZELEY BVCHER CATALOGVS" (Anm. 19), Nr. 273 und 307.

232 Katalog „Bibliotheca Academiae Regiomontanae" (Russisches Staatsarchiv für Alte Akten, Sign.: 25-1-77), Nr. 1037 und 1283 in der Abteilung „In Qvarto".

233 Zu ihm [Maximilian] Lehnerdt: (sub verbo). In: APB 2, S. 503. Pisanskis Leben und Werk (und besonders seine *Literärgeschichte*) verdiente längst eine umfassendere Untersuchung. Ein im Geleitwort zum Nachdruck von 1994 (vgl. Anm. 32) angekündigter ausführlicher Kommentar ist bislang leider nicht erschienen.

Eine Sammlung von 80 Gedichten der Königsberger Professoren der Poesie, Georgi, Vogt, Boy und Dach.
Sim. Dachs Churbrand. Rose etc. 1680.
Desselben einzelne Gedichte auf mancherlei Vorfälle, mehr als 600 Stücke, Volumina II.
Ein geschriebenes Verzeichnis der sämtlichen Gedichte des Sim. Dach.[234]

Es handelte sich damit um die nach Arletius größte Dach-Sammlung, die jemals in „öffentlichen" Bibliotheken oder privaten Händen nachzuweisen war. Sie aber ist seit dieser Auktion verschollen. Niemand in Königsberg scheint zum Ende des 18. Jahrhunderts dieser Sammlung den unersetzlichen Wert beigemessen zu haben, den sie heute für uns besäße. Die Königsberger Bibliothekare, die häufig zu den Besuchern der städtischen Auktionen zählten, ließen sich diesen Schatz entgehen.[235]

Wenn gleichwohl in den Bibliotheken vor Ort über die Jahrhunderte eine beachtliche Anzahl an Dach-Drucken zusammenkam, verdankten sie dies, wie andererseits die Breslauer Stadtbibliothek, ausschließlich privaten Sammlern. Die bedeutendsten privaten Dach-Kollektionen, die im 17. und 18. Jahrhundert in Königsberg angelegt worden waren – von Kaldenbach, Bartsch und Pisanski – verblieben zwar alle nicht in der Region. Mindestens drei wichtige Kollektionen jedoch sind zu benennen, die aus privaten Händen in die Bibliotheken am Ort gelangten. Ihre Verteilung bildet zugleich die Struktur der Königsberger Bibliothekslandschaft ab.[236] Sie war wie andernorts auch durch die Koexistenz von fürstlicher und städ-

---

234 Catalogus Bibliothecae, omni scientiarum genere, praesertim libris rarissimis & rarioribus, nec non ad theologiam & borussiae historiam spectantibus & manuscriptis instructae, viri dum viveret summe reverendissimi & doctissimi Georgii Christophori Pisanski [...]. Königsberg [1791], S. 164f. Philippi gibt in seiner Vorrede zu Pisanski: Entwurf einer preußischen Literärgeschichte (Anm. 32) an, dass das einzige erhaltene Exemplar dieses Auktionskatalogs sich im Besitz der Königlich Deutschen Gesellschaft in Königsberg befinde (S. XVI). Es ist von da über die Königsberger Stadtbibliothek nach 1945 in die Universitätsbibliothek Thorn/Toruń gelangt (heutige Sign.: Pol. 8. II. 2940). Nach diesem seltenen Exemplar wurde hier zitiert.

235 Das ist aus heutiger Sicht umso unverständlicher, gab doch allein die Schlossbibliothek als größte Königsberger Bibliothek im letzten Viertel des 18. Jahrhunderts etwa ein Drittel ihres Erwerbungsetats auf Auktionen aus, vgl. Kuhnert: Geschichte der Staats- und Universitäts-Bibliothek (Anm. 228), S. 215. Es ist aber andererseits wohl als ein zumindest indirektes Indiz dafür zu bewerten, dass das Sammelinteresse an Dach in Königsberg auch noch am Ende des 18. Jahrhunderts vornehmlich ein Werk städtischer Memoria geblieben war (vgl. dazu oben S. 16). – Die erste umfassende Darstellung zu den frühneuzeitlichen privaten Auktionskatalogen (und damit ein ganz wichtiger Forschungsbeitrag zum privaten Buchbesitz) in Königsberg stammt von Janusz Tondel: Auktionskataloge im alten Königsberg. In: Königsberger Buch- und Bibliotheksgeschichte (Anm. 127), S. 353–415; in polnischer Fassung auch in Ders.: Książka w dawnym Królewcu Pruskim. Toruń 2001, S. 133–204.

236 Die bislang einzige größere Gesamtdarstellung zur Königsberger Bibliothekslandschaft bietet Garber: Apokalypse durch Menschenhand (Anm. 45): Teil 1 bietet eine breit angelegte kulturhistorische Skizze ihrer Entstehung in der Frühen Neuzeit (mit dem Schwerpunkt auf dem 16. Jahrhundert), Teil 2 eine eingehende Vorstellung der historischen Bibliotheken, Archive und Museen des alten Königsberg (auf Basis akribischer und jeweils nahezu vollständiger Auswertung der älteren bibliotheksgeschichtlichen Quellen und der neueren Forschungsliteratur), Teil 3 schließlich eine Bilanz der bis Mitte der neunziger Jahre maßgeblich v. a. vom Verfasser angeführten Suche nach Königsberger Altbeständen in Bibliotheken Polens, Litauens und Russlands.

tischer Gründung, die beide bis in das Zeitalter der Reformation zurückreichten, und von privaten Bibliotheken geprägt. Das Nebeneinander von „Staat“ und Stadt als Grundkonstante der kulturellen Formation Königsbergs spiegelte sich in ihren Memorialstätten wider.[237]

Der Wallenrodtschen Bibliothek, die über Generationen zur bedeutendsten Adelsbibliothek Königsbergs heranwuchs und seit ihrer Aufstellung im Turm des Königsberger Doms zu einem festen Teil des Images der Stadt geworden war,[238] überließ Ernst von Wallenrodt (1651–1735), Enkel des Gründers und ein Bücherliebhaber wie jener, schon 1718 eine achtbändige Sammlung personaler Gelegenheitsschriften. Sie barg in den ersten vier Bänden 108 Dach-Drucke, unter ihnen 60, die in Königsberg sonst nirgends nachzuweisen waren.[239] In der Stadtbibliothek vereinte ein anderes Konvolut 113 Drucke, von denen sogar 70 in keiner anderen Königsberger Bibliothek gefunden werden konnten. Die der Signatur dieses Bandes vorangestellten Initialen „H. B.“ geben, so darf man wohl vermuten, als seinen Vorbesitzer entweder den älteren Heinrich Bartsch (1627–1702) zu erkennen, Bürgermeister der Altstadt,[240] oder seinen gleichnamigen Sohn, der Gottsched eine Sammlung von Dach-Drucken zugeschickt hatte. Die letztere Vermutung erscheint weniger wahrscheinlich, denn der jüngere Bartsch hätte diesen Band dann innerhalb von nicht einmal vier Jahren zusammenbringen müssen.[241] Der ältere Bartsch dagegen vermachte der Stadtbibliothek nach seinem Tod mehr als 1.500 Bücher.[242] Und um die Wende zum 19. Jahrhundert gelangte in die Universitätsbibliothek, die wenige Jahre später mit der Königlichen Bibliothek vereinigt wurde, mit der Donation des Pfarrers Gottfried Ostermeyer (1716–1800) schließlich ein Konvolut mit 84 Dach-Drucken, darunter 52 bis dahin in keiner Bibliothek am Ort vorhandene. Es blieb der einzige

---

237 Dazu jetzt Axel E. Walter: Der Untergang von Bibliotheken und seine Spuren im kulturellen Gedächtnis. Vernichtung und Zerstreuung wertvoller Sammlungen im und nach dem Zweiten Weltkrieg am Beispiel der Königsberger Bibliotheken. In: Erik Fischer (Hg.): Musik-Sammlungen. Speicher interkultureller Prozesse. Stuttgart 2007 (Berichte des interkulturellen Forschungsprojekts „Deutsche Musikkultur im östlichen Europa“ 2), Teilband A, S. 19–71.

238 Vgl. Bernhard Jahn: Von der civitas incognita zur Krönungsstadt der preußischen Könige – Gestalt und Funktion des Königsberg-Bildes in Reisebeschreibungen und landeskundlichen Werken der Barockzeit. In: Kulturgeschichte Ostpreußens (Anm. 19), S. 769–796, hier S. 783f.

239 Vgl. zu diesen Bänden Walter: Die virtuelle Rekonstruktion (Anm. 127), S. 766–778. – In der Wallenrodtschen Bibliothek, die besonders stark im Bereich des landeskundlichen und landesgeschichtlichen Schrifttums war, dominierte das personenkundliche Interesse das Entstehen einer bedeutenden Sammlung von lokalem Gelegenheitsschrifttum. Zur Charakterisierung der Bestände die kompakte Einführung von Klaus Garber und Axel E. Walter: Bibliothek der Staatlichen Universität Kaliningrad. In: Handbuch der historischen Buchbestände. Hg. v. Bernhart Fabian. Bd. 8/2. Hildesheim u. a. 2002, S. 106–115.

240 Zu ihm vgl. [Christian] Krollmann: (sub verbo). In: APB 1, S. 32.

241 Vgl. oben S. 17.

242 Zu seiner Sammlung Krollmann: Geschichte der Stadtbibliothek (Anm. 45), S. 34ff. – Auch auf Mitglieder der Familie von Wallenrodt verfasste Dach Gedichte, z. B. 1649 auf den Tod Sigismund von Wallenrodts („Ihr Schatten in der stillen Nacht ...“; Ziesemer III, 266ff.). Dieser Druck befand sich nicht in der Wallenrodtschen Bibliothek; hier zumindest scheint ein persönlich inspiriertes Sammelinteresse an Dach auszuschließen.

geschlossene Band unter den ansonsten auch hier über den übrigen Bestand verstreuten Dach-Drucken, die weit über 200 zählten.[243]

Wenn man sich diese drei Sammlungen mit ihren zahlreichen Unikaten vor Augen führt, lässt sich in etwa erahnen, welchen ungeheuren Verlust Pisanskis Kollektion für die ostpreußische Kulturgeschichte bedeutet, zählte doch sie alleine so viele Dach-Drucke wie alle Königsberger Bibliotheken bis 1945 zusammen.[244] Es ist zugleich aber auch an den erwähnten Einzelbänden zu erkennen, wie ungenau Oesterley über die Königsberger Zustände informiert worden war.

5.4 Die Rolle Dachs in der ostpreußischen Literaturgeschichte: Dach als Begründer der deutschen Dichtung in Preußen in Pisanskis *Literärgeschichte*

Das Entstehen dieser ostpreußischen Dach-Sammlungen verband sich stets mit einem genuinen landeskundlichen und landesgeschichtlichen Interesse ihrer Begründer. Seit dem 15. Jahrhundert war im späteren Ostpreußen ein spezifisches altpreußisches Landesbewusstsein entstanden, das sich nach der Königskrönung 1701 und mit dem Herabsinken Ostpreußens zu einer preußischen Provinz immer mehr verfestigte und sich mit der eigenen Landesgeschichte bis hin zu den Altertümern der Vorzeit verknüpfte.[245] Die Verortung Dachs im kulturellen Gedächtnis der Region als derjenige,

---

243 Der Band trug die Signatur Pb 6196 und ist bislang nicht wieder aufgetaucht. Ostermeyers Bibliothek ist bis heute an den Donationsexlibris gut zu erkennen, vgl. die Abbildung bei Maria Strutyńska: Alte Drucke Königsberger Provenienz in den Beständen der Universitätsbibliothek Toruń. In: Königsberger Buch- und Bibliotheksgeschichte (Anm. 127), S. 547–562, hier S. 558. Diese Sammlung gelangte zuerst in die Universitätsbibliothek und mit dieser dann in die vereinigte Königliche und Universitätsbibliothek. – Zur Geschichte der Königsberger Staats- und Universitätsbibliothek und zum Schicksal ihrer Bestände neben der Darstellung von Kuhnert: Geschichte der Staats- und Universitätsbibliothek (Anm. 228) jetzt Axel E. Walter: Die Bibliothek der Staatlichen Kant-Universität Kaliningrad und die ehemalige Königsberger Staats- und Universitätsbibliothek einschließlich der Wallenrodtschen Sammlung. Eine bibliotheksgeschichtliche Darstellung und ein Überblick über die Bestände vom Mittelalter bis in die Gegenwart. In: Handbuch des personalen Gelegenheitsschrifttums (Anm. 82), Bd. 16: Königsberg – Kaliningrad. Mit einer bibliotheksgeschichtlichen Einleitung und einer kommentierten Bibliographie v. Dems. Hg. v. Sabine Beckmann, Klaus Garber u. Axel E. Walter. Hildesheim u. a. 2005, S. 21–92.

244 Über den Verbleib dieser Sammlung kann man nicht einmal vage spekulieren. Es wäre daran zu denken, ob sie möglicherweise nach Berlin oder London gelangt ist; über das Zustandekommen dieser beiden Sammlungen gibt es ebenfalls keine sicheren Nachrichten (zu den Berliner Beständen vgl. oben S. 38). Dagegen spricht allerdings, dass Lauson: Das lorrbeerwürdige Andenken (Anm. 209) ausführlicher aus zwei Gedichten Dachs („Du stiller Wald von Anmuth reich ...“ und „Du kühler Frischingk, dessen Bach ...“) zitiert, die Ziesemer beide nur aus der Handschrift des Staatsarchivs kannte (Ziesemer I, 195). Lauson wiederum kannte diese Handschrift nicht, er hatte für seine Rede aber Zugang zu Pisanskis Sammlung und dürfte seine Vorlagen dort gefunden haben. Auch für das schon erwähnte Memel-Gedicht Dachs („Ich hätte zwar der Tangen Rand ...“; Nachweis vgl. Anm. 205) konnte Ziesemer keinen Einzeldruck in Königsberger Bibliotheken nachweisen; hiervon aber findet sich ein Druck in der Berliner Sammlung (ein anderer ist in Breslau, ihn kann Lauson definitiv nicht benutzt haben). Man sieht also: das Schicksal von Pisanskis Sammlung ist kaum aufzuklären.

245 Vgl. dazu meinen Aufsatz: „Die Verbindung der Zeiten“ (Anm. 60).

der die deutsche Dichtung nach Preußen gebracht und zur Blüte geführt hatte, wurde endgültig durch Georg Christoph Pisanski in der Literaturgeschichte der Region fest verankert. Pisanski hatte bis zu seinem Tode an seiner *Literärgeschichte* gearbeitet und hinterließ in dieser ein uneingeschränkt positives Dach-Bild. Zu Lebzeiten Manuskript geblieben, erschien sein *Entwurf einer preußischen Literärgeschichte* erstmals vollständig im Jahre 1886 in der Ausgabe Rudolf Philippis (1821–1897).[246] Mehr als drei Jahrzehnte zuvor, 1853, hatte Friedrich Adolf Meckelburg (1809–1881), Direktor des Staatsarchivs und Bibliothekar der Stadtbibliothek, die Kapitel über das 17. Jahrhundert bereits separat ediert.[247] Wiederum also banden sich die regionalgeschichtlichen Interessen zumindest personell an die Sammelstätten städtischer Memoria, nun allerdings im Zusammenwirken mit der bedeutendsten gelehrten Gesellschaft, die in Ostpreußen im 19. Jahrhundert für die Pflege und Aufarbeitung der regionalen Geschichte begründet worden ist. Meckelburgs Ausgabe erschien unter der Ägide der „Alterthumsgesellschaft Prussia", die sich der Erfassung und Dokumentation der Kulturgüter aus der Vergangenheit Altpreußens angenommen hatte.[248] Gerade die Gründung der „Prussia" im Jahre 1844 ist ein Indiz dafür, wie sich in dieser Region um die Mitte des Jahrhunderts die Bewusstheit einer eigenen, einer altpreußischen, Identität weiter forcierte. Der Name der Gesellschaft bringt das deutlich zum Ausdruck. Sogar an eine neue Ausgabe der Gedichte Dachs dachte man damals in Ostpreußen. Einer ihrer Initiatoren war Friedrich August Gotthold (1778–1858), der große Königsberger Bibliophile des 19. Jahrhunderts.[249] Der Plan jedoch, über den verschiedentlich in den *Preußischen Provinzialblättern* berichtet wurde, gewann keine konkrete Gestalt.[250]

---

246 Zu ihm Christian Krollmann: (sub verbo). In: APB 1, S. 499.

247 Georg Christoph Pisanski: Entwurf einer Preussischen Litterärgeschichte. Bd. 2: Mittlere Geschichte von der Ausbreitung gelehrter Kenntnisse in Preussen bis zum Anfange des achtzehnten Jahrhunderts. Mit einem einleitenden Wort auf Veranlassung der Alterthumsgesellschaft Prussia hg. v. Friedrich Adolf Meckelburg. Königsberg 1853. – Der erste Band war sogleich nach Pisanskis Tod erschienen: Georg Christoph Pisanski: Entwurf einer preußischen Litterärgeschichte. Bd. 1: Aeltere Geschichte vom ersten Beginnen gelehrter Kenntnisse in Preußen an bis zum Anfange des siebenzehnden Jahrhunderts. Hg. v. Ludwig Ernst Borowski. Königsberg 1791. – Zu Meckelburg Maximilian Lehnerdt: (sub verbo). In: APB 2, S. 428. Anders als er edierte Philippi nach dem Originalmanuskript Pisanskis.

248 Vgl. die *Sitzungsberichte der Alterthumsgesellschaft Prussia*, die als eigene Publikationsreihe jährlich von 1875 bis 1924 erschienen.

249 Zu Gotthold und seiner Bibliothek vgl. Ernst Wermke: Friedrich August Gotthold und seine Bibliothek. In: Carl Diesch (Hg.): Königsberger Beiträge. Festgabe zur vierhundertjährigen Jubelfeier der Staats- und Universitätsbibliothek zu Königsberg Preußen. Königsberg 1929, S. 354–373.

250 Vgl. Verzeichnis der bis jetzt gesammelten Gedichte von Simon Dach. In: Vaterländisches Archiv für Wissenschaft, Kunst, Industrie und Agrikultur oder Preußische Provinzial-Blätter 22 (1839), S. 458–475. Hier S. 460 auch der erste Hinweis auf die Handschrift im Königsberger Staatsarchiv. Vgl. auch: Neue Preußische Provinzial-Blätter 12 (1851), S. 33f. – Dort erschien 1859 anlässlich des 200. Geburtstages auch ein Artikel von Carl Johann Cosack: Simon Dach, der Sänger des Todes. In: Neue Preußische Provinzialblätter 3 (1859), der damit wiederum den Topos „der Sterblichkeit Beflissenen" aufgreift (vgl. dazu auch Anm. 255).

Mit Pisanskis *Literärgeschichte*, ihrer Anlage nach ein typisches Werk einer auf alle Felder des gelehrten Wissens ausgedehnten und ihrer bibliographischen Dokumentation verschriebenen Historia Litteraria, wie sie sich um 1700 geprägt hatte, wurde dem 19. Jahrhundert ein großes Plädoyer für Simon Dach als bedeutendsten Dichter dieser Region im 17. Jahrhundert übergeben. Pisanski teilte die Geschichte der deutschen Dichtung in Preußen in eine Zeit vor und nach Dach ein.[251] Erst durch Dach habe sich – nach dem Vorbild von Opitz – die deutsche Dichtkunst in Preußen verbessert,

> vornehmlich in den Kirchengesängen, die so wohl von ihm selbst, als nach seinem Muster von andern, welche mit ihm zugleich oder gleich nach ihm lebeten, verfaßet sind. Seine geistlichen Lieder sind ihm vor den übrigen Gedichten sehr wohl gerathen, und nach dem Urtheile aller Kenner kommen darunter vortreffliche Meisterstücke vor.[252]

Pisanskis Darstellung traf offensichtlich auf ein so lebendiges Interesse, dass sie im 19. Jahrhundert gleich zwei Ausgaben erfuhr. Das bedeutete umgekehrt aber auch, dass man in Ostpreußen im Falle Dachs an dem Punkt höchster Wertschätzung der Leistung dieses Dichters für die eigene, dezidiert regionale, Literaturgeschichte wieder anknüpfte, den man mehr als ein Jahrhundert zuvor bereits erreicht hatte mit Jesters und Lausons[253] Lobreden auf den „großen Preußischen Dichter". Das schloss nicht nur die Hervorhebung der geistlichen Dichtung ein, sondern ebenso die Konstruktion einer Königsberger Sprachgesellschaft nach dem Vorbild (wenngleich nicht mit der „förmliche[n] Verfassung"[254]) der italienischen Akademien, die sich mit den deutschen Sprachgesellschaften der Zeit messen konnte. Diese Konstruktion hatte ihre Wurzeln eben nicht zufällig im 18. Jahrhundert, als man im fernen Ostpreußen bemüht war, seine Zusammengehörigkeit und vor allem Gleichrangigkeit mit dem literarischen Deutschland zu beweisen und im gleichen Atemzug das Besondere, ja Herausragende der eigenen poetischen Tradition, die mit Dach begann, zu betonen. Eine derartige Gesellschaft passte prächtig ins Konzept einer preußischen „Literärgeschichte", wie sie Pisanski, der große Verehrer von Dach, konzipierte.[255] Zwar war auch in Ostpreußen seit 1840 eine einflussreiche

251 Pisanski: Entwurf einer preußischen Literärgeschichte (Anm. 32), S. 408.

252 Ebd., S. 412.

253 Ziesemer: Neues zu Simon Dach (Anm. 23), S. 591, weist Lausons Rede als von Pisanski beeinflusst aus.

254 Pisanski: Entwurf einer preußischen Literärgeschichte (Anm. 32), S. 421.

255 Der poetisch-musikalische Freundeskreis um Dach, Albert und Roberthin ist bekanntlich unter der Bezeichnung „Königsberger Dichterkreis" in die Literaturgeschichte eingegangen. Es handelt sich aber eben um eine Konstruktion des 18. Jahrhunderts unter den hier skizzierten geistesgeschichtlichen Bedingungen. – Die Literaturgeschichtsschreibung hat seit Bayer viel Energie darauf verwendet, nicht nur die „Mitglieder" dieses Kreises – 12 mussten es sein nach der Zahl der Lieder in Alberts *Musicalischer Kürbs=Hütte* – zu benennen, sondern auch inhaltliche gruppenspezifische Gemeinsamkeiten aus ihren Liedern herauszudestillieren. Gaben sie sich doch anagrammatische Schäfernamen und beschäftigten sie sich doch oft mit Tod und Begräbnissen. Man hat sie deshalb gerne als „Gesellschaft der Sterblichkeit Beflißener" bezeichnet. (So zuerst Bayer: Das Leben Simonis Dachii [Anm. 3], S. 191; bei Siegfried Kross: Geschichte des deutschen Liedes. Darmstadt 1989 (WB-Forum 41), S. 25, dann zu der sozietären Charakterisierung gesteigert: „Es handel-

nationalliberale Bewegung entstanden, deren führende Vertreter massiv für die vaterländische Einheit Deutschlands eintraten.[256] Doch abgesehen von diesem wenige Jahre währenden Aufflammen eines nationalen Patriotismus, das nach 1849 erstickt wurde, blieb der ostpreußische Patriotismus in erster Linie auf die eigene Provinz projiziert. Und für diese war Dach der poetische Monolith des 17. Jahrhunderts, der Preußentum und Deutschheit der Region gleichermaßen symbolisierte.

5.5 Dach in Memel: Der Dichter des *Ännchens von Tharau* in seiner Heimat

Allerdings deutet sich um 1800 ein weiteres Moment in der Pflege der Erinnerung Dachs in dieser multiethnischen Region an. Es ist die Verbindung zur litauischen Minorität im Herzogtum. Sie ließ sich nicht nur durch seine Herkunft biographisch knüpfen. Von Dach wurden noch im 17. Jahrhundert einige Lieder für den Kirchengesang in die litauische Sprache übersetzt.[257] Die frühesten Übersetzungen fanden sich in Daniel Kleins (1609–1666) *Gesangbuch*,[258] zu dessen litauischer Grammatik, der ersten überhaupt, Simon Dach 1653 ein neulateinisches Widmungsgedicht beigesteuert hatte, in dem er die *pietas* und *virtus* der Litauer pries und die Macht der (National-)Sprache zur Befreiung aus den Fesseln der Barbarei betonte.[259] Der litauische Bevölkerungsteil bestand in der Frühen Neuzeit vor allem aus einer illiteraten Bauernschaft. Diese litauische Verortung passte sich dem Bild des gelehrten deutschen Dichters nur schwerlich ein, das man im 18. Jahrhundert in der Region formte, als man in Ostpreußen explizit die kulturelle Zugehörigkeit zu Deutschland beweisen wollte und aus dem kulturell Eigenen alles nicht-deutsche Fremde auszuklammern bemüht war. Jesters explizite „Ehrenrettung“ Dachs zielte genau auf diesen Punkt. Auch Pisanski konzentrierte sich in seiner *Literärgeschichte*

---

te sich um eine Begräbnisgesellschaft“; als Gesellschaftsbezeichnung auch wiederholt bei Ulrich Maché: (sub verbo). In: Literatur-Lexikon [Anm. 32], Bd. 2, S. 505–507, hier S. 506; demnächst entsprechend korrigiert in der Neubearbeitung des Artikels durch den Vf. dieser Zeilen). Die Zwölfzahl geht auf Oesterley: Leben des Dichters (Anm. 17), S. 31f., zurück. Auch sie findet sich stereotyp immer wieder, zuletzt bei Winfried Freund: Abenteuer Barock. Kultur im Zeitalter der Entdeckungen. Darmstadt 2004, S. 100, und Andreas Kossert: Ostpreußen. Geschichte und Mythos. München 2005, S. 80.

256 Vgl. Christian Pletzing: Nationalismus und liberale Bewegung in Ost- und Westpreußen während des Vormärz. In: Bernhart Jähnig (Hg.): Neue Forschungen zur Geschichte des Preußenlandes, vornehmlich zur neueren Kulturgeschichte. Marburg 2003 (Tagungsberichte der Historischen Kommission für ost- und westpreußische Landesforschung 15), S. 93–110.

257 Dazu jetzt als Überblick Sigita Barniskienė: Simon Dachs Gedichte und litauische evangelische Gesangbücher. In: Annaberger Annalen 13 (2005), S. 177–190.

258 Neu Littausches/ verbessert- und mit vielen neuen Liedern vermehrtes Gesangbuch. Nebst einem sehr nützlichen/ nie ausgegangenen Gebetbüchlein/ auch einer Teutschen/ hochnötig-unterrichterlichen Vorrede an den Leser [...]. Karalauczuje [= Königsberg] 1666 (Titelblatt deutsch-litauisch). – Zu ihm [Maximilian] Lehnerdt: (sub verbo). In: APB 1, S. 485.

259 Grammatica Litvanica [...] primùm in lucem edita à M. Daniele Klein/ Pastore Tils. Litv. [...] Königsberg 1653; Dachs Widmungsgedicht leicht zugänglich im Faksimile in der Chrestomathie von Regina Koženiauskienė: XVI–XVII amžiaus prakalbos ir dedikacijos [Vorreden und Widmungen aus dem 16.–17. Jahrhundert]. Vilnius 1990, S. 351.

ganz auf die deutsche Kultur des Herzogtums und klammerte, wie schon sein Herausgeber Philippi anmerkte, das litauische Element aus.[260] Doch es erklangen auch andere Stimmen, die diese kulturellen Differenzen in einer gemeinsamen regionalen Identität auflösten.

Ludwig Rhesa (1777–1840),[261] seit 1818 Professor der Theologie an der Albertina, heute noch als ostpreußischer Kirchenhistoriker, damals auch als Dichter bekannt, verfasste im Jahr 1809 ein Lobgedicht *An Simon Dach*, dem sofort zu entnehmen ist, welche neue Facette dem Dach-Bild hier erstmals eingeprägt wird. Der Gedenkaltar für diesen „Herold Gottes hoher Lieder" – der Theologe Rhesa würdigt explizit den geistlichen Dichter – steht nun an der Dange, deren Nymphe sein Bildnis – also sein Andenken – mit Blumen kränzt.[262] Die Verbindung von Dichtern mit Flüssen, als biographische Verortung an ihren von Nymphen bewohnten Quellen der Inspiration, gehört seit der Antike zum topischen Grundinventar der Poesie. Für die Dichter des 18. Jahrhunderts, für Gottsched, Pietsch und andere war Dach stets mit dem Pregel konnotiert. Jetzt also wurde es die Dange, jener Fluss, der durch Dachs Vaterstadt Memel fließt.

Rhesa steht als einer der Wegbereiter an den Anfängen einer litauischen Literaturgeschichtsschreibung. Er veröffentlichte die erste Sammlung *Dainos oder litthauische Volkslieder. Nebst einer Abhandlung über die litthauischen Volksgedichte* und hatte 1818 in deutscher Übersetzung die *Metai* von Kristijonas Donelaitis (Christian Donalitius) ediert, die nur handschriftlich erhalten waren und heute als das litauische Nationalepos gelten.[263] Ein anderer Wegbereiter war Gottfried Ostermeyer, ein gebürtiger Westpreuße, der von 1732 bis 1740 das Litauische Seminar an der Albertina besucht hatte, danach einige Jahre als Hauslehrer in Litauen und seit 1752 schließlich als Pfarrer in Trempen (Kreis Darkehmen) wirkte.[264] Sein Sammelinteresse an Dach gewinnt vor diesem Hintergrund Bedeutung. Denn von Ostermeyer stammt unter anderem die *Erste Littauische Liedergeschichte*.[265] In ihr kritisierte er am damals

260 Vgl. Rudolf Philippi: Der Autor und sein Buch. In: Pisanski: Entwurf einer preußischen Literärgeschichte (Anm. 32), S. VIII–XX, hier S. XVIII.

261 Rhesa hat dementsprechend vor allem von der lituanistischen Forschung Aufmerksamkeit erhalten. Die Monographie über ihn stammt von Albinas Jovaišas: Liudvikas Rėza. Vilnius 1969, vgl. auch die kurze Darstellung zum „Volkskundler" Rhesa von Ambraziejus Jonynas: Liudvikas Rėza tautosakininkas. Vilnius 1989 (Kalba ir žmonės).

262 Ludwig Rhesa: Prutena oder Preußische Volkslieder und andere vaterländische Dichtungen. 2 Bde. Königsberg 1809–1825, Bd. 1, S. 24: „Du Herold Gottes hoher Lieder, | Am heil'gen Strand der Dich gebahr, | Kniet Denna spät auf Blumen nieder | Und kränzt dein Bildnis am Altar." Denna von lit. Danė (= Dange).

263 Dainos oder litthauische Volkslieder. Nebst einer Abhandlung über die litthauischen Volksgedichte. Gesammelt, übersetzt und mit gegenüberstehendem Urtext hg. v. L[udwig] J[edemin] Rhesa. Königsberg 1825; Das Jahr in vier Gesängen. Ein ländliches Epos. Aus dem Litthauischen des Christian Donelaitis, genannt Donalitius, in gleichem Versmaaß ins Deutsche übertragen von L. J. Rhesa [...]. Königsberg 1818.

264 Vgl. [Maximilian] Lehnerdt: (sub verbo). In: APB 1, S. 485.

265 Erste Littauische Liedergeschichte. Ans Licht gestellet von Gottfried Ostermeyer. Königsberg 1793. – Zu Ostermeyers Bedeutung für die Lituanistik vgl. Vincentas Drotvinas: Die Anfänge der litauischen Philologie an der Königsberger Universität (16.–18. Jahrhundert). In: Kulturgeschichte Ostpreußens (Anm. 19), S. 405–420, hier S. 417f.

gültigen Gesangbuch vor allem das Fehlen der alten preußischen Poeten wie Thilo, Röling und eben Dach, deren Lieder doch weiterhin gesungen werden sollten.[266] Ostermeyer hatte sich 1781 selbst an einem litauischen Gesangbuch mit neuen Übersetzungen versucht. Dass er dafür Dach-Lieder übersetzt hat, steht zu vermuten, auch wenn von diesem Gesangbuch heute kein Exemplar mehr existiert.[267]

Es sind somit die ersten Andeutungen für eine Inkorporation Dachs, historisch legitimiert durch seine Geburtsstadt, in die kollektive Erinnerung der litauischen Minderheit in Ostpreußen. Jene begann im 19. Jahrhundert, politisch weitgehend einflusslos, eine eigene, kleinlitauische, Identität zu formieren. Sie war für diese ethnische Gruppe der Gesellschaft gemeinschaftsstiftend und an ein spezifisches Korpus von Texten und Traditionen gebunden, das in dieser Grenzregion in kulturellen Austauschprozessen sowohl mit der übrigen Bevölkerung Ostpreußens als auch über die nationalen Grenzen hinaus über die Zeiten entstand. Separatistische Bestrebungen erwuchsen daraus nicht, auch Ostermeyer und Rhesa ging es stets um die Integration. Bezeichnenderweise erschien Rhesas Dach-Gedicht in seiner Sammlung *Preußische Volkslieder*. Zwar zielte die im Herzogtum Preußen seit der Mitte des 16. Jahrhunderts entstehende litauische Literatur immer auf beide Teile Litauens,[268] und als unter der russischen Administration von 1864 bis 1904 die litauische Sprache im einstigen Großlitauen verboten war, wurde von Ostpreußen aus heimlich litauisches Schrifttum über die Grenzen geschmuggelt und damit ein ganz entscheidender Beitrag zur Herausbildung einer nationalkulturellen Identität der Litauer geleistet.[269] Zwar gab es seit jeher seitens der Regierung und Verwaltung massive Bestrebungen einer „Verdeutschung" dieses Bevölkerungsteils, zumal im Zuge der rigiden Germanisierungspolitik nach 1871, dem nach der Besetzung des Memellandes ebenso gezielt durch eine „Lituanisierung" entgegengesteuert wurde.[270] Was jedoch eine Autorin wie Ieva Simonaitytė (1897–1978), die wie keine litauische Schriftstellerin sonst in dieser Region verankert war, in ihrer 1935 erschienenen Familienchronik *Aukštujų Šimonių likimas* als Verfall und Verlust litauischer Kultur

---

266 Ostermeyer: Erste Littauische Liedergeschichte (Anm. 265), S. 229.

267 Vgl. Drotvinas: Die Anfänge der litauischen Philologie (Anm. 265), S. 418. – Ostermeyer: Erste Littauische Liedergeschichte (Anm. 265) berichtet S. 153–217 über dieses Gesangbuch und seine neuen Übersetzungen ins Litauische.

268 Vgl. Axel E. Walter: Die Anfänge des litauischen Schrifttums im 16. Jahrhundert im Zeichen von Reformation und Humanismus – Ein Beitrag zur Geschichte des Protestantismus im Herzogtum Preußen. In: Stefan Kwiatkowski, Janusz Małłek (Hg.): Ständische und religiöse Identitäten in Mittelalter und früher Neuzeit. Toruń 1998, S. 209–229.

269 Zu diesem Kapitel der preußisch-litauischen Buch- und Kulturgeschichte einschlägig: Vytautas Merkys: Knygnešių laikai 1864–1904 [Die Zeiten der Büchergänger 1864–1904]. Vilnius 1994; Ders.: Draudžiamosios lietuviškos spaudos kelias 1864–1904 [Der Weg der verbotenen litauischen Drucke 1864–1904]. Vilnius 1994.

270 Vgl. Boris Meissner (Hg.): Die deutsche Volksgruppe in Litauen und im Memelland während der Zwischenkriegszeit und aktuelle Fragen des deutsch-litauischen Verhältnisses. Hamburg u. a. 1998. Zu der „Germanisierungspolitik" und den Widerständen dagegen vgl. Kossert: Ostpreußen (Anm. 255), S. 177–184.

und Identität durch diese „Verdeutschung" literarisch gestaltete,[271] notierte etwa Jurgis Savickis, litauischer Schriftsteller und Diplomat, auf seiner Reise durch Litauen bei seinem Aufenthalt in Memel 1926 als unleugbare Realität, dass dort nämlich fast ausschließlich deutsch gesprochen werde und die Stadt und die Menschen „vollkommen deutsch" wirkten.[272] Die Mehrheit der litauischen Bevölkerung Ostpreußens sah ihre kulturellen Wurzeln in der Region und war über die Jahrhunderte mit dem deutschen Sprach- und Kulturraum zusammengewachsen.[273] Andererseits aber ließ der preußische Patriotismus für das (klein)litauische Element keinen Raum. Dass Oesterley diesen preußischen Patriotismus an Dachs Memel-Gedicht exemplifizieren konnte, ist nur ein Beleg dafür, wie am Ende des 19. Jahrhunderts eine übergeordnete regionale Identität referentiell mit einer deutschen „Leitkultur" amalgamiert worden war. Als preußischer Dichter war Dach ein deutscher Dichter, dessen Versen das spezifisch Landschaftliche eingraviert war.

Als im Jahre 1910 zu Spenden für ein Dach-Denkmal aufgerufen wurde, fand dieser Aufruf breite Resonanz in der Bevölkerung dieses ostpreußischen Landesteils.[274] Memel, damals eine Kleinstadt, seit Jahrhunderten wie andere ostpreußische Städte auch in Konkurrenz zur alles überragenden ostpreußischen Metropole Königsberg stehend, wollte damit seinen großen Sohn ehren. Königsberg war reich an bedeutenden Gestalten, Memel wusste in Dach seinen größten Dichter, der zudem wie keiner sonst die kulturelle Zugehörigkeit des peripheren kleinlitauischen Landesteils zu Ostpreußen und sogar dessen Ebenbürtigkeit mit dem Zentrum schon in vergangenen Jahrhunderten demonstrierte. Auch Johannes Sembritzki (1856–1919) hatte Dach in seiner *Geschichte der Preussischen See- und Handelsstadt Memel* ausgiebig gewürdigt.[275] Der Verfasser dieser bis heute grundlegenden Stadtgeschichte war übrigens polnischer Abstammung und damit Angehöriger jener anderen starken Minorität, die seit dem 16. Jahrhundert ihren nun wiederum spezifischen Anteil für die Herausprägung einer regionalen Identität in diesem Kulturraum eingebracht hatte.[276]

---

271 Ieva Simonaitytė: Aukštųjų Šimonių likimas [Das Schicksal der Hochland-Šimonis], S. 187ff. (zit. nach der Ausgabe Vilnius 1984).

272 Jurgis Savickis: Raštai [Schriften]. Bd. 3. Vilnius 1995, S. 66–69. Ich zitiere nach der Übersetzung von Claudia Sinnig: Litauen. Ein literarischer Reisebegleiter. Frankfurt/M. 2002 (Insel Taschenbuch 2844), S. 261–264, hier S. 261.

273 Es ist dieses etwas ganz anderes als eine Bindung an Deutschland, wie sie Kossert: Ostpreußen (Anm. 255), S. 18, auf Basis der Abstimmung von 1939 imaginiert. Vgl. Vytautas Žalys: Ringen um Identität. Warum Litauen zwischen 1923 und 1939 im Memelgebiet keinen Erfolg hatte. Lüneburg 1993.

274 Vgl. Winfried Freund: Dir ein Lied zu singen. Eine literarische Reise durch das alte Ostpreußen. Rostock 2002, S. 16f.

275 Johannes Sembritzki: Geschichte der Königlich Preussischen See- und Handelsstadt Memel. 2 Teile. Memel 1900–1902 (Teil 2, der das 19. Jahrhundert behandelt, legte der Verfasser zugleich als „Festschrift zum 650. Jubiläum der Stadt Memel im August 1902" vor). Das Werk, bis heute nicht ersetzt, erschien jüngst in einer – ebenfalls zweibändigen – litauischen Übersetzung: Klaipėdos karališkojo Prūsijos jūrų ir prekybos miesto istorija. Klaipėda 2002–2004. Auch dieses ist ein Indiz für den Umgang mit der Vergangenheit in diesem Teil Litauens, die keineswegs aus dem kulturellen Gedächtnis ausgeschlossen wird.

276 An Sembritzkis Lebenslauf wird ganz deutlich, wie sich das Gemeinsame einer ostpreußi-

Das Denkmal, das zwei Jahre später auf dem Theaterplatz in Memel eingeweiht wurde, galt dem (ost)preußischen deutschen Dichter Dach. Es symbolisierte auf seine Weise das Gemeinsame der ostpreußischen Kulturgeschichte, dem man sich auch im kleinlitauischen Landesteil verbunden fühlte. Geschaffen wurde eine kleine Brunnenanlage, in deren Mitte ein Ännchen-von-Tharau-Denkmal stand. An den Dichter Dach erinnerte eine Porträtplakette am Sockel. Was mit den beiden Pisanski-Ausgaben wieder für das kulturelle Gedächtnis der Region aktualisiert worden war, nämlich Dach als den Begründer einer deutschen Dichtung in Preußen zu erkennen; was sich mit Rhesas Gedicht angedeutet hatte, also die Verortung der Dachschen Musen an die Dange – das erfüllte sich beides gleichermaßen in diesem Denkmal. Entstanden war es im gesellschaftlichen und geistigen Kontext eines erstarkenden Bewusstseins für die Heimat. Die Entdeckung der Heimat gab den entscheidenden Impuls für die Errichtung eines Erinnerungsortes für den Dichter Dach.

Auf der Ebene der Heimatkunst, die wie allerorten um 1900 auch in der Literatur dieser Region ihren Platz fand, wurden der Region das Besondere von Landschaft, Leuten und Legenden als eigene Werte eingeschrieben.[277] Otto Lettau,[278] der in den fünfziger, sechziger und siebziger Jahren des 19. Jahrhunderts die im Mohrunger Rautenberg-Verlag (der ja bis heute noch einen Schwerpunkt seines Programms auf die ostpreußische „Heimat" setzt) publizierte Reihe *Preußische Volksbücher* mit zahlreichen Publikationen für das preußische Volk bestückte, hatte diesem Volk bereits 1865 das geboten, woran sich dessen Phantasie, wenn es um diesen Dichter ging, am meisten entzündete: die Legende von *Simon Dach und Ännchen von Tharau*. Diese Legende, sogleich am Anfang der Dach-Biographie von Bayer dem Leben des Dichters als lebenswirklicher Aspekt inkorporiert,[279] trug zweifellos am nachhaltigsten zur Popularisierung Simon Dachs bei. Sie regte seit dem frühen 19. Jahrhundert die Phantasie nicht nur eines Dichters an.[280] Im Jahre 1910 gewann das auf dem Theaterplatz in Memel symbolische Gestalt als Denkmal, das als Kristallisationspunkt

---

schen Landesidentität um 1900 durchgesetzt hatte. In jungen Jahren ein glühender Anhänger der polnischen Nationalbewegung in Masuren, wandte er sich später ganz der ostpreußischen Landesgeschichte zu. Von ihm stammt etwa auch eine große Abhandlung: Die ostpreußische Dichtung 1770–1800. In: Altpreußische Monatsschrift 45 (1908), S. 217–335 und 361–435, die bis heute einen wertvollen Beitrag über die dortige Dichtung dieser Zeit darstellt. – Zu ihm vgl. Kurt Forstreuter: (sub verbo). In: APB 2, S. 664.

277 Einen Überblick über die Heimatdichtung gibt Helmut Motekat: Ostpreußische Literaturgeschichte. Mit Danzig und Westpreußen. München 1977 (Publikationsreihe der Ost- und Westpreußenstiftung in Bayern „Prof. Dr. Ernst Ferdinand Müller" e. V. 2), S. 369–378. Motekats Darstellung bedürfte dringlichst der Ersetzung durch eine fundierte regionale Literaturgeschichte! Manthey: Königsberg (Anm. 4) füllt die Lücken keineswegs.

278 Über ihn konnte ich bislang nichts in Erfahrung bringen.

279 Vgl. Bayer: Das Leben Simonis Dachii (Anm. 3), S. 173: Dach habe „seine Augen auff eines Priesters von Tharau Tochter" geworfen, heißt es dort, „die ihm aber von einem andern weggenommen wurde/ dahero er zum Kurtzweil bei dem Braut-Bette das bekannte Liedchen: Ancke van Tharau" verfasst habe.

280 Vgl. Martin: Barock um 1800 (Anm. 99), S. 538–540; außerdem die von Alfred Kelletat: Bibliographie. In: Simon Dach und der Königsberger Dichterkreis (Anm. 1), S. 305–313, hier S. 312, genannten Titel.

des kulturellen Gedächtnisses sowohl chiffriert wurde als auch zu verstehen war.[281] Die Wahl des Motivs signalisiert ganz eindeutig, wie Simon Dach nun im Volk „angekommen" war: als Dichter des Volksliedes und über die Legende um seine Liebe zur realen Anna Neander. Die Verbindung, die in der kollektiven Erinnerung Ostpreußens zu Dach hergestellt wurde, verlief also über seine Rollenzuweisung als Dichter des Volkes im mentalen Bezugsraum der „Heimat". So erscheint es keineswegs zufällig, dass Stiehler seine Dach-Ausgabe „fürs deutsche Volk" nicht wie seine Fleming- und Brockes-Ausgaben bei Reclam in Leipzig unterbrachte, sondern einen Königsberger Verleger dafür fand. Was Dach auf nationaler Ebene zunächst noch versagt blieb, erfüllte sich damit in der Region.

6. Die Zusammenführung von Region und Nation am Beispiel Simon Dachs: Vom Ende des Positivismus bis zum Ende des „Dritten Reiches"

6.1 Literaturwissenschaftliche Konzepte von Volk und Landschaft und vom ‚deutschen' Barock: Simon Dach als Kronzeuge des Deutschtums im alten Preußen

Das theoretische Konzept für die in einem gemeinsamen deutschen Volkstum gründende Einheit von Region und Nation und für die geistige Kongruenz von Landschaft und Literatur, für die ihre Verwurzelung im deutschen Volkstum zum Gradmesser wurde, lieferte die universitäre Germanistik bald nach der Jahrhundertwende. Voraussetzung dafür war ein wissenschaftsgeschichtlicher Umbruch, der sich um 1900 in einer Diskussion und in einem Nebeneinander verschiedener germanistischer Methoden als Gegenreaktion gegen die positivistische Vorherrschaft ausdrückte.[282] Einen dieser neuen Ansätze propagierte der Germanist August Sauer 1907 in seiner damals viel beachteten Prager Rektoratsrede, die unter dem programmatischen Titel *Literaturgeschichte und Volkskunde* stand. Sauer forderte eine neue Literaturgeschichte „von unten" in der Weise,

281 Über die Bedeutung von Erinnerungsorten (die nicht unbedingt Gestalt als Denkmal gewinnen müssen, sondern auch in anderen kulturellen Zeugnissen Form annehmen können) für das kulturelle Gedächtnis und eine nationale Identität ist vor einigen Jahren mit den Bänden von Étienne François und Hagen Schulze die grundlegende Darstellung erschienen (Deutsche Erinnerungsorte. 3 Bde. Hg. v. Dens. München 2001), vgl. zu dem damit verbundenen Forschungsansatz die Einleitung der Herausgeber in Bd. 1. Sie folgen damit dem großen französischen Unternehmen Les lieux de mémoire. 3 Bde. in 7 Teilbden. Hg. v. Pierre Nora. Paris 1984–1992 nach, verbinden damit aber wegweisend den gedächtnistheoretischen Ansatz, den insbesondere Aleida und Jan Assmann als kulturwissenschaftliches Forschungsparadigma eingeführt haben.

282 Vgl. das entsprechende Kapitel bei Hermand: Geschichte der Germanistik (Anm. 162), S. 66–82. Zu den geistesgeschichtlichen Diskussionen einschlägig und ausführlich: Christoph König, Eberhard Lämmert (Hg.): Literaturwissenschaft und Geistesgeschichte 1910 bis 1925. Frankfurt/M. 1993.

dass dabei von den volkstümlichen Grundlagen nach stammheitlicher und landschaftlicher Gliederung ausgegangen werde, dass die Landschaften und Stämme in ihrer Eigenart und Wechselwirkung darin mehr als bisher zur Geltung kommen und dass bei jedem Dichter, jeder Dichtergruppe und jedem Dichtwerke festgestellt werde, wie tief sie im deutschen Volkstume wurzeln oder wie weit sie sich etwa davon entfernen.[283]

Sein Schüler Josef Nadler (1884–1963) setzte wenige Jahre später dieses Programm in seiner mehrbändigen *Literaturgeschichte der deutschen Stämme und Landschaften* zu einem großen regionalen Entwurf um. Der Stamm, als Kategorie abwechselnd und synonym mit Region und Landschaft verwendet, wurde hier zum Bindeglied zwischen dem einzelnen Dichter und seiner Nation und zum Hauptfaktor der nationalen Kultur- und Gesellschaftsbildung in ihren mannigfaltigen Möglichkeiten, deren Schnittmenge ein gemeinsames Volkstum bildete.[284] Das Volkstum avancierte bei Nadler und dann erst recht unter dem Nationalsozialismus zu einem Grundwert, nach dem Dichtung ästhetisch, literaturhistorisch und geistesgeschichtlich zu bemessen war.

Sauer begründete nicht nur die unauflösliche Einheit von Region und Nation unter dem Leitgedanken des Deutschtums, sondern er öffnete zugleich den Blick für den je spezifischen Beitrag der Regionen zur deutschen Literatur und damit zur nationalen Kultur. So befremdlich uns heute die ideologischen Prämissen dieses Modells sind, das Nadler dann konsequent umsetzte – die Fokussierung der literaturgeschichtlichen Untersuchungsperspektive auf den regionalen Kulturraum und dort dann keinesfalls nur auf die Höhenkämme der Literatur bietet einen Ansatz, der von der Literaturgeschichte der Gegenwart noch produktiv zu destillieren bleibt.[285]

283 August Sauer: Literaturgeschichte und Volkskunde. Prag 1907, S. 20.

284 Nadler bleibt bis heute in der Geschichte der Germanistik eine umstrittene Person. Eine ausgewogene Auseinandersetzung mit dem Konzept seiner Literaturgeschichte leistet Wolfgang Neuber: Nationalismus als Raumkonzept. Zu den ideologischen und formalästhetischen Grundlagen von Josef Nadlers Literaturgeschichte. In: Klaus Garber (Hg.) unter Mitwirkung von Sabine Kleymann: Kulturwissenschaftler des 20. Jahrhunderts. Ihr Werk im Blick auf das Europa der Frühen Neuzeit. München 2002, S. 175–191. – Über Dach und die Königsberger findet sich nur wenig bei Nadler (in der stets zu benutzenden ersten Auflage). Prägnant und zugleich symptomatisch für die Schwächen seines teleologischen Konzepts, das keine Epochen kannte und stets die Erfüllung des Besonderen eines „Stammes" in „seiner" Literatur suchte, die Stelle: „Was Scheffler in Schlesien, Böhme in der Lausitz war, das waren die Königsberger in Preußen: die erste Regung der gleichgestimmten Seele der Oststämme, die ihre Lebensform suchte, die Romantik." (Josef Nadler: Literaturgeschichte der deutschen Stämme und Landschaften. Bd. 2. Die Neustämme von 1300, die Altstämme von 1600–1780. Regensburg 1913, S. 54).

285 Willi Oberkrome: Reformansätze in der deutschen Geschichtswissenschaft der Zwischenkriegszeit. In: Michael Prinz, Rainer Zitelmann (Hg.): Nationalsozialismus und Modernisierung. Darmstadt 1991, S. 216–238, konzediert aus der Sicht seines Faches diesen regionalen Ansätzen der Zeit, freilich „in Verbindung mit einer irrationalen Verklärung des Volkstums" (S. 226), durchaus methodische Innovationen, von denen die Geschichtswissenschaft profitiert habe. Für die germanistische Literaturwissenschaft gehört Klaus Garber zu den entschiedenen Vertretern einer regionalen Literaturforschung, insbesondere auch für die Regionen des alten deutschen Sprachraums im Osten Europas, vgl. seinen Aufsatz: Literaturgeschichte als Memorial-Wissenschaft. Die deutsche Literatur im Osten Europas. In: Wendelin Schmidt-Dengler (Hg.): Probleme und Methoden der Literaturgeschichtsschreibung in Österreich und in der Schweiz. Beiträge der Tagung in Innsbruck

Die Probleme des Raum-Konzepts bei Nadler, der dafür Stammes- und Volkskunde verbindet und in einem deduktiven Vorgehen die Identität von Volk und literarischer Form wie literarischem Gehalt in einem Raum und über die Zeiten hinweg teleologisch nachzuweisen sucht, sind evident – und ließen sich von einer Rassenkunde für die Legitimation einer großdeutschen Lebensraumideologie leicht aufgreifen.[286]

Die Idee der Einheit der Nation im deutschen Volkstum fand in Ostpreußen nach dem Ersten Weltkrieg einen fruchtbaren Boden. Das war andernorts zwar grundsätzlich nicht anders. In Ostpreußen aber waren die Folgen des Versailler Friedens besonders zu spüren. Mit dem übrigen Deutschland blieb man nur noch als Exklave verbunden, das Memelland stand unter der Verwaltung des Völkerbundes und wurde 1923 von Litauen besetzt.[287] Die territorialen Grenzen verloren ihre kulturelle Permeabilität zu den Nachbarstaaten im Zuge des hüben wie drüben wachsenden Nationalismus. Hatte die Insellage über Jahrhunderte zur Ausprägung einer altpreußischen Identität geführt, die stets offen für kulturelle Ausgleichsprozesse mit den umliegenden Kulturräumen gewesen war, wuchs jetzt das Gefühl einer Isolation aus dem deutschen Kulturraum, dem man sich doch seit jeher in erster Linie zugehörig gefühlt hatte.

Stärker als zuvor war jetzt der Beweis zu führen, wie tief das kulturell Eigene, das Landschaftliche, seit jeher im deutschen Volkstum wurzelte und in welchen Wechselwirkungen es mit jenem über die Jahrhunderte gestanden hatte, um daran die Einheit mit der Nation zu demonstrieren. Dass Nadler, als überzeugter Katholik bekannt, 1925 den Lehrstuhl für Deutsche Literaturgeschichte an der protestantischen Albertina erhielt, erscheint in dieser kulturpolitischen Situation als konsequente Berufungspolitik, zog man damit doch den Germanisten in die Region, der wie keiner sonst ein theoretisch-ideologisches Modell dafür präsentiert hatte.[288] Die

---

1996. Wien 1997 (Stimulus, Beiheft 1/1997), S. 39–53; Ders.: Umrisse der Frühen Neuzeit – oder elegische Besichtigung von großen Männern, größeren Werken und unabsehbaren Torsi. In: Christiane Caemmerer, Walter Delabar, Jörg Jungmayr u. a. (Hg.): Das Berliner Modell der Mittleren Deutschen Literatur. Beiträge zur Tagung Kloster Zinna 29.09.–01.10.1997. Amsterdam u. a. 2000 (Chloe 33), S. 443–468. – Vgl. jetzt auch das skizzierte Forschungsprogramm für den hier behandelten regionalen Kulturraum von Axel E. Walter: Literatur und Bibliothek – Gedächtnis und Identität(en) – Regionaler Kulturraum. In: Estudios Filológicos Alemanes 12 (2006), S. 75–92.

286 Das gilt dann insbesondere für die vierte Auflage seiner Literaturgeschichte. Vgl. Peter Sturm: Literaturwissenschaft im Dritten Reich. Germanistische Wissensformationen und politisches System. Wien 1995, bes. S. 230 et passim.

287 Zur Geschichte des Memellandes in der Zeit zwischen den beiden Weltkriegen sei hier nur der Band: Zwischen Staatsnation und Minderheit. Litauen, das Memelland und das Wilnagebiet in der Zwischenkriegszeit. Lüneburg 1993 (Nordost-Archiv, N. F. 2/2), genannt. Die beste Darstellung über die wechselhaften Beziehungen zwischen Ostpreußen respektive der Zentrale in Königsberg und Kleinlitauen vom Beginn der Frühen Neuzeit bis weit ins 20. Jahrhundert bieten die Aufsätze in: [Alvydas Nikžentaitis (Red.):] Klaipėdos ir Karaliaučiaus kraštų XVI–XX a. istorijos problemos [Historische Probleme der Gebiete um Klaipėda und Königsberg vom 16. bis 20. Jahrhundert]. Klaipėda 2001 (Acta historica Universitatis Klaipedensis 8).

288 Zu seiner Zeit in Königsberg Hans-Christof Kraus: Josef Nadler (1884–1963) und Königsberg. In: Preußenland 38 (2000), S. 12–26. – Vgl. auch zur Rezeption des Nadlerschen Konzepts den

Universität richtete ihre ganze Tätigkeit darauf aus, „die besondere Teilnahme des Reiches für seinen äußersten Außenposten zu gewinnen",[289] erinnerte sich Nadler später an seine sechs Jahre in Königsberg. Welche kulturelle und mentale Verbindung man dafür konstruierte, macht – auch in der typographischen Gestaltung – der Titel signifikant, den Nadler einer Sammlung von Vorträgen aus dieser Zeit gab: *Deutscher Geist / Deutscher Osten*. Beide waren in ihrer historischen Einheit zu dokumentieren.[290] Es war ein schon vor 1933 tief wurzelndes,[291] nach der nationalsozialistischen Machtergreifung dann politisch forciert wucherndes und leicht zu instrumentalisierendes Bewusstsein, das Ostpreußens große, wenn nicht sogar führende Rolle für die deutsche Kultur und Staatsbildung und seine seit der Ordenszeit erfolgreich behauptete Stellung als ‚Vorposten' und ‚Bollwerk' „deutscher Volksmacht und Kultur im Osten"[292] in das kollektive Alltagsgedächtnis implementierte.

Im Blick auf die Bemühungen um Simon Dach trat ein weiterer Aspekt hinzu. In diese Jahrzehnte fielen die Anfänge einer von der Kunstgeschichte angeregten literaturwissenschaftlichen Barockforschung. Die erste Generation deutscher Barockforscher etablierte sich, das 17. Jahrhundert wurde in seinen epochalen Signaturen und literarischen Entwicklungen geistesgeschichtlich vermessen und von der Renaissance wie der Aufklärung abgegrenzt.[293] Eine der Signaturen, die das Barock dabei erhielt, war die einer „urdeutschen" Epoche, die nunmehr gegen die „undeutsche" Renaissance des Südens gestellt wurde. Fritz Strich prägte diese stiltypologische Sicht des Barock als Stil des germanischen Nordens. Der deutsche Geist, so lautete die These in sei-

---

Beitrag von Ralf Klausnitzer: Krönung des ostdeutschen Siedelwerks? Zur Debatte um Josef Nadlers Romantikkonzeption in den zwanziger und dreißiger Jahren. In: Euphorion 93 (1999), S. 99–125.

289 Josef Nadler: Kleines Nachspiel. Wien 1954, S. 55f. – Vgl. dazu auch das Kapitel „Willfährige Gelehrte" bei Manthey: Königsberg (Anm. 4), S. 655ff.

290 Josef Nadler: Deutscher Geist / Deutscher Osten. Zehn Reden. München u. a. 1937 (Schriften der Corona 16).

291 So gab der Landeshauptmann der Provinz Ostpreußen schon 1931 einen Band mit dem bezeichnenden Titel *Deutsche Staatenbildung und deutsche Kultur im Preußenlande* (Königsberg 1931) heraus. Walther Ziesemer behandelte hier – in eben dieser teleologischen Tendenz – das Thema: Geistiges Leben im Deutschen Orden (S. 105–115).

292 So formulierte die *Ostpreußische Zeitung* am 9. Juli 1933 die offizielle Geschichtsinterpretation (die sich doch lange vorbereitet hatte), zit. nach Kossert: Ostpreußen (Anm. 255), S. 275.

293 Vgl. dazu neben den entsprechenden Abschnitten bei Jaumann: Die deutsche Barockliteratur (Anm. 99) und Garber: Martin Opitz (Anm. 99) weiterhin Hans Harald Müller: Barockforschung. Ideologie und Methode. Ein Kapitel deutscher Wissenschaftsgeschichte 1870–1930. Darmstadt 1973; Wilhelm Voßkamp: Deutsche Barockforschung in den zwanziger und dreißiger Jahren. In: Europäische Barock-Rezeption (Anm. 32), Bd. 1, S. 683–703; Knut Kiesant: Die Wiederentdeckung der Barockliteratur. Leistungen und Grenzen der Barockbegeisterung der zwanziger Jahre. In: Literaturwissenschaft und Geistesgeschichte (Anm. 282), S. 77–91; sowie die Beiträge in: Wilfried Barner (Hg.): Der literarische Barockbegriff. Darmstadt 1975 (Wege der Forschung 358); mehr als ein Drittel des Bandes bietet Forschungsbeiträge aus den Jahren 1918–1945 dar; darunter auch der in der folgenden Anmerkung zitierte Aufsatz von Fritz Strich, hier S. 32–71. Einige der grundlegenden Studien dieser Zeit versammelt: Richard Alewyn (Hg.): Deutsche Barockforschung. Dokumentation einer Epoche. Köln 1965 (Neue wissenschaftliche Bibliothek 7, Literaturwissenschaft), konsultiert in der 4. Aufl. ebd. 1970.

nem einflussreichen Aufsatz *Über den lyrischen Stil des 17. Jahrhunderts*, habe in dieser Epoche aus dem romanischen Ausland nur aufgegriffen, „was ihm seit je als Eigentum und Eigentümlichkeit gehörte", und es dann in der Kunst und im Leben als (ur)germanische Form verwirklicht.[294] Dieser wissenschaftlichen Verve verdankte Simon Dach zwar keine verstärkte interpretatorische Auseinandersetzung mit seiner Dichtung.[295] Überhaupt zeigte sich die damalige Barockforschung mehr an den großen geistesgeschichtlichen Aufrissen als an einer Grundlagenforschung und einzelnen Dichtern interessiert; hier hatte der Positivismus mehr hinterlassen, als der Literaturwissenschaft nun zuwuchs. Doch der Entdeckung des Barock in der Zeit zwischen den beiden Weltkriegen verdankte die editorische Bewahrung des poetischen Werkes Simon Dachs eine zusätzliche Legitimation, um den barocken Dichter nunmehr als Repräsentanten einer genuin deutschen Literatur zu einem poetischen Bürgen der unverbrüchlichen kulturellen Einheit zwischen Ostpreußen und dem übrigen Deutschland zu erheben.

6.2 Die editorische Leistung Ziesemers im Kontext einer Ideologisierung des Dichters: Die Gesamtausgabe der deutschen Dichtung Simon Dachs

Diese Bemühungen kulminierten an der Königsberger Universität am Deutschen Seminar. Dort lehrte seit 1922 Walther Ziesemer (1882–1951), den bald mit Nadler eine persönliche Freundschaft und zudem die Hamann-Ausgabe eng verbanden.[296] Ziesemer hatte in Berlin bei Gustav Roethe (1859–1926), der vor und nach dem Ersten Weltkrieg zu den vehementesten Vertretern einer nationalistisch-völkischen Germanistik zählte,[297] mit einer Arbeit zu Nicolaus von Jeroschin promoviert.[298] Altpreußen wurde seine wissenschaftliche Domäne. Die Denomination seines Königsberger Lehrstuhls

---

294 Fritz Strich: Über den lyrischen Stil des 17. Jahrhunderts. Zitiert nach: Deutsche Barockforschung (Anm. 293), S. 229–259, hier S. 229 (zuerst erschienen in: Abhandlungen zur deutschen Literaturgeschichte. Franz Muncker zum 60. Geburtstage. Dargebracht von Mitgliedern der Gesellschaft Münchener Germanisten. München 1916, S. 21–53).

295 Aus diesem Zeitraum ist lediglich eine Dissertation zu nennen, die an der Universität Königsberg erschien: Herbert Bretzke: Simon Dachs dramatische Spiele. Ein Beitrag zur Literaturgeschichte des 17. Jahrhunderts. Phil. Diss. Königsberg 1922 [masch.]. Einige wenige Beiträge von jeweils nicht mehr als vier Seiten führt Hans Pyritz: Bibliographie zur deutschen Literaturgeschichte des Barockzeitalters. Bd. 2. Dichter und Schriftsteller, Anonymes, Textsammlungen. Bearb. u. hg. v. Ilse Pyritz. Bern u. a. 1985, S. 134 (Nr. 1448 und 1450) und S. 136 (Nr. 1476) auf.

296 Beide verband eine Korrespondenz (sie liegt im Nadler-Nachlass in der Österreichischen Nationalbibliothek Wien), sie bliebe noch im Blick auf mögliche Einflüsse Nadlers auf Ziesemers volkskundliches Konzept auszuwerten.

297 Vgl. Gerhart Lohse: Held und Heldentum. Ein Beitrag zur Persönlichkeit und Wirkungsgeschichte des Berliner Germanisten Gustav Roethe. In: Hans-Peter Bayerdörfer (Hg.): Literatur und Theater im Wilhelminischen Zeitalter. Tübingen 1978, S. 399–418. – Roethe war übrigens – wie auch Sauer – ein Schüler Scherers (vgl. Anm. 197).

298 Walther Ziesemer: Nicolaus von Jeroschin und seine Quelle. Berlin 1907 (Berliner Beiträge zur germanischen und romanischen Philologie 31, Germanische Abteilung 18); die Kapitel I und II erschienen bereits im Jahr zuvor im Separatdruck.

steckt den Rahmen ab, in dem sich nunmehr die Beschäftigung mit Dach vollzog: Ziesemer lehrte als Professor für Deutsche Philologie, Deutsche Volkskunde und Heimatkunde des deutschen Ostens an der Albertina. 1924 gründete er das Institut für Heimatforschung, das nach 1933 als Institut für Volkskunde und Heimatforschung weiter existierte. Das regionale und das nationale Ringen um den Dichter, die seit dem 18. Jahrhundert in den editorischen Rechtfertigungen miteinander konkurriert hatten, erfuhren jetzt im Begriff des deutschen Volkstums im Osten ihre Symbiose. Damit war ein unheilvoller geistiger Überbau geschaffen, die beiden Strömungen der Dach-Rezeption zusammenzuführen.

Denn in Dach ließ sich sowohl das spezifisch ‚Ostpreußische' als auch das typisch ‚Deutsche' finden. Die Grundüberzeugung des gegenseitigen Nehmens und Gebens seit der Ordenszeit, mit der man die kulturellen Austauschprozesse mit dem übrigen Deutschland in Königsberg und Ostpreußen erfasste, ließ sich am herausragenden Beispiel des Dichters Dach unzweifelhaft belegen.[299] Es war ein Deutschtum des Ostens, das in seiner chauvinistischen Geschichtsklitterung keinen Platz mehr für kleinlitauische Facetten ließ. Mit der wissenschaftlichen Barockbegeisterung erhielt das editorische Großvorhaben, das Ziesemer bald nach seiner Berufung in Angriff nahm, eine zusätzliche Rechtfertigung. Eine Dach-Ausgabe, so erklärte Ziesemer später im Vorwort des ersten Bandes, den er nach mehr als einem Jahrzehnt der Vorbereitung vorlegte, entspreche zum einen „dem verstärkten Interesse an der Dichtung der Barockzeit[,] das ganze erreichbare Material der deutschen Gedichte Dachs zur Verfügung zu haben", zum anderen – und vor allem aber – erfülle sie „eine lange vernachlässigte Pflicht gegenüber einem deutschen Dichter des deutschen Ostens".[300]

Ziesemer hatte sich 1924 in zwei größeren Aufsätzen erstmals mit Dach beschäftigt und bereits damals eine vollständige Ausgabe angemahnt.[301] Seit Oesterley waren einige bislang übersehene Gedichte Dachs aus Handschriften bekannt geworden.[302] Ziesemer stellte nun die bereits erwähnte Handschrift aus dem 17. Jahrhundert vor, die im Königsberger Staatsarchiv als einziges Gedichtmanuskript am Ort überlebt hatte und so viele unbekannte Gedichte versammelte wie keine andere erhaltene Handschrift. Zwölf Jahre später publizierte Ziesemer den ersten Band seiner Ausgabe mit dem schlichten und zugleich den Anspruch einer Gesamtausgabe markierenden Titel *Simon Dach: Gedichte*, die 1938 mit dem vierten Band abgeschlossen

299 Diesen Kontext hatte Ziesemer auch in seinem in Anm. 291 genannten Aufsatz herausgestellt.

300 Ziesemer: Einleitung (Anm. 75), S. IX.

301 Walther Ziesemer: Simon Dach. In: Altpreußische Forschungen 1 (1924), S. 23–56; Ders.: Neues zu Simon Dach (Anm. 23).

302 Johannes Bolte: Nachträge zu Alberts und Dachs Gedichten. In: Altpreußische Monatsschrift 23 (1886), S. 435–457 (Bolte stellt u. a. von Oesterley übersehene Gedichte aus einem Manuskript der Berliner Bibliothek vor und ediert erstmals das Gedicht „Meines Lebens Ziel ist hier ..." [Ziesemer IV, 8f.] aus der Wallenrodtschen Bibliothek [RR 15 (W), heute Akademiebibliothek Wilna/Vilnius, Sign.: V-16 2-536 (24)]). – Robert Priebsch: „Grethke, war umb heffstu mi" etc., das „Bauer-Lied" Simon Dachs. In: Osborn Bergin, Carl Marstrander (Hg.): Miscellany presented to Kuno Meyer. Halle 1912, S. 65–78, hatte die Stobaeus-Handschrift in der British Library vorgestellt und aus ihr im Faksimile Dachs „Grethke" abgedruckt.

wurde. Seine Vorworte belegen, in welche Richtung sich das Konzept von deutscher Literaturgeschichte und deutscher Volkskunde und in seinem Kontext eine Heimatforschung, die an das seit dem 18. Jahrhundert ausgeprägte Bild des preußischen Dichters anknüpfte, gerade in Ostpreußen entwickelt hatte. Das editorische Bemühen um Simon Dach erfüllte sich nach rund 250 Jahren nunmehr im Kontext einer Ostland-Ideologie:

> Es ist kein Zweifel: Simon Dach hing mit leidenschaftlicher Liebe an Deutschland, an Preußen, an seiner Wirkungsstätte Königsberg und an seiner Vaterstadt Memel, die er in seinem Alter so gern noch einmal gesehen hätte.[303] Es verdient hervorgehoben zu werden, daß er diese Liebe bekannte zu einer Zeit, als Preußen unter der Lehnshoheit Polens stand. Mit stolzer Freude konnte Dach, seinem Meister Opitz folgend, von sich sagen, er zuerst habe in Preußen deutsche Dichtung verkündet.[304]

Dachs poetisches Selbstbekenntnis, als erster die neue deutsche Dichtkunst nach Preußen geführt zu haben, wird also zu einer nationalen Tat erhoben. Sicherlich ist der nationalistische Tonfall Ziesemers gedämpfter als der anderer Zeitgenossen, aber er ist doch symptomatisch für eine kulturkonservative Haltung, die sich in seinem Falle ganz der wissenschaftlichen Vermessung der Region und ihres Beitrags zur deutschen Kultur verschrieb. Diese Haltung bedurfte keiner nationalsozialistischen Aktualisierung. Auch wenn Ziesemer politisch kaum in Erscheinung getreten ist, wie es salvierend im Germanisten-Lexikon heißt,[305] war er, der doch explizit

---

303 Hier also wieder der Verweis auf das Memel-Gedicht (vgl. Anm. 205 und 244).

304 Ziesemer: Einleitung (Anm. 75), S. XV. Sperrung im Text.

305 Vgl. Jelko Peters: (sub verbo). In: Internationales Germanistenlexikon (Anm. 164), Bd. 3, Sp. 2099–2101; vgl. auch ausführlicher Ders.: Walther Ziesemer (1882–1951). In: Dietrich Rauschning, Donata von Nerée (Hg.): Die Albertus-Universität zu Königsberg und ihre Professoren. Aus Anlaß der Gründung der Albertus-Universität vor 450 Jahren. Berlin 1995 (Jahrbuch der Albertus-Universität zu Königsberg/Pr. 29), S. 203–213. – Es klingt aber doch ein wenig befremdlich, wenn man heute in einem Nachruf Helmut Motekats (Walther Ziesemer. In: Jahrbuch des Vereins für niederdeutsche Sprachforschung 75 [1953], S. 138–141) mit nur zeitgemäß modifizierten Formulierungen liest, dass Ziesemers Hauptinteresse immer die „Sprach- und Literaturgeschichte des deutschen Ostens“ gewesen sei und das Ziel seiner Forschung, „Ostpreußens Anteil an der Geschichte der deutschen Sprache und Dichtung und am deutschen Geistesleben insgesamt vom 14. Jahrhundert bis zur Gegenwart zu ergründen und herauszustellen“. Es trifft allerdings zweifellos genau den Kern und die Motivation Ziesemers, dessen bleibende wissenschaftliche Leistungen auf dem Gebiet der Erforschung der Ordenszeit zu sehen sind, hier etwa: Die Literatur des Deutschen Ordens in Preußen. Breslau 1928; wieder in: Karl Helm u. Ders.: Die Literatur des Deutschen Ritterordens. Gießen 1951 (Gießener Beiträge zur deutschen Philologie 94); er prägte den Begriff der sogenannten Deutschordensliteratur, der lange in der Forschung eine Rolle spielte, heute jedoch weitgehend widerlegt ist; und als Herausgeber: Preußisches Wörterbuch. Sprache und Volkstum Nordostdeutschlands. 2 Bde. [mehr nicht erschienen]. Königsberg 1939–1944; die beiden von Ziesemer noch fertiggestellten Bände (A–Fi) liegen als Nachdruck (Hildesheim 1975) vor. – Vgl. auch den Nachruf von Bruno Schumacher: Walther Ziesemer. In: Jahrbuch der Albertus-Universität zu Königsberg/Pr. 2 (1952), S. 29–36. Auch hier lässt doch so manche Wendung aufhorchen, wenn etwa vom „unwiederbringlichen Verlust ostdeutschen Volks- und Geistesgutes“ (S. 32) durch die Vernichtung der Materialien für weitere Lieferungen des *Preußischen Wörterbuchs* die Rede ist oder die Gründung des Instituts für Heimatforschung als „eine ebenso wissenschaftliche wie volkserzieherische Leistung“ belobigt wird. Es sind Formulierungen, wie sie nach 1945

die Heimatkunde des ‚deutschen Ostens' auf seiner Stelle vertrat, dem Geist der Zeit zweifellos nicht nur in seiner Wertsprache verpflichtet, wenn er – so in der Einleitung zum dritten Band – den Dichter Dach „zu einer für Deutschland tieftraurigen Zeit, als Preußen noch unter polnischer Lehnshoheit stand", zum Kronzeugen althergebrachten „deutschen Geisteslebens im deutschen Osten" erklärt.[306] Der Hinweis auf die fremde, polnische, Lehnsherrschaft zieht sich stereotyp durch die Einleitungen in die Bände. Gegen diese ‚Fremdherrschaft' lassen sich die Leistung Dachs für die deutsche Dichtung, sein patriotisches Bekenntnis zu Deutschland und zu Preußen und damit zugleich die in seinem poetischen Werk bewiesene historische Rolle Ostpreußens und des ‚deutschen Ostens' für das Reich um so hervorstechender betonen.

Gleichwohl bildet Ziesemers Ausgabe bis heute die wichtigste Grundlage für jede Beschäftigung mit Simon Dach. Sie enthält 1.269 Nummern, hinzu kommt als Anhang zum vierten Band die *Akademische Trauerschrift zu Dachs Tod*.[307] Bereits diese Zahl macht deutlich, wie schmal die Auswahl der in die bisherigen Anthologien aufgenommenen und ebenso der von Oesterley gedruckten Gedichte und Lieder war, wie viel andererseits von seinen Dichtungen aus dem Textkorpus der kulturellen Erinnerung ausgeschlossen geblieben war. Ziesemer verzichtete auf selektierende Überheblichkeiten gegen die Gelegenheitsdichtung, die bis dahin die Rezeption Dachs entscheidend beeinflusst bzw. beschränkt hatten, wenngleich auch er ihnen unter hergebrachten Prämissen geringeren dichterischen Wert zuspricht:

> Gerade in den Gelegenheitsgedichten, wenn sie auch dichterisch oft wenig Freude machen, bergen sich so viele Anspielungen auf die Person des Dichters, seine Umgebung, auf die politischen Ereignisse im kleinen und großen, daß es zur Kenntnis der Persönlichkeit notwendig ist, sie ungekürzt der wissenschaftlichen Arbeit vorzulegen.[308]

Ziesemer bezieht hier eine Position, die eine geradezu ‚moderne' sozialgeschichtliche Literaturauffassung vorzuformulieren scheint, die sich aber aus dem Anspruch heraus, das Gesamtwerk des Dichters nach seinem Beitrag für das deutsche Volkstum auszuloten, als eine geradezu notwendige Konsequenz ergibt. Ediert wurden von ihm dann auch fast ausschließlich die deutschen Gedichte, insgesamt 1.059,[309] wei-

---

im Blick auf die „verlorene Heimat" üblich wurden – und die ihrerseits offenbaren, dass es nicht einer nationalsozialistischen Ideologisierung bedarf, wenn man sich wie Ziesemer mit Heimat- und Volkskunde in einem Gebiet beschäftigt, dessen Zugehörigkeit zu Deutschland man entweder – nach 1918 – beweisen oder – nach 1945 – weder aufgeben noch vergessen will.

306 Walther Ziesemer: Einleitung. In: Ziesemer III, S. V–VII, hier S. VII.

307 Vgl. Anm. 216.

308 So schon in Ziesemer: Neues zu Simon Dach (Anm. 23), S. 608.

309 Diese Zahl ergibt sich abweichend von Ziesemers Nummerierung, weil er zwei Gedichte jeweils doppelt aufgenommen hat: zum einen das Lied „Ey so gebt Gott allerseit ..." (Ziesemer III, 92f. und IV, 488f., in abweichenden Schreibweisen), einmal nach Johann Crüger: Praxis pietatis melica [...]. Berlin 1647 (dort der Erstdruck), das andere Mal nach dem *Preußischen Gesangbuch* von 1657. Zum zweiten das Lied „Was haben wir zu sorgen ..." (Ziesemer III, 280 und IV, 60). Letzteres erschien – nicht als einziges von Dachs Gedichten – in zwei verschiedenen Drucken, einmal mit und einmal ohne Noten Heinrich Alberts.

terhin der Text der *Sorbuisa* und das Szenar mit den Chortexten des *Cleomedes*. Ganz anders steht es um die neulateinische Dichtung. Ziesemer bietet in den Anhängen des zweiten und vierten Bandes lediglich Verzeichnisse der Titel und Anfänge dieser Gedichte, bringt aber nur sieben (in die Anhänge verbannt!) zum Abdruck. Die Begründung ist fadenscheinig und falsch: Er habe sich auf diese knappe Auswahl beschränkt, „da die meisten der lateinischen Gedichte offiziellen Universitätsanlässen entspringen, [...] welche Dach als berufener Professor der Poesie regelmäßig einzureichen hatte."[310] Zudem verzeichnete er mit 204 Titeln deutlich weniger neulateinische Gedichte als Oesterley, der in seiner Ausgabe, wie zu erinnern, 259 Titel aufführte. Hier wie dort wird Dachs neulateinische Dichtung also nicht greifbar. Immerhin nahm Ziesemer ebenfalls im Anhang die neulateinische Einladung zu Dachs Antrittsvorlesung und den Text der Magisterdisputation *Trias assertionum* auf, die beide ganz zentrale Dokumente für sein Wirken als Professor poëseos an der Königsberger Universität darstellen.

Dach hat mit dieser Ausgabe immerhin das Glück erfahren, dass ein großer Teil seiner Texte in einer Edition zugänglich ist. Das ist für deutsche Barockdichter auch seiner Bedeutung bis heute keineswegs der Regelfall. Die Ausgabe kam zudem soeben noch vor dem Untergang der Königsberger Bibliotheken im Zweiten Weltkrieg zustande, durch den die dortigen Dach-Bestände so schmerzlich dezimiert wurden. Auch wenn im Falle Dachs die in der Königsberger Bibliothekslandschaft vor 1945 äußerst ungewöhnliche Situation festzustellen war, dass Textzeugen des sogenannten Kleinschrifttums für diesen Dichter dort keineswegs am vollständigsten vorhanden waren, macht doch Ziesemers Edition erstmals sichtbar, wie reich die Königsberger Sammlungen gleichwohl an Dach-Drucken und vor allem -Handschriften waren. Das konnte eben nur eine am Ort erarbeitete Edition dokumentieren. Ziesemer bietet vor allem aus Königsberger Sammlungen, hier überwiegend aus dem Manuskript im Staatsarchiv, in einigen Fällen auch aus Drucken in den dortigen Bibliotheken, bislang unbekannte Gedichte. Königsberg hatte mit dieser Ausgabe Breslau als Zentrum der Bemühungen um Dach abgelöst, wenngleich die schlesische Metropole nach wie vor den ersten Rang als Standort von Dach-Drucken behielt. Zu den neuen Königsberger Funden kommen weitere Ersteditionen aus den von Bolte und Priebsch seit Oesterleys Ausgabe mitgeteilten Handschriften, nach Drucken aus der Universitätsbibliothek Tübingen[311] sowie aus der Bibliothek der Fürsten Dohna in Schlobitten und dem Gräflich-Schwerinschen Hausarchiv Wildenhof. Insgesamt handelt es sich um 118 Gedichte, die in Oesterleys Verzeichnis fehlten. Angesichts der Vielzahl dieser neuen Funde überrascht es, dass sich die Gesamtzahl der von den beiden Editoren ermittelten Gedichte und anderen Texte Dachs kaum unterscheidet. Oesterleys Verzeichnis enthält nur acht Nummern weniger! Das Korpus der von beiden ermittelten Dach-Gedichte weist also eine deutliche Diskrepanz auf. Der Unterschied liegt mehrheitlich bei der lateinischen Dichtung, Ziesemer präsen-

---

310 Walther Ziesemer: Einleitung. In: Ziesemer IV, S. V–VII, hier S. VI.

311 Die Tübinger Bestände wertete Ziesemer damit zwar erstmals, jedoch nur teilweise aus, entdeckte aber bereits vier Gedichte, die bis dahin unbekannt waren.

tiert 24 neue Gedichte, nimmt aber 79 von Oesterley verzeichnete nicht auf. Aber auch von den deutschen Dichtungen lässt Ziesemer ohne Angabe von Gründen 33 Nummern aus, die Oesterley bibliographiert hatte. Ziesemers Ausgabe ersetzt also die seines Vorgängers keinesfalls.

So verdienstvoll Ziesemers Ausgabe ist, insbesondere im Rückblick auf das Schicksal der Königsberger Sammlungen nach 1945, so wenig erfüllt sie jenen philologischen Anspruch, den er selbst bereits 1924 gegenüber Oesterleys Ausgabe deklariert hatte, nämlich eine zuverlässige und vollständige Ausgabe der Gedichte vorzulegen.[312] Ganz im Gegenteil weist sie gravierende Mängel auch dann auf, wenn man sie nicht von den Ansprüchen der modernen historisch-kritischen Editionsphilologie aus beurteilt. Diese Mängel sind in der Forschung wiederholt markiert worden und seien hier nur summarisch referiert. Sie betreffen zum einen die editorische Sorgfalt. Zwar ist der unschöne – bei kürzeren Versfüßen stets zweispaltige – Satz der Ausgabe dem Herausgeber nicht anzulasten. Doch zahlreiche Transkriptionsfehler lassen an der Zuverlässigkeit der Textgrundlage generell zweifeln,[313] die Kommentare, in die Anhänge verschoben, sind äußerst ergänzungsbedürftig und besitzen, von wenigen Ausnahmen abgesehen, nur wegen der biographischen Nachweise bleibenden Wert; die Titel werden bei den meisten Gelegenheitsgedichten auf die Namen der Adressaten reduziert und auch im Anhang nach den Titelblättern nur selten vollständig (und häufig unzuverlässig) zitiert.[314] Außerdem hielt auch Ziesemer an einer Anordnung nach weltlichen und geistlichen Liedern fest,[315] obwohl er selbst in sei-

---

312 Ziesemer: Neues zu Simon Dach (Anm. 23), S. 608.

313 Albrecht Schöne: Kürbishütte und Königsberg. Modellversuch einer sozialgeschichtlichen Entzifferung poetischer Texte. Am Beispiel Simon Dach. 2., durchges. Aufl. München 1982 (Edition Beck), S. 9, Anm. 3, weist für die Erstdrucke der *Klage über den endlichen Vntergang vnd ruinierung der Musicalischen Kürbs=Hütte vnd Gärtchens* nicht weniger als 88 (Ziesemer: Neues zu Simon Dach [Anm. 23]) bzw. 105 (Ziesemer: Simon Dach [Anm. 301]) Abweichungen gegenüber der Edition in ZIESEMER I, 91ff. nach. Stichproben in den Einzeldrucken aus der Wallenrodtschen Bibliothek haben für andere Gedichte ebenfalls häufiger Transkriptionsfehler ergeben. Weitere Belege etwa für die oben zitierten Gedichte auf die Ankunft und den Aufenthalt des Kurfürsten in Königsberg: Alleine das Gedicht „Was ist, Clio, dein Beginnen ..." (vgl. Anm. 40) weist in neun Strophen rund ein Dutzend Abweichungen vom Erstdruck (Universitätsbibliothek Thorn/Toruń, Sign. Pol.7.III.383) auf.

314 Die Kommentare beschränken sich nur auf – zumeist längst nicht vollständige – Nachweise verschiedener Drucke und Handschriften eines Gedichts, auf in der Regel knappe biographische Hinweise zu den Adressaten, mitunter auf die Nennung weiterer Beiträge in einem kasualen Sammeldruck und nur ganz selten auf Worterklärung oder Textvarianten. Auch eine bibliographische Deskription der Drucke fehlt.

315 Man mag ihm zugute halten, dass er sich damit an dem grundlegenden Ordnungsprinzip orientiert, nach dem auch die Dichter des 17. Jahrhunderts ihre Ausgaben anlegten. In dem stets auf strikte Ordnung und Hierarchie der weltlichen Dinge und ihre harmonische Einordnung in den göttlichen Bau des Diesseits und Jenseits bedachten barocken Zeitalter geschahen weder die Anlage einer großen Gedichtausgabe noch die Binnenordnung eines kasualen Sammeldrucks zufällig. Die Vorbilder für die Anordnung der eigenen Poemata-Ausgaben fand man wie stets in der damaligen Dichtung bei den antiken Autoritäten; dazu die maßgebliche Studie von Wolfgang Adam: Poetische und Kritische Wälder. Untersuchungen zu Geschichte und Formen des Schreibens „bei Gelegenheit". Heidelberg 1988 (Beihefte zum Euphorion 22). Für die weltliche Dichtung insbe-

nem Vorwort betont, dass sich eine „scharfe Trennung von weltlichen und geistlichen Liedern [...] nicht bis in jede Einzelheit durchführen [lasse], da vielfach auch die ‚weltlichen' Lieder von der frommen, geistlichen Gesinnung getragen sind, die Simon Dach eigen war".[316] Ziesemer schafft damit, da einerseits auch die neulateinische Dichtung in den Anhängen entsprechend aufgeteilt ist und andererseits im zweiten Band die „Gedichte an das kurfürstliche Haus" und „Dramatisches" eigene Abschnitte bilden, sechs parallele Chronologien, durch die Dachs Gesamtwerk, zumal mit den vielfältigen Bezügen seiner Gedichte aufeinander, gänzlich unübersichtlich dargeboten und in seinen intertextuellen Bezügen aufgelöst wird. Oesterley hatte ja im Wesentlichen die gleiche Anordnung gewählt, nur ist jetzt die Folge der geistlichen und der weltlichen Gedichte getauscht, die „Freundschaftsdichtung" ist ebenso wie die „Gelegenheitsdichtung" darin eingeordnet. Schließlich schränkt der erneute Ausschluss der neulateinischen Dichtung Dachs den Wert dieser Ausgabe ganz entscheidend ein und manifestiert endgültig die sprachliche Teilung des Dachschen Gesamtwerks – mit den bis heute fortwirkenden gravierenden Folgen, dass die neulateinische Dichtung fast gänzlich unbekannt geblieben ist und das Bild, das von diesem Dichter zu gewinnen ist, hier nach wie vor äußerst lückenhaft bleibt. Ziesemer war im Umgang mit der neulateinischen Dichtung sogar noch nachlässiger als Oesterley. Man wird den Grund für seine Entscheidung gegen die neulateinischen Gedichte zweifellos darin erkennen können, dass für einen Dichter, der seit dem 19. Jahrhundert dem „Volk" nahegebracht werden und nun zudem den genuinen deutschen Kulturbeitrag Ostpreußens beweisen sollte, die neulateinische Produktion keine nationale Referenz legitimierte.

Einer derart ideologisierten Heimatforschung und Volkskunde, wie Ziesemer sie verfolgte, musste es natürlich ebenfalls angelegen sein, den Dichter auch im deutschen Volk zu popularisieren. Als Dichter des *Ännchens von Tharau*, des *Freundschaftsliedes* und einiger anderer Lieder, die in Kompositionen des 19. Jahrhunderts als Volkslieder und insbesondere in den Männerchören gesungen wurden, war Dach bekannt, als Dichter des deutschen Geistes und deutscher Kultur im ‚deutschen Osten' musste er dem kommunikativen Alltagsgedächtnis noch tiefer eingeschrieben werden. Ziesemer selbst hatte noch 1938 eine schmale Auswahl unter dem Titel *Gedichte von Simon Dach und seinen Freunden* herausgegeben, die auf eine entsprechende Popularisierung zielte.[317]

---

sondere bedeutete das eine weitere Aufteilung nach „Gattungen" oder Themen. Doch hilfreich für die Benutzbarkeit dieser Ausgabe ist das nicht, zumal die Zuteilung der Gedichte in eine der beiden Abteilungen in vielen Fällen fragwürdig ist.

316 Ziesemer: Einleitung (Anm. 75), S. IX.

317 Halle 1938.

6.3 Der deutsche Dichter des ‚deutschen Ostens': Gedichte und Lieder Dachs für die Heimatfront

Doch nicht nur die Germanistik trug diese Bemühungen, den Beweis für den deutschen Geist in Ostpreußen (und im ‚deutschen Osten' überhaupt) zu führen, zumal nach 1933. Nadler hat das in seiner Autobiographie ja angedeutet. Im Falle Dachs leistete vor allem die Musikwissenschaft ihren entsprechenden Beitrag. Die *Arien* und andere Lieder Alberts waren seit der Edition Fischers (und der *Musikbeilagen*, die Eitner herausgab)[318] von der Musikwissenschaft bereits öfter neuer (Auswahl-) Ausgaben gewürdigt worden. 1903/04 erschien in den *Denkmälern deutscher Tonkunst* eine zweibändige kritische Ausgabe. Sie ist bis heute, in der revidierten Neuauflage von 1958, grundlegend.[319] Zum besten Kenner des musikalischen Lebens der Region im 16. und 17. Jahrhundert avancierte Joseph Müller-Blattau (1895–1976), seit 1922 als Privatdozent, von 1928 bis 1935 als außerordentlicher Professor an der Albertina tätig und Direktor des dortigen Musikwissenschaftlichen Seminars.[320] Er gab 1939, inzwischen ordentlicher Professor in Frankfurt am Main, kurz bevor er aus Überzeugung in den Kriegsdienst eintrat, eine Ausgabe *Preussische Festlieder* heraus, mit der eine neue, vom Staatlichen Institut für Musikforschung betreute Reihe *Landschaftsdenkmale der Musik. Ostpreussen und Danzig* keinesfalls zufällig eröffnet wurde.[321] Ziesemer wies in der Einleitung zum vierten Band seiner Dach-Ausgabe auf diese Ausgabe hin und ordnete sie dem großen nationalen Anliegen der Beschäftigung mit Dach als wichtigen Beitrag zu: „Durch die Betonung des Anteils, den der deutsche Osten und im besonderen der Königsberger Dichterkreis an der Gestaltung des deutschen Liedes hat, wird der Gedanke der deutschen Leistung Dachs und seiner Freunde unterstrichen."[322] Auch in den *Preussischen Festliedern* werden Landschaft und Deutschtum in der Einleitung des Herausgebers verschmolzen. Der Titel knüpft an die regionale Musiktradition zu Zeiten Eccards und Stobaeus' an, interpretiert diese aber aus dem privaten Raum bürgerlich-geselliger Musikpflege für den kollektiv-landschaftlichen Geltungsbereich nationaler Musikkultur um. Denn das Ziel der Reihe war „nach der Erneuerung von Reich und Volk" diesem Ausgaben älterer Musik zu präsentieren, „die für Schaffen und Eigenart einer bestimmten *Landschaft* zeugen".[323] Unabhängig von diesen – nun schon hinlänglich bekannten – Tönen ist diese Auswahlausgabe aber editorisch überaus zuverlässig und durch ihr Verzeichnis erhaltener zeitgenössischer Kompositionen zu Dachs Liedern wertvoll.[324]

---

318 Vgl. Anm. 182.

319 Vgl. Anm. 35. Die Ausgabe wurde neu herausgegeben von Hans Joachim Moser mit einer Einleitung von Hermann Kretzschmar (Wiesbaden u. a. 1958).

320 Zu ihm Ludwig Finscher: (sub verbo). In: MGG, 2. Aufl. (Anm. 35), Bd. 12, Sp. 804–806.

321 Preussische Festlieder. Zeitgenössische Kompositionen zu Dichtungen Simon Dachs. In Auswahl hg. v. Joseph Müller-Blattau. Kassel 1939 (Landschaftsdenkmale der Musik. Ostpreussen und Danzig 1).

322 Ziesemer: Einleitung (Anm. 310), S. VI.

323 Joseph Müller-Blattau: Vorwort. In: Preussische Festlieder (Anm. 321), S. III.

324 Ebd., S. 31f. – Wie stets muss man sich fragen – wie auch bei Ziesemer –, inwieweit es sich bei die-

Das kann man von einer anderen kleinen Auswahlausgabe, die 1941 bei Gräfe und Unzer erschien und noch im selben Jahr eine zweite Auflage erlebte, nicht sagen.[325] Ihre ideologische Intention ist eindeutig – und umso deutlicher, wenn man bedenkt, dass es damals durchaus noch möglich war, sich einfach nur aus literarischem Interesse den Dichtungen Dachs zuzuwenden, wie es – im Mai desselben Jahres – das Dach-Heft in der Reihe *Das Gedicht. Blätter für die Dichtung* (ohne den Zusatz „deutsche"!) getan hatte.[326] In der Auswahlausgabe bei Gräfe und Unzer, deren Herausgeber nicht genannt ist,[327] wird gleichfalls ein ästhetisches Interesse an der Schönheit und der Eigenart der Gedichte Dachs vorgeschoben und durch einen barockisierten Titel scheinbar authentisiert. Doch schon der Titel lässt aufhorchen. Denn er stellt Dach als einen Dichter vor, der in seinen weltlichen Liedern die Freuden des Lebens ebenso besinge wie er mit seinen geistlichen Liedern und Trostgedichten dazu beitragen könne, dass „auch der Ernst des Lebens nicht vergessen werde". Der Zweck dieses Bändchens wird dann durch die Auswahl und die Anordnung der Gedichte offenkundig. So steht am Anfang Dachs Epithalamium „Ich hätte zwar der Tangen Rand ...", mit dem einst Oesterley an den preußischen Patriotismus appellierte.[328] Hier nun ist es mit dem Titel *Abschied* überschrieben, dem als Untertitel hinzugefügt ist: „Statt eines Vorwortes". Und so – als Abschiedgedicht und als Einleitung in das ideologische Konzept der Auswahl zugleich – sollte es auch gelesen werden, bezieht es sich doch auf jenen Teil des einstigen Deutschen Reiches, der gerade erst wieder ins Reich „zurückgekehrt" war.

Aus einem Gelegenheitsgedicht, das Dach auf eine Hochzeit in Memel dichtete und in dem er seine Glückwünsche mit der – literarisierten – Erinnerung an seine Vaterstadt und die dort verbrachte Jugend verbindet, wurde jetzt im Jahr des Angriffs auf die Sowjetunion ein Abschiedsgedicht für den Soldaten, der die Ufer der Dange hinter sich ließ – so wie der kränkelnde Dach mit diesem Gedicht selbst Abschied von Memel genommen hatte. Vier der 25 Strophen, jene, die dieses Gedicht als situationsgebundenes Gelegenheitsgedicht erkennen lassen, werden dafür – ohne

---

sen Formulierungen um eigene Überzeugungen (persönliche Zustimmung zur offiziellen Ideologie wie auch Konformität der wissenschaftlichen Konzepte) handelt; Finscher deutet in seinem MGG-Artikel (Anm. 320) durchaus an, dass Müller-Blattau sich mit dem System arrangiert hatte – was auch in seinem Fall einer Nachkriegskarriere keinen Abbruch tat.

325 Simon Dach: Fließt mir ihr güldnen Reime. Die sehr weltlichen Lieder des berühmten Königsberger Poeten untermischt mit allerlei erfreulichen Hochzeitsgedichten in denen viel von der Frau Venus und anderen angenehmen Dingen die Rede ist; ergänzt durch einige geistliche Lieder und Trostgedichte damit auch der Ernst des Lebens nicht vergessen werde, ausgewählt und zusammengefügt im Jahre 1941. Königsberg 1941.

326 Simon Dach: Der Mensch hat nichts so eigen. Sieben Gedichte. Hamburg 1941 (Das Gedicht. Blätter für die Dichtung. 7. Jahrgang, 8. Folge). Man mag es bei diesem Bändchen allenfalls als Konzession an die Zensoren erkennen, wenn an den Anfang die *Letzte Fleh=Schrifft* mit dem Eingangsvers „Held, zu welches Herrschaft Füssen ..." (Nachweis s. Anm. 8) gestellt ist.

327 Ziesemer war es definitiv nicht, ihm wird im Nachwort (Dach: Fließt mir ihr güldnen Reime [Anm. 325], S. 93) lediglich gedankt, dass er die Benutzung seiner Ausgabe für diese Auswahl erlaubt habe.

328 Ebd. S. 5ff.

jeden Hinweis – ausgelassen. Dass danach das *Ännchen* folgt, zeigt einmal mehr, wie unauflöslich Dach mit diesem Lied im kollektiven Alltagsgedächtnis identifiziert blieb (auch nachdem Ziesemer seine Verfasserschaft bestritten hatte). Nach diesem Auftakt sind Dachs Gedichte zu einem Jahreszeitenzyklus der Liebe und des Lebens geordnet, in denen die Freuden und das Glück der Liebe, die Ehe und die Freundschaft besungen werden – und am Ende der Tod, über den des Dichters Verse hinwegtrösten sollen. Wie zur Lebenszeit des Dichters gehört der Tod zum Leben, ist ohne Schrecken, ist Übergang in ein besseres Leben, für das man seine nur fleischliche Hülle zurücklässt. Der barocke Trost, von der Vergänglichkeit alles Irdischen ausgehend und auf die höhere Verwirklichung der Seele im Tod unerschütterlich vertrauend, ließ sich auch für die Hinterbliebenen der Opfer des Weltkriegs äußerst perfide verwenden. Und so ist das letzte Gedicht dieser Sammlung, ein kasuales Epicedion, erneut mit einer sprechenden Überschrift, *Witwen-Trost*, versehen.[329] Mit diesem Gedicht wird der Kreis des Lebens im Kriege beschlossen, der mit dem Abschied zur Front begonnen hat.

Simon Dach, der für das „Deutschtum" dieser Region zum poetischen Kronzeugen schon des 17. Jahrhunderts erhoben worden war, wurde hier endgültig für eine Ostland-Ideologie vereinnahmt, die Germanisten wie Nadler und Ziesemer durch ihre Forschungen flankiert hatten und die das Volk dann in die Katastrophe eines Krieges um den „deutschen Lebensraum" im Osten führte. Im gleichen Jahr 1941 erklärte der populäre Literaturhistoriker Paul Fechter in seiner *Geschichte der deutschen Literatur*, dass sich der Begriff des Volkes in aller „Reinheit" im Soldaten darstelle[330] – diese endgültige Pervertierung des Volksbegriffs hatte er schon in der ersten Auflage 1932 formuliert.[331] Das Auswahlbändchen des gleichen Jahres bildet in diesem Sinnhorizont den unrühmlichen Höhepunkt in den Bestrebungen, Simon Dachs Dichtung zu popularisieren. Es erlebte als bislang einzige Ausgabe mit Dach-Gedichten eine zweite Auflage. Mit dem Dichter des *Ännchens*, dem man in Memel einst ein Denkmal errichtet hatte, hatte jener Dichter, mit dessen Gedichten im Sturmgepäck die Soldaten nun von seiner Vaterstadt gegen Osten zogen, nichts mehr gemein.

---

329 Ebd. S. 91f. Es handelt sich um das Trostlied an Agnes Müller vom 1. August 1635 („Ach ja, Jhr habt mit recht zu flehen ..."; Ziesemer III, 15).

330 Paul Fechter: Geschichte der deutschen Literatur. Von den Anfängen bis zur Gegenwart. Berlin 1941, S. 8.

331 Vgl. Wilfried Barner: Literaturgeschichtsschreibung vor und nach 1945: alt, neu, alt / neu. In: Ders., Christoph König (Hg.): Zeitenwechsel. Germanistische Literaturwissenschaft vor und nach 1945. Frankfurt/M. 1996 (Fischer-Taschenbuch 12963), S. 119–149, hier S. 121.

7. Kontinuitäten und neue Impulse: Die Jahrzehnte nach 1945

7.1 Rückführung auf den Dichter des Volkstümlichen: Die Nachkriegsausgabe der *Christlichen Weihnachtfreude* und das Bild Dachs in den Literaturgeschichten

Das alte Ostpreußen ist in Deutschland nach 1945 zu einem Erinnerungsraum geworden. Die von dort Vertriebenen bewahren das mit der eigenen Biographie unauflöslich verwobene Erfahren dieses Raumes über die räumliche und die stetig wachsende zeitliche Distanz in ihrer Erinnerung. Sie ist als Teil der eigenen Identität gegen das – über Jahrzehnte nur aus der Ferne zu beobachtende – „Fremde" konstituiert, das der „Heimat" nach Kriegsende übergestülpt wurde. Auch die wissenschaftliche Beschäftigung mit der Geschichte Ostpreußens entfaltete sich nach 1945 zu einer bewahrenden Arbeit an der Erinnerung, die über die Zäsur der Jahre 1933–1945 in die Vergangenheit zurückging und diese für die Gegenwart bezeugen wollte. Die Quellenlage hatte sich durch den Untergang der memorialen Institutionen Königsbergs in einem Maße fragmentarisiert, das über Jahrzehnte neue Forschungen kaum möglich machte. Einzig die Bestände des Staatsarchivs waren in größerem Umfang, aber längst nicht vollständig, ins westliche Deutschland gelangt.[332] So blieb der Rückgriff auf die ältere landeskundliche und (literär)historische Literatur, die seit dem späten 17. Jahrhundert im Herzogtum entstanden war, für die Forschung unentbehrlich. Zumal die Geschichte der Region bis in die achtziger Jahre fast ausnahmslos der (west)deutschen Forschung oblag. Diese Forschung wiederum trugen vor allem Wissenschaftler, die ihrerseits – wie Kurt Forstreuter, Fritz Gause, Walther Hubatsch oder Helmut Motekat – über die individuelle Erinnerung mit Ostpreußen verbunden und deren Arbeiten deshalb stets auch in einem gedächtnisstiftenden Bemühen der Kontinuitätssicherung zugedacht waren.

Im Falle Dachs stand die Forschung nach 1945 vor der Situation, dass sie den Zugang zu den entscheidenden Sammlungen verloren hatte. Deutschen Wissenschaftlern blieben die Bestände in Breslau/Wrocław zunächst verschlossen, über das Schicksal der Königsberger Bibliotheken wusste man im Westen nichts.[333] Noch Erich Trunz ging in seinem Simon Dach-Artikel in der *Musik in Geschichte und Gegenwart* davon aus, dass „die Königsberger Bestände im 2. Weltkrieg vernichtet" worden wären,[334] und hielt damit fest, wovon man im Westen über Jahrzehnte ausgehen musste. In Polen und in der Sowjetunion, wohin, wie man heute wieder weiß,[335] zahlreiche Königsberger Bestände verbracht worden waren, bestand naturgemäß kein Interesse an diesem deutschen Dichter.

332 Vgl. Kurt Forstreuter: Das Preußische Staatsarchiv in Königsberg. Ein geschichtlicher Rückblick mit einer Übersicht über seine Bestände. Göttingen 1955 (Veröffentlichungen der Niedersächsischen Archivverwaltung 3), S. 88–91.

333 Vgl. den Forschungsbericht von Axel E. Walter: Das Schicksal der Königsberger Archive und Bibliotheken – Eine Zwischenbilanz. In: Königsberger Buch- und Bibliotheksgeschichte (Anm. 127), S. 1–68, hier S. 13–19.

334 Erich Trunz: (sub verbo). In: MGG, 1. Aufl. (Anm. 35), Bd. 15, Sp. 1681–1683, hier Sp. 1683.

335 Vgl. dazu Anm. 397.

Doch auf deutscher Seite schwand in der Nachkriegszeit ebenfalls das Interesse an Simon Dach. Wulf Segebrecht vermutete vor einiger Zeit den Grund für diese Zurückhaltung darin, dass eine Beschäftigung mit Dach angesichts des durch Ziesemer hergestellten Kontextes mit der Ostland-Ideologie „leicht in den Geruch einer revisionistischen Unternehmung“ hätte geraten können.[336] Diese Erklärung greift indes zu kurz. Die Quellensituation trug zweifellos wesentlich zu dieser Vernachlässigung bei. Dachs Instrumentalisierung für eine Ostland-Ideologie aber war zu sehr konstruiert, als dass sie das Bild des Dichters belastet hätte. Ganz im Gegenteil bedurfte es nur weniger Korrekturen, um die Kontinuität der literaturgeschichtlichen Bewertung Simon Dachs zu wahren. Dafür waren – wenn überhaupt – nur Worte auszutauschen. Ziesemers Vorreden zu seiner Dach-Ausgabe sind heute in deutschen Bibliotheken oftmals an den Stellen, die diesen Zusammenhang implizieren, einfach geschwärzt oder sogar ganz aus den Bänden entfernt. Seine doppelte Verortung in der deutschen Dichtung des Barock und als Dichter der Region dagegen bedurfte keiner Revision. In den ersten Jahrzehnten nach dem Zweiten Weltkrieg erwies sich zudem eine andere „Tradition“ der Dach-Rezeption im kulturellen Gedächtnis der Nation zunächst als wirkungsmächtiger: die – von jeglichem „völkischen“ Impetus bereinigte – Verbindungslinie zum Dichter volkstümlicher Lieder und Gedichte. Sie führte letztlich bis zu Herder zurück – und damit wiederum zu den *Arien*. Man wird Segebrechts Erklärungsversuch deshalb auch unter diesem Aspekt konkretisieren müssen. Denn als Dichter von Volksliedern blieb Dach gänzlich unbelastet.

Nur zwei Jahre nach Kriegsende erschien seine *Christliche Weihnachtsfreude* von 1648 mit Lizenz der amerikanischen Militärregierung in einem Neudruck, der mit bekannten Kirchenliedern durchsetzt wurde. Die Verbindung über die Zeiten hinweg knüpfte der ungenannte Herausgeber eben zu dem Dichter, dessen Lieder „in den Singkreisen der deutschen Jugend längst eine Heimat gefunden“[337] hätten. Das für dieses schmale Heft ausgewählte geistliche Gedicht erhob Dach ebenfalls über jeden Verdacht.

Zwei Dinge dürften die Auswahl bestimmt haben. Zum einen die sprachliche Form, der eben am Lied geschulte „schlichte“ Ton, zum anderen der Gehalt dieses Gedichts. Die Menschen der Nachkriegszeit teilten mit dem 17. Jahrhundert die existentiellen Erfahrungen von Krieg und Zerstörung, von Leid und Tod. Was Dach zum Ende des Dreißigjährigen Krieges gedichtet hatte, vermochte dem gläubigen Christen dreihundert Jahre später am Ende eines um so vieles schrecklicheren Krieges zur Weihnachtszeit ebenfalls Trost und Glaubensgewissheit zu spenden, wollte er doch stets, wie es im Nachwort heißt, „mit seinen Liedern und Gedichten

336 Wulf Segebrecht: Unvorgreifliche, kritische Gedanken über den Umgang mit Simon Dachs Gedichten. In: Kulturgeschichte Ostpreußens (Anm. 19), S. 943–962, hier S. 943.

337 Christliche Weihnachtsfreude welcher über der fröhlichen und gnadenreichen Geburt unseres Erlösers Jesu Christi empfunden und herzliche Andacht bei frommen Christen in unserem lieben Vaterlande zu erwecken zum Druck verfertiget Simon Dach am Ende des 1648. Jahres. Durch verschiedene Weihnachtslieder ergänzt und nach dreihundert Jahren neu herausgegeben im Johannes Stauda=Verlag zu Kassel. Lizenzausgabe. Berlin 1947, S. 21. – Eine zweite Aufl. erschien im gleichen Verlag im Jahr darauf.

einerseits erfreuen, andererseits erbauen, den einfältigen Christenglauben besingen, die zerschlagenen Herzen trösten, das gebeugte Gemüt zu Gott erheben.“[338] Es ist somit die Rückführung auf den Dichter geistlicher Lieder, wie sie nach seiner nationalistischen Instrumentalisierung zunächst einzig möglich blieb, eine Rückführung auf das poetische Kunstwerk, dem man nun nachfühlte.

Hier deutet sich ein Paradigmenwechsel in der Wahrnehmung literarischer Werke an, der sich auch und insonderheit in der germanistischen Literaturwissenschaft vollzog, die über das Jahr 1945 keineswegs nur personelle Kontinuitäten wahrte.[339] Die deutsche Literaturwissenschaft setzte ihre Priorität ganz auf die Dichter und ihr Werk und griff dafür auf eine werkimmanente, die geistes- und sozialgeschichtlichen Kontexte lediglich als justierende Kategorien in die Interpretation einbeziehende Methodik zurück, die sich auf die in Form und Gehalt des sprachlichen Kunstwerkes realisierten ästhetischen Prämissen konzentrierte.[340] Dass damit die deutsche Dichtung seit dem Sturm und Drang und der Klassik in den Vordergrund rückte und es einem Dichter des Barock nicht leicht machte, vergleichbare Beachtung zu gewinnen, liefert zweifellos einen weiteren Erklärungsansatz für die Vernachlässigung Dachs in den Nachkriegsjahrzehnten.

Die beiden ersten großen deutschen Literaturgeschichten, die nach 1945 in beiden Teilen Deutschlands nahezu zeitgleich in Angriff genommen wurden, heben fast unisono die Schlichtheit der Verse Dachs hervor und grenzen sie in ihrer „Echtheit“ und „Unmittelbarkeit“ des Gefühls und in ihrer Naturnähe scharf gegen die gelehrte Kunstdichtung seiner Zeit ab.[341] Unterschiedliche gesellschaftliche Vorstellungen von der geschichtlichen Entwicklung der deutschen Literatur können somit trotzdem zu einer Schnittstelle der ästhetischen Bewertung der Dichtung Dachs führen. Dass diese Urteile nur auf Basis der genaueren Kenntnis eines kleinen, ausschließlich deutschsprachigen Teiles seines poetischen Gesamtwerkes gefällt wurden, haben die vorangehenden Kapitel belegt. Sie greifen vor allem aber tradierte Wertungen auf, die den Umgang mit diesem Dichter seit dem 18. Jahrhundert geprägt haben. Dieses literaturgeschicht-

---

338 Ebd., S. 20.

339 Vgl. dazu die Einzelstudien in dem Band: Zeitenwechsel (Anm. 331); hier besonders der die Diskussionen zusammen- und zugleich weiterführende Beitrag von Christoph König: Wissen, Werte, Institutionen, S. 361–384.

340 Der Rückzug der Literaturwissenschaft auf die werkimmanente Interpretation ist keineswegs nur als Reaktion auf die völkische Vereinnahmung zu sehen (so z. B. Horst Rüdiger: Zwischen Interpretation und Geistesgeschichte. Zur gegenwärtigen Situation der deutschen Literaturwissenschaft. In: Euphorion 57 [1963], S. 227–244, bes. S. 235f.), sondern greift zurück auf Ansätze, die schon vor 1945 im Ringen um Interpretationszugänge probiert worden waren, vgl. Lutz Danneberg: Zur Theorie der werkimmanenten Interpretation. In: Zeitenwechsel (Anm. 331), S. 313–342, hier S. 329. Sicherlich herausstechend hier die programmatische Einleitung Von der Aufgabe und den Gegenständen der Literaturwissenschaft von Emil Staiger: Die Zeit als Einbildungskraft des Dichters. Zürich u. a. 1939, S. 12ff.

341 Vgl. Richard Newald: Die deutsche Literatur vom Späthumanismus zur Empfindsamkeit 1570–1750. 6. Aufl. München 1967 (Geschichte der deutschen Literatur 5), S. 208; Geschichte der deutschen Literatur. 1600–1700. Mit einem Abriß der Geschichte der sorbischen Literatur, erster Theil. Von Joachim G. Boeckh, Günter Albrecht, Kurt Böttcher u. a. [Ost-]Berlin 1962 (Geschichte der deutschen Literatur 5), S. 161.

liche Werturteil, das vom Dichter Simon Dach vermittelt wurde, schließt das Bild des volkstümlichen Dichters (im „gereinigten" Sinne) nicht nur explizit ein, sondern erhebt es zum bestimmenden Charakteristikum seiner Dichtung.

7.2 Abschluss der Kanonisierung: Dach in den Anthologien und in Auswahlausgaben

Mehr noch als die Literaturgeschichten, die sich ja an einen Leserkreis über die Fachwissenschaft hinaus richten, tragen indes Anthologien zur Vermittlung zwischen Schriftsteller, Wissenschaftler und Leser bei.[342] Die Präsenz Dachs in den Anthologien ist deshalb das aussagekräftigste Zeugnis für die ihm im kulturellen Gedächtnis zugewiesene Position. Dass Dach in keiner Anthologie fehlt, die lyrische Werke des 17. Jahrhunderts vorstellt,[343] ist für einen Dichter seiner literarhistorischen Stellung in diesem Jahrhundert wohl selbstverständlich. Seit Anfang des 20. Jahrhunderts fand er stets darin gebührende Berücksichtigung.[344] Doch nicht die speziellen Barockanthologien, sondern die großen Anthologien der deutschen Dichtung wie Conradys *Gedichtbuch*, das Standardwerk für die deutschsprachige Lyrik vom Mittelalter bis in die Gegenwart, oder seine ungebrochene Präsenz in Echtermeyers *Auswahl für Schulen*[345] belegen am deutlichsten, welche Gedichte Dachs in den poetischen Hausschatz der Deutschen eingegangen sind.

Noch zwei weitere Überlieferungs- bzw. Editionskomplexe treten hinzu, die im Falle Dachs auf wesentliche Kontexte seines Werks und seiner Rezeption verweisen. Zum einen zählten seine Kirchenlieder über Jahrhunderte zum Liedbestand

342 Eine ganz besondere Vermittlungsrolle ist der Reihe: Frankfurter Anthologie. Gedichte und Interpretationen. Hg. v. Marcel Reich-Ranicki. Bd. 1ff. Frankfurt/M. u. a. 1976ff. [bis 2005 28 Bde.] zuzuschreiben. Hier auch zwei Dach-Gedichte: Wulf Segebrecht: Ein ehrliches Mittel zum Lieben. In: Ebd. 12 (1989), S. 17–21 („Die Sonne rennt mit prangen ..."; Nachweis s. Anm. 125), und Wilhelm Kühlmann: Bevor es die IG Medien gab. In: Ebd. 14 (1991), S. 17–21 („Herr, ich bin kein hofemann ..."; Ziesemer I, 290).

343 Die umfangreichste Auswahl von Dach-Texten bietet der Band: Das Zeitalter des Barock. Texte und Zeugnisse. Hg. v. Albrecht Schöne. München 1988 (Die deutsche Literatur. Texte und Zeugnisse 3), der sich damit wieder einmal als die weitaus beste und zuverlässigste Barock-Anthologie erweist. Weiterhin eingeführt: Gedichte des Barock. Hg. v. Ulrich Maché u. Volker Meid. Stuttgart 1995 (RUB 9975) (4 Gedichte); Gedichte 1600–1700. Nach den Erstdrucken in zeitlicher Folge. Hg. v. Christian Wagenknecht. München 1969 (Epochen der deutschen Lyrik 4, dtv Wissenschaftliche Reihe 4018) (6 Gedichte; Wagenknecht zitiert ausschließlich nach der *Arien*-Edition von Fischer).

344 Einen guten Überblick bietet Renate Jürgensen: Barock-Anthologien im 20. Jahrhundert. In: Europäische Barock-Rezeption (Anm. 32), Bd. 1, S. 729–748.

345 Das große deutsche Gedichtbuch. 2. Aufl. Hg. v. Karl Otto Conrady. Königstein/Ts. 1978 (vgl. auch unten S. 95); Echtermeyer. Deutsche Gedichte von den Anfängen bis zur Gegenwart. Auswahl für Schulen, soeben in einer Neuauflage (hg. v. Elisabeth K. Paefgen zusammen mit Peter Geist. Berlin 2005) vorgelegt; ein Vergleich der in diese Standardanthologie über die weit mehr als 150 Jahre ihrer immer wieder erneuerten Auflagen aufgenommenen Dachschen Gedichtkorpora konnte im Rahmen dieser Untersuchung nicht mehr vorgenommen werden.

der protestantischen Liturgie in Deutschland.[346] Es ist indes ein von der Person des Dichters abgelöster und aus dem poetischen Gesamtwerk isolierter, längst verselbständigter Strang der Rezeption in einem ganz spezifischen Kontaktraum gesellschaftlicher Kommunikation, die durch vorgegebene kulturelle Codes und einen bestimmten rituellen Habitus über die Generationen befestigt wurde. Er ist in unserem Zusammenhang nicht weiter zu verfolgen. Dachs Kirchenlieder verschwanden allerdings erst mit der Einführung eines einheitlichen evangelisch-lutherischen Gesangbuchs aus diesem Liedgut. In den litauischen Kirchen dagegen werden einige Lieder von ihm bis heute gesungen.[347]

Zum anderen werden Gedichte Dachs stets für jene Sammlungen auserkoren, die der Pflege und Bewahrung der Erinnerung an die „verlorene Heimat", das ehemalige Ostpreußen, zugeeignet sind.[348] Der dafür ausgewählte Gedichtbestand allerdings unterscheidet sich nicht von dem der übrigen Anthologien. Seine Funktion jedoch ist eine andere, eine psychologische, nämlich eine mit dem Verlust der Heimat entwurzelte Identität in einem gemeinsamen Erinnerungshorizont zu kultivieren, dem sich der Einzelne zugehörig fühlt.[349] Hier wird der Dichter Dach mit seinem Werk an die Region zurückgekoppelt, deren Bild über die Lektüre im Alltagsgedächtnis des Lesers aktualisiert wird. Dafür ist es dann nicht entscheidend, dass etwa das *Ännchen von Tharau* als eines der schönsten deutschen Liebeslieder gelten kann,[350] sondern dass es in Ostpreußen entstand, denn: „Das Lied spricht von Liebe und Treue. Vielleicht ist diese, wo sie bewahrt blieb, eine der vornehmsten *unserer* Eigenschaften."[351] Der Dichter Dach gerät seinem Leser so erneut zum Zeugen, denn beide verbindet über die Jahrhunderte das, was Fritz Gause in seiner Geschichte Königsbergs, einer vorbildlichen Stadtgeschichte und einem Erinnerungswerk zugleich, hervorhebt: „Liebe zur Heimat".[352]

---

346 Vgl. den Eintrag in: Handbuch zum Evangelischen Kirchengesangbuch. Bd. 2/1. Lebensbilder der Liederdichter und Melodisten. Bearb. v. Wilhelm Lueken. Göttingen 1957, S. 175f.

347 Vgl. dazu den in Anm. 257 genannten Aufsatz.

348 Als Auswahl aus der Vielzahl der aus diesem Umfeld vorliegenden Anthologien seien nur genannt die frühe, zahlreiche Auflagen erlebende Sammlung: Wir Ostpreußen. Hg. v. Gunther Ipsen. Würzburg 1950 (hier zitiert nach der Ausgabe Würzburg 1980) sowie als eines der jüngsten Beispiele: ... steigt im Ost empor. Ostpreußen in seiner Lyrik. Hg. v. Silke Steinberg. Kiel 1998. Eine Sammlung ganz anderer Art, ausgezeichnet dadurch, dass deutsche, polnische, russische und litauische Dichter gleichermaßen zu Wort kommen, bietet: Meiner Heimat Gesicht. Ostpreußen im Spiegel der Menschen und Landschaft. Mit Vorworten v. Klaus Bednarz, Andrzej Szczypiorski, Nikolaus Ehlert u. Kazimiera Prunskienė. Hg. v. Winfried Lipscher u. Kazimierz Brakoniecki. München 1996 (hier zitiert nach der Lizenzausgabe Augsburg 2000); diese Sammlung ist in die Sprachen aller beteiligten Literaturen übersetzt worden.

349 In diesem Sinne vgl. auch die unten in Anm. 368 genannten Aufsätze.

350 So etwa für Marian Szyrocki: Die deutsche Literatur des Barock. Stuttgart 1979 (RUB 9924), S. 146.

351 Ruth Geede: Vorwort zur Neuausgabe 1980. In: Wir Ostpreußen (Anm. 348), S. [5]. Hervorhebung von mir!

352 Fritz Gause: Die Geschichte der Stadt Königsberg in Preußen. 3 Bde. 3., erg. Aufl. Hg. vom Herder-Institut e. V. Marburg. Köln u. a. 1996, Bd. 1, S. 467. Sie wird von Gause neben die „schlichte lutherische Frömmigkeit" und die „Bewunderung des Landesherrn" gestellt.

So bildet sich in den verschiedenen Anthologien, unabhängig von den Kriterien ihrer Auswahl, ein Kanon von Dach-Gedichten und -Liedern, die offenbar fest zu dem für das kulturelle Gedächtnis bereitgestellten Korpus der deutschen Dichtung des 17. Jahrhunderts gehören. Auf zwei Lieder von Simon Dach stößt man fast überall: auf das *Ännchen von Tharau* natürlich,[353] das wie kein anderes Lied mit dem Namen des Dichters verbunden geblieben ist, obgleich die Klärung der Verfasserfrage wohl nie zweifelsfrei gelingen kann,[354] und auf das *Lied der Freundschaft*,[355] das Rudolf Alexander Schröder als „Perle der Freundschaftslieder" feierte,[356] das jüngst noch Wilhelm Kühlmann als „eine Gipfelleistung der deutschen Poesie" würdigte[357] und dessen zweite Strophe („Die Red' ist uns gegeben ...") Jürgen Manthey seinem ebenso

353 Nachweise (vgl. zu den hier und in weiteren Anmerkungen stets auf die Herausgebernamen gekürzten Titel die Nachweise in den Anm. 343, 345, 348): Schöne, S. 969f., Wagenknecht, S. 132–134 (niederdeutsch und mit der Herder-Übersetzung in der Anm.); Maché/Meid, S. 89f. (ohne hochdeutsche Übersetzung) unter Heinrich Albert; Conrady zitiert es S. 82ff. mit dem Hinweis „Unbekannter Verfasser [Simon Dach?]" (wiederum auch mit der Herder-Übersetzung, aber ohne jeden Titel); Ipsen, S. 124f. (anonym in plattdeutscher Version); Steinberg, S. 42 (in der Herder-Übersetzung); Lipscher/Brakoniecki, S. 85f. („Trewe Lieb' ist jederzeit Zu gehorsamen bereit") und S. 86f. (in der Herder-Übersetzung).

354 Wohl kaum etwas ist von der – wenn man sie so nennen darf – Dach-Philologie so intensiv diskutiert worden wie die Verfasserfrage der *Anke van Tharaw*. Das Lied erschien – mit einem nicht eindeutigen Verfasserhinweis – erstmals in den Arien V, 21. Bayer: Das Leben Simonis Dachii (Anm. 3), S. 193f., hat es erstmals Dach zugeschrieben und zugleich die langlebige Legende von der Liebe des Dichters zur Pfarrerstochter Anna Neander begründet (vgl. Anm. 279). Herder hat das Lied ebenfalls Dach zugeschrieben (vgl. oben S. 30f.), auch Oesterley: [Einleitung] (Anm. 78) benennt S. 18 Dach als Verfasser. Ziesemer: Simon Dach (Anm. 301) stritt das S. 23–34 kategorisch ab. Er wiederholte diese Zurückweisung in seiner Dach-Ausgabe (Bd. II, S. 393f.), nahm das Lied aber trotzdem darin auf (Ziesemer II, 333); diese inkonsequente Entscheidung macht augenfällig, wie untrennbar dieses Lied mit Dach verbunden war und welche Wirkung es als Volkslied besaß. Ziesemer wiederholte seine Meinung, nun freilich moderater, noch einmal in seinem Aufsatz: Der Anteil des deutschen Ostens an der niederdeutschen Literatur. In: Jahrbuch des Vereins für niederdeutsche Sprachforschung 71/73 (1948–1950), S. 147–157, S. 150: „es bleibt wohl dabei [...], wir wissen den Dichter nicht." Ziesemer reagierte damit auf einen Beitrag von Ivar Ljungerud: Anke von Tharau. In: Niederdeutsche Mitteilungen 5 (1949), S. 113–135, der für eine Verfasserschaft Dachs plädierte. Später legte Ljungerud noch einen akribisch recherchierten großen Beitrag zu dieser Frage vor: Ders.: Ehren-Rettung M. Simonis Dachii. In: Euphorion 61 (1967), S. 36–83. Er findet hier keine Gründe, die eine Verfasserschaft Dachs ausschließen, aber doch einige Hinweise, die sie wahrscheinlich machen. Diese Meinung überwiegt heute, auch wenn es nach wie vor entschiedene Gegenstimmen gibt, so etwa Dünnhaupt: Personalbibliographien (Anm. 13), der S. 1228 das Lied Albert zuordnet. Ich erkenne keine Gründe, die Ljungeruds Überlegungen widerlegen würden, vgl. auch Kelletat: Nachwort (Anm. 1), S. 383–386.

355 Nachweise (vgl. Anm. 353): Schöne, S. 818f.; Wagenknecht, S. 86f.; Maché/Meid, S. 86; Conrady, S. 81; Ipsen, S. 116f. (unter dem Titel *Freundschaftslied*); Lipscher/Brakoniecki, S. 84f.

356 Rudolf Alexander Schröder: Gesammelte Werke in fünf Bänden. Frankfurt/M. 1952, Bd. 3: Simon Dach, S. 685–722, hier S. 710.

357 Wilhelm Kühlmann: „Amicitiae venerabile foedus" – Zum diskursiven Kontext und diätetischen Gehalt von Simon Dachs großem Freundschaftsgedicht. Demnächst in: Axel E. Walter (Hg.): Simon Dach (1605–1659). Leben – Werk – Wirkung. Akten der Internationalen Tagung in Klaipėda vom 28. Juli bis 1. August 2005. Tübingen (Frühe Neuzeit) (in Vorbereitung, erscheint 2007). Ich zitiere aus dem Manuskript des Eröffnungsvortrags der Simon Dach-Tagung, S. 1.

erfolgreichen wie lesenswerten Buch *Königsberg. Geschichte einer Weltbürgerrepublik* als Zitat neben einem Wort von Immanuel Kant voranstellte.[358] Manthey verfolgt damit allerdings eine Intention, die die Bedeutung der Rede über das „Leid [...] So vns betreten hat“ aus dem kommunikativen Zusammenhang des poetischen Freundschaftslobes herauslöst und – in dem eben angedeuteten identifikatorischen Sinnhorizont des „ungeheuren Verlustes“[359] – auf die Erfahrung des Leides uminterpretiert, die für Viele mit dem Untergang Königsbergs im Zweiten Weltkrieg verbunden bleibt.

Das *Ännchen* und das *Lied der Freundschaft* sind bis heute die auch über den Kreis der Barockspezialisten hinaus bekanntesten Lieder Simon Dachs. Ihnen treten in den verschiedenen Anthologien einige wenige, kaum mehr als ein Dutzend, an die Seite. An erster Stelle ist hier das Lied *Horto recreamur amoeno* („Der habe Lust zu Würfeln und zu Karten ...“) zu nennen,[360] das in fast alle der hier stichprobenhaft konsultierten Anthologien einging. Es ist genau wie die beiden anderen Lieder zuerst in den *Arien* gedruckt worden, die somit bis heute die Kanonbildung im Falle Dachs entscheidend bestimmen – und damit von vorneherein auf eine bestimmte „Textgruppe“ seines poetischen Werkes beschränken. Georg Britting hat es sogar – als einziges Dach-Gedicht und eines der wenigen deutschen Gedichte des Barock – in seine *Lyrik des Abendlands* zwischen die Gedichte eines Archilochos und eines Guilleaume Apollinaire, eines Bogdan Zaleski und eines José Zorilla aufgenommen und damit in einen Thesaurus poetischer Zeugnisse einer abendländischen Kultur integriert. Diese Sammlung, 1946/47 konzipiert, suchte über das dichterische Wort das seit der Antike Gemeinsame und Verbindende eines geistigen Europa aufzuweisen und zugleich (wieder) zu stiften.[361] Die Auswahl des Liedes begründet sich ohne Zweifel durch seine sprachliche Schlichtheit und seine Betonung idyllischen Glücks, welches das Individuum in der Natur zu empfinden scheint. Mit dieser Interpretation jedoch wird das Lied wiederum in ein vorgeprägtes Dichtungsverständnis eingepasst und das typisch Barocke übersehen, das doch erst zu entschlüsseln bleibt, bevor man das spezifisch Dachsche erkennen kann.

Die ungebrochene Dominanz der *Arien* für die editorische Pflege Dachs belegt sich auch an den beiden bislang letzten Auswahlausgaben. Seit der *Christlichen Weihnachtsfreude* erschienen – im Soge der Barockforschung in den siebziger Jahren

358 Vgl. Manthey: Königsberg (Anm. 4).

359 So der plakative Titel der einschlägigen Untersuchung über das Thema Flucht und Vertreibung in der deutschsprachigen Belletristik seit 1945 von Louis Ferdinand Helbig: Der ungeheure Verlust. Flucht und Vertreibung in der deutschsprachigen Belletristik der Nachkriegszeit. 3., um den aktuellen Forschungsstand und ein Register ergänzte Aufl. Wiesbaden 1996 (Studien der Forschungsstelle Ostmitteleuropa an der Universität Dortmund 3).

360 Nachweise (vgl. Anm. 353): Schöne, S. 705f.; Maché/Meid, S. 84; Conrady, S. 79; Steinberg, S. 44f. – Arien VI, 21; Ziesemer I, 139f.

361 Lyrik des Abendlandes. Gemeinsam mit Hans Hennecke, Curt Hohoff u. Karl Vossler ausgewählt v. Georg Britting. [Benutzte Ausgabe:] München 1978 (1. Aufl. München 1948), S. 268f. (ohne Titel). Vgl. zum Konzept dieser Anthologie auch das Nachwort von Curt Hohoff, ebd. S. 670. Zur Entstehungsgeschichte und Idee dieser Sammlung außerdem Georg Britting: Sämtliche Werke. Kommentierte Ausgabe in 5 Bänden. Hg. v. Walter Schmitz u. Ingeborg Schuldt-Britting. München u. a. 1987–1996. Bd. 4. Gedichte 1940 bis 1964. Ebd. 1996, S. 341–347.

– nur die *Chur-Brandenburgische Rose* und Oesterleys Ausgabe als Nachdrucke. Zusammen mit Ziesemers in den Bibliotheken weiter verbreiteter Ausgabe waren somit alle relevanten Dach-Ausgaben leicht zugänglich. 1986 legte dann Alfred Kelletat im Reclam-Verlag eine neue Auswahlausgabe vor.[362] Bekanntlich sind die Bände der *Universal-Bibliothek* für eine breitere Leserschaft bis hin zu den Schulen konzipiert und erreichen somit eine größere Öffentlichkeit. Kelletat, gebürtiger Königsberger, als Wissenschaftler aber keineswegs vorrangig der Erinnerungsarbeit zugewandt, nahm in seine Ausgabe – mit dem *Ännchen von Tharau* – 93 Gedichte und Lieder Dachs auf; hinzu kommen Gedichte von anderen Dichtern des Freundeskreises. Für letztere bieten, von wenigen Ausnahmen abgesehen, die *Arien* die Quelle.[363] Berücksichtigt werden erneut ausschließlich deutschsprachige Texte. Kelletat stützt sich dafür ganz auf Ziesemers Ausgabe und verzichtet auf jede Überprüfung an Originaldrucken. Zudem folgt er in der Anordnung der Gedichte Ziesemers Teilung in weltliche Lieder (denen jetzt die Gedichte an das kurfürstliche Haus zugeordnet sind) und in geistliche Lieder. Damit wurde unverständlicherweise die große (und singuläre?) Chance vergeben, zum einen die willkürliche Trennung des Gedichtkorpus in einer modernen Auswahlausgabe endlich zu revidieren, zum anderen auch der neulateinischen Dichtung Dachs Raum zu gewähren.[364]

Im gleichen Jahr erschien in der Reihe *Poesiealbum* in der DDR ebenfalls eine kleine Auswahl.[365] Sie ist heute auch antiquarisch kaum noch zu erhalten. Die Auswahl ist hier noch stärker von den *Arien* beeinflusst als bei Kelletat. Schon bei ihm war der Anteil der Lieder und Gedichte, die sich in den *Arien* finden, im Verhältnis zu Dachs poetischem Gesamtwerk überproportional: 26 Texte, somit fast ein Drittel, sind dort erschienen. Im *Poesiealbum* ist diese Dominanz noch ausgeprägter: Neun (von insgesamt 19) Texten sind den *Arien* entnommen, ein weiteres Lied hatte erstmals Herder für seine *Volkslieder* ausgewählt („Tantz, der du Gesetze ...“), ein an-

362 Simon Dach und der Königsberger Dichterkreis (Anm. 1). Bedauerlichweise lässt auch Kelletat mehrfach Teile der Gedichte aus. Außerdem hält er sich streng an die Textvorlagen von ZIESEMER und konsultiert in keinem Fall einen Einzeldruck.

363 Das S. 285–288 abgedruckte Gedicht (aus Oesterleys Ausgabe: Simon Dach, seine Freunde und Johann Röling [Anm. 183]) auf die Hochzeit von Dachs Tochter Regina mit Adalbert von Bergen 1664 ist m. W. der einzige Druck eines Röling-Gedichts nach 1945. Für Kaldenbach folgt Kelletat der Ausgabe Kaldenbach: Auswahl aus dem Werk (Anm. 30), die ersten beiden Texte entstammen in seinem Fall wiederum den *Arien*.

364 Es bleibt unverständlich, dass Kelletat: Nachwort (Anm. 1) einerseits die bisherige Nicht-Berücksichtigung der neulateinischen Gedichte Dachs moniert (S. 382f.), andererseits aber selbst die Gelegenheit ungenutzt verstreichen ließ, daran etwas mit seiner Ausgabe zu ändern.

365 Simon Dach. (Auswahl: Dorothea Oehme). [Ost-]Berlin 1986 (Poesiealbum 230). Leider lässt die Ausgabe viele Verse aus. Um einen Eindruck von der hier getroffenen Auswahl zu geben, seien nur einige Gedichte erwähnt, die schon an anderen Stellen begegnet sind. So finden sich die Lieder *Perstet amicitiae semper venerabile faedus* (das Freundschaftslied nun also wieder mit seiner originalen inscriptio, die seit Herder nicht mehr benutzt worden war) und *Veris tempore fervet Hymen* („Die Sonne rennt mit Prangen ...“), die *Anke van Tharaw* (in niederdeutscher und hochdeutscher Fassung nach Herder) und die *Klage über den endlichen Untergang und Ruinierung der musikalischen Kürbshütte und Gärtchens, 13. Januar 1641.*

deres zählte bereits Stiehler zu den *Dichtungen fürs deutsche Volk*.[366] Diese Auswahl weist damit deutlich auf die wirkungsästhetische Interpretation der Dichtung Dachs als volkstümliche Dichtung hin. Auch nach der sozialgeschichtlichen Wende der Germanistik, die damals zweifellos das Interesse des Reclam-Verlages an Dach beeinflusste, hat sich am Bilde Dachs, das man in seinen Gedichten und Liedern suchte und über sie vermittelte, also nur wenig geändert.

7.3 Die sozialgeschichtliche Wende und danach: Dach im kulturellen Gedächtnis der Gegenwart

Wenngleich es sich editorisch nicht auswirkte, verdanken sich gleichwohl gerade einer sozialgeschichtlich orientierten Germanistik eine Erweiterung und zugleich längst überfällige Differenzierungen des Dach-Bildes. Die Sozialgeschichte der Literatur führte zum Sturz der „Klassiker" in der germanistischen Literaturwissenschaft und zu einer zweiten Blüte der Barockforschung, von der auch Simon Dach profitierte. Es bedurfte also erst eines erneuten Methodenwechsels, um die bis dahin zu konstatierende Vernachlässigung Simon Dachs zu beenden. Auch in der Forschung besteht immer eine Hierarchie der Forschungsgegenstände, die ihrerseits – wie andererseits die Kanonbildung – gesellschaftlich rückgekoppelt ist. Dach wuchs hier ebenfalls bis in die sechziger Jahre nur eine periphere Rolle zu;[367] eine etwas größere Aufmerksamkeit genoss er nur im Kontext einer ostpreußischen Erinnerungskultur (in dem auch seines 300. Todestages gedacht wurde).[368] Es handelte sich erneut um eine parallele Beschäftigung mit Dach, die mit der wissenschaftlichen Forschung aber nur in einer einseitigen, aufnehmenden, Beziehung stand.

---

366 Das Sonett *Anno 1647 des Nachts, da ich vor Engbrüstigkeit nicht schlaffen können, auff dem Bette gemacht* („Wie? ist es denn nicht gnug, gern einmal sterben wollen? ..."; ZIESEMER I, 203f.). Stiehler: Simon Dach (Anm. 193), S. 131.

367 Einen Überblick verschafft die Bibliographie von Alfred Kelletat (vgl. Anm. 280); den wichtigsten Forschungsbeitrag dieser Jahrzehnte lieferte zweifellos Ljungerud (Anm. 354).

368 Vgl. dafür nur die Gedenkschrift von Hedwig von Lölhöffel: Simon Dach. Zu seinem 350. Geburtstag am 29. Juli 1955. Hg. v. der Landsmannschaft Ostpreußen. Hamburg-Bergedorf 1955. – Nicht anders die kurzen Würdigungen, die anlässlich seines 300. Todestages erschienen: Ein poetischer Lehrmeister aus dem deutschen Osten. Zum 300. Todestag von Simon Dach. In: Pädagogische Welt 13 (1959), S. 216f.; Franz Heinrich Pohl: Preußens poetischer Lehrmeister. Zum 300. Todestag von Simon Dach. In: Ostdeutsche Monatshefte 25 (1959), S. 433. Außerdem die Beiträge in: Das Ostpreußenblatt, 10. Jahrgang (11. April 1959). Vgl. auch, in der spezifischen Fragestellung immerhin von Interesse, die Miszelle von Kurt Quecke: Der Dichter Simon Dach (1605–1659). Eine medizinhistorische Studie zu seinem 300. Todestage. In: Medizinische Monatsschrift 13 (1959), S. 592–596. – In diesen Zusammenhang gehören auch die folgenden, vor allem biographisch orientierten und inhaltlich jeweils belanglosen Aufsätze von Bartsch: Simon Dach (Anm. 19; vgl. auch die dortige Bemerkung); Walter Schlusnus: Simon Dach. 1605–1659. In: Wilhelm Matull (Hg.): Große Deutsche aus Ostpreußen. München [1970], S. 28–38; Harald Edel: Simon Dach. Das Leben des Dichters, sein Verhältnis zum kurfürstlichen Haus und seine finanzielle und materielle Situation. In: Nordost-Archiv 14 (1981), Heft 61/62, S. 13–30, und Heft 63/64, S. 5–20.

Anfang der siebziger Jahre des 20. Jahrhunderts diente Dachs *Klage über den endlichen Untergang und ruinierung der Musicalischen Kürbs=Hütte vnd Gärtchens* (1641) dann als Beispiel für Albrecht Schönes wegweisenden *Modellversuch einer sozialgeschichtlichen Entzifferung poetischer Texte*.[369] Hans-Henrik Krummacher entfaltete seine ebenso grundlegenden Überlegungen zum barocken Epicedium neben anderen auch an einem Gedicht Dachs und erweiterte damit den Zugang um rhetorisch-poetische Aspekte, die bei Schöne fehlen.[370] Wulf Segebrecht schließlich hat mit seiner Studie zum Gelegenheitsgedicht diese poetische Gattung, für die Dach ein maßgeblicher und zugleich in Vielem ganz eigenständiger Vertreter in seiner Zeit war, endgültig für die literaturwissenschaftliche Forschung etabliert.[371] Die Gelegenheitsdichtung ist seither endgültig literaturwissenschaftlich rehabilitiert – und mit ihr ist auch der Dichter Simon Dach mit seinem poetischen Gesamtwerk in den Blick gerückt worden, der – auch in seinen vielfach durchaus konventionellen Beiträgen – als Gelegenheitsdichter über ein ungewöhnlich variables Spektrum von Traditionen und Stilen verfügte.

Mit Segebrechts knappem, aber überaus instruktivem Gesamtporträt über „Simon Dach und die Königsberger" und mit Alfred Kelletats umfangreichem Nachwort zu seiner Ausgabe *Simon Dach und der Königsberger Dichterkreis* entstanden schließlich Mitte der achtziger Jahre zwei grundlegende Einführungen zu Leben und Werk Dachs und seiner Einbindung in den sogenannten Königsberger Dichterkreis.[372] Sie repräsentieren bis heute – zusammen mit Schönes Anfang der achtziger Jahre in zweiter Auflage erschienener Abhandlung – den Forschungsstand. Was sie alle jedoch fast völlig aussparen, ist die neulateinische Dichtung Dachs, die nur einiger weniger marginaler oder summarischer Bemerkungen gewürdigt wird. Die editorische Situation schlägt sich somit in der Forschung ganz entscheidend nieder.

Die spürbare Belebung des wissenschaftlichen Interesses an Simon Dach und seiner (Gelegenheits-)Dichtung in den siebziger und achtziger Jahren hat zu einem methodisch abgesicherten und damit fundierteren Verständnis für seine Dichtung geführt. Ein kurzer Blick in die ebenfalls in den achtziger Jahren von Horst Albert Glaser herausgegebene Sozialgeschichte der deutschen Literatur vermag das zu belegen. Die Gewichte haben sich insofern verschoben, als nunmehr der gesellschaftliche Rückbezug der Dichtung Dachs, die in ihrem Wesen als Gelegenheitsdichtung und damit als fester gesellschaftlicher Bestandteil der literarischen Kommunikation erkannt ist, hergestellt wird, ferner auch dadurch, dass der besondere Ton, den Dach in seinen Gedichten und Liedern pflegte, nicht mehr an der Bewertungsskala des

369 Wie Anm. 313.

370 Hans-Henrik Krummacher: Das barocke Epicedium. Rhetorische Tradition und deutsche Gelegenheitsdichtung im 17. Jahrhundert. In: Jahrbuch der deutschen Schillergesellschaft 18 (1974), S. 89–147, bes. S. 116–123.

371 Wulf Segebrecht: Das Gelegenheitsgedicht. Ein Beitrag zur Geschichte und Poetik der deutschen Lyrik. Stuttgart 1977.

372 Vgl. Anm. 1. Dass es sich wieder um gebürtige Ostpreußen handelt, spielt keine Rolle mehr für dezidiert wissenschaftliche Zugänge – bei Kelletat: Nachwort (Anm. 1), S. 420, bricht diese persönliche Verbundenheit allerdings im pathetischen Schlussabsatz hervor.

Volkstümlichen gemessen ist, sondern erklärt wird als spezifische literarisch und literarisch-musikalische Entwicklungsform der deutschen Barockliteratur in diesem regionalen Literaturraum gesellschaftlicher Kultur, in dem Dach und der Königsberger Freundeskreis durch ihre Verse und Melodien verortet waren.[373]

Was in den Überblicksaufsätzen dieses Bandes fehlt, was freilich aber auch einer der dokumentierenden Vermittlung von Wissen verpflichteten Literaturgeschichte nicht zugewiesen ist, sind die an Texten herausgearbeiteten konkreten Belege, worin das Spezifische, das in der poetisch-rhetorischen Technik, in der sprachlichen und stilistischen Gestaltung, in der inhaltlichen und thematischen Literarisierung je Besondere also, besteht. Das ist seither in verschiedenen Aufsätzen und eingehenden Einzelinterpretationen punktuell nachgetragen worden. Eine eigenständige Dach-Forschung wurde allerdings nicht initiiert, eine Monographie fehlt. Zwar kann man den Beginn einer „wissenschaftlichen" Beschäftigung mit Dachs Leben und Dichtungen auf das Erscheinen des ersten biographischen Abrisses von Bayer im Jahre 1723 datieren (wenn man die knappen Erwähnungen bei Neumeister, Reimmann etc. außer Acht lässt), doch eine Bibliographie der Forschungsliteratur geriete bis in unsere Tage relativ schmal. Die Instrumentalisierung Dachs als der Dichter des ‚deutschen Ostens' in der unheilvollen Zeit des Nationalsozialismus fällt dafür, wie wohl hinreichend dargelegt, nicht ins Gewicht.

Hier ist nicht der Platz, den in den letzten zwei Jahrzehnten erreichten Forschungsstand zu Simon Dach ausführlicher zu diskutieren. Zumal damit dem Erscheinen eines Bandes vorgegriffen würde, der sich demnächst ausschließlich der Analyse und Interpretation deutschsprachiger und endlich auch einer größeren Zahl lateinischer Texte zuwendet. Dieser Band versammelt Beiträge, die für eine im Jahre 2005 anlässlich des 400. Geburtstages veranstaltete Dach-Tagung in Memel/Klaipėda entstanden.[374] Sie belegen jeder für sich eindrucksvoll, dass Dach nicht nur einer der vielseitigsten deutschen Dichter des 17. Jahrhunderts gewesen ist, sondern auch, wie viel in den literarischen und geistigen Kontexten seiner Epoche mit den richtigen theoretischen und methodischen Zugängen in seinen Dichtungen noch zu entschlüsseln ist. Doch auch bis zum Erscheinen dieses Bandes ist der Forschungsstand auf jeden Fall fundiert genug, um populäre Pauschalurteile, wie Winfried Freund sie noch jüngst ventilierte, vermeiden zu können. Denn wer sich jetzt mit Freund auf das *Abenteuer Barock* einlässt, begegnet dort einem Dichter, der sich der Natur innig verbunden gefühlt habe, von ihren Schönheiten tief bewegt gewesen sei und in seinem privaten Paradies am Pregel unvergängliche Verse in einer „fast volkstümlichen Diktion" geschaffen habe.[375] Es ist also ein weiteres Mal das Volkstümliche seiner Dichtung, das hervorgehoben wird.

---

373 Vgl. – hier nicht im Einzelnen auszuführen – die charakterisierenden Bemerkungen in: Horst Albert Glaser (Hg.): Deutsche Literatur – Eine Sozialgeschichte. Bd. 3: Zwischen Gegenreformation und Frühaufklärung: Späthumanismus, Barock. 1572–1740. Hg. v. Harald Steinhagen. Reinbek b. Hamburg 1985 (rororo-Handbuch 6252), S. 134, 369, 411, 416 und 421f.

374 Anm. 357.

375 Freund: Abenteuer Barock (Anm. 255), S. 99ff.

Man mag Freunds Buch immerhin den Versuch zugestehen, die Dichtung des 17. Jahrhunderts erneut einem größeren Kreis von Interessierten zuzuführen. Dass Dachs Lieder weiterhin „in den Singkreisen der deutschen Jugend“ erklängen, wie es im Nachwort der *Christlichen Weihnachtsfreude* hieß, ist längst nicht mehr der Fall. Allenfalls das *Ännchen von Tharau* gehört heute noch zum Liedgut, das zumindest einer älteren Generation – unabhängig von landsmannschaftlichen Fluchtlinien der Erinnerung – präsent ist.[376] Zwar sind nach wie vor Straßen nach ihm benannt, von denen der jungen Generation sicherlich die Simon-Dach-Straße in Berlin am bekanntesten ist – doch nicht deshalb, weil sich dort irgendeine mit dem Namen des Dichters verbundene kulturelle Einrichtung befände, sondern als eine berühmt-berüchtigte Kneipenmeile.[377]

Im heutigen Kaliningrad – um nur kurz den Blick auf die Region des historischen Ostpreußen zu lenken – findet Dach als Dichter ebenso wenig Interesse, zumal er doch aus einer deutschen Vergangenheit stammt, von der sich hier einflussreiche Kreise immer noch ideologisch distanzieren.[378] Als Professor der Albertina, an deren akademische Tradition die staatliche Universität (die sich seit kurzem nach Immanuel Kant benennt) anzuknüpfen bemüht ist, bleibt sein Name der studierenden Jugend immerhin sichtbar: So hängt seit einigen Jahren im Gebäude der – wieder errichteten – „neuen“ Universität in der kleinen „Ruhmeshalle“ auf dem ersten Absatz der Haupttreppe wieder ein Porträtrelief von Dach neben dem von Kant und dem des Mathematikers Besser.

In Kleinlitauen ist die Situation eine andere – natürlich gilt ihm auch hier das Interesse nicht als „deutscher“ Dichter, aber doch als Dichter der Region. Sogleich nach der Unabhängigkeit Litauens wurde, auf Initiative breiterer Bevölkerungskreise, in Memel/Klaipėda der Ännchen-Brunnen samt der Plakette für den Dichter in einer Nachbildung an seinem historischen Platz vor dem Theater wieder aufgestellt. Mit dem Simon Dach-Haus trägt eine kulturelle Begegnungsstätte für die deutschstämmige und die litauische Bevölkerung der Stadt den Namen des Dichters. Der Brunnen und mit ihm der Dichter des *Ännchen* gehören inzwischen zum festen Image der Stadt, das nicht nur für die Erinnerungstouristen gepflegt wird.[379] Erkennbar wird das etwa durch das soeben von Jovita Saulėnienė vorgelegte Bändchen *Simonas Dachas Klaipėdietis prūsas*, das mit dem Abdruck gleich mehrerer Gedichte und Rezeptionszeugnisse in deutscher und litauischer Sprache um

376 Bezeichnenderweise beginnt auch Freund seine literarische Reise durch Ostpreußen (Freund: Dir ein Lied zu singen [Anm. 274]) mit dem *Ännchen*.

377 Vgl. Dörte Tarnick, Tom Rindler: Kneipenmeile und sonst nichts? Die einseitige Inszenierung der Simon-Dach-Straße. In: Peter Niedermüller (Hg.): Soziale Brennpunkte sehen? Möglichkeiten und Grenzen des „ethnologischen Auges“. Münster u. a. 2004 (Berliner Blätter 32, Sonderheft), S. 59–70.

378 Vgl. zu diesem Umgang mit der – deutschen – Vergangenheit die Studie von Eckhard Matthes: Verbotene Erinnerung. Die Wiederentdeckung der ostpreußischen Geschichte und regionales Bewußtsein der russischen Bevölkerung im Gebiet Kaliningrad 1945–2001. Bietigheim-Bissingen 2002. Außerdem Walter: „Die Verbindung der Zeiten“ (Anm. 60).

379 Als frühes Zeugnis: Alfred Kelletat: Eine friedwünschende Litauen-Reise, im November 1989. Impressionen und Reflexionen. In: Der Ginkgo-Baum 11 (1992), S. 1–12.

eine weitere Popularisierung Simon Dachs in Kleinlitauen bemüht ist.[380] Gerade weil es keine wissenschaftlichen Ansprüche erhebt, ist sein Erscheinen ein Zeichen dafür, wie lebendig das Interesse in diesem Teil des ehemaligen Ostpreußen heute ist, Simon Dach im Alltagsgedächtnis für die eigene regionale Identität zu codieren.[381] Was sich um 1800 bei Ostermeyer und Rhesa erstmals angekündigt hatte, erweist sich in diesem Teil Europas bei der jungen litauischen Nation, die sich noch auf der Suche nach ihrer Identität befindet, letztlich als die geschichtsmächtigste Verbindungslinie zu dem Dichter Dach.

In Deutschland dagegen ist das 17. Jahrhundert dem historischen Bewusstsein und der gesellschaftlichen Kommunikation inzwischen weitgehend entglitten. Das betrifft längst nicht nur Dach. Dass er aber durch *Das Treffen in Telgte* von Günter Grass sogar zu einer literarischen Figur der Weltliteratur erhoben wurde, ändert auch in seinem Falle nichts.[382] Gegenwärtig bleibt nur zu konstatieren, dass seine Gedichte und Lieder zu den Beständen unseres kulturellen Gedächtnisses zählen, die nicht mehr aktuell sind – und für die in unserer schnelllebigen, auf Tagesaktualität im globalen Dorf und auf ökonomische, nicht aber geistige Renditen in der globalisierten Welt konzentrierten Gegenwart offensichtlich auch nicht mehr auf ein breiteres öffentliches Interesse zu kalkulieren ist.

Symptomatisch dafür ist die Entscheidung des Reclam-Verlags, Kelletats Auswahlausgabe aus dem Programm zu nehmen. Der Kreis der leicht für eine breitere Leserschicht zugänglichen Texte wird durch diese Verlagspolitik nunmehr endgültig auf den Kanon beschränkt, den die im Buchhandel noch erhältlichen Anthologien präsentieren. Dieser Kanon freilich wird immer weiter reduziert. Seinen sprechenden Beleg findet dieser Prozess der stetig voranschreitenden Preisgabe literarischer

380 Saulėnienė: Simonas Dachas Klaipėdietis prūsas (Anm. 207).

381 Vgl. dazu auch den Bericht: Axel E. Walter (Hg.): Reise nach Ostpreußen. Begegnungen in Königsberg/Kaliningrad, Memel/Klaipėda, Allenstein/Olsztyn. Münster 2004. Erkennbar wird das etwa auch an einer Publikation wie Antanas Stanevičius: Rätselraten um Ännchen von Tharau. Klaipėda 1992, die sich vor allem mit dem Schicksal des Denkmals beschäftigt und einen dezidierten Versuch darstellt, sogleich nach der Unabhängigkeit regionale Traditionen wieder ins Bewusstsein zu rücken und neu zu beleben. Wie sehr das inzwischen gelungen ist, zeigt sich etwa auch darin, dass am 31. Dezember 2003 in Memel/Klaipėda die Operette *Aennchen von Tharau*, die Heinrich Strecker 1933 komponierte und die seit Jahrzehnten auf deutschen Spielplänen nicht mehr zu finden ist, in einer litauischen Übersetzung (von Rasa Krupavičiūtė, auf dieser Basis nachgedichtet von Antanas Stanevičius) inszeniert wurde (Regie: Markus Kupferblum, Choreographie: Frieder Klein). – Als ein weiteres Beispiel für die Bedeutung des Liedes als „Volksgut" mag hier die Erstausgabe des Librettos nachgetragen werden: Aennchen von Tharau. (Nach dem Volkslied von Simon Dach.) Ein deutsches Singspiel in 3 Aufzügen v. Heinrich Strecker. (Gesangtexte v. Bruno Hardt-Warden u. Hans Spirk.) Berlin 1933.

382 Grass' Barockrezeption in dieser Erzählung ist inzwischen gut untersucht, vgl. z. B. Manfred Durzak: Harsdörffer-Variationen. Zur Barock-Rezeption im „Treffen in Telgte" von Günter Grass. In: Italo Michele Battafarano (Hg.): Georg Philipp Harsdörffer: Ein deutscher Dichter und europäischer Gelehrter. Bern u. a. 1991 (Forschungen zur europäischen Kultur 1), S. 365–379, oder Theodor Verweyen, Gunther Witting: Polyhistors neues Glück. Zu Günther Grass' Erzählung „Das Treffen in Telgte" und ihrer Kritik. In: Germanisch-romanische Monatsschrift, N. F. 30 (1980), S. 451–465, hier S. 454f. der Nachweis, dass Grass sich ganz auf Schönes Barock-Anthologie (Anm. 343) stützt; auch er trägt somit zur Arbeit am Kanon bei.

Erinnerungsbestände mit der Neuauflage des Conrady, die nur noch vier Gedichte Dachs enthält und bezeichnenderweise die beiden Gedichte aussortiert, die in ihrer Topik und Argumentation am deutlichsten im barocken Denken verhaftet sind – und am wenigsten volksliedhafte Ansprüche erfüllen.[383] Das Bild des Dichters Simon Dach, das aus seinen Texten herauszulesen ist, wird somit immer schemenhafter und auf einzelne Bruchstücke reduziert, die in dem Steinbruch literarischer Texte, den das kulturelle Gedächtnis für die Gegenwart bereit hält, vollends verschüttet zu gehen drohen.

8. Defizite und Aufgaben der Dach-Forschung

8.1 Dünnhaupts gescheiterte „Personalbibliographie" Simon Dachs

Die literaturwissenschaftliche Forschung hat in den letzten Jahren zu wenig unternommen, um an dieser Situation etwas zu ändern. Sie trat nach 1945, insbesondere auch für die neulateinischen Gedichte Dachs, nur ganz gelegentlich einmal den Gang in die Bibliotheken an, wo doch, vor allem in Berlin, Tübingen oder Breslau/Wrocław (wo sich zudem das Zentrum der polnischen Barockforschung bildete), Vieles zu finden gewesen wäre, dem wissenschaftliche Aufmerksamkeit hätte zuwachsen müssen. Zumal in den letzten zwei Jahrzehnten das Schicksal der Königsberger Bibliotheken immer weiter aufgeklärt werden konnte, sodass auch der Zugriff auf die erhaltenen Bestände längst möglich geworden wäre.[384] Nicht nur Kelletat hat dies unterlassen.

Die dringlichste Verpflichtung aber, die von der germanistischen Literaturwissenschaft gerade in Zeiten kulturwissenschaftlicher Konzeptkonglomerate einzulösen bleibt, ist es, den nachlässigen Umgang mit der Dichtung Simon Dachs zu beenden und damit endlich den diesem Fach auch gesellschaftlich überantworteten Beitrag der bibliographischen und editorischen Erschließung seines poetischen Gesamtwerks zu leisten. Nur dann werden sich die Lücken und Einseitigkeiten im Bilde Dachs ergänzen lassen. Die bibliographischen Defizite aber sind nicht minder gravierend als die editorischen. Das über Jahrhunderte Versäumte lässt sich nach 1945 freilich nicht mehr vollständig ausgleichen. Die Überlieferungssituation der Dichtungen Dachs, die zum größten Teil in kasualen Einzeldrucken, aber eben auch teilweise nur in Manuskripten vorlagen, hat Verluste von Anfang an begünstigt. Bereits Ziesemer konnte ein Dutzend Gedichte nicht mehr nachweisen, die um die Mitte des 18. Jahrhunderts von der Königlich Deutschen Gesellschaft in

383 Der Neue Conrady. Das große deutsche Gedichtbuch von den Anfängen bis zur Gegenwart. Neu hg. u. aktualisiert v. Karl Otto Conrady. Düsseldorf u. a. 2000. – Es handelt sich um *Alß ich Anno 1650. den 25. Augustm. in der Nacht für grosser Engbrüstigkeit nicht schlaffen konnte* („Die Nacht, die vnsre Sorgen ..."; Ziesemer I, 252f.) und das *Abschiedsliedchen* („Meines Lebens Zier ist hier ..."; zum Nachweis vgl. Anm. 302).

384 Vgl. dazu unten Anm. 397.

Königsberg im *Neuen Büchersaal* gemeldet worden waren.[385] Zuvor dürfte schon mit Pisanskis Sammlung Unikates verloren gegangen sein.[386] Mit dem Untergang der Königsberger Bibliotheken im Zweiten Weltkrieg hat sich die Situation noch einmal verschlechtert.

Die Probleme der Dach-Forschung (denen längst hätte entgegengewirkt werden können) beginnen somit bereits bei der bibliographischen Erfassung und Erschließung – und damit im Bereich der Grundlagenforschung. Es ist eine Kärrnerarbeit, die sich die Wissenschaft nicht gerne zumutet. Die Verzeichnisse von Oesterley und Ziesemer sind, wie gesehen, bibliographisch ungenau und im Titelbestand different. Die einzige neuere Bibliographie von Dach-Drucken findet sich in Gerhard Dünnhaupts *Personalbibliographien zu den Drucken des Barock*. Sie berücksichtigt ausschließlich die in Drucken des 17. Jahrhunderts publizierten Dichtungen. Mehrere Gedichte Dachs in einem kasualen Einzeldruck sind dabei stets unter diesem zusammengefasst. Die Gedichte und Lieder, die Ziesemer aus Handschriften edierte oder die nur in den *Preußischen Gesangbüchern* gedruckt wurden,[387] sind nicht aufgenommen. Für 16 Titel weist Dünnhaupt im Anhang außerdem Dachs Verfasserschaft zurück bzw. zieht sie in Zweifel, in der Hälfte der Fälle zu Unrecht.[388] Andererseits kann Dünnhaupt 16 neue Funde beibringen.[389] Insgesamt zählt Dünnhaupts „Personalbibliographie" für Dach 1.212 Nummern.[390] Wenn man die Ausgaben von Oesterley und Ziesemer abgleicht, kommt man – mit den Handschriften und den Kirchenliedern – bereits auf 1.389 Nummern. Pisanski, der auf seine eigene Sammlung – und darunter auf mehr als siebzig Drucke, die sich in den Verzeichnissen von Arletius und der Königlich Deutschen Gesellschaft nicht finden – zurückgreifen konnte, zählte 1.182 Drucke, wies aber sogleich darauf hin,

385 Vgl. Ziesemer: Einleitung (Anm. 310), S. V.

386 Vgl. oben S. 57f.

387 Dünnhaupt: Personalbibliographien (Anm. 13) behauptet in der Vorbemerkung S. 997: „Allerdings sind Dachs Kirchenlieder überhaupt nie in Einzeldrucken erschienen" – das ist falsch und wird dann auch von ihm selbst bibliographisch widerlegt.

388 Die *Anke van Tharaw* etwa schreibt er definitiv Albert zu. Vgl. dazu Anm. 354.

389 Vgl. Dünnhaupt: Personalbibliographien (Anm. 13): Es handelt sich um elf kasuale Einzeldrucke, die er hauptsächlich in den Tübinger Beständen sowie in Breslau/Wrocław, Zwickau und Erlangen entdeckte (Nr. 670, 671, 672, 696, 826, 884, 989, 719/767 [Tübingen]; F 10 [Wrocław]; 138 [Zwickau]; 350 [Erlangen]), einen Beitrag zu einer Leichenpredigt (Nr. 1028A), eine Porträtunterschrift (Nr. 906.II) sowie drei Gedichte, von denen zwei als Widmungsgedichte erschienen (Nr. 418, 589) und eines nur in Constantin Christian Dedekinds (1628–1715) Sammlung *AElbianische Musen-Lust* (Nr. 1136) nachzuweisen ist.

390 In dieser Zahl sind die zahlreichen Doppelnennungen Dünnhaupts nicht enthalten. Die Zählung ist überaus verwirrend, 15 Drucke sind nachträglich hinzugefügt und zwei gestrichen worden (zu den Liedern, für die eine Verfasserschaft Dachs nicht zweifelsfrei zu klären ist, vgl. Anm. 112), ohne die Nummerierung entsprechend anzugleichen. Abzurechnen sind außerdem die am Anfang einzeln gezählten zeitgenössischen Sammelausgaben mit Dach-Gedichten, die *Arien*, Derschaus *Geistreiche Lieder*, die *Preussischen Festlieder*, Weichmanns drei Teile *Geistlicher und Weltlicher Lieder*, die *Preußischen Gesangbücher* 1650–1675, die *Chur-Brandenburgische Rose* und die Neukirchsche Sammlung. Die dort enthaltenen Gedichte und Lieder sind im Verzeichnis der Einzeldrucke vollständig, die Gesangbücher allerdings nur teilweise, aufgeführt.

das wohl noch mehr Gedichte in Drucken und Handschriften zu finden wären.[391] Die Verwirrung ist also komplett!

Dünnhaupts *Personalbibliographien* sollen als bibliographisches Handbuch über das zeitgenössische Gesamtwerk aller aufgenommenen Dichter orientieren. Das Verdienstvolle eines derartigen Großunternehmens steht außer Frage, die sechs Bände gelten zu Recht als grundlegendes Nachschlagewerk. Von einem Einzelnen ist eine derart große Aufgabe indes nicht zu bewältigen. Der Dach-Eintrag ist durch ebenso grundsätzliche wie gravierende bibliographische Mängel und falsche Nachweise in einer Weise entstellt, dass er keine zuverlässige Orientierung über das Gesamtwerk dieses Dichters bietet. Denn Dünnhaupt trat den Weg in die Bibliotheken nur vereinzelt an – und er hat damit das Grundprinzip jedes Bibliographen, die Drucke per Autopsie zu verzeichnen, gebrochen. Die Titelansetzungen fallen entsprechend disparat aus, diplomatische Erfassungen wechseln sich mit der Wiedergabe von Gedichtanfängen vor allem aus Ziesemers Ausgabe ab, die teilweise sogar in diplomatische Titelansetzungen umgewandelt werden. Die Zuverlässigkeit der Titelangaben, die schon bei Ziesemer nicht gewährleistet war, ist deshalb für nahezu jeden Druck nachzuprüfen.[392] Noch Weiteres, für einen Bibliographen Unentschuldbares tritt hinzu, das nicht nur durch den Verzicht auf eine durchgängige Autopsie zu erklären ist, sondern eine erschreckende Unsolidität bei der Zusammenstellung dieser Bibliographie bekundet. So lassen sich in 18 Fällen Doppelverzeichnungen eines Gedichts nachweisen.[393]

Damit aber nicht genug: Dünnhaupts „Nachweise" von Drucken Königsberger Provenienz offenbaren einen fahrlässigen Umgang des Bibliographen mit wissenschaftlichen Grundstandards wie mit seinen Lesern, der kaum zu rechtfertigen ist. Dünnhaupt erklärt eingangs, ein „Großteil der lange in Königsberg verloren geglaubten Drucke hat sich inzwischen andernorts wiedergefunden, oder konnte durch inzwischen aufgefundene Zweitexemplare wettgemacht werden",[394] und er belegt dann in beachtlicher Zahl ehemalige Königsberger Exemplare in den Akademiebibliotheken in Wilna/Vilnius und St. Petersburg/Sankt-Peterburg. Die im Zweiten Weltkrieg un-

---

391 Vgl. Pisanski: Entwurf einer preußischen Literärgeschichte (Anm. 32), S. 416. Zu den Verzeichnissen von Arletius und der Königlich Deutschen Gesellschaft vgl. Anm. 69 und 72.

392 Das zeigen die Vergleiche seiner Titelangaben mit den Angaben im *Handbuch des personalen Gelegenheitsschrifttums* (Anm. 82), die alle auf Autopsie basieren, nahezu durchgängig. Teilweise unbrauchbar sind auch Dünnhaupts Titel der akademischen Festdichtungen, wie alleine der Vergleich mit den – wenigen – im VD 17 erfassten Drucken zeigt.

393 Dafür nur zwei Beispiele: So wird etwa Dachs Verfasserschaft für das geistliche Lied „HErr vnser Gott/ wenn ich betracht ..." auf Basis von Ziesemer IV, 581, der sich auf das *Preußische Gesangbuch* von 1657 bezieht, kategorisch abgestritten (F 8), nachdem es zuvor als kasualer Einzeldruck Dachs aufgeführt wurde, mit dem Hinweis, dass dieses Gedicht bei Ziesemer fehle (Nr. 247). So verzeichnen die Nummern 315 und 799 sowie 442 und 1059 jeweils dasselbe Gedicht (datieren indes die Drucke jeweils um zehn Jahre unterschiedlich; im zweiten Fall divergieren dann sogar die Schreibungen des zitierten Dach-Verses). – Einen anderen besonders eklatanten Fall nahm Segebrecht: Unvorgreifliche, kritische Gedanken (Anm. 336) zum Ausgang seiner Überlegungen (s. dazu unten S. 102f.).

394 Dünnhaupt: Personalbibliographien (Anm. 13), S. 997.

zerstörten Bestände Königsberger Provenienz sind heute weit auf Bibliotheken und Archive Mittel- und Osteuropas verstreut. Den größten Teil der geretteten Altdrucke aus der einstigen Stadtbibliothek besitzt die Nationalbibliothek in Warschau/Warszawa.[395] Dünnhaupt kennt diese Bestände nicht.[396] Er kennt aber immerhin das in das Geheime Staatsarchiv Preußischer Kulturbesitz in Berlin gelangte Konvolut aus der Staats- und Universitätsbibliothek, das fast ausschließlich Epithalamien mit Gelegenheitskompositionen enthält, darunter auch Lieder von Dach.[397] Wenn Dünnhaupt diese Drucke korrekt zuordnet, bleibt das leider die Ausnahme. Seine Angaben seien hier nur für die Bestände der Wallenrodtschen Bibliothek korrigiert, auf die sich Dünnhaupts Standortangaben ganz überwiegend beziehen.[398] Schon daran wird deutlich, dass wiederum jede Einzelangabe in dieser Bibliographie genau zu prüfen ist.[399]

---

395 Vgl. den Hinweis auf diese Bestände bei Maria Brynda, Wanda Klenczon, Anna Stolarczyk: Warszawa 1. Biblioteka Narodowa. In: Handbuch deutscher historischer Buchbestände in Europa. Bd. 6. Polen. Bearb. v. Marzena Zacharska unter Leitung v. Jan Pirożyński. [...] Hildesheim u. a. 1999, S. 55–61, S. 57: „Aus der Stadtbibliothek von Kaliningrad [Königsberg; gegr. 1541] stammen ca. 8 900 Bde, darunter 12 Inkunabeln, 1 100 Bde des 16. Jhs, 2 700 Bde des 17. Jhs, 4 100 Bde des 18. Jhs und etwa 1 000 Bde Periodika." Die Nationalbibliothek Warschau ist damit heute der mit Abstand wichtigste Aufbewahrungsort von Büchern aus der ehemaligen Königsberger Stadtbibliothek. Eine eingehendere Beschreibung der dortigen Sammlung bei Klaus Garber: Königsberger Bücher in Polen, Litauen und Rußland. In: Nordost-Archiv, N. F. 4 (1995), S. 29–61; im Anmerkungsapparat erweitert erneut abgedruckt in: Dietrich Jöns, Dieter Lohmeier (Hg.): Festschrift für Erich Trunz zum 90. Geburtstag. Vierzehn Beiträge zur deutschen Literaturgeschichte. Neumünster 1998 (Kieler Studien zur deutschen Literaturgeschichte 19), S. 223–255, S. 227–233. – Bei stichprobenartigen Recherchen in der Warschauer Bibliothek, die nicht Dach gewidmet waren, sind mir in größerer Zahl auch Bände mit der Signatur „H. B." in die Hände geraten; der Band „H. B. 5" befand sich nicht darunter – wenn er aber an einer Stelle zu suchen wäre, dann hier!

396 Eine genauere Vorstellung der Dach-Bestände in der Warschauer Nationalbibliothek demnächst in Garber: Die zerstobene Kürbishütte (Anm. 67).

397 Dieses Konvolut ist beschrieben von Klaus Garber: Wertvolle Altdrucke aus Königsberg im Geheimen Staatsarchiv Preußischer Kulturbesitz zu Berlin. In: Königsberger Buch- und Bibliotheksgeschichte (Anm. 127), S. 583–612, hier S. 609.

398 Das Schicksal der Königsberger Bibliothek seit dem letzten Kriegsjahr blieb über Jahrzehnte weitgehend unaufgeklärt, nur wenige Nachrichten drangen hinter dem Eisernen Vorhang hervor, dass doch nicht alle Bestände, wie durchaus zu befürchten stand, vernichtet worden seien. Seit Mitte der achtziger Jahre wurde dann in diversen Publikationen über bedeutende Funde von Beständen Königsberger Provenienz berichtet. Dünnhaupt hätte durchaus auf einschlägige Literatur zurückgreifen und diese Fehlinformationen vermeiden können! Die Ergebnisse dieser Forschungen bis zur Jahrtausendwende sind ausführlich referiert von Walter: Das Schicksal (Anm. 333). Seit 2000 führt ein großes Forschungsvorhaben an der Universität Osnabrück, die schon früh durch Klaus Garber ein Zentrum der Bemühungen um die Aufklärung des Schicksals der Königsberger Bestände war, die Recherchen unter der Leitung des Vf. systematisch fort mit dem Ziel, wertvolle Altdruckbestände in einem virtuellen Katalog zu rekonstruieren. Zu den Ergebnissen dieser Forschungen vgl. detailliert Walter: Die virtuelle Rekonstruktion (Anm. 127), vgl. auch als ersten knappen Überblick über das Projekt Ders.: Die virtuelle Rekonstruktion der Königsberger Bibliotheken – Ein internationales Forschungsvorhaben (http://www.libfl.ru/restitution/conf01/walter.html).

399 Zu den Königsberger Beständen in den im Folgenden genannten Bibliotheken jetzt im einzelnen Tatiana Schenck: Die Altdrucke aus der Sammlung Wallenrodt in der Universitätsbibliothek Kaliningrad. In: Königsberger Buch- und Bibliotheksgeschichte (Anm. 127), S. 497–508; Eleena A. Saveljeva, Galina N. Pitoulko: Wallenrodiana in der Bibliothek der Akademie der Wissenschaften

Dünnhaupt gibt vor, dass die oben erwähnten Konvolute aus der Sammlung Ernst von Wallenrodts alle in der Akademiebibliothek Wilna/Vilnius erhalten seien. Das trifft aber lediglich für den Band SS 41 zu. Die Bände SS 40, SS 42, SS 43 und SS 44 dagegen befinden sich alle nicht in Wilna/Vilnius.[400] Den erstgenannten bewahrt heute die Akademiebibliothek St. Petersburg/Sankt-Peterburg, den letztgenannten die Staatliche Historische Bibliothek Moskau/Moskva auf; die beiden anderen sind bislang nicht wieder nachzuweisen! Für die übrigen Wallenrodiana sieht es nicht anders aus. Lediglich der Band D 85 ist von Dünnhaupt korrekt der Akademiebibliothek Wilna/Vilnius zugeordnet. Die von ihm ebenfalls für Wilna/Vilnius deklarierten Bände RR 6 und S 204 dagegen bewahrt heute die Universitätsbibliothek Königsberg/Kaliningrad, den Band D 435 wiederum die Akademiebibliothek St. Petersburg/Sankt-Peterburg. Beim Band RR 15 schließlich ist es umgekehrt: Dünnhaupt weist ihn für St. Petersburg/Sankt-Peterburg nach, zu finden ist er in Wilna/Vilnius.

Dieser Band enthält übrigens auch Dachs Epicedium „Meines Lebens Ziel ist hier ...“, als dessen Erstdruck Dünnhaupt Johannes Boltes Mitteilung einiger von Oesterley übersehener Gedichte aus dem Jahre 1886 ausgibt.[401] Es ist nur ein weiterer Beleg aus der nahezu unendlichen Mängelliste dieser Bibliographie. Wertvoll sind wenigstens ihre Nachweise bislang unbeachteter Dach-Drucke. Mit Dünnhaupts „Personalbibliographie“ haben sich die Voraussetzungen für eine Dach-Forschung also nicht wesentlich verbessert. Ganz im Gegenteil lässt sie eine zuverlässige und vollständige deskriptive Bibliographie nur noch dringlicher erscheinen! Es bedarf wohl keiner Betonung, dass ihr Leitprinzip nur die Autopsie aller erhaltenen Drucke und Handschriften sein kann.

8.2 Neue Perspektiven für eine Dach-Ausgabe

In einigen Fällen allerdings wird man dafür nur auf Ziesemers Ausgabe zurückgreifen können. Das gilt vor allem für die Handschrift aus dem Königsberger Staatsarchiv, die bis jetzt verschollen ist und wohl als verloren gelten muss. Sie ist nicht zu ersetzen, zumal es sich bei der Mehrzahl um keine an Personen oder spezifische Anlässe gebundenen Kasualia handelte. Der Verlust dieses Manuskripts wird sich deshalb nur selten aus zeitgenössischen Einzeldrucken kompensieren lassen. Immerhin zwei sind inzwischen entdeckt, der eine in der Ratsschulbibliothek Zwickau,[402] der andere in der Akademiebibliothek Reval/Tallinn.[403]

---

in St. Petersburg. In: ebd. S. 509–518; Dalia Bikauskienė, Ona Bliūdžiūtė: Drucke Königsberger Provenienz in der Akademiebibliothek Vilnius – Das 16. Jahrhundert. In: ebd. S. 519–546. Ein genaues Profil der nach Kaliningrad zurückgelangten Bestände bei Garber/Walter: Bibliothek der Staatlichen Universität Kaliningrad (Anm. 239).

400 Vgl. oben S. 59.

401 Dünnhaupt: Personalbibliographien (Anm. 13), Nr. 793. Vgl. zu diesem Gedicht Anm. 302.

402 Ebd. Nr. 138 („Güldner Titan, dessen Gaben ...“; Ziesemer I, 39), Ratsbibliothek Zwickau, Sign.: 6.5.19 (34).

403 Handbuch des personalen Gelegenheitsschrifttums, Bd. 7 (Anm. 125), Nr. 0475 („Amor, laß dich auch nun hören ...“; Ziesemer I, 246f.).

Der letztgenannte Fund ist in einem großen Forschungsprojekt gelungen, von dem das Vorhaben einer Dach-Bibliographie ganz entscheidend profitieren kann: den an der Universität Osnabrück unter der Leitung von Klaus Garber seit mehr als einem Jahrzehnt für ein *Handbuch des personalen Gelegenheitsschrifttums* betriebenen systematischen Recherchen in Bibliotheken Mittel- und Osteuropas.[404] Die inzwischen vorliegenden 16 Bände verzeichnen zahlreiche Dach-Drucke aus den Bibliotheken in Breslau/Wrocław, Thorn/Toruń, Königsberg/Kaliningrad, Riga und Reval/Tallinn. Hier sind nicht nur weitere Exemplare bekannter Drucke belegt, sondern auch ein bislang übersehener Erstdruck[405] und ein gänzlich unbekanntes Gedicht.[406] Die bereits eingegangenen Mikrofilme aus anderen Bibliotheken bergen noch eine ganze Reihe weiterer Dach-Drucke, unter denen sich noch manches Unbekannte und einiges bisher Übersehene befindet. Auch die intensiven Bemühungen um die virtuelle Rekonstruktion der erhaltenen Altdrucke Königsberger Provenienz in Archiven und Bibliotheken Polens, Litauens und Russlands haben dazu beigetragen, die Überlieferungssituation aufzuklären.[407] Schließlich wird eine Dach-Bibliographie noch durch ein anderes Großprojekt wesentlich erleichtert und zugleich bereichert: Das *VD 17*, ebenfalls noch nicht abgeschlossen, weist schon jetzt neben weiteren bisher unbeachteten Exemplaren von Dach-Drucken vier unbekannte Gedichte nach.

Eine Dach-Bibliographie ist durch diese Vorarbeiten auf den verschiedenen Ebenen also inzwischen sehr gut vorbereitet.[408] Die notwendigen zusätzlichen Recherchen lassen sich verhältnismäßig genau kalkulieren. Die einschlägigen Bestände in Breslau/Wrocław, Berlin, Tübingen und London sind erfasst, die heutigen Standorte von Drucken Königsberger Provenienz weitgehend erschlossen. Im Rahmen des *Handbuchs des personalen Gelegenheitsschrifttums* und des *VD 17* werden sukzessive weitere Drucke hinzugewonnen werden, die durch entsprechende Kooperationen einer Dach-Bibliographie zukommen müssten. Unter den großen europäischen

404 Vgl. zu diesem Projekt: Göttin Gelegenheit. Das Personalschrifttums-Projekt der Forschungsstelle „Literatur der Frühen Neuzeit“ der Universität Osnabrück. Hg. v. der Forschungsstelle „Literatur der Frühen Neuzeit“ der Universität Osnabrück. Osnabrück 2000 (Kleine Schriften des Instituts für Kulturgeschichte der Frühen Neuzeit 3).

405 Handbuch des personalen Gelegenheitsschrifttums (Anm. 82), Bd. 12: Riga, Akademische Bibliothek Lettlands, Historisches Staatsarchiv Lettlands, Spezialbibliothek des Archivwesens, Nationalbibliothek Lettlands, Baltische Zentrale Bibliothek [...]. Mit einer bibliotheksgeschichtlichen Einleitung und einer kommentierten Bibliographie von Martin Klöker. Hg. v. Sabine Beckmann u. Dems. [...]. Hildesheim u. a. 2004, Nr. 0423 („Als der Himmel emsig war ...“; Ziesemer II, 214ff.; Akademische Bibliothek Lettlands, Sign.: D 3/5, R 26143 [9]).

406 Zwey Heyraths=Gedichte [...]. Königsberg (1648) („Sey erfrewt, mein Rittershusen ...“), Handbuch des personalen Gelegenheitsschrifttums, Bd. 7 (Anm. 125), Nr. 0420.

407 Vgl. Anm. 398.

408 Ein erstes Kurzverzeichnis, das die Ausgaben Oesterleys und Ziesemers, die Bibliographie Dünnhaupts, die vorliegenden Bände des *Handbuchs des personalen Gelegenheitsschrifttums* und das *VD 17*, schließlich die in einzelnen Aufsätzen publizierten Neufunde sowie die Ergebnisse des Forschungsprojektes einer virtuellen Rekonstruktion der Bestände der ehemaligen Staats- und Universitätsbibliothek Königsberg auswertet, ist vom Vf. vorbereitet. Es enthält 1.367 Nummern. Nicht einbezogen wurden dafür bislang die *Preußischen Gesangbücher* (vgl. dazu unten Anm. 417). Es ist also von einer Zahl von mindestens 1.400 „Stücken“ aus der Feder Dachs auszugehen.

Bibliotheken, die bedeutende Bestände an Drucken aus dem alten deutschen Sprachraum besitzen, bleibt einzig die Nationalbibliothek in St. Petersburg/Sankt-Peterburg, die eine einmalige Sammlung personaler Gelegenheitsdrucke versammelt, zu bearbeiten.[409] Ich habe an anderer Stelle für Christoph Kaldenbach diese Bestände mit reichem Ertrag ausgewertet.[410] Für Simon Dach wäre dies mit der Aussicht auf ähnliche Erfolge, insbesondere in der neulateinischen Abteilung, nachzuholen. Inwieweit man andernorts noch einmal auf eine geschlossene Sammlung wie einst in der Predigerbibliothek in Preetz stoßen wird,[411] bleibt zweifellos ungewiss; wie jede gediegene Bibliographie wird auch ein entsprechendes Vorhaben zu Dach ohne eine umfangreiche Bibliotheksrundfrage und gezielte Recherchen in ausgewählten Bibliotheken nicht auskommen.

Letzteres dient vor allem der Untersuchung kasualer Sammelschriften, an denen sich Dach mit einem Beitrag beteiligte. Hier fanden bislang keine umfassenden Recherchen statt; da Dach allerdings nur selten außerhalb Königsbergs als poetischer Beiträger auftrat, kann man sich hier zunächst auf die zu seinen Lebzeiten in Königsberg gedruckten Kasualia konzentrieren. Unterblieben ist bislang ebenso eine systematische Suche nach weiteren Widmungsgedichten Dachs.[412] Dafür sind in erster Linie (erneut aufgrund der lokalen Konzentration von Dachs Kontakten) die zeitgenössischen – nun aber nicht nur die in Königsberg gedruckten – Werke von Mitgliedern der Königsberger Universität auszuwerten. Nicht in den Aufgabenbereich des Poetik-Professors, sondern in den des Professors für Beredsamkeit fielen damals die Orationes und Intimationes, mit denen die Universität anlässlich von Promotionen oder Todesfällen von Angehörigen des akademischen Rechtsbereichs aufwartete. Valentin Thilo (1607–1662), ebenfalls zum engeren poetischen Freundeskreis um Dach zählend, übte dieses Amt seit 1634 aus.[413] Er gab seine zu diesen diversen Anlässen gehaltenen Reden in mehreren Bänden heraus.[414] Die Intimationes, die jeweils als Separatdrucke erschienen, bieten für die jeweiligen Adressaten wertvolle biographische Ergänzungen für eine Untersuchung der Gelegenheitsgedichte Dachs,

409 Zu den dortigen Kasualiabeständen erstmals Klaus Garber: Auf den Spuren verschollener Königsberger Handschriften und Bücher. Eine Bibliotheksreise nach Königsberg, Vilnius und Sankt Petersburg. In: Altpreußische Geschlechterkunde 41 (1993), S. 1–22, hier S. 18–20; weiterhin Axel E. Walter: Königsberg, St. Petersburg, Vilnius. In: Göttin Gelegenheit (Anm. 404), S. 69–92, hier S. 79–82.

410 Walter: Caldenbachiana (Anm. 30).

411 Vgl. Dieter Lohmeier: Simon Dach-Drucke in der Predigerbibliothek des Klosters Preetz. In: Wolfenbütteler Barock-Nachrichten 3 (1976), S. 172–174.

412 Hier hat sich die sogleich noch anzudeutende Spur zu Thilo bereits einmal als erfolgreich erwiesen, vgl. Joachim Dyck: „Lob der Rhetorik und des Redners" als Thema eines Casualcarmens von Simon Dach für Valentin Thilo. In: Wolfenbütteler Barock-Nachrichten 5 (1978), S. 133–140; es ist zugleich einer der ganz wenigen Forschungsbeiträge zu einem neulateinischen Gedicht Dachs.

413 Zu ihm Ulrich Maché: (sub verbo). In: Literatur-Lexikon (Anm. 32), Bd. 11, S. 336; auch hier findet sich wieder der Begriff der „Sterblichkeitsbeflissenen" als Synonym für den „Königsberger Dichterkreis".

414 Vgl. die von Pisanski: Entwurf einer preußischen Literärgeschichte (Anm. 32), S. 402 genannten Titel.

die nicht selten zu den gleichen Anlässen entstanden.[415] Diese Drucke, wiederum zunächst auf den Druckort Königsberg begrenzt, bleiben ebenfalls noch im Einzelnen dahingehend zu untersuchen, ob sich Dach an ihnen mit einem poetischen Beitrag beteiligte. Dies gilt ebenso für die anderen akademischen Kleinschriften, insbesondere die Dissertationen und Disputationen, die häufig mit Gedichtbeigaben versehen waren.[416] Vollständig auszuwerten bleiben schließlich auch noch die *Preußischen Gesangbücher*, in deren verschiedenen Auflagen zahlreiche Kirchenlieder von Dach zu finden sind. Bislang sind ihm rund sechzig Lieder zuzuordnen. Dafür kann ebenfalls an Vorarbeiten, einsetzend mit Mantzels Verzeichnis aus dem Jahre 1724, angeschlossen werden.[417]

8.3 Überlegungen zur Schaffung eines Dach-Portals

Mit einer akribischen bibliographischen Erfassung werden erst die Voraussetzungen für eine Aufarbeitung der editorischen Defizite und Desiderata geschaffen. Ziesemers Ausgabe bietet der Forschung nur eine eingeschränkte Grundlage, Dachs Dichtung ist nur zu einem – wenngleich dem größeren – Teil zugänglich, die editorischen Versäumnisse sind eminent und wirken sich gravierend auf den Forschungsstand aus. Es sollte der Forschung ein selbstverständliches und verpflichtendes Anliegen sein, tragfähige und realistische Konzepte für eine Verbesserung dieses unbefriedigenden – und immer wieder von ihr selbst beklagten – Zustandes zu entwickeln. Wulf Segebrecht hat dazu vor kurzem einen höchst bedenkenswerten, bislang aber nicht weiter aufgegriffenen Vorschlag unterbreitet. Er zielt auf die Schaffung einer historisch-kritischen Ergänzungsausgabe der Gedichte Simon Dachs, in der nur die Texte ediert werden, die bislang nicht in anderen Ausgaben erreichbar sind. Dieses Unternehmen, so entwickelt Segebrecht seine – ausdrücklich als vorläufig definierten – Gedanken weiter, sei zu flankieren durch eine biographisch-rhetorische

---

415 Den Königsberger Sammlern war das bewusst: So finden sich etwa in den Konvoluten der Wallenrodtschen Bibliothek, die Dach-Drucke versammeln, diese Reden und Intimationes mit den Gedichten zusammen den jeweiligen Adressaten zugeordnet, etwa in dem bereits erwähnten Band SS 40 (W), heute Akademiebibliothek St. Petersburg, Sign.: 1278.q./10864-11074.

416 Hier wird eine Zusammenarbeit mit dem Projekt von Manfred Komorowski und Hanspeter Marti sicherlich Erfolge verzeichnen können, vgl. den Beitrag dieser beiden führenden Königsberger Universitätshistoriker: Erfassung und Erschließung von Königsberger Universitätsschriften der Frühen Neuzeit – Eine Projektskizze. In: Königsberger Buch- und Bibliotheksgeschichte (Anm. 127), S. 787–800.

417 Jeweils unvollständige Verzeichnisse bieten Scheitler: Das geistliche Lied (Anm. 177), S. 207f., Anm. 47, S. 209f., Anm. 49 und S. 211f. (unterteilt nach Sterbeliedern, geistlichen Liedern in Gesangbüchern und anderen Liedern Dachs ebendort); Pisanski: Entwurf einer preußischen Literärgeschichte (Anm. 32), S. 412; erstmalig sind einige geistliche Lieder Dachs verzeichnet von Ernst Friedrich Johann Mantzel in: Der Vortrefflichsten Teutschen Poëten verfertigte Meister-Stücke [...]. Anderes Stück (Anm. 91), S. 76–78. – Bei Dünnhaupt: Personalbibliographien (Anm. 13) sind die *Preußischen Gesangbücher* nicht ausgewertet, er verweist auf sie nur dort (und auch nicht immer), wo ein separater Einzeldruck zu ermitteln war.

Kommentierung aller Texte Dachs.[418] Legitimiert ist dieser Vorschlag nicht nur durch die auch in diesem Aufsatz markierten Mängel des Vorliegenden, sondern ebenso durch die Bedeutung Dachs für die Literaturgeschichte des 17. Jahrhunderts: Seine Realisation würde am – bereits durch die Zahl seiner Kasualia äußerst prägnanten – Beispiel Dach sowohl die Praxis der Gelegenheitsdichtung im 17. Jahrhundert deutlicher als bisher nachvollziehen lassen als auch ermöglichen, „ein Sensorium sowohl für das Typische und Gängige als auch für das exzellent Gelungene im Bereich der Kasualpoesie zu entwickeln".[419] Nichts scheint gerade für den Dichter Dach nötiger und wünschenswerter, dessen Bild, zudem nur aus der Kenntnis von Teilen seines poetischen Gesamtwerks entworfen, durch vielfach stereotype literaturgeschichtliche Wertungen des in der poetischen Praxis seines Jahrhunderts eher Untypischen konturiert bleibt.

Segebrecht entwickelt seinen Vorschlag ganz pragmatisch als Surrogat einer historisch-kritischen Gesamtausgabe, gegen die er mit dem Hinweis auf entsprechende Vorhaben zu anderen Dichtern, die sich über Jahrzehnte hinzögen und äußerst teuer seien, schlagende Argumente anführt. Aber bleibt man damit nicht auf halbem Wege stehen? Ziesemers Dach-Ausgabe ist textlich zu wenig verlässlich, um auch für die dort abgedruckten Gedichte auf den Rückgriff auf die erhaltenen Einzeldrucke verzichten zu können. Wenn man Ziesemers Ausgabe zur Grundlage einer Ergänzungsausgabe machte, manifestierte das zudem definitiv eine Aufteilung der Gedichte in parallele – in der gewählten Gattungsrubrizierung zudem inkonsistente und inkonsequente wie in der sprachlichen Trennung gesellschaftliche, personelle und intertextuelle Bezüge auflösende – Chronologien, zu denen dann eine weitere konkurrierende Chronologie der Nachträge käme. Besonderes Gewicht legt Segebrecht auf eine neue Bearbeitung der Kommentare, die durchgehend zu ergänzen seien; entstehen sollte ein umfassender „biographisch-rhetorischer Kommentar" zu sämtlichen, also auch den bereits in Ausgaben vorliegenden, Texten Dachs.[420] In der Tat bedürfen Ziesemers Kommentare einer grundsätzlichen Revision, von der eigentlich nur die biographischen Angaben zu den Adressaten ausgenommen werden können. Sie bleiben aber dennoch jeweils zu überprüfen und zu ergänzen. Aber, so ist wiederum zu fragen, ist der Aufwand, der dafür und vor allem für den rhetorischen Kommentar erforderlich sein wird, wirklich so viel geringer als der Aufwand für eine historisch-kritische Gesamtausgabe, dass man gegen sie ausschließlich mit den Faktoren Zeit und Kosten argumentieren kann? Ich denke, das alles bietet keine hinreichenden Gründe, an einer historisch-kritischen Gesamtausgabe nicht festzuhalten. Sie würde allerdings, da ist Segebrecht uneingeschränkt zuzustimmen, ein langfristiges Projekt für eine fernere Zukunft bleiben, sofern sich ein entsprechendes Vorhaben überhaupt konkretisiert. Aber darf – und kann – man so lange warten?

Entscheidend für die Forschung ist doch zweifellos, in einer zuverlässigen Form und in absehbarer Zeit Zugang zu allen Texten Simon Dachs zu erhalten.

---

418 Segebrecht: Unvorgreifliche, kritische Gedanken (Anm. 336), S. 961f.
419 Ebd., S. 960.
420 Ebd., S. 962.

Insbesondere betrifft dies die bislang nahezu gänzlich vernachlässigte neulateinische Dichtung einschließlich der akademischen Orationes und selbstverständlich die neuen Funde, doch ebenso die deutschsprachige Dichtung, die eben nicht zuverlässig ediert ist. Eine solide Textbasis aber bieten lediglich die zeitgenössischen Drucke. Mein Vorschlag ist deshalb ein anderer, durchaus bescheidenerer und sicherlich sogleich Widersprüche der Sachwalter editorischer Prinzipien provozierender, da seine Realisation für einen Dichter des Barock editionsphilologisches Neuland beschreiten würde. Dieser Vorschlag regt die Einrichtung eines Dach-Portals im Internet an, das die Aufgaben der bibliographischen Erschließung und der – ich wähle ganz bewusst diese Formulierung – Bereitstellung der Texte Dachs parallel erfüllen könnte.

Die bibliographische Erschließung könnte hier in einer Datenbank geschehen.[421] Sie müsste die folgenden Aufnahmefelder umfassen: *Titel* (diplomatische Titelaufnahme auf Basis der Autopsie der Erstdrucke; wo diese nicht – mehr – als Einzeldrucke vorhanden sind, wäre auf die jeweiligen Erstausgaben – in den *Arien*, den *Preußischen Gesangbüchern* etc. – zurückzugreifen bzw. bei den einst nur handschriftlich erhaltenen Texten auf vorliegende spätere Editionen); *Datum* (Anlassdatum bzw. Erscheinungsjahr); *Druckort*; *Drucker* (beide in – aus den vorliegenden Nachschlagewerken – standardisierter Form); *Format*; *Umfang* (des Druckes); *Gattung* (nach einem zu erarbeitenden Katalog); *Versform*; *Incipit*; *Sprachstand*; *Nachweise* (sowohl sämtliche erhaltene Exemplare bei Einzeldrucken als auch alle anderen Publikationsorte oder Editionen); *Adressaten*; *sonstige Personen* (hier jeweils nur die aus dem Druck angesetzte Namensform); *Literaturangaben* (zu dem jeweiligen Dach-Text); *Kommentare* (als ein zunächst „offenes" Feld für Bemerkungen zum Text); *weitere Beiträger* (in einer kasualen Sammelschrift, in der gleichen Form aufgenommen[422]). Sämtliche Felder der Erfassungsmaske wären über den Volltext zu recherchieren. Sie wären zugleich alle zu indizieren. Damit würden über die Indizes unter anderem auch die von Dach gepflegten Gattungen und Versformen sogleich erkennbar. Die Kommentare auf dieser ersten Ebene der Erfassung wären auf grundsätzliche Bemerkungen zum Druck (z. B. defekte Exemplare, unsichere Datierung, Spezifizierung – etwa bei Dachs Liederspielen – des Anlasses) oder zur Ausgabe (z. B. bei Widmungsgedichten) zu beschränken.

Auf einer zweiten Ebene der Erfassung wären zu den Adressaten, sonstigen Personen und weiteren Beiträgern einer kasualen Sammelschrift die aus den Drucken zu entnehmenden biographischen Angaben sowie Nachweise aus sekundären Quellen (etwa Arnold, Pisanski, biographische Lexika etc.) unter einem zentralen Namenseintrag der jeweiligen Person zusammenzuführen. Diese „biographische Datei" wäre mit den Personen-Feldern der Erfassungsmaske zu verlinken, d. h., sie ließe sich aus weiteren

421 Die folgenden Überlegungen gehen von den Möglichkeiten des Programms „Faust" aus, das für die Osnabrücker Forschungsprojekte benutzt wird.

422 Auch hier wären, als jeweils zu duplizierende Felder, Gattung, Versform, Incipit, Sprachstand festzuhalten. Allerdings bleibt zu überlegen, diese Felder über gesonderte Indizes zu verbinden, um die durch die Indizierung grundsätzlich angestrebte Erleichterung der systematischen Erschließung des Dachschen Werkes nicht zu gefährden.

Gedichten immer weiter ergänzen; dieses Vorgehen würde die Erfassungsmaske entlasten. Biographische Kontexte und damit die Einbindung der Dichtung Dachs in die gesellschaftliche Kommunikation wären so bereits über die Indizes zu rekonstruieren.

Auf einer dritten Ebene schließlich, über das Feld der *Titel*aufnahme verlinkt und aufzurufen, würden die Texte selbst[423] als *digitale Kopien* über das Portal zugänglich sein. Da es sich in der ganz überwiegenden Mehrzahl um Kleinschrifttum handelt, das nur geringe Auflagen und keine Neudrucke erlebte, würde es wohl hinreichen, jeweils ein Exemplar zu digitalisieren; die Entscheidung zwischen mehreren Exemplaren wäre nach pragmatischen Erwägungen (Vollständigkeit, Lesbarkeit, ggf. handschriftliche Notizen in einem Druck) zu treffen (und im Kommentar-Feld der Erfassungsmaske knapp zu begründen). Bei kasualen Sammelschriften, an denen Dach mit einem – oder mehreren – Beiträgen beteiligt ist, sollte die ganze Schrift präsentiert werden, um damit auch das poetische und personale „Umfeld", in das sich Dachs Dichtung im Einzelfall integriert hat, sofort erkennbar zu machen. Ziesemers nur gelegentliche und spärliche Angaben zu weiteren Beiträgern – nicht aber den Beiträgen – einer Sammelschrift leisten das nicht.[424] Bei Widmungsgedichten wäre dieses Vorgehen auf sämtliche poetischen Beigaben zu beschränken; es bliebe dagegen zu überlegen, wie sinnvoll eine komplette Kopie des jeweiligen Werks ist. In Fällen, in denen keine Erstausgaben mehr zur Verfügung stehen, wäre zuerst auf andere zeitgenössische Ausgaben (die *Preußischen Gesangbücher*, die *Arien* u. a.) zurückzugreifen; nur wenn auch diese Quellen versagen, etwa bei den ausschließlich aus – verlorenen – Manuskripten belegten Gedichten und Liedern, bliebe auf vorliegende Editionen zurückzugreifen. Nur für diese Fälle möchte ich eine Transkription der Texte vorschlagen. Die Transkriptionen wären auf der gleichen Ebene der Datenbank wie die digitalen Kopien zu installieren, hier müssten allerdings abweichende Lesarten verschiedener Ausgaben verglichen werden. Für die in Erstausgaben zugänglichen Texte besäße diese Kommentierungsarbeit keine Priorität.

Ein Dach-Portal dieser hier zur Diskussion gestellten Konzeption wäre als ein work-in-progress-Projekt anzulegen. Der Vorteil gegenüber gängigen Vorhaben einer Bibliographie oder einer (Ergänzungs-)Ausgabe liegt darin, dass die Einträge sukzessive auf den verschiedenen Ebenen vorgenommen und jederzeit ergänzt werden können. Der Zugang zu den Texten ist somit nicht vom Abschluss eines druckfertigen Bandes abhängig, sondern erweitert sich kontinuierlich durch die regelmäßige Aktualisierung der Datensätze. Die Bereitstellung im Portal wäre unabhängig von der Produktions- oder Anlass-Chronologie, die sich jederzeit durch die Sortier- und Recherchefunktionen ordnen ließe. Im Rahmen der verschiedenen, seit mehreren Jahren vor allem in Osnabrück verfolgten Forschungsprojekte ist ein großer Teil der erhaltenen Dach-Drucke inzwischen verfilmt, die Digitalisierung eines beachtlichen Textkorpus könnte also ohne Zeitverzug begonnen werden. Zusätzliche Recherchen

423 Mit einer Auflösung von mindestens 300 dpi.

424 Dazu würden auch die Verbundfelder zu den weiteren Beiträgern (vgl. Anm. 422) entscheidend beitragen.

sind in dem oben abgesteckten Rahmen zu realisieren, die daraus resultierenden weiteren Digitalisierungen sind dem Portal nach und nach zuzuführen.

Als work-in-progress wäre ein Dach-Portal aber auch noch in einem anderen Arbeitszusammenhang zu installieren. Die Einspielung der Datensätze, die Administration der Datenbank und die zusätzlichen Recherchen müssten durch Mitarbeiter eines an einem universitären Standort einzurichtenden Forschungsprojektes vorgenommen werden. Zugleich aber sollte ein derartiges Portal als eine zentrale Schnittstelle der Dach-Forschung konzipiert sein. Es wird aufgefallen sein, dass zwei für jede Edition eines Dichters des 17. Jahrhunderts ganz wesentliche Aspekte von mir bislang elegant ausgeklammert worden sind: zum einen die rhetorisch-poetologische und sachliche Kommentierung aller Texte, zum anderen die Übersetzung der neulateinischen Texte. Der Aufwand dafür ist am größten, die langen Zeitspannen von Dichtereditionen erklären sich vor allem aus diesen Arbeiten. Die bisherigen Ausführungen über die unzulänglichen editorischen und bibliographischen Bemühungen um Simon Dach liefern meines Erachtens hinreichende Argumente dafür, den zuverlässigen Zugang zum poetischen Gesamtwerk Dachs in einem absehbaren zeitlichen und finanziell kalkulierbaren Rahmen als entscheidendes Anliegen künftiger Forschung zu deklarieren. Die Vorträge der Simon-Dach-Tagung haben gleich mehrfach demonstriert, wie groß der Zugewinn zum Bilde Dachs ist, wenn bislang unbekannte – und insbesondere neulateinische – Texte der Forschungsdiskussion zugeführt werden. Ein Dach-Portal würde zweifellos weitere Forschungen anregen; es sollte aber zugleich auch von ihnen profitieren. So wären Vorarbeiten bzw. Zuarbeiten im Rahmen von Einzelforschungen (etwa wissenschaftliche Qualifikationsschriften oder andere Fachpublikationen) für das Portal zu übernehmen und den einzelnen Texten zuzuordnen. Die Datenmaske würde ein entsprechendes Feld dafür vorsehen. Die Kommentararbeit wäre dadurch entlastet. Das betrifft ebenso Übersetzungen neulateinischer Texte, die ebenfalls – selbstverständlich unter Angabe des Verfassers – aus vorliegenden oder noch entstehenden Forschungsarbeiten eingespielt werden könnten. Dafür wäre, über einen Link mit der Erfassungsmaske verbunden, ein eigenes Textfeld einzurichten. Selbstverständlich müsste es auch Aufgabe eines entsprechenden Forschungsprojektes sein, in beiden Bereichen für Zuwächse zu sorgen. Vor allem aber ließen sich Einzelforschungen initiieren und koordinieren, die bislang unbehandelte Texte bearbeiten; dafür bliebe etwa auch darüber nachzudenken, über gezielt vergebene Passwörter „von außen" den Zugang zur Datenbank zu ermöglichen.

Zweifellos könnte die Konzeption eines Dach-Portals der künftigen Forschung Möglichkeiten eröffnen, die noch sehr viel genauer zu konkretisieren wären, als es hier, bei einer ersten und vorläufigen Formulierung dieser Idee, geschehen kann. Am Ende dieses Rundgangs durch die Jahrhunderte, auf dem immer wieder Nachlässigkeiten und Defizite wie vielfach stereotype und auf die Kenntnis nur eines Teiles seines poetischen Gesamtwerks reduzierte Wertungen in den Bemühungen um Simon Dach zu konstatieren waren, erscheint diese Idee als viel zu reizvoll, um sie allein weiteren Überlegungen nur eines Einzelnen zu überantworten.

Armin von Ungern-Sternberg

Ein Überfall der Wirklichkeit? Erscheinungen der Revolution von 1905 in der ,deutschbaltischen' Literatur und die Ausformung des ,baltischen' Romans

Man vermutet gerne, es könne alles zu Literatur werden, und in der Tat: Das Genie kennt keine Grenzen. Doch es gibt in der Kulturgeschichte nur wenige Genies und – um eine statistische Hypothese zu wagen – im Baltikum etwa so viele wie andernorts. Die rund zwei Dutzend Romane, die im Folgenden eine Rolle spielen sollen, sind von schwankender Qualität. Glänzend ist kaum einer, einige sind interessant, eine Handvoll hätte eine eingehendere (oder sogar eigene) Behandlung verdient. Doch bei Themen wie dem hier gestellten sollte uns besonders der Durchschnitt interessieren: Was war gängig? Die Literaturwissenschaft, wenn man sie noch einmal als Textwissenschaft begreift, erkennt in Texten Regelmäßigkeiten von eigener Logik, wiederkehrende oder neuartige Themen und Formen. Im hier möglichen Rahmen möchte ich verfolgen, welche Topoi und Funktionen der Revolution von 1905 in ,baltischen' Romanen erkennbar sind, wie sie sich bilden und warum der Entwicklung vielleicht eine eigene Dynamik eignet. Die gestellte Aufgabe scheint damit klar und wäre gängigerweise so zu formulieren: Wie stellt sich die Revolution in ,baltischen' Romanen dar? Es ließen sich Abweichungen von der historischen Realität notieren und Deutungsmuster herausarbeiten, die vom Historiker aufgegriffen werden könnten. Wie wurde die Revolution von 1905 ,verarbeitet'?, wäre die übliche Frage. Doch das wäre nur die eine Seite und sie bliebe im bloß Stofflichen befangen. Nicht minder interessant ist es, warum es zu einer bestimmten Entwicklung *nicht* kommt. Dem Begriff der Leistung steht ein von den Kunstwissenschaften gemiedener, geradezu tabuisierter Terminus gegenüber: das Unvermögen. Hier drängt er sich geradezu auf. Denn wie sich zeigen wird, „schafft' es die ,deutschbaltische' Literatur nicht, die Revolution von 1905 zu gestalten. Warum? Man möchte geradewegs vermuten, man habe sich um das unbequeme Thema gedrückt, und daraus die klassische Unterstellung einer Verdrängungsleistung formulieren. Doch solcherart Dialektik ist mir immer etwas flach erschienen: Sie lässt sich nicht widerlegen, bleibt aber stets Hypothese. Daher ist sie im Grunde ein kümmerliches Argument. Vor allem aber erklärt sie literaturwissenschaftlich nichts, da sie literarische Phänomene „nur als Abbildung historisch-mentaler Prozesse diskutiert, nicht als Problem der Kunst selbst."[1] Die Differenz zwischen künstlerischem Ausdruck und historischer Konstellation wird vom gegenwärtigen Diskurs der Kulturwissenschaften überbrückt – zweifelsohne eine Leistung, aber auch ein Verzicht auf jene Aspekte, die im hier gewählten Beispiel sich als wichtig herausstellen.

1 Karl Heinz Bohrer: Literatur oder Wirklichkeit. Die Flucht der Kulturwissenschaft vor der Kunst. In: Merkur. Deutsche Zeitschrift für europäisches Denken. Nr. 685 (März 2006), S. 425.

Berichte und Forschungen 14 (2006), S. 107–142

1. „Inseln im Weltgeschehen“

Nicht nur mit den Begriffen einer ‚baltischen‘ oder ‚deutschbaltischen‘ Literatur[2] kann man sich lange aufhalten; man kann sogar ihre Existenz in Frage stellen. „Baltische Literatur ist eine Angelegenheit der Vergangenheit“, hat man gesagt. „Sie ist es seit 1939. Es gibt keine lebende baltische Literatur mehr, es gibt nur noch einzelne Schriftsteller baltischer Herkunft. Und mit dem Verstummen der letzten von ihnen, die noch eine lebendige Erinnerung an die baltische Kulturwelt der Vorkriegszeit pflegen, wird sie binnen kurzem ihren Ausklang finden.“[3] Doch das Ende einer oder gar der Geschichte überhaupt zu postulieren, erwies sich noch stets als vorschnell. Fünfzig Jahre schien die baltische Geschichte im „Kalten Krieg“ wie eingefroren. Dann auf einmal, Anfang der 1990er Jahre, geht es rasend schnell. „Nach einem halben Jahrhundert sowjetischer Besatzung ist der Zweite Weltkrieg auch für die baltischen Staaten zu Ende. Das Ende der Nachkriegszeit haben sie noch vor sich“, berichtete 1992 Marianna Butenschön aus dem „Baltikum auf dem langen Weg in die Freiheit“.[4] In diesen Jahren, als das Baltikum für die deutschen Buchhändler zwischenzeitlich wieder interessant wurde, erschien auch noch einmal ein neuer ‚baltischer‘ Roman: *Iluküll – ein Gut in Estland.* Die damals 80-jährige Autorin Käthe von Roeder-Gnadeberg schickte ein Mädchen, Arina, aus Deutschland ins Baltikum, aber nicht in das der Gegenwart von 1992. Wir befinden uns vielmehr im Jahre 1936, und das Gut „Iluküll“ ist eine „friedliche Insel in brodelndem Weltgeschehen“.[5] In dieser Abgeschiedenheit erfahren wir aber auch aus jenen Jahren der estnischen Republik (welche die Verfasserin vor Ort verbracht hatte) wenig. Iluküll ist schlicht, so müssten wir den estnischen Namen übersetzen, ein ‚schöner Ort‘. Von den Einschränkungen der Restgüter scheint das Leben dort kaum

---

2 Dieser Aufsatz befasst sich mit deutschsprachigen Romanen, in denen die Revolution von 1905 im Baltikum thematisiert wird. Dass viele ihrer Autoren familiäre oder eigene biographische Bezüge ins Baltikum haben, ist nicht Voraussetzung der Auswahl, sondern ein Ergebnis (unter anderen), das für unsere Fragestellung ohne eigenen Belang ist. Zu den methodischen Fragen der Erforschung von ‚Regionalliteraturen‘ vgl. Armin von Ungern-Sternberg: Erzählregionen. Überlegungen zu literarischen Räumen mit Blick auf die deutsche Literatur des Baltikums, das Baltikum und die deutsche Literatur. Bielefeld 2003. Zu einem möglichen literaturwissenschaftlichen Begriff einer ‚deutschbaltischen‘ oder ‚baltischen‘ Literatur vgl. ebd., S. 482f., 540f., 715f. sowie 875–936; zum literaturwissenschaflichen Hintergrund der Fragestellung vgl. Ders.: Regionalliteraturen oder Genres? Für eine Rhetorik literarischer Räume. In: Manfred Bosch, Ulrich Gaier, Wolfang Rapp (Hg.): Regionalität und Modernität im Medium der Literatur: Moderne in Schwaben. Eggingen 2007 (im Druck).

3 Gero von Wilpert: Deutschbaltische Literaturgeschichte. München 2005, S. 29. Auch von Wilpert definiert die ‚deutschbaltische‘ Literatur mithin nicht in literaturwissenschaftlichen Begriffen, sondern in Relation zu historisch-mentalen Prozessen. Zu den damit verbundenen Problemen vgl. von Ungern-Sternberg: Erzählregionen (Anm. 2), S. 27–139, 484–541; vgl. Ders.: Europäische Dimension oder regionale Eigenart? Überlegungen zu einem Begriffsfeld mit Blick auf die deutsche Literatur des Baltikums im 19. Jahrhundert. In: Frank-Lothar Kroll (Hg.): Europäische Dimensionen deutschbaltischer Literatur. Berlin 2005 (Literarische Landschaften 6), S. 51–69.

4 Marianna Butenschön: Estland, Lettland, Litauen. Das Baltikum auf dem langen Weg in die Freiheit. München, Zürich 1992, S. 18.

5 Käthe von Roeder-Gnadeberg: Iluküll – ein Gut in Estland. Roman. Heilbronn 1992, S. 326.

tangiert. Arina interessiert sich nicht einmal für ihre spannungsgeladene Gegenwart, sondern vergräbt sich in Aufzeichnungen ihrer Großmutter, die für sie ein familiäres Geheimnis bergen. Neben Rückblicken auf „die durchlittenen Zeiten von 1918 und 1919“[6] finden wir auch diese Episode:

> Großmutter ist am Herzschlag gestorben. Das war im Jahr der Revolution 1905, als die fremden Männer in den Blauen Salon eindrangen. Die schrecklichen Unruhen mit Blutvergießen, Brandschatzungen und Mord hatten aus Rußland auch nach Estland übergegriffen. Bevor Clemens begriff, was geschah, und hinaufeilen konnte, hatte Liisu mit aufgebrachtem Herzen und dem Mut einer Wölfin die Kerle aus Großmamas Zimmer getrieben – und – sie ließen sich von dieser Frau hinauswerfen! Drei Mann! Unvorstellbar! Ich erfuhr es, als ich aus meiner Bucht nach Hause kam und Lorelies und die Kinder in Tränen fand. Das ist unsere Liisu! Clemens war mitgenommen worden. Peters Vater, den alten Pastor Petronius, haben sie erschossen, und Tante Hannchen, die bei ihm in der Kirche war, auch. Seither lebe ich in meiner kleinen Bucht. Diese Bucht gehört ganz mir.[7]

Was hätte ein besserer Autor aus dieser Rückkehr machen können, zumal 1992, nachdem das Baltikum eben erst wieder auf die politische Landkarte geraten war! Doch an Roeder-Gnadebergs Buch war kaum etwas neu und fast alles typisch. Es ist Gebrauchsliteratur, die ihren Lesern und einer unbestimmten Nachwelt eine exemplarische baltische Geschichte – *die* baltische Geschichte – vermitteln will, durchaus nicht einfach affirmativ, sondern mit differenzierenden Untertönen, die der Autorin gewiss wichtig waren. Es ist außerdem eine Geschichte „aus Großmamas“ Zeiten, und auch dies ist typisch: Den wenigsten ‚baltischen‘ Romanen des 20. Jahrhunderts geht es um ihre Gegenwart. Aber auch nur wenige kommen mit der Geschichte zurecht: Es gibt keinen ‚baltischen‘ Roman,[8] der Umsiedlung und Flucht thematisch aufgegriffen und außerdem ‚bewältigt‘ hätte; bereits die Gestaltung des Wendepunktes von 1918/19 stellt die ‚baltischen‘ Romane vor Schwierigkeiten. Ihre Schauplätze sind zumeist solche ‚Inseln im Weltgeschehen‘, sogar in der Revolution von 1905. Die Revolution ist ein Einfall von außen: Fremde Männer umzingeln das Gut oder dringen unvermittelt ein; ihren Ansprüchen begegnet man mit Heldenmut oder argumentativ: „Und wenn in Estland eine Million Windmühlen stehen, was sollen die dann mahlen? Jeder Mensch hat das Recht auf eine Windmühle.“[9] Derartige

---

6 Ebd., S. 345.

7 Ebd., S. 364.

8 Der Begriff ist hier zunächst stofflich gefasst. Der erzählerische Inhalt bietet besonders zu Beginn einer Untersuchung die neutralste Grundlage einer Klassifikation, die in weiteren Schritten zusätzliche literarische Kategorien anzuwenden und ggf. zu entwickeln hat. Vgl. von Ungern-Sternberg: Erzählregionen (Anm. 2), S. 484–541. Die Beschränkung auf deutschsprachige Romane ist – in einem interdisziplinären Sinne – ein Beitrag der Germanistik zum Thema. Ergänzend wäre etwa zu untersuchen, inwiefern anderssprachige Romane ähnliche Stoffe und Gestaltungsformen aufweisen. In diesem Fall wären sie mit den deutschen Texten als eine gemeinsame Gruppe zu behandeln, ansonsten aber in anderen Zusammenhängen einzuordnen. Die bloße Publikation in einem gemeinschaftlichen regionalen Umfeld (dessen Auswirkungen im Detail erst nachzuweisen wären) ist für sich genommen kein literaturwissenschaftliches Argument.

9 Peter Zoege von Manteuffel: Halbblut. Roman in zwei Bänden. Stuttgart 1928, S. 283.

Forderungen der Eindringlinge lassen sich leicht ad absurdum führen. Der Überfall selbst ist brutal, nicht selten aber gleichfalls von tragikomischer Art:

> Schließlich wurde [sic] den Kerlen ein brauchbares Gewehr, eine unbrauchbare Kugelbüchse und zwei nicht tadellose Revolver ausgehändigt.[10]

Es bleibt in der Regel bei einem solchen, manchmal auch wiederholten Zwischenfall. Das Leben geht bald weiter, die materiellen Verluste lassen sich verschmerzen. Die wirklich schlimmen Geschichten von Mord und Totschlag erfährt man nur durch Hörensagen oder aus Briefen. Dennoch ist die Revolution ein Einschnitt. In beinahe allen Erzählungen sterben Verwandte – aber nicht inmitten des Aufruhrs, sondern zumeist an Herzschlag oder an einer Krankheit: Es sind schlicht die Alten, deren Zeit ohnehin abgelaufen scheint. Die junge Generation, nachdenklich geworden, übernimmt den Stab und hat ihre Lektion gelernt: „Jeder lebt zwei Schicksale. Zum einen sein persönliches, zum anderen das des Volkes, dem er angehört".[11] In Treuen fest!, das ist die neue Losung, wie sie nach den Revolutionsjahren die Deutschen Vereine verbreiten. Doch solche Parolen führen in der Literatur nicht zu einer weiteren Zuspitzung des Konflikts; sie gleichen eher einem Rückzug auf eine moralische „ewige baltische Position"[12] – so wie sich Arina am Ende der zitierten Episode in ihre kleine Bucht zurückzieht, die ganz ihr gehört, sozusagen am Rande des Weltenmeeres.

2. „Blick durch den Spiegel"

Im Folgenden haben wir einiges zu differenzieren. Doch die zwölf Sätze aus *Ilukull* umreißen ein Repertoire, auf das sich auch die anspruchsvolleren Darstellungen der Revolution beziehen lassen. Mia Munier-Wroblewski hat in den sechs Bänden ihres Familienepos *Unter dem wechselnden Mond*, die erstmals 1927–31 erschienen, erheblich mehr Platz für das Geschehen; doch in seiner Zusammenfassung (eine Mutter berichtet ihrem im russisch-japanischen Krieg stehenden Sohn an die Front) liest es sich erstaunlich ähnlich:

> Schon zu Ostern gab es sehr unliebsame Szenen in Schlengen, wohin Martin nun geschickt wurde, um die Ordnung aufrechtzuerhalten. Das Gemeindegericht wurde gestürmt, das Zarenbild und alle Akten verbrannt. Martin schlug durch seinen persönlichen Mut, der ja unserem Landvolk immer imponiert, die Unruhen nieder und kam mit heiler Haut davon, obwohl große Steine hart an seinem Kopf vorbeiflogen. In den letzten Wochen, als es stets bedrohlicher wurde und nachts oft der Feuerschein tückisch angezündeter Heuscheunen durch unser Land leuchtete, habe ich bisweilen gedacht, welche Gnade Gott Mutter erwiesen hat, sie abzurufen, ehe das große Leid um ihre Söhne sie traf. Welche Angst hätte sie um Euch beide gelitten! Vor einer Woche ereilte mich dann auf der Landstraße

10 Marie Hermes von Baer: Zwei Briefe und ihr Zwischenspiel. Erinnerungen aus dem Jahre 1905. In: Dies.: Hoher Besuch. Erzählungen und Skizzen aus dem Baltenlande. Leipzig o. J. [1916], S. 119.

11 von Roeder-Gnadeberg: Ilukull (Anm. 5), S. 326.

12 Vgl. Axel de Vries: Die ewige baltische Position. In: Baltische Monatsschrift 1933, S. 67–73.

(ich fuhr gerade nach Wahren) die Nachricht, daß Martin auf einer Amtsfahrt aus dem Hinterhalt erschossen worden ist. Der Mörder muß ein trefflicher Schütze gewesen sein, mitten ins Herz hat er getroffen.[13]

‚Baltische' Romane wiederholen ‚ihre' Geschichte fast wie einen „Blick durch den Spiegel"[14] und werden literaturwissenschaftlich so zu einem fassbaren Genre. Der so übertitelte Roman erschien erst 1998, gehört aber in Thema und Machart gleichwohl zu dieser Gruppe (weshalb es problematisch ist, ein Ende der ‚baltischen' Literaturgeschichte festzusetzen). Er spielt erneut nicht in unserer Gegenwart, auch nicht in den Jahren von Umsiedlung, Flucht und Neubeginn nach 1945, sondern setzt im Jahr 1900 ein, als eine Revolution noch außerhalb aller Erwartungen liegt. Nach einigen, nur von den Kümmernissen der Jugend getrübten Jahren in Riga erlebt Sophie Berkholz den Ausbruch des russisch-japanischen Krieges in Port Arthur und anschließend in ihrer Heimatstadt die ihm folgende Revolution, die auch für sie eine Phase der Bewusstwerdung bedeutet:

Zum ersten Mal in ihrem Leben wurde ihr bewußt, daß sie ganz und gar allein war. Eine neue Erfahrung. Und sie begriff, daß ihr Leben alles war, was sie hatte. Daß es enden würde mit dem Tod. Nichts darüber hinaus. Eine Erkenntnis, die ihr auch Kraft verlieh.[15]

So desillusionierend enden erfahrungsgemäß nur bessere Romane als dieses Exemplar. Sophie überlebt daher in aller Kürze auch noch den Ersten Weltkrieg, verlässt das Baltikum und fährt der Liebe ihres Lebens nach New York hinterher, gewissermaßen in ihre eigene weitab gelegene Bucht. Das klingt nach Kitsch, doch vergessen wir nicht: Kitsch bezeichnet immer auch einen gewissen Standard. Standard ist hier vor allem der Handlungsbogen von einer wenigstens halb idyllischen Ausgangssituation über ein beinahe existentielles Erlebnis zu einem weit geschwungenen Abspann. Der Ausgangspunkt zahlloser ‚baltischer' Romane ist, wie Siegfried von Vegesack eingangs seiner Erzählung *Jaschka und Janne* formuliert, das Leben „in jener sagenhaften Vorkriegszeit [... in der] die Zeit überhaupt still zu stehen" schien.[16] Doch man muss genau lesen, um in diesem Spätwerk, das Vegesack bewusst als Korrektiv und „Ergänzung" seiner vorherigen Arbeiten sehen wollte und von dem er vermutete, „die ganz waschechten alten Balten werden mir das wahrscheinlich verübeln",[17] etwas Bemerkenswertes zu finden: Mit seinem scheinbar so harmlosen Satz überspielt Vegesack nämlich en passant eben die Revolution von 1905 und illustriert zugleich ein erstaunliches Phänomen: Im deutschbaltischen Gedächtnis hat die Zeit

---

13 Mia Munier-Wroblewski: Unter dem wechselnden Mond. Bd. II.1: Sonnenwende. Heilbronn o. J. [1965], S. 125; erste Fassung 1928. Die Handlung über Figuren mit den Fronten des russisch-japanischen Krieges zu verknüpfen, scheint interessant, ist jedoch ein gängiges Element der Romane.

14 Christa Hein: Der Blick durch den Spiegel. Roman. Frankfurt/M. 1998.

15 Ebd., S. 380.

16 Siegfried von Vegesack: Jaschka und Janne. Eine Liebesgeschichte aus dem alten Dorpat. In: Ders.: Jaschka und Janne. Drei baltische Erzählungen. München, Wien 1965, S. 9.

17 Siegfried von Vegesack an Werner Illing (Süddeutscher Rundfunk), 23. August 1962. In: Ders.: Briefe 1914–1971. Hg. v. Marianne Hagengruber. Grafenau 1988, S. 476f.

vor 1914 in der Tat als ein zeitloses ‚Livländisches Stilleben'[18] überdauert: trotz aller Veränderungen der Russifizierungszeit (die im Detail vergessen sind), ungeachtet der Revolution (die bloße Episode bleibt) und ihrer Konsequenzen, die der deutschen Bevölkerungsgruppe nach den schwierigen Jahren der Russifizierung wieder einige Erleichterungen brachten. „Die Schreckensjahre 1905/06 haben – ein Vorspiel kommender Ereignisse – ins Schicksal der Ostseelande und aller ihrer Bewohner tiefe Spuren gegraben. [...] Die Deutschen einerseits, die Esten und Letten andrerseits haben die Revolution verschieden erlebt. Gemeinsam war nur, daß damals für alle eine neue Zeit begann",[19] notierte Reinhard Wittram in den 1950er Jahren. Diese neue Zeit ist heute jedoch im kollektiven Gedächtnis seltsam verschwunden und das offenbar auf allen Seiten der damals Beteiligten. In Gertrud von den Brinckens 1940 erschienenem Roman *Herbst auf Herrenhöfen* findet der Versorger der Seinen immerhin noch neue Kraft aus den wirren Zeiten der Revolution.

> Zugegeben: der junge Gerstholz war über den Durchschnitt empfehlenswert. Alles gern zugegeben! Der Vater war als Pastor 1905 von den roten Banden erschossen worden; der Sohn, damals Abiturient, war Augenzeuge gewesen und hatte sogar einen Streifschuß davongetragen mit Sturz und Schädelbruch. Kaum genesen, hatte er sich ins Studium gestürzt. Stipendium! Nachhilfeunterricht geben, um sich über Wasser zu halten, um sein Ziel zu erreichen: Versorger der Seinen zu werden. Liebe zu einer gleichfalls hungerleidenden Base. Und dann war es soweit: Examina, Diplom, gutbezahlte Verwalterstelle in Schwarzhof, Heirat. In angemessener Zeit die angemessenen Säuglinge. Aber Schwarzhof krachte an seines Besitzers Pariser Passionen zusammen, und der Inspektor stand wieder vor dem Nichts. Und was das für einen bedeutete, der schon so viel durchgemacht ...[20]

Obwohl brennende Horden und rote Banden durch die Lande ziehen – und trotz des melancholischen Titels – ist die Revolution von 1905 hier nicht das Ende der Geschichte. Im Gegenteil: Es wird ein neuer Tag. Nicht wegen der Revolution gehen einige Güter zugrunde, sondern wegen des Missmanagements ihrer Besitzer. Die Revolution erscheint als Terror, der für kurze Zeit alles umstürzt. Weniger klar ist aber, was sich dauerhaft *verändert*. Überhaupt nimmt die Literatur die Neuerungen, die es nach 1905 tatsächlich gab, kaum je in den Blick. Dass man z.B. erst in Folge einer neuen Politik nach 1905 wie Jaschka an der Universität Dorpat erneut auf Deutsch studieren konnte, wird ausgeblendet; Jaschka und seine Korpsbrüder studieren in Vegesacks Erzählung wie in alten Zeiten. In den Romanen entsteht so eher der Eindruck von Kontinuität denn ein Bild geschichtlichen Wandels. Doch in der Literatur ändert sich etwas – und das eine passt zum andern: Nach 1905 sind ‚baltische' Romane immer weniger Zeitromane, wie sie es im 18. Jahrhundert und noch lange danach waren; im 20. Jahrhundert sind ihre

18 Der Begriff, auf die Zeit des Biedermeier bezogen, stammt von Julius Eckardt. Anon. [Julius Eckardt]: Livländisches Stilleben. In: Rigascher Almanach für 1867, S. 32–58.

19 Reinhard Wittram: Baltische Geschichte 1180–1918. Die Ostseelande Livland, Estland, Kurland. München 1954, S. 231.

20 Gertrud von den Brincken: Herbst auf Herrenhöfen. Ein baltischer Roman. Bielefeld, Leipzig 1940, S. 208f.

Handlungen immer häufiger nur mehr mit einem „baltischen Fernrohr" aufzuspüren:

> „Nu weißt du, wie es mir mit meinen Erinnerungen geht", sagte die Großmutter. „Ich muß immer erst durch diesen langen, dunklen Tunnel gehen, um zum Hellen zu gelangen. Denn dort am Ende, im Licht, befinden sich die baltischen Erinnerungen. Erst dann kann ich erzählen." Noch oft wiederholte Amama ihre Geschichten. Noch oft fragte sie und lachte dabei: „Willst du schon wieder, daß ich in mein baltisches Fernrohr schlüpfe?"[21]

Wie Amama wiederholt die ‚baltische' Literatur nach 1905 zunehmend eine alte, zunehmend stereotype Erinnerung. Als 1992 *Iluküll* im Eugen Salzer Verlag, Heilbronn, erschien (wie vierzig Jahre zuvor Else Hueck-Dehios ungeheuer populäre „heitere estländische Geschichten"[22] und „Idylle[n] aus dem alten Estland"[23]), da erschien die ‚baltische' Literaturgeschichte in der Tat wie stehengeblieben[24] – während im Baltikum selbst auf einmal alles anders geworden war.

3. „Der Kreis baltischen Fühlens"

Denn Geschichte bleibt nicht stehen, und auch die Revolution von 1905 wirkt im deutschen Rückblick immer weniger wie das Ende einer Epoche, sondern wie ein bloßes Zwischenspiel, das genauere Erinnerung nicht lohne. Bevor wir an dieser Stelle mit Ideologiekritik beginnen, die eine soziologische Einheit von Autor und Leser voraussetzt, die erst zu belegen wäre,[25] sei an eine einfache Überlegung erinnert: Literatur ist zwar ein Zeitdokument, doch sie bietet nur selten unverstellte Durchblicke auf das Zeitgeschehen. Vor allem ist Literatur *gestaltete* Wirklichkeit, und das mit einer besonderen, kreativen Verzögerung. Für unser Thema ergibt sich daraus eine unerwartete Beobachtung und ein weiterer Ansatzpunkt: Zum einen: Der wachsende Abstand zum Geschehen führt offenbar zu keinem grundlegenden Wandel in der Darstellung der Ereignisse. Zum anderen: Viel Zeit blieb den Autoren nach 1905 nicht, das Geschehene und die ‚neue Zeit' in Ruhe zu verarbeiten.

Als die Deutschen Vereine sich nach 1905 als Sammlungsbewegung etablieren, ist es auch die Zeit, da die ‚deutschbaltische' Literatur sich stärker als früher zur Aufgabe setzt, „diesem seltsamen Ablehnen jedes Deutschtums außerhalb der po-

---

21 Brigitte K. Lewalter. Das baltische Fernrohr. Ein Familienroman. Blieskastel 1998, S. 12.

22 Else Hueck-Dehio: Ja, damals … Zwei heitere estländische Geschichten. Heilbronn 1953.

23 Else Hueck-Dehio: Tipsys sonderliche Liebesgeschichte. Eine Idylle aus dem alten Estland. Heilbronn 1959.

24 Zum Begriff vgl. Anm. 2. Zum Konflikt zwischen historischer Entwicklung und regionaler Identität vgl. Armin von Ungern-Sternberg: Ankunft in der Bundesrepublik. Archäologie und Dekonstruktion des kulturellen Erbes: Siegfried von Vegesack: In: Gert von Pistohlkors, Matthias Weber (Hg.): Staatliche Einheit und nationale Vielfalt im Baltikum. München 2005 (Schriften des Bundesinstituts für Kultur und Geschichte der Deutschen im östlichen Europa 26), S. 115–151.

25 Für den baltischen Buchmarkt ist eher das Gegenteil der Fall. Vgl. von Ungern-Sternberg: Erzählregionen (Anm. 2), S. 363–483.

litischen Grenzen Deutschlands, das fast allen Reichsdeutschen eigen ist",[26] entgegenzuwirken und über das Baltikum zu informieren. Der literaturgeschichtliche Blick bemerkt dabei, wie dies mit Genres kombiniert wird, die im verkaufsstärkeren Segment des Buchmarktes gerade nachgefragt werden: Heranwachsen, Zeiten der Prüfung, Anfechtungen eines jungen Theologen, erstes Liebesglück. Gemeinsam ist den ‚baltischen' Romanen dabei die Erfahrung einer

> Kraft, dieses Schicksal allein zu tragen, und zugleich der Stolz, daß einem dieses Schicksal beschieden war: dieses „trotzdem". Anderswo ist man deutsch, weil alles rundherum deutsch ist. Hier war man Deutscher „trotzdem".[27]

So heißt es etwas ungelenk in Vegesacks *Baltischer Tragödie*. Die Tragödie ist in diesen Jahren vor dem Ersten Weltkrieg noch keine, und denken wir uns kurz zurück: Zunächst sah es nicht so aus, als würde es eine werden.

Nur ein Jahrzehnt nach 1905 standen deutsche Truppen nach sensationellem Vormarsch in Litauen und Kurland: Die Möglichkeit einer neuen Glanzzeit und dass das Deutsche Reich aus dem Krieg mit großen Gewinnen als Sieger hervorgehen könne, überschwemmte den deutschen Buchmarkt mit einer wahren Broschürenflut. „Kurland und Litauen in deutscher Hand",[28] triumphierten solche Titel, die einem Publikum, dem das Baltikum im Grunde gleichgültig gewesen war, „die baltischen Provinzen und ihre deutsche Kultur"[29] nahebringen mochten. Hellmuth Krüger edierte mit anderen eine fünfbändige Reihe über „die Baltischen Provinzen",[30] die auch die sogenannte baltische oder deutschbaltische Literatur neu in den Blick nahm, und auch sie war kein Einzelfall: Aus dieser Zeit datieren die ersten kleinen Monographien zu ‚baltischen' Autoren, die, ebenfalls für den Tag und auf schlechtem Papier gedruckt, längst vergessen sind. Den Auftakt einer solchen Reihe machte bezeichnenderweise Carl Worms, der – zumal in seinen Erzählungen um 1905 (die uns noch beschäftigen werden) – „den Kampf um die Scholle wohl am treuesten von allen baltischen Dichtern bestanden" habe.[31] Mit den Ansprüchen an sie wandelt sich auch die ‚baltische' Literatur; es kommt geradezu zu einer neuen Welle, welche frühere Autoren wie z. B. Johanna Conradi, Theodor Hermann Pantenius oder auch Emmy du Féaux (Ernst Dorn), Elfriede Jaksch, Barclay de Tolly, Alexander Andreas (Alexander Badendieck) geradewegs und dauerhaft hinwegspült: wer kennt die Namen? Andere Schriftsteller werden erst jetzt in diesen neuen Zusammenhängen als „Baltendichter" begriffen – und auch dieser Wandel wirkt bis heute nach und

26 Mia Munier-Wroblewska [Mia Munier-Wroblewski]: Und doch! Ein Roman aus Kurlands Leidenstagen. 2. Aufl. Stuttgart, Berlin 1917, S. 34. Erste Auflage ebenfalls von 1917?

27 Siegfried von Vegesack: Die baltische Tragödie. Romantrilogie. Bd. 2: Herren ohne Heer. [Erstmals: Herren ohne Heer. Roman des baltischen Deutschtums, 1934]. Stuttgart o. J., S. 248.

28 Paul Michaelis: Kurland und Litauen in deutscher Hand. Berlin-Steglitz o. J. [1917].

29 Paul Rohrbach (Hg.): Das Baltenbuch. Die baltischen Provinzen und ihre deutsche Kultur. Dachau o. J. [1918].

30 Hellmuth Krüger (Hg.): Die Baltischen Provinzen. Bd. 2: Novellen und Dramen. Berlin-Charlottenburg 1916.

31 Ludwig Mathar: Carl Worms, der Dichter und sein Werk. In: Ders. (Hg.): Carl Worms. Berlin, Leipzig, Riga o. J. [1917] (Baltische Erzähler 1), S. 9.

beeinträchtigt etwa unser Bild von Eduard von Keyserling.[32] „Erst unter dem harten Gesetz der letzten Jahre, das uns zu vernichten strebte, und das so lebhaft unseren Selbsterhaltungstrieb weckte, ward auch er einbezogen in den Kreis baltischen Fühlens“,[33] schrieb Theophile von Bodisco im Rückblick von 1919.

Hellsichtig traf sie damit einen wunden Punkt. Denn lassen wir uns von den ‚baltisch‘ klingenden Ortsnamen und Charakteren der bekannteren Romane nicht täuschen: Die ‚deutschbaltische Literatur‘ war die meiste Zeit eine „Heimatliteratur ohne Heimat“,[34] die in den Ostseeprovinzen selbst durchaus zurückhaltend aufgenommen wurde. „Lies nur, wenn du darüber nicht deine Pflicht versäumst“,[35] empfahlen die Kalender der Deutschen Vereine noch 1913 – und übrigens keineswegs ‚baltische‘ Literatur. In Vegesacks *Baltischer Tragödie* bleibt sein alter ego Aurel – wir schreiben interessanterweise das Jahr 1905 – „vor der Auslage von Loeffler [...] stehen und betrachtet die Bücher. *Alle* kommen aus *Deutschland* – ein letztes, körperloses Band zwischen dem alten Mutterlande und seiner ersten Kolonie“.[36] Nicht einmal ohne Stolz wurde im Berliner Kreis um Paul Rohrbach, in dem auch der junge Vegesack verkehrte, postuliert: „Die jungen baltischen Dichter fußen also nicht eigentlich auf der älteren baltischen Dichtung. Im Gegenteil, nur sehr weniges, nur jene unfaßbare, unbestimmbare baltische Färbung haben sie mit ihr gemein. Ihre geistige Heimat ist Deutschland.“ „Was sie an Dichtungen hervorgebracht haben, ist zuerst und vor allem deutsche Dichtung.“[37] Auch dies gehört zur neu geforderten Pflichterfüllung in den Ostseeprovinzen, die 1917 von der provisorischen Regierung in die neuen Landesteile Estland und Lettland zerteilt werden, aus denen kurz darauf die beiden unabhängigen Staaten hervorgehen.

Den Träumen der Anfangsjahre des Ersten Weltkriegs – „Neun Monate lang war das Baltenland mit dem Mutterlande Deutschland verschmolzen, dann kam der Zusammenbruch, die deutsche Revolution“[38] – folgt mithin ein jähes Erwachen. Noch zwischen 1918 und 1920 konnte Hermann Keyserling „das Äquivalent von Jahrhunderten“ ausmachen.[39] Mit diesem Einschnitt wird die ‚baltische‘ Literatur ebensowenig zurechtkommen wie mit dem endgültigen Ende der ‚deutschen‘ Geschichte im Baltikum von 1939. Vegesack, der ernsthafteste Analytiker dieser Jahre, streift in seinem Œuvre immerhin noch kurz die Zeit „bald nach der Umsiedlung,

---

32 Vgl. Armin von Ungern-Sternberg: „Das rätselhafte Leben zu einer fruchtbaren Wirklichkeit zu gestalten“. Eduard von Keyserlings Erzählungen: Scherz, Melancholie und tiefere Bedeutung. In: Hofmannsthal-Jahrbuch zur europäischen Moderne 12 (2004), S. 255–286; vgl. Ders.: Kunstwerdung eines feudalen Heimatmilieus? Welt und Erlebnisse bei Eduard von Keyserling. In: Michael Schwidtal, Jaan Undusk, Ralph-Rainer Wuthenow (Hg.): Hier ist Woanders. Das baltische Welterlebnis der Keyserlings. Heidelberg 2007 (im Druck).

33 Theophile von Bodisco: Eduard von Keyserling als Baltendichter. In: Der Tag, 23. Oktober 1919.

34 Vgl. von Ungern-Sternberg: Erzählregionen (Anm. 2), S. 363–483.

35 [Anon.]: Wie soll man lesen? In: Kalender der Deutschen Vereine in Liv- Est- Kurland 1913, S. 4.

36 von Vegesack: Herren ohne Heer (Anm. 27), S. 281. Meine Hervorhebungen.

37 Bruno Goetz: Vorwort. In: Ders. (Hg.): Die Jungen Balten: Gedichte. Berlin-Charlottenburg 1916 (Die Baltischen Provinzen 4).

38 Peter Zoege von Manteuffel: Könige der Scholle. Roman. Stuttgart 1926, S. 378.

39 Hermann Graf Keyserling: Das Spektrum Europas. 5. Aufl. Stuttgart, Berlin 1931, S. 315.

1940 in Posen".[40] Die Flucht aus dem sogenannten Warthegau im Frühjahr 1945 wie auch die Ankunft in der Bundesrepublik liegen indessen auch außerhalb seines Horizonts, obgleich er selbst notiert, „was mag sich da alles abgespielt haben! Dieser letzte Teil der ‚Baltischen Tragödie' übertrifft jedenfalls noch den ersten!"[41] Vegesack scheint an diesem Stoff von vornherein zu scheitern – und zwar nicht als einziger. „Man könnte doch auch heimkehren!" verwandeln sich bei Hueck-Dehio „Tante Tüttchens verstörte Augen mit der Zeit in ganz gläubige Augen", während sie in den Jahren von Adenauers Kanzlerschaft und des Wirtschaftswunders der frühen Bundesrepublik in einem ehemaligen Fliegerhorst „auf dem Rand ihrer Pritsche im Altersheim sitzt".[42] Die ‚baltische' Literatur kehrt auch noch nach 1945 immer wieder heim, während das Baltikum „gewissermaßen unter den Hammer der Geschichte"[43] kommt und bis 1991 „ferner als der Mond"[44] liegt. Doch es ist eben keine Rückkehr aus der Gegenwart. Die Geschichten fangen immer bei einer anderen ‚Stunde Null' an: in einer imaginären, zeitlosen Epoche – *bevor* ‚alles anfing'.

Den meisten Autoren, die sich des Themas der ‚Revolution von 1905' annehmen wollten, war von dieser weiteren Entwicklung ein bestimmter Blick vorgegeben. Es wäre trivial, darin einfach den Ausdruck einer ‚deutschbaltischen' Ideologie zu finden, und es wäre auch nicht richtig. Literatur transportiert, sofern man sie überhaupt auf einen Ort festlegen kann, stets auch umfassendere Strömungen und Nuancen des internationalen Zeitgeists, kopiert manches Mal auch einfach literarische Vorbilder. Wir können aber vorläufig festhalten, dass die Ereignisse von 1905 in der Literatur einen nachhaltigen Wandel auslösen, während die Geschehnisse dieses Jahres in den Romanen selbst zur Episode stilisiert werden.

4. „Der große Hintergrund"

Die Revolution von 1905 hat in der sogenannten deutschbaltischen Literatur mithin kein genaues ‚Bild' hinterlassen, das einen Vergleich zur historischen Realität lohnen würde. Das bedeutet aber offenbar nicht, dass sich um sie kein erzählerisches Muster bilden würde. Wie dies geschieht, ist interessant, zumal, wenn man sich vergegenwärtigt, dass um 1905 nur wenige Erzählformen zur Gestaltung des Erlebten zur Verfügung standen. Krieg und Totschlag gehören ebenso zum erzählerischen Fundus der Menschheit wie Bruderzwist, Liebe und Reue. Massenbewegungen gehören dagegen zu den jüngeren Themen. Die Revolutionen von 1789 und 1848 waren aber nicht zu prägenden Themen geworden; vor allem der Jahre der

40 Siegfried von Vegesack: Tante Julikas Zauberspruch. In: Ders.: Die Welt war voller Tanten. Heilbronn 1970, S. 7–11. Zu Vegesack vgl. von Ungern-Sternberg: Ankunft in der Bundesrepublik (Anm. 24).

41 Siegfried von Vegesack an Alfred Kubin, 1. März 1945. In: Ders.: Briefe (Anm. 17), S. 277.

42 Else Hueck-Dehio: Tante Tüttchen. In: Dies.: Ja, damals ... (Anm. 22), S. 41.

43 Walter Pogge van Ranken [Walter M. Pogge]: Saschinka. Der heitere Roman eines heutigen Herrn von gestern. München 1970, S. 10. Erste Ausgabe 1913.

44 Ebd., S. 9.

Befreiungskriege hatten sich mit Dostojewski sowie Willibald Alexis und Theodor Fontane im deutschen Sprachraum viel gelesene Autoren angenommen. Spätestens seit Friedrich Spielhagen, Dickens und Zola hatte eine bestimmte Darstellungsform sozialer Fragen beim breiteren Publikum Erfolg. Das sich in wenigen Monaten verdichtende Miteinander von Streik und Versammlungen, von städtischem Aufruhr und Unruhen auf dem Land und zugleich von sich entladenden und verschärfenden nationalen Spannungen war jedoch ein komplexer und in mancher Hinsicht auch neuartiger Stoff, der die zeitgenössischen Autoren vor besondere Schwierigkeiten stellen musste.

Bezeichnenderweise betitelte Carl Worms seine sechs Erzählungen *Aus roter Dämmerung* von 1906 denn auch nur als „baltische Skizzen". Formal und inhaltlich disparat, fügen sie sich in der Tat zu keinem Ganzen. Eine historische Erzählung (der bekannteste Teil der Sammlung), die ältere Muster um Belagerung und Überfall unter dem markigen Titel *Ich bleibe* etwas brachial ausformt, lebt von suggerierten Parallelen mit der Gegenwart. Ein nur fünf Seiten langes reportagehaftes Stück über ein Exekutionskommando steht einem nur wenig längeren Gesprächsauszug gegenüber, der als Szene einem längeren Gesellschaftsroman entnommen sein könnte und die Unterhaltung mit einem stolzen russischen Dragonerchef wiedergibt:

> Häßliche Arbeit, Madame, immer nur prügeln, erhängen, erschießen. Aber was soll man tun! [... Und] – verzeihen Sie, gnädigste Baronesse, das alles macht hierzulande nicht den richtigen Effekt. Es hier fehlt [sic] großer Hintergrund. [...] Sie sagen, Ihr Hintergrund ist Heimatliebe, Kampf um väterliche Scholle, tapferes Beispiel für die kommenden Kinder. A la bonheur, madame. Aber Ihr Land ist zu klein, hat kein gutes Echo für heroische Taten. Deutsche hier haben kleinen Hintergrund und Letten gar keinen. Wozu also Revolution? Letten haben nicht Talent dazu. Wozu also sich strapazieren mit Beispielgeben für Helden, die nicht wachsen hier?[45]

Der bruchstückhaften Form eines fingierten Tagebuchs voll wachsender Selbstanklagen eines lettischen Lehrers, in die Motive einer Liebesgeschichte eingewoben sind, folgt ein stärker ausformuliertes Stück, das sich einerseits an gängigen Bildern eines kranken Mädchens im Waldsanatorium orientieren kann, sowie andererseits (in einer wiederum historische Parallelen suggerierenden Binnenerzählung um Kaiser Heinrich IV. „aus der Zeit, wo die Männer trotzig und blond waren und die Frauen so treu und deutsch wie niemals mehr"[46]) an den weitverbreiteten Sagen und Rittergeschichten für die Jugend. Was sich so abzeichnet, ist nicht nur ein teils ressentimenthafter, moralisch auftrumpfender Ton, den Zeitgenossen als treulichen „Kampf um die Scholle"[47] werten konnten, sondern auch ein bemerkenswertes Bemühen, mittels formaler Vielgestaltigkeit sowie in inhaltlichen Perspektivwechseln unterschiedliche Aspekte des komplexen Geschehens zu erfassen. Wie wir am heute völlig vergessenen Glanzstück des Bandes, der Novelle um „Prinz Erich", noch sehen

---

45 Carl Worms: Der große Hintergrund. In: Ders.: Aus roter Dämmerung. Baltische Skizzen. 2. Aufl. Stuttgart, Berlin 1907, S. 103 und 104. Erste Ausgabe 1906.

46 Carl Worms: Ein krankes Mädchen. In: Ders.: Aus roter Dämmerung (Anm. 45), S. 205.

47 Mathar: Carl Worms, der Dichter und sein Werk (Anm. 31), S. 9.

werden, war Worms dieser bemerkenswerte Zwiespalt seiner Sammlung möglicherweise stärker bewusst als seinen Lesern.

Max Alexis von der Ropps ein Jahr später (1907) erschienener umfänglicher „baltischer Zeitroman" *Elkesragge* bettet die Revolution erstmals in einen größeren erzählerischen Kontext ein. Nach einigen Rückblicken auf das späte 18. Jahrhundert setzt er 1844 ein, springt bald darauf in die 1870/80er Jahre und führt seine Handlung zunächst langsam, dann beschleunigend in die eigene Gegenwart. Es ist in erster Linie ein Familienroman, in dem vereinzelte Motive aus Huysmans' *A rebours*, Wildes *Dorian Gray* sowie als Großstruktur der abgleitende „Verfall einer Familie" aus Thomas Manns *Buddenbrooks* durchschimmern. Es ist ein „Zeitroman" vor allem im Sinne einer moralischen Deutung der kurzatmigen Gegenwart im Lichte einer längeren, großartigeren Vergangenheit. Dem Vertreter der jüngsten Generation, Alexander, der „so häufig über dem Genießen der Kunst alle jene unangenehmen Dinge zu vergessen gesucht, die in letzter Zeit so häufig an ihn herantraten",[48] werden die Ereignisse von 1905 zu einer Herausforderung, die er nicht überleben wird. Form und inhaltlicher Rahmen sind – wie wir noch sehen werden – Fremdübernahmen damals gängiger Stoffe und Genres, die es ermöglichen, den Facettenreichtum und die Widersprüchlichkeiten des Geschehens erstmals unter einem Gesichtspunkt und in einem erzählerischen Fluss zu ordnen.

In Lotta Girgensohns schmalerem „livländischen Roman" *Erleben* drückt sich dieser allgemeine Deutungsanspruch 1908 bereits im Titel und in den aus deutschen Klassikern entnommenen Motti der Kapitel aus: „Wir müssen uns in hohem Sinne fassen / Und was geschieht, getrost geschehen lassen", heißt es mit Goethe gleich eingangs des ersten Kapitels.[49] „Ernste, scheltende Worte von Pflichtvergessenheit"[50] fallen im Roman, der das in der damals gängigen Literatur verbreitete Personal aus Pastor, Doktor, Lehrer versammelt und zwar in einer gleichfalls geläufigen Erzählstruktur um ersten Beruf, Ehe und Schwangerschaft vor einem Panorama der Revolution von 1905, deren Auseinandersetzungen sich für die Deutschen recht traditionell in zwei Kontrastfiguren personifizieren, dem lettischen Lehrer Silling und seiner Madde. Die Kollision der sich ursprünglich nahestehenden deutschen und lettischen Personen folgt einem Schema zurückgewiesener Liebe bzw. aufkommender sozialer Eifersucht, wie es von Girgensohn nicht eigens erfunden werden musste. Die Revolution ersetzt im Erzählablauf der Romane gewissermaßen jene mannigfachen anderen Unglücksfälle oder Verirrungen, die in vielen Erzählformen einen eingeführten Anfangszustand durchkreuzen. Damit hatte man den Stoff, mit dem 1906 Carl Worms noch erkennbare Mühe hatte, gewissermaßen im Griff und für den Buchmarkt umgestaltet. Es war weder ein besonders origineller noch ein genuin ‚baltischer' Ansatz: Schon 1909 konnte die österreichische Modeschriftstellerin Edith Gräfin Salburg in einem zweibändigen Großroman, der die Verbindung

48 Max Alexis von der Ropp: Elkesragge. Ein baltischer Zeitroman. Berlin 1907, S. 192.

49 Das Zitat ist *Faust II* (1832) entnommen. Johann Wolfgang Goethe: Faust. Der Tragödie zweiter Teil. In: Ders.: Werke. Hamburger Ausgabe in 14 Bdn. Bd. 3: Dramen I. München 1986, S. 183.

50 Lotta Girgensohn: Erleben. Livländischer Roman. Schwerin 1908, S. 190.

von Wien nach Livland über die konventionelle Geschichte einer jungen Ehe schlägt, die freundlichen Lebensformen, aber auch die Standfestigkeit der „deutschen Barone" im Baltikum angesichts von „Rassen- und Klassenhass [... und] der Nationalitätenhetze"[51] zum Vorbild für den deutschen Adel in der brüchigen kaiserlich-königlichen Monarchie umgestalten: „Es weht in den baltischen Herrenhäusern so köstlich reine, moralische Luft, es erzieht der Edelmann dort die Seinen mit soviel gesunder Strenge und natürlichem Frohsinn, dass die Herzen lange in der Knospe bleiben. Auf einen schlichten, arbeitsfreudigen Alltag ist der Ton gestimmt, nicht auf ein kränkelndes, suchendes Empfindungsleben",[52] an dem z.B. Alexander in *Elkesragge* scheiterte und das auch in Wien damals so viele umtreibt. Salburgs aufwendig recherchiertes Buch[53] bietet historisch ein detaillierteres und ausgreifenderes Panorama als die Bücher sogenannter baltischer Autoren. In den Episoden rings um die baltische Revolution von 1905 erkennen wir indes das gleiche Muster:

> Der Mann ermordet, ihm nachgestorben die Frau, die nur ein Teil von ihm selbst gewesen. Zum Manne geworden das Kind.[54]

Frances Külpes 1910 erschienene „Baltische Novellen aus der Revolutionszeit"[55] bemühen sich bei aller Verknappung um differenzierende Töne – insbesondere das beste Stück der Sammlung *Darthe Semmit*, das im ersten Viertel die Protagonistin Darthe mit ihrem Bruder Jahnit und auf der anderen Seite den Jungherrn Wolf sowie Baroness Marga in Kinderperspektive einführt und so das spätere revolutionäre Geschehen mit einer chronologischen Tiefendimension unterlegt. Letztlich folgen Külpes Geschichten jedoch der vereinfachten Struktur eines Bildungsromans, der schon in den Titeln der anderen beiden Erzählungen „auf brennendem Boden" Liebe und Mut, Toleranz und Prinzipientreue „unter fremden [sic] Willen" prüft: „Ich bin innerlich frei geworden",[56] heißt es am Ende und: „Hat Gott unser baltisches Deutschtum ganz dem Untergange geweiht? In mir aber lebt noch ein großes Stück Kampfeslust."[57]

Auch Marie von Pistohlkors' und Ludmilla von Rehrens gemeinsam veröffentlichter „Roman aus den russischen Ostsee-Provinzen" bemüht sich erkennbar um eine traditionelle novellistische Verdichtung des revolutionären Geschehens: Baron Hermann Göding, „der blutjunge Majoratsherr von Wannamois auf Oesel [...] Brust und Arm stark genug zu jeglichem Kampf [...] und das blaue, scharfgesichtige Augenpaar trotzblitzend von Adelsstolz",[58] macht auf einer Strafexpedition gegen die Revolutionäre im Familiengut Halt und muss alten Familienbriefen nicht

51 Edith Gräfin Salburg: Deutsche Barone. Roman. Dresden 1909, Bd. 1, S. 64.
52 Ebd., S. 160.
53 Am Schluß des zweiten Bandes verzeichnet Salburg „Benützte Quellen (Lettische Revolution)".
54 Gräfin Salburg: Deutsche Barone (Anm. 51), Bd. 1, S. 150.
55 Frances Külpe: Rote Tage. Baltische Novellen aus der Revolutionszeit. Berlin 1910.
56 Frances Külpe: Auf brennendem Boden. In: Dies.: Rote Tage (Anm. 55), S. 60.
57 Ebd., S. 61.
58 Marie von Pistohlkors, Ludmilla von Rehren: Herrenmoral. Roman aus den russischen Ostseeprovinzen. Hannover 1912, S. 8.

nur die Liebesbeziehung seiner unglücklich verheirateten Großmutter zu einem gebildeten estnischen Studenten entnehmen, sondern zugleich schlussfolgern, dass er am nächsten Morgen beim Exekutionskommando seinen eigenen Vetter erschießen wird, „aus dessen Augen ihm ein fanatischer Haß entgegenblitzte".[59] Der zunächst ganz zeitgeschichtlich, ja politisch einsetzende Roman – „Schon hatte die Revolution ganz Rußland ergriffen"[60] – mit dem auffälligen Titel *Herrenmoral* erschien 1912 als erster Band der „Bücher der ‚Quelle'" mit zwei antik gewandeten Musen in schlankem Jugendstil auf dem dekorativen Titelblatt: Die literarische Gestaltung zielt in diesen Jahren, da die breite Öffentlichkeit beim Dichter das Allgemein-Menschliche erwartete, weniger auf Zeitgeschichte denn auf moralisches, inneres Erleben: „Als Hermann sich endlich erhob, war es nur ein instinktives ‚Muß', das ihn ahnen ließ, er sei nicht mehr Herr seiner Zeit. Er taumelte",[61] ist der Kernsatz des Geschehens. Der „große Hintergrund", den bei Carl Worms der selbstversessene russische Dragonerkommandant in den Ostseeprovinzen nicht erkennen konnte, liegt in diesen frühen Texten nicht im revolutionären Ausbruch, ja nicht einmal im weltgeschichtlichen Hauch eines großen, brutalen Geschehens, sondern in den aufgeworfenen Fragen menschlichen Daseins, das in Gestalt der eher archetypischen als individuell gezeichneten Personen (Doktor, Pastor, Herr, Knecht, Lehrer, Frau und Mann) als ein ewig neues Ringen um das rechte Leben, um Schuld und Vergebung erscheint. Edzard Schapers *Henker*[62] wird später, obgleich ungleich komplexer, in den Erzählsträngen seiner 750 Seiten an diese Traditionen anknüpfen.[63]

5. „Baltenschicksale"

Der an dieser Stelle in die literaturgeschichtliche Entwicklung hineinbrechende Erste Weltkrieg verschiebt die Gewichte und lässt die von St. Petersburg aus mit wachsendem Misstrauen beäugten Deutschen im Baltikum zwischen die Fronten geraten. In Munier-Wroblewskis 1917 erschienenem „Roman aus Kurlands Leidenstagen" verblassen die Schrecknisse von 1905 gar vor den neuen Erlebnissen:

> Wir stehen fraglos am Vorabend starker Ereignisse. Ich wage nicht zu sagen, welcher Art sie sein werden, aber so oder so werden Kampfestage kommen: ein zweites, weit blutigeres 1905 oder der längst zu erwartende Krieg Deutschland-Rußland. Gott hält die große

59 Ebd., S. 125.
60 Ebd., S. 7.
61 Ebd., S. 119.
62 Edzard Schaper: Der Henker. Roman. Leipzig 1940.
63 Deshalb sehe ich in diesem Zusammenhang von einer detaillierteren Betrachtung ab. Zu Schaper vgl. Armin von Ungern-Sternberg: „Dieses primitiv Epische"? Zu Edzard Schapers Erzählverhalten. In: Triangulum. Germanistisches Jahrbuch für Estland, Lettland und Litauen 5 (1998): Sonderheft Edzard Schaper, S. 148–179; Ders.: Schaper lesen lernen? Überlegungen zu seinem Werk. In: Annäherungen. Edzard Schaper wiederentdeckt? Hg. v. d. Arbeitsstelle für kulturwissenschaftliche Forschungen Engi/Glarus. Basel 2000, S. 77–107.

Wurfschaufel in seinen heiligen, starken Händen, er wird die Spreu vom Weizen sondern, und ich habe den Glauben, daß noch viele goldene Weizenkörner sich finden werden in unserer Saat.[64]

Die Struktur der Sinngebung bleibt indes die gleiche, wie schon der sperrige Titel *Und doch!* signalisiert. Sie wird aber konkreter, polemischer; die Handlung kennt sogar einen einzelnen „Name[n], in dem Erlösung, Befreiung beschlossen war, ein Name, groß, sagenhaft, messiasgleich: Hindenburg".[65] Man steht 1917 nach einem überstandenen ‚roten Zwischenspiel' auf der Gewinnerseite und sieht sich darüber hinaus auf der Seite der Gerechten. „Warum haben die Juden bei der Revolution 1905 mit den Letten gemeinsame Sache gemacht und die Deutschen jämmerlich verlassen?" heißt es jetzt vorwurfsvoll an einen alten Juden gewandt, und seine Antwort ist nun wirklich die eines politisierenden ‚Zeitromans':

Wir dachten, mit den Deutschen ist es hier zu Ende. Aber wir werden gestraft dafür, daß wir die Deutschen hatten verlassen, wir werden müssen leiden jetzt noch mehr als die Deutschen. Was soll ich machen ein Hehl vor Ihnen aus meinen Gedanken? Ich warte auf die Preußen, und wenn ich könnte, ich würde ihnen zeigen jedes Loch in der Mauer, durch das sie könnten kommen.[66]

Noch während neben den erwähnten Kriegsbroschüren auch solche Geschichten von historischer Härte und Gerechtigkeit in den Buchhandel gelangen, geschieht etwas, das sie zur bloßen Episode werden lässt: 1917 bricht das Zarenreich zusammen und mit ihm die überkommene Ordnung in den Ostseeprovinzen. Der gerade noch beschworene Heldenmut und alle Lehren aus dem „rote[n] Jahr 1905"[67] führen offenbar zu nichts; die Prüfungen im „Druck der schrecklichen Zeit"[68] bezeichnen am Ende keinen Erkenntnisweg, sondern eine Reihe von Selbsttäuschungen. Die „Revolution mit all ihren Schrecknissen" ist eben nicht „wie ein grauer Spuk vorübergegangen. Nun herrschte wieder Ruhe im Lande"[69] – es kommt noch schlimmer. Doch nur Munier-Wroblewski, die vielleicht interessanteste Autorin jener Jahre, sieht ausdrücklich einen erzählerischen Zusammenhang zwischen 1905 und 1918:

„Es ist viel unschuldiges Blut geflossen", dachte er, „bei den Deutschen wie bei meinem Volk, und immer neuer Haß muß aus solcher Saat aufgehen hüben und drüben. Das sind alles noch unbeglichene Rechnungen".[70]

Ihr 1919 erschienener *Grauer Baron* springt etwa zur Hälfte der Erzählung vom Dezember 1906 ins Jahr 1914 und dann flugs zum raschen Ende der Geschichte,

64 Munier-Wroblewska [Munier-Wroblewski]: Und doch! (Anm. 26), S. 114.
65 Ebd., S. 299.
66 Ebd., S. 264.
67 Mia Munier-Wroblewska [Mia Munier-Wroblewski]: Rote Saat. In: Dies.: Der graue Baron. Lettische Geschichten. Stuttgart, Berlin 1919, S. 101.
68 Mia Munier-Wroblewska [Mia Munier-Wroblewski]: Andree Gaillits Lettland. In: Dies.: Der graue Baron (Anm. 67), S. 137.
69 Hedda von Schmid: Die Hellbergs. Baltisch-Estländischer Familienroman. Werdau 1920, S. 143.
70 Mia Munier-Wroblewska [Mia Munier-Wroblewski]: Der graue Baron. In: Dies.: Der graue Baron (Anm. 67), S. 295.

an dem noch einmal Hoffnung aufkommt: „Mammi, Mammi, komm schnell, bitte schnell! Wo bist du? Die deutschen Soldaten sind da“[71] – so wie seinerzeit, 1905, Kosaken und Dragoner in den Strafexpeditionen gegen die aufrührerischen Gruppen: Die Wirrnisse des Ersten Weltkriegs erscheinen als eine schlimmere Wiederkehr der ersten „roten Dämmerung“[72] von 1905.

Erst jetzt und mit diesen gleichsam wiederholten Erfahrungen entsteht in der Literatur das Muster einer eigenen ‚baltischen Tragödie‘, die ihr Urbild im Buch Hiob hat, Standfestigkeit aber auch als kulturelles, gar nationales Bollwerk begreift und darstellt. Die Literatur wendet sich damit auch an ein deutsches Publikum, dessen politische Sympathie man in diesen unsicheren Jahren (und zumal nach 1918) besonders herbeisehnt und das seine eigenen Probleme wälzt und Vorbilder sucht, wie sie auch Tucholsky zwischenzeitlich in den „Deutsche[n] der edelsten Art“[73] im Baltikum findet. Den ‚baltischen‘ Autoren ist es offenbar gelungen, dieses Segment des deutschen Buchmarktes besonders erfolgreich zu bedienen. Die 1920er Jahre sind jedenfalls die Phase ihrer größten Prominenz, an deren Ende man überzeugt sein konnte, „die Balten [... hätten] stärker als irgend ein anderer Zweig der Auslanddeutschen gerade zu der Entfaltung des deutschen Geisteslebens, in der schönen Literatur wie in der Wissenschaft, beigetragen“.[74] Es kommt zu jener „späte[n] Blüte der baltisch-deutschen Literatur auf reichsdeutschem Boden zu einem Zeitpunkt, da die altertümliche baltische Welt, von der die meisten dieser Autoren noch geprägt waren, bereits unwiederbringlich der Vergangenheit angehörte“.[75]

Die ersten ‚baltischen‘ Romane nach dem Ersten Weltkrieg sehen das noch nicht so endgültig. Schmids Familienchronik *Die Hellbergs* von 1920 mag im verlegerischen Herstellungsprozess von den Geschehnissen überrollt worden sein und klingt daher kurz vor den entscheidenden Wendepunkten aus. Für Theophile von Bodiscos ein Jahr später erschienene Bilder *Aus einer verklingenden Welt* kann dies schon nicht mehr gelten, und so fällt der Zwiespalt zwischen dem melancholischen Titel und seiner noch in der Ankunft deutscher Soldaten kulminierenden Handlung (die noch einmal Hoffnung schöpfen lässt), besonders auf. Bodisco wird das Ende der baltischen Welt trotz ihrer herausragenden Begabung zeitlebens nicht mehr bewältigen: Sie publiziert kaum mehr etwas von größerem Wert und zieht sich bald ganz zurück. Frank Thieß' ungleich erfolgreicherer Roman *Die Verdammten* greift 1923 im Inzest ein Motiv von *Elkesragge* auf, das den Untergang der baltischen Welt impliziert, beschäftigt sich jedoch – ebenso wie Bergengruens 1926 publizierter Roman *Das große Alkahest* – mit Themen, die über ihre baltischen Kulissen hinaus ins allgemein Geistige reichen sollen, wie es diese zweite expressionistische Generation

71 Ebd., S. 477.

72 Vgl. Worms: Aus roter Dämmerung (Anm. 45).

73 Kurt Tucholsky: Ein untergehendes Land. In: Ders.: Gesammelte Werke. Bd. 1: 1907–1924. Hg. v. Mary Gerold-Tucholsky, Fritz J. Raddatz. Reinbek b. Hamburg 1960, S. 435.

74 Eduard Spranger: Geleitwort. In: Baltisches Geistesleben. Zeugnisse deutscher Kulturarbeit 1 (1928), H. 1, S. 1.

75 Arved Frhr. von Taube: Deutsch-Baltisches Kulturerbe in nationalem und zwischenvolklichem Bezug. In: Jahrbuch des baltischen Deutschtums 1975, S. 199.

noch ausdrücklicher erstrebt als ihre Vorläufer. Die meisten ‚baltischen' Romane, die nun rascher aufeinanderfolgen, ziehen ihrer Handlung indes einen engeren Horizont und beschäftigen sich damit, den ‚Fall' der baltischen Geschichte mehr oder minder exemplarisch nachzuzeichnen. Als gegen Ende von Zoege von Manteuffels Roman *Könige der Scholle* (1926) nach Kriegsende und einem Nibelungenzug gleich „zu Zehntausenden [...] die Balten in das Mutterland" Deutschland flüchten –

> [...] noch vor kurzem ein Volk von Königen, nun ein gewaltiger Zug niedergebrochener Existenzen, ein Zug unbewaffneter Ritter, vermögensloser Kaufleute, schülerloser Lehrer, bücherloser Gelehrter. Nur die Tradition adeliger Gesinnung konnten sie mitnehmen und die deutsche Sehnsucht.[76]

– drängen sich ihnen Fragen auf, wie es dahin kommen konnte.

> Vielleicht war es falsch [...], daß wir keine Esten herangezogen haben. Freilich, wir konnten es auch nicht. Nur die Rittergutsbesitzer bildeten den Landtag und hatten Sitz und Stimme. Um das Gesetz zu ändern, hätte es kaiserlicher Bestätigung bedurft und die wurde, wie du weißt, immer versagt.[77]

Doch solche genaueren, geradezu regionalhistorisch daherkommenden Überlegungen sind Ausnahmen, und sie sind eher als Sonderfall bezeichnend, als dass sie etwas erklärten, wie man es bei einem Buch, dem man schon dem Titel nach eine „unverhüllte Blut-und-Boden-Tendenz"[78] unterstellen mag, ohnehin kaum erwarten möchte. Vor allem gerät die Revolution von 1905 zunehmend aus dem Blick, und es liegt nahe, hier Absicht zu unterstellen, scheint sie doch von einem beherzt durchgestandenen Zwischenspiel zu etwas ganz anderem zu werden: zum Nachweis einer Unfähigkeit, auch nur im nachhinein auf die veränderten Zeitläufte zu reagieren. „Wenn wir nur noch auf unserem Stammbaum sitzen, nicht die Kraft haben, herunterzuspringen und neu anzufangen, – dann, aber nur dann hat der Adel tatsächlich ausgespielt!"[79] formuliert Vegesack die Frage in seinem ‚baltischen' Erstling 1932 mit spürbarer Vorsicht, nachdem er schon 1926 wegen einer Satire aus dem Livländischen Stammadelsverband ausgeschlossen wurde.[80] Doch auch in seiner 1933–35 erscheinenden *Baltischen Trilogie* (ab 1937 in Neuausgaben als *Baltische Tragödie* zusammengefasst) können wir bemerken, wie die „etwas rot angefärbte"[81] Tante Ara mit Vegesacks ausdrücklichem alter ego Aurel „nie [...] zufrieden ist und in ihrer ungestümen Art ihn immer wieder aus seinem ‚baltischen Schlaf' wachzurütteln versucht."[82]

> Ihr Balten schlaft eigentlich euer ganzes Leben, und da wundert ihr euch, wenn ihr immer weiter hinter der übrigen Welt zurückbleibt. Etwas Mittelalter steckt noch in jedem von euch: mit geschlossenem Visier und Panzer sitzt ihr da, hoch zu Roß, das Schwert in der

76 Zoege von Manteuffel: Könige der Scholle (Anm. 38), S. 377f.
77 Ebd., S. 302.
78 von Wilpert: Deutschbaltische Literaturgeschichte (Anm. 3), S. 229.
79 Siegfried von Vegesack: Das fressende Haus. Roman. Berlin 1932, S. 64.
80 Vgl. von Ungern-Sternberg: Ankunft in der Bundesrepublik (Anm. 24), S. 118f.
81 von Vegesack: Herren ohne Heer (Anm. 27), S. 250.
82 Ebd., S. 276.

> Faust – aber die Zeit der Ritter ist längst vorüber. Eine neue Zeit ist heraufgekommen. Du solltest Bebel lesen, du solltest in Berlin studieren.[83]

Aber Aurel fühlt sich dennoch „wohl bei ihr; er spürt, daß sie im Grunde an ihn glaubt“:[84] Die Handlung der Romane verlagert sich auf eine tiefere Ebene. Geschichten von ‚baltischer‘ Gesinnung ersetzen ‚baltische‘ Geschichte. Kindheitsgeschichten wie die von Aurel nehmen seit den 1920er Jahren zu und mit ihnen das etwas ältere Motiv des sogenannten Halbbluts (häufig von einer südländischen oder künstlerischen Mutter und vielleicht als Reflexion einer sich ausdifferenzierenden Gesellschaft). Doch es sind bezeichnenderweise gerade diese Kinder, die sich gleichwohl zu einer ‚echt deutschen‘ und ‚deutschbaltischen‘ Gesinnung bekennen, und zwar gerade im Revolutionsjahr. So z. B. in Zoege von Manteuffels *Halbblut* von 1928: „Axel stand da, vom Mondlicht übergossen und redete zum Volke. War der Junge toll geworden?“[85] Noch in kurzen Hosen zeigt der junge Baron Neuhausen dem Volke kinderleicht, „daß ihr diese Forderungen euch nicht genügend überlegt habt.“[86] Für ihn wie für andere Figuren wird das Jahr 1905 damit zu einer Art säkularer Weihe: In Vegesacks *Herren ohne Heer*, dem vielsagenden zweiten Titel seiner *Baltischen Trilogie* von 1934, bekommt Aurel ausgerechnet in jenen Jahren den Siegelring des Vaters zur Konfirmation geschenkt, einen Löwen mit drei Rosen („Der Löwe bedeutet Mut und Kraft [...] die Rosen Liebe, Treue und Wahrheit“),[87] und auch Axel kennt 1905 seine Heraldik: „Papa, mein Wappenspruch lautet: ‚Nicht weichen!‘“[88] Es sind solche Sätze, die es ermöglichen, dass manchen Kreisen einige Jahre später „das eigenartig herrenmäßige Wesen der deutsch-baltischen Dichtung“[89] besonders angelegen ist oder dass man auch innerhalb der deutschbaltischen Bevölkerungsgruppe noch nach 1945 „eine Oberschicht des Geistes, des Besitzes, des Adels“[90] als Wesenszüge des ‚baltischen‘ Schrifttums reklamiert.

6. „Ewige Verwandlung“

Der junge Baron Axel Neuhausen hat 1905 seine Lektion gelernt. Er weicht nicht, und doch ist keine Rettung: Im Ersten Weltkrieg wird ihn eine deutsche Fliegerbombe aus der Luft töten. Doch mit ihm stirbt nicht sein Geschlecht: „Liebe war gestorben, Glück war verdorben, aber die Tradition lebte ...“[91] Am Ende ist der Einzelne,

83 Ebd., S. 249f.
84 Ebd., S. 276.
85 Zoege von Manteuffel: Halbblut (Anm. 9), S. 282.
86 von der Ropp: Elkesragge (Anm. 48), S. 204.
87 von Vegesack: Herren ohne Heer (Anm. 27), S. 218.
88 Zoege von Manteuffel: Halbblut (Anm. 9), S. 258.
89 Heinz Kindermann: Deutsche Dichtung aus dem Baltikum. In: Bücherkunde 4 (1937), S. 200.
90 Herbert Cysarz: Wesenszüge, Gesichtszüge baltischen Schrifttums. In: Erik Thomson (Hg.): Baltisches Erbe 2. Beiträge, Berichte und Zeugnisse über Balten. Frankfurt/M. 1968, S. 14.
91 Zoege von Manteuffel: Halbblut (Anm. 9), S. 483.

immerhin der Protagonist der Handlung, nur eine „kleine baltische Nebenfigur",[92] die als nächste, junge Generation über ihre Zeit hinausblickt und „wohl etwas von dem Ewigkeitshauch spüren [mag], der den Alten erfüllte mit unaussprechlichem Glück".[93] Es gibt eine tiefere Sinngebung als die politische oder kulturelle Behauptung im Lande, dessen Landschaft nach 1900 zunehmend mit ähnlicher Bedeutung aufgeladen wird: „Kraftgrün ist das Land, ewigjung ist das Land, weltfern und himmelnah ist das Land! Gott segne seine gute Stille und Fruchtbarkeit!"[94] wird es 1940 Gertrud von den Brincken in denkwürdigem Kontrast zu ihrem eigenen Titel *Herbst auf Herrenhöfen* formulieren. 1940 ist mit Umsiedlung und Nachumsiedlung eine weitere baltische Tragödie hinzugekommen und Vegesacks Hauptwerk in seinen ersten drei Bänden bereits erschienen. „Das baltische Märchen [... hat] unwiederbringlich sein Ende gefunden".[95] Doch wenn weltfern und himmelnah „nur die Ewigkeit gilt",[96] ist keine Tragödie endgültig, und so endet noch Vegesacks *Letzter Akt* (1941/1957) ebenso wie Munier-Wroblewskis zuvor zwischen 1927 und 1931 publiziertes (und in den 1960er Jahren überarbeitetes) Epos *Unter dem wechselnden Mond*[97] im Gedanken einer Dauer im Wechsel: „Es gibt keinen Tod, nur ewige Verwandlung": „Sechs Glieder der Familie Stahl hatten am 20. November [1711] die Heimat verlassen, sechs landeten am 22. November [1939] in Gotenhafen",[98] unter ihnen die „einzige Tochter des letzten Pastors Stahl im Lindenpastorat in Kurland, den revolutionäre Letten 1905 ermordeten, und Tochter der Pastorin Stahl, die an jenem Mordabend kurz vor Weihnachten geisteskrank wurde".[99]

Die Darstellung der Revolution von 1905 wird in diesen Büchern um die bekannten Versatzstücke gruppiert, vor allem aber wird sie in zunehmendem Maße eingereiht in eine größere Chronologie baltischer Geschichte, die in den sprichwörtlichen ‚siebenhundert Jahren' ohnehin noch ganz andere Peripetien kennt (z. B. den Untergang des Ordensstaates oder den Nordischen Krieg) und in der zumal auf 1905 weitere und größere Katastrophen folgen. Doch es ist diese Gesamtheit historischen Werdens, „aus Jahrhunderten zu kommen und in Jahrhunderte zu gehen",[100] die ‚baltischen' Romanen nunmehr wichtig wird:

92 Siegfried von Vegesack: Die baltische Tragödie. Romantrilogie. Bd. 3: Totentanz in Livland. Stuttgart o. J., S. 485ff. Erste Ausgabe 1935.
93 von der Ropp: Elkesragge (Anm. 48), S. 289.
94 von den Brincken: Herbst auf Herrenhöfen (Anm. 20), S. 45.
95 Siegfried von Vegesack: Der letzte Akt. Roman. [1941/1957]. Heilbronn 1963, S. 9.
96 Ebd., S. 95.
97 Mia Munier-Wroblewski: Unter dem wechselnden Mond. Werden, Wachsen und Welken eines kurländischen Geschlechts. 6 Bde. Heilbronn 1927–31. Überarbeitete Neuausgabe: Unter dem wechselnden Mond. 6 Bde. in 2 Bdn. Heilbronn 1967.
98 Mia Munier-Wroblewski: Unter dem wechselnden Mond. Bd. III.2: Osterwinde. Heilbronn o. J. [1967], S. 340. Erste Fassung 1931.
99 Ebd., S. 189.
100 von Vegesack: Herren ohne Heer (Anm. 27), S. 247.

Siebenhundert Jahre Rittertum, siebenhundert Jahre Kampf und Sieg und Tod leben in dieser Stunde, leben in den Gesichtern derer, die jetzt an dem Platz ihrer Vorfahren stehen, den gleichen Willen, die gleiche Liebe, die gleiche Gesinnung in den rüstungsgrauen Augen.[101]

In der Komposition eines Handlungsbogens – zumal wenn das Muster einer erfolgreich bestandenen „Prüfungszeit"[102] zugrunde liegen soll – führt dies indessen zu erheblichen Problemen, da die Ereignisse des Buches, das der Leser in Händen hält, sich dann wie die bloße Wiederholung anderer, ähnlicher Geschichten lesen: „Blutig rot sind verzeichnet in den Tafeln der Geschichte Liv-, Est- und Kurlands die Jahre 1905, 1906 und 1907";[103] doch sie verlieren ihre erzählerische Funktion ausgerechnet in jenen Romanen, die mehr als eine Chronik sein wollen und im historischen Stoff auf Peripetien und eine allgemeine Sinngebung zusteuern. Bei der Lektüre von Vegesacks und Munier-Wroblewskis vielen hundert Seiten kann man sich eines Gefühls nicht erwehren, dass es ihnen auch um Vollständigkeit zu tun ist. Doch während beide mit der langen Abfolge von „Vorfahren und Nachkommen"[104] „unter dem wechselnden Mond" eine zyklische Sinngebung verbinden und die Revolution von 1905 in dieses leicht ermüdende Muster ebenso einordnen können wie jede andere Epoche, bleibt in ‚baltischen' Romanen kürzeren Umfangs die Geschichte regelmäßig in einer unbestimmten Vorzeit stehen, die nur selten die historische Gegenwart erreicht, wie es Vegesack selbst in seinem Spätwerk zunehmend monieren wird:

Lebt ihr nicht alle, ohne es zu merken, in der Zeit unserer Väter und Großväter und gebt euch der Illusion hin, daß die Zeit stillsteht und daß es immer so bleiben wird?[105]

Ganz so ergeht sich Karl G. Kupffers 1930 bereits in dritter Auflage publizierte „Geschichte aus versinkender Zeit"[106] in Jagd- und Krebspartien und gegenseitigen Besuchen, an deren Ende ein glückliches Hochzeitspaar nach Hause fährt, ohne dass man sagen könnte, welches Jahr man schriebe oder warum diese Welt anders als in der allgemeinen Technisierung der Moderne versinken solle, obwohl man auch bei Kupffer „eine gepanzerte Faust im Wappen"[107] führt. Auch der Rigaer Kalender druckt in jenen Jahren, da Edzard Schaper im Baltikum ganz andere Stoffe sammelt, in seinen literarischen Teilen nur mehr „ein Erinnerungsbildchen aus dem alten Riga"[108] oder „eine fröhliche Geschichte aus Alt-Riga".[109] Als 1939 Elsa Bernewitz'

101 Gertrud von den Brincken: Unsterbliche Wälder. Roman. Stuttgart 1941, S. 240.

102 Carl Worms: Überschwemmung. Eine baltische Geschichte. Stuttgart, Berlin [1905 mit Jahreszahl:] 1906, S. 64. Worms' Roman, dessen Manuskript offenbar vor 1905 abgeschlossen wurde, thematisiert die Jahre der sogenannten Russifizierung während des 19. Jahrhunderts.

103 Der ‚Rigasche Almanach' 1858–1907. Ein Rückblick. In: Rigascher Almanach 1908, S. 14.

104 Siegfried von Vegesack: Vorfahren und Nachkommen. Aufzeichnungen aus einer altlivländischen Brieflade 1689–1887. Heilbronn 1960.

105 Siegfried von Vegesack: Die Hochzeit auf Zarnikau. In: Ders.: Jaschka und Janne (Anm. 16), S. 114.

106 Karl G. Kupffer: Livländische Liebe. Eine Geschichte aus versinkender Zeit. 3. Aufl. Riga 1930.

107 Ebd., S. 26. Erste Auflage von 1930?

108 St. [Anon.]: Der alte Herr, ein Erinnerungsbildchen aus dem alten Riga. In: Rigaer Kalender 1935, S. 71–75.

109 Andres Moritz: Jakob von der Werst. Eine fröhliche Geschichte aus Alt-Riga. In: Rigaer Kalender 1935, S. 80–93.

„kurländischer Roman" *Wetter überm Gottesländchen* erschien, klang sein Titel geradezu prophetisch. Doch in seinen vier Teilen breitet er nur den längst gesetzten Standard aus: ein „Idyll aus alter Zeit 1880", in das ein erstes „Jahr der Prüfungen 1885" einbricht. „Die alte Zeit geht dahin", die Abläufe der Jahre „1903–1918" im nächsten Kapitel werden immer kürzer (die Revolution von 1905 umfasst gerade noch drei Seiten), als auf einer einzigen Seite auch schon der Erste Weltkrieg kommt und mit ihm „Das Ende" von 1919 als kurz ausschwingendes Nachspiel. „Dein Reich komme!" lautet das uns in diesem Kontext kaum mehr überraschende Motto dieser Schlussseiten[110] – doch was realiter kommt, ist die Zeit der Republiken Estland und Lettland, die 1939, als das Buch erscheint, schon wieder zu Ende geht und völlig ausgeklammert bleibt.

Daran wird sich in den nun folgenden ‚baltischen' Romanen wenig ändern: Über den Ersten Weltkrieg kommt man kaum hinaus. Ausgerechnet die jüngste und prägende Vergangenheit der erzählten Gegenwart, die Revolution von 1905, ist kaum mehr als eine schwache Erinnerung in den Stichworten eines Redemanuskripts:

> [...] erinnere, daß mein Leben soundsooft für das Land – –, erinnere an 1905, an die Schlacht auf dem Eise der Dwalga – –, erinnere an meine Vorschläge auf den Landtagen.[111]

In ihrer Schilderung der „ersten Januartage, als die Herren aus ihren Häusern und Gutshöfen in die Gefängnisse der Kreisstadt geschleppt werden",[112] beschreibt Gertrud von den Brincken 1943 die alten Fronten des *vorherigen* Weltkriegs. „Die Deutschen haben sicher auch viel durch Krieg und Inflation verloren, aber sie behielten ihre Heimat",[113] fasst Marissa von der Osten 1948 – immerhin nach Umsiedlung und Flucht und Vertreibung – ihre „Baltenschicksale" zusammen, da ihr Roman rund 30 Jahre *vorher* nach den Wirren der Freiheitskriege endet. Arnold Habicht führt seine 1956 erschienene „Geschichte einer baltischen Familie im Wandel der Jahrhunderte" von 1526 in aller Ausführlichkeit bis 1900. Dann aber geht es auf einer halben Seite zu Ende:

> Alexander Detlef starb nach langem, schwerem Leiden im Spätherbst 1899. Seine neue Fabrik war damals schon acht Jahre mit Erfolg und Gewinn gelaufen. Ihm folgte die Weggenossin Emma 1914. Beide durften noch in Frieden heimgehen. Dann brach der Sturm los, der eine siebenhundertjährige Aufbauarbeit vernichten sollte.[114]

Hueck-Dehios zwischen 1955 und 1960 erschienene drei Teile um die Dorpater Familie Haller umfassen die Jahre 1870–75 und 1918/19 mit einem wenig interessanten und kaum bekannten Nachspiel um späte Flucht und Ankunft in der Bundesrepublik.[115] Das sind die Stationen, an denen heute deutschbaltische Identität

---

110 Elsa Bernewitz: Wetter überm Gottesländchen. Ein kurländischer Roman. Stuttgart, Berlin 1939, S. 339.

111 Gertrud von den Brincken: Niemand. Roman. Stuttgart 1943, S. 84.

112 Ebd., S. 454.

113 Marissa von der Osten: Thorbergen. Baltenschicksale. Roman. Hamburg 1948, S. 522.

114 Arnold Habicht: Und ihre Stätte kennet sie nicht mehr. Die Geschichte einer baltischen Familie im Wandel der Jahrhunderte. Stuttgart 1956, S. 505.

115 Else Hueck-Dehio: Er aber zog seine Straße. Geschichte einer Wandlung. Heilbronn 1958.

sich kollektiv bildet: eine jahrhundertelange Vorkriegszeit, die eigentlich eine Vor-Revolutionszeit ist, das Unrecht der Bodenreform und das kaum je beschriebene Unglück der Umsiedlung. Man muss sich vergegenwärtigen, welchen historischen Entwicklungen zwischen 1905 und 1914 – und damit: welchen literarischen Stoffen und Motiven – die Romane aus dem Wege gehen: einer durchaus prosperierenden und auch identitätsbildenden Zeit (denken wir nur an die Arbeit der Deutschen Vereine), die nicht zuletzt in die Güter erst jenen Komfort brachte, der in den typischen altlivländischen Idyllen eigentlich unterstellt wird. Die Literatur folgt aber nicht einfach anderen Interessen, sie ignoriert das Thema selbst da, wo sie es eigentlich streift. 1914 wundert sich z. B. Hueck-Dehios Renata:

> Nun war also wirklich ein Krieg ausgebrochen. Die Menschen in der Welt schlugen sich wieder einmal gegenseitig tot und hatten gar kein schlechtes Gewissen dabei. Es waren auch nicht, wie im Jahre 1904, einige gelbe, schlitzäugige Japaner, gegen die man irgendwo im Fernen Osten kämpfen mußte [...] Nein, es waren Menschen wie man selber, Deutsche, gegen die man ins Feld zog, und die Russen und Esten, die man so gut kannte, deren Sprache man sprach und deren Dienste man annahm – diese Russen und Esten ergingen sich, ohne die geringste Scheu, in groben Anschuldigungen und Schimpfworten gegen die Deutschen und ließen sich, wie die Tiere, zu Hunderten in schmutzige Viehwagen pferchen, um zur Grenze zu fahren und den Deutschen an den Kragen zu gehen. Ja, es sah so aus, als freuten sie sich darauf, die Deutschen umzubringen, ihre Dörfer auszuplündern, ihre Felder zu verwüsten und womöglich ihr ganzes schönes Land zu zerstören.[116]

Es bleibt bemerkenswert, wie die Revolution von 1905 den ‚baltischen' Romanen als Stoff gleichsam abhanden kommt. Es schiene naheliegend, diese auffallend klare Entwicklung vielleicht durch ein gemeinsames Welt- und Geschichtsbild von Autoren und ihrem Publikum zu erklären – wenn sich ein solches Rezeptionsmodell belegen ließe. Doch nicht nur der Erfolg der ‚deutschbaltischen' Autoren bei einer viel größeren Öffentlichkeit (auf deren Zuspruch sie auch finanziell angewiesen waren), auch die nicht selten abschätzige oder gar missgünstige Aufnahme ‚baltischer' Romane beim vermeintlich eigenen Publikum mahnen hier zur Vorsicht. Das Verschwinden der Revolution von 1905 lässt sich auch anderweitig erklären: durch die weitere historische Entwicklung und die von ihr beeinflussten Möglichkeiten ihrer literarischen Gestaltung und Sinngebung. Mit dem erfolgreichen literarischen Gefüge des Genres ‚baltischer Roman' entwickelt sich andererseits eine Darstellungsform, deren Anziehungskraft sich Genies möglicherweise, andere Autoren jedoch kaum ganz entziehen können.

7. „Die Fremde"

Die Binnenstruktur dieses Genres, das sich nicht zuletzt in einer besonderen Aufspannung des literarischen Raumes fassen lässt,[117] zeigt sich in unserem

116 Else Hueck-Dehio: Liebe Renata. Geschichte einer Jugend. Heilbronn 1968, S. 127. 1. Aufl. 1955.
117 Nicht als a priori eingeführte Theorie, sondern infolge eines methodischen Ausschlussverfahrens

Zusammenhang auch daran, dass die Darstellung des Ersten Weltkriegs nicht allein die Revolution von 1905 als Prüfungszeit „aus dunklen Tagen“[118] ersetzt, sondern mit diesem Stoff die gleichen Probleme hat. Auch die Gestaltung jener „durchlittenen Zeiten von 1918 und 1919“[119] gibt sich quasi-historiographisch, kennt aber kaum konkrete Auseinandersetzungen, z. B. der Freiheitskriege oder konstitutioneller Debatten. Die Erzählungen kulminieren meist recht unvermittelt in „Bilder[n] aus der Bolschewikenherrschaft“[120] in den Städten und in der anschließenden Befreiung durch deutsche Truppen oder Freikorps, welche die Geschehnisse überhaupt erst zu einer (überstandenen) Prüfungszeit – anstelle eines Untergangs – werden lässt. Bernewitz' „Entrückte“ sind in Riga 1919 von Bolschewiken eingekerkert, wie sie 1905 auf einem Gut umzingelt wären, wo die Erzählung von ihrer Handlung und Sinngebung her ebenso gut spielen könnte. Die Literatur konfrontiert das deutschbaltische Leben ‚1918/19‘ mit Sozialisten als Vertretern einer bestimmten Ideologie, nicht jedoch mit Esten und Letten als Angehörigen einer anderen Nation. In gleicher Weise erschien die Revolution von 1905 als Einbruch einer anderen Weltanschauung und einer anderen Welt, nicht aber als das Aufbegehren anderer Gruppen im gleichen Raum. „Bei uns ist es bisher ruhig gewesen und ich denke, hier bleibt es auch ruhig [...] Hier kennt man jeden Bauern und ist sozusagen gut Freund mit allen“,[121] ist die Ausgangslage in beinahe jedem Roman. Die Revolution ist „das Werk der professionellen Hetzer und Wühler“[122] und erscheint vor Ort daher als ein „Überfall“.[123] „Das scheinbar so friedlich-verträumte ‚Baltenland‘ [... sieht] sich jählings von dem Feuerbrand umstürzlerischer Ideen erfaßt“,[124] oder wir werden als Leser in die Ereignisse unvorbereitet hineingestoßen, oft von einem Kapitel zum nächsten:

> In Riga herrscht Generalstreik. Auf den Straßen wälzen sich johlende Arbeitermassen mit roten Fahnen; in den Anlagen am Thronfolger-Boulevard kommt es zu einem regelrechten Gefecht zwischen Aufständischen und Kosacken.[125]
>
> Der Pastor und Frau Gulbrandsen sprachen über soziale Fragen. Vor einem Jahr hatte es zum erstenmal in Riga Arbeiterunruhen gegeben. „So etwas kannten wir doch nur aus ausländischen Zeitungen“, zürnte Frau Gulbrandsen. „Wie kommt so ein Greuel in unser friedliches Agrarland? Ich für meine Peson schiebe es dem versuchenden russischen Geist in die Schuhe. Unser gutes Landvolk war frei von allem sozialistisch-nihilistischen Blödsinn. Aber seit die Regierung uns mit den russischen Stadtverwaltungen, Gerichten

---

und als empirisches Ergebnis. Vgl. von Ungern-Sternberg: Erzählregionen (Anm. 2), S. 27–139, 484–541.

118 Eva Gaethgens: Unter dem roten Grauen. Erlebtes aus Livlands dunklen Tagen. Braunschweig 1925.

119 von Roeder-Gnadeberg: Iluküll (Anm. 5), S. 345.

120 Monika Hunnius: Bilder aus der Bolschewikenherrschaft in Riga vom 3.1. bis 22.5.1919. Heilbronn 1921.

121 Zoege von Manteuffel: Halbblut (Anm. 9), S. 259.

122 Frances Külpe: Auf brennendem Boden. In: Dies.: Rote Tage (Anm. 55), S. 30.

123 Lewalter: Das baltische Fernrohr (Anm. 21), S. 307.

124 von Pistohlkors, von Rehren: Herrenmoral (Anm. 58), S. 7.

125 von Vegesack: Herren ohne Heer (Anm. 27), S. 274.

und Volksschulen beglückt hat und gegen alles Deutsche hetzt, seitdem schwärt eine Eiterbeule im Blut des vergifteten Volks."[126]

Die Revolution hat keine Vorgeschichte und daher auch keine nachvollziehbare Ursache. Schon der russisch-japanische Krieg kommt zu uns als „Extrablatt! Extrablatt!"[127] und ist, sofern er überhaupt mit der Revolution verbunden wird, typischerweise ihre ferne Ursache in fernen Landstrichen, am andern Ende der Welt, mit dem man wenig zu tun hat. Im übrigen erscheint die Revolution als „rote Feuersbrunst",[128] mithin als Brandstiftung oder – in einem anderen Vergleich – wie eine Naturkatastrophe: „und immer näher, immer unheimlicher, immer mehr und mehr anschwellend, erklang das Geräusch, das sich wie eine Brandung über die Stadt dahinwälzte."[129] Sie bringt fremde Gesichter oder lässt bekannte wie „unter fremden [sic] Willen",[130] wenn nicht einfach als verführte „Lausejungen"[131] agieren.

Gestern zog eine fremde Rotte durch, plünderte die Monopolbude, verbrannte die Kirchenbücher und besudelte im Gemeindehause das Kaiserbild. Große Helden waren es also nicht, aber sie müssen sich doch sicher fühlen, wenn sie sich so etwas erlauben dürfen.[132]

Die Geschehnisse rollen auf einen zu. Der Leser ist im Kreis vertrauter Personen zentriert, abseits des größten Aufruhrs: „Aber noch wird nur gemunkelt, werden Schauermärchen verbreitet, noch glimmt der Brand unterirdisch, nur hier und dort stoßen Stichflammen aus dem schwelenden Boden. Aber auch das, was sich an der Oberfläche sichtbar abspielt, ist schlimm genug und wird mit jedem Tag schlimmer".[133] Die alte Welt ist binnen kurzem bis zum Bersten gespannt – „Ein unheimlicher Druck lastete auf dem Pastorat"[134] (oder auf dem Gut) – Diener halten selbst unter Anfeindungen noch zu einem, bis es zu jener Standardepisode einer kurzen Konfrontation kommt, die man rasch mit List und Mut überwindet oder in der man „nur mit Mühe [....] sich bis zur Ankunft der Dragoner halten" kann.[135] Es sind Kapitel, wie man sie um 1900 bereits aus Indianergeschichten, Kolonialromanen oder historischen Schmökern kannte, die ebenfalls in den wenigsten Fällen erklären können – außer durch menschliche Bosheit –, warum die heidnischen Eingeborenen oder die Schwerter schwingenden Feinde wie die gottlosen Sozialisten über einen herfallen. Ein Unterschied indes besteht: Die baltischen Gutsbesitzer, auf die sich die Literatur meist beschränkt, leben zwar gleichfalls, kolonialen Siedlern ähnlich, an einer Grenze (gegenüber Russland oder ‚himmelsnah'), nicht aber in ei-

126 Munier-Wroblewski: Unter dem wechselnden Mond. Bd. II.1: Sonnenwende (Anm. 13), S. 29.
127 von Vegesack: Herren ohne Heer (Anm. 27), S. 231.
128 Ebd., S. 274.
129 von Schmid: Die Hellbergs (Anm. 69), S. 103.
130 Frances Külpe: Unter fremden Willen [sic]. Auf brennendem Boden. In: Dies.: Rote Tage (Anm. 55), S. 175.
131 Munier-Wroblewski: Unter dem wechselnden Mond. Bd. II.1: Sonnenwende (Anm. 13), S. 132.
132 Carl Worms: Der Seelenretter. In: Ders.: Aus roter Dämmerung (Anm. 45), S. 150.
133 von Vegesack: Herren ohne Heer (Anm. 27), S. 262.
134 Frances Külpe: Auf brennendem Boden. In: Dies.: Rote Tage (Anm. 55), S. 90.
135 von Vegesack: Herren ohne Heer (Anm. 27), S. 286.

ner grundsätzlich feindlichen Umwelt, sondern vielmehr in einem von innen her weitgehend homogen aufgespannten Erzählraum,[136] der keine Kolonie, sondern ihre Heimat ist und der ihnen daher auch keine Grenzen setzt, auch nicht in Form von Binnendifferenzierungen. Wenn wir einen Satz lesen wie –

> Kaum hatten sie das Tor im Rücken, waren die beiden Herren wieder unbefangen und schritten durch den Obstgarten des nachbarlichen Bauernhofes in eifrigem Gespräch [...].[137]

– lesen wir zwar einen „Roman vom sterbenden Adel", befinden uns aber eben nicht auf einem baltischen Schauplatz, der Gehöfte, zum Gut benachbarte gar, als Elemente nicht kennt. Dass ein Roman nicht im Baltikum spielt, ist auch bei Eduard von Keyserling mitunter schon im ersten Satz zu bemerken:

> Die verwitwete Fürstin Adelheid von Neustatt-Birkenstein ging um die Mittagsstunde eines heißen Sommertages in das Büro hinüber, um mit dem Major a. D. von Bützow, dem Verwalter ihres Gutes, über die Finanzen zu sprechen.[138]

Denn der Raum ‚baltischer' Romane kennt nicht die Zwänge und Unsicherheiten einer Arbeitswelt.[139] Eine „starke Arbeitsbelastung"[140] haben höchstens einige Pastoren – als höhere Berufung und nicht selten mit einer Spitze gegen „junkerliche[n] Übermut".[141] Erst seit den 1920er Jahren (und besonders in den 1930ern), als man nach den Bodenreformen der jungen Republiken Estland und Lettland die oft kümmerlichen Restgüter kaum mehr halten kann, finden wir in der Literatur heroische Tatkraft gegen die Widrigkeiten und Ungerechtigkeiten einer neuen Zeit, ganz nach dem Grundsatz von Schirrens „Livländischer Antwort": „Feststehen, das wird unsere Aktion; ausharren, das soll die Summe unserer Politik sein".[142] Doch es ist bezeichnend, dass diese Jahre selbst kaum je Gestaltung finden. Der spezifische Erzählraum der ‚baltischen' Literatur wird außerdem weder ‚1905' noch ‚1918' bei allem Lärm und Tumult eine solche Szene kennen, wie sie Fedor von Zobeltitz in seiner Geschichte einer ostpreußischen Adelsfamilie im Revolutionsjahr 1919 einfügt:

> Pfeifende Laute, das Blasen von Hupen – Autos sausten in rasendem Laufe vorüber, mit Heulen und Jubeln begrüßt – und da die erste blutrote Fahne, die sich wie ein Leibgurt um die Laternen eines Kraftwagens spannte und die der Wind aufblähte![143]

Auch eine Szene, wie sie die russische Autorin Irina Saburowa in ihrem gleichfalls „meiner baltischen Heimat" gewidmeten Riga-Roman umreißt –

---

136 Vgl. von Ungern-Sternberg: Erzählregionen (Anm. 2), S. 617–716.

137 Hanns Johst: So gehen sie hin. Ein Roman vom sterbenden Adel. Hamburg o. J. [1930], S. 62f.

138 Eduard von Keyserling: Fürstinnen. Erzählung. In: Ders.: Harmonie. Romane und Erzählungen. Hg. v. Reinhard Bröker. München 1998, S. 725. 1. Aufl. 1917.

139 Vgl. von Ungern-Sternberg: Erzählregionen (Anm. 2), S. 140–362, 617–716.

140 Arnold Habicht: Und ihre Stätte kennet sie nicht mehr (Anm. 114), S. 292.

141 Mia Munier-Wroblewski: Unter dem wechselnden Mond. Bd. I.1: Märzhoffen. Heilbronn o. J. [1965], S. 29. 1. Aufl. 1927.

142 Carl Schirren: Livländische Antwort an Herrn Juri Samarin. Leipzig 1869, S. 196.

143 Fedor von Zobeltitz: Die von Schebitz. Geschichte einer Adelsfamilie im Revolutionsjahr. Berlin 1921, S. 10.

> Die Straßenbahnen klingeln. Geschäftige Hausfrauen fahren zum Düna-Markt, die Arbeiter in die Fabriken. Büroangestellte und Verkäufer werden erst später in den Straßen erscheinen, sie brauchen sich noch nicht zu beeilen.[144]

– führt beinahe ausschließlich Elemente ein, die der Erzählregion ‚baltischer' Romane fremd sind. Weite Gegenden des historischen Baltikums sind den handelnden Personen schlicht unbekannt:

> Das alte Riga bis zur Unterführung der Eisenbahnbrücke ist Götz bekannt. Erst dahinter beginnt die Fremde, die dritte Moskauer Vorstadt, jene üble Gegend, von der man sich schon in friedfertiger Vorkriegszeit wilde Greuel erzählte.[145]

Das bleibt nicht ohne Folgen: Es fehlen der ‚baltischen' Literatur schlicht zentrale Elemente für eine vertiefte oder plausible Gestaltung von Handlungsketten und Auswirkungen der Ereignisse von 1905. Auch der Gegensatz von „Stadt und Land, die sich doch sonst oft feindlich gegenüberstanden",[146] wird, wenn überhaupt, nur am Rande und nur als Hintergrund kurz angesprochen. Zwar findet sich besonders bei den Werken, die sich am Muster des biographischen Bildungsromans orientieren, stets eine Situation wie z. B. „der Vorabend des Tages [...], welcher den jetzt ins Jünglingsalter tretenden Georg aus der bisherigen Heimath in eine ihm ganz fremde Welt führen sollte"[147] (nämlich aufs städtische Gymnasium oder in die Universitätsstadt Dorpat), und in den Ferien geben sich die zurückkehrenden Studenten denn auch sehr urban. Ihre Landflucht ist jedoch nie von Dauer und mehr jugendlichem Übermut geschuldet denn ein Ausdruck realer Gegensätze im Text. Zur Darstellung revolutionärer Zeiten oder von Kriegswirren wechseln die meisten Schauplätze zwar gerne in die Stadt als zentralen Ort aller Machtwechsel. Doch erleben wir diese nie aus der Sicht wirklicher Stadtbewohner; wir sind lediglich mit den Charakteren vom Land dorthin gezogen, und sie sorgen sich dort weiterhin vornehmlich um die „Besitzer dieser Güter, die ihrer Heimat verschrieben waren mit Blut und Seele, vertrieben aus ihrem Besitz".[148] Die Revolution ist nicht nur die Umwertung aller Werte, sondern wäre in ihrer Darstellung auch die Aufhebung aller eingeführten Erzählstrukturen. Auf diese können ‚baltische' Romane aber nicht verzichten, wollen sie den Raum, auf dem sie aufbauen, und damit ihre erzählerische Identität nicht aufgeben, die auf etwas anderes abzielt: „Die Geschlossenheit unseres Lebens hatte etwas ungemein Statisches. Es war, als werde die Welt immer so bleiben, wie sie war."[149] Daher hören wir selbst in den Büchern und Kapiteln, die

---

144 Irina Saburowa: Die Stadt der verlorenen Schiffe. Roman. Aus dem Russischen übertragen v. Waldemar Reichardt. Heidelberg 1950, S. 9.

145 von den Brincken: Niemand (Anm. 111), S. 505.

146 Theophile von Bodisco: Dorothee und ihr Dichter. Ein kleiner Roman. Berlin 1924, S. 17.

147 Johanna Conradi: Georg Stein oder Deutsche und Letten. Eine Erzählung aus der Gegenwart Kurlands. Riga 1864, S. 60.

148 Theophile von Bodisco: Aus einer verklingenden Welt. Berlin 1921, S. 198.

149 Theophile von Bodisco: Versunkene Welten. Erinnerungen einer estländischen Dame. [Entstanden um 1944]. Hg. v. Henning von Wistinghausen. Weißenhorn 1997, S. 243. Daß von Bodiscos Erinnerungen – wie auch andere ‚baltische Memoiren' – mit den ‚baltischen' Romanen und

sich der Revolution widmen, mehr *von* den Geschehnissen, als dass wir sie selbst erlebten. Man kann von der Revolution berichten, nicht aber sie zeigen, soll die baltische Geschichte bzw. das ‚Baltische' an der erzählten Geschichte nicht an ihr Ende gelangen.

8. „Harmlosigkeit der Existenz"

Sofern das Revolutionsjahr auftaucht im Rahmen einer größeren, längeren Chronologie, kann es daher nur als ein geradezu unerklärlicher Bruch der Geschichte erscheinen, was zunächst kaum auffällt, da das literarische Schema das eines Erkenntnisweges ist, der sich stets durch eine gewisse Umkehr auszeichnet. Doch die gewonnene Erkenntnis gilt in ‚baltischen' Romanen weder der Vorgeschichte und den möglichen Ursachen der Revolution, wie sie Vegesack in einer anderen Krisensituation als „Dolmetscher im Osten" auffallen –

> Wir Deutsche haben wenig Talent, ein fremdes Volk richtig zu behandeln. Auch die uns Wohlgesinnten stoßen wir durch Taktlosigkeit, Unverständnis und unnütze Härten vor den Kopf.[150]

– noch folgt aus dem Erlebten eine wirkliche Umkehr. Das Ergebnis ist eher eine innere Einkehr: Die durch das „rote Jahr" vermittelte Erkenntnis ist, so zu bleiben wie man ist (bzw. wie die Alten waren), wie es z. B. Axel Güldendahl bei Munier-Wroblewski ergeht:

> Alles, was bisher sein Leben gefüllt hatte, Jagd, Karten und Liebeleien, das war klein und unwichtig geworden, seit er im November aus Göttingen heimgekommen war und das Grauen der roten Zeit miterlebt hatte.[151]

Es ist diese Erkenntnis, die noch einmal die Zukunft der angestammten Welt sichern soll. Es sind die Jungen, denen das Geschehene die Augen öffnet, nachdem ältere Verwandte im Revolutionsjahr einem Herzschlag erliegen. In einer bemerkenswerten erzählerischen Volte verändert die Revolution mithin keineswegs die Lebensformen, sondern tradiert, ja bekräftigt die ihnen zugrunde liegenden Werte über einen Generationenwechsel hinweg. „Ich bleibe", „Und doch!" sind sprechende Titel. Gesinnungen lassen sich jedoch nur bei hohem literarischen Können mit einem Realgeschehen kombinieren, das diese Einstellungen herausfordert, wenn sie nicht einfach nur postuliert werden sollen und die Konfrontation nicht plump ausfallen soll. Auch deswegen erleben wir die Revolution so selten im Text als dar-

---

Erzählungen manche erzählerischen Muster teilen, belegt nicht einfach die ‚Authentizität' baltischer Romane, sondern wäre nicht minder auch als Hinweis auf die Fiktionalität der Erinnerungsliteratur zu nehmen. Nicht selten ist zu vermuten, daß die literarisch nur selten ambitionierten Verfasser sich auf verbreitete Vorbilder stützen. Die reale Streukraft ursprünglich fiktionaler Strategien zu bewerten, ist jedoch nicht Untersuchungsziel dieses Beitrags.

150 Siegfried von Vegesack: Als Dolmetscher im Osten. Ein Erlebnisbericht aus den Jahren 1942–43. Hannover-Döhren 1965, S. 197.

151 Munier-Wroblewska [Munier-Wroblewski]: Der graue Baron (Anm. 70), S. 254.

gestelltes Geschehen. ‚Baltische' Romane gestalten die überlieferte Gesinnung überdies nicht als an bestimmte Handlungen oder Aufgaben gebunden, sondern als dem ‚Land insgesamt' verpflichtet, weshalb wir von der politischen Struktur, ausgerechnet also von jenem so viel beschworenen „Geist der Autonomie“[152] erstaunlich wenig erfahren, weshalb aber auch die politischen Konfrontationen vor, während und nach der Revolution aus dem Blick geraten.

Im Genre des ‚baltischen Romans' werden die Figuren Teil eines durch sie vernetzten Raumes, der umgekehrt auch sie bestimmt. Vordergründig wird diese im einzelnen recht komplexe Struktur z. B. in Vergleichen der Protagonisten mit der baltischen Landschaft sichtbar – „Eines Landes Adel muß sein Wald sein [...]. Solange es stark an Wald ist, kann ein Land nicht sterben!“[153] – oder in familiären Szenen, welche die Konstellation und Entwicklung der Handlung prägen. Konflikte werden solcherart ins Private und Charakterliche verlegt und ihrer öffentlichen bzw. geschichtlichen Dimension enthoben. Einzelne Figuren zu Trägern von Strömungen oder Problemen werden zu lassen, ist in der literarischen Tradition ein gängiges Mittel von keineswegs verharmlosender Absicht. Doch was in anderen Romanen als künstlerische Leistung gelingt, führt in der ‚baltischen' Literatur zu einem Problem: Wenn nämlich für die Akteure und ihre Welt die „Zukunft [...] wohl noch lange bleiben [wird] wie ihre Vergangenheit es war: voll großer *Ungewitter* und großer *Ungewißheit*“,[154] fehlen ausgerechnet dafür die literarischen Mittel. Wenn die ‚baltischen' Romane die Geschehnisse von 1905 als Überraschung, ja Bestürzung schildern, wirken sie vordergründig authentisch. Tatsächlich aber ist dies auch eine Folge ihres Unvermögens, die Revolution überhaupt darzustellen: Denn wenn die deutschbaltischen Protagonisten gewissermaßen selbst der Raum des Geschehens sind, kann das Erzählmuster sie betreffende Veränderungen nicht aufgreifen, ohne selbst zu zerfallen oder den Tod der Helden heraufzubeschwören, wie es aber nur in *Elkesragge* geschieht (und zwar, wie noch zu zeigen sein wird, aus ganz anderen Gründen). Der erzählerische Raum der ‚baltischen' Literatur ist in erster Linie homogen und funktional; er reagiert daher auch erstaunlich wenig (seltener noch als der ‚ostpreußischer' Romane) auf die sozialen Folgen der Urbanisierung des 19. Jahrhunderts. In ihren Wiederholungen wirken die Romane erstaunlich konservativ, ja geradezu reaktionär. Doch vor solchen Wertungen sollten wir zuerst die geringe Variationsbreite sehen, die das Muster des ‚baltischen' Raumes literarisch bietet. Es prägt die Darstellungskraft auch unbequemerer Geister (wie z. B. Gertrud von der Brincken) derart, dass ihre Absetzbewegungen nur innerhalb dieses Schemas erfolgen können. Die Motive ruinierter Ehen, verkrüppelter Verwandter oder finanziellen Verlusts sind als solche Versuche zu lesen, im gegebenen ‚baltischen Raum' immerhin einzelne Widerhaken zu setzen. Es mag sein, dass ein Autor wie Zoege von Manteuffel, der auch im Genre estnischer Bauerngeschichten einiges leistete,

---

152 Gert von Pistohlkors: Vom Geist der Autonomie. Aufsätze zur baltischen Geschichte. Köln 1995. Die Aufsätze stammen aus den Jahren 1976–1995.

153 von den Brincken: Unsterbliche Wälder (Anm. 101), S. 241.

154 von den Brincken: Niemand (Anm. 111), S. 629. Meine Hervorhebungen.

dies gesehen hat. Ein Gespräch in seinem 1928 erschienenen Roman *Halbblut* legt dies wenigstens nahe:

> [Im] eisernen Panzer, Herr Doktor, der sehr beengen kann, ich gebe es zu, sind wir unbesieglich. Dank unserem Panzer haben wir uns deutsch erhalten können, trotz der Russifizierungsbestrebungen Kaiser Alexanders III., trotz jahrhundertelanger Zugehörigkeit zu Schweden, trotz polnischem Joche. Das ist wieder das Gute.' ‚Herr Baron, der Bogen bricht, wenn er überspannt ist, der Panzer kann platzen, wenn der Druck der Zeit zu stark wird.' ‚Niemals! Unsere baltische Disziplin ist mustergültig. Unser kulturelles Wachstum wird den Schutzpanzer ebenso wenig sprengen, wie das Wachstum der Schildkröte ihre Schalen zertrümmert.[155]

Da wirkliche Veränderungen nur im Panzer eines festgefügten erzählerischen Musters gestaltet werden können, tritt an die Stelle historischer Prozesse in ‚baltischen' Romanen häufig die Konstruktion einer familiären Pseudohistorie unterhalb einer groben geschichtlichen Chronologie. Sie ersetzt historisches Geschehen durch Abläufe eines natürlichen (und daher unausweichlichen) Werdens in Bildern eines ‚Verklingens', des ‚Abends' oder ‚Herbstes', wie sie bereits die Titel bekannter Werke prägen. Indem ‚baltische Romane' (in gängiger literarischer Konvention) dabei oft den Lebensweg eines einzelnen nachzeichnen, gestalten sie – Memoiren ähnlich und daher scheinbar authentisch – die Vorstellung, die baltische Gemeinschaft sei seit der „Mitte des vorigen Jahrhunderts" aus einer „Harmlosigkeit der Existenz",[156] einer unbeschwerten Kindheit allmählich in eine schlechtere, harte und berechnende Gegenwart hineingewachsen. Geschichte wird derart zu einem Alterungs-, ja Reifeprozess umgeschrieben.[157] Das literarische Muster wird dann dasjenige eines unausweichlichen Geschehens, wie wir ihm in der Gestaltung der Revolution von 1905 erstmals begegnen und wie es seinerzeit in Politik, Philosophie und Wissenschaft genug verbreitet war, um nicht weiter hinterfragt zu werden:

> Kein Volk lebt um seiner selbst willen. Hat es seine Kulturarbeit erfüllt, so weicht es einem anderen, das nennt man die notwendige Entwicklung der Menschheit nach den eisernen Naturgesetzen. Der Christ jedoch erkennt, wenn er geduldig die Vergangenheit und die Gegenwart prüft, die Hand Gottes.[158]

---

155 Zoege von Manteuffel: Halbblut (Anm. 9), S. 414f.

156 [Friedrich von Brackel]: Aus den Lebenserinnerungen Friedrich von Brackels 1830–1839. In: Fr[iedrich] Bienemann (Hg.): Altlivländische Erinnerungen. Reval 1911, S. 267.

157 Dies entspricht bis zu einem gewissen Grad der Biographie vieler Autoren dieser Jahre, die in den 1880er Jahren geboren wurden, und erklärt manche Ähnlichkeiten zwischen der baltischen Erinnerungsliteratur und ‚baltischen' Romanen, die sich gerne die Aura korrekter Überlieferung geben. In seiner „Deutschbaltischen Literaturgeschichte" (2005) legt Gero von Wilpert seiner Definition der ‚deutschbaltischen' Literatur eine solche biographische Verbindung im Sinne einer „lebendige[n] Erinnerung an die baltische Kulturwelt der Vorkriegszeit [!]" zugrunde (vgl. Anm. 3). Demgegenüber erscheint mir ein von literarischen Phänotypen ausgehender Begriff ‚baltischer' Literatur sachbezogener. Die Zusammenschau sehr unterschiedlicher Lebenswerke diverser Autoren, die in ihrem Leben und Schreiben einen gewissen Bezug zum Baltikum hatten, ist weniger hilfreich als irreführend, insofern sie einen äußerlichen Zusammenhang als maßgeblich nimmt bzw. überhaupt erst konstruiert.

158 Girgensohn: Erleben (Anm. 50), S. 111.

Und in der Tat sterben die Helden ‚baltischer' Romane eben nicht wie Charles I., Egmont oder Danton in der Revolution, geschweige denn aufgrund eigenen Versagens. Die eigentlichen Akteure können gar nicht sterben, wenn eine Prüfungszeit dargestellt werden soll – und dies ist mit geradezu alttestamentarischer Zeichenhaftigkeit der Fall:

> Zu Ende des August im Jahre 1905 erschienen beim Flecken Alschwangen in Niederkurland auf Fahrrädern drei Jünglinge mit Schlapphüten und leicht angerußten Gesichtern.[159]

> Das Jahr 1905 begann in Elkesragge mit einigen merkwürdigen Ereignissen: Eine Kuh hatte zwei Kälber geworfen, seit zwanzig Jahren zeigten sich zum ersten Mal wieder Wölfe im Walde, und die alte Trine, Alexanders ehemalige Wärterin, sah im Traum, wie ein großer, roter Kater in den Hühnerhof einbrach und sämtliches Fasel auffraß. Der alte Hahn flog auf die Wetterstange, aber der Kater bekam Flügel und holte ihn auch dort herunter. Man war allgemein der Meinung, daß dieser Traum eine böse Vorbedeutung habe.[160]

Die in der Handlung ausgreifenderen Romane kennen dabei immer seltener ein Muster von persönlicher Schuld und Sühne, von Gewissenskonflikten und Einzelabwägungen, das die frühen, kürzeren Revolutionserzählungen noch durchzieht z. B. im anfänglich verbreiteten Motiv des Feldgerichts. Schon 1919 löst bei Munier-Wroblewski „eine *höhere* Gerechtigkeit als die irrenden Feldgerichte des Jahres 1906"[161] manchen verworrenen Erzählstrang (ein Thema, das Edzard Schaper noch zwanzig Jahre später in seinem *Henker* ausarbeiten wird): Man stellt sich unter die göttliche Gerechtigkeit einer jenseitigen Welt. Historische Entwicklungen und nachdenkliche Fragen – warum es so kommen konnte, wie es gekommen ist – werden damit nicht allein nachrangig, sie entziehen sich dem typischen Erzählmuster, auf dem die ‚baltischen' Romane dieser Jahre aufbauen.[162] Frank Thieß' großer „den Balten, die bei Tsushima fielen",[163] gewidmeter Geschichtsroman *Tsushima* spielt 1905, doch bezeichnenderweise nicht im Baltikum. Die Struktur der Gattung ‚baltischer Roman' erschwert gerade jene Darstellung von Ursache und Wirkung, die ihm in diesem Buch wichtig war. Sie beschäftigte eigentlich auch die Zeitzeugen:

> Von einem Tage zum andern ist das doch so nicht geworden. Wo liegen die Wurzeln dieser Giftpflanze? [...] Daß es schlimm aussah, war freilich denen, die mit dem Volk in Stadt und Land seit Jahren in Verbindung gestanden, schon lange kein Geheimnis mehr. Daß sich aber ein so bodenloser Abgrund sittlicher Verwilderung und Verrohung auftun würde, wie wir's erleben mußten, hatte doch niemand für möglich gehalten.[164]

Doch nur im historischen Gedächtnis von Esten und Letten hat von den Bauernunruhen Ende der 1830er Jahre, von den Sängerfesten und dem Aufschwung

---

159 Munier-Wroblewski: Unter dem wechselnden Mond. Bd. II.1: Sonnenwende (Anm. 13), S. 129.
160 von der Ropp: Elkesragge (Anm. 48), S. 152f.
161 Munier-Wroblewska: Der graue Baron (Anm. 70), S. 478. Meine Hervorhebung.
162 Vgl. von Ungern-Sternberg: Erzählregionen (Anm. 2), S. 269–362.
163 Frank Thieß: Tsushima. Der Roman eines Seekrieges. Hamburg 1950, S. 6. Erste Auflage 1936.
164 Gustav Seesemann: Die Revolution und die Jugend. In: Heimatstimmen. Ein baltisches Jahrbuch 3 o. J. (1908), S. 84f.

von Presse und Kultur manches Zwischendatum überdauert, das selbst Eingang in die Literatur gefunden hat, wie z. B. der Aufstand von Mahtra im Jahr 1858.[165] Einmal finden wir bei Theophile von Bodisco in einem 1854 spielenden Roman (der schon dadurch ungewöhnlich ist) eine verstörende Passage:

> Die Bauernunruhen, die auf einigen Gütern ausgebrochen waren, hatten zwar keinen bösartigen Charakter angenommen, aber sie waren doch der Ausdruck einer gedrückten Stimmung und nervösen Spannung, es fanden Zusammenkünfte statt, auf denen aufrührerische Reden gehalten wurden, und in Kott und Amsee erschienen die Knechte immer noch nicht regelmäßig zur Arbeit. Der Verwalter aus Kott hatte seiner Herrin diese Tatsache zuerst verheimlichen wollen, sie hatte es aber dennoch erfahren und war nun höchst ungehalten.[166]

Doch es ist jene Art von Ausnahme, die darauf hindeutet, dass andere Phänomene gängiger sind, und sie mag im besonderen Fall auch eine Reaktion der Autorin darauf sein, dass bei einem früheren Roman von der Kritik „die beinahe völlige Ausschaltung der nichtdeutschen Bevölkerung“[167] gerügt wurde. Es kommt den ‚baltischen‘ Romanen mithin nie „so recht zum Bewußtsein, wie tief in diesem Lande die Kluft zwischen Herr und Volk gähnte“,[168] wie Alexander von Dohlen auf Elkesragge 1905 überrascht, aber überdeutlich feststellen wird: „Nein, es war unmöglich, mit diesem Volke an einem Strang zu ziehen, zu groß war das Mißtrauen auf beiden Seiten, zu stark war der Gegensatz der Interessen“.[169]

9. „Unerhörte Neuerungen“

Der Satz lässt in seiner Schärfe aufhorchen, und in der Tat: Mit den Romanen von Lotta Girgensohn, von Max Alexis von der Ropp, Ludmilla von Rehren und Marie von Pistohlkors, mit Külpes Novelle *Darthe Semmit* und Worms' *Prinz Erich* erscheinen zwischen 1907 und 1912 – also zwischen Revolution und Erstem Weltkrieg – einige der interessantesten Werke der ‚deutschbaltischen‘ Literatur. Interessant, nicht weil sie die Revolution darstellen würden. Ihnen gemeinsam ist ein direkterer Zugriff auf reale Motive revolutionärer Ereignisse, der zu näheren Vergleichen mit der historischen Realität ermuntern könnte. Doch es gibt nicht einfach eine ‚baltische Literatur‘ als die Literatur des Baltikums. Es ist auch nicht einfach so, dass Literatur durch genaues oder ideologiebelastetes ‚Hinsehen‘ einzelner Autoren auf eine objektiv gegebene Realität entstünde. Die Vermittlung von Wirklichkeit und Literatur ist nicht einfach in Form von gleichsam bilateralen Reiz-Reaktions-Mechanismen zu begreifen, noch dazu innerhalb einer Region oder sozialen Gruppe. Literatur folgt immer auch eigenen, sprach- und grenzüberschreitenden Formen, Vorbildern und

165 Vgl. Eduard Vilde: Mahtra sõda. Romaan. Tallinn 1902.

166 Theophile von Bodisco: Das Kirchspiel von St. Lucas. Roman. Berlin 1915, S. 218.

167 O[tto] von Schilling: Im Hause des alten Freiherrn. [Rezension]. In: Baltische Monatsschrift 75 (1913), S. 297.

168 von der Ropp: Elkesragge (Anm. 48), S. 174.

169 Ebd., S. 171.

Genres.[170] Auch die gerne als Kronzeugen gegen historische Zustände und deutschbaltische Ideologie genommenen Autoren der Spätaufklärung greifen Gesehenes oder Geschehnisse keineswegs unvermittelt auf, sondern bemühen sich immer, an literarische Vorbilder, Lesererwartungen oder Diskussionen anzuknüpfen, die sich schon deswegen nicht auf das Baltikum beschränken, weil man sich anderen Lesern oder gar dem Guten, Wahren, Schönen verpflichtet weiß.

Erinnern wir uns also nicht nur daran, dass in *Elkesragge* der Ästhet Alexander, der sich mit „unerhörten Neuerungen“[171] die „Befriedigung aller möglichen Launen erlauben“[172] kann, keineswegs eine positive Figur ist, die in einer inzestuösen Beziehung zur eigenen Schwester die Wirklichkeit eher verdrängt als meistert und sich der Realität am Ende auch nicht gewachsen zeigt. „Alle unangenehmen Nachrichten erbitterten Alexander mehr denn früher, und oft verwünschte er sein Schicksal, das ihn mit allen diesen hässlichen, gemeinen Dingen in Berührung brachte.“[173] Er bleibt *selbst*, wie die Revolution, Episode; nach ihm packt eine andere Generation, „von ganzer Seele Landwirt“,[174] neu an mit den technischen Neuerungen der Moderne und mit jenem Arbeitsethos, das später auf den Restgütern gesucht werden wird. „Modern sind alte Möbel und junge Nervositäten. Modern ist das psychologische Graswachsenhören und das Plätschern in der reinphantastischen Wunderwelt“,[175] heißt es – fernab vom Baltikum – in einem bekannten Essay Hugo von Hofmannsthals von 1893 über den Protagonisten des italienischen Fin de Siècle, Gabriele D'Annunzio, und es ist eben jenes Gefühl, das Max Alexis von der Ropp, etwas schematisch, aber doch gekonnt (wenn auch distanziert) auf das ferne Baltikum übertrug. Der Autor konnte sich damit auf der Höhe der Zeit fühlen; für unsere Fragestellung ist es eine Deutung der Revolution aus den Konventionen eines Genres. Alexander kann als Ästhet Dinge genauer wahrnehmen, doch „in der Mißachtung alles Herkömmlichen“[176] und in seiner Wunderwelt mit ringsum „Blumen in verschwenderischer Fülle, selbst im tiefsten Winter“,[177] fehlt ihm die Kraft zum Leben und die Voraussetzung, seinen ‚Willen zur Macht‘ – denn auch solche Strömungen der Zeit spielen hinein – durchzusetzen:

---

170 Vgl. Armin von Ungern-Sternberg: Perpetuierte Geschichte. Baltische Barone, Bauern und andere rhetorische Figuren. In: Peter Oliver Loew, Christian Pletzing, Thomas Serrier (Hg.): Wiedergewonnene Geschichte. Zur Aneignung von Vergangenheit in den Zwischenräumen Mitteleuropas. Wiesbaden 2006 (Veröffentlichungen des Deutschen Polen-Instituts 22), S. 225–249; vgl. Ders.: Beschreibung einer Wirklichkeit. Zu einigen Denkfiguren ‚deutschbaltischer‘ Identitätsbildung. In: Konrad Maier u. a. (Hg.): Nation und Sprache in Nordosteuropa im 19. Jahrhundert. Wiesbaden 2007 (im Druck).

171 von der Ropp: Elkesragge (Anm. 48), S. 145.

172 Ebd., S. 218.

173 Ebd., S. 224.

174 Ebd., S. 288.

175 Hugo von Hofmannsthal: Gabriele D'Annunzio. In: Ders.: Gesammelte Werke in zehn Einzelbänden. Hg. v. Bernd Schoeller in Beratung mit Rudolf Hirsch. Reden und Aufsätze I. Frankfurt/M. 1979, S. 176.

176 von der Ropp: Elkesragge (Anm. 48), S. 144.

177 Ebd., S. 124.

Das Reden mit den Leuten hatte ihn angegriffen, er war es überdrüssig, und es widerstrebte ihm, mit den bekannten Gemeinplätzen seine Machtstellung verteidigen zu müssen. Und es konnte doch nur ein langsames Zurückweichen sein, dieser Kampf mit dem aufstrebenden Volke. Das war die unaufhaltsame Entwicklung in der Geschichte unserer Tage, die Lawine, welche plötzlich ins Rollen gekommen war und die größten Hindernisse überwand. Ja, wenn er sie hätte hassen können, diese Männer, die seinen Besitz bedrohten! Aber er mußte sich gestehen, daß auch sie nur um ihre Macht kämpften, um die Macht der Menge, des Volkes. Wohl hatte er öffentlich erklärt, daß er im Rechte sei, daß die andern töricht und verbrecherisch handelten. Aber unser Recht schützt das Bestehende und verurteilt alles Aufstrebende. Gibt es nun aber nicht auch ein anderes Recht, ein Recht der Bewegung, der Entwicklung, der Eroberung? Ist es nicht natürlich, daß der Stärkere dem Schwächeren die Macht zu entreißen und an sich zu bringen trachtet? Dieses Volk, das so lange die Herrschaft eines kleinen, aber höher entwickelten Häufleins willig ertragen, es hatte im Laufe der letzten Zeit die Kultur seiner Herren so weit aufgesogen, daß es sich von der Bevormundung seiner Lehrmeister befreien wollte. Und diese Lehrmeister sollten nicht nur ihre Macht verlieren, sie sollten auch vertrieben werden, denn sie waren unnütz und hinderlich in den Augen der übermütig gewordenen Schüler.[178]

Nicht weniger wichtig ist indes der umgekehrte Blick: Der komplexe Stoff der Situation im Baltikum wird hier – und das ist eine künstlerische Leistung – einem Genre überhaupt erst erschlossen. Nicht wenige Autoren werden daran anknüpfen. Einige Motive – z. B. des Ästhetizismus – scheiden in den 1920er Jahren mit gewandeltem Geschmack und in einer veränderten Situation bald aus; andere können weiter übernommen werden und beginnen sich zu literarischen Reihen zu verdichten, in denen sich das Genre ‚baltischer Roman' weiter herausbildet.

In ähnlicher Weise ist auch für Marie von Pistohlkors und Ludmilla von Rehren die Revolution nicht per se als Stoff relevant, sondern als Hintergrund eines novellistisch zugespitzten, analytischen Dramas um die uneheliche Herkunft des Protagonisten, das sich in den alten Motiven aufgefundener Briefe und des Bruder-Duells entfaltet. Girgensohn wiederum lässt die revolutionären Irrungen mit enttäuschter Liebe des lettischen Hauslehrers beginnen und findet ihren Erzählrhythmus dann in den Formen einer Eifersuchts- und Ehebruchsgeschichte. Frances Külpe kombiniert diese Motive wie auch das einer späten Liebe mit den Wirren eines Geschehens von Krieg, Revolution und Frieden. Gerade diese frühen Werke, vermeintlich näher am historischen Geschehen, finden dessen Gestaltung mithin in den Konventionen anderweitig vorgeprägter literarischer Gattungen. Gegenüber älteren ‚baltischen Romanen', z. B. des 19. Jahrhunderts, die als biedermeierlich-realistische Bildungsromane, als soziale Dorfgeschichten oder als historisierende Romane zu lesen sind, wirken diese Titel durchaus wie Versuche, neuere Formen der zeitgenössischen europäischen Literatur ins ‚Baltikum' zu transportieren vor der Erfahrung einer „sich ereigneten unerhörten Begebenheit"[179] weltgeschichtlichen Zuschnitts, die dem Erzählten eine

---

178 Ebd., S. 206f.

179 So die zumal im deutschen Sprachraum klassisch gewordene Novellendefinition. Vgl. eine von Johann Peter Eckermann für den 25. Januar 1827 überlieferte Bemerkung Goethes. Johann

historische Bedeutung verleiht, wie sie vorher sonst nur in einem weit ausgreifenden Rückblick (z. B. in den beiden historischen Stücken von Carl Worms) zu leisten gewesen wäre. Indem diese neuen Erzählformen gewissermaßen per se mehr Raum sowie ein anderes Personal und weitere Szenen verlangen, als in der vorhergehenden ‚baltischen' Literatur üblicherweise Platz finden, zeichnen sie vordergründig auch ein stärker schattiertes Bild der Ostseeprovinzen. Doch bezeichnenderweise gelingt weder Külpe noch Worms in ihren Erzählbänden, die sich am deutlichsten um ein Gesamtbild und Panorama der Jahre 1905–06 bemühen, eine Gesamtsicht in einer einzelnen Geschichte. Beide benötigen hierfür ein Nebeneinander einzelner Erzählungen und „Skizzen", die in Themen und Formen allesamt ihre eigenen Vorbilder haben. Es stimmt schon: Rein theoretisch könnte alles zu Literatur werden, aber so einfach ist es eben nicht; die Kunst hat auch ihre eigenen Probleme. Deswegen gibt es Literaturwissenschaft.

Die Revolution von 1905 führt immerhin zu einer neuen aufgeregten Zeit in der ‚deutschbaltischen' Literatur, die jedoch ähnlich Episode bleibt wie alle übrigen Entwicklungen dieser Jahre. Mit dem Ersten Weltkrieg, als neue Interessen und Zwänge bestimmend werden, hat auch die Literatur bald wie ein „Ordensritter im Kettenpanzer das Schwert in der Faust".[180] Mit zunehmendem Interesse des Buchmarktes an den Besonderheiten der ‚Baltenschicksale', ihrem festen ‚Glauben' und ihrer eigenen ‚Tragödie' verzichten in der Folge immer mehr Werke auf entliehene Konventionen und Feinheiten eingeführter Genres und bilden stattdessen ein eigenes aus – den ‚baltischen Roman'– in einer immer beständigeren Wiederholung einmal gefundener Lösungen. Je stärker die baltische Geschichte in der Vergangenheit entschwindet, desto eher kann gerade diese literarische Form jenen Untergang überbrücken, den sie selbst nicht gestalten kann.

Auch wenn wir nunmehr die Zusammenhänge kennen, bleibt es doch im historischen Rückblick auf vielsagende Weise faszinierend, dass es ausgerechnet die ersten nach der Revolution erschienenen Werke und in ihnen stets die tagträumerischen Figuren sind, die dieses Spannungsfeld durchschauen. Und es ist ausgerechnet Carl Worms, der „warmblütige Heimatdichter",[181] bei dem man heute einen „präfaschistischen, hasserfüllten Rassismus"[182] feststellt, der in seinem *Prinz Erich* die durchschimmernden Vorbilder zu etwas Eigenem formt, und, einen lockeren Plauderton zuweilen mit der eindringlichen Diktion eines alten Volksbuchs oder Märchens kombinierend, seine kleine „baltische Skizze" zu einer Parabel werden lässt. In ihr überspielen die verarmte und verwitwete Frau Staatsrat Römer, „Tochter eines wohlhabenden Gutsbesitzers aus alter Familie",[183] und ihre eigene Tochter ihre deprimierende Realität mit der obsku-

---

Peter Eckermann: Gespräche mit Goethe in den letzten Jahren seines Lebens. Erster Teil. [1836]. Stuttgart 1998, S. 234.

180 von Vegesack: Herren ohne Heer (Anm. 27), S. 257.

181 André Favre: Die Zeit der Russifizierung (Alexander III. 1881–1894, Nikolai II. 1894–1917). In: Arthur Behrsing (Hg.): Grundriß einer Geschichte der baltischen Dichtung. Leipzig 1928, S. 105.

182 von Wilpert: Deutschbaltische Literaturgeschichte (Anm. 3), S. 225.

183 Carl Worms: Prinz Erich. In: Ders.: Aus roter Dämmerung (Anm. 45), S. 37.

ren Hoffnung auf eine riesige Erbschaft aus altverzweigter Verwandtschaft mit einem „aussterbende[n] Magnatengeschlecht in Polen“[184] und halten, von ihrem ehemaligen lettischen Gutsinspektor finanziell unterstützt, ihren Sohn und Bruder „Prinz Erich“ standesgemäß von aller Wirklichkeit und Arbeitswelt fern. Er lebt wie sie auf Pump und treibt im Leben dahin „wie ein Champagnerkorken auf den Uferwellen“.[185] Doch „verkommen war er noch nicht, dazu las, dachte und beobachtete er noch zu fleißig“,[186] und so erkennt ausgerechnet das „Original“[187] Prinz Erich die ersten Anzeichen der Revolution von 1905, die sein Leben ändert – und zuletzt beendet –, indem sie ihm erstmals einen Sinn zu geben scheint:

> Prinz Erich ging von Hof zu Hof, von Pastorat zu Pastorat, eine deutsche Partei wollte er zusammenbekommen. Bei Baronen und Pächtern, bei Förstern und Müllern kehrte er ein. Er schmeichelte, warnte, überredete – umsonst. Überall traf er auf verwunderte Blicke, bedauerndes Achselzucken, ungläubiges Lächeln. Es werde so schlimm nicht kommen, seiner eigenen Leute sei man ganz sicher. Und erfuhr man erst, wer er war, woher er kam, dann erfolgte ein gedehntes Ach – so! und die Tür schloß sich hinter ihm. [...] Er ging weiter, mit bitterem Herzen und schmerzenden Sohlen, er wollte nicht nachlassen. Wie auf Flügeln trug es ihn fort, nun hatte er ja eine Aufgabe, nun arbeitete er. Immer ängstlicher wurden seine Auseinandersetzungen, immer dringender seine Beweise, denn schon konnte er von Zusammenrottungen und Überfällen berichten. Aber auch immer unordentlicher wurde sein Aussehen, immer abgenutzter Schuhwerk und Rock. Schon ließ man ihn auf der Veranda oder im Vorzimmer stehen, ein Baron schickte ihm durch den Diener eine Zigarre hinaus. Er hat sie nicht fortgeworfen, mit schmerzlichem Lächeln hat er sie besehen und angesteckt. Da stiegen mit dem ersten Rauch viel schöne Vorsätze auf und zerflatterten in der Luft. Schon mußte er Landleute bitten, auf ihrem Wagen hinten aufzusitzen, ihn eine Strecke weit mitzunehmen. Auf Heuschobern, in Scheunen suchte er Nachtquartier. Und mußte er sich vorstellen, so las er schon von jedem Gesicht das infame Ach-so ab. Er war bekannt wie ein bunter Hund zehn Meilen in der Runde. Wie ein Gespenst ging sein bisheriges Leben neben ihm und kühlte auch die beste, gutmütigste Absicht im Handumdrehen ab. [...] Nichts zu machen, von der Vergangenheit kam er nicht mehr los. Und da faßte ihn ein so grimmiger Haß gegen den Urheber seiner Fürstlichkeit, daß er ihn hätte prügeln können, wäre er nur da gewesen [...]![188]

Prinz Erichs „Aufgabe“ ist ein neues, aufmerksames Realitätsbewusstsein gegen die Macht der „Vergangenheit“ mit ihren Erzählungen und Konventionen. Nicht nur der von Worms gepflegte „Stil, der an der jungen Kunst der Wirklichkeit, zumal an deren Sinnbildweise, geschult“[189] ist, sondern auch schon die bloße Handlung der Geschichte folgt damit einer aufklärerischen Tradition im Baltikum, die vor ihm im 19. Jahrhundert Theodor Hermann Pantenius und Georg Julius von Schultz fortgesetzt hatten. „Ich will ja gerade mein Vaterland über sich selbst aufklären und die

184 Ebd., S. 41.
185 Ebd., S. 45.
186 Ebd.
187 Ebd.
188 Ebd., S. 60ff.
189 Josef Nadler: Literaturgeschichte der deutschen Stämme und Landschaften. 3. Aufl. Bd. 4: Der deutsche Staat (1814–1914). Regensburg 1932, S. 837.

alten Spinngewebe abfegen – da murren denn die friedlichen Leute, daß es dabei staubt. [...] Ich will patriotische Schriften verfassen, die das träumende Livland aus dem Schlaf wecken sollen. Ich will sie aufrütteln und ihnen zuschreien: Erwacht! Ihr merkt es gar nicht, daß ihr euch an einem Abgrund hin gelagert habt!"[190] schrieb 1871 der gealterte ‚Dr. Bertram', dessen *Baltische Skizzen*[191] bald als humoristische Stücke missverstanden wurden, an seine Tochter. In Worms' Geschichten, in denen zuweilen „die Undeutschen in hellem Haufen über uns kommen",[192] mag die Intention zunächst eine andere sein. „Wir sind Deutsche und sollen es bleiben. Sieh, das möchte ich allen sagen",[193] ist eine Botschaft von Prinz Erich. Doch sein großer Vortrag vor den versammelten deutschen Honoratioren in der Kneipe zur „Hoffnung" endet in einem Herrenbesäufnis mit dem vom lettischen Verwalter bezahlten Freibier – und am Ende steht die bemerkenswerte Einsicht:

> Schau, schau. Also dämmert es in Ihnen doch noch auf, daß Deutsche und Letten noch etwas gemeinsam haben könnten? Wir beide zum Beispiel jedenfalls. Wissen Sie, was unser Gemeinsames ist? Die Lüge. – Lüge war unser Leben, [...] Lüge unsere Erziehung, Lüge all diese krampfigen Zuckungen unserer Zeit [...] Sie sind noch der Vernünftigere, Sie belügen sich in allerletzter Stunde. Ich wollte aus mir herauskommen und konnte nicht. [...] Nun gebe ich es auf.[194]

„In dieser letzten und reifsten Zeit des Baltentums, in der die Winde die bescheidensten Bäumchen rüttelten, fielen die Früchte zerstreuter und zahlreicher denn je. In der Weltliteratur verdichtete sich diese Epoche, welche die Keime zur Weltrevolution in ihrem Schoße trug, zum Naturalismus. Die baltische Dichtung kennt ihn nicht. Der Selbsterhaltungsinstinkt erlaubte solche Versuche an einem Fleck, wo es um Tod und Leben ging, nicht."[195] Nur „wenn die Menschen schon wieder im Konjunktiv sind, so sind es eigentlich glückliche Menschen",[196] heißt es, wie als Kommentar hierzu, in *Prinz Erich*. Der „Konjunktiv" mag eine Lüge, Utopie oder schlicht: Fiktion sein. Nach dieser „roten Dämmerung" lebt Worms noch 33 Jahre. Er schreibt kaum mehr etwas mit baltischem Bezug[197] und nach 1923 gar nichts mehr. Er verstummt nicht als einziger. Nicht auszuschließen, dass der Grund ein Überfall der komplexen Wirklichkeit gewesen ist, damals im Revolutionsjahr 1905.

---

190 Georg Julius von Schultz: Brief an Lydia von Baltz, 11. Februar 1871. In: [Georg Julius von Schultz:] Briefe eines baltischen Idealisten an seine Mutter. 1833–1875. Hg. v. Johannes Werner. Leipzig 1934, S. 243.

191 Dr. Bertram [Georg Julius von Schultz]: Baltische Skizzen oder Funfzig [sic] Jahre zurück. Berlin 1852.

192 Carl Worms: Ich bleibe. In: Ders.: Aus roter Dämmerung (Anm. 45), S. 13.

193 Worms: Prinz Erich (Anm. 183), S. 69.

194 Ebd., S. 92f.

195 Favre: Die Zeit der Russifizierung (Anm. 181), S. 98. Bezeichnenderweise distanzierte sich der Herausgeber Behrsing in seinem Vorwort von Favres Beitrag: „Ob dieser Versuch geglückt ist, muß die Zukunft lehren." (Zum Geleit, S. III).

196 Worms: Prinz Erich (Anm. 183), S. 96.

197 Sein im Ersten Weltkrieg erschienenes *Schloß Mitau* versammelt einfachere historische ‚Zeitbilder'. Carl Worms: Schloß Mitau. Bilder aus Kurlands Vergangenheit. Stuttgart 1917.

Rüdiger Ritter

Jenseits des Rechtfertigungsdiskurses: Die oberschlesischen Abstimmungskämpfe in vergleichender Perspektive

1. Abstimmungskämpfe und Rechtfertigungsdiskurs

Sieht man einmal von den Ereignissen des Zweiten Weltkrieges und seinen Folgen ab, dann handelt es sich bei den oberschlesischen Abstimmungskämpfen der Jahre 1918–1921 um die intensivsten deutsch-polnischen Auseinandersetzungen des 19. und 20. Jahrhunderts überhaupt. Noch drei Jahre nach Ende des Ersten Weltkrieges standen bewaffnete paramilitärische Formationen aus beiden Ländern einander gegenüber. Der Konflikt war in beiden Ländern spätestens zu dem Zeitpunkt auf hohe Aufmerksamkeit gestoßen, als die Vorbereitung der Volksabstimmung von 1920 zu einer Mobilisierung nicht nur der Oberschlesier, sondern auch der Öffentlichkeiten in beiden Ländern führte.[1] Von überall her wurden Abstimmungsberechtigte herangeführt (man richtete spezielle „Abstimmungszüge" ein). Hinzu kam eine direkt nach Kriegsende beginnende und sich trotz des ausdrücklichen Verbots der Alliierten nun noch wesentlich intensivierende Anwerbung von Teilnehmern für die paramilitärischen Formationen.

Die Stimmung in Oberschlesien, Deutschland und Polen war gleichermaßen aufgeheizt, sodass es erst der Teilung des Gebietes aufgrund einer Entscheidung der alliierten Botschafterkonferenz vom 20. Oktober 1921 bedurfte, um die Auseinandersetzungen zu beenden. Der Konflikt war dadurch jedoch keinesfalls beendet, denn ebenso wie die Volksabstimmung von beiden Seiten als Legitimierung des eigenen Anspruchs auf das ganze Gebiet betrachtet wurde, so beklagte man jetzt den Verlust des östlichen bzw. den fehlenden Anschluss des westlichen Teils. Unzufrieden war auch die einheimische Bevölkerung, für die die neue Grenze einen schmerzhaften Schnitt mitten durch ein gewachsenes Industriegebiet und die gewaltsame Zerstörung familiärer Bindungen bedeutete.

Als Folge dieser beiderseitigen Unzufriedenheit verlagerte sich der deutsch-polnische Streit auf die Publizistik und die Geschichtsschreibung, die fortan den Abstimmungskampf gleichsam mit anderen Mitteln fortsetzten.[2] Fast das gesamte Schrifttum zum Thema ist Teil eines umfassenden Rechtfertigungsdiskurses, der

1 Vgl. Waldemar Grosch: Deutsche und polnische Propaganda während der Volksabstimmung in Oberschlesien 1919–1921. Dortmund 2002 (Veröffentlichungen der Forschungsstelle Ostmitteleuropa an der Universität Dortmund B 72).

2 Zur Geschichtsschreibung vgl. Andrzej Brożek: Die Aufstände und Volksabstimmung in Oberschlesien von 1919–1921 als Teil der jüngsten polnischen Geschichte. In: Deutsch-polnisches Jahrbuch der deutsch-polnischen Gesellschaft Bremen/Bremerhaven e. V. 2 (1981/82), S. 249–266; Joachim Kuropka: Die oberschlesischen Aufstände in der Bewertung der letzten 75 Jahre aus deutscher Sicht. In: Via Silesia. Beiträge der Gemeinschaft für deutsch-polnische Verständigung 3 (1996), S. 184–197.

Berichte und Forschungen 14 (2006), S. 143–157

den Abstimmungskämpfen einen Platz im nationalen Geschichtsnarrativ verschaffen sollte. Frappierend ist dabei die Parallelität der Argumentationsstrukturen auf deutscher wie auf polnischer Seite. Die geradezu zwanghafte Rechtfertigung der eigenen Position führte zu einer Reversibilität der Argumente und zu einer Austauschbarkeit der Vorwürfe an die jeweils andere Seite. Eine Reihe von Topoi kehrte dabei immer wieder: So sei der Gegner grundsätzlich besser bewaffnet, zahlenmäßig stärker und durch erhöhten Militäreinsatz überlegen gewesen. Trotzdem habe die eigene Seite aufgrund der besseren Disziplin, der höheren Moral und der Rechtmäßigkeit des eigenen Handelns die gegnerische Überlegenheit ausgleichen können. Beide Seiten stellten die „eigenen" Kämpfer als Sieger dar, wohingegen die „Befreiung" (wie man es nannte) ganz Oberschlesiens von den gegnerischen Truppen nur durch das Eingreifen der Alliierten verhindert worden sei. Diese Spiegelbildlichkeit und exakte Deckungsgleichheit der Argumente ist auf den ersten Blick verblüffend, erscheint bei näherem Nachdenken aber logisch, liegt doch beiden Argumentationen die gleiche Motivation zugrunde, nämlich die Aufarbeitung der Geschehnisse zum Zweck der Legitimierung des eigenen Nationalstaats. Zeitgenössisches Schrifttum setzte sozusagen mit der Feder fort, was polnische Aufständische auf der einen und deutsche paramilitärische Formationen auf der anderen Seite begonnen hatten.

Verlässt man, wie es in der neueren Forschung vermehrt geschieht, den Rechtfertigungsdiskurs zugunsten der Betrachtung der Struktur des Abstimmungskonflikts, dann eröffnet sich die Möglichkeit, die Anatomie des historischen Problems zu beschreiben.

2. Aufeinandertreffen zweier Nationalismen

Der oberschlesische Konflikt entstand nicht als regionaler Konflikt unter Oberschlesiern, sondern als nationaler Konflikt zwischen Polen und Deutschland. Beide Seiten waren ausschließlich von der Ideologie des Nationalismus in ihrer exklusiven Form geprägt: Indem man für den Anschluss Oberschlesiens an den eigenen Staat kämpfte, kämpfte man auch für den ethnisch einheitlichen Nationalstaat, den man religiös überhöhte und mit historischen Argumenten moralisch legitimierte. Dabei ging man deutscher- wie polnischerseits vom bereits existierenden Bild Oberschlesiens im je eigenen historischen Gedächtnis aus. Oberschlesien spielte sowohl im polnischen „Westgedanken"[3] als auch in der deutschen Grenzland-Ideologie bzw. im Programm des berüchtigten „Drangs nach Osten"[4] eine Schlüsselrolle. So

---

3 Vgl. Roland Gehrke: Der polnische Westgedanke bis zur Wiedererrichtung des polnischen Staates nach Ende des Ersten Weltkrieges. Genese und Begründung polnischer Gebietsansprüche gegenüber Deutschland im Zeitalter des europäischen Nationalismus. Marburg 2001 (Materialien und Studien zur Ostmitteleuropa-Forschung 8); Wojciech Wrzesiński (Hg.): Twórcy polskiej myśli zachodniej [Die Schöpfer des polnischen Westgedankens]. Olsztyn 1996 (Rozprawy i materiały Ośrodka Badań Naukowych im. Wojciecha Kętrzyńskiego w Olsztynie 153).

4 Vgl. dazu immer noch Wolfgang Wippermann: Der „deutsche Drang nach Osten". Ideologie und Wirklichkeit eines politischen Schlagwortes. Darmstadt 1981 (Impulse der Forschung 35).

sehr die beiden Bilder von der Landschaft Oberschlesien auch inhaltlich voneinander unterschieden waren, so sehr glichen sie sich doch in ihrer exklusiven Struktur.

Eine vergleichende parallele Betrachtung des Verhaltens beider Parteien während der Abstimmungskämpfe zeigt eindrucksvoll, dass deutsche und polnische Agitatoren sich in der Zeit nach 1918 *mutatis mutandis* und aller Polemik zum Trotz ganz ähnlich verhielten, auch wenn für beide anfangs unterschiedliche Ausgangsbedingungen herrschten. Da jedoch beide einem Verhaltensmuster folgten, das die Ideologie des Nationalismus gleichsam vorschrieb, kam es diesbezüglich bald zu einer Angleichung. Einige kurze Hinweise zum Ablauf zeigen das.

In der ersten Phase, der Zeit zwischen dem Ende des Ersten Weltkrieges bis zum Eintreffen der Interalliierten Kommission in Oberschlesien, kann man noch zwischen einem deutschen Herrschafts- und einem polnischen Emanzipationsnationalismus in Oberschlesien[5] unterscheiden. Faktisch war die gesamte Region noch Teil des Deutschen Reiches, wenigstens insofern, als die Verwaltungsstruktur noch vom preußisch-deutschen Staatsapparat bestimmt war. Die polnische Seite hingegen musste ihre Aktivitäten auf Vereine oder informelle Organisationen gründen. In dieser Phase suchten beide Richtungen die Bevölkerung für ihre Zwecke einzuspannen. Dabei ging es einerseits um nationale Ideen, andererseits aber auch um Wirtschaftsinteressen, d. h. konkret um die oberschlesische Kohle. In der Folge kam es zu einer Art ‚Pingpongspiel‘, in dem jede Partei auf die Aktivitäten der anderen reagierte und dadurch wiederum eine Gegenreaktion erzeugte.

Mit ihren agitatorischen Aktivitäten war zunächst die polnische Seite relativ erfolgreich. Wenigstens gelangten deutsche Stellen zu der Erkenntnis, dass hier ein nicht zu unterschätzendes Gefahrenpotential für den deutschen Staat vorlag. So war das wesentliche Ziel der deutschen Stellen zunächst auch die Aufrechterhaltung von „Ruhe und Ordnung“. Zu diesem Zweck wurden Polizei- und Ordnungskräfte aufgestellt bzw. verstärkt. Polnische Aktivisten wiederum suchten nach dem Erfolg des Posener Aufstandes, das erfolgreiche Modell auf Oberschlesien zu übertragen. Eine Kampforganisation wurde geschaffen, die schließlich einen ersten Aufstand entfesselte. Die vorhandenen deutschen Einheiten wurden zu dessen Bekämpfung eingesetzt. Die gegenseitige nationalistische Propagandaarbeit war damit in eine militärische Auseinandersetzung umgeschlagen.

Mit dem Eintreffen der Interalliierten Kommission glichen sich die Nationalismen an: Oberschlesien wurde jetzt faktisch ein eigener Staat unter Völkerbundverwaltung, unterstand also nicht länger dem preußisch-deutschen Staatsapparat. Das polnische und das deutsche Abstimmungskommissariat wurden nun zu den Zentren der politischen Auseinandersetzung, sodass beide Seiten auch institutionell wenigstens formal gleichberechtigt waren. Der Konflikt eskalierte jedoch weiter. Mit dem

5 Ob ein Herrschafts- oder Emanzipationsnationalismus vorliegt, hängt vom jeweiligen Gegner ab. In verschiedenen Gegenden kann ein und derselbe Nationalismus einmal als Herrschafts-, dann als Emanzipationsnationalismus auftreten. Das beste Beispiel ist der polnische Nationalgedanke, der im Westen als Emanzipationsnationalismus gegenüber dem deutschen Herrschaftsnationalismus und im Osten als Herrschaftsnationalismus gegenüber Litauen, Weißrussland und der Ukraine auftrat.

Gedanken des nationalen Kampfes war eine bloß propagandistische Vorbereitung einer Volksabstimmung unvereinbar. Daher setzten beide Seiten ihre militärischen Aktionen fort. Nun entstand auch eine deutsche Kampforganisation, und damit standen sich zwei irreguläre Verbände gegenüber.

Nach der Volksabstimmung schließlich trat der offensive Charakter dieser Verbände immer deutlicher zutage, auch wenn das nicht offen gesagt wurde. Die polnische Organisation bezeichnete den dritten Aufstand nicht etwa als Verteidigung gegenüber einer deutschen Aggression, sondern als „kurzandauernde militärische Demonstration", die den Alliierten den polnischen Charakter des Gebiets vorführen sollte.[6] Umgekehrt war auch der sogenannte „Sturm auf den Annaberg" kein defensives Unternehmen mehr. In dieser letzten Phase der Kämpfe war das Verhalten beider Seiten nahezu deckungsgleich. Während des dritten Aufstands lieferten sich die beiden Kampforganisationen einen regelrechten Stellungskrieg. Die politischen Ausgangsbedingungen waren gleich, die Organisationsstruktur der Kampforganisationen hatte sich ebenfalls weitgehend angeglichen. Die entstandene Pattsituation war gleichsam die logische Folge dieser parallelen Strukturen.

3. Übergang der Handlungsinitiative auf die Kampforganisationen

Anfangs handelte es sich bei den Kampforganisationen um Instrumente der polnischen bzw. deutschen Regierung. Schon bald jedoch entwickelten die Verbände eine Eigendynamik, was dazu führte, dass die Handlungsinitiative mehr und mehr auf sie überging und sich die Regierungen zunehmend von den Organisationen getrieben sahen, die sie selbst ins Leben gerufen hatten. Im Ergebnis wurden die Verbände unkontrollierbar, obwohl ihre Wirksamkeit mit dem Beschluss, eine Volksabstimmung durchzuführen, eigentlich ja beendet sein sollte.

Dennoch war gerade die Vorbereitungszeit der Volksabstimmung diejenige Phase, in der die Kampforganisationen wesentlich erstarkten. Im Jahr 1920 versuchte die polnische, von der Sozialistischen Partei (PPS) dominierte Regierung, die polnische Militärorganisation unter ihre direkte Kontrolle zu bringen, indem sie personelle Umbesetzungen an der Spitze vornahm und ihren politischen Gegner Wojciech Korfanty dadurch auf das Abstimmungskommissariat beschränkte.[7] Der überraschende Ausbruch des Zweiten Aufstands im August 1920 jedoch demonstrierte, wie

6 Tadeusz Jędruszczak: Polityka Polski w sprawie Górnego Śląska 1918–1922 [Die polnische Politik in der oberschlesischen Frage 1918–1922]. Warszawa 1958, S. 354f.

7 Da Piłsudski getreu der Ideologie des „jagiellonischen Polen" seine Energie auf den Osten konzentrierte, hatten er und seine Anhänger eine eigentümlich zwiespältige Einstellung zum Oberschlesienproblem. Bei allem Interesse an einer Einbindung dieses Gebietes in den neuen polnischen Staat wollte man im Piłsudski-Lager jedoch auf jeden Fall das Erstarken der gegnerischen Nationaldemokratie gerade hier vermeiden. Vgl. Zdzisław Janeczek: Śląsk w kręgu kultu Józefa Piłsudskiego. W 75 rocznicę odzyskania niepodległości Polski 1918–1993 [Schlesien im Rahmen des Józef-Piłsudski-Kults. Zum 75-jährigen Jubiläum der Wiedererlangung der Unabhängigkeit Polens 1918–1993]. Katowice 1993; Ders.: Śląsk w kultu Naczelnika. Z dziejów polskiej propagandy plebiscytowej [Schlesien im Führerkult. Aus der Geschichte der polnischen Plebiszitpropaganda]. Katowice 1996.

groß die Gefahr einer unkontrollierten Eskalation mittlerweile war. Die Bemühungen Korfantys, seinen früheren Einfluss auf die Kampforganisation wiederzugewinnen, hatten daher schließlich Erfolg; die personellen Umbesetzungen mussten revidiert werden. Der politische Richtungsstreit in Polen hatte der Organisation also nicht geschadet, sondern sie im Gegenteil sogar gestärkt. Auch die PPS-Regierung musste nun einen von Korfanty kontrollierten bewaffneten Verband dulden.[8] Ganz ähnlich verhielt es sich auf deutscher Seite, wo insbesondere das vermehrte Eintreffen rechtsgerichteter Freikorps, die oft aus ehemaligen Einheiten des kaiserlichen Heeres hervorgegangen waren, der Reichsregierung Probleme bereitete. Aufgrund der im Versailler Vertrag verfügten Verkleinerung der alten Reichswehr auf 100.000 Mann war es nicht länger möglich, die Korps in die bestehenden Armeestrukturen zu integrieren, sodass sie einen Faktor wachsender Instabilität darstellten.[9]

Für beide Staaten hatten sich die Kampforganisationen damit als zu wichtige Machtfaktoren erwiesen, als dass sie hätten vernachlässigt werden können. Sie waren jetzt nicht mehr nur Mittel zum Zweck, sondern erzeugten ihre eigene politische Wirklichkeit und legitimierten sich dadurch gleichsam selbst. Von den politisch Verantwortlichen kaum noch steuerbar, erzeugten die Organisationen eine Eigendynamik, deren logische Folge schließlich der Wunsch war, „loszuschlagen". Begünstigt wurde das noch durch den Umstand, dass die Führer der Untereinheiten und erst recht die einfachen Mannschaften keinerlei politische Verantwortung für ihr Handeln übernehmen mussten.[10] Belege hierfür liefern das Zustandekommen des Sturms auf den Annaberg[11] auf deutscher sowie die „Meuterei der Gruppe Ost" („Bunt Grupy Wschodniej")[12] auf polnischer Seite.

---

8 Jan Wyglenda: Plebiscyt i powstania śląskie [Das Plebiszit und die schlesischen Aufstände]. Opole 1966, S. 131; Kazimierz Popiołek: Geneza III powstania śląskiego [Die Entstehung des dritten schlesischen Aufstandes]. In: Ders., Władysław Zieliński (Hg.): Powstania śląskie. Materiały z sesji naukowej, zorganizowanej w 40 rocznicę III powstania śląskiego w ramach obchodów Tysiąclecia Państwa Polskiego [Die schlesischen Aufstände. Materialien einer anlässlich des 40. Jahrestages des dritten schlesischen Aufstandes im Rahmen der Tausendjahrfeiern des polnischen Staates organisierten wissenschaftlichen Konferenz]. Katowice 1963, S. 93; vgl. auch Zyta Zarzycka: Polskie działania specjalne na Górnym Śląsku 1919–1921 [Polnische Spezialaktivitäten in Oberschlesien 1919–1921]. Warszawa 1989, S. 50–54.

9 Die Umwandlung von Einwohner- in Ortswehren, wie sie im Jahr 1920 in Sachsen und Schlesien durchgeführt wurde, hatte nach dem Willen von Reichswehrminister Geßler unter anderem auch den Zweck, die Wirksamkeit verfassungsfeindlicher Organisationen auszuschalten. Vgl. Erwin Könnemann: Einwohnerwehren und Zeitfreiwilligenverbände. Ihre Funktion beim Aufbau eines neuen imperialistischen Militärsystems (November 1918–1920). Berlin 1971, S. 323; Harold J. Gordon: Reichswehr and German Republic 1919–1926. Princeton NJ 1957, S. 72f.

10 Im Falle des Sturms auf den Annaberg entspann sich in dieser Frage eine Kontroverse zwischen dem Leiter der Kampforganisation Hoefer und dem Führer der Aktion von Hülsen. Der Streit wurde in einem langdauernden Schriftwechsel geführt. Militärarchiv Freiburg: Reichsarchiv-Nachkriegskämpfe, Selbstschutz Oberschlesien, Verantwortung für die Annaberg-Kämpfe, PH 61/v.17.

11 Der Führer des Annaberg-Angriffs von Hülsen warf Hoefer vor, als „Exponent der Berliner Regierung" den Kampfverbänden Hindernisse in den Weg zu legen. Vgl. Karl Hoefer: Oberschlesien in der Aufstandszeit 1918–1921. Berlin 1938, S. 158f., sowie den Schriftwechsel Hoefer-Hülsen im Militärarchiv Freiburg (Anm. 10).

12 Jan Łączewski: Bunt Grupy Wschodniej w III powstaniu śląskim. 4.6.1921 [Die Meuterei der

4. Die Anwerbung der Teilnehmer: Führer und Mannschaften, Oberschlesier und Hinzugekommene

Um diese Eigendynamik zu verstehen, ist es notwendig, sich mit den Motiven der Teilnehmer zu beschäftigen. Die Kampforganisationen waren ja in sich keineswegs einheitlich, sondern setzten sich aus einer Vielzahl von Personengruppen zusammen, die jede aus anderen Gründen an den Kampfhandlungen teilnahmen.[13] Zwei Unterscheidungen sind für das Verständnis wichtig: zum einen diejenige zwischen Führern und Mannschaften, zum anderen diejenige zwischen Oberschlesiern und Hinzugekommenen. Eine kurze Betrachtung der Anwerbung der Kampfteilnehmer zeigt das.

Zunächst, d. h. in der ersten Zeit nach dem Krieg, warben polnische und deutsche Stellen und Aktivisten unter der einheimischen oberschlesischen Bevölkerung Interessenten an, um überhaupt Kampfverbände aufbauen zu können. Deutscherseits handelte es sich dabei oft um amtliche Stellen, die zur Gründung von Einwohnerwehren aufriefen, polnischerseits um Aktivisten des Posener Aufstands, der ja als Modell für Oberschlesien dienen sollte. Die Anwerbung wurde auf verschiedenste Art und Weise durchgeführt. Offiziell durfte nichts Derartiges stattfinden, und so überwogen denn auch gerade am Anfang Aktionen unter der Hand, in kleinem Kreis. Beide Seiten suchten zunächst das Vereinswesen für ihre Zwecke nutzbar zu machen, wobei man sich auf polnischer Seite vornehmlich auf den Jugendverband „Sokół" (‚Falken'), auf deutscher Seite auf die Sportvereine stützte. Mitunter ging man auch einfach von Haus zu Haus. In dieser Frühphase ging es also hauptsächlich um die Bevölkerung der Region, auch wenn sich schon zu diesem Zeitpunkt immer wieder einzelne Freiwillige oder sogar schon ganze Formationen aus den beiden Ländern zur Verfügung stellten.

Spätestens mit der Konsolidierung der beiden Kampforganisationen war die paradoxe Situation entstanden, dass die oberschlesische Bevölkerung in ihrem Verhalten von außen fremdgesteuert wurde, obwohl sie sowohl unter den polnischen Aufständischen als auch unter den deutschen Kampfteilnehmern mit ca. 80–90% die große Mehrheit stellte.[14] Der Rechtfertigungsdiskurs in seiner pol-

---

Gruppe Ost während des dritten schlesischen Aufstandes am 4.6.1921]. In: Wojskowy Przegląd Historyczny 22 (1977), Nr. 2, S. 387–394.

13 In dieser Skizze muss eine genauere Typologie unterbleiben, die beispielsweise als besondere Gruppe auf polnischer Seite noch die sogenannten „Hallersoldaten" umfassen würde. Vgl. Stefan Aksamitek: Generał Józef Haller. Zarys biografii politycznej [General Józef Haller. Skizze einer politischen Biographie]. Katowice 1989.

14 Die Angaben in Literatur und Quellen über die Stärke der Verbände schwanken etwas, dennoch ergeben die Aussagen von deutschen und polnischen Autoren ein insgesamt relativ einheitliches Bild: Die Gesamtstärke des polnischen Aufstandsheeres im dritten Aufstand läßt sich auf ca. 60.000 Mann beziffern (Krzysztof Brożek in: Franciszek Hawranek [Hg.]: Encyklopedia powstań Śląskich [Enzyklopädie der schlesischen Aufstände]. Opole 1982, S. 531; Sigmund Karski: Albert [Wojciech] Korfanty. Eine Biographie. Dülmen 1990, S. 333; Hoefer: Oberschlesien [wie Anm. 11], S. 219), die der gegnerischen deutschen Truppen auf 40.000 (Mieczysław Wrzosek in: Hawranek [Hg.]: Encyklopedia powstań Śląskich, S. 364; Hoefer: Oberschlesien, S. 219). Etwa 10% der Kämpfer des Aufstandsheeres waren aus Polen herbeigekommen (Mieczysław Wrzosek in: Hawranek [Hg.]:

nischen wie deutschen Variante leitete aus dieser mehrheitlichen Beteiligung der Oberschlesier an den Kämpfen stets die Identifikation der deutschen bzw. polnischen mit der oberschlesischen Sache ab. Allerdings gilt es, zwischen den Führern der Kampfeinheiten und den Mannschaften zu unterscheiden. Handelte es sich bei den Mannschaftsangehörigen in der Tat mehrheitlich um Oberschlesier (mit Ausnahme bestimmter deutscher Freikorps, deren Mitglieder sämtlich nicht aus Oberschlesien stammten), so gab es unter den Führern der Einheiten nur wenige Einheimische. Sowohl in der zeitgenössischen Polemik als auch in der legitimierenden Geschichtsschreibung suchte man diese Tatsache dadurch zu kaschieren, dass man auf beiden Seiten einige prominente Persönlichkeiten herausstellte, die die Kampfeinheiten leiteten und aus Oberschlesien kamen, wie etwa auf polnischer Seite den Abstimmungskommissar Wojciech Korfanty und auf deutscher Seite den militärischen Leiter der Kampforganisation Karl Hoefer. Allerdings handelte es sich gerade bei diesen beiden Personen um Oberschlesier, die sich einer der nationalen Parteien verschrieben hatten, sodass sie trotz ihrer Herkunft keine genuin oberschlesische Position vertraten. Die Existenz dieser Führungsfiguren ändert also an der Tatsache der mehrheitlichen Fremdbestimmung der oberschlesischen Bevölkerung nichts.

Während des dritten Aufstands, also in der letzten Phase der Abstimmungskämpfe, konzentrierte man die Suche nach zusätzlichen Kampfteilnehmern auf die beiden Länder, nachdem die oberschlesische Bevölkerung sich bereits überwiegend für eines der Lager entschieden hatte und entsprechend polarisiert war. Auf beiden Seiten entstand eine automatisierte Propaganda- und Werbemaschinerie. In allen größeren polnischen Städten organisierten sich Komitees, die Demonstrationsveranstaltungen und Kundgebungen veranstalteten und die gewonnenen Freiwilligen an die Organisationen in Oberschlesien weitervermittelten.[15] In Deutschland wurde diese Aufgabe von Tarnorganisationen der ehemaligen Freikorps, die sich als „Arbeitsgemeinschaften“ ausgaben, oder auch von durch die Demobilisierung arbeitslos gewordenen ehemaligen Offizieren des kaiserlichen Heeres übernommen. In beiden Ländern wurde das weiterhin bestehende offizielle Anwerbungsverbot der Alliierten systematisch missachtet.

Encyklopedia powstań Śląskich, S. 347), während Jan Przewłocki die absolute Zahl von ca. 5.000 Ankömmlingen nennt (Jan Przewłocki: Insurgenci i politycy [Insurgenten und Politiker]. Katowice 1982, S. 178). Entsprechend befanden sich in der deutschen Kampforganisation zur Zeit des dritten Aufstands „einige Tausend“ Freikorpsmitglieder aus dem Reich (Franciszek Biały in: Hawranek [Hg.]: Encyklopedia powstań Śląskich, S. 131).

15 Im Posener Gebiet existierten maschinenschriftliche Resolutionsvordrucke des Posener „Komitees zur Verteidigung Schlesiens“, in die nur noch Zeit und Ort der jeweiligen Veranstaltung eingesetzt werden mussten. Vgl. Archiwum Państwowe miasta Poznania i Województwa Poznańskiego, Sammlung Rada Narodowa – Poznań, Wydział agitacyjny – wiece, zebrania 1919–1920, Dok. Nr. 16, 17, 18, 23, 29 u. a.; vgl. auch Bogusław Polak (Hg.): Wielkopolska a powstanie śląskie 1919–1921 (Materiały z III Ogólnopolskiego Seminarium Historyków Powstania Wielkopolskiego – Kościan, 5.2.1974) [Großpolen und die schlesischen Aufstände 1919–1921 (Materialien des dritten gesamtpolnischen Seminars der Historiker des großpolnischen Aufstandes in Kosten am 5.2.1974)]. Leszno 1977.

5. Die Oberschlesier zwischen den Fronten

Schon früh lässt sich beobachten, wie Agitatoren auf beiden Seiten Abhängigkeiten schufen, die die materiellen Zwänge der oberschlesischen Bevölkerung derart ausnutzten, dass den Einheimischen schließlich nichts anderes übrigblieb, als sich den deutschen oder polnischen Kampfverbänden zur Verfügung zu stellen.[16] Die solcherart rekrutierten Kampfteilnehmer erfuhren damit zwar in erheblichem Maße eine deutsche bzw. polnische Sozialisierung, können aber deshalb noch nicht einfach als „Polen“ oder „Deutsche“ bezeichnet werden.[17] Für ein richtiges Verständnis der Vorgänge ist entscheidend zu berücksichtigen, dass sich in Oberschlesien eben nicht einfach Polen und Deutsche gegenüberstanden, sondern dass sich in der Bevölkerung eine breite Palette von Identitätsmustern zwischen Deutschland und Polen ausgebildet hatte. Bemerkenswert ist dabei, dass eine nationale Orientierung nicht unbedingt auch an die entsprechende Muttersprache gekoppelt sein musste. Vielmehr existierte eine Vielfalt an Mischformen nationaler und regionaler Orientierung, ebenso wie auch eine Vielfalt an Mischformen zwischen der deutschen und der polnischen Sprache.[18]

Das charakteristische Eigenbewusstsein der Bevölkerung kam nun beispielsweise dadurch zum Ausdruck, dass sich deutsche wie polnische Verwaltungs- oder Militärstellen stets über die „Unzuverlässigkeit“ gerade der Einheimischen beklagten.[19] Hier wie auch an anderen Beispielen zeigt sich das Grundproblem der ober-

---

16 Ein Beispiel dafür stellt das Oberschlesische Freiwilligenkorps des Jahres 1919 dar. Arbeiter sahen sich hier praktisch vor die Wahl gestellt zwischen dem Eintritt in die Formation oder der Arbeitslosigkeit. Vgl. Militärarchiv Freiburg, Reichsarchiv-Nachkriegskämpfe, PH 26/22 (Bruno Stinnesbeck: Das Oberschlesische Freiwilligen-Korps). Die Verhältnisse in den Bergarbeitergruben wurden schon früh Gegenstand wissenschaftlicher Forschung. Eine grundlegende und in der polnischen Soziologie bis heute bedeutsame Arbeit stammt von Józef Chałasiński: Antagonizm polsko-niemiecki w osadzie fabrycznej „Kopalnia“ na Górnym Śląsku [Der polnisch-deutsche Antagonismus in der Fabriksiedlung „Kopalnia“ in Oberschlesien]. Warszawa 1935. Vgl. zur heutigen Diskussion in Polen Tomasz Nawrocki: Stosunki społeczne w osadzie „Kopalnia“ na Górnym Śląsku. Śladami Józefa Chałasińskiego [Die gesellschaftlichen Verhältnisse in der Fabriksiedlung „Kopalnia“. Auf den Spuren Józef Chałasińskis]. In: Antoni Sułek (Hg.): Śląsk – Polska – Europa. Zmieniające się społeczeństwo w perspektywie lokalnej i globalnej. Księga X Ogólnopolskiego Zjazdu Socjologicznego [Schlesien – Polen – Europa. Gesellschaftlicher Wandel in lokaler und globaler Perspektive. Tagungsband des 10. gesamtpolnischen Soziologentages]. Katowice 1998, S. 51–64.

17 Zeitgenössische Quellen beider Seiten differenzieren zwischen „polnisch“ und „polnisch gesinnt“ bzw. „deutsch“ und „deutsch gesinnt“.

18 Kai Struve, Philipp Ther (Hg.): Die Grenzen der Nationen. Identitätswandel in Oberschlesien in der Neuzeit. Marburg 2002 (Tagungen zur Ostmitteleuropa-Forschung 15); Manfred Alexander: Oberschlesien im 20. Jahrhundert – eine mißverstandene Region. In: Geschichte und Gesellschaft 30 (2004), S. 465–489.

19 Der Landrat in Oppeln erhielt auf eine Anfrage vom April 1919 nach der Einstellung der Bevölkerung zwecks Aufstellung von Wehrverbänden aus einer Reihe von Kreisen die Einschätzung der dortigen Bevölkerung als „unzuverlässig“ bzw. „nicht deutsch denkend“. Vgl. Archiwum Państwowe miasta Opola, Sammlung 2 (Landratsamt), Nr. 147 (Akten betr. Bürgerwehren). Vorschlag vom 10.4.1919 sowie 32 Briefe an den Landrat von Oppeln, April 1919, o. Nr. Die Auswertung des Landrats findet sich als handschriftliche Notiz auf dem Brief aus Szczepanowitz.

schlesischen Bevölkerung, die im sich zuspitzenden Nationalitätenstreit keine eigenständige Intelligenzschicht hatte ausbilden können und dadurch zur Orientierung entlang den beiden Nationalismen gezwungen war.

Die Akteure beider Seiten gaben zwar vor, im Interesse der Region und ihrer Bewohner zu handeln, und warfen ihren Gegnern Verrat an genau diesem Gedanken vor. Wer jedoch ernsthaft versuchte, eine Position zwischen der nationalistischen deutschen und der nationalistischen polnischen Front einzunehmen, musste mit dem Schlimmsten rechnen. Die Polarisierung war sehr schnell so weit fortgeschritten, dass gemeinsame Institutionen keine Chance mehr hatten. Das illustriert das Schicksal der gemeinsamen deutsch-polnischen Abstimmungspolizei, deren Einsetzung durch die Interalliierte Kommission vor diesem Hintergrund geradezu als naiv angesehen werden muss.[20]

Umso bemerkenswerter ist es, dass es einige Anzeichen für die Existenz einer oberschlesischen regionalen Sonderposition auch zu dieser Zeit gab.[21] Darauf weist etwa die kurzzeitige und in der Praxis bedeutungslose Existenz eines oberschlesischen Abstimmungskommissariats zusätzlich zu dem polnischen und dem deutschen Kommissariat hin – eine Alternative, die die alliierten Bestimmungen gar nicht vorgesehen hatten. Wie eng der Spielraum tatsächlich war, verdeutlicht der Umstand, dass Teofil Kupka, einer der wenigen Intellektuellen, über die die oberschlesische Autonomiebewegung zu dieser Zeit verfügte, schließlich durch gedungene Spezialeinheiten des polnischen Abstimmungskommissars Korfanty umgebracht wurde, nachdem er auch von deutscher Seite abgewiesen worden war.[22] Mit dem Aufbau und der Konsolidierung der Kampforganisationen hatten sich die Fronten verhärtet. Eine dichotomische Schwarz-Weiß-Situation war entstanden, in der es für Schattierungen und Grautöne irgendwelcher Art sehr bald keinen Platz mehr gab. Dies war das Grundproblem für die oberschlesische Bevölkerung: Ein indifferentes Verhalten war nicht länger möglich. Daher fungieren die Aufstände in Oberschlesien für den heutigen oberschlesischen Identitätsdiskurs sozusagen als eine Art negativer Gründungsmythos, da sie gerade durch ihr tragisches Scheitern zwischen den Machtblöcken die Existenz einer Autonomiebewegung auch zu diesem Zeitpunkt belegen.[23]

---

20 Über die Abstimmungspolizei jüngst Bernard Kayzer: Urzędy policji wykonawczej pod zarządem międzysojuszniczej komisji rządzącej i plebiscytowej na Górnym Śląsku od sierpnia 1920 do lipca 1922 r. [Die Behörden der Exekutivpolizei unter der Verwaltung der interalliierten Regierungs- und Plebiszitkommission in Oberschlesien von August 1920 bis Juli 1922]. In: Śląski Kwartalnik Historyczny Sobótka 57 (2002), Nr. 2, S. 155–173.

21 Zur oberschlesischen Autonomiebewegung immer noch Günther Doose: Die separatistische Bewegung in Oberschlesien nach dem Ersten Weltkrieg (1918–1922). Wiesbaden 1978 (Studien der Forschungsstelle Ostmitteleuropa an der Universität Dortmund 2).

22 Vgl. Zarzycka: Polskie działania specjalne (Anm. 8), S. 56.

23 Insbesondere der dritte Aufstand, der für den polnischen Rechtfertigungsdiskurs eine zentrale Stellung einnimmt, wird hier als eine illegitim von Polen fremdgesteuerte Aktion bewertet. Vgl. Wojciech Wrzesiński: Argument historyczny w propagandzie Ruchu Autonomii Śląska [Das historische Argument in der Propaganda der Bewegung für eine Autonomie Schlesiens]. In: Śląski Kwartalnik Historyczny Sobótka 59 (2004), Nr. 3, S. 497–512, hier S. 510.

6. „Auffangbecken für Arbeitslose"

Zahlreiche Beispiele deuten darauf hin, dass es vielen Teilnehmern nicht allein um die Verteidigung ideeller nationaler Werte ging. Schon in den ersten Jahren beklagten sich die preußischen Behörden über die „Unzuverlässigkeit" gerade der einheimischen Teilnehmer. In beiden Organisationen, der deutschen wie der polnischen, klagten die Verantwortlichen darüber, dass viele Teilnehmer nur des relativ hohen Soldes wegen mitzumachen schienen und eine weitergehende Identifikation vermissen ließen.

Die Agitatoren legten sich Rechenschaft darüber ab, dass die Oberschlesier aufgrund des Fehlens einer eindeutigen nationalen Orientierung nicht oder nur höchst eingeschränkt mit Appellen an polnisches oder deutsches Nationalbewusstsein zu gewinnen waren. Die Lösung bestand hier darin, materielle Anreize zu schaffen. So bezeichnete die „Freie Vereinigung zum Schutze Oberschlesiens" die oberschlesische Frage als „Magenfrage",[24] und der polnische Abstimmungskommissar Korfanty versprach Land und Vieh, worauf die deutsche Presse wiederum mit dem Spottwort von der „Korfanty-Kuh" reagierte. Die polnischen Führer sahen sich gezwungen, den Sold in deutschem Geld und nicht in der neuen polnischen Währung auszuzahlen, um die Teilnehmer bei der Stange zu halten.[25]

Zeitgenössische Quellen unterscheiden nicht immer zwischen „unzuverlässigen" Einheimischen und Ankömmlingen, obwohl diese Unterscheidung für das richtige Verständnis wesentlich ist: „Unzuverlässige" Oberschlesier waren diejenigen, die eine eindeutige nationale Orientierung vermissen ließen und denen es daher möglich war, sich sowohl der einen als auch der anderen Seite anzuschließen. Dieses Verhalten als Opportunismus zu geißeln, hieße die problematische Lage der Einheimischen zwischen den Fronten zu verkennen. Um der Bedrohung durch die eine Partei zu entgehen, blieb mitunter zur Sicherung von Haus und Hof bzw. der Angehörigen nichts anderes übrig, als sich der anderen Partei anzuschließen. Fehlte eine eindeutige nationale Orientierung, so wurde dieser Wechsel in beide Richtungen vollzogen, ohne dass damit ein Wechsel der nationalen Identität verbunden war.

„Unzuverlässige" Ankömmlinge aus dem Reich und aus Polen hingegen hatten stets eine eindeutige nationale Orientierung. Hier war das Problem auch nicht der Seitenwechsel, sondern die mangelnde Identifizierung mit der zu leistenden Aufgabe. Dies sowie die Mechanismen der Werbung weisen darauf hin, dass es sich hier oft um Personen handelte, die den Eintritt in eine paramilitärische Formation als Möglichkeit ansahen, der Situation der Arbeitslosigkeit zu Hause zu entfliehen. Inhaltliche Argumente spielten hier kaum eine Rolle.

---

24 Bundesarchiv Koblenz, Akten der Reichskanzlei, Serie Reichsgebiet, Band 111795 (Allgemeine Ost- und Grenzschutzfragen, Bd. 1), Bl. 190–194.

25 Jędruszczak: Polityka Polski (Anm. 6), S. 354f.

7. Das „Fronterlebnis"

Waren die Arbeitslosen oftmals nur über genügend hohen Sold zu ködern, so gab es auch Personen, deren Motivation so hoch war, dass sie mit geradezu fanatischem Eifer in die Kampforganisationen strömten. Darunter waren oft solche, die durch das Fronterlebnis des Ersten Weltkriegs zutiefst geprägt waren.[26] Am deutlichsten war dies bei den deutschen Freikorps-Einheiten zu sehen. Unabhängig von jeglichen politischen Inhalten und ideologischen Vorstellungen bot für sie der Einsatz in Oberschlesien ganz einfach die Möglichkeit, das als zutiefst befriedigend empfundene Erlebnis der emotionalen Einigkeit unter Kameraden aus dem Ersten Weltkrieg auch nach dem Zusammenbruch des militärischen Umfeldes fortzusetzen. Oberschlesien wurde schnell als ein dafür besonders gut geeigneter Raum angesehen, nachdem zuvor das Baltikum ebenfalls einen solchen Ort abgegeben hatte.[27] Daher sammelten sich zunehmend Freikorps in Oberschlesien, die eine rechte Ideologie mit der Suche nach diesem emotionalen Einigkeitserlebnis im Männerbund verbanden.[28] Die gesellschaftliche Akzeptanz des Militärischen erleichterte dieses Verhalten.[29]

Die polnische Militärorganisation wurde zwar nicht durch so herausragende Gruppierungen wie die Freikorps geprägt. Dennoch zeigen beispielsweise die Szenen

---

26 Dieses weite Feld ist nur mit Hilfe der Historiographie zum Ersten Weltkrieg erschließbar, die jüngst Konjunktur erhalten hat. Vgl. exemplarisch Gerhard Hirschfeld u. a. (Hg.): Kriegserfahrungen. Studien zur Sozial- und Mentalitätsgeschichte des Ersten Weltkrieges. Essen 1997 (Schriften der Bibliothek für Zeitgeschichte N. F. 5); Wolfram Wette (Hg.): Der Krieg des kleinen Mannes. Eine Militärgeschichte von unten. 2. Aufl. München, Zürich 1995 [1. Aufl. 1992]. Zum „Fronterlebnis" vgl. Gudrun Fiedler: Die große Fahrt in den Krieg. Jugendbewegung, Militär und Fronterlebnis. In: Jahrbuch des Archivs der deutschen Jugendbewegung 16 (1986/87), S. 183–196; Benjamin Ziemann: Das „Fronterlebnis" des Ersten Weltkrieges – eine sozialhistorische Zäsur? In: Hans Mommsen (Hg.): Der Erste Weltkrieg und die europäische Nachkriegsordnung. Sozialer Wandel und Formveränderung der Politik. Köln 2000 (Industrielle Welt 60), S. 43–82.

27 Über die sogenannten „Baltikumer" vgl. Vejas Gabriel Liulevicius: Kriegsland im Osten. Eroberung, Kolonisierung und Militärherrschaft im Ersten Weltkrieg. Aus dem Amerikanischen v. Jürgen Bauer, Edith Nerke u. Fee Engemann. Hamburg 2002.

28 Eine genauere Untersuchung dieses Phänomens steht noch aus. Die vorliegenden, z. T. älteren Untersuchungen legen diese Beschreibungen aber nahe. Vgl. Karin Buselmeier: Die Psyche der Freikorpsmänner. In: Neue Politische Literatur 26 (1981), Nr. 1, S. 13–19. Lediglich zur Bedeutung des Geschlechtsaspekts gibt es jüngere Arbeiten, die sich aber nicht speziell auf die Kämpfer in Oberschlesien beziehen. Vgl. Jürgen Reulecke: Das Jahr 1902 und die Ursprünge der Männerbundideologie in Deutschland. In: Gisela Völger, Karin von Welck (Hg.): Männerbünde, Männerbande. Zur Rolle des Mannes im Kulturvergleich. Zweibändige Materialiensammlung zu einer Ausstellung des Rautenstrauch-Joest-Museums für Völkerkunde in der Josef-Haubrich-Kunsthalle Köln vom 23. März bis 17. Juni 1990. Bd. 1. Köln 1990, S. 3–10; Thomas Rohkrämer: Das Militär als Männerbund? Kult der soldatischen Männlichkeit im Deutschen Kaiserreich. In: Westfälische Forschungen 45 (1995), S. 169–187.

29 Hans Mommsen: Militär und zivile Militarisierung in Deutschland 1914–1938. In: Ute Frevert (Hg.): Militär und Gesellschaft im 19. und 20. Jahrhundert. Stuttgart 1997 (Industrielle Welt 58), S. 265–276. Untersuchungen wie diese problematisieren und differenzieren das bis in die 1980er Jahre hinein gebräuchliche Schlagwort des deutschen „Militarismus". Vgl. Detlef Vogel: Militarismus – unzeitgemäßer Begriff oder modernes historisches Hilfsmittel? In: Militärgeschichtliche Mitteilungen 39 (1986), S. 9–36.

bei der erzwungenen Demobilisierung nach dem dritten Aufstand, dass es auch hier ganze Einheiten gab, deren Mitglieder die Formation als Heimat und als Schutz vor dem als unbekannt und fremdartig perhorreszierten Zivilleben betrachteten. Die Möglichkeit, das eigene Handeln durch den Mythos der polnischen Aufständischen zu überhöhen, tat ein Übriges.[30] Der Erste Weltkrieg galt diesen Personen als ein langersehntes positives Ereignis, da sich nun endlich die Möglichkeit bot, die Freiheit Polens tatsächlich zu erkämpfen.[31] Ebenso wie auf deutscher Seite fungierten das Fronterlebnis sowie die Idee des Militärischen[32] als prägende Ereignisse.[33] Auch wenn er sich vor allem auf die Ostgrenze Polens konzentrierte, lieferte der sich ausbildende Mythos um Józef Piłsudski und seine Legionen für die Stabilisierung dieser Idee auch bei den polnischen Teilnehmern an den oberschlesischen Aufständen eine wichtige emotionale Unterstützung und moralische Legitimierung.[34] Die Idee, das Vaterland wo auch immer zu verteidigen, bedeutete zugleich, dass auch bei ihnen inhaltliche Argumente hinsichtlich einer bestimmten Region, wenn überhaupt, erst an zweiter Stelle rangierten. Auch ihnen ging es also nicht um Oberschlesien als solches, vielmehr war diese Region für sie lediglich eines jener Gebiete, in denen man den glorreichen Freiheitskampf fortsetzen konnte, wie das in der Westukraine und im Wilnagebiet bzw. an anderen Konfliktherden entlang der polnischen Westgrenze ebenfalls möglich war.

---

30 Dass die oberschlesischen Aufstände in Polen bis heute einen positiven Mythos darstellen, zeigt allein schon die Wortwahl: powstanie ist der ehrenvolle, zum Wohl der eigenen Nation unternommene Aufstand, bunt oder rabacja hingegen eine im kollektiven Gedächtnis verurteilte Erhebung, die von den Herrschenden als Ruhestörung perzipiert wird. Zum Mythos des polnischen Aufständischen vgl. Magdalena Micińska: Między Królem Duchem a Mieszczaninem. Obraz bohatera narodowego w piśmiennictwie polskim przełomu XIX i XX wieku (1890–1914) [Zwischen König Geist und Bürger. Das Bild des nationalen Helden im polnischen Schrifttum der Jahrhundertwende (1890–1914)]. Wrocław 1995.

31 Wie Robert Traba: Der vergessene Krieg 1914–1918. In: Andreas Lawaty, Hubert Orłowski (Hg.): Deutsche und Polen. Geschichte. Kultur. Politik. München 2003, S. 53–60, hier S. 59, herausstellt, endete der „polnische" Erste Weltkrieg nicht im Jahre 1918, sondern erst mit den bis 1922 andauernden militärischen Auseinandersetzungen.

32 Das Militärische war während des gesamten 19. Jahrhunderts ein positiv besetzter Mythos der polnischen Nationalbewegung, der weder im Ersten Weltkrieg noch in der Zwischenkriegszeit gebrochen wurde. Vgl. Jerzy W. Wiatr: The Soldier and the Nation. The Role of the Military in Polish Politics, 1918–1985. Boulder u. a. 1988; Andrzej Korboński: Civil-Military Relations in Interwar Poland. In: Timothy Wiles (Hg.): Poland between the Wars: 1918–1939. A Collection of Papers and Discussions from the Conference „Poland between the Wars: 1918–1939" held in Bloomington, Indiana, February 21–23, 1985. Bloomington, Ind. 1989, S. 39–54.

33 Darauf weist hin Tomasz Falęcki: Powstańscy śląscy 1921–1939 [Die schlesischen Aufständischen 1921–1939]. Warszawa 1990, S. 16.

34 Der Piłsudski-Mythos war auch im polnisch orientierten Milieu Oberschlesiens wirksam, auch wenn Piłsudski selbst der Sinn ja weniger nach dem westlichen Oberschlesien als vielmehr nach den Gebieten im Osten stand. Vgl. Janeczek: Śląsk w kręgu kultu Józefa Piłsudskiego (Anm. 7); Ders.: Śląsk w kultu Naczelnika (Anm. 7).

8. Die Generation der Abstimmungskämpfer

Sowohl in der polnischen als auch in der deutschen Kampforganisation war es hauptsächlich diese Personengruppe, die für die lange Dauer des Konflikts über die Zeit der Volksabstimmung hinaus verantwortlich war. Die Begeisterung über die Möglichkeit, sozusagen weiter ‚Krieg spielen' zu können, wurde durch die Ideologie des Nationalismus, der hier gleichsam als Ersatzreligion fungierte, sanktioniert.

Im deutschen wie im polnischen Fall handelte es sich offensichtlich um Angehörige einer bestimmten Generation,[35] für die der Einsatz in Oberschlesien (und anderswo) deshalb attraktiv war, weil er ihnen die Fortsetzung ihrer Generationengeschichte ermöglichte. Das zeigen genauere Untersuchungen zum Alter der Abstimmungskämpfer: Es handelte sich um die Generation der 16- bis 25-Jährigen, denen durch den Ersten Weltkrieg eine gründliche Schul- oder Berufsausbildung verwehrt geblieben war und die ihre Überzeugungen und Fähigkeiten fast sämtlich während des Krieges erworben hatten. Mit dem Ende des Krieges erlitt diese Generation ein regelrechtes Trauma der Sinnlosigkeit, dem sie mit allen Mitteln zu entfliehen suchte – vorzugsweise dadurch, dass sie ihre alte Lebenswelt wiederherzustellen bemüht war. Die paramilitärische Formation wurde gleichsam als Ersatzheimat aufgefasst. Sowohl in den polnischen als auch in den deutschen Aufstandseinheiten (insbesondere den Freikorps) kam es zu Szenen der Bestürzung und Verwirrung, als die erzwungene Auflösung bekannt wurde. Ehemalige Aufständische und ausgemusterte Freikorps-Mitglieder konnten sich nur mit größten Schwierigkeiten in das Zivilleben Polens bzw. Deutschlands einfügen.

9. Einordnung in die deutsche und die polnische Geschichte

Gerade die von außerhalb angereisten Kampfteilnehmer begriffen die Nichtübereinstimmung von Muttersprache und nationaler Identität, aber auch das teilweise Fehlen einer nationalen Orientierung überhaupt nicht. Aufgrund ihrer Erziehung und Sozialisation in streng nationalem Geist war ihnen der Gedanke des Besitzes mehrerer nationaler Identitäten oder eines Wechsels der nationalen Orientierung vollkommen fremd.[36] Hier trafen nicht nur einfach Fremde aufeinander, sondern

---

35 Das Konzept der Generation scheint für die genauere Beschreibung der Vorgänge sehr nützlich zu sein, da man das Erleben und die emotionale Motivation der Teilnehmer gerade von außerhalb damit gut fassen kann. In der polnischen Historiographie ist seit Bohdan Cywiński: Rodowody niepokornych [Die Ursprünge der Nichtdemütigen]. 3. Aufl. Paris 1985 [1. Aufl. Warszawa 1971], die Idee, dass bestimmte Einstellungen generationengebunden sind, sehr produktiv geworden, sodass etwa Roman Wapiński: Pokolenia Drugiej Rzeczypospolitej [Die Generationen der Zweiten Republik]. Wrocław u. a. 1991, das Generationskonzept in den Vordergrund stellt. Anknüpfungspunkte für den deutschen Fall bietet Arnold Bergstraesser: Die Kriegsteilnehmergeneration 1914–18 und ihre Entwicklung. In: Robert Tillmanns (Hg.): Ordnung als Ziel. Beiträge zur Zeitgeschichte. Peter van Aubel zu seinem 60. Geburtstag am 5. Juni 1954 als Freundesgabe überreicht. Stuttgart 1954, S. 110–124.

36 Dabei war den deutschen Teilnehmern das Phänomen der multiplen Identität der Oberschlesier

Anhänger der beiden Identitätsmodelle: des monistischen polnischen oder deutschen einerseits sowie des multiplen oberschlesischen in seinen vielfachen Schattierungen andererseits. Immer wieder kam es zu charakteristischen Szenen des Unverständnisses zwischen Oberschlesiern und Kampfteilnehmern aus Deutschland und Polen.[37] Insofern sind Oberschlesien und die Oberschlesier als die eigentlichen Verlierer der Kämpfe anzusehen.

Auch wenn multiple Identitäten unter der Oberfläche der beiden Nationalstaaten weiterexistierten (das belegen die Optionsvorgänge nach dem Zweiten Weltkrieg), so bestimmte doch die Vorstellung eines eindeutigen deutsch-polnischen Antagonismus das öffentliche Bild der Vorgänge sowohl in Deutschland als auch in Polen. Hier liegt, unabhängig von der Bedeutung der Ereignisse für die Region, die Bedeutung der Abstimmungskämpfe für das deutsch-polnische Verhältnis. Nicht nur die Berichterstattung dieser Jahre selbst, sondern auch die Rückkehrer vermittelten der deutschen sowie der polnischen Öffentlichkeit ein Bild der Ereignisse, das die ohnehin schon exklusive nationale Sichtweise noch weiter befestigte. In diesem Sinne markieren die oberschlesischen Abstimmungskämpfe einen ersten Höhepunkt in der Geschichte der deutsch-polnischen Auseinandersetzungen überhaupt. Oberschlesien erhielt im nationalen historischen Gedächtnis beider Länder eine Funktion als Chiffre für die Bedrohung durch den Nachbarn. Es war kein Zufall, dass Hitler ausgerechnet im oberschlesischen Gleiwitz jenen fingierten ‚polnischen Überfall' auf eine Radiostation inszenieren ließ.

10. Ausblick

Bereits aus den hier gegebenen Hinweisen wird deutlich, dass für eine befriedigende Beschreibung eines nationalen Konflikts in einer Grenzregion wie Oberschlesien die althergebrachte Nationalhistoriographie nicht mehr ausreicht – auch dann nicht, wenn man sich von den Zwängen des Rechtfertigungsdiskurses befreit. Wie die obigen Ausführungen einmal mehr gezeigt haben, ist der Diskurs im Grenzgebiet nicht ohne den Diskurs in den beiden Ländern zu verstehen und umgekehrt. Nur die vergleichende Gegenüberstellung der Positionen beider Seiten (bzw. aller Beteiligten

---

genauso fremd wie das typisch polnische Phänomen des nationalen Freiheitskampfes unter fremder Flagge. Viele Polen waren ja vor bzw. im Ersten Weltkrieg einfach deswegen Mitglieder des kaiserlichen deutschen Heeres gewesen, weil sie als preußisch-deutsche Staatsbürger Wehrdienst leisten mussten, während eine polnische Armee nicht existierte. Diese an sich simplen Zusammenhänge begriffen die aus dem Deutschen Reich herbeikommenden Kombattanten jedoch nicht, da die Spezifik des polnischen nationalen Freiheitskampfes des 19. und 20. Jahrhunderts, der sich stets gegen Fremdherrschaft richtete, den deutschen nationalen Freiheitsbestrebungen, die schließlich in der Gründung des Deutschen Reiches von 1870/71 gipfelten, diametral entgegengesetzt war.

37 Vgl. exemplarisch Peter v. Heydebreck: Wir Wehr-Wölfe. Leipzig 1931, S. 103, der schildert, wie während einer Rast in dem Dorf Salesch Fuhrwerke für die ermüdete Truppe aufgetrieben werden sollten: „Kostbare Zeit geht verloren, kein Bauer will fahren. ‚Polnisches Kaff!' fluchen die Männer. Die Einwohner protestieren beleidigt, jeder will deutsch sein. Gleichzeitig sagt aber auch jeder von jedem im Dorfe, er sei ein Pole. Wer soll sich da auskennen?"

bei mehr als bilateralen Problemen) gestattet überhaupt erst Aussagen über die Besonderheiten der jeweiligen Seite, die naturgemäß erst nach einem Vergleich mit dem Anderen erkennbar werden.[38]

Eine parallele, vergleichende Betrachtung macht die strukturellen Ähnlichkeiten nationalistischer Handlungsweisen erst sichtbar. Deutlich wird beispielsweise die Bedeutung von Prozessen der Eigendynamik oder die Rolle von Emotionen in nationalistischen Diskursen. Weit mehr als gemeinhin üblich muss nach der psychischen, emotionalen Bedingtheit von Verhaltensweisen gefragt werden, wo man sich bislang lediglich auf die Gegenüberstellung von Sachargumenten konzentrierte.

Als Fernziel kann man wiederum den Vergleich der vergleichenden Betrachtungen ansehen, d. h. komparative Untersuchungen über verschiedene Grenzgebiete. Interessante Leitfragen könnten hier sein, ob und wie nationale Konflikte von der Struktur des Grenzgebiets und von der Beschaffenheit der zugrundeliegenden Nationalismen determiniert werden. Grenzgebiete sind in sich sehr unterschiedlich, die jeweiligen Prozesse regionaler Identitätsbildung verlaufen überall anders. Zu fragen wäre, ob sich Typologien oder Ordnungsmuster herausarbeiten lassen, die zu einem besseren Verständnis des Verhältnisses von Nationalismus und Grenzregion führen könnten. Erste Ansätze zu diesem Forschungsgebiet liegen bereits vor und versprechen aufschlussreiche Ergebnisse.[39]

---

38 Oft zu lesende Einschätzungen des jeweils eigenen Falls entbehren ohne die Berücksichtigung eines Vergleichsfalls eigentlich einer soliden methodischen Grundlage.

39 Ryszard Kaczmarek, Maciej Kucharski, Adrian Cybula: Alzacja/Lotaryngia a Górny Śląsk. Dwa regiony pogranicze 1648–2001 [Elsass-Lothringen und Oberschlesien. Zwei Grenzregionen 1648–2001]. Katowice 2001; Zdzisław Budzyński, Jolanta Kamińska-Kwak (Hg.): Dwa pogranicza: Galicja i Górny Śląsk. Historia, problemy, odniesienia [Zwei Grenzgebiete: Galizien und Oberschlesien. Geschichte, Probleme, Beziehungen]. Rzeszów 2003.

Jan Salm

Der Architekt Kurt Frick (1884–1963). Eine Porträtskizze

Der vorliegende Beitrag trägt den Charakter einer Skizze. Die Forschungen zu Kurt Frick stecken in den Anfängen, und so will dieser Text zu weiteren Studien, insbesondere aber zur Sichtung der archivalischen Quellen anregen.[1] Im Folgenden wird also nicht der Anspruch einer vollständigen monographischen Darstellung des Schaffens des Architekten Kurt Frick erhoben, vielmehr handelt es sich um eine erste Übersicht und den Versuch einer Analyse, die als Ausgangspunkt für künftige Einzeluntersuchungen dienen mag.

Die Beschäftigung mit Frick wird dadurch erschwert, dass zahlreiche seiner Werke, darunter fast alle seine Bauten in Königsberg/Kaliningrad, zerstört wurden. Zum gegenwärtigen Zeitpunkt ist daher in erster Linie eine Bestandsaufnahme notwendig, um festzustellen, was von dem reichen und vielseitigen Schaffen des Architekten erhalten ist. Sicherlich werden einige seiner Bauten in den kommenden Jahren, vielleicht in einigen Jahrzehnten als herausragende Beispiele der Architektur der Zwischenkriegszeit unter den Schutz der Denkmalpflege gestellt werden, beispielsweise die Schulen in Braunsberg/Braniewo, Mohrungen/Morąg, Saalfeld/Zalewo und Heilsberg/Lidzbark Warmiński wie auch das Rathaus in Ortelsburg/Szczytno und die Kirche in Königsberg-Ratshof/Kaliningrad-Vozdušny.

Zweifellos gehört Frick zu den bedeutenden Vertretern seines Berufszweiges, die in der Zwischenkriegszeit im damaligen Ostpreußen tätig waren. Sein Schaffen ist daher ein wichtiger Mosaikstein innerhalb der Architekturgeschichte der Region. Die Forschungen zu Architektur und Städtebau im Ostpreußen der Zwischenkriegszeit stecken noch in den Kinderschuhen; dies gilt vor allem für den nördlichen Teil der historischen Provinz, der als Oblast' Kaliningrad zwischen 1945 und 1990 so gut wie unzugänglich war. Polnischerseits entstanden nach 1945 für fast alle Städte der jetzigen Woiwodschaft Ermland-Masuren (Województwo Warmińsko-Mazurskie) monographische Abhandlungen über die jeweilige Stadtgeschichte, verfasst in erster Linie von Historikern aus Allenstein/Olsztyn. Auch fehlt es nicht an Überblicksdarstellungen zu einer breit verstandenen Geschichte der Region. Fragestellungen zur Architektur oder zum Städtebau der letzten einhundert Jahre wurden dabei jedoch nur oberflächlich oder gar nicht behandelt. Lediglich Andrzej Rzempołuch

1 Detaillierte Aufschlüsse über die Tätigkeit Fricks beim Wiederaufbau Ostpreußens nach den Zerstörungen 1914/15 versprechen die umfangreichen, bislang nur unzureichend erschlossenen Materialien im Geheimen Staatsarchiv Preußischer Kulturbesitz in Berlin-Dahlem (Akten des Königlichen Ober-Präsidiums von Ostpreußen, XX HA Rep. 2). – Der nachstehende Artikel stützt sich ausschließlich auf frei zugängliche Veröffentlichungen und die Analyse noch erhaltener Bauten. Nicht berücksichtigt wurden archivalische Quellen aus dem Nachlass Fricks, die in privaten Sammlungen aufbewahrt werden. Bemerkenswert ist, dass es mittlerweile auch in der Internet-Enzyklopädie Wikipedia einen kurzen Eintrag zu dem Architekten gibt: http://de.wikipedia.org/wiki/Kurt_Frick.

Berichte und Forschungen 14 (2006), S. 159–186

vermochte bisher scharfsinnig und vor allem objektiv die Spezifik des kulturellen Erbes Ostpreußens mit Blick auf die Architektur und den Städtebau darzustellen,[2] allerdings berührt sein Beitrag die erste Hälfte des 20. Jahrhunderts nur am Rande.

Erst in den frühen 1990er Jahren begann in Deutschland und Polen die Beschäftigung mit diesem Themenkomplex. Trotz ihres geringen Umfangs wegweisend war die kleine Broschüre von Nils Aschenbeck, die einen ersten Überblick über die „moderne Architektur in Ostpreußen" gab.[3] Im Mittelpunkt der Forschungen von Hartmut Frank und Jan Salm stand der Wiederaufbau nach den Zerstörungen des Ersten Weltkriegs.[4] Zudem erschienen unlängst zwei Monographien über Architekten, deren Schaffen entweder episodisch – wie im Falle Hugo Härings[5] – oder dauerhaft – wie bei Hanns Hopp[6] – mit Ostpreußen verbunden war.

Daneben wurden in den vergangenen Jahren einige kleinere Untersuchungen vorgelegt, die nicht realisierte Entwürfe Bodo Ebhardts in Neidenburg/Nidzica und Josef Hoffmanns für Ortelsburg thematisieren.[7] Skizzenhaften Charakter hat ein populärwissenschaftlicher Beitrag für die Allensteiner Zeitschrift *Borussia*,[8] der sich mit typischen Erscheinungen der ostpreußischen Architektur der Zwischenkriegszeit auseinandersetzt und kurze Informationen zu dreißig Architekten beinhaltet. Protagonist dieses Artikels ist Kurt Frick, da seine Bauten, die im Laufe von fast dreißig Jahren zwischen Tilsit/Sovetsk und Marienburg/Malbork entstanden sind, sich besonders nachdrücklich in die Kulturlandschaft eingeschrieben haben.[9]

---

2 Andrzej Rzempołuch: Polskie regiony: Warmia i Mazury [Polnische Regionen: Das Ermland und Masuren]. In: Folia Fromborcensia 2 (1999), H. 2, S. 5–48.

3 Nils Aschenbeck: Moderne Architektur in Ostpreußen. Hude 1991.

4 Hartmut Frank: Heimatschutz und typologisches Entwerfen. Modernisierung und Tradition beim Wiederaufbau von Ostpreußen 1915–1927. In: Vittorio Magnago Lampugnani, Romana Schneider: Moderne Architektur in Deutschland 1900 bis 1950. Reform und Tradition. Bonn 1992, S. 105–131; Jan Salm: Odbudowa miast wschodniopruskich po I wojnie światowej. Zagadnienia architektoniczno-urbanistyczne [Der Wiederaufbau ostpreußischer Städte nach dem Ersten Weltkrieg. Architektonische und städtebauliche Fragen]. Olsztyn 2006 (Biblioteka Borussii 32); Ders.: Bodo Ebhardt i jego wizja odbudowy Nidzicy [Bodo Ebhardt und seine Vision vom Wiederaufbau Neidenburgs]. In: Rocznik Mazurski 5 (2001), S. 31–42; Ders.: Der Wiederaufbau der Städte im ehemaligen Ostpreußen nach dem Ersten Weltkrieg. Ein Beitrag zur Forschung. In: Michał Woźniak (Hg.): Kunstgeschichte und Denkmalpflege. IV. Tagung des Arbeitskreises deutscher und polnischer Kunsthistoriker und Denkmalpfleger, Toruń 2.–6. Oktober 1997. Toruń 2002, S. 189–212.

5 Matthias Schirren: Hugo Häring. Architekt des Neuen Bauens 1882–1958. Mit einem kritischen Werkkatalog von Sylvia Claus und Matthias Schirren, ausgewählten Texten von Hugo Häring sowie einem Geleitwort von Vladimir Šlapeta. Ostfildern 2001, S. 30–35, 86–102. In dieser Monographie wird u. a. die Tätigkeit Härings in Allenburg/Družba und Umgebung dargestellt.

6 Gabriele Wiesemann: Hanns Hopp 1890–1971. Königsberg, Dresden, Halle, Ost-Berlin. Eine biographische Studie zu moderner Architektur. Schwerin 2000.

7 Jan Salm: Ratusze Szczytna. Przyczynek do przeobrażeń przestrzennych miasta w pierwszej połowie XX wieku [Die Rathäuser von Ortelsburg. Ein Beitrag zu raumplanerischen Veränderungen der Stadt in der ersten Hälfte des 20. Jahrhunderts]. In: Rocznik Mazurski 4 (1999), S. 68–74; Ders.: Bodo Ebhardt (Anm. 4).

8 Jan Salm: Kurt Frick i inni, czyli zapomniana architektura Prus Wschodnich [Kurt Frick und Andere. Zu einer vergessenen Architektur Ostpreußens]. In: Borussia 24/25 (2001), S. 89–100.

9 In den genannten Beiträgen sind mir einige Irrtümer unterlaufen, vor allem die fälschliche Zuschrei-

Frick betätigte sich nicht nur als praktischer Architekt, sondern verfasste auch zahlreiche theoretische Beiträge für die Fachpresse. Verständlicherweise war er um eine entsprechende Werbung für seine Werke bemüht, was sich bereits während der Wiederaufbauarbeiten nach den Zerstörungen von 1914 bemerkbar machte. Zwischen den beiden Weltkriegen erschien neben vielen Artikeln, die ausgewählte Entwürfe Fricks vorstellten, eine Publikation, die der gesamten Breite seines Schaffens vor 1930 gewidmet war.[10] Es handelt sich um eine der wenigen Abhandlungen, die zu jener Zeit das Werk eines in Ostpreußen wirkenden Architekten vorstellten. Nach der Machtübernahme der Nationalsozialisten unterlag die Aktivität Fricks keiner Einschränkung; die Verbindung des Architekten zur nationalsozialistischen Bewegung bedarf einer gesonderten Studie.

Dem Ostpreußischen Kulturzentrum im fränkischen Ellingen gebührt das Verdienst, den Rang des architektonischen Schaffens Kurt Fricks erkannt und 2000/2001 in einer monographischen Ausstellung gewürdigt zu haben.[11] Die dort versammelten Materialien (in Form einer großen Anzahl von Tafeln mit Fotografien und Kommentaren) konzentrierten sich im Wesentlichen auf die realisierten Entwürfe des Architekten. Darüber hinaus wurden in begrenztem Umfang weitere Aspekte des Schaffens Kurt Fricks vorgestellt, wie seine Wettbewerbsteilnahmen und sein für ihn grundlegendes, im Vergleich zu anderen ostpreußischen Architekten außergewöhnlich reiches publizistisches Werk. Ich denke, dass weitere, in der Ausstellung unberücksichtigt gebliebene Fragestellungen gleichermaßen wichtig und der Aufmerksamkeit und Reflexion wert sind. Dies schmälert jedoch in keiner Weise die Bedeutung der mit großer Sorgfalt erarbeiteten Präsentation in Ellingen.

*

Kurt Frick wurde am 16. November 1884 in Königsberg geboren. Seine Grundausbildung erhielt er auf der Baugewerkschule in Königsberg, wo er 1903 den Titel eines Bauwerkmeisters erlangte. Vermutlich reiste er noch im selben Jahr nach Berlin. Seine Tätigkeit im Büro Toebelmann & Gross und nachfolgend im Entwurfsatelier von Hermann Muthesius, einer großen Figur der deutschen Architekturszene um 1900, gab ihm den ‚letzten Schliff' für seine Arbeit als praktizierender Architekt. Der Umstand, dass Frick bei Muthesius Aufnahme fand, zeugt von der Begabung des jungen, von einer recht provinziellen Schule (wie sie die Baugewerkschule in Königsberg damals war) kommenden ostpreußischen Neulings. Wie sich seine frühe Karriere genau gestaltete, wissen wir nicht.

---

bung des Projektes für das Haus der Technik in Königsberg. Dieses wurde nicht, wie von mir angenommen, von Frick, sondern natürlich von Hanns Hopp entworfen. Vgl. Salm: Kurt Frick (Anm. 8), S. 99.

10 [Anon.:] Architekt D. W. B. Kurt Frick. Königsberg in Preußen. Düsseldorf 1929.

11 Ausstellung „Kurt Frick. Architekt aus Ostpreußen“, November 2000 bis März 2001, Kulturzentrum Ostpreußen im Deutschordensschloss Ellingen. Die Ausstellung stützte sich in erster Linie auf Materialien, die vom Sohn des Architekten, Eckard Frick, zur Verfügung gestellt worden waren. Das reiche Informationsmaterial, welches die Ausstellung lieferte, ist in den nachfolgenden Text eingeflossen.

Kurze Zeit darauf, vermutlich ab 1912, war er am Entwurf einiger Teile der Gartenstadt Hellerau bei Dresden beteiligt und trat somit in einen weiteren wichtigen Abschnitt seines beruflichen Werdegangs ein.[12] Auf Entwürfe Fricks gehen die kleine Siedlung Schützenfeld an der Hendrickstraße (Abb. 1), ein Schulgebäude am heutigen Tessenowweg (Volksschule für die Gemeinde Rähnitz und Hellerau) sowie die Feuergerätefabrik Schöne zurück.[13] Seine Mitwirkung am Bau Helleraus wie auch seine Teilnahme an deutschlandweit ausgeschriebenen architektonischen und städtebaulichen Wettbewerben waren sicher hilfreich bei der Gründung eines eigenen Architekturbüros. Es ist bemerkenswert, dass in einer Werbeanzeige aus dem Jahre 1930 für sein Königsberger Büro lediglich zwei seiner frühen Arbeiten – offensichtlich die aus der Sicht des Architekten wichtigsten der Bauten – genannt sind: die Gartenstadt Hellerau (das Kleinhausviertel auf dem Schützenfeld) mit der angrenzenden Schule sowie eine Kuranlage in Bad Lausick in Sachsen.[14] Wie man annehmen darf, waren dies jedoch nicht die einzigen Arbeiten aus der Zeit vor dem Ausbruch des Ersten Weltkrieges. Die erwähnte Ausstellung in Ellingen nennt daneben einen dritten Preis in einem Wettbewerb für eine Arbeitersiedlung der Strohstofffabrik in Kötitz bei Coswig (1911) und einen Entwurf für einen Wohnkomplex für 500 Wohnungen in Wilhelmshaven-Rüstringen (1912/13). Darüber hinaus führte Frick zu jener Zeit Entwürfe für Vororthäuser und Villen aus.[15]

Bei Kriegsausbruch wurde Frick in die Armee einberufen. Er kehrte jedoch, vermutlich aufgrund gesundheitlicher Probleme, schon bald in das Zivilleben zurück.[16] Ab 1915 hielt er sich wieder in Ostpreußen auf, wo er das Amt des Bezirksarchitekten in Stallupönen/Nesterov im Regierungsbezirk Gumbinnen/Gusev übernahm.[17] In dieser Stellung war er mit dem Wiederaufbauprogramm für Ostpreußen befasst, das die Regierung nach den Zerstörungen der ersten Kriegswochen initiierte: Zwischen 1915 und 1924 waren die Städte und Dörfer der Provinz Ostpreußen Gegenstand eines einmaligen und spektakulären Unternehmens, dessen Ziel es einerseits war, die Kriegsspuren zu beseitigen und damit die gesellschaftliche und die wirtschaftliche Situation zu stabilisieren. Andererseits betrachtete man den Wiederaufbau als Gelegenheit zu städtebaulichen Regulierungen.[18] Schließlich ging es darum, der

---

12 KW [Wilhelm Kastner]: Der Wiederaufbau der Stadt Stallupönen. Zu den Arbeiten Arch. Kurt Frick in Preußen. In: Moderne Bauformen 12 (1923), S. 193–207. Neben einem kurzen Einführungstext enthält der Beitrag umfangreiches Bildmaterial, welches die Projekte Fricks in Hellerau und Stallupönen dokumentiert.

13 Wilhelm Mackowsky: Die Gartenstadt Hellerau bei Dresden. In: Der Profanbau 9 (1913), S. 606, 608–611; siehe auch Ders.: Das Kleinhausviertel der Gartenstadt Hellerau. In: Die Bauwelt 4 (1913), H. 10, S. 17.

14 Ludwig Goldstein (Hg.): Ostpreußen. 700 Jahre deutsches Land. Hg. i. A. der Königsberger Hartungschen Zeitung und Verlagsdruckerei. Königsberg/Pr. 1930, S. 104.

15 Zum Beispiel der Entwurf für das Haus Klärchen am Wandlitzsee; siehe hierzu [Anon.:] Sommer- und Ferienhäuser. 19. Sonderheft der „Woche", Berlin 1911, S. 21–23, Tafel IV.

16 Die Angaben wurden den Informationstafeln in der Ausstellung in Ellingen entnommen.

17 Zentralblatt der Bauverwaltung (35) 1915, S. 288.

18 Carl Zetzsche: Die Stadtbaukunst im neuen Ostpreußen und die neuen preußischen Baugesetze. In: Heimatschutz 10 (1915), S. 347–358.

Bebauung eine geordnete architektonische Gestalt zu verleihen, die sich auf Stilformen der Zeit „um 1800" berief. Durch die gleichnamige Publikation von Paul Mebes[19] angeregt, schöpften die Verfechter einer Erneuerung der deutschen Architektur[20] aus Motiven des nordeuropäischen, klassisch-strengen Barocks, des friderizianischen Bauwesens und der bürgerlichen Architektur der Biedermeierzeit. Diese Formensprache schien für Ostpreußen, insbesondere für die während der Kämpfe von 1914 stark zerstörten kleinen Städte im Inneren der Provinz, sehr geeignet.[21] Diese Orte hatten zum Großteil in der zweiten Hälfte des 19. Jahrhunderts keine wesentlichen Umgestaltungen erfahren, sondern eine Zeit der Stagnation durchlebt, während der sich der Baubetrieb auf einige wenige Investitionen beschränkt hatte. Diese wurden, wie die Gründerzeitarchitektur generell, ästhetisch negativ bewertet, sodass man die nunmehr gebotene Möglichkeit zur Korrektur gerne wahrnahm. Auch zu Beginn des 20. Jahrhunderts fehlte es an baulichen Aktivitäten; Ausnahmen waren lediglich Königsberg und einige wenige regionale Zentren mit einer stärkeren Entwicklung, beispielsweise Allenstein. Ostpreußen war somit eine Region mit peripherem Charakter, die hinsichtlich Entwicklungsstand und Dynamik der Veränderung weit hinter der damaligen Architektur und dem Städtebau in anderen deutschen Gebieten zurückstand.

In seiner Funktion als Beamter erstreckte sich Fricks Einfluss auf den Wiederaufbau der Siedlungen, die sich im Regierungsbezirk Gumbinnen befanden. Die dortigen Städte, wie Stallupönen, Schirwindt/Kutusovo und Eydtkuhnen/Černyševskoe, waren im 18. Jahrhundert gegründet worden und zeigten keine prägnante Gestalt. Offiziell umfasste das Aufgabengebiet Fricks Schadensfeststellung, Wiederaufbau und Abrechnung, wofür in dem von ihm geleiteten Büro zwölf Architekten und Ingenieure beschäftigt waren. Das Amt des Bezirksarchitekten erlaubte es in zweierlei Weise auf den Wiederaufbau einzuwirken: zum einen über die Begutachtung und Bestätigung vorgelegter Entwürfe, zum anderen über die eigene Planungsarbeit. Obwohl die genannten Städte 1945 in beträchtlichem Ausmaß zerstört wurden, haben sich eine große Anzahl bildlicher Überlieferungen und Publikationen erhalten, die eine Rekonstruktion der Grundzüge der Wiederaufbaumaßnahmen im Verantwortungsbereich Fricks erlauben.

---

19 Paul Mebes (Hg.): Um 1800. Architektur und Handwerk im letzten Jahrhundert ihrer traditionellen Entwicklung. München 1908. Siehe auch Hermann Muthesius: Städtebau und Heimatschutz beim Wiederaufbau Ostpreußens. In: Velhagen & Klasings Monatshefte 30 (1915/16), S. 99–111.

20 Friedrich Ostendorf: Sechs Bücher vom Bauen. Enthaltend eine Theorie des architektonischen Entwerfens. Bde. 1–3. Berlin 1914–1920; Paul Schultze-Naumburg: Kulturarbeiten. Bde. 1–9. München 1901–1917; Hermann Muthesius: Landhaus und Garten. Beispiele neuzeitlicher Landhäuser nebst Grundrissen, Innenräumen und Gärten. München 1907.

21 Hermann Muthesius: Deutsches Bauschaffen nach dem Kriege. In: Wasmuths Monatshefte für Baukunst 11 (1915/1916), S. 190, 191; [Anon.:] Heimatschutzfragen in Ostpreußen. In: Kriegstagung für Denkmalpflege, Brüssel 28. und 29. August 1915. Stenographischer Bericht. Berlin 1915, S. 107–114; Georg Steinmetz: Grundlagen für das Bauen in Stadt und Land mit besonderer Rücksicht auf den Wiederaufbau in Ostpreußen. Berlin, München 1917.

Einige Ausführungen, die Frick 1929 in Bezug auf die ostpreußische Architektur verfasste, sind für seine Einstellung zu dieser Aufgabe aussagekräftig: „In Ostpreußen heimatlich bauen heißt bei einem Bau alle Anforderungen an die Eigenart des Landes und seines Klimas erfüllen; heißt in den bodenständigen Materialien schlicht, ehrlich und sachlich bauen; heißt nicht irgend eine traditionelle Bauweise nachahmen, sondern sich die Baugesinnung zu eigen machen, die in früheren Jahrhunderten das Gute schuf."[22]

Am komplexesten stellt sich der Wiederaufbau in Stallupönen dar (Abb. 2).[23] Die Stadt, die 1722 anstelle eines seit dem späten Mittelalter existierenden Dorfes angelegt worden war, gehört historisch und städtebaulich zu den Gründungen, die Friedrich Wilhelm I. in den entvölkerten und verwahrlosten Gebieten dieses Teils Preußens vorgenommen hatte. Schöpfer des städtebaulichen Konzepts war Joachim Schultheiß von Unfried (unter anderem entwarf er den Plan von Gumbinnen). Die städtebauliche Struktur entwickelte sich von zwei viereckigen Plätzen ausgehend, in deren Einzugsbereich sich die Wege von Goldap/Gołdap (von Süden), Pillkallen/Dobrovol'sk (von Norden), Schirwindt (von Nordosten) und Eydtkuhnen (von Osten) treffen. Frick ordnete sich der ursprünglichen Konzeption Unfrieds unter. Er behielt die städtebauliche Funktion beider Plätze bei, verstärkte sie jedoch in ihrer räumlichen Wirkung, indem er eine geschlossene Bebauung von einheitlicher Firsthöhe einführte. Die Einmündungen der Straßen in die beiden Plätze wie auch den Verbindungsweg zwischen diesen hob er hervor, indem er dort Häuser mit Laubengängen platzierte, die vor die Bauflucht vorgezogen waren.[24] In einigen anderen Fällen verlieh er Bauten, die aufgrund ihrer Funktion eine herausragende Stellung einnahmen (z. B. die Apotheke), ein individuelles Aussehen. Die Ergebnisse der Arbeit in Stallupönen wurden als Musterbeispiele des Wiederaufbaus in gesamtdeutschen Zeitschriften vorgestellt.[25] Abbildungen der damaligen Bauten finden sich auch in der Sammelpublikation Erich Göttgens über den Wiederaufbau ostpreußischer Städte.[26] Wie aus den zugänglichen Quellen zu schließen ist, kann der Entwurf für Stallupönen Frick zugeschrieben werden, obgleich ihn weitere Architekten unterstützten. So waren an den Plänen für den Wiederaufbau dieser Stadt Heinz Bahr aus Danzig/Gdańsk (der spätere Partner und Mitarbeiter Fricks in dessen Königsberger Büro), Paul Stephan sowie die Architekten Schadow aus Eydtkuhnen und Wilhelm (möglicherweise identisch mit J. Wilhelm aus Graudenz/Grudziądz) beteiligt. Höchstwahrscheinlich wurden die Hauptarbeiten in Stallupönen noch 1918 abgeschlossen, was im Vergleich zu anderen wiedererrichteten Städten eine große Leistung war.

---

22 Kurt Frick: Vom neuen Bauen in Ostpreußen. In: Goldstein (Hg.): Ostpreußen (Anm. 14), S. 74.

23 Salm: Odbudowa (Anm. 4), S. 232–241.

24 Kurt Frick: Zum Wiederaufbau der Stadt Stallupönen. In: Ostpreußische Kriegshefte 4 (1916), S. 115–122. Dieser wichtige Text zeigt in aufschlussreicher Weise Fricks Auffassung des Wiederaufbaus. Zugleich wird die Konzeption der Aufbaumaßnahmen in Einzelheiten besprochen.

25 Kastner: Der Wiederaufbau der Stadt Stallupönen (Anm. 12).

26 Erich Göttgen (Hg.): Der Wiederaufbau Ostpreußens: eine kulturelle, verwaltungstechnische und baukünstlerische Leistung. Königsberg/Pr. 1928, S. 68, Abb. 19, 21 und weitere.

Im Falle des gänzlich zerstörten Schirwindt,[27] einer ländlichen Kleinstadt an der damaligen Grenze zu Russland, ist die Beteiligung einer beträchtlichen Anzahl von Architekten dokumentiert. Neben Frick, der als Autor des Wiederaufbaukonzepts gelten kann, werden auch seine Mitarbeiter, so Fricks Vertreter im Amt des Bezirksarchitekten, Kurt (?) Wolff, die Privatarchitekten Heinz Bahr, Henry Brettschneider, Leihmann, Lullei (aus Bremen?), Otto Walther Kuckuck, Erich Göttgen, Kniestädt und Weiser genannt.[28] Im Zuge der Wiederaufbaumaßnahmen kam es zu konzeptionellen Veränderungen, die offenbar im Zusammenhang mit einem Architektenwechsel standen. Hiervon zeugt eine Publikation aus dem Jahr 1923, die einen anderen Architektenkreis aufführt.[29] Schließlich wurde der Bau einer Anlage kleinstädtischen Zuschnittes mit größtenteils eingeschossiger Bebauung umgesetzt. Diese fasste den Hauptplatz mit seiner Dominante, der vermutlich von August Stüler entworfenen Kirche (1856), ein und säumte die Fronten der Hauptstraßen. Augenfällig ist in diesem Entwurf die geschickte Differenzierung der Gebäudeformen, die sich zu einem harmonischen Bild zusammenfügten. Im Jahr 1945 hörte Schirwindt auf zu existieren, so basiert dieses Urteil ausschließlich auf Fotos, die in dem zitierten Artikel Blössers und in der Publikation von Göttgen veröffentlicht wurden.

Frick war gleichfalls an der Entwicklung einer Ausgangskonzeption für den Wiederaufbau der Grenzstadt Eydtkuhnen beteiligt (Abb. 3).[30] Die Ausführung, insbesondere im exponierten, der Grenze zugewandten Teil der Stadt, übernahm schließlich der Architekt Walther Wolf.[31] Im Ergebnis wurde unter anderem von der Ausbildung eines Marktplatzes, auf dem nach den Vorstellungen Fricks ein mit einem Turm versehenes Rathaus entstehen sollte, Abstand genommen. Stattdessen wurde das klare, jedoch deutlich schmucklosere Konzept Wolfs umgesetzt, das in Richtung Grenzübergang einen repräsentativen Eingangsplatz vorsah.

Im Zuge des Wiederaufbaus entwarf Frick auch Gutshäuser und Bauernhöfe in ländlichen Gebieten. Als Beispiel für diesen bis dato wenig bekannten Tätigkeitsbereich des Architekten kann das reizvolle Haus Lepenies in Leibgarten/Pobednoe bei Stallupönen angeführt werden.[32]

---

27 Ludwig Goldstein: Der Wiederaufbau Ostpreußens 1914–1919. Königsberg/Pr. 1919, S. 52, 53. Der Autor gibt an, dass die Kirche zwar die Kriegshandlungen überdauerte, jedoch von 118 Gebäuden der Stadt 114 zerstört wurden.

28 Kurt Frick: Der Wiederaufbau Ostpreußens. Berlin-Halensee 1926, S. 121–127.

29 Adolf Blösser: Der Wiederaufbau der Grenzstadt Schirwindt. In: Der Baumeister 21 (1923), H. 5/6, S. 17–24 und Tafeln 23–30. Im Text ist Kurt Frick als Autor der Grundkonzeption genannt, als Mitarbeiter die Architekten des BDA Kniestedt (Schirwindt), Brettschneider (Danzig), Göttgen und Kuckuck (Königsberg), Weissig (Elbing/Elbląg), Graf (Lötzen/Giżycko), Leymann und Luley (Bremen) sowie die Architekturwerkstätten aus Pillkallen/Dobrovol'sk.

30 Arthur Krüger: Eydtkuhnen. Seine Vergangenheit, Gegenwart und Zukunft. Eydtkuhnen 1916, S. 147–153. Dieser Text stützt sich auf eine Ausarbeitung, die von Frick als Bezirksarchitekt und Leiter des Bauberatungsamtes vorgelegt wurde. Er veranschaulicht dessen Überlegungen über die Art und Weise des Wiederaufbaus des Ortes Eydtkuhnen. Darin enthalten sind u. a. Zeichnungen, die einen Vorschlag für die Bebauung des Hauptplatzes unterbreiten (S. 149, 151).

31 Walther Wolf: Der Markt von Eydtkuhnen. In: Der Städtebau 10 (1926), H. 3, S. 33–36.

32 Ostdeutsche Bauzeitung 28 (1930), S. 92 (nur Abb.).

Die von Frick bzw. die unter seiner Leitung entworfenen oder errichteten Bauten entsprachen völlig der offiziell für den Wiederaufbau verbindlichen und von Regierungsberatern empfohlenen Stilistik. Dennoch sind seine Werke weit entfernt von einer bloßen Wiederholung und Kompilation vereinfachter historischer Formen ohne eigene Erfindungsgabe. Die Arbeiten Fricks zeichnen sich aus durch ein außerordentliches Detailgefühl und die Fähigkeit, Musterlösungen – einschließlich der bevorzugten Motive des Stils „um 1800" – kreativ umzugestalten. In diesen frühen Werken finden sich de facto keine üppigen Formen oder strittige Lösungen, wie sie beispielsweise der Königsberger Journalist Ludwig Goldstein beim Wiederaufbau der Stadt Gerdauen/Železnodorožnyj bemängelte.[33] Interessant ist in dieser Hinsicht ein Vergleich der ostpreußischen Entwürfe Fricks mit den Bauten auf dem Schützenfeld in Hellerau. Charakteristisch sind vor allem der nahezu völlige Verzicht auf Fassadenschmuck und die Verwendung von geometrisierten, oft dreieckigen Giebeln, die mit Gesimsen, mitunter mit Versprüngen versehen waren. Frick operierte also mit einem vergleichsweise zurückhaltenden, einfachen Formenrepertoire, mit dem er jedoch dank seines Talentes eine suggestive Architektur schuf, die sich gut in das Bild der ostpreußischen Städte einfügte. Nicht ohne Bedeutung war dabei sein feines Gespür für städtebauliche Gefüge. Individuell gestaltete Bauten positionierte er bewusst an exponierten Stellen im Stadtbild. Sie übernahmen eine herausragende Rolle in der räumlichen Struktur der kleinstädtischen Plätze und Straßen wie im Falle der Einschnürung zwischen den beiden Plätzen in Stallupönen. Die hier paarweise angeordneten, gleich gestalteten Häuser mit Laubengängen (u. a. das Haus Werwath) hatten die Aufgabe, die Blickbeziehung zwischen dem Marktplatz und der Kirche zu verstärken.[34] Frick konnte hier auf die Erfahrungen, die er in Berlin und in Dresden gesammelt hatte, zurückgreifen. Auch später kehrte er mehrmals zur Frage des Wiederaufbaus zerstörter Städte zurück.[35] Zweifellos schätzte er diesen Bereich seines Schaffens besonders – er hatte allen Grund, mit Stolz darauf zurückzublicken.

Nach dem Krieg ließ sich Frick in Königsberg nieder; sein Wirkungsbereich umfasste weiterhin ganz Ostpreußen.[36] Bereits zu jener Zeit muss ihn der Ruf eines begabten und leistungsfähigen Architekten, der auf gelungene Projekte im Zusammenhang mit dem Wiederaufbau verweisen konnte, begleitet haben. Die genaue Anzahl der

---

33 Goldstein: Wiederaufbau (Anm. 27), S. 60: „Das neu erstandene Gerdauen ist ein Hort der Romantik. [...] Etwas Putziges und Poetisches, etwas Spielerisches und Niedliches liegt über dem ganzen und äußert sich auch in Einzelheiten, vom Oberlichtfenster bis zum Türschloß."

34 Göttgen (Hg.): Wiederaufbau (Anm. 26), S. 68.

35 Kurt Frick: Der Wiederaufbau Ostpreußens. In: Ostdeutsche Monatshefte 2 (1921/22), S. 485–491; Ders.: Der Wiederaufbau Ostpreußens. In: Ostpreußen. 3., erw. Aufl. Königsberg 1926, S. 82–86; Ders.: Der Wiederaufbau Ostpreußens. In: Königsberg in Preußen. Hg. v. Magistrat Königsberg in Pr., bearb. v. Hans Heymuth. Berlin-Halensee 1926, S. 121–127. Ein letztes Mal brachte Frick seine beim Wiederaufbau gewonnenen Erfahrungen 1949 zur Sprache und zog Vergleiche zur Situation nach dem Zweiten Weltkrieg: Kurt Frick: Lehre aus dem Wiederaufbau Ostpreußens 1915–1919. In: Der Baumeister 46 (1949), S. 253–258.

36 Fritz Gause: Die Geschichte der Stadt Königsberg in Preußen. Bd. 3. Köln u. a. 1971 (Ostmitteleuropa in Vergangenheit und Gegenwart 10/III), S. 55, gibt an, dass Frick ab 1921 seinen Wohnsitz in Königsberg hatte.

von Frick in den 1920er Jahren entworfenen Bauten lässt sich schwer bestimmen. Ähnlich verhält es sich mit deren Chronologie. An dieser Stelle sollen daher nur einige Bauten besprochen werden. Ausgewählt wurden in erster Linie Projekte, die aus Publikationen und Abbildungen bekannt sind, da jene offensichtlich schon den Zeitgenossen als charakteristische Beispiele für das Schaffen des Architekten galten.

Die Übertragung weiterer Aufträge an Frick, etwa den Bau des Hotels Graf Yorck in Johannisburg/Pisz (1921–1923), stand in unmittelbarem Zusammenhang mit seinem früheren Wirken. Der einfache, mit Dachpfannen gedeckte Bau, der den Namen des berühmten Kommandeurs des Stadtregimentes trug, entstand an Stelle der niedergelegten Nordseite des Marktplatzes.[37] Im Gebäude befanden sich neben dem Hotel Privatwohnungen und eine Bank. Es war als kompositorisches Gegengewicht zum neogotischen Rathaus an der gegenüberliegenden Platzfront konzipiert.[38]

Etwas früher, vermutlich um 1920, entstand der Entwurf für eine Fischersiedlung bei Neukuhren/Pionerskij an der Nordküste des Samlands (Abb. 4). Diese Anlage setzte sich aus 16 kleinen Zweifamilienhäusern zusammen, die oberhalb der Steilküste gelegen waren.[39] Kurz nach dem Ersten Weltkrieg (möglicherweise noch während des Krieges) errichtete Frick Wohnanlagen in Guttstadt/Dobre Miasto, in Mohrungen (1918?–1928)[40] und im Königsberger Stadtteil Ponarth.[41] In den Jahren 1926–1927 entstand die Siedlung Königsberg-Rosenau/Kaliningrad-Moskovskij Rajon.[42] Bei all diesen Beispielen handelt es sich um regelmäßige, geschlossene und nach einem einheitlichen Schema entworfene Siedlungen, die jeweils aus kleinen Mehrfamilienhäusern mit hohen, steilen Dächern bestehen. Unter ihnen fällt jene in Mohrungen auf, bei der die räumliche Anlage um zwei kleine geschlossene Plätze, den Danziger und den Oberen Platz, bereichert wurde. In den 1920er Jahren führte das Büro Frick darüber hinaus Siedlungsprojekte in Dresden-Seidnitz (1924/25)[43] und im sächsischen Gröba bei Riesa (1929/30)[44] aus. Zu erwähnen sind auch mehrere Bauten in Hinterpommern, so in Groß Möllen/Mielno Koszalińskie und Güdenhagen/Mścice bei Köslin/Koszalin, die um 1923 errichtet wurden.[45]

---

37 Das Gebäude wurde nach der Zerstörung 1945 abgerissen.

38 [Anon.:] Deutsche Bauzeitung 58 (1924), S. 246: „Das Gasthaus ist ein ausgedehnter Bau, der eine ganze Marktseite einnimmt."

39 Die Siedlung für Hochseefischer in Neukuhren im Samland. In: Deutsche Bauzeitung 58 (1924), S. 421–428.

40 Arthur Weyde: Mohrungen. Ein Führer durch die Herderstadt. Mohrungen 1934, S. 27 und Zeichnung S. 40.

41 Aschenbeck: Moderne Architektur (Anm. 3), S. 58.

42 Architekt Kurt Frick (Anm. 10), S. 46. In dieser Publikation wurden die Aufnahmen weiterer Königsberger Bauten des Architekten veröffentlicht, u. a. topographisch nicht identifizierte Reihenhäuser (S. 35, 40, 41), Haus Frick in Amalienau (S. 54, 55), Wohn- und Geschäftshaus in Ratshof (45).

43 Architekt Kurt Frick (Anm. 10), S. 23. Der Bau der Siedlung Dresden-Seidnitz für 400 Einwohner wurde 1927 abgeschlossen.

44 Ausstellung Ellingen, Tafel 13: Dresden-Seidnitz und Gröba.

45 [Anon.:] Gutsbauten von Arch. Kurt Frick – Hellerau. In: Der Baumeister 21 (1923), H. 4, S. 13–17. Nach dieser Darstellung war Frick auch im Weiteren als Architekt mit dieser Gartenstadt bei Dresden verbunden.

1922 gewann Frick ranggleich mit Richard Schulz den ersten Platz im Wettbewerb für das Künstlerhaus in Königsberg; zu einer Ausführung kam es jedoch nicht.[46] Im Jahr 1927 nahm Frick am Wettbewerb für das Rathaus der Stadt Marienburg teil (Abb. 5).[47] Die Ausschreibung stand im Zusammenhang mit der Planung eines neuen administrativen Zentrums der Stadt. Hauptbestandteil der Anlage auf dem der Altstadt südlich vorgelagerten Gelände sollte das neue Rathaus sein, welches unmittelbar am Nogatufer stehen und somit ein markantes Element der flussseitigen Stadtsilhouette bilden sollte. In diesem Wettbewerb wurden mehrere Beiträge ausgezeichnet. Größte Anerkennung erlangte der Entwurf von Wilhelm Jost, damals Professor an der Technischen Hochschule Stuttgart. Zur Realisierung wurde jedoch das Projekt des Architekten K. Höppner aus Deutsch-Krone/Wałcz ausgewählt. Frick erhielt für seine Einsendung den zweiten Preis. In seinem Vorschlag ist die Hauptfront des neuen Rathauses dem Marientor zugewandt, durch das man in die Altstadt gelangte. Bestimmendes Element seines Entwurfes war ein gedrungener, von einer hohen Spitze bekrönter Uhrturm. Die Seitenfassaden sollten mit mächtigen Stufengiebeln – in Anlehnung an die benachbarte Ordensburg – abgeschlossen werden.

Insgesamt dominierten im Königsberger Büro an der Ritterstraße Aufträge aus Ostpreußen. Als charakteristisches Beispiel für die Anknüpfung an die regionale Bautradition kann ein Bankgebäude in Heilsberg (1927) gelten (Abb. 6).[48] Das Objekt war geschickt in eine Ecksituation am Markt (Ecke Kirch- und Querstraße) eingefügt. Der Nordgiebel des Gebäudes nahm in seinen Formen Bezug auf die nahe gelegenen barocken Bürgerhäuser, zugleich jedoch erinnert er an Lösungen, die in Stallupönen zur Anwendung gekommen waren.

Unter den Aufträgen der späten 1920er Jahre spielten Schulbauten eine wesentliche Rolle. Einige bis heute erhaltene Beispiele seien erwähnt: die sogenannte Doppelvolksschule (d. h. Knaben- und Mädchenschule) in Braunsberg (1926/27), das Herder-Gymnasium auf dem sogenannten Vorderanger in Mohrungen (1927/28), schließlich der mit Räumlichkeiten für die Feuerwehr verbundene Schulkomplex in Saalfeld (um 1927?). Jede dieser Schulen ist einer eingehenden Analyse wert. Aufmerksamkeit verdienen im Falle Saalfelds die Einfügung des Schulkomplexes in die historische Raumsituation und die Unterordnung unter die städtebauliche Dominante, die Pfarrkirche. So wurde der Backsteinbau von Frick nicht in Konkurrenz zum Kirchturm angelegt, vielmehr eröffnet der im rechten Winkel zum Schulgebäude stehende Bau der Feuerwache eine perspektivische Sicht auf das Gotteshaus. Ähnlich wie bei anderen Schulobjekten, etwa in Braunsberg, ist hier die gelungene Ausnutzung der Farb- und Oberflächeneigenschaften des Baumaterials

46 Deutsche Bauzeitung 56 (1922), S. 104.

47 Bernhard Schmidt: Der Rathauswettbewerb für Marienburg in Westpreußen. In: Zentralblatt der Bauverwaltung 47 (1927), S. 607 und Abb. 7, 8; siehe auch [Anon.:] Entwurf für den Rathaus-Neubau in Marienburg (Westpreußen). In: Ostdeutsche Bauzeitung 26 (1928), S. 37–39 und Abb. S. 41. Der Artikel setzt sich mit den Entwürfen Otto Fischers und Reinhold Wittmanns aus Dresden auseinander.

48 Architekt Kurt Frick (Anm. 10), S. 22. Das Gebäude wurde 1945 zerstört und später abgetragen.

bemerkenswert. Mit großer Wahrscheinlichkeit kann auch ein Schulgebäude in Rastenburg/Kętrzyn Frick zugeschrieben werden. 1928 ging er als Sieger aus einem Wettbewerb für das Oberlyzeum der Stadt hervor.[49] Sollte es sich bei dem Bau in der damaligen Deutschordensstraße tatsächlich um ein Werk Fricks handeln, so gehört dieser zu den gelungensten Beispielen von Bildungsbauten im Werk des Architekten. Wiederum handelt es sich um einen Backsteinbau, an dessen Fronten die Ziegel zu geometrischen Mustern versetzt wurden. Originell ist die Gestaltung des Haupteingangs in Form einer Vorhalle, die von zwei massigen Pfeilern aus Backstein getragen wird. Stufengiebel schmücken die Schmalseiten – ein Motiv aus der mittelalterlichen Bautradition der Region, das Frick auch am Hauptgebäude und am Internattrakt des bereits erwähnten Schulkomplexes in Mohrungen einsetzte.[50] Einige der von Frick entworfenen Schulen wurden in Architekturzeitschriften besprochen, so auch die Schule in Heilsberg (Abb. 7).[51] Das südlich des Stadtzentrums liegende Gebäude überdauerte die Kriegshandlungen. Es zeichnet sich durch einen wohlproportionierten Baukörper und eine große Sorgfalt in der Detailbehandlung aus, was sich z. B. an den charakteristischen Arkaden auf der Hofseite und dem plastischen Schmuck des Haupteingangs ablesen lässt. Die Schule wurde in den 1930er Jahren ausgebaut, wobei sie um einen Westflügel verlängert und mit einem Turm für astronomische Observationen ausgestattet wurde. Es ist anzunehmen, dass auch diese Erweiterung von Frick vorgenommen wurde.

Das eigene Haus des Architekten in der Königsberger Ritterstraße, in dem sich Fricks Atelier befand (Abb. 8, 9), wie auch ein Landsitz in Zöpel/Sople am Röthlofsee/Jezioro Ruda Woda bei Maldeuten/Małdyty[52] zeigen eine unterkühlte, traditionsverpflichtete Stilistik. Charakteristisch sind die hohen Ziegeldächer, der regelmäßige Fassadenzuschnitt und der sehr sparsame Umgang mit Dekorationsformen. Das Landhaus in Zöpel ist in ein schönes Umfeld eingefügt und wird von einem Park, der 1869 nach Entwürfen Johann Larass' angelegt wurde, eingefasst.[53]

Einen eigenen Bereich in Fricks Schaffen der 1920er und 1930er Jahre bilden Wassertürme. Bis heute hat sich der monumentale, ca. 30 Meter hohe Turm in Mohrungen erhalten. Nach Informationen in der bereits mehrfach erwähnten Ausstellung in Ellingen war Frick auch Autor eines ähnlichen Objektes im ermländischen Braunsberg.[54] Die hohen quaderförmigen Bauten erfüllten neben ihrer

---

49 Ostdeutsche Bauzeitung 26 (1928), S. 156. Den zweiten Preis erlangte der Bremer Heinz Stoffregen.

50 Am Giebel der Schule in Mohrungen sollte ursprünglich eine Uhr angebracht werden.

51 v. Hane: Von neuen Volksschulbauten. Neunklassige Knabenvolksschule in Heilsberg (Ostpr.). In: Zeitschrift für Bauwesen 80 (1930), S. 142–143.

52 [Anon.:] Landhaus Kurt Frick in Königsberg und Gutshaus im Oberland von Ostpreußen. In: Deutsche Bauzeitung 64 (1931), S. 241–248. Das Haus Fricks in der Ritterstraße ist nicht erhalten. Hingegen überdauerte die Residenz im Dorf Zöpel am Röthlofsee in fast unberührtem Zustand.

53 Małgorzata Jackiewicz-Garniec, Mirosław Garniec: Pałace i dwory dawnych Prus Wschodnich [Palais und Gutshäuser im ehemaligen Ostpreußen]. Olsztyn 1999, S. 344. Die jüngste Ausgabe dieser Publikation nennt Frick als Autor dieser Anlage.

54 Der Wasserturm in Braunsberg wurde 1945 zerstört und später abgetragen, jener in Mohrungen besteht nach wie vor.

technischen Hauptaufgabe weitere Funktionen. So war im Falle von Braunsberg in den unteren Geschossen eine Jugendherberge untergebracht. Die Gestaltung des Turmzuganges in Mohrungen mit plastischem Schmuck legt die Vermutung nahe, dass auch dieser Wasserturm einst vergleichbare Nutzräume enthielt.

Fricks Beitrag „Opfertag“ in dem prestigereichen, mit nationalpatriotischem Impetus verbundenen Wettbewerb für das Tannenberg-Denkmal (1925) – es sollte an die siegreiche „Tannenberg-Schlacht“ des Ersten Weltkriegs erinnern, die als Tilgung der Schmach des Deutschen Ordens von 1410 interpretiert wurde[55] – zeigt einen mächtigen quaderförmigen Steinturm, der von vier niedrigeren Pylonen flankiert und auf einem hohen Sockel platziert ist (Abb. 10). Monumentale Freitreppen führen hinauf zu der Gedenkhalle, die an jeder der vier Seiten jeweils drei aufgrund ihrer enormen Höhe schmal wirkende Rechtecköffnungen besitzt. Der Entwurf zeichnet sich durch eine archaischen Vorbildern entlehnte Monumentalität und Schlichtheit aus, die bereits die Denkmalkunst des Wilhelmismus inspiriert hatte und in der Repräsentationsarchitektur des „Dritten Reichs“ wiederaufgegriffen wurde. Die Ausführung des Frick'schen Entwurfs stand zur Diskussion, letztlich wurde jedoch das Projekt von Walter und Johannes Krüger umgesetzt, das Motive des mittelalterlichen Burgenbaus im historischen Ordensland Preußen paraphrasierte. Frick wurde wie Hermann Billing (Karlsruhe) mit einem dritten Preis ausgezeichnet.[56] Ein zeitgenössischer Berichterstatter kritisierte die mangelnde Individualität von Fricks Projekt: „Der Entwurf weist zwar einen geschlossenen wuchtigen Massenaufbau von feierlicher Wirkung, eine weite Sichtbarkeit in der Landschaft und die Verwendung der bodenständigen Findlinge auf, doch leidet der Eindruck der Baumasse unter dem Fehlen eines inneren Maßstabes und eines unmittelbar persönlichen Gepräges“.[57] Insgesamt nahmen an der Ausschreibung 352 Architekten teil, die in der Summe 385 Wettbewerbsbeiträge einreichten. Der dritte Preis war somit ein beträchtlicher Erfolg für Frick.

In den späten 1920er Jahren setzte sich Frick zumindest in Projekten für Königsberg mit den Ideen der Avantgarde auseinander. Die Fassade des Modegeschäfts Haas in der ehemaligen Junkerstraße (um 1930) war im Erd- und Obergeschoss fast vollständig in Fensterflächen aufgelöst, im zweiten Obergeschoss setzten horizontale Kragplatten markante Akzente (Abb. 11). Das gleichfalls um 1930 datierte Büro- und Geschäftshaus „Alhambra“ am Steindamm zeigte die für das Neue Bauen typische Fassadengliederung in horizontale Fenster- und Mauerbänder; die dynamische Rundung der Hausecke in den unteren Geschossen verriet die Inspiration durch die Warenhausbauten Erich Mendelsohns.

Fricks ‚Ausflug‘ in die Moderne blieb jedoch auf wenige Geschäftshäuser in Königsberg beschränkt, das sich anschickte, eine moderne Großstadt zu werden.

---

55 Eine ausführliche Analyse bietet Jürgen Tietz: Das Tannenberg-Nationaldenkmal. Architektur – Geschichte – Kontext. Berlin 1999.

56 Ebd., S. 35f.

57 Meyer: Der öffentliche Wettbewerb für das Tannenberg-Nationaldenkmal bei Hohenstein i. Ostpr. In: Zentralblatt der Bauverwaltung 45 (1925), S. 291, 292 und Abb. 5 auf S. 290.

Der Architekt blieb zeit seines Lebens ein Vertreter der ‚anderen Moderne', der, je nach Aufgabenstellung, strenge Monumentalität und neoklassizistische Formen bevorzugte oder die Schlichtheit des biedermeierlichen Stils „um 1800" mit regionalen Bautraditionen verband. Beredtes Zeugnis seines Geschmacks geben das Königsberger Wohnhaus und das 1938 entstandene Ferienhaus der Familie in Bad Reichenhall, „der erste Versuch des aus dem Osten kommenden Baumeisters, sich mit den Gegebenheiten oberbayerischer Bauweise auseinanderzusetzen" (Abb. 12, 13).[58] Die formalen Vorlieben Fricks deckten sich mit den Architekturvorstellungen der Nationalsozialisten, sodass er seine Arbeit nach 1933 bruchlos fortsetzen konnte.

Über die politische Tätigkeit Fricks während des „Dritten Reiches" gibt es bislang keine umfassenden Erkenntnisse; hier zeigt sich wiederum der skizzenhafte Charakter der vorliegenden Darstellung. Einige Hinweise lassen sich Gabriele Wiesemanns Monographie zu Hanns Hopp, einem weiteren bedeutenden ostpreußischen Architekten der Zwischenkriegszeit, entnehmen.[59] Demnach wurde Frick im Herbst 1933 zum Direktor des „Staatlichen Meisterateliers der Bildenden Künste" (der ehemaligen Königlichen Kunstakademie) berufen und zugleich zum Professor im Meisteratelier der Baukunst ernannt. Die Gründe für diesen beruflichen Aufstieg lagen offensichtlich nicht zuletzt in seinem kulturpolitischen Engagement. Wiesemann schreibt hierzu: „Frick hatte sich für diese Posten wohl durch die hohen Positionen qualifiziert, die er in nationalsozialistischen Fachverbänden bekleidete. Bereits seit der Gründung des KDAI (Kampfbund der deutschen Architekten und Ingenieure) 1931 war er dessen Mitglied und wurde 1932 der Bezirks- und Gebietsleiter in Ostpreußen. Seit Dezember 1933 leitete er die Landesstelle Ostpreußen der Reichskammer der bildenden Künste."[60] Beide Funktionen setzten eine Parteimitgliedschaft voraus. In zahlreichen Veröffentlichungen vertrat Frick die neuen kulturpolitischen Positionen für den Bereich der Architektur: „Wir suchen den Stil unserer Zeit [...]. Wir brauchen keinen verlogenen Schein, keine fremden Attrappen zur Kennzeichnung der inneren Kraft des neuen Staates und seiner Bauten."[61] „Volksgebundene Eigenheit und Gesinnung" in der Baukunst suchte der Architekt auch in seinem Bericht über die Ausstellung „Kunst und Kunsthandwerk

---

58 Ausstellung Ellingen, Tafel 70: Haus Frick sen. 1.

59 Wiesemann: Hanns Hopp (Anm. 6), S. 41–44. Zwischen Frick und Hopp, der sich dem Neuen Bauen zuwandte und in den 1920er Jahren zahlreiche Aufträge der Stadt erhielt, bestand ein äußerst gespanntes Konkurrenzverhältnis. Frick schrieb im März 1933 einen „Anklagebrief" an Joseph Goebbels, in dem er Hopp und den ehemaligen Königsberger Bürgermeister Hans Lohmeyer der Günstlingswirtschaft beschuldigte.

60 Wiesemann: Hanns Hopp (Anm. 6), S. 41.

61 Kurt Frick: Deutsches Bauen in der Gegenwart. In: Deutsche Technik 2 (1934), S. 221f. Die 1933–1943 in München herausgegebene Zeitschrift war das Organ des Nationalsozialistischen Bundes Deutscher Technik, in dem der Kampfbund deutscher Architekten und Ingenieure 1933 aufgegangen war. Eine weitere einschlägige Publikation war z. B. Kurt Frick: Deutsche Baukunst als Ausdruck unserer Kultur. In: Ostdeutsche Bauzeitung 34 (1936), S. 461–464. Vgl. auch Winfried Nerdinger: Versuchung und Dilemma der Avantgarde im Spiegel der Architekturwettbewerbe 1933–1935. In: Ders.: Architektur – Macht – Erinnerung. Stellungnahmen 1984 bis 2004. Hg. v. Christoph Hölz u. Regina Prinz. München u. a. 2004, S. 91–105, hier S. 92–98.

am Bau" zu definieren, welche 1936 vom Werkbund in Leipzig ausgerichtet wurde.[62] Bemerkenswert hierbei ist, wie Frick die Reformideen des frühen 20. Jahrhunderts zum Zusammenspiel von Architektur und Kunsthandwerk den Anforderungen der zeitgenössischen Ideologie anpasste. Auch das Bild der mittelalterlichen Bauhütte, das nach dem Ersten Weltkrieg unter anderem von Walter Gropius und Bruno Taut im Kreis des sozialutopischen „Arbeitsrats für Kunst" aufgegriffen wurde, um die führende Rolle der Architektur bei der Erneuerung der Kunst zu charakterisieren, findet sich hier wieder. Einer näheren Untersuchung wert wäre zudem Fricks Einschätzung des Architekturgeschehens unter der Regentschaft Mussolinis. Sein 1935 erschienener Text über den Internationalen Architektenkongress in Rom, in dem er die italienischen Ergebnisse im Bereich des Wohnungsbaus darlegt, steht in einem größeren Kontext von Stellungnahmen deutscher Architekten, die zwischen der Hoffnung auf einen ähnlichen Aufschwung in Deutschland und der Kritik an der Toleranz moderner Bauformen in Italien schwankt.[63]

Frick nahm in den 1930er Jahren an einer Reihe von Wettbewerben teil, unter anderem zur Reichsbank in Berlin,[64] zum Trommelplatz in Königsberg[65] und zum Sitz des Reichsnährstandes in Goslar. Letzterer umfasste zugleich einen Entwurf für die Ehrenhalle der Deutschen Bauern, eine Thinghalle und die Bauernhochschule.[66] 1935 gewann Frick den Wettbewerb für die Volksschule in Liep/Oktjabrskoe, einem Vorort Königbergs. Dieser Entwurf ist in der Verwendung der formalen Mittel von großer Sparsamkeit und Strenge geprägt.[67]

Das Wirken Fricks in Ostpreußen gipfelte Ende der 1930er Jahre in drei bedeutenden Bauten: dem Rathaus in Ortelsburg (1937/38) sowie der Christuskirche[68] und der Turnhalle[69] in der Gartenstadt Königsberg-Ratshof (1936/37). Glücklicherweise haben sich die beiden erstgenannten Bauten bis heute erhalten, obgleich bei der Profanierung der Kirche viele ihrer Gestaltungselemente, darunter die gesamte Innenausstattung, verloren gegangen sind. Dennoch lässt sich mit Hilfe der bildli-

---

62 Kurt Frick: Die Ausstellung „Kunst und Kunsthandwerk am Bau". In: Baugilde 18 (1936), S. 777–792.

63 Kurt Frick: Faschismus und Baukultur in Italien. Reiseeindrücke von Professor Kurt Frick Leiter des Meisterateliers für bildende Künste, Königsberg. In: Deutsche Bauzeitung 20 (1935), S. 935f. Zur Rezeption des italienischen Razionalismo durch deutsche Architekten vgl. Nerdinger: Versuchung und Dilemma (Anm. 61), S. 103 u. Anm. 78.

64 [Anon.:] Der Reichsbank-Wettbewerb. In: Wasmuths Monatshefte für Baukunst 17 (1933), S. 338–340; dazu Nerdinger: Versuchung und Dilemma (Anm. 61), S. 91–98.

65 Stadtbaurat Kunze: Der Wettbewerb um den Trommelplatz in Königsberg. In: Bauwelt 27 (1936), H. 18, S. 8.

66 [Anon.:] Der Sitz des Reichsnährstandes. Zum Goslarer Wettbewerb. In: Wasmuths Monatshefte für Baukunst 20 (1936), S. 400–402.

67 Guido Harbers: Erster Preis im Volksschulwettbewerb für Liep (Ostpr.). In: Der Baumeister 33 (1935), S. 417.

68 [Anon.:] Die Kirche in Ratshof bei Königsberg. In: Zentralblatt der Bauverwaltung 58 (1938), S. 1259–1266; K. F. [vermutlich Kurt Frick]: Die neue protestantische Kirche in Ratshof (Ostpr.). In: Der Baumeister 37 (1939), S. 97–99.

69 Carl Kersten: Die Königsberger KdF-Halle. In: Zentralblatt der Bauverwaltung 59 (1939), H. 34, S. 903–909.

chen Überlieferung der ursprüngliche Charakter dieser Bauten weitgehend rekonstruieren. Beim Kirchenbau fasziniert der Gegensatz zwischen der geschlossen-strengen Fassade mit Dreiecksgiebel und dem Innenraum, der durch die hohen und schlanken Stützen des Mittelschiffs die Leichtigkeit moderner Stahlbetonkonstruktionen erhielt. Auch in der Sporthalle war die Gelenkkonstruktion unverbrämt sichtbar; der Bau zeichnete sich durch hohe Funktionalität aus.

Das Rathaus in Ortelsburg (Abb. 14) bezog Reste der Wirtschaftsgebäude der Burg des Deutschen Ritterordens ein, einer der typischen Grenzburgen der zweiten Hälfte des 14. Jahrhunderts im Ordensland; die Ruinen des Haupthauses blieben dabei erhalten. Beim Entwurf des Neubaus orientierte sich Frick an der Gestalt der Ordensburg.[70] Er schloss den Komplex zur Vierflügelanlage und versah ihn mit einem „Wehrturm", der seine mittelalterlichen Vorbilder an Höhe und Massivität übertraf. An diesem Verwaltungs- und Repräsentationsbau fällt erneut die Strenge und Sachlichkeit der Frick'schen Formensprache auf. Den Bezug zur regionalen Architekturtradition stellte Frick wohl auch auf Wunsch der politischen Entscheidungsträger der Stadt nahe der damaligen Grenze zu Polen her: „Dem Wunsche des Auftraggebers entsprechend sollte [...] diese Tradition [des Deutschen Ordens, Anm. d. Verf.] anklingen und gleichzeitig durch den Turmbau das Wehrhafte der masurischen Grenzstadt und wohl auch der neue Herrschaftsanspruch des damaligen Zeitgeistes Ausdruck finden. [...] Dem Bauherrn konnte der Turm nicht hoch genug sein, der Architekt hätte ihn niedriger für angemessen gehalten."[71] Der Bau ist das besterhaltene Beispiel für die Architektur der nationalsozialistischen Zeit auf dem Gebiet des ehemaligen Ostpreußen.

In den späten 1930er Jahren projektierte Frick noch eine kleine Kirche in Insterburg/Černjachovsk, Stadtteil Sprindt (mit Heinz Bahr), sowie die bis heute erhaltene Jugendherberge in Marienburg. Die frühen 1940er Jahre waren für Frick wie für die meisten Architekten eine schwierige Zeit. Seit Kriegsausbruch 1939 gab es kaum noch Bauaufträge, selbst Prestigeobjekte des nationalsozialistischen Staates wie der Bau des Reichsparteigeländes in Nürnberg wurden gestoppt. 1943 wurde auch Fricks Meisteratelier an der Königsberger Kunstakademie aus wirtschaftlichen Gründen geschlossen.

Im Januar 1945 floh die Familie aus Ostpreußen; sie hatte das Glück, eine Anlaufstelle in Bad Reichenhall zu besitzen: Das bayerische Ferienhaus wurde zur neuen Heimat. Durch die Anpassung an die alpenländisch-oberbayerische Bauweise, die er bereits an seinem Ferienhaus erprobt hatte, konnte Frick seine Karriere relativ rasch fortsetzen. Zu seinen Auftraggebern gehörten Privatleute ebenso wie die öffentliche Hand, in deren Auftrag er vor allem Sozialwohnungen und Schulen im weiteren Umkreis von Bad Reichenhall errichtete. Die kleinstädtisch-ländliche Umgebung bot seiner Vorliebe für regionalbezogenes Bauen ideale Entfaltungsmöglichkeiten. Ein aussagekräftiges Beispiel ist der Wiederaufbau des Kammerboten-Viertels (1955/56) in Bad Reichenhall mit viergeschossigen Wohnhäusern (Abb.

70 Salm: Odbudowa (Anm. 4), S. 254.
71 Ausstellungstafel 39: Rathaus in Ortelsburg 1.

15). Die kubischen, flachgeschlossenen Blöcke sind nicht etwa als Reminiszenz an das Neue Bauen und dessen Weiterentwicklung in der Nachkriegszeit zu werten, vielmehr übernahm Frick hier die typischen Hausformen des sogenannten Inn-Salzach-Stils, der seit dem späten 16. Jahrhundert die Städte zwischen Innsbruck, Passau und Salzburg prägte.[72] Bis zuletzt blieb die Mischung aus schlichten, wirkungsvoll eingesetzten Details und regionaler Tradition Fricks Markenzeichen. 1963 starb der Architekt in Bad Reichenhall.

Aus dem Polnischen übersetzt von Katja Bernhardt

Den Anstoß zur Beschäftigung mit dem Werk Kurt Fricks gaben die Materialien, die Ute Göbel, eine Enkelin des Architekten, dem Bundesinstitut kurz vor ihrem Tod überlassen hatte. Es handelte sich dabei in erster Linie um Dias der Präsentationstafeln der Ausstellung „Kurt Frick. Architekt aus Ostpreußen", die von November 2000 bis März 2001 im Kulturzentrum Ostpreußen in Ellingen gezeigt wurde (vgl. Anm. 11). Einige Aufzeichnungen Kurt Fricks stellte Erdmute Lijsen, eine weitere Enkelin, zur Verfügung.
Der herzliche Dank des Autors geht an Beate Störtkuhl für die kollegiale Unterstützung bei der Materialsammlung und die Ergänzungen zu Fricks Arbeiten nach 1945 in Bayern.

Abbildungsnachweis

1. Architekt Kurt Frick (Anm. 10), S. 24; 2. Ebd., S. 10; 3. Krüger: Eydtkuhnen (Anm. 30), S. 149; 4. Architekt Kurt Frick (Anm. 10), S. 30; 5. Zentralblatt der Bauverwaltung 47 (1927), S. 607; 6. Architekt Kurt Frick (Anm. 10), S. 22; 7. Zeitschrift für Bauwesen 80 (1930), S. 142; 8. Architekt Kurt Frick (Anm. 10), S. 54; 9. Ebd., S. 68; 10. Zentralblatt der Bauverwaltung 45 (1925), S. 290; 11., 14. Archiv Jan Salm; 12., 13., 15. Nachlass Ute Göbel.

72 Johannes Klinger: Die Architektur der Inn-Salzach-Städte. Wasserburg 2006.

1. Kurt Frick: Gartenstadt Hellerau, Einfamilienreihenhäuser am Schützenfeld, 1913–1914.

2. Kurt Frick: Stallupönen/Nesterov, Alter Markt nach dem Wiederaufbau, 1916–1918.

3. Kurt Frick: Entwurf für den Wiederaufbau des Marktplatzes in Eydtkuhnen/Černyševskoe, 1916.

4. Kurt Frick: Fischersiedlung Neukuhren-Wangenkrug/Pionerskij, 1920–1922.

5. Kurt Frick: Wettbewerbsentwurf zum Neubau des Rathauses in Marienburg/Malbork.

6. Kurt Frick: Bankhaus in Heilsberg/Lidzbark Warmiński, 1927.

NEUNKLASSIGE KNABENVOLKSSCHULE IN HEILSBERG (OSTPR.).
Architekt Frick, Königsberg i. Pr.

Ansicht vom Turnhof.

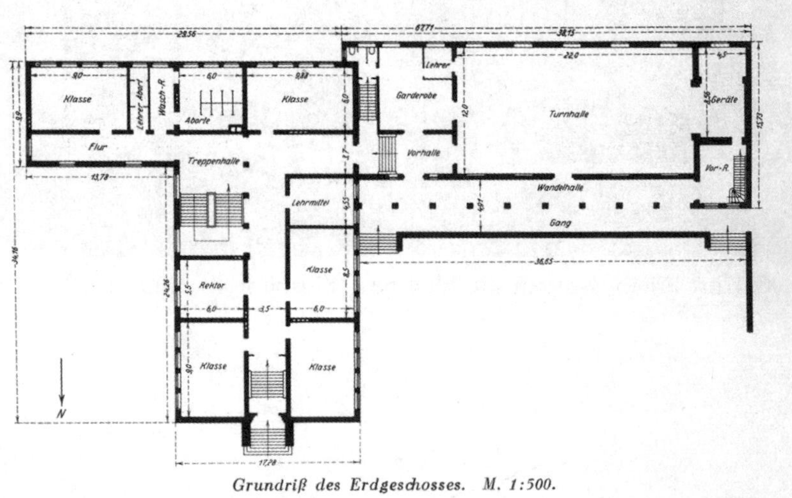

Grundriß des Erdgeschosses. M. 1:500.

7. Kurt Frick: Schulgebäude in Heilsberg, 1929.

8. Kurt Frick: Wohnhaus Frick an der ehemaligen Ritterstraße in Königsberg/Kaliningrad, 1924–1925.

9. Zimmer des Sohnes im Wohnhaus Frick in Königsberg, 1924–1925.

10. Kurt Frick: Wettbewerbsentwurf für das Tannenbergdenkmal, 1925.

11. Kurt Frick: Modehaus Haas an der ehemaligen Junkerstraße in Königsberg, 1930.

12. Kurt Frick: Ferienhaus der Familie Frick in Bad Reichenhall, 1938.

13. Wohnraum im Ferienhaus der Familie Frick in Bad Reichenhall, 1938.

14. Kurt Frick: Rathaus in Ortelsburg/Szczytno, 1937–1938.

15. Kurt Frick: Wiederaufbau des Kammerbotenviertels in Bad Reichenhall, 1955–1956.

Rainer Grübel

Ivo Andrićs historischer Roman *Die Chronik von Travnik*. Das Kraftfeld von Großmachtinteressen verstört eine multikulturelle bosnische Stadt*

> Umetnikova sudbina je da pada iz jedne neiskrenosti u drugu i da vezuje protivorečnost za protivorečnost.[1]
> Es ist das Schicksal des Künstlers, dass er aus einer Unaufrichtigkeit in die nächste fällt und Widerspruch an Widerspruch reiht.

1. Das Problem der erklärenden Einbettung zeitgenössischer Ereignisse und die Frage des ‚Kulturkampfs' auf dem Balkan

> – Da, gospodine, pobednika svak vidi u sjaju ili, kako kaže persijski pesnik: „Popednikovo lice je kao ruža."
> – Da, lice pobednika je kao ruža, ali lice pobeđenoga je kao grobljanska zemlja, od koje svak beži i glavu okreće. (498)[2]
> „Ja, mein Herr, den Sieger sieht ein jeder in seinem Glanz oder, wie der persische Liedersänger sagt: ‚Das Gesicht des Siegers sieht aus wie eine Rose.'"
> „Ja, das Gesicht des Siegers sieht aus wie eine Rose, doch das Gesicht des Besiegten ist wie Friedhofserde, die ein jeder flieht und von der er den Kopf abwendet."

Was können wir über die gegenwärtigen Probleme in Südosteuropa aus einem Roman erfahren, der vor mehr als sechzig Jahren niedergeschrieben worden ist und von Ereignissen erzählt, die zwei Jahrhunderte zurückliegen? Wofür kann uns, die wir beunruhigt auf einen ganzen Subkontinent schauen, die Erzählung über Geschehnisse in einer bosnischen Kleinstadt der Jahre 1807 bis 1814 den Blick öffnen?

---

* Der folgende Beitrag ist eine überarbeitete und erweiterte Version des Vortrags, der im Rahmen der Ringvorlesung „Der Balkan zwischen Krieg und Frieden. Geschichte, Kultur und Politik in Südosteuropa", veranstaltet im Sommersemester 2000 und im Wintersemester 2000/01 vom Bundesinstitut für Kultur und Geschichte der Deutschen im östlichen Europa und dem Seminar für Slavistik der Carl von Ossietzky Universität Oldenburg, gehalten wurde.

1 Ivo Andrić: Razgovor sa Gojom [Gespräch mit Goya]. In: Ders.: Istorija i legenda. Sarajevo 1976 (Sabrana djela Ive Andrića 12), S. 14.

2 Alle Zitate aus Ivo Andrić: Travnička hronika. Sarajevo 1977 (Sabrana djela Ive Andrića 2) werden im fortlaufenden Text und in den Fußnoten nur durch Seitenangabe nachgewiesen.

Im Streit über das Verstehen politischer Geschehnisse stehen einander auch bei der Betrachtung Südosteuropas zwei Positionen unvermittelt gegenüber: Die Verfechter des einen Standpunktes – unter ihnen finden sich nicht selten Soziologen, Ökonomen und Politikwissenschafter – raten, die gegenwärtigen ‚wahren' Interessen der beteiligten Parteien, ihre Triebkräfte und ihre Ressourcen zu durchschauen, und schon lägen die Bedingungen der Geschehnisse selbst klar vor unseren Augen. Die Vertreter der anderen Betrachtungsweise – vor allem Historiker verschiedener Gegenstandsbereiche – mahnen dagegen, das Ereignis als etwas Gewordenes zu betrachten, seine Herkunftsvoraussetzungen zu erfassen, damit wir zum Verstehen auch des Gegenwärtigen als etwas historisch Gewordenem gelängen. Nicht selten ringen die Verfechter der beiden Positionen jedoch weniger um zeitgeschichtliche Wahrheit als um Diskursmacht.

Das angemessene Verfahren scheint auch hier in der Mitte der von den genannten Extrempunkten begrenzten Skala zu liegen. Gegenwärtige Geschehnisse und erst recht solche der jüngsten Vergangenheit sind sowohl in den Kontext heutiger Interessen- und Kräftelagen als auch in den Horizont ihrer historischen Voraussetzungen einzurücken. Zum Dritten aber fordert der eigene Standpunkt des Betrachters Berücksichtigung. Gerade so verfuhr der vormalige Gesandte des Königreichs Jugoslawien in Berlin, Ivo Andrić, als er, zunächst am Bodensee und dann in Belgrad interniert,[3] sich in den Jahren 1941 und 1942 Klarheit über das verwirrende zeitgenössische Kriegsgeschehen und seinen eigenen Standort, sein eigenes Verhalten in diesem Geschehen zu verschaffen suchte.

Wir können demnach den Roman *Travnička hronika* nicht nur als Erzählung über Ereignisse der Napoleonischen Zeit der Jahre 1807 bis 1814, sondern mehr noch als Zeugnis erzählerischer Selbstverständigung über die Lage im Europa der frühen 40er Jahre des 20. Jahrhunderts lesen. Die Annahme, auf diesem Wege temporaler Translation sei Relevantes über die eigene Gegenwart zu erfahren, baut auf die im Roman selbst ausgedrückte Überzeugung, in der Jetztzeit wirkten die Kräfte und Strukturen der Vergangenheit nach. Ja, Daville, französischer Konsul und eine der Hauptfiguren der *Chronik von Travnik*, sucht Gewissheit über die eigene Haltung gegenüber Napoleon zu erlangen, indem er ein Heldenepos auf Alexander den Großen[4] verfasst. Andrićs Erzähler wird nicht müde zu zeigen, wie der Verfasser die Menschen seiner Umgebung in der *Alexandreis* porträtiert[5] und seinen Abscheu ge-

3 Zu Andrićs Berlin-Aufenthalt vgl. Želimir Bob Jurčić: Ivo Andrić u Berlinu. Sarajevo 1989; Ders.: Andrićs „Between two Sirens". In: Russian Literature. Bd. XXX, 1991, S. 29–42; Velimir Terzić: O diplomatskoj aktivnosti Ive Andrića uoči i u toku drugog svtskog rata [Über die diplomatische Tätigkeit Ivo Andrićs allgemein und im Verlauf des Zweiten Weltkriegs]. In: Delo Ive Andrića u kontekstu evropske književnosti i kulture. Zbornik radova sa međunarodnog naučnog skupa održanog u Beogradu od 26. do 28. maja 1980. Beograd 1981, S. 531–538

4 Alexander der Große als Modellheld erfuhr in der Generation vor Andrić eine Renaissance, z. B. bei dem russischen Vertreter der frühen Moderne Michail Kuzmin. Kritisch wird er dagegen in Nabokovs Roman *Lushins Verteidigung* behandelt. Vgl. Rainer Grübel, Ralf Grüttemeier, Helmut Lethen: Orientierung Literaturwissenschaft. Reinbek 2001 (Rowohlts Enzyklopädie), S. 125–128.

5 Allerdings ist die Schreibweise „Daville" durch ihre Orientierung an der des Spätklassizisten Jacques Delille (1738–1813), mit dessen Name der des Konsuls ein Wortspiel bildet, in Misskredit gebracht.

genüber dem ihm fremden Orient in den Kampf Alexanders gegen Asien verkleidet (94f.). Anders freilich als Daville gelingt es Andrić, den temporalen Hiat zwischen eigener Gegenwart und historischer Vergangenheit narrativ zu schließen.

In der wissenschaftlichen Rekonstruktion des südosteuropäischen Geschehens der 1990er Jahre stehen zwei Entwürfe miteinander im Streit. Samuel P. Huntington, dem nachgesagt wird, seine Vision des Balkankriegs habe das Verhalten des amerikanischen Außenministeriums der Clinton-Periode mitgeprägt, interpretiert die Ereignisse in seinem Essay *The Clash of Civilisations?* als ‚Kampf' der Kulturen.[6] Dieser ‚Kulturkampf' habe den in der zweiten Hälfte des 20. Jahrhunderts zunächst vorherrschenden Streit der Ideologien abgelöst. Den Krieg in Bosnien, wo „orthodox-christliche Serben auf moslemische Bosnier stießen", registrierte er als Bestätigung seiner Deutung.

Dieser Betrachtungsweise widerspricht Marie-Janine Calić mit dem Hinweis auf die offenen Grenzen zwischen den Kulturen und Religionen oder, genauer ausgedrückt, auf die fehlende Deckungsgleichheit zwischen nationalen und religiösen bzw. kulturellen Scheidelinien.[7] Dem Entwurf des Kulturkrieges hält sie die These von den jahrhundertelang entwickelten multi-ethnischen, multikonfessionellen und multikulturellen regionalen Identitäten entgegen. Beide Positionen sollen im Folgenden an Hand einer Analyse des in Andrićs Roman gegebenen Bildes vom Kulturraum Bosnien sowie von der multikulturellen Stadt Travnik diskutiert werden.

Nicht selten wird Andrićs *Chronik von Travnik* ein dokumentarischer Charakter zuerkannt. Tatsächlich hatte der Verfasser bereits im Jahr 1937 im Wiener Staatsarchiv die Berichte der österreichischen Konsuln Paul von Mitesser und Jacob von Paulich studiert. Außerdem hat er während der Tätigkeit am französischen Konsulat in Marseille Einblick in den 1822 in Paris erschienenen Bericht des französischen Vizekonsuls Amédée Chaumette des Fossés *Voyages en Bosnie dans les années 1807–1808* genommen. Auch Pariser Archivalien hat er durch eigenen Augenschein und das Studium veröffentlichter Materialien durchforstet. Dennoch ist der Roman *Travnička hronika* alles andere als ein dokumentarischer Bericht. Dies belegen bereits die von Andrić vorgenommenen Veränderungen an den Namen der Konsuln als Hauptfiguren des chronikalischen Romans und Namengeber der Epoche in Bosnien, wie der durch Kursive hervorgehobene Ausdruck *Die Zeiten der Konsuln* (*konzulska vremena*, 20) zu erkennen gibt. Der historische französische Konsul Dav*id* wird zum fiktionalen Dav*ille* („Davil"), die Österreicher von Mite*ss*er und von Pauli*ch* wandeln sich in von Mitte*r*er und von Pauli*ć*.[8]

---

6 Samuel P. Huntington: The Clash of Civilizations? In: Foreign Affairs, Bd. 72, Nr. 3, Summer 1993, S. 22–49; Ders: The Clash of Civilizations and the Remaking of World Order. New York 1998.

7 Marie-Janine Calić: Krieg und Frieden in Bosnien-Hercegovina. Erw. Neuausg. Frankfurt/M. 1996 (Edition Suhrkamp N. F. 943).

8 Aus dieser Sicht ist die Wiedergabe des Namens „von Pauli*ć*" in der sonst genauen deutschen Übersetzung von Hans Thurn (Ivo Andrić: Audienz beim Wesir. Roman. Berlin, Weimar 1961; Ders.: Wesire und Konsuln. Roman. München 1961) durch „von Pauli*ch*" eine unangemessene Rückübertragung, die den fiktionalen Charakter zugunsten des historisch-dokumentarischen zerstört. Die Wiedergabe des Namens Amédée Chaumette des Fossés durch „Amede Šomet Defose" (70) folgt dagegen zu Recht der serbischen Tradition der Assimilation ausländischer Namen.

Fiktionales Erzählen spielt mit dem Verhältnis von Fakt und Fiktion. Es gründet im Pakt zwischen Erzähler und Leser respektive Zuhörer, sich so zu verhalten, als sei das Erzählte tatsächlich geschehen, obgleich alle an der narrativen Kommunikation Beteiligten doch wissen, dass es sich um Fiktion handelt. Der Rekurs auf das historisch Überprüfbare ist dabei ebenso wie der Bezug auf geographisch verifizierbare Ortsnamen ein probates Mittel des Erzählers, den Leser davon zu überzeugen, das erzählte Geschehen hätte tatsächlich so stattfinden können.[9] Intentionale Wahrscheinlichkeit und ausdrückliche Authentifizierung sind in der Romantik und im Realismus Techniken des Appells an den Leser, das Erzählte für wahr zu nehmen. Andrić greift zum gegenläufigen Mittel der Verfremdung historisch belegter Namen.[10] Die lautliche und graphische Ähnlichkeit der Ersatznamen gegenüber den ersetzten Eigennamen steht dabei nach dem Prinzip der Ähnlichkeit (semiotisch gesprochen: der Ikonizität) für die Äquivalenz zwischen den erzählten Personnages und ihren historischen Prototypen. Daville, von Mitterer und Paulić sind freilich ebenso Gesandte, wie Andrić es selber kurz vor Abfassen des Romans zwei Jahre lang in Berlin gewesen war.[11] Die Fiktionalisierung gerade dieser Namen bietet dem Verfasser die Chance, eigene Erfahrungen als jugoslawischer Botschafter im Berlin der Weltkriegszeit in die Erlebnisse der Konsuln einfließen zu lassen, das erlittene Auseinandertreten des Entwurfs der eigenen Person und der von außen vorgegebenen Rolle, die Diskrepanz zwischen der eigenen Sensibilität und intellektuellen Wachheit auf der einen und des nach Zeugnis aller Beobachter perfekten diplomatischen Habitus auf der anderen Seite am fremden Lebenstext schöpferisch zu verarbeiten. Das Material des eigenen Lebenstextes wird so zum Stoff des Textes vom fremden Leben.

2. Die Großmachtpolitik Frankreichs, Russlands, Österreich-Ungarns und der Türkei als Konstituente von Geschehen und Geschichte in *Travnička hronika*

> – Jer, znate, kako kod nas kažu, gospodstvo je kako veliki vetar, kreće se, kida i osipa. (519)
> „Denn, wissen Sie, die Herrschaften sind, wie man bei uns sagt, wie ein großer Wind, sie kommen in Bewegung, toben sich aus und verpuffen."

Die Schicht von Geschehen und Geschichte[12] des historischen Romans *Travnička hronika* ist weitgehend bestimmt durch politische, militärische und ökonomische

9 Vgl. Milan Damnjanović: Pitanje o istoričnosti umetnosti prema Andrićevoj hronici [Die Frage der Historizität von Kunst mit Blick auf Andrićs Chroniken]. In: Delo Ive Andrića (Anm. 3), S. 613–617.

10 Andere Verfahren der Verfremdung in *Travnička hronika* beschreibt Miroslav Beker: Travnička hronika u svjetlu kriterija ruskih formalista [*Die Chronik von Travnik* im Lichte der Kriterien der russischen Formalisten]. In: Delo Ive Andrića (Anm. 3), S. 299–304.

Entscheidungen, die in Paris, Moskau, Wien und Istanbul getroffen worden sind. Der Roman erzählt, wie das Leben der Provinzstadt Travnik in Mitleidenschaft gezogen wird von Napoleons Europapolitik mit ihren überraschend wechselnden Bündnissen, ihren von dem einstmaligen Korporal geleiteten überfallartigen Heereszügen, aber auch von den politischen und militärischen Schachzügen seiner Gegenspieler, der Wiener Hofburg, des Petersburger Zarenhofes und der Hohen Pforte am Bosporus: „Die Ankunft französischer Truppen in Dalmatien brachte unverhofft jenen *Bunaparte* [sic] der Erzählungen an Bosnien und Travnik heran." („Dolazak francuske vojske u Dalmaciju primknuo je neočekivano toga Bunapartu iz pričanja Bosni i Travniku", 20). Im Gegenzug verwandelt der Roman das Geschehen wieder in Erzählung.

Nach vierhundertjähriger, durch osmanische Besatzung und Administration stabilisierter Lage kündigt sich ein labiler Zustand an, der von der gleichzeitigen geographischen Annäherung der europäischen Großmächte Frankreich und Österreich-Ungarn an den bosnischen Raum hervorgerufen und verkörpert wird. (Gerade dieser Zustand aber macht das Geschehen erzählbar.)

Die Konsuln und der Wesir wirken zum einen als Empfänger der Signale aus den Metropolen, zum anderen als örtliche Transmissoren der in der Ferne gefällten, nun auch die Provinz prägenden Entscheidungen und zum dritten als Beobachtungsposten, welche die lokale Aufnahme der Maßnahmen an die Zentralen zurückvermitteln. Allerdings zeigt der Roman auch, in welchem Ausmaß das Umsetzen der machtpolitischen Beschlüsse in der fernen Provinz einerseits vom persönlichen Charakter der lokalen Gesandten dieser Mächte, ihrer Mitarbeiter und auch ihrer Familienangehörigen abhängt, andererseits aber von den Rezeptionsvoraussetzungen und der Zusammensetzung der örtlichen Bevölkerung.

Wir schreiben das Jahr 1807. Die Einwohner der kleinen, am Rande des türkischen Imperiums gelegenen Stadt Travnik sind aus ihrem beschaulichen Leben aufgeschreckt durch die Nachricht, in Kürze sollten in der Stadt zwei Konsulate eröffnet werden, zunächst ein französisches, dann ein österreichisches. Der französische Kaiser Napoleon Buonaparte habe dazu bereits die Zustimmung der Hohen Pforte zu Istanbul erwirkt. Gerüchte sprechen auch von der Einrichtung eines russischen Konsulats, zu der es jedoch nie kommen soll.

Die Travniker reagieren auf diese Neuigkeiten ganz unterschiedlich. Der allem Fremden mit Skepsis, wenn nicht Ablehnung oder gar Hass gegenüberstehende überwiegende Teil der Bevölkerung,[13] die hier „turci" (Türken) genannten Muslime, sehen in der Errichtung fremder diplomatischer Stützpunkte eine mögliche Gefährdung

11 Zuvor hatte er längere Zeit an den jugoslawischen Gesandtschaften in Rom, Bukarest, Graz, Paris, Madrid und Genf mitgearbeitet. Vgl. Radovan Popović: Ivo Andrić. Sein Leben. Belgrad 1988, S. 116.

12 Begriffe nach Wolf Schmid: Die narrativen Ebenen „Geschehen", „Geschichte", „Erzählung" und „Präsentation der Erzählung". In: Wiener Slawistischer Almanach. Bd. 9, 1982, S. 83–110.

13 Dieser Fremdenhass („mržnja", 40) erstreckt sich etwa auch auf die Mamelucken, ehemalige Kaufsklaven aus dem Schwarzmeergebiet, die 1257 die Herrschaft über Ägypten an sich gebracht hatten, bis 1811 Polizei und Verwaltung kontrollierten und auch in Bosnien Wachdienste leisteten.

ihrer durch vierhundertjährige osmanische Herrschaft begründeten Traditionen und damit auch ihrer gewohnten Lebensform. Der „Fremdenhass“ („mrznja prema tuđincu“, 51) der islamischen Bosnier, ihr „eingefleischtes Misstrauen“ („urođene nepoverenje“, 51) gegenüber allem Fremden wird mit der Furcht der muslimischen Grenzbewohner vor der Bedrohung durch Eindringlinge motiviert. Anders als sie knüpfen die Juden sowie die mehrheitlich katholischen und orthodoxen Christen an die Meldung ihr Hoffen auf Linderung des türkischen Jochs. Sie erinnern sich der jüngsten, gegen die Türken gerichteten Aufstände in Serbien unter der Führung Karađorđes[14] und erwarten von der Ankunft des französischen Konsuls eine Besserung ihrer Lage. Die Katholiken verbinden ihre Hoffnung vor allem mit Wien, die Orthodoxen die ihre mit St. Petersburg.

Im Februar trifft der französische Konsul mit Namen Jean Daville tatsächlich in Travnik ein. Wie viele Vertreter seiner Generation hat er ein spannungsreiches und unruhiges Leben hinter sich. In der Kindheit beeindruckt vom französischen König, wurde er in seiner Jugend – aus Schwäche,[15] wie der Roman sagt – zum glühenden Anhänger der Revolution. Für sie hatte er Gedichte geschrieben und war er zum Journalisten geworden.[16] Nach der Machtergreifung durch Napoleon hatte er sich für Buonaparte begeistert[17] und zur Zeit des Krieges gegen Spanien als Freiwilliger gemeldet. Schließlich ist er zum Mitarbeiter des französischen Außenministeriums aufgestiegen und nun mit dem Posten eines Konsuls bedacht worden, freilich an einem randständigen Standort des in wenigen Jahren zusammengerafften napoleonischen Imperiums; das Französische Kaiserreich hatte sich mittlerweile bis zum benachbarten Dalmatien ausgebreitet und suchte die randständigen Provinzen auch durch lokale Vertretungen im Grenzbereich des osmanischen Reiches zu sichern.

Bereits in den ersten Tagen seines Aufenthaltes in Bosnien erkennt Daville, dass seiner hier ein schweres Los harrt. Abgeschnitten von der gewohnten Zivilisation, zunächst getrennt auch von Frau und Kindern, deren Ankunft er mit Ungeduld erwartet, erfährt er in der fremden Umgebung ohne die Unterstützung eines diplomatischen Apparates Hilflosigkeit. Da die Zuweisungen der französischen Staatskasse, gepaart mit sinnlosen Zirkularen, regelmäßig verspätet eintreffen, leidet er unter

14 Bemerkenswert ist das weitgehende Aussparen der serbischen Aufstände unter der Führung Karađorđes (1772–1817), die aus der Sicht der Türken und der assimilierten Bosnier sogar „Tumult“ („uzbuna“, 18) genannt werden.

15 Hierin zeigt sich zugleich ein antitotalitärer Zug des Romans, der gewiss auf das 20. Jahrhundert gemünzt ist: „Zajedno za ostalima i Davil je bio pijan od nrazumevlje sreće, kao što su vek opijeni slabi ljudi kad im uspe da nađa zajedničku i opšte priznatu formulu koja im obećava ostvarene njihovih potreba i nagona na raćun duđe štete i propasti, a koja ij u isto vreme oslobađa griže savesti i odgovornosti.“ (73; „Gemeinsam mit den übrigen war auch Daville trunken von einem unbegreiflichen Glück, wie schwache Menschen immer berauscht sind, wenn es ihnen gelingt, eine einheitliche und allgemein anerkannte Formel zu finden, die ihnen die Befriedigung ihrer Bedürfnisse und Triebe zu Lasten fremden Schadens und Untergangs verheißt und die sie gleichzeitig freistellt von Gewissensbissen und Verantwortung.“)

16 In der Neigung zur Dichtung kann Daville für seinen Abgott Napoleon stehen, der in seiner Jugend fiktionale Prosa verfasst hatte.

17 Frucht dieser Begeisterung ist sein Heldenepos *Die Schlacht bei Jena* (*Bitka pod Jene*, 77).

nachhaltigem Geldmangel. Zudem gehen vom Außenministerium infolge der rasch wechselnden napoleonischen Politik widersprüchliche Erlasse ein. Weil er keine Mitarbeiter hat, muss der Konsul einstweilen die gesamte Gesandtschaftstätigkeit selber ausführen. Kurz: er sieht sich in einer Lage, die dem Vertreter einer expandierenden Großmacht kaum gemäß ist.

Ungeachtet oder gerade infolge der Napoleon-Begeisterung von Sultan Selim III. legt die türkisch-muslimische Stadtbevölkerung dem französischen Konsul gegenüber offene Feindschaft, ja Hass an den Tag. Daville weiß daher anfangs nicht einmal, wie er sich verhalten soll. Infolge seiner Unkenntnis der türkischen wie auch der bosnischen Sprache muss er César d'Avenat, den Arzt des Wesirs Husref Mehmed-Pascha, in seinen Dienst nehmen. Von Geburt zwar Piemonteser mit dem Namen Cesar Davenato, hat der Arzt sein Leben mit dem Orient verbunden und sich dabei nach Auskunft des Erzählers den Türken und den islamischen Bosniern, die ihn ‚Davna' nennen, vor allem in deren unangenehmsten Verhaltensweisen angepasst: Schmeichelei und Kriecherei vor den Mächtigen sowie Verachtung gegenüber den Schwachen. Sein Dienst beim Wesir lässt ihn als unsicheren Kantonisten erscheinen. Daville kann zwar zu Davna kein Vertrauen fassen, bleibt jedoch auf ihn angewiesen, ja, er muss sich seiner Hilfe in den verschiedensten Situationen bedienen: Bald nimmt Davna für ihn die Rolle eines Spions wahr, bald die eines Vertrauten und dann wieder die eines Mittlers in den Gesprächen mit einflussreichen osmanischen Würdenträgern. Die durch identischen Beginn gegebene Ähnlichkeit der Namen *Dav*ille und *Dav*na/*Dav*enato steht für die Äquivalenz ihrer Träger: Wie Daville im Großen die politischen Wetterwechsel mitvollzogen hat, passt Davna sich im Kleinen den jeweils herrschenden Umständen an; diplomatischer Dienst scheint solcher Charaktere zu bedürfen.

Ein zweites Machtzentrum, das mit seinen (auch auf die Französische Revolution reagierenden) Schwankungen die bosnische Kleinstadt in Unruhe versetzt, ist Istanbul. Nicht nur im Travniker Statthalter des Sultans, im Wesir Mehmed-Pascha, ist diese Fernwirkung verkörpert, sondern auch in den erkennbaren Versuchen des französischen Konsuls, auf ihn einzuwirken. Beispielhaft für die institutionell-repräsentativen Ansprüche auf wechselseitige Machtanerkennung ist die Schwierigkeit der Festlegung des Protokolls der ersten Begegnung zwischen osmanischem Gouverneur und französischem Generalkonsul. Im Laufe dreitägiger Verhandlungen wird festgelegt: Wesir und Konsul betreten den Empfangsraum im osmanischen Regierungssitz *gleichzeitig* und treffen sich *in der Mitte des Raums*. Daville sucht die Nähe des Wesirs Mehmed-Pascha, mit dem er sich in der Empfangszeremonie auf eine Stufe gestellt hat. Der wird als kluger und gebildeter, mit den Franzosen sympathisierender Politiker charakterisiert, der die Reformpolitik seines Dienstherrn, des Sultans Selim III.,[18] gutheißt. Gerade deshalb hassen ihn die Travniker Muslime, die im islamischen Grenzland von den ortsansässigen wie den herbeigereisten „Ungläubigen", den Giaur, nichts lernen wollen, ebenso wie den gegenwärtigen, den Feinden gegenüber so bedrohlich aufgeschlossenen Sultan.

---

18 In die Zeichnung Selims III. dürfte die rezente Erfahrung mit dem türkischen Reformpolitiker Kemal Atatürk (1880–1938) eingeflossen sein.

Im Mai desselben Jahres erfährt Daville, dass die türkischen Reformfeinde in Istanbul Selim III. durch einen Staatsstreich vom Thron gestürzt und im Serail inhaftiert haben. An seine Stelle ist der konservative Sultan Mustafa IV. getreten; der französische Einfluss an der Hohen Pforte hat im gleichen Zuge abgenommen. Diese Wende beunruhigt auch den Travniker Wesir Mehmed-Pascha, zumal er die Franzosen unterstützt hat. Er begreift, dass ihn im besten Fall der Ruhestand, wahrscheinlich aber der Tod erwartet. Die plötzlichen und blutigen Wechsel im Sultanat der Jahre 1807 bis 1814 beunruhigten auch die Travniker: „Diese Unruhen und Umbrüche spiegelten sich aus der fernen Hauptstadt in dieser entlegenen Provinz, obschon viel später, verändert und karikiert wie in einem Zerrspiegel." („Tu nemiri i promene iz daleke prestonice odražavali su se u ovoj zabačenoj provincijim iako mnogo docenije, izmenjeni i karkarirani, kao u krivom ogledalu", 335).

Im Sommer trifft Kapidžibaša als Abgesandter des neuen Sultans mit einer geheimen Mission in Travnik ein. Es gilt die Wachsamkeit des Wesirs mit kostbaren Geschenken und durch Übermitteln eines fingierten Erlasses einzuschläfern, der Mehmed-Pascha in Travnik in seiner Stellung vorgeblich bestätigt. Zugleich ist ihm aufgetragen, den Wesir zu ermorden und danach den wahren Befehl des neuen Sultans über die Amtsenthebung des Gouverneurs zu verlesen. Der erfahrene Wesir besticht jedoch die Begleitung des Abgesandten und erfährt so von dessen Plänen. Er lässt nun seinerseits Kapidžibaša vergiften.[19] Die als Todesursache mitgeteilte plötzliche Erkrankung wird von den islamischen Bosniern hingenommen, und der Wesir kann seine gefährdete Position für einige Zeit festigen. Die Muslime Travniks, die wissen, dass Mehmed-Pascha sich der Einmischung beim Thronwechsel enthalten hat, sind nun überzeugt, auch der neue Sultan sei dem bisherigen Wesir gewogen. So kommt es zu einer einstweiligen Stabilisierung der bestehenden örtlichen Machtverhältnisse.

Bei Daville hinterlassen diese Ereignisse einen niederschmetternden Eindruck, muss er doch damit rechnen, es nach einer Amtsenthebung des gegenwärtigen Wesirs mit einem Günstling von Mustafa II., einem Franzosenhasser par excellence, zu tun zu bekommen. Für einige Zeit zieht jedoch in Travnik und, wie es Daville scheint, auch in der übrigen Welt, Ruhe ein: Der Kongress von Erfurt kommt zum Abschluss, und die Interessen Napoleons richten sich erst einmal auf Spanien. Für Daville bedeutet dies Erleichterung: Der Strom der Ereignisse verlagert sich vom Südosten Europas nach dessen Westen.[20]

Die Wirksamkeit des französischen Konsuls wird durch das Eintreffen seiner Familie verstärkt. Viele Ortsansässige fassen Sympathie zu seiner Frau, die dank ihrer Güte und Friedfertigkeit mit allen eine gemeinsame Sprache findet. Sogar die Mönche

19 An dieser Stelle schlägt die Ironie des Erzählers übrigens in Zynismus um: „Za lekare je bilo dockan, a hodža je uvek na vreme" (58; „Für den Arzt war es zu spät, doch der Hodscha [Geistliche] kommt immer zur rechten Zeit").

20 Analog verspürte Andrić mit Blick auf seine schwierige Aufgabe, die Interessen des Königreichs Jugoslawien gegenüber Hitler zu sichern, Erleichterung, als der deutsche Reichskanzler sich im Kriegsjahr 1940 Skandinavien zuwandte.

des katholischen Klosters, die Daville als Vertreter des „gottlosen Napoleon“ verabscheuen, lernen die Frau des Konsuls schätzen. Paris sendet mit der Familie Davilles zugleich einen Beamten, der die türkische Sprache beherrscht. Des Fossés, dieser lebensfrohe junge Konsulatsbeamte, ist ein nüchterner und praktischer Mensch. Er bildet damit das Gegenteil zu seinem Vorgesetzten Daville. Der Konsul ist von den bestandenen revolutionären Stürmen, den kriegerischen Erschütterungen und dem Kampf um eine angemessene Position ermüdet. Die Ideale seiner Jugend haben sich als Illusionen erwiesen, gedankenloses und eifriges Diensttun hat ihn seiner Selbstgewissheit beraubt und ihm die wachsende Neigung eingepflanzt, Konflikten aus dem Weg zu gehen und Kompromisse zu schließen. Aufgrund der ähnlichen Lebenslage darin ganz im überraschenden Einklang mit den älteren muslimischen Travnikern, wünscht sich Daville jetzt vor allem Ruhe und Frieden, die sich jedoch in diesem ‚wilden‘ Land und unter Menschen nicht einstellen wollen, deren wahre Ziele und Beweggründe dem hierhin versetzten Westeuropäer unbegreiflich zu bleiben scheinen.

Mit dem Eintreffen von Konsul Oberst von Mitterer mit Frau und Kind wird als drittes Machtzentrum nun auch das Kaiserreich Österreich-Ungarn in Travnik wirksam. Der Offizier und sein französischer Widerpart, beide bereits Familienväter im fortgeschrittenen Alter, könnten Freunde werden, da sie bereits ein Leben voller Schwierigkeiten gemeistert haben und den wahren Preis von Siegen und Niederlagen kennen. Aber ihre Stellung, ihre Rolle und ihr Auftrag gebieten ihnen, miteinander um den Einfluss beim Wesir und dessen nächsten Mitarbeitern zu ringen, unter der Bevölkerung durch Vertrauensleute falsche Nachrichten zu lancieren und die Mitteilungen der Gegenseite zu diskreditieren. Jeder der beiden setzt über den Anderen Gerüchte in Umlauf, hält dessen Kuriere auf, öffnet die fremde Post und besticht die Dienerschaft der Gegenseite. Der Habitus der Konsuln wird in ihrem wechselseitigen Verhalten bestimmt von den europäischen protokollarischen Gepflogenheiten der Machtvertreter in einem fremden Staat. Es gilt, durch Beförderung der Bündnisnähe der eigenen Macht mit diesem fremden Staate die Interessen Dritter als Konkurrenten oder gar potentieller Feinde möglichst einzudämmen.

Als beispielhaft für die Verhaltensweise der beiden Konsuln kann der Erzählerbericht über die Aufnahme der Tätigkeit von Mitterers gelten:

> Novi austrijski konzul posetio je najpre dvojicu najugldnijih begova i apostolskog vizitora koji se u to vreme slučajno nalazio u manastiru Gučoj Gori, pa tek onda svoga francuskog kolegu. Davnini agenti pratili su ga u stopu prilikom tih posjeta i javljali o njima sve što su saznavali, a izmišljali i dodavali ono što nisu mogli da saznaju. Ali iz svega se ipak jasno naziralo da austrijski konzul želi da poveže sve one koji su protiv francuskog konzula, da to radi oprezno i neupadljivo, ne govoreći nijedne reči protiv svoga kolege i njegovog rada, ali primajući sve, što drugi imaju da kažu. (112)
>
> Der neue österreichische Konsul suchte zu Beginn zwei hochangesehene Begs sowie den apostolischen Visitator auf, der zu dieser Zeit zufällig im Kloster Guča Gora weilte, danach erst seinen französischen Kollegen. Davnas Agenten blieben ihm bei diesen Besuchen auf den Fersen, meldeten, was sie hierüber in Erfahrung brachten und dachten sich aus und erfanden hinzu, was sie nicht erkunden konnten. All dies ergab ganz klar, dass der österreichische Konsul alle gegen den französischen eingestellten Kräfte zu vereinen suchte

und dass er dabei vorsichtig und unauffällig zu Werke ging, ohne auch nur ein Wort gegen seinen Kollegen oder dessen Tätigkeit fallen zu lassen, doch stets aufnahmebereit für alles, was ihm andere zu erzählen hatten.

Daville vertritt die französischen Interessen in der Region auch, indem er Offiziere aus Napoleons Armee, die der Sultan aufgrund der Aufsehen erregenden militärischen Erfolge Napoleons gern als Berater im osmanischen Heer sieht, von Travnik aus nach Istanbul auf den Weg bringt.

Die vierte Großmacht, das ferne Russland, ist zwar nicht durch einen Konsul in Travnik vertreten, wirkt aber mittelbar, nämlich durch Hilfe für die aufständischen Serben im Bosnien benachbarten, noch unter türkischer Oberhoheit stehenden Raum, und unmittelbar durch die darin gründenden Sympathien des bosnischen orthodoxen Klerus:

> Osjećajući jasno, da ich ovaj ustanak u Srbiji ugrožava u onome što im je najdraže i najbliže i da ich ovaj vezir, kao i sve Osmanlije, ne brani kako bi trebalo, a da sami nemaju više snage i volje, da se brane, bosanski Turci su padali u onu nezdravu razdražljivost jedne ugrožene klase i svetili se za sve to pustom samovoljom i jalovim svirepostima. (337)
> Da sie klar spürten, dass dieser Aufstand in Serbien gerade dasjenige bedrohte, was ihnen das Liebste und Nächste war, und dass der Wesir, wie alle Osmanen, sie nicht verteidigte, wie es erforderlich war, und sie selber nicht mehr Kraft und Willen hatten, sich zu verteidigen, verfielen sie in jene ungesunde, bedrohten Klassen eigene Reizbarkeit und rächten sich für all dies mit eitler Willkür und sinnloser Grausamkeit.

Daville äußert im Gespräch mit Tahir-Beg die hellsichtige Vermutung, das Fernziel Russlands läge in einer militärischen Konfrontation mit der Türkei (415).

Auch Travnik wird von den russischen Interessen in Mitleidenschaft gezogen, weil auf der einen Seite die lokalen orthodoxen Slawen mit den Aufständischen sympathisieren und auf der anderen der ortsansässige Wesir wiederholt beauftragt wird, die Aufstände niederzuschlagen. Unter den für die ‚Befriedungszüge' nach Serbien ausgehobenen Truppen befinden sich nicht wenige Söhne der Travniker slawischen Muslime.

Durch seine Istanbuler Freunde wird Mehmed-Pascha über seine Amtsenthebung unterrichtet, und er entschließt sich, Travnik zu verlassen, ehe sich die Neuigkeit in der Stadt verbreitet hat und Angriffe gegen seine Person ins Werk gesetzt werden können. Daville ist entsetzt: Mit der Person des Wesirs, zu dem er Sympathie gefasst hat, verliert er einen vielversprechenden Verbündeten. In der Stadt kommt es infolge des Machtvakuums zu Unruhen: Die Menge der Fanatiker aus der islamischen Unterschicht versammelt sich vor Davilles Haus und stößt wilde Drohungen aus. Schließlich trifft in Travnik der neue Wesir ein, Ibrahim-Pascha, dessen Ergebenheit gegenüber dem gestürzten Sultan, wie Daville zu seiner Überraschung erfährt, keine Schranken kennt. Ibrahim-Pascha ist auf den Außenposten Travnik abgeschoben worden. Er entpuppt sich jedoch im Gegensatz zu seinem Vorgänger nicht als Fürsprecher von Reformen, und er lehnt die Franzosen ab. Der kühle und verschlossene Mensch ist erbittert über seine Entsendung in die tiefe bosnische Provinz, und Daville fürchtet von Beginn an, er werde kein förderliches Verhältnis zu dem neuen Vertreter der Hohen Pforte finden. Mit der Zeit stellen sich zwischen den beiden wider Erwarten infolge der ähnlichen Lage des Entzugs der gewohnten Zivilisation weit tiefere und vertrauensvollere persönliche Bindungen ein als mit Mehmed-Pascha. So obsiegt bei den lokalen Abgesandten im Streit mit ihrer Aufgabe aufgrund existentieller Übereinstimmung und darin gründender Affinität ungeachtet aller wechselseitigen kulturellen Fremdheit immer wieder persönliches Wohlwollen über die offiziellen, von den jeweiligen Machtdispositionen bestimmten Interessenlagen.

In Istanbul nimmt einstweilen der erbitterte politische Kampf seinen Fortgang und findet auch in Travnik seinen Niederschlag. Ibrahim-Pascha berichtet Daville mit den Worten eines Augenzeugen[21] vom Versuch, den abgesetzten und eingesperrten Sultan zu befreien, und er erzählt, wie der schon fast Befreite besonders grausam ermordet wird. Der Wesir weiß: Seine Feinde am Hof werden nicht ruhen, bis er aus Travnik in eine noch fernere und taubere Provinz versetzt wird, damit er seine Tage fern aller Zivilisation und Entscheidungsmacht beschließe.

Als dritte Machtgröße bringt sich am Ort zunehmend Österreich-Ungarn ins Spiel. Von Mitterer unterrichtet Daville darüber, dass sich die Beziehungen zwischen der Türkei und Wien verschlechtern, aber Daville weiß, dass sich in Wahrheit ein Konflikt zwischen der Wiener Regierung und dem Imperator Napoleon anbahnt. Der sich bildenden fünften Koalition gegen den französischen Kaiser begegnet dieser mit seinem blitzartigen Angriff auf Wien.[22] Jetzt erst wird auch dem Letzten klar, welchem Zweck die Konsulate in Travnik dienen. Die Bediensteten beider Konsulate, die Franzosen und Österreicher, beenden ungeachtet aller persönlichen Sympathie der politischen Interessenlage ihrer Länder gemäß allen Umgang miteinander. Ohne Kräfte und Mittel zu scheuen, entfalten von Mitterer und Daville pflichtgemäß energische Tätigkeit mit dem Ziel, den Wesir und die ihm Nahestehenden, aber auch katholische Mönche und orthodoxe Priester sowie alles, was in der Stadt Rang und Namen hat, auf ihre Seite zu ziehen. Zahlende Agenten der Konsuln leiten zersetzende Tätigkeiten ein, was oft genug zu Zusammenstößen führt. Die katholischen Mönche beten für den Sieg des Habsburger Kaisers über die jakobinischen Armeen und ihren gottlosen Imperator.

Auch die Hohe Pforte bringt sich als Machtzentrum in Erinnerung: Im Frühling zieht Ibrahim-Pascha auf Geheiß aus Istanbul gegen das aufständische Serbien zu Felde. In seiner Abwesenheit brechen in Travnik erneut Unruhen und Krawalle aus. Ein Mob vertierter islamischer Fanatiker richtet mit Hilfe eines Zigeuners brutale Gemetzel an ihren slawischen Brüdern an, gefangengenommenen orthodoxen Serben.

Im Takt des raschen Wechsels der Interessenkonstellationen der Großmächte – im Oktober 1809 schließt Napoleon überraschend Frieden mit dem Wiener Hof – bessern sich auch die Beziehungen zwischen den Mitarbeitern beider Konsulate. Doch

---

21 Daneben steht die ‚Ohrenperspektive' Davilles, der von der Öffnung des österreichischen Konsulats „gehört hat" („je čuo", 107).

22 Das Hin und Her der Staaten und Parteien war Andrić aus der wechselnden Position Rumäniens und des von ihm vertretenen Königreichs Jugoslawien geläufig. Als Blitzkriege dürften ihm der Einfall Deutschlands in Nachbarländer, aber auch in sein eigenes Land vor Augen gestanden haben.

Daville quält dieselbe Frage wie zuvor: Wird dieser Sieg endlich von Dauer sein, und der Frieden, wie lange wird er währen? Seinen Mitarbeiter des Fossés schlägt diese Frage dagegen kaum in Bann; er zimmert eifrig an seiner Karriere und wird dann auch ins Pariser Ministerium zurückgerufen: Binnen Jahresfrist soll er zum Gesandten in Istanbul ernannt werden. Des Fossés bedauert es zwar nicht, Bosnien kennengelernt zu haben, ist aber nicht minder froh, die schroffe und aus seiner Sicht zurückgebliebene Region verlassen zu können. In der Zeit seines Dienstes in Travnik hat er ein Buch über dieses Land verfasst: Er weiß, dass er seine Lebenszeit hier nicht nutzlos vertan hat.

Das Jahr 1810 vergeht den Großmachtinteressen gemäß friedlich und glücklich. Die Travniker aller Glaubensrichtungen gewöhnen sich an die Konsuln und deren Umgebung. Ihre Furcht vor den Ausländern, ihr Hass auf sie und ihr Kampf gegen sie nimmt ab. Im Jahr 1811 wird von Mitterer auf eigenen Wunsch – und mehr noch den seiner impulsiven Frau – nach Wien versetzt. Seine Stelle nimmt nun Oberstleutnant von Paulić ein, der Sprössling einer germanisierten Agramer Familie (389). Dieser schöne, leidenschaftslose, ja kalte Mensch verfügt über breite Kenntnisse in vielen Wissensgebieten und erfüllt seine Aufgaben äußerst pflichtgetreu. Daville fühlt sich von ihm abgestoßen, weil der neue Konsul wie ein störungsfrei eingestellter Mechanismus zu arbeiten scheint. Alle Gespräche mit ihm haben unpersönlichen, kalten, ja abstrakten Charakter. Ausgetauscht werden allein Kenntnisse, nie aber Gedanken, Eindrücke oder gar Emotionen. Weit mehr als bei Daville deckt sich bei von Paulić sein wahrnehmbarer Habitus mit der ihm aufgetragenen Rolle des Gesandten.

Da die Kriege einstweilen beendet sind, widmet sich das französische Konsulat nun vor allem Fragen des Handels: Pässe sind auszugeben, Empfehlungsschreiben und Einfuhrgenehmigungen anzufertigen. Infolge der Handelsblockade Großbritanniens kann Frankreich seinen Güteraustausch mit dem Nahen Osten nämlich nicht mehr über das Mittelmeer, sondern nur noch auf den alten Handelsstraßen von Istanbul nach Wien, zum Teil über die Donau oder zu Lande von Saloniki über Bosnien bis Triest führen. Daville arbeitet mit Eifer an der Verbesserung der Handelslinien und verschwendet keinen Gedanken mehr an die Zukunft, obwohl sich ein baldiges Ende des labilen Friedens abzeichnet.

Dieses Ende kommt rasch: Im Jahr 1812 zieht die französische Armee gegen Russland zu Felde. Österreich nimmt an der Seite Napoleons mit einem Dreißigtausend-Mann-Heer unter der Führung des Fürsten Schwarzenberg an diesem Feldzug teil. Doch von Paulić benimmt sich zum Erstaunen Davilles, als wolle er dem Wesir diesen Feldzug als rein französische Angelegenheit vermitteln. Ende September langt die Nachricht von der Einnahme Moskaus ein, doch von Paulić bekräftigt, ihm lägen Mitteilungen über weitere kriegerische Handlungen vor, und er lehnt Gespräche mit Daville ab. Ibrahim-Pascha zeigt sich verwundert, dass Napoleon im Winter nach Nordosten zieht, und er warnt Daville vor dem Risiko einer solchen Unternehmung.[23] So ist er nicht überrascht, als er von der Niederlage der französischen Armee in Russland erfährt.

23 Hier sticht die Parallele zum Feldzug von Hitlers Wehrmacht gegen die Sowjetunion in die Augen, der im Winter 1941 steckenblieb und im Winter 1942 die Wende brachte.

Auch in Travnik wütet ein strenger Winter, die Menschen leiden Hunger und frieren. Für einige Monate ist der französische Konsul, der wie sein österreichisches Gegenstück der notleidenden Bevölkerung Unterstützung gewährt, von der Außenwelt völlig abgeschnitten und erhält keinerlei Nachrichten. Im März aber erkennt Daville, dass Ibrahim-Pascha entlassen ist. Für Daville ist dies ein unersetzlicher Verlust. Ibrahim-Pascha verabschiedet sich von Daville, zu dem er in diesen Jahren eine vertrauensvolle Beziehung aufgebaut hat.

Der neue Wesir, Siliktar Ali-Pascha, reitet nach brutaler Strafaktion in der Nachbarregion in die Stadt in Begleitung bewaffneter Albaner ein; in Travnik verbreiten sich Angst und Schrecken. Ali-Pascha übt aus jedem sich bietenden Anlass grausame Vergeltung, er lässt alle ihm nutzlos erscheinenden Einwohner ins Gefängnis werfen und streng bestrafen. Um verdächtige Bewohner zu Folgsamkeit anzuhalten, verfügt er grundlos, sie mit der Bastonade zu strafen. Unter seinem Staatsterrorismus sind jede und jeder von Verhaftung bedroht.[24] Von Paulić bemüht sich um die verhafteten Mönche, Daville legt ein gutes Wort für die Juden ein, die unschuldig in den Gefängnissen schmachten. Ali-Pascha aber erwartet für alle Lösegeld.

Aus Paris langen beruhigende Nachrichten über die Aushebung weiterer Armeen und neue Befehle ein. Daville begreift, dass sich das unruhige Spiel fortsetzt, und er wird wider Willen zum Beteiligten. Österreich und Frankreich erklären einander den Krieg. Ali-Pascha, der vom Feldzug nach Serbien zurückgekehrt ist, begegnet Daville mit Kälte, da von Paulić ihn über die Niederlagen Napoleons, seinen Rückzug über den Rhein und das Vorrücken der Armeen der Verbündeten unterrichtet hat. Im Laufe der ersten Monate des Jahres 1814 bleibt Daville völlig ohne Nachrichten und Instruktionen, sei es aus Paris oder aus Istanbul. Im April teilt ihm von Paulić brieflich mit, der Krieg sei beendet, Napoleon habe des Throns entsagt; an seine Stelle sei ein legitimer Herrscher getreten. Daville ist überrascht, obgleich er lange mit der Möglichkeit eines solchen Endes gerechnet hat.

Da jener Talleyrand an die Spitze der neuen Regierung gelangt ist, der Daville achtzehn Jahre lang Protektion gewährte, teilt er ihm in einem Schreiben seine Loyalität gegenüber Ludwig XVIII. mit. Er schlägt zudem vor, das Konsulat aufzulösen, und ersucht um Erlaubnis, nach Paris zurückzukehren. Dem Erhalt einer zustimmenden Antwort folgt die Vorbereitung der Rückreise. Zu den dafür erforderlichen Mitteln hat ihm unerwartet der alte jüdische Händler Salomon Atijas als Dank für gerechtes und wohlwollendes Verhalten gegenüber den Juden und die judenfreundliche Politik Napoleons verholfen.

Von Paulić empfiehlt der Wiener Hofkanzlei gleichfalls, ihre Travniker Vertretung aufzulösen; er ist überzeugt, in Bosnien werde es infolge der grausamen Tyrannei Ali-Paschas bald zu Unruhen kommen. Infolge der damit einhergehenden Bindung der osmanischen Politik an den Erhalt der besetzten Länder sehe er für die österreichischen Grenzen in naher Zukunft keine Gefahr. Die Frau Davilles packt die Sachen, und der heimkehrende Konsul spürt erstmals wieder jene Ruhe und Energie in sich,

24 Hier tritt die Parallele zu Stalins Schreckensherrschaft in den 30er Jahren hervor. Auch für sie galt: „Terror als Mittel der Herrschaft stumpft rasch ab“ („Teror kak sredstvo vladanja brzo otupi“, 505).

an denen es ihm die vergangenen sieben Jahre hindurch gemangelt hat. Auch in Travnik scheint wieder Ruhe einzukehren. Die Einleitung in den Epilog erzählt indes von der Verschwörung und dem sich ankündigenden Aufstand gegen Ali-Pascha.

3. Medizinische Konzepte und Praktiken in Travnik als Beispiel der Multikulturalität

> Tada se mogli da vide šta znače za ovaj svet zdravlje i bolest i šta znači živete i bolovati u ovoj zemlji. (258)
> Nun konnte man sehen, was für diese Welt Gesundheit und Krankheit bedeuten und was es bedeutet, in diesem Land zu leben und krank zu sein.

Zwar erhebt ein jeder Roman mit Blick auf die erzählte Welt den Anspruch einer Enzyklopädie, doch unterscheiden sich Werke der Großprosa auch darin, welche Ausschnitte der Welt sie erzählerisch im Detail darstellen. Neben der Konsulatstätigkeit mit ihren vom französischen Vorbild geprägten Zeremonien und Protokollarien in den westlichen Gesandtschaften sowie ihrem für den europäischen Menschen fremdartigen Charakter der Zeremonien „im Sitz" („u konaku", 59) des türkischen Wesirs (vgl. Kapitel XXIV) sind neben den häuslichen Gepflogenheiten der Konsuln und ihrer Familienangehörigen die Konzepte und Praktiken der Mediziner in Travnik ein beachtenswerter Gegenstand detaillierter Darstellung.

Dieses Herausheben der heilenden Profession gegenüber anderen Berufen hängt wohl mit ihrer Gegenwirkung gegenüber der zerstörenden Gewalt des Krieges und deren militärischen Vertretern zusammen. Darüber hinaus ist die Medizin jedoch auch ein Objekt, das die verschiedenen ortsansässigen Kulturen und ihr Wechselverhältnis auf besonders intensive Weise zu kennzeichnen vermag. Krankheit und Tod als Grenzfälle des Lebens bringen die unterschiedlichen Lebensauffassungen prägnant zum Ausdruck. Die Erzählung von den Medizinern der Stadt nimmt im zwölften Kapitel zudem nahezu die Mitte des Romans ein.

Andrićs Erzähler erzeugt die Übersicht über die verschiedenen medizinischen Konzepte und Praktiken nicht so sehr durch systematische Darstellung wie durch prägnante erzählerische Episoden. Zunächst weist der Chronist am Fall des kranken dreijährigen Sohns von Daville darauf hin, dass die von der türkischen Kultur geprägte bosnische Heilkunst die Behandlung kleiner Kinder und betagter Menschen überhaupt nicht vorsehe: „U ovim krajevima mala deca umiru ili živi po vpoli slučajam kao što se i veoma stari ludi gase ili im se još za neko vreme produžuje vek." (259; „In diesen Gegenden stirbt ein kleines Kind oder es überlebt gemäß der Willkür des Zufalls, wie auch sehr alte Menschen verlöschen oder ihr Leben selber noch einige Zeit fortsetzen.") Entscheidend sei demgemäß der Wille des Schicksals, gegen das kein Kraut gewachsen sei und dem kein Arzt steuern könne: „Stoga takva sasvim nejaka ili prestarela bića, koja ne stoje čvrsto i sa obe noge na zemlji, i nisu ovde predmet lečenja i lekarske brige." (259; „Daher ist ein solches kleines oder hochbetagtes Wesen, das nicht fest und mit beiden Beinen auf der Erde steht, hier kein Gegenstand der Heilkunst und ärztlicher Fürsorge.") Aus diesem Grund sind die von der örtlichen Kultur geprägten Ärzte im Falle des dreijährigen Sohns von Daville auch weniger um das kranke Kind besorgt als um seine Eltern.

Während die Krankheit im Westen etwas sei, das verdrängt, gelindert oder beseitigt, auf jeden Fall aber den Augen der Gesunden entzogen werde, die heiter ihrem Beruf nachgehen sollen, sei die Krankheit auf dem osmanisch geprägten Balkan keineswegs etwas Außergewöhnliches. Sie erscheine dort vielmehr ebenso als Alltagserscheinung wie das Leben:

> Ona se javlja i razvija uporedo i naizmenice sa zdravljem, vidi se, čuje i oseća na svakom koraku. Ovde se čovjek leči kao što se hrani, i boluje kao što živi. Bolest je druga, teža, polovina života. (262)
> Sie tritt hervor und entwickelt sich an der Seite und im Wechsel mit der Gesundheit, wird auf Schritt und Tritt gesehen, gehört und gespürt. Hier wird der Mensch geheilt, wie er sich ernährt, und er ist krank, wie er lebt. Die Krankheit ist die andere, schwere Hälfte des Lebens.

Daher seien in der türkisch geprägten Öffentlichkeit Kranke aller Art und Stufe auch an jedem Ort anzutreffen. Die Krankheit scheide in dieser Kultur überdies Arm von Reich: Diesen gelte sie als Strafe für begangene Sünden, jenen als unausweichliches Schicksal.

Im Fall von Davilles sterbendem Kind bezieht der Erzähler bemerkenswerterweise keine Stellung im Streit zwischen der einhelligen Auffassung der Travniker Ärzte, dem schwerkranken Kind sei durch seinen Transport nach Senj nicht zu helfen, und der Hoffnung des Vaters auf den berühmten, dort stationierten französischen Militärarzt. Ob der Transport des schwerkranken, bereits sehr geschwächten Kindes bei Frost über die vereiste bergige Straße den Tod beschleunigt oder gar letztlich herbeigeführt hat, teilt der Chronist nicht mit, ja er stellt darüber nicht einmal Vermutungen an.

D'Avenat, der mit dem französischen Konsulat verbunden ist, wird als ausländischer, europäisch geprägter Arzt dargestellt, der weniger den Heilmitteln und seiner Heilkunst als seinem Willen, seinem Gutdünken und seiner Frechheit vertraut. Für ihn ist jeder Mensch als Kranker oder als Gesunder geboren; von der einen zur anderen Seite zu wechseln sei schlechterdings unmöglich. Er greift gern zu Einschüchterung oder Lobhudelei oder sucht den Kranken auch einzureden, sie litten überhaupt nicht. Seine medizinische Fürsorge, die nichts als Herumdoktern an Befindlichkeiten ist, behält er den Reichen und Mächtigen vor. Sein ‚Wissen' bezieht er aus dem *Lilium medicinae*, einem altertümlichen Handbuch der Heilkunst; außerdem zehrt er von den Mitschriften der Vorlesungen seiner Professoren in Montpellier.

Ein weiterer ‚westlicher' Arzt ist Giovanni Mario Cologna („Kolonja", 287), der Titulararzt des österreichischen Generalkonsulats. Er hat in Italien Medizin studiert und danach in osmanischen bzw. österreichischen Diensten gestanden. Cologna ist Skeptiker und ein Mann der Unbeständigkeit. Er wechselt seine Ansichten, seine Diagnosen und seine Therapien. Krankheiten bedeuten ihm „nur einen Anlass mehr zur Gymnastik seines Geistes" („samo jedan povod više za gimnastiku njegovog duha", 309). Verfechter der italienischen medizinischen Schule zu Salerno, liegt er in stetem Streit mit d'Avenat, der die von ihm besuchte medizinische Fakultät der Universität zu Montpellier zum Gipfel ärztlicher Weisheit erklärt. Beide ‚westlichen' Ärzte haben sich an das Krankheitsbild der örtlichen Bevölkerung angepasst; sie verbindet zudem das ‚levantinische' Bedürfnis, stets über Fragen ihres Berufes zu streiten.

Im Einklang mit der Auffassung seiner akademischen Lehrer erklärt Cologna das Leben für einen „Zustand der Aktivität, der stetig zum Tod strebt und sich ihm allmählich und stufenweise nähert" („stanje aktivnosti, koje stalno teži ka smrti i primiče joj se lagano i postupno", 290), den Tod aber für „die Lösung jener langwierigen Krankheit, die man Leben nennt" („rešenje te duge bolesti koja se naziva život", 290). Die Regeln von Maß und Mäßigung seien die Grundregeln aller Medizin; Schmerz, Krankheit und vorzeitiger Tod folgten allein aus Verstößen gegen diese Regel. „Mens hilaris, requies moderata, diaeta" gelten dem „illyrischen Doktor" (311) denn auch als die eigentlichen Ärzte.

Das Gegenbild zu solcher voluntaristischen bzw. physikalischen Medizin verkörpert der jüdische Arzt Mordo Atijas, der, zugleich Apotheker und Optiker, als großer Kenner der Heilkunde vorgestellt wird. Er stammt aus einem alten Geschlecht sephardischer Ärzte und Apotheker, die über Saloniki nach Travnik gelangt sind, und steht so für eine alte Heiltradition. In seiner Familienbibliothek finden sich viele alte Bücher und Aufzeichnungen berühmter arabischer und spanischer Ärzte. Atijas ist ungeachtet seines Wissens ausgesprochen schweigsam und flieht den Umgang mit Menschen. Auch mit den Kranken spricht er nur das Notwendige, hört ihnen bei der Anamnese aber geduldig[25] zu. Patienten, die vor allem ihr Leid klagen und sich aussprechen wollen, sind bei ihm fehl am Platze.[26] Mit dem Spruch „In meiner Hand die Arznei, in Gottes die Gesundheit" („U mojoj ruci lijek, a u božjoj zdravlje", 266) beendet er jede Konsultation und bietet das ihm zweckmäßig erscheinende Heilmittel zum Kauf an. Mordo Atijas steht für den Arzt als sachkundigen Händler.

Bereits im neunten Kapitel wird Ešref-Effendi, der Leibarzt Ibrahim-Paschas, als türkischer Arzt mit geringem Interesse für die Heilkunst und inzwischen noch geringeren Sachkenntnissen eingeführt (202f.). Seine medizinische Tätigkeit zehrt von seiner Suggestivkraft und Herzlichkeit. Die medizinischen Mittel bewahrt er in einer uralten Truhe auf. Im wesentlichen behandelt er nur noch sich selber. Im übrigen erfahren wir kaum etwas über diesen als Begleiter seines Dienstherrn aus der Türkei nach Bosnien gekommenen Mediziner.

Fra Luka Dafinić, ein katholischer Mönch, wird als heimischer bosnischer Arzt vorgestellt. Er hat in Padua eine Zeitlang Medizin studiert, sammelt Heilkräuter, kuriert in seinem Kloster aus Menschenliebe. Und er ist der Philosoph unter Travniks

25 Zu Stoizismus und Existentialismus vgl. Miodrag Radović: Ivo Andrić prema stoicizmu i egzistencializmu [Ivo Andrić gegenüber Stoizismus und Existentialismus]. In: Delo Ive Andrića (Anm. 3), S. 619–643.

26 In dieser Hinsicht bildet Mordo Atijas das Gegenmodell zu Sigmund Freud.

Ärzten. Seine Naturphilosophie ist auf das zu einem ewigen Kreislauf zusammengeschlossene Werden und Vergehen, Wachsen und Verfallen gerichtet. Wie alle anderen Erscheinungen seien auch Gesund- und Kranksein in Wahrheit keine eigenständigen Entitäten, sondern nur Teile dieses umfassenden Kreislaufs. Die Heilkunst besteht demnach darin, die auch im Tagesrhythmus wirksamen Wachstumskräfte zu unterstützen und den gegenläufigen Kräften des Verfalls zu wehren. Für jede Krankheit gebe es ein Gegenmittel, das es nur zu finden und richtig zu dosieren gelte. Misserfolge sind nicht vorgesehen und werden vergessen. Der wohltätige Bruder Luka hat sein medizinisches Wissen auch schriftlich niedergelegt und für den Gebrauch in den umliegenden Dörfern vervielfältigt.

In Fra Luka Dafinić tritt auch die Zerrissenheit der bosnischen Gesellschaft zutage. Krankenbesuche bei den islamischen Bosniern sucht er nämlich infolge äußerst negativer Erfahrungen zu meiden: Nach erfolglosen Behandlungen hatte er manche Klage vor dem Kadi zu bestehen. Auch bei erfolgreicher Therapie von Türken und islamischen Bosniern wurde jedoch von Dritten gegen ihn gehetzt, sodass seine Klosteroberen seither auf der Vorlage einer schriftlichen Einladung und einer amtlichen Besuchserlaubnis bestanden. Sogar diese Unterlagen genügten nicht immer: In einem Fall wurde der Arzt von ‚türkischer' Seite der Zauberei angeklagt, weil eine Kranke nach seinem Besuch von anhaltendem Gelächter befallen worden war.

Das eine Mal musste das Kloster Strafe zahlen, weil Fra Luka überhaupt einen Türken oder muslimischen Bosnier behandelt hatte, das andere Mal, weil er nicht bei einem Kranken erschienen war. Infolge der beträchtlichen, durch das Kloster zu tragenden Kosten und damit einhergehender stetiger Scherereien und Nachteile für die katholische Gemeinschaft hat der Klosterleiter dem recht erfolgreich vor allem mit Kräutern und Elixieren behandelnden Bruder Luka sogar das Behandeln nichtchristlicher Kranker gänzlich untersagen wollen. Die kulturelle Vielfalt offenbart sich hier als Zerrissenheit, die der Gemeinschaft und dem Einzelnen geringere Heilungschancen und damit mehr Schaden als Nutzen einträgt.

Während der Leidensweg des französischen Konsulskindes Jules-François Daville und die erfolglosen Bemühungen des Vaters um die Rettung seines Sohnes ohne ironische Distanzierung erzählt werden, zeigen die Schilderungen und Erzählungen über die Travniker Ärzte unverkennbare Spuren des Humors. Dieser tritt lakonisch im Schlusssatz des Kapitels zu Tage, in dem vom „schweren und aussichtslosen Kampf gegen Krankheit und Tod" („tešku i beznadnu borbu protiv bolesti i smrti", 291) die Rede geht. Diese ironische Brechung der Erzählung vom „schweren und aussichtslosen Kampf" der Ärzte wird durch das Mittel der Perspektivierung erwirkt. Daher verdient die Erzählperspektive nähere Betrachtung.

4. Die Erzählperspektiven von Raum, Zeit, Personnages und Sprache

> Kozulska vremena su unela pokret i nemir u ovaj vezirski grad [...]. (214)
> Die Zeit der Konsuln trug Bewegung und Unruhe in diese Wesirstadt [...].

Das Erzählen Ivo Andrićs öffnet im Roman *Die Chronik von Travnik* über seine Fähigkeit zur temporalen Translation des Gegenwärtigen ins Vergangene und des Vergangenen ins Gegenwärtige hinaus die Perspektive aus dem relativ engen Raum der an der Lašva, einem Nebenfluss der Drina, gelegenen Kleinstadt Travnik auf das europäische Gesamtgeschehen der Napoleonischen Kriege. Diese Fähigkeit gründet im Erzählen selber als der Kunst des sprachlichen Entwurfs von Perspektiven. Solche Perspektivik entfaltet die Narration in den Raum, in die Zeit, in die erzählenden und erzählten Figuren sowie in die dazu herangezogene Sprache. Dabei ist die Raumperspektive die ursprüngliche, da sie im Sehen gründet, unserem am besten entwickelten Sinn. Zeit- und Figurenperspektive dagegen sind ebenso wie die Sprachperspektive vom Entwurf räumlicher Standpunkte abgeleitet.

4.1 Raumperspektiven

Der symmetrisch komponierte Roman *Travnička hronika* beginnt und endet in Prolog und Epilog mit der Schilderung jenes Raums, in dem das Kommunikations- und Erzählzentrum der Stadt Travnik selber liegt: des Sofas, also der Sitzrunde in der „Lutvina kahva", dem von den Muslimen der Stadt bevorzugten Café. Diesem ruhenden Raumpol entgegengelagert ist die Terrasse des französischen Konsulatsgebäudes, das im zwanzigsten Kapitel zur Zeit des Sommers 1811 vorgeführt wird. Von ihr aus scheinen dem Betrachter „die Hänge des Lašva-Tals zu atmen und sich wie die Flanken einer Smaragdeidechse zu bewegen, die in der Sonne liegt" („činilo se da dahću i da se kreću kao slabine zembalaća koji leži na sunce", 399).

Dem ruhenden Raum,[27] der am Ende des ersten Kapitels den Einritt des französischen Konsuls aus der Sicht der Bosnier prägt, entgegen wirkt auch der sich aus der Perspektive des Reisenden bewegende Raum. Raumstillstand wird so durchbrochen von Raumdynamik. Die Stadt Travnik ist am Ende des siebzehnten Kapitels aus der Sicht des ausreisenden des Fossés vorgeführt, und ihre abrupt abebbende Bewegung setzt sich fort als Versinken im Gedächtnis:

> Travnik je varoš koja se ne gubi postepeno iz očiju onome koji je napušta, nego iščezava sva odjednom u svojoj rupi. Tako je potonula i u sećanje mladićevo. Posljednje što je video bila je tvrđava niska i svedena, kao šlem, i pored nje džamija sa munarom, vitkom i lepom, kao perjanica. (373)

27 Einen ruhenden Raum bildet auch das achteckige Grabmal Abdulah-Paschas, das, für die Ewigkeit geschaffen, in der Wachskerze doch Vergänglichkeit versinnbildlicht (496f.).

Travnik ist eine Stadt, die sich den Augen dessen nicht allmählich entzieht, der sie verlässt, sondern auf einen Schlag in ihrer Schlucht entschwindet. So versank sie auch im Gedächtnis des jungen Mannes. Das Letzte, was er sah, war die Festung, niedrig und gewölbt wie ein Helm, und neben ihr die Moschee mit dem Minarett, schlank und schön wie ein Federbusch.

Wie jeder avancierte Prosatext entwirft der Roman *Travnička hronika* kraft seiner Autoreflexivität ein theoretisches Modell seines Erzählens. Schon durch die den Roman einrahmenden Partien von Prolog und Epilog, mehr aber noch durch die achtundzwanzig davon symmetrisch eingefassten Kapitel erstreckt sich der stetige Wechsel zwischen einem statischen panoramischen und einem dynamischen kaleidoskopischen Blick: Der Konzentration auf einen festen Blickpunkt und von diesem Standpunkt aus auf ein starres Panorama ist der bunte Wechsel von Blickpunkten und die flirrende Vielfalt kaum festzuhaltender Geschehenspartikel entgegengestellt.[28] Das Panorama setzt wie in den entsprechenden bildlichen Inszenierungen des 18. und 19. Jahrhunderts einen erhobenen Blickpunkt voraus, während Travnik vom Erzähler als in einer Talsenke gelegene Ortschaft entworfen wird. In Andrićs Roman ringen wie perspektivische Konzentration und Dezentration[29] so auch werthafte Erhöhung und Erniedrigung schon im erzählerischen Entwurf der genuinen Räumlichkeit miteinander.[30]

Eine Besonderheit der Raumperspektive in der *Chronik von Travnik* entsteht durch jene Theatralisierung des Raums, die der institutionellen Rolle der Gesandtschaften entspricht und ihren Vertretern einen besonderen Habitus auferlegt: „Hier also öffnete sich die Bühne, auf der Jean Daville nahezu acht Jahre lang verschiedene Szenen ein und derselben undankbaren Rolle spielen sollte“ („Tu se dakle otvorala pozornica na kojoj će Žan Davil nepunih osam godina igrati razne scene jedne iste teške i neblagodarne uloge“, 35).

Eine weitere Raumperspektive erzeugen die Verkehrswege, die hier vor allem aus militärischer Sicht als Erleichterung resp. Erschwerung der militärischen Operationen dargestellt werden; jede Verkehrsverbindung mit dem christlichen Ausland öffnet aus türkischer Sicht dem Feind Tor und Tür (90). Es ist dies die beunruhigende, ja drohende militärische Sicht, die mit der diplomatischen, zwischen Ruhe und Unruhe schwankenden wieder und wieder interferiert. Beide Perspektiven verweisen auf je eigene Weise auf einen Zeitvektor, der den jeweiligen Raumkörper mit einer chronischen Dimension anreichert.

---

28 Eine der partikularisierenden Raumfiguren bildet in Andrićs Roman der Kreis, der hier als Raummetapher für die Familie steht (481).

29 Vgl. aus etwas anderer Sicht, mit Rücksicht auf Bachtins Zentripetalität und Zentrifugalität, doch auch auf Hegels und Lukács' bestimmte Totalität: A. Wegner: „Extensive“ und „intensive“ Totalität im Roman (zur Modernität des Erzählens bei Ivo Andrić). In: Delo Ive Andrića (Anm. 3), S. 95–101.

30 Vgl. zur Raumaxiologie Rainer Grübel: Die Axiologie des Raums in der Prosa. In. Ders.: Literaturaxiologie. Zur Theorie und Geschichte des ästhetischen Wertes in slavischen Literaturen. Wiesbaden 2001 (Opera Slavica N. F. 40), S. 315–360.

4.2 Raumzeitperspektiven

Wie ordnet der Roman dem gebrochenen, panoramisch-kaleidoskopischen Raum die Zeitperspektivierung zu?[31] Wiederholt ist *Travnička hronika* der vom Titel behauptete chronikalische Charakter bestritten worden. Er hat auch ja in keine der beiden Überschriften der deutschen Übersetzung Eingang gefunden: *Wesire und Konsuln* lautete sie in der Bundesrepublik Deutschland, *Audienz beim Wesir* in der DDR.[32]

Gewiss haben wir keine Chronik im landläufigen Sinne vor uns, die Mitteilungen über Geschehnisse registerartig in chronologischer Reihenfolge unter dem jeweiligen Datum versammelt:[33] Nicht wenige Kapitel des Romans sind thematisch zentriert wie das Kapitel 12 über die Ärzteschaft der Stadt. Und doch ist Andrićs Roman streng nach chronikalischen Gesichtspunkten angelegt: Er bündelt Geschehnisse, Motivationen und Reaktionen, Gedanken und Gefühle der Menschen letztlich unter dem kühlen Blick eines Chronisten, der des Fossés' „kalte und interesselose Objektivität" („hladna i nezainteresovana objektivnost", 359)[34] teilt und dem Flauberts „Impartialité"[35] Modell gestanden zu haben scheint. Solche chronikalische, um Sachlichkeit bemühte Einstellung vermeidet jene Betroffenheit, die den Autor Andrić mit Blick auf seine Geburts- und Vaterstadt Travnik hätte befallen können. Sie hätte dem Erzählen jene Parteilichkeit beschert, die wie jede totalitäre Kultur[36] auch der Sozialistische Realismus von seinen Autoren forderte. Verglichen mit deutschen Erzähltraditionen, steht Andrićs Prosa eher der auf den Expressionismus antwortenden Neuen Sachlichkeit nahe als der neoklassizistischen sozialrealistischen Narrativik.[37]

Der Titel *Travnička hronika* weist kraft der adjektivischen Beifügung den Ortsnamen Travnik in doppeltem Bezug zur chronischen Ordnung als Ort der Handlung – Chronik *über* Travnik – wie auch als Ort der Niederschrift aus: Chronik *aus* Travnik. Damit wird, ganz im Einklang mit Prolog und Epilog, die bosnische Stadt selbst als Quellpunkt des Erzählens und seiner Perspektivik entworfen. *Die Chronik von Travnik* ist der Roman einer Provinzstadt.

Der engere Zeitraum der erzählten Welt umfasst in Andrićs Roman sieben Jahre, das heißt eine Zeitspanne, die in unausdrücklicher Anspielung auf die Folge der sie-

---

31 Vgl. zur Zeit- und Raumstruktur des Romans Gajo Peleš: Prostor i vrijeme u Andrićevim kronikama [Raum und Zeit in Andrićs Chroniken]. In: Delo Ive Andrića (Anm. 3), S. 57–64.

32 Vgl. Anm. 8. Ungeachtet der unterschiedlichen Titel sind die von Hans Thurn angefertigten Übersetzungen textgleich.

33 Eine Ausnahme bilden Pro- und Epilog, die jeweils ein genaues Datum tragen und die erzählte Zeit so festlegen vom letzten Freitag des Monats Oktober 1806 bis zum letzten Freitag des Monats Mai 1814.

34 Auf türkischer Seite entspricht dem der unbestechliche Archivar Ibrahim Effendi.

35 Vgl. Flauberts Brief an Frau Leroyer de Chantepie vom 12. Dezember 1857.

36 *Travnička hronika* bietet mit Blick auf Napoleons Regime auch eine Erklärung für das Scheitern totalitärer Systeme: „dass es gezwungen war, den Menschen mehr abzuverlangen, als sie zu geben vermögen" („što je bilo prisiljen da od ljudi traži više nego što oni mogu da daju", 508).

37 Branimir Živojinović: Ivo Andrić i nemačka književnost. In: Vojislav Đurić (Red.): Ivo Andrić. Beograd 1962 (Institut za Teoriju Književnosti i Umetnosti Beograd, Posebna izdanja 1), S. 243–265, macht vor allem Goethe, Heine und Nietzsche, aber auch Rilke, Remarque und Kafka als deutsche Bezugsautoren aus.

ben mageren und sieben fetten Jahre des Alten Testaments einen Wertraum anzeigt, dessen Bilanz überwiegend negativ ausfällt und so zugleich die Hoffnung auf ein nachfolgendes Jahrsiebt besserer Zeiten begründet. Lev Tolstoj verdanken wir die Einsicht, dass Unglück eher zum Stoff des Erzählens taugt als Glück: Alle glücklichen Familien, belehrt uns der Beginn des Romans *Anna Karenina*, seien einander ähnlich, während die unglücklichen ihr je besonderes Geschick zeigten. In Andrićs Roman heißt es komplementär: „Die Chronik der glücklichen und friedlichen Jahre dagegen ist kurz." („A hronika srećnih i mirnih godina je kratka", 385).

Kraft ihrer Translationsperspektive sagt die chronikalische Struktur des Romans *Travnička hronika* den deutschen Eroberern bereits im dritten Jahr des Zweiten Weltkriegs den negativen Ausgang voraus:[38] Die Angabe „Belgrad im April 1942"[39] expliziert den Erzählerstandpunkt am Textende raumzeitlich. Wir erinnern uns: Im März 1941 war die hitlerfreundliche jugoslawische Regierung gestürzt und durch eine von Stalin unterstützte englandfreundliche Regierung ersetzt worden. Am 6. April entfesselte Hitler den Balkanfeldzug, der nach elf Tagen zur Kapitulation Jugoslawiens führte. Die europäische Annexionspolitik des ‚Führers' sollte von 1938 bis 1945 dauern, mithin gleichfalls sieben Jahre!

Die Verquickung von Raum und Zeit, die Bachtin auf den Begriff „Chronotop"[40] gebracht hat, ist in diesem Roman von Ankunft und Abreise geprägt. Dabei wird gegenläufig zur ursprünglichen Raumzeit der Reiseerzählung[41] überwiegend nicht die Orte durchmessende Perspektive des sich bewegenden Reisenden eingenommen, sondern die stärker auf die Zeit eingestellte Sichtweise von Ortsansässigen, die Ankunft und Abfahrt Zugereister beobachten. Anders als in Tolstojs Epopöe *Krieg und Frieden* (*Vojna i mir*) ist der Napoleonische Krieg bei Andrić nicht aus seiner Bewegung im Raum erfasst, nicht aus dem Vorrücken der siegreichen eigenen und der Flucht der unterlegenen feindlichen Truppen, sondern vom Blickpunkt der an ihrem Standort verharrenden und nur bedingt beteiligten Beobachter.

Die von Tolstoj gewählte narrative Raum-Zeit-Technik korrespondiert völlig mit seinem im Epilog des Romans entfalteten zugleich spätromantischen und frühmodernen Entwurf des gerechten und siegreichen Krieges: Die russischen Kommandeure verkörpern dem Grafen zufolge intuitiv den Willen des Volkes, und sie setzen ihn in so rasche Bewegung um, dass ihr das gegnerische, vom Willen eines Einzelnen, eben Napoleons, geleitete französische Heer nicht gewachsen ist. Andrić verfährt genau gegenläufig: Für ihn ist der Krieg nicht verkörpert in der Dynamik der Truppen, sondern im verletz-

38 Eine weitere narrative Prophezeiung liefert die Parallelisierung von Napoleons Russlandfeldzug mit dem des Gisari Tschelebi Khan in Russland; der Leser kann die Parallele vom gescheiterten Feldzug Napoleons nach Moskau zum 1942 in seine kritische Phase geratenden Russlandfeldzug Hitlers fortziehen.

39 533, so auch in der jüngsten Ausgabe: Ivo Andrić: Travnička hronika. Beograd 1991 (Sabrana dela 2), S. 444.

40 Michail Bachtin: Formen der Zeit und des Chronotops im Roman. In: Ders.: Untersuchungen zur Poetik und Theorie des Romans. Berlin, Weimar 1986, S. 262–464.

41 Zur Reisebeschreibung bei Andrić vgl. Boško Novaković: Struktura andrićevog putopisa [Die Struktur von Andrićs Reisebeschreibung]. In: Delo Ive Andrića (Anm. 3), S. 439–452.

ten Frieden, in der gefährdeten, gestörten, ja zerstörten Ruhe: „Dieser nie sichtbare und ihnen unbekannte Eroberer [gemeint ist Napoleon Buonaparte] stürzte wie so viele andere Städte des Erdkreises auch die Stadt Travnik in Unruhe, Bewegung und Aufregung." („Taj nevidljivi i njima nepoznati osvajač bacio je i u Travnik, kao u tolike druge gradove sveta, nemir, pokret i uzbuđenie", 20). Da der Ausdruck „uzbuđenie" im Erzählfluss des ersten Kapitels dem auf die serbischen Aufstände gemünzten Wortspiel „buna"/„uzbuna" (19; „Aufstand", „Aufruhr") folgt, teilt sich das Ungesetzliche und Chaotische der Aufständischen auch dem Verhalten Napoleons mit.

Napoleon wird weiterhin entheroisiert, indem sein Name wiederholt zu „Bunaparte" (10) verballhornt wird. Demselben Effekt dient das wiederholte Vermeiden seines Namens:

> I tu se Hamdi-beg lako zagrncu i zakašlja od prikrivene ljutne, i tako ne izgovori Bunapartino ime koje je bilo u svima mislima i na svime usnama. (12)
> Und hier räuspert sich Hamdi-Beg leicht und hustet aus unterdrücktem Zorn, und er spricht so den Bunaparteschen Namen nicht aus, der in aller Gedanken und in aller Munde war.

Demselben Zweck dient auch das Aussparen der Namen des russischen Zaren Alexander I. (1777–1825) sowie des österreichisch-ungarischen Herrschers Franz I. (1768–1835).[42] Das wiederholte Zitat der Selbsternennung Napoleons zum „General" im Ausdruck „der ‚General'" („‚general'", 444) ruft die Parallele zu dem von Hitler gewählten Titel „der Führer" in Erinnerung. Die Rede eines französischen Offiziers, Napoleon halte sich nur „durch das Blut seiner Siege" („krvlju svojih pobeda", 78) an der Macht, kann auch auf Hitler gemünzt sein. Unübersehbar ist die Analogie der beiden Feldherren in den vom französischen Kaufmann Frayssinet auf Napoleon bezogenen hyperbolischen Formulierungen, „dass uns die Vorsehung den größten Herrscher aller Zeiten geschenkt hat" („da nam proviđenje dalo najvećeg vladara svih stoleća", 436) und „dass wir uns seiner Führerschaft blind anvertrauen können" („da se njegovom vođstvu možemo slepo poveriti", 436). Sie klingen wie Rückübertragungen der auf Generalfeldmarschall Wilhelm Keitel zurückgehenden Rede vom ‚größten Feldherrn aller Zeiten' (1940).

Die Verschiebung der Sicht auf die Historie von der auch in den Gesprächen der Travniker präsenten Zentrierung auf die großen Namen hin zur Darstellung der Namenlosen ist sicherlich keine Erfindung Andrićs, doch ersetzt er im Unterschied zu anderen Prosaschriftstellern nicht die Vogel- durch die Froschperspektive, sondern bricht die Froschperspektive noch einmal durch den Blick seines Erzählers aus beobachtender, distanzierter mittlerer Lage. So entsteht kein neuer Schelmenroman vom Typus eines *Simplicissimus*, auch keine pikareske Erzählung von der Art des *Don Quichote*, sondern ein gebrochener Standpunkt, wie ihn bereits Erich Maria Remarques *Im Westen nichts Neues* aufweist.

Tolstojs Erzähler erfasst den Napoleonischen Krieg überwiegend aus der Perspektive der Täter, Andrićs Chronist nimmt fast durchgehend den Standpunkt der Opfer ein.

---

42 Ebenso bleibt der Name des österreichischen Außenministers Metternich (1773–1859) unerwähnt.

Dies gilt sogar für jene Personen, die den Eroberer Napoleon oder seine Widersacher vertreten, wie den französischen und den österreichischen Generalkonsul sowie den osmanischen Gouverneur in Bosnien. Der Einritt von Daville in die Stadt zur Überreichung der Akkreditionsurkunde an den Wesir des Sultans gleicht angesichts der feindlichen, ja hasserfüllten bosnisch-islamischen Öffentlichkeit eher einem Spießrutenlauf denn einem Siegeszug.[43] Wie wir der europäischen Erzählliteratur, aber auch jüngerer Ausstellungs- und Museumspraxis über den Zweiten Weltkrieg ablesen können, sind Romane und visuelle Darstellungen aus der Täterperspektive viel leichter zu vermitteln als ihre Gegenstücke aus der Sicht der Opfer. Andrić hat sich der schwierigeren Aufgabe gestellt.

Zur dargestellten Perspektive der Ortsansässigen, welche die Ankömmlinge mehr oder weniger argwöhnisch beäugen, tritt eine komplementäre Perspektivierung, wobei zwar scheinbar aus der Sicht der zugereisten Fremdlinge selbst erzählt wird, in Wahrheit aber auch deren Sicht erneut vom Standpunkt des Erzählers gebrochen wird. Der Erzähler spricht selber keineswegs als Bosnier, der den Fremden mit Argwohn begegnet, sondern als Mensch, der für die Bosnier wie die Ankömmlinge vergleichbare Empathie an den Tag legt: „Ungezählt und mannigfaltig sind die Überraschungen, die den Menschen aus dem Westen erwarten, der jäh nach dem Orient verschlagen und gezwungen wird, hier zu leben" („Bezbrojna su i raznovrsna iznanеđanja koja očekuje čoveka za Zapada, koji je naglo bačen na Istok i prisiljen da tu živi", 262).

Die Raumzeitpräsentation in *Travnička hronika* entspricht der des europäischen Stadtromans. Leider hat Volker Klotz sie nicht in seine Untersuchung *Die erzählte Stadt* aufgenommen. Gleichwohl ist es lehrreich, Andrićs Roman vor dem Hintergrund der dort untersuchten europäischen urbanen Romane zu lesen: Der, wie gesagt, in Belgrad internierte Verfasser hat seine Chronik nämlich auch in die Tradition der Stadtromane eingeschrieben. Wir haben freilich keine ‚Stadt im Negativ' vor uns wie in Daniel Defoes *A Journal of the Plague Year*, keine ‚Verkehrte Polis' wie in Christoph Martin Wielands *Geschichte der Abderiten*, auch keine ‚Stadtschau und Schaustadt' wie in Victor Hugos *Notre-Dame de Paris*. Wir werden überdies mit keiner ‚Stadt als Aufgabe' konfrontiert wie in Zolas Romanzyklus *Les trois Villes*, mit keiner ‚Explosiven Stadt' wie in Andrej Belyjs *Peterburg*, keinen ‚Gezeiten der Stadt' wie in John Dos Passos' *Manhattan Transfer* und auch nicht mit einem ‚Agon Stadt' wie in Alfred Döblins *Berlin Alexanderplatz*. *Travnička hronika* führt uns vielmehr in das Modell der ‚Verstörten Stadt'. Auch für dieses Muster, auch für diesen Roman bewährt sich freilich Klotz' These, „dass aus gutem Grund der Vorwurf Stadt vor jeder anderen die Gattung Roman auf den Plan rufe".[44]

Schon im ersten Kapitel verzeitlicht Andrić den Raum Stadt, indem er sie als in der Zeit gestaltete Landschaft einführt, die zugleich die sie bewohnenden Menschen

43 Der Einzug des ersten österreichischen Konsuls verläuft ebenso unangenehm, der des zweiten schon nicht mehr, sei es, weil die bosnischen Muslime sich an die Fremden gewöhnt haben, sei es, weil der Einziehende erfreulich anzuschauen, jung und attraktiv ist (Kap. XIX).

44 Volker Klotz: Die erzählte Stadt. Ein Sujet als Herausforderung des Romans von Lesage bis Döblin. Reinbek 1987 (Rowohlts Enzyklopädie 464), S. 11.

prägt. Im folgenden Zitat sind die verzeitlichenden Ausdrucksmittel durch Unterstreichung hervorgehoben:

> Njihov grad, to je u stvari jedna tesna i duboka raselina, koju su naraštaji s vremenom izgradili i obradili, jedan utvrđen *prolaz* u kom su se ljudi zadržali da žive stalno, prilagođavajući kroz stoleća sebe njemu i njega sebi. (15f.)
> Ihre Stadt, das ist in Wirklichkeit eine einzige enge und tiefe Schlucht, die Geschlechter im Laufe der Zeit erbaut und umgebaut haben, ein befestigter *Durchgang*, in dem Menschen haltgemacht haben, um dauerhaft darin zu wohnen, wobei sie sich im Lauf der Jahrhunderte an ihn und ihn an sich annäherten.

Was Wunder, dass der Erzähler die Stadt mit ihren beiden vom Flusstal aufsteigenden Hängen als das visualisierte Buch ihrer eigenen Geschichte vorführt: „So ähnelt alles einem halb aufgeschlagenen Buch, auf dessen Blättern zur einen und zur anderen Seite wie aufgemalt Gärten, Gassen, Häuser, Äcker, Friedhöfe und Moscheen liegen." („Tako sve liči na napola rasklopljenu knjigu na čijim su stranicama, s jedne i druge strane, kao naslikani, bašte, sokaci, kući, njive, groblja i džamije", 16).

Der Erzähler selbst thematisiert die zeitorientierte Perspektive mit Blick auf Daville, als der, gerade in Travnik angekommen, in dreitägiger Quasihaft auf die Akkreditierung als Gesandter beim osmanischen Gouverneur wartet:

> Ali sada, iz ove čudne perspektive i neočekivanog trodnevno zatvora, Davil je često i sam morao da učini napor pa da se tačno seti ko je i otkuda je, šta je sve bivao u životu i zašto je dosao ovamo, i otkuda to da povazdan premerava koracima ovaj crveni bosanski ćilim. (30)
> Doch jetzt, aus dieser seltsamen Perspektive und unerwarteten dreitägigen Einschließung musste Daville häufiger selbst Anstrengungen unternehmen, um sich genau zu erinnern, wer er war und woher er kam, was alles er im Leben gewesen war und wozu er hierher gekommen und warum er den lieben langen Tag diesen roten bosnischen Kelim mit Schritten ausmaß.

Aus dem gewohnten Lebenskontext herausgerissen, büße der Mensch auch die gewohnte Sicht auf seinen eigenen Lebenslauf ein, und es komme die für unser Ich entscheidende „‚wahre' Geschichte unseres Seins und Körpers" („‚zaistinska' isotija našeg duha i našeg tela", 30) zum Vorschein. Daville wird sich selbst fremd; was zuvor eine logische Reihe von Lebensschritten war, wird zur ungeordneten Folge von Glücksfällen und abrupten Umschwüngen, von Missgeschicken und nutzlosen Opfern; er erlebt seine Initiation in den ihm neuen und fremden Kulturkreis des Ostens.

Die Abhängigkeit der Wahrnehmung eines Raums von der Zeit wird in der *Chronik von Travnik* am Beispiel der Jahreszeiten expliziert: „Wenn sich jemand mit zwei Reisenden unterhielte, von denen der eine in Travnik den Winter und der andere den Sommer verbracht hätte, so erhielte er zwei völlig gegensätzliche Denkweisen von dieser Stadt".[45] („Kad bi neko razgovaro sa dvojicom putnika od kojih jedan proveo u Travniku zimu a drugi leto, dobio bi dva potpuno protivna mišlenja o ovoj varoši", 226). Die chronotopische Grundperspektive des Romans ist aus der

45 Vgl. die gegenläufige Verräumlichung der Zeit in den geologischen und archäologischen Betrachtungen des Fossés'.

Sicht Davilles durch den Einklang mit dem „Pulsschlag der Welt“ („puls sveta“, 76) gegeben; sie erinnert zwar an Hegels Entwurf der Universalgeschichte,[46] neigt in ihrem Bildinventar[47] jedoch stärker zur Philosophie des Lebens. Der Erzähler selber kennzeichnet die Stille zwischen den Stürmen des Krieges als „einziges tiefes Atemholen“ („samo predah“, 68). Ihr tritt die vom Narrator am Beispiel des Schicksals des Hauptmanns von Novi dargelegte Zufälligkeit seines Endes entgegen, die durch eine Kette von Zufällen seine Todesstrafe herbeiführt. Für Daville gilt es daher vor allem, die Schicksalsschläge zu meistern (251). Hierher gehört auch das wiederholt gebrauchte Bild der aus dem Rhythmus geratenen Schicksalsschaukel[48] (z. B.: „verrückte Schaukel“ – „luda ljuljaša“, 477).

Mit dieser Doppelperspektive von Gesetzmäßigkeit und Zufälligkeit im Einklang stehen sprachlich kaum ausdrückbare „Lebensmächte“ („životne sile“, 227), die auch in der Zeit der Konsuln am Werk sind, wie die Liebe. Diese chronikalisch-biologische Grundierung kommt in der Bilderwelt erneut zum Ausdruck, wenn mit Blick auf den Sommer davon die Rede geht – „Den jungen Mann [des Fossés] riss sein Blut mit sich fort“ („Mladića je ponela krv“, 227) – und über die Bosnierin Jelka, sie sei zum Selbstschutz aus der „‚Pflanzenwelt‘“ („‚vegetalni svet‘“) in „die sichere Obhut eines stärkeren Willens“ („pod sigurnu zaštitu neke jače volje“, 229) gelangt. Freilich ist die Pflanzenwelt hier vom Erzähler mit dem Ironiesignal der Anführungszeichen versehen und dadurch ebenso relativiert wie die religiös gedeutete „sichere Obhut eines stärkeren Willens“ („sigurno zaštitu neke jače volje“, 229) in der Sehweise des jungen Franzosen „mit Lächeln und Ironie“ („sa podsmehom i ironijom“, 230).[49] Hier geht die Raumzeitperspektive von Welt- und Lebenszeit bereits ebenso in Personenperspektive über wie bei Daville, der zum Schluss erkennen muss, dass es weder ein Ziel noch einen Weg gibt (513).

4.3 Einzelfiguren- und Gruppenperspektiven

Gerade die Figurenperspektive ist für *Travnička hronika* besonders aufschlussreich. Dem distanzierten, kühl-sachlichen Chronisten mit Hang zu Rationalität und Abgewogenheit sind stark variierende individuelle und kollektive Personenperspektiven zur Seite gestellt, die Beteiligtsein unverhohlen zu erkennen geben, oft von Emotionen überborden und eher zu Stereotypen als zu abgewogenen Sachurteilen neigen. Die Vielfalt der personalen Perspektiven ist dabei nicht nur aus

---

46 Der Erzähler weiß zu berichten, Davilles Lebensrhythmus habe sich nach mehrjährigem Aufenthalt in Travnik dem Rhythmus der Stadt beträchtlich angenähert (460f.)

47 Natal'ja Jakovleva: Chudožestvennoe vremja v proizvedenijach Iva Andriča [Die künstlerische Zeit in den Werken Ivo Andrićs]. In: Delo Ive Andrića (Anm. 3), S. 165–172, hier S. 171, sieht die Struktur der künstlerischen Zeit im Werk Andrićs an die Bilderfolge gebunden.

48 Vgl. das Gedicht *Schaukel des Schicksals* des albanischen Dichters Migjeni (eigentlich Millosh Gjergj Nikolla, 1911–1938).

49 Die ironische Struktur des Romans *Na Drini Ćuprija* (*Die Brücke über die Drina*) analysiert: Svetozar Koljević: Roman kao ironična bajka: ‚Na Drini Ćuprija‘ [Der Roman als ironisches Märchen: *Die Brücke über die Drina*]. In: Delo Ive Andrića (Anm. 3), S. 197–209.

der Konfrontation der eingereisten Konsuln und ihrer Mitarbeiter sowie der türkischen Herrscher mit der ortsansässigen Bevölkerung gespeist, sondern auch aus der Pluriformität der in Travnik versammelten Kulturen, insbesondere ihrer Religionen und Sprachen.

Die Einwohner des im schmalen Tal der Lašva gelegenen und teilweise auf der steilen Lehne einer Seitenschlucht erbauten Kreisstädtchens, das bis 1850 die eigentliche Hauptstadt und Residenz des bosnischen Gouverneurs des Sultans bildete, bestehen nämlich aus wenigen orthodoxen, vielen katholischen[50] sowie mehrheitlich dem Islam angehörenden Slawen. Hinzu treten eine kleine Gruppe sephardischer Juden und eine noch kleinere Minderheit der Sinti und Roma.[51] Wir haben es bei der Bevölkerung des Städtchens also mit den Angehörigen von mindestens vier verschiedenen Religionen, ja Kulturen zu tun. Die katholischen Mönche etwa stehen der türkisch-islamisch geprägten Kultur der Schicht der Herrschenden ebenso fern wie die jüdischen Händler und Kaufleute der Kultur der orthodoxen, meist bäuerlichen Slawen. Den Sinti und Roma stehen die sephardischen Juden ebenso wenig nahe wie diese den Christen. Der Leser wird so mit den urbanen Angehörigen von fünf hier beheimateten Kulturen bekannt gemacht. Wir können Travnik mit Grund eine multikulturelle Stadt nennen.

Ungeachtet der ganz überwiegend slawischen Bevölkerung ist dem Roman zufolge das islamisch-türkische Moment in Kultur und Administration, besonders aber im Handel der Stadtbevölkerung dominant; es ist im Geschäfts- und Verkaufsbudenviertel, der sogenannten Čaršia, zentriert. Dies folgt aus dem Übertritt zunächst des bosnischen Adels und dann des überwiegenden Teils der bosnischen Bevölkerung während der mehr als vier Jahrhunderte (von 1463 bis 1878) anhaltenden osmanischen Fremdherrschaft zum Islam. Der Habitus dieser bosnischen Bevölkerung, der als „angeborene Fähigkeit, die Welt und die Menschen überhaupt zu erkennen" („urođenu sposobnost za poznavanje svjeta i ljudi uopšte", 16f.),[52] auf das Vermögen überkommener gemeinsamer Standpunktbildung bezogen ist, wird vom Erzähler mit dem Ausdruck „Stolz" („gordost", 17f.) belegt, der hier weniger Hochmut als Selbstbewusstsein meint. Er wird denn auch abgehoben gegen die äußerliche Hoffart der zu Reichtum gekommenen Bauern oder Städter aus der Provinz:

> Njihova gordost je, naprotiv, sva unutarnja; više jedno teško nasleđe i mučna obaveza prema sebi, svooj porodici i varoši, upravo prema visokoj, gordoj i nedosižnoj predstavi koju oni imaju o sebi samima i o svojoj varoši. (17)
> Ihr Stolz ist, im Gegenteil, völlig innerlich; er ist mehr ein einziges schweres Erbe und eine quälende Verpflichtung sich selbst gegenüber, dem eigenen Stamm und der eigenen Stadt, der hohen, stolzen und unerreichbaren Vorstellung gegenüber, die sie von sich selbst und ihrer Stadt hegen.

50 Auf die Mehrheit der Katholiken unter den Christen weist der Erzähler ausdrücklich hin („Katolici, koju su u većini", 21).

51 Auf die letzteren geht der Erzähler nicht gesondert ein.

52 Vgl. zur Rolle der Welterkenntnis in Andrićs Prosa: Jan Vježbiski: Putevi Spoznavanja sveta u Andrićevoj prozi [Wege des Erkennens der Welt in Andrićs Prosa]. In: Delo Ive Andrića (Anm. 3), S. 149–163.

Die Verschmelzung der Erzählerposition mit dem Standpunkt dieser bosnischen Muslime findet nicht nur in Prolog und Epilog einen Gipfel, sondern auch in absolut wertenden Sätzen wie „Kurz, heutzutage gibt es nichts Gutes" („Ukratko, danas dobra nema", 18) sowie in zitierten gnomischen Redensarten wie „Bis zur Save [herrscht] der Türke, und der Schwabe ab der Save" („Turčin do Save, a Švabo od Save", 23).

Die Wirkung des Islams als einer Besatzerkultur auf die Bosnier hat Andrić in seiner deutschsprachigen, 1924 in Graz eingereichten Dissertation untersucht. Sie trägt den Titel: *Die Entwicklung des geistigen Lebens in Bosnien unter der Einwirkung der türkischen Herrschaft*.[53] Der in Graz zuvor als Vizekonsul wirkende Andrić behandelt im ersten Kapitel das geistige Leben der Bosnier vor allem im Rahmen des Bogumilentums,[54] einer christlichen, dem Manichäismus nahestehenden Sekte mit starkem Asketismus: Es galt das Verbot der Ehe und des Genusses von Fleisch und Wein. Andrić hat Bosnien wegen seiner geographischen Lage und seiner reformatorischen Neigung zum Bogumilentum die gleichsam naturwüchsige Aufgabe einer kulturellen Brücke zwischen Rom und Byzanz sowie später zwischen Okzident und Orient zugesprochen. Diesen Auftrag, der auch in dem historischen Roman *Die Brücke über die Drina* (*Na Drini ćuprija*, 1945) aufscheint, habe Bosnien infolge der osmanischen Besetzung jedoch nicht erfüllen können. Zugleich habe das Bogumilentum, das in der christlichen bosnischen Bevölkerung mit der Ablehnung des römischen wie des byzantinischen Glaubens einherging, die bosnischen Christen auf eine für ihre eigene Kultur selbstzerstörerische Übernahme des Islams vorbereitet.

Im zweiten und dritten Kapitel untersucht der beurlaubte Vizekonsul die Veränderung des Lebens der bosnischen Bevölkerung durch die Verbreitung des Islams und der türkischen administrativen Institutionen. Kritisch beleuchtet der Verfasser den zerstörerischen Einfluss des Türkischen auf Kultur und Sprache der Bosnier. Kapitel vier ist der kritisch beleuchteten kulturellen Wirkung des Franziskanerordens als der einflussreichsten katholischen kirchlichen Institution gewidmet, Kapitel fünf dem Einfluss der serbisch-orthodoxen Kirche. Aufschlussreich ist Andrićs Resümee, die katholischen Christen hätten eine um Vieles aktivere literarische Wirkung entfaltet als die orthodoxen. Das „hybride Schrifttum der bosnischen Muhammedaner" erfreut sich dabei geringerer Wertschätzung als die literarischen Früchte der katholischen Minderheit, die Bosnien in Andrićs Augen einen Zipfel kultureller Verbindung mit Europa und seinen Reformen offen hielt. Aufschlussreich ist weiterhin die vom Promovenden hier im wissenschaftlichen Diskurs, anderenorts auch essayistisch und in seiner künstlerischen Prosa als Werkpraxis an den Tag gelegte Überzeugung, die

53 Ivo Andrić: Die Entwicklung des geistigen Lebens in Bosnien unter der Einwirkung der türkischen Herrschaft. In: Sveske Zadužbine Ive Andrića 1 (1982), S. 6–258.

54 Der Roman enthält nur eine verdeckte, paronomastische Anspielung auf das Bogumilentum der Bosnier, wo in einer Aufzählung der Gebäude des Stadtpanoramas von den „bogomoljama" (16; „Gebetshäusern") die Rede geht. Zum Bogumilentum vgl. Alois Schmaus: Der Neumanichäismus auf dem Balkan. In: Saeculum. Jahrbuch für Universalgeschichte 2 (1951), S. 271–299

Weltanschauungen der Menschen seien entscheidend von Legenden, bildkräftigen Erzählmustern also, geprägt. Wir nennen sie heute Stiftungsmythen.

Angesichts der von Andrić in seiner Dissertation wissenschaftlich beleuchteten und in der Romantrilogie *Die Brücke über die Drina*, *Die Chronik von Travnik* und *Das Fräulein* künstlerisch gestalteten urbanen Mischkultur ist es für die Personenperspektive des Romans von besonderem Interesse, wem der Erzähler bei der Ausbildung der Erzähler- und Personenstandpunkte zuneigt, den Angehörigen welcher Kultur er durch ausgedehnte Personenrede Raum gibt und damit Perspektivmacht verleiht, wessen Position der Erzähler dagegen relativierend kommentiert oder auch durch das fremde Wort konterkariert.

An Beginn und Ende gibt der implizite Autor des Romans dem Standpunkt der islamischen Bosnier Raum. Auf der Seite der Besatzungs- respektive Schutzmacht Türkei stehend, vertreten sie den Blickpunkt der hier dem Orient zugerechneten Herrschenden. Aus ihnen spricht gleichsam der Hegel'sche ‚Geist der Geschichte'. So im Bericht des Sulejman Beg über die Nachricht von der baldigen Ankunft eines französischen Konsuls:

> Pa eto kako. Ljepo me čovjek pita: „Spremate li se musafirima u Travniku?" „Jok mi", kažem ja, „nije nam do musafira." [...] Odbijam ja na šalu: „Stotine godina smo živili bez tih konsula pa možemo i odsada, a i šta će konszul u Travniku?" (10)
> „So ist es gewesen! Ganz charmant fragt der Mann: ‚Bereitet ihr euch in Travnik vor, Gäste zu empfangen?' – ‚Wie kommen wir denn dazu!' antworte ich. ‚Uns liegt nicht an Gästen.' [...] Ich wehre ins Scherzhafte ab: ‚Jahrhunderte sind wir ohne diese Konsuln zurechtgekommen, da können wir es auch von nun an, und was soll schon ein Konsul in Travnik?'"

Diesem Blickpunkt werden die Standpunkte der verschiedenen Konsuln und ihrer Mitarbeiter und der christlichen Bevölkerungsgruppen sowie in geringerem Maße der Juden und nur als Schwundstufe der Sinti und Roma zur Seite gestellt. Der jüdische Standpunkt wird vor allem von der Familie der Atijas verkörpert und in ihr besonders von Salomon. Er wächst über sich hinaus, als er das Kosten-Nutzen-Kalkül ebenso beiseite lässt wie das Feilschen und Rechnen und Daville ein verschwenderisches Darlehen gewährt, das in Wahrheit eine Dankesgabe ist (520). Die Ursache seines großzügigen Verhaltens bleibt aber von ihm ebenso ungesagt wie der Grund für die Güte: „– Eto ... tako se održavami i tako imamo, i ne žalimo ... za prijatelje, za pravdu, za dobrotu koja nam se ukazaju. Jer mi ... jer mi ..." (521; „Das ... so halten wir uns und so haben wir es, und bereuen nichts ... für die Freunde, für die Gerechtigkeit, für die Güte, die man uns erweist. Denn wir ... denn wir ..."). Es ist der Erzähler, der wohl auch im Wissen um die Judenverfolgungen des Nationalsozialismus dem, der nicht sprechen kann, seine Stimme leiht: „[...] da taj svet zna da ga u duši nosimo, da mu i ovde na svoj način služimo, i da se osećamo jedno sa njim, iako smo zauvek i beznadno rastavljeni od njega." (522; „[...] jene [europäische] Welt soll wissen, dass wir sie in unserer Seele tragen, dass wir ihr auch hier auf unsere Weise dienen und dass wir uns eins fühlen mit ihr, wenngleich wir für immer hoffnungslos von ihr geschieden sind!"

Obgleich der Erzählerstandpunkt durch personale Erzählweise über weite Strecken nahe bei dem französischen Gesandten liegt, distanziert sich der Chronist doch wiederholt auch von ihm, so bei der Schilderung seiner ersten Begegnung mit dem österreichischen Konsul:

> Oba konzula su bili potpuno ispunjeni dostojanstvom svoga poziva i prvom revnošću početnika. To ih je sprečavalo da uvide koliko ima smešnoga u visokom tonu i svečanom držanju ovoga sastanaka, ali ih nije sprečavalo da posmatraju i prosuđuju jedan drugoga. (113)
> Beide Konsuln waren ganz von der Würde ihrer Berufung und vom Beginneifer des Anfängers erfüllt. Dies hinderte sie zu sehen, wie viel Lächerliches in dem hohen Ton und dem feierlichen Gebaren dieser Begegnung lag, doch es hinderte sie nicht, dass jeder den anderen betrachtete und abschätzte.

Auch profiliert der Erzähler mit einiger Ironie die inneren Perspektivwechsel, die sich in den Konsuln mit Blick auf ihre persönliche Haltung und ihren amtlichen Habitus insbesondere nach Ausbruch des Krieges zwischen Paris und Wien vollziehen (119).

Wir haben daher auch ein kaleidoskopartig vermitteltes Panorama der Blickpunkte oder Stimmen vor uns, welche die verschiedenen in Bosnien und somit auch in Travnik beheimateten Kulturen vertreten. Dabei scheint die „seelische Verworrenheit", die Daville den Bosniern zuspricht, der zwar auch aus Andrićs Sicht unausweichliche Preis zu sein, den die Menschen dieser Region für die Multikulturalität entrichten. Aber es ist dies nicht die Sicht des Romans. Der Erzähler nimmt als kühler Chronist selber nämlich keinen der möglichen Blickpunkte ein, auch nicht den Standpunkt eines Befürworters der Multikulturalität. Bald distanziert er sich von den Perspektiven der Vertreter einzelner Religionsgemeinschaften, bald nähert er sich ihnen an. So, wenn er mit Blick auf Madame Daville aus der Sprachperspektive der Bosnier räsoniert: „Jedna od onih žena za koje u nas kažu ‚da im se ništa nije otelo'" (66; „Eine von jenen Frauen, über die man bei uns sagt: ‚der misslingt nichts'").

Der Erzähler räumt ein, die Europäer könnten die Ordnungsmuster der Tumulte in der Čaršnja nicht erfassen, doch gesteht er diesen Ausschreitungen gleichwohl ihre eigene „Logik" und eine auf Tradition und Instinkt gegründete „Technik" zu (182). Sicherlich pointiert der Chronist den Gegensatz zwischen Orient und Okzident, wenngleich er keiner der dabei angenommenen Globalkulturen ethische Überlegenheit zuerkennt. Die Fremdheit, die Grausamkeit und Zeremonialität türkischer Verhaltensweisen, die Diskrepanz zwischen äußerem Anschein und innerem Zustand türkischer Menschen, zwischen seelischem Befinden und schriftlichem Ausdruck wird aus der Sicht der Westeuropäer am Beispiel von Folter und Ungerechtigkeit[55] vorgeführt, doch erscheinen die westlichen Verhaltensformen den Türken und den islamischen Bosniern nicht weniger unbegreiflich, fremd und ab-

55 Einen Gipfel der Brutalität bildet die Ermordung serbischer Bauern vor dem österreichischen Konsulat. Die abgeschlagenen Köpfe wurden auf Pfähle gespießt, von denen die Hunde sich Stücke rissen (343). Aus der Sicht Salomon Atijas erscheinen auch die bosnischen Muslime „schrecklich" („grozni", 523).

schreckend. Folge dieses ständigen Lebens im Fremdsein ist der vielfach geschilderte Hass gegenüber allem Fremden, nicht vom Islam Geprägten. Des Fossés äußert hier erneut Andrićs eigene Sehweise, wenn er von den „abnormen Verhältnissen" („neobičnim okolnostima", 88) spricht, unter denen die bosnischen Muslime zu leben gezwungen seien.[56] Er ist es auch, der die Politik Napoleons in Zweifel zieht, allen Völkern Europas die eigene Lebensauffassung und insbesondere eine strikt rationale Regierungs- und Lebensweise aufzuzwingen (92).

Den Gipfel der aus europäischer Sicht dargestellten Verbindung von Brutalität und Zeremonialität der Türken bildet die Präsentation der Kriegstrophäen durch Ibrahim-Pascha, Sulejman-Pascha und Tahir-Beg im elften Kapitel: „abgeschnittener Ohren und Nasen", „einer unbeschreiblichen Masse armseligen Menschenfleisches" („odsečene ljudske uši", „neopisivu masu ubogog ljudskog mesa", 237). Allerdings ist gerade an dieser Stelle die Perspektive ambivalent. Ob der französische Konsul tatsächlich Terror sieht oder aber das Wirken einer Ordnungsmacht, ob er Unwahrheit oder diplomatisches Geschick wahrnimmt, bleibt offen: „Tom prilikom Davil video šta je turski teror, šta mogu laž i nasilie udruženi, i sa kakvim silama ima da se bori u ovoj prokletoj varoši" (241; „Bei dieser Gelegenheit sah Daville, was türkischer Terror ist, was Lüge und Gewalt vereint vermögen und mit welcher Kraft es in dieser verfluchten Stadt zu kämpfen galt"). Ebenso ratlos steht der Wesir dem Verhalten des Franzosen gegenüber, der „Unterhaltungen" („razgovori") nicht von „Geschäften" („poslovi", 242) zu scheiden weiß und das Geplauder mit seinem Einsatz für Achmet Beg-Cerić, den Stadthauptmann von Novi, verdirbt.

Am Beispiel des Wesirs Mehmed-Pascha wird unterstrichen, dass die Türken wie den Kindern so auch den Frauen den Verstand absprechen (39). Die Bewohner des Konaks, des türkisch geprägten Wesirssitzes, pflegen bis auf den Bosnier Skopljak ihr Wort nicht zu halten (213). Die Bewohner der Rajah, der christlichen Viertel, wiederum ziehen Hoffnung aus dem symbolischen Akt des Hissens der französischen Flagge.

So ist *Travnička hronika* durchweg vom Mit- und Gegeneinander unterschiedlicher Positionen bestimmt, die von einem wissenden Erzähler bald mit mehr, bald mit weniger Sympathie begleitet werden, ohne dass er sich für die eine oder andere entscheidet.[57] Andrić bringt dem Leser hier jene Polyphonie der Stimmen nahe, deren

56 Dabei nähert er sich erheblich der Milieutheorie, nennt er doch das Volk ein „Produkt der Umstände, unter denen es lebt" („produkt prilika u kojima on živi", 91).

57 Manfred Jähnichen: „O zakonu protivnosti" oder: Ivo Andrić' Appell zur Toleranz im Roman *Travnička hronika*. In: Vorträge und Abhandlungen zur Slavistik. Bd. 25. München 1995, S. 41–52, geht sehr viel weiter, wenn er mit Blick auf den „Realisten" (S. 48) Andrić vom „zakon protivnosti" aus dem Munde Davilles auf einen allgemeinen humanistischen Appell des Autors zur Toleranz schließt. Bei Andrićs Daville geht, genau besehen, in psychologischer Argumentation die Rede von der Attraktion, die das Fremde (hier das Französische) „po zakonu protivnosti" (179; „gemäß dem Gesetz der [sich anziehenden] Gegensätze") auf die Türken ausübt. Wenn Jähnichen Daville fast durchgehend als Stimme des Autors auffasst (nur gegenüber dem desillusionierten Anhänger der Revolution sieht er eine Distanz des Autors, die er mit dem Votum des Juden Salomon Atijas für Toleranz kompensiert), übergeht er die wiederholten Distanzierungen des Erzählers von dieser literarischen Figur. Dass der Slavist auch des Fossés zum Sprecher des Autors macht, der gegen-

Grundmodell Bachtin in der Prosa Dostoevskijs vorgeführt hat. Allerdings ist es fraglich, ob ein impliziter Autor noch die geschlossene Welt einer Sinngebung steuert, die den Stimmen dieses Chores dann auch eine geschlossene Partitur unterlegen müsste.

Auch zwischen den Generationen der Konsuln und ihrer Mitarbeiter kommt es zu Standpunktdifferenzen, wobei der Erzähler abwechselnd eine besondere Affinität zu den Sehweisen von Daville und des Fossés an den Tag legt.[58] Der Konsul ist auf die „Welt der ‚Ideen'" eingestellt, sein Untergebener auf das „lebendige Leben" („živi život", 80). Der letztere äußert in einer Debatte mit dem bosnischen Franziskanerfrater eine Andrićs eigenem Standpunkt nahe kommende Sicht, die der Erzähler mit dem Hinweis untermauert, des Fossés habe „viele Kenntnisse über Land und Leute sowie über die katholische Bevölkerung und die Tätigkeit der Fratres angehäuft" („je sakupio mnogo podataka o zemlji i narodu, pa i o katoličkom življu i radu fratara", 295). Während der Frater die Schuld für die bosnische Misere allein in der Herrschaft der Türken sucht und Besserung von einer Befreiung vom Türkenjoch und ihrer Ersetzung durch eine christliche Herrschaft abhängig macht, findet des Fossés – wie Andrić in seiner Dissertation – die Ursache des Übels auch im Verhalten der bosnischen Slawen. Diese hätten ohne Not während der Fremdherrschaft eine Mentalität entwickelt, die Verstellungskunst, Starrsinn, Argwohn, Denkfaulheit und Angst vor jeder Neuerung, vor jedweder Arbeit und Bewegung umfasse. Und so erscheint in Andrićs Roman Multikulturalität nicht so sehr als Segen der Vielfalt wie als Plage innerer Zerrissenheit und Widersprüchlichkeit:

> – Kako je mogućno – pitao Defose – da se ova zemlja smiri i sredi i da primi bar onoliko civilizacije koliko njeni najbliži susedi imaju, kad je narod u njoj podvojen kao nigde u Evropu? Četiri vere žive na ovom uskom, brdovitom i oskudnom komadiću zemlje. Svaka od njih je isključiva i strogo odvojena od ostalih. Svi živite pod jednim nebom i od iste zemlje, ali svaka te četeri grupe ima središte svoga duhovnog života daleko, u tuđem svetu, u Rimu, u Moskvi, u Carigradu, Meki, Jerusalimu ili sam bog zna gde, samo ne onde gde se rađa i umire. (296)
>
> „Wie ist es möglich", fragte des Fossés, „dass dieses Land zu Ruhe und Ordnung kommen und zumindest den Grad der Zivilisation seiner nächsten Nachbarn erreichen wird,

---

über Daville fast durchgehend konträre Auffassungen vorträgt, lässt die vermeintliche Identität von Autor und Held noch problematischer erscheinen. Andrić war wohl doch zu sehr Mensch des 20. Jahrhunderts, um seinen Roman in der Nachfolge von Lessings *Nathan* anzulegen als „Parabel, in der der Glaube an die menschliche Vernunft artikuliert ist und damit die Hoffnung auf eine Welt der Toleranz, in der es Gerechtigkeit für alle gibt" (S. 52). Des Fossés zeiht Daville gerade wegen der französischen Intention, alle Länder zur Rationalität zu missionieren, der Intoleranz! Analog hatte schon Dragan M. Jeremić: Filosofija Iva Andrića [Die Philosophie Ivo Andrićs]. In: Đurić (Red.): Ivo Andrić (Anm. 37), S. 9–22, hier S. 17, Colognas Zitat „Un jour tout sera bien, voilà notre espérance" zur optimistischen Grundlegung von Andrićs Philosophie herangezogen. Miroslav Egerić: Nasilje i tolerancija u Travničkoj hronici [Gewalt und Toleranz in der *Chronik von Travnik*]. In: Delo Ive Andrića (Anm. 3), S. 307–320, hat, komplexer verfahrend, mit Blick auf den Roman dem Toleranzprinzip das Gewaltprinzip entgegengesetzt.

58 Die Standpunktverschiedenheit der beiden wird von Daville sogar explizit gemacht: „Wenn wir die Dinge von diesem Standpunkt zu betrachten beginnen ..." („Ako stanemo da posmatramo stvari sa te tačke ...", 148).

wenn das Volk darin so zerrissen ist wie nirgends sonst in Europa? Vier Religionen bestehen auf diesem schmalen, gebirgigen und armseligen Fleckchen Erde. Jede von ihnen fordert ihre Ausschließlichkeit und grenzt sich streng gegen die übrigen ab. Sie alle leben hier unter ein und demselben Himmel und ernähren sich von derselben Erde, aber eine jede der vier Gruppen hat ein eigenes Zentrum des geistigen Lebens in der Ferne, in einer fremden Welt: in Rom, in Moskau, in Konstantinopel, in Mekka, in Jerusalem oder weiß Gott wo, nur nicht dort, wo sie geboren sind und sterben werden."

Auch die Romanhandlung macht deutlich, dass sich von den Veränderungen, sei es dem Rückzug der Türken aus Ungarn, sei es der Ankunft oder Abreise der Konsuln, für jede der kulturell differenzierten Bevölkerungsgruppen andere, ja gegensätzliche Befürchtungen ergeben. Die Juden erwarten hoffnungsfroh die Ankunft des französischen Konsuls und befürchten dessen Abreise, die orthodoxe Minderheit hofft ohne Erfolg auf das Eintreffen eines russischen Konsuls, der ihre Glaubensüberzeugung teilt, die katholischen Bosnier versprechen sich vom Eintreffen des österreichischen Konsuls Unterstützung und befürchten bei dessen Abreise eine Schwächung ihrer Position. Die Mehrheit der bosnischen Muslime aber begegnet den Fremden mit Hass und Furcht, und sie ist erleichtert über deren Abreise. Kein Wunder, dass sich die Konsuln gemäß ihrer eigenen Interessenlage der von ihnen vertretenen Mächte der jeweils ihnen gewogenen Bevölkerungsgruppe bedienen und so die multikulturelle Gespaltenheit der Stadtbevölkerung für ihre Zwecke instrumentalisieren.

Dabei ist die Beachtung der Erzählperspektive von ausschlaggebender Bedeutung. Das Urteil „die Bosnier haben weder Ehrgefühl im Herzen noch Verstand im Kopf" („ovi Bosanci nit imaju osećanja časti [sic, sc. česti] u srcu ni pameti u glavi", 234) ist dem türkischen Wesir Ibrahim-Pascha in den Mund gelegt, die Klage über das Fehlen von Menschlichkeit, die Vergänglichkeit der Gefühle und die Unberechenbarkeit der Verhaltensweisen in Bosnien dem Franzosen Daville (235f.). Der Satz „Samo orientalci mogu ovoliko mrzeti i prezirati i ovako pokazati mržnju i prezir" (34; „Nur Orientalen können auf solche Weise hassen und verachten und ihren Hass und ihre Verachtung so zeigen") ist, wie der vorangehende Text, insbesondere das Syntagma „Davil ih je nazirao" (33; „Daville blickte auf sie"), zeigt, aus der Sicht Davilles formuliert, der von den islamischen Bosniern mit Feindseligkeit empfangen wird. Die unüberwindliche Hinfälligkeit der Kirchen und Kapellen in Bosnien dagegen wird von dem Bosnier Kolar geäußert und erlangt aus dieser Eigensicht besondere Glaubwürdigkeit (222).

Der Erzähler scheut sich nicht, bestimmte Bevölkerungsgruppen mit bestimmten mentalitätsbezogenen Eigenschaften zu belegen. So kennzeichnet er am Beispiel Davnas die Levantiner, d. h. die Kinder europäischer Väter und orientalischer Mütter, als undurchschaubar, jedoch nicht ohne für diese Besonderheit des Verhaltens eine lebenspraktische Motivation zu liefern:

> A Levantinac je čovek bez iluzija i skrupula, bez obraza, to jest sa više obrazina, prisiljen da glumi čas snishodljivost, čas hrabrost, čas potištenost, čas oduševljene. Jer, sve su to za njega samo neophodna sredstva u životnoj borbi, koja je na Levantu teža i složenija njego u ma kome drugom kraju sveta. (45)
>
> Der Levantiner ist ein Mensch ohne Illusionen und Skrupel, ohne Gesicht, d. h. mit mehreren Gesichtern, genötigt, bald Unterwürfigkeit, bald Kühnheit, bald Nieder-

geschlagenheit, bald Begeisterung zu zeigen. Denn all dies sind für ihn nur notwendige Mittel im Lebenskampf, der in der Levante schwerer und komplizierter ist als in jeder anderen Gegend der Welt.

Auch die türkischen Bosnier, die er nach ihrem Wohnsitz oft „Čaršija" nennt, charakterisiert der Erzähler wiederholt als Gruppe und spricht über ihre „unmenschliche Lebensweise" („neljudskij život", 137), die sich „in dauerndem Anfreunden, aber auch in dauerndem Hass, Sich-Überschreien und Übertrumpfen" („u stlanom druženju ali i stalnoj mržnji, nadkivanju i nadmetanju", 137f.) äußert. Zur Zeit der Schlacht in Wagram (5. Juli 1809) finden die Greueltaten ihren Höhepunkt (345). Ihre Abneigung gegen jegliche Modernisierung begründet er mit einem Gemisch aus biologistischer und soziologischer Begründung:

> Nepogrešnim instinktom rase koja drži zemlju i gospodari već stolećima, isključivo na osnovu jednog ustalnjog poretka, oni su osećali svaku i najmanju opasnost koja je pretila tome poretku i njihovom gospodstvu. (108)
> Mit dem unfehlbaren Instinkt einer Rasse,[59] die das Land Jahrhunderte lang besitzt und beherrscht, und zwar ausschließlich aufgrund einer veralteten Ordnung, spürten sie jede, auch die geringste Gefahr, die dieser Ordnung und damit ihrer Herrschaft drohte.

Dem neutralen Erzählerstandpunkt kommt auch hier des Fossés am nächsten, wenn er feststellt, Wert und Bedeutung eines Landes ließen sich nicht danach ermessen, wie wohl sich darin der Gesandte eines fremden Staates fühle (147). Vielmehr sei auch diese Region reich an geistigen Gütern, interessanten Charaktereigenschaften und bemerkenswerten Gebräuchen. Wie dem Erzähler eignet des Fossés über weite Strecken ein ethnologischer Blick.

Auch die Rolle der Perspektive wird in Andrićs Roman zum Gegenstand perspektivierender Darstellung. Der Bosnier Fra Julian beharrt stolz auf der Eigenständigkeit des bosnischen Standpunkts, während des Fossés die Ansicht äußert, der Standpunkt sei stets dem „Leben" („život", 298) unterzuordnen.

4.4 Sprachen- und Kommunikationsperspektiven

Die Bezeichnung der bosnischen Muslime als „Türken" („za turke") schon auf der ersten Seite des ersten Kapitels und noch im Epilog verleiht dem Roman eine spürbare Distanzierung gegenüber ihrer Position.[60] Im beigefügten Wörterbuch heißt es freilich (anders als in der Übersetzung)[61] einschränkend:

59 Auch Verhaltensweisen des Fossés' werden auf dessen Erziehung und „Rasse" („rase", 162), bei Ibrahim-Pascha auf „seine Rasse und seine Kaste" („njegova rasa i njegova kasta", 198f.) zurückgeführt. Die Einteilung der Bosnier in „Typen und rassisch bedingte Eigenschaften" („tipima i rasnim osobinama", 230) wird jedoch des Fossés zugerechnet.

60 An anderer Stelle heißen sie – gleichsam zwischen den Sprachpositionen vermittelnd – „domaći Turci" (108; „heimische Türken").

61 Andrić: Wesire und Konsuln (Anm. 8), S. 571.

> Die Bezeichnungen *Turci* und *turski* werden oft im Lauf des Erzählens auch für die bosnische mohammedanische Welt gebraucht, natürlich nicht im rassischen oder ethnischen Sinne, sondern als irrtümliche, doch damals gebräuchliche Bezeichnungen.
> Nazivi *Turci* i *turski* upotrebljeni su često u toku pričanja i za bosanski muslimanski svet, naravno ne u rasnom i etničkom smislu, nego kao pogrešni ali tada uobičajeni nazivi. (535)

Schon dieses Ethnonym, mehr noch aber die fast 300 im Wörterbuch des Anhangs aufgelisteten und in ihrer Bedeutung erklärten Lemmata türkisch-arabischen Ursprungs belegen, dass Andrić außer den bereits behandelten Dimensionen der Perspektive einer weiteren in seinem Roman Raum gibt: der Sprache. Wie das Erzählen stets eine Spannung erzeugt zwischen der erzählten Zeit (hier der Epoche Napoleons) und der Erzählzeit (hier dem Zweiten Weltkrieg) und nicht selten auch eine solche zwischen erzähltem Raum und Erzählraum, wie in der Ich-Erzählung eine Differenz aufscheint zwischen erlebendem und erzählendem Ich, so eröffnet Andrić hier einen Gegensatz zwischen erzählender und erzählter Rede. Die vom impliziten Autor als unzutreffend diskreditierten Ausdrücke „turci" und „turski" (also ‚Türken' und ‚türkisch') werden vom Erzähler eifrig gebraucht, um die Sprachperspektive der erzählten Kultur zu rekonstruieren. Indem er sie rekonstruiert, destruiert er sie aber zugleich, da er sich von ihr distanziert. So führt das Wörterbuch den wiederholt in der Erzählung verwendeten türkischen Ausdruck „Aga" an und erklärt ihn folgendermaßen: „einst ein Offiziersrang der Janitscharen; diese Bezeichnung haben ihre Nachfahren angenommen; heutzutage wird dieses Wort zumeist in der Bedeutung ‚Herr' verwendet" („*aga* – nekada oficerski čin janičara: taj naziv preuzeli su njihovi potomci; danas se reč upotrebljava najčešće u značenju *gospodin*", 447). Im Erzähltext aber heißt es, die Angehörigen der Travniker Oberschicht hielten für alles, was ihnen nicht gehört, nicht bekannt und nicht einmal verständlich sei, ein „böses Wort" („zla reč") oder einen „Schimpfnamen" („pogrdno ime", 202) bereit. Ein gelehrter Istanbuler Effendi, der als „Brunnen der Gelehrsamkeit" angekündigt wurde, sei von ihnen sogleich als „Brunnen-Effendi" verleumdet worden („Burar-efendija", 202).

Der türkische Sprachraum ist auch durch Zitate wie den Ausruf des Boten repräsentiert: „Mahzul Mehmed-paša, mahzul! Hazul Sulejman-paša, hazul!" (174; „Abgesetzt ist Mehmed-paša, abgesetzt. Eingesetzt ist Sulejman-paša, eingesetzt!") Der Erzähler teilt überdies mit, dass nicht einmal alle türkischen Würdenträger fließend türkisch sprächen. Der Bosniake Sulejman-Pascha etwa beherrscht diese Sprache nur gebrochen, in grober Aussprache und durchsetzt von Provinzialismen (190). „Urjammer" (371, 528) wiederum ist ein Germanismus, deren die kroatische Sprache viele kennt.[62]

Der Erzähler vermittelt den Sprachstandpunkt der Bosnier durch Schreibung und Kennzeichnung des Namens „Buonaparte", der als Element mündlicher und schriftlicher Kommunikation auch ihr Leben erreichte:[63]

---

62 Gerade dieses Wort ist freilich im *Deutschen Wörterbuch* von Jacob und Wilhelm Grimm (Bd. 24, Leipzig 1936) nicht verzeichnet!

63 Analog dürfte der Verfasser den Namen „Hitler" erfahren haben

> Tvrdo i zvučno ime Bunaparta ispuniće i travničku kotlinu za niz godina i Travničani će, hteli ne hteli, često žvakati njegove čvornovite i ćoškaste slogove; ono će im dugo zujati u ušima i titrati pred očima. (20)
> Schwer und klangvoll erfüllt der Name Bunaparte [sic] für eine Reihe von Jahren auch den Travniker Talkessel, und die Travniker werden, ob sie wollen oder nicht, seine kantigen und knorrigen Silben wiederkäuen; er wird ihnen lange in den Ohren sausen und vor den Augen flimmern.

Der Erzähler selber nennt und schreibt Napoleon dagegen „Bonaparte“ (108).

Der aus der Sicht der christlichen Bosnier auf die französische Trikolore gemünzte Satz „Razviće se barjak“ (23; „Die Fahne wird gehisst“) wird dagegen mit der Überlegung verknüpft: „Jer, čovek može i od jedne reči da živi“ (24; „Denn der Mensch kann auch von einem einzigen Wort leben“). Die Sprache der katholischen Minderheit, insbesondere aber ihres Klerus, wird durch das Latein verkörpert, für das der Sinnspruch „Quod custodiet Christus non tollit Gothus“ (108) beispielhaft stehen kann. (Er lässt sich übrigens ethnohistorisch leichter auf die germanischen Barbaren des 20. als auf die französischen Eroberer des frühen 19. Jahrhunderts beziehen.)

Andrić hat nun, als er seinen Roman schrieb, die Sprache wählen müssen, in der die Erzählung vermittelt werden sollte. Wir nennen dies in der modernen Narratologie die mediale Präsentation der Erzählung. Der in Travnik geborene und im nahen Višegrad aufgewachsene Verfasser hat dabei keineswegs zur Sprache des dargestellten Raums – und das heißt auch seiner Kindheit und Jugend –, also zum Bosnischen, gegriffen. Zur Präsentation seiner Erzählung hat der Autor vielmehr jenen Dialekt gewählt, der in Serbien und insbesondere in Belgrad vorwiegt, eben seiner Wahlheimat seit den 1920er Jahren. Während das Bosnische nämlich vor allem in seinem südlichen Teil überwiegend vom Ijekavischen geprägt ist, das auch die heutige kroatische Schriftsprache prägt und das Andrić in seinem Frühwerk der 10er Jahre vorzog, hat er hier wie in seinen anderen Werken seit der Mitte der 20er Jahre zum Ekavischen gegriffen. Es geht dabei etwa um die Aussprache und Schreibung des einstigen „jat'“, d. h. des Langvokals e, der im Ekavischen als ‚e‘ erhalten geblieben ist, während er im Ijekavischen zu ‚ije‘ geworden ist. Der Ortsname Rijeka kann als Beispiel für ijekavische Lautung dienen, ihm entspricht im Ekavischen das Substantiv ‚reka‘ (‚Fluss‘). Während der Erzähler also Ekavisch schreibt, gebrauchen in Andrićs Roman die islamischen und die katholischen Bosnier, d. h. die ganz überwiegende Zahl der Figuren aus der slawischen Bevölkerung, aber auch die ortsansässigen Juden, das Ijekavische. Indem sich die Rede des Erzählers von der zitierten Rede seiner Figuren abhebt, bezieht der Roman selber einen distanzierten Standpunkt gegenüber der erzählten Welt. Nun ist aber der lokale Dialekt der Gegend von Travnik gar nicht das Ijekavische, sondern das Ikavische, das den Fluss ‚rika‘ nennt. Das kursiv gesetzte, auf Fra Luka angewandte Wort „likar“ (273; „Heilkundiger“) ist eines der in diesem ikavischen Lautstand wiedergegebenen Wörter. Ebenso der Gesang der Mönche: „Zdraaavo tilo Iiisusovo!“[64] (370; „Gegrüßest seist Du, Leib Christi!“).

---

64 In ekavischer Lautung: „telo“, in ijekavischer: „tijelo“.

Auch mit Blick auf das gebrauchte Idiom dokumentiert *Die Chronik von Travnik* also keineswegs die sprachgeschichtlichen Verhältnisse des frühen 19. Jahrhunderts. Die Präsentation der Erzählung erzeugt vielmehr eine sprachliche Fiktion, die das Nebeneinander der im 20. Jahrhundert miteinander konkurrierenden ijekavischen und ekavischen Schriftsprachen als Konkurrenz von Erzähleridiom und Personenrede der bosnischen Slawen reproduziert. Dabei geht es gerade nicht – wie im Realismus des 19. Jahrhunderts – um die Widerspiegelung einer außerhalb des Romans bestehenden sprachlichen Welt, sondern um die Erfindung einer Erzählwelt, in der Chronist und Personnages auch sprachlich verschiedene Standpunkte vertreten.

Dieses sprachliche Gegeneinander prägt bereits den Prolog, wo das Wort für ‚Welt' im ersten Satz gemäß der ekavischen Varietät in der Präsentation der Erzählerrede ‚svet' und in der von Hamdi-Begs Personenrede ‚svijet' geschrieben wird:[65] Die Welt der Personnages ist auch sprachlich eine andere als die des Erzählers. Im weinseligen Gespräch Ljulj-Hodschas, Hamzas und Mussas tritt das Lokalkolorit des Ijekavischen besonders ohrenfällig hervor (z. B. „lijepo", 405). Es handelt sich dabei jedoch keineswegs um die Differenz von gesprochener und geschriebener Rede: Auch die Schriftsätze der Bosnier sind im Roman ijekavisch abgefasst. Die regionale Redeweise mit ihrem Hang zur Endbetonung der Wörter und ihrem gedehnten Konsonanten „r" wird bezeichnenderweise gerade durch des Fossés' Aussprache einiger „‚illyrischer' Wörter" („ilirske reči", 227) charakterisiert.

Der im zweiten Satz des Prologs bosnisch angeführte Name „Lutvina ka*hv*a" („Lutwins Café") wird im dritten Satz ins Serbische übertragen: „ka*f*ane, Lutve" (9) – die kroatische Schreibung wäre „Lutvina ka*v*a". Das doppelte Anführen des Namens bereitet auf die Zweisprachigkeit des Romans vor, die von der deutschen Übersetzung nicht adäquat wiedergegeben werden kann.

Der österreichische Konsul von Mitterer lenkt als diplomatischer Hausherr einer Weihnachtseinladung die mehrsprachige Kommunikation seiner Gäste so, dass sich deren unterschiedliche kommunikative Verhaltensweisen nicht zu Konflikten auswachsen können. So legen die bosnisch-katholischen Fratres ein kommunikatives Gebaren an den Tag, das auf die Klage über die bestehende Welt und jenen Genuss hinausläuft, mit dem sich Bosniaken demnach über Schwierigkeiten äußern (294f.). Die anderen Gesprächsteilnehmer äußern nur, was sie als Gerücht verbreitet sehen wollen, und sie hören nur, was ihnen von Nutzen sein kann. Von Mitterer unterstreicht so seine Wirkung auf die Angehörigen der katholischen Gemeinde, und Daville gibt sich als Gesandten Napoleons. Einzig des Fossés und Fra Julian entspinnen unter vier Augen ein kontroverses Gespräch.

Im Gegensatz zu ihnen gelingt es den Ehefrauen der Konsuln, Madame Daville und Frau von Mitterer, nicht, erfolgreich ein Gespräch zu führen, weil sie aneinander vorbeireden (383). Als Motivation des Misslingens wird Anna Marias romantische Neigung für alles, was fern liegt, und Frau Davilles realistisches Interesse für alles

65 Vgl. zur Kontradiktorik zweier räumlicher Weltmodelle in *Prokleta avlija* (*Der verdammte Hof*) Rajnhard Lauer: Karakterističan stilski postupak u prozi Ive Andrića [Ein charakteristisches stilistisches Verfahren in der Prosa Ivo Andrićs]. In: Delo Ive Andrića (Anm. 3), S. 121–127.

Naheliegende genannt. Mit ihrem unterschiedlichen Sprachgebaren stehen die beiden Frauen zugleich für gegensätzliche weibliche Charaktere.[66]

Die grundsätzlichste Erscheinung der Kommunikationsperspektive tritt im Problem der Versprachlichung selber hervor: zum einen im Gegensatz von Sache und Äußerung, zum anderen in der Unannehmbarkeit intertextueller Verweise und zum dritten im Widerstreit von Äußerung und Schweigen. Am Fall der sprachlichen Verhaltensweise des Wesirs zur Ermordung des von ihm geliebten und geachteten Sultans Selim III. führt der Erzähler die Ferne von innerem Leid und äußerem sprachlichem Habitus beim ehemaligen Großwesir des Sultans vor: „Zwischen dem tatsächlichen inneren Leben und seinen geschriebenen Wörtern gab es keinerlei Zusammenhang" („Između stvarnog unutarnog života čovekovog i njegove pisane reči nije bilo nikakve veze", 249). Für Daville reimt sich der Widerspruch zwischen der grauenhaften Erzählung und der vom Wesir angeschlagenen „Gebetsstimme" („molitvenim glasom", 255) nur als „Irresein" („ludilo", 255) des Türken.[67] Daville, obwohl selber Verseschreiber, verabscheut – wie am Beispiel eines Distichons von Gisari Tschelebi Khan (Čelebi han) verdeutlicht wird – die türkische Angewohnheit, die Rede mit Versen zu würzen (452). Hier prophezeit sie durch Analogie mit Napoleon die französische Niederlage in Russland. Ihn stört sogar das slawonische Volkslied, das die sitzengebliebenen Jungfrauen als Opfer Napoleons beklagt (460).

Das spanische Lied, das Anna Maria von Mitterer zur Harfe singt, ist ihrem Mann, dem österreichischen Gesandten, unerträglich (307). Davilles Dichtung erfährt bei seinem Mitarbeiter des Fossés keine Resonanz, die von den Mönchen gesungene Lauretanische Litanei (323f.) wird in der Wahrnehmung von Madame Daville durch ihre Gedanken gestört. Die utopische, bezeichnenderweise zunächst in der französischen Sentenz „Un jour tout sera bien, voilà notre espérance" (331) und dann im Zitat aus einer Sure des Korans (333) verdichtete Hoffnung Colognas auf Freundschaft wird schon von seinem Gesprächspartner des Fossés nicht geteilt.

Als des Fossés Bosnien betritt, ist von einer „Welt der Stille und der Ungewissheit" („svet tišine i neizvesnosti", 102) die Rede, gegen die er ankämpft.[68] Diese Sprachlosigkeit Bosniens, das Schweigen der Menschen, in deren Rede die Pausen am beredtesten

---

66 Vgl. Katja Jordanova: Ženski likovi u romanu Travnička hronika [Frauenfiguren in dem Roman *Die Chronik von Travnik*]. In: Delo Ive Andrića (Anm. 3), S. 323–329, und Renate Hansen-Kokoruš: Frauengestalt und Frauenbild in den Erzählungen von Ivo Andrić. In: Peter Thiergen (Hg.): Ivo Andrić 1892–1992. Beiträge des Zentenarsymposions an der Otto-Friedrich-Universität Bamberg im Oktober 1992. München 1995 (Vorträge und Abhandlungen zur Slavistik 25), S. 23–39.

67 Dabei kommt das mögliche Verhältnis der sprachlichen kathartischen Implikation ins Spiel, wenn der Erzähler Davilles Wahrnehmung darstellt, der Großwesir habe sich durch das Erzählen der schrecklichen Ereignisse zum Teil von ihrem Druck entlasten können. Analog hat der Schriftsteller sich beim Schreiben des Romans wohl teilweise von der erfahrenen Schreckenslast des Zweiten Weltkriegs befreien können. Umgekehrt bildet der Hinweis auf Davilles Gedanken, niemand werde erfahren, welche Kosten die geringen Erfolge beim Wesir ihm abnötigen, einen evidenten narrativen Widerspruch zum Erzählgeschehen, das gerade das vermeintlich Unerfahrbare erfahrbar macht.

68 Vgl. Radivoje Konstantinović: Stilska funkcija tišine u 'Travničkoj hronici' [Die stilistische Funktion der Stille in der *Chronik von Travnik*]. In: Delo Ive Andrića (Anm. 3), S. 293–298, hier S. 293ff.

wirken, entspricht der Stille der Architektur. Die Reden der Mädchen und Kinder erklingen wie Lieder, die aus dem Schweigen kommen und in die Stille münden:

> I samo pevanje, koje ponekad dopre sa puta ili iz neke avlije, nije bilo drugo do jedan dug lelek, zatrpan tišinom na izvoru i na utoku, kao sastavnim i najrečitijim delom pesme. Pa i ono života što se videlo na suncu i na danu i što se nikako nije dalo ućutkati ni moglo sakriti – malo raskoši ili kratak blesak čulne lepote – i to je preklinjalo za skrovištem i ćutanjem i sa prstom na ustima bežalo u bezimenost i tišinu kao u prvu kapiju. (160f.)
> Und selbst das Singen, das bisweilen von der Straße oder aus einem Hof heraufdrang, war nichts anderes als langes Wehklagen, verdeckt von der Stille an Quelle und Mündung als elementarem und beredtestem Teil des Liedes. Und sogar dasjenige vom Leben, was bei Sonnenschein und am Tag zu sehen war und sich auf keine Weise zum Schweigen bringen und verbergen ließ – ein wenig Luxus oder ein kurzer Schimmer sinnlicher Schönheit –, auch das erflehte Schutz und Verschweigen und floh mit dem Finger auf den Lippen in Namenlosigkeit und Stille als in das erste Tor.

Doch auch diese Sprachlosigkeit wird vom Erzähler auf die Perspektivik bezogen – auf die Seh- und Erlebnisweise des Fossés'. Sie ist das mediale Analogon dessen, was bei Daville „orientalisches Gift" („orientalnim otrovom", 435, 529) heißt. Des Fossés begreift diese Stille der Unerhörtheit schließlich als den „Tod" („smrt", 162). In ihn windet sich, wie das Möbiusband, der „namenlose Raum" („bezimeni prostor", 164) Travniks. Und der Roman selber endet dann auch – wie könnte es anders sein – „in guter, sieghafter Stille" („u dobroj, pobedičnoj tišini", 533).

5. Zerrissenheit als Form des Multikulturellen in der bosnischen Stadt Travnik

> "To je treći svet, u koji se sleglo sve prokletstvo usled podeljenosti zemlje na dva sveta." (330) [69]
> „Das ist eine dritte Welt, in die sich aller Fluch eingenistet hat, der seit der Spaltung der Erde in zwei Welten [in Orient und Okzident] besteht."

Andrićs Roman verdeutlicht, wie stark die verstörte Stadt Travnik von der Einwirkung der Außenmächte, hier vor allem der Großmächte Türkei, Frankreich, Österreich-Ungarn und Russland, geprägt ist. Die Ankunft der Konsuln, ja die „Zeit der Konsuln", ist ihr augenfälligster Ausdruck im frühen 19. Jahrhundert. Ähnlich war die Region hundertdreißig Jahre später fremdbestimmt durch die Interessen von Hitlers Deutschland, Stalins Sowjetunion und Mussolinis Italien.[70] Die Wirkung

69 Vgl. zu Andrićs Thema „Dritte Welt", die zwischen Orient und Okzident liegt: Draško Ređep: Ivo Andrić. Između Istoka i Zapada [Ivo Andrić. Zwischen Osten und Westen]. In: Delo Ive Andrića (Anm. 3), S. 517–523.

70 Vgl. Vanita Singh Mukerji: Ivo Andrić. A Critical Biography. Jefferson (North Carolina), London 1990, S. 107: „The tableaux vivants of a complex Bosnian past stand in edifying relief to a future nationhood."

der Großmächte auf das Lokalgeschehen in Bosnien – und so auch in Travnik – tritt anschaulich in einer Äußerung von Teftedar (dem Sekretär des Wesirs) gegenüber Daville zutage:

> Islam je i došao u Evropu kao ratujući strana i do danas se u noj održao ili svojim ratovanjem ili blagodareći muđusobnim ratovanjima hrišćanskih država. Dok hrišćanske države, koliko ja znam, osuđuju rat u toj meri da uvek jedna na drugu bacaju odgovornoist za svaki rat, i osuđujući ga ne prestaju da ga vode. (414)
> Der Islam kam als Krieg führende Seite nach Europa und hat sich bis heute, sei es durchs Kriegführen, sei es dank der Fehden christlicher Staaten untereinander, darin gehalten. Die christlichen Staaten verurteilen aber, soweit ich weiß, den Krieg in so hohem Maße, dass sie die Verantwortung für einen jeden Krieg stets aufeinander abwälzen, und während sie ihn verurteilen, hören sie nicht auf, ihn zu führen. (437)

Andrić bot das Abfassen des Romans *Travnička hronika* Gelegenheit, seine Berliner Erfahrung der erlebten doppelten Fremdbestimmung durch die jugoslawische Regierung und das deutsche Auswärtige Amt am Modell der Napoleonischen Kriege auszusprechen. Im April 1939 legt er Hitler sein Beglaubigungsschreiben vor und wird als Botschafter des Königreichs Jugoslawien in Berlin akkreditiert. Im Juni begleitet er den Besuch des Königs Paul von Jugoslawien in Berlin. Verdeckt unterstützt er die Annäherung Jugoslawiens an die Sowjetunion, wirkt auf Drängen Hitlers aber am Abschluss des Dreimächtepakts mit dem Deutschen Reich und Italien mit. Nach dem Staatsstreich vom 26. März 1941 erwirkt er einen außerprotokollarischen Empfang bei Ernst Heinrich Freiherr von Weizsäcker, dem Staatssekretär im Außenamt und Vater des früheren Bundespräsidenten. Infolge des Abbruchs der diplomatischen Beziehungen zwischen Deutschland und Jugoslawien wird er im April 1941 nach Konstanz und im Mai nach Belgrad deportiert. Das Abfassen des Romans *Die Chronik von Travnik* (*Travnička hronika*) erlaubt es dem Verfasser, seinen eigenen Standpunkt zu den erlebten Kriegsvorgängen zu finden. Er gipfelt wohl in der – wie wir wissen: wiederholt bewahrheiteten – Voraussage des Türken Tahir-Beg:

> Tako bi se možda moglo desiti da se, kroz sto ili dvesta godina, na ovom istom mestu gde vi i ja sada razgovaramo o mogućnosti tursko-hrišćanskog rata, kolju i krve među sobom hrišćani, oslobođeni ispod osmanlijskog gospodstva. (416)
> So könnte es möglicherweise geschehen, dass sich in hundert oder zweihundert Jahren an der selben Stelle, wo Sie und ich jetzt über die Möglichkeit eines türkisch-christlichen Krieges sprechen, die von der Herrschaft der Osmanen befreiten Christen gegenseitig abschlachten und niedermetzeln.

Dem mitteleuropäischen Leser der Gegenwart bietet Andrićs *Travnička hronika* ein perspektivisches Gegenmodell zu seiner eigenen Wahrnehmung des Krieges auf dem Balkan. Wie wir, vom Krieg damals nicht unmittelbar getroffen, dennoch beunruhigt waren über das uns ferne kriegerische Geschehen in Bosnien und im Kosovo, so sind die Bewohner von Travnik aus ihrer Ruhe gebracht durch die in Paris, Wien und Moskau getroffenen Entscheidungen über Krieg und Friede in ihrer Zeit.

Über Daville weiß der Erzähler zu berichten, er kenne die „ungesunde und geheimnisvolle innere Verworrenheit" („nezdravu i tajanstvenu unutarnju složenost",

418) der Bosnier. Am bildkräftigsten bringt Cologna diese Zerrissenheit der Bosnier im türkischen Kontext zum Ausdruck: „sich auf des Messers Schneide bewegen und in einem stillen Feuer schmoren“ („kretati se po oštrici noži i peći se na tihoj vatri“, 328). Auf der Grenze der beiden Welten geboren zu werden bedeute, zwar beide Welten zu kennen, doch ihr wechselseitiges Verstehen nicht herstellen zu können, beide zugleich zu lieben und zu hassen, zwei Heimaten und doch keine zu haben, viele Sprachen zu kennen, ohne eine Muttersprache sein eigen zu nennen, sich allerorten, und das heiße nirgendwo, zu Hause zu fühlen, weder Morgenländer noch Abendländer zu sein. Es bedeute letztlich, Opfer und Henker in einer Person zu sein; hier bemüht Andrić sogar das Bild des zwischen zwei Welten gekreuzigten Christus. Ihm stellt er die konträre Ansicht zur Seite, alles sei in Wirklichkeit miteinander verflochten und strebe konzentrisch einem Ziel entgegen (333).

Ivo Andrićs Roman zeigt: Es ist nicht so, dass der Zusammenprall der Kulturen durch den Wegfall des Außendrucks nach dem Zusammenbruch der Ideologien Ende der 80er Jahre des 20. Jahrhunderts ausgelöst wurde. Insofern widerspricht die erzählte Welt des Romans mit ihrem Bosnien-Bild Huntingtons These. Aber auch der ein hoffnungsfrohes Bild multikultureller Welt malende Optimismus von Marie-Janine Calić geht zumindest für die erzählte Welt des Ivo Andrić nicht auf: Waren es zu Napoleons Zeit Türken und Franzosen, Österreicher und Russen, die Kulturunterschiede zur Unterstützung ihrer Interessen auszubeuten suchten, so geschah dies hundertdreißig Jahre später von Seiten Hitlers und Mussolinis, Stalins und Belgrads. Die multikulturelle Stadt Travnik ist bei Andrić kein Biotop symbiotischen Glücks, sondern ein parzellierter Lebensraum, der für Interessen von außen offen steht und dessen latente Gegensätze sich anheizen lassen.

Die von dem jungen französischen Diplomaten des Fossés gegenüber dem katholischen Mönch Fra Julian geäußerte Erwartung über die Zukunft Bosniens steht weder im Einklang mit dem hoffnungsfrohen Multikulturalismus von Marie-Janine Calić noch mit Huntingtons Konzept des ‚Kulturkampfes‘. Es war wohl auch Andrićs skeptische Vision von der Zukunft seiner Heimat:

> Sumne nema da će i vaša zemlja jednog dana ući u evropski sklop, ali se može desiti da uđe podvojena i nasledno opterećena shvatanjima, navikama i nagonima kojih nigde više nema i koji će joj, kao aveti, sprečavati normalan razvitak i stvarati od nje nesavremeno čudovište i svačiji plen kao što je danas turski. A ovaj narod to ne zaslužuje. (369)
>
> Es besteht kein Zweifel daran, dass auch Euer Land einmal in die europäische Gemeinschaft eintreten wird, aber es ist möglich, dass es dann zerteilt und erblich belastet sein wird mit Auffassungen, Gewohnheiten und Trieben, die es sonst nirgends mehr gibt, die es wie Gespenster an einer normalen Entwicklung hindern und aus ihm ein unzeitgemäßes Ungeheuer machen, eine Beute für jedermann, so wie es jetzt eine Beute der Türken ist. Doch dieses Volk hat das nicht verdient.

Immanuel-Kant-Stipendien. Berichte über aktuelle Forschungen

Das vom Beauftragten der Bundesregierung für Kultur und Medien vergebene Immanuel-Kant-Stipendium dient zur Förderung von Promotionsvorhaben, die sich mit der Geschichte und Kultur der Deutschen im östlichen Europa und den damit verbundenen Themen, insbesondere den wechselseitigen Beziehungen zwischen den Nachbarvölkern, befassen. Der Arbeitsbereich umfasst folgende Regionen:

– historische Ostprovinzen Schlesien, Ostbrandenburg, Pommern, Ost- und Westpreußen in den heutigen Staaten Polen und Russland,
– frühere und heutige Siedlungsgebiete der Deutschen in Ostmittel-, Ost- und Südosteuropa, vornehmlich in Tschechien und der Slowakei, in Polen, der ehemaligen Sowjetunion und den baltischen Staaten sowie in Ungarn, Rumänien und dem ehemaligen Jugoslawien.

Die Funktion der Geschäftsführenden Stelle für die Vergabe der Stipendien wurde im Jahre 2000 dem Bundesinstitut für Kultur und Geschichte der Deutschen im östlichen Europa, Johann-Justus-Weg 147a, 26127 Oldenburg, übertragen (Informationen/Vergaberichtlinien unter: http://www.bgke.de).

Das Bundesinstitut bietet den Immanuel-Kant-Stipendiat(inn)en die Möglichkeit, ihre Forschungsprojekte in seinem Jahrbuch vorzustellen. Die im Folgenden publizierten Beiträge sind nach der Chronologie der behandelten Themen angeordnet.[1]

1 Die Arbeiten der im Oktober 2006 neu ausgewählten Stipendiat(inn)en werden im Jahrbuch 2007 vorgestellt. Vgl. auch die Festschrift: Heike Müns, Matthias Weber (Hg.): „Durst nach Erkenntnis ...“. Forschungen zur Kultur und Geschichte der Deutschen im östlichen Europa. Zwei Jahrzehnte Immanuel-Kant-Stipendium. München 2007 (Schriften des Bundesinstituts für Kultur und Geschichte der Deutschen im östlichen Europa 29).

Berichte und Forschungen 14 (2006), S. 227–252

Evelyn Reitz

Filiation durch Wanderschaft. Die Erfahrung der Fremde als generierendes Prinzip in der Prager Kunst um 1600

In meiner Dissertation untersuche ich die bildenden Künste in Prag um 1600, für die – wie zu zeigen sein wird – der kollektive Migrationshintergrund der Künstler eine entscheidende Voraussetzung bildet. Herkunft und Wanderschaft einer Kerngruppe späterer Prager Maler, Bildhauer und Kupferstecher haben ihren Ursprung in den politischen Unruhen auf dem Gebiet der damaligen Niederlande. Die Arbeit setzt an dieser Beobachtung an: In dem Gebiet, das die heutigen Niederlande, Belgien, Luxemburg und Teile Nordfrankreichs umfasste, rechtlich jedoch ins Heilige Römische Reich Deutscher Nation eingegliedert war, führte der Ausbruch des achtzigjährigen Krieges für viele Künstler zu einer schwindenden Auftragslage, teils auch zu religiös motivierter Verfolgung. Neben die traditionelle Bildungsreise der sogenannten „Romanisten" trat so vermehrt eine erzwungene Migration,[1] die in Italien auf bereits bestehende Strukturen des künstlerischen Austausches traf, in Deutschland jedoch das ethnische Gefüge der Künstlerschaft in den Städten und an den Fürstenhöfen entscheidend veränderte.[2] In beiden Ländern war eine bessere Auftragslage, in Deutschland auch größere religiöse Toleranz zu erwarten. Die späteren Prager Künstler stiegen in ihrem Exil über mehrere Stationen und Auftraggeber vom Schattendasein eines Gehilfen und Kopisten in gehobene höfische Auftragsverhältnisse auf, die ihnen im Regelfall eine eigenständigere bildnerische und inhaltliche Gestaltung ihrer Werke ermöglichten. Mit der Umsiedlung des Kaiserhofes nach Prag im Jahre 1583 und der eigenwilligen Kulturpolitik des Kaisers Rudolf II. eröffnete sich den Exilkünstlern eine neue Wirkungsstätte, die ihren Status dauerhaft zu festigen versprach. Sie bildeten auf der Prager Kleinseite eine Künstlerkolonie, die nicht allein an den Hof gebunden war, sondern auch in direktem Austausch mit ihrer neuen Umgebung stand. Ein historischer Ansatz, der von der Künstlermigration ausgeht, kann für die Erforschung bildnerischer Werke in Prag um 1600 folgende Perspektiven eröffnen:

Erstens: Die Quellenbasis für eine Herleitung der stilistischen und ikonographischen Besonderheiten der Prager Kunst um 1600 lässt sich gezielt erweitern. Herkunft und Verständnis einzelner Bildmotive durch die späteren Prager Künstler

---

1 Die Hintergründe sind noch nicht systematisch erforscht. Näheren Aufschluss geben die Selbstzeugnisse der Künstler (die von einem erzwungenen Verlassen der Heimat sprechen), deren Wanderroute (die den niederländischen Exilantenströmen häufig folgte), Berichte über ihre Tätigkeit in Italien (die in der Anfangszeit teils von bitterster Armut geprägt war) und die Tatsache, dass nur wenige der späteren Prager Künstler – selbst nach dem Tod Rudolfs II. – in ihre Heimat zurückkehrten.

2 Der Einfluss niederländischer Migrantenströme auf das künstlerische Milieu der deutschen Städte und Höfe lässt sich nur indirekt über Einzelstudien erschließen, insbesondere zu den für Prag wichtigen Stationen Köln, Frankfurt und München. Übergreifend hierzu allein Heinz Schilling: Niederländische Exulanten im 16. Jahrhundert. Ihre Stellung im Sozialgefüge und im religiösen Leben deutscher und englischer Städte. Gütersloh 1972 (Schriften des Vereins für Reformationsgeschichte 187).

sind über eine systematische Untersuchung der Stationen ihrer Wanderschaft näher zu bestimmen. Archivalien zum Selbstbild der Künstler[3] und zur Entwicklung der Prager Emblematik[4] finden sich in der Österreichischen Nationalbibliothek in Wien, sind jedoch bislang weitgehend unausgewertet. Dort wird auch der Briefwechsel des ersten Hofbibliothekars Rudolfs II., Hugo Blotius, aufbewahrt, der Aufschluss über den Aufbau humanistischer und künstlerischer Beziehungen am späteren Prager Kaiserhof geben kann.[5]

Zweitens: Innovationen im Bereich der künstlerischen Techniken lassen sich aus der Aneignung lokaler Traditionen auf den Stationen der Wanderschaft ableiten. Auf dieser Grundlage trat in Prag ein Prozess der Reflexion gestalterischer Mittel ein. Der Forschung bekannt, aber kaum systematisch untersucht ist die Beobachtung, dass Niederländer auf ihrer Reise nach Italien die Erschließung neuer Bildthemen mit einer Erneuerung der Technik verknüpften.[6] Zeichnerische, malerische und bildhauerische Experimente, die in Auseinandersetzung mit der fremden Landschaft,[7] bislang unerprobten gestalterischen Mitteln[8] und den Ansprüchen einer lokalen Kunsttradition[9] entstanden waren, nahmen mit den Künstlern ihren Weg nach Prag. Dort fanden sie eine breite Rezeption im gegenseitigen Austausch der Künstlerkollegen.[10] Hinzu trat eine intensive Auseinandersetzung mit den rudolfinischen Sammlungen, die

---

3 Die Regesten im Jahrbuch der Kunsthistorischen Sammlungen des Allerhöchsten Kaiserhauses, auf die sich die Forschung allgemein beruft, sind teils unvollständig, teils paraphrasiert, sodass eine direkte Akteneinsicht notwendig sein wird. Selbstzeugnisse der Künstler finden sich – in begrenztem Umfang – in der kaiserlichen Korrespondenz und in einzelnen, bislang unveröffentlichten künstlerischen Entwürfen und Werken.

4 Noch unveröffentlicht ist ein Korpus gezeichneter Emblemata, die mit dem Hauptwerk der Prager Emblematik, Jacobus Typotius' Symbola divina et humana (vgl. Anm. 32), in engem Zusammenhang stehen (Hinweis von Eliška Fučíková).

5 Hinweis von M. E. H. N. Mout.

6 Maarten van Heemskerck beispielsweise zeichnete in Italien erstmals mit Rötel und brachte die Technik später in die Niederlande zurück. Hendrick van Cleve und später auch Paul Bril oder Jan Bruegel d. Ä. prägten mit ihren mehrfarbig lavierten Federzeichnungen aus italienischer Zeit einen neuen Typus der Landschaftsdarstellung. Hendrick Goltzius eignete sich in Rom die Kombination von Rötel und schwarzer Kreide an. Einen Überblick über die Techniken niederländischer Zeichner geben William W. Robinson, Martha Wolff: The Function of Drawings in the Netherlands in the Sixteenth Century. In: John Oliver Hand u. a. (Hg.): The Age of Bruegel: Netherlandish Drawings in the Sixteenth Century (Ausstellungskatalog). Cambridge 1986, S. 25–40.

7 Insbesondere bei Paulus van Vianen. Vgl. Theréz Gerszi: Paulus van Vianen. Handzeichnungen. Hanau 1982.

8 Etwa die Kombination von Rötel und schwarzer Kreide in den Porträt- und Figurenzeichnungen von Joseph Heintz d. Ä., der Bronzeguss und das bewusste *non finito* bei Adriaen de Vries oder die Freskomalerei bei Bartholomäus Spranger.

9 So das Porträt bei Hans von Aachen, die Figuration bei Bartholomäus Spranger und die Serpentinata bei Adriaen de Vries.

10 Vgl. zur Landschaft Theréz Gerszi: Le problème de l'influence réciproque des paysagistes rodolphins. In: Bulletin du Musée Hongrois des Beaux-Arts 48/49 (1977), S. 105–128; zur Figuration zuletzt Thomas DaCosta Kaufmann: A „Modern" Sculptor in Prague. Adriaen de Vries and the „Paragone" of the Arts. In: Achim Gnann, Heinz Widauer (Hg.): Festschrift für Konrad Oberhuber. Milano 2000, S. 283–293.

mit Werken experimentellen Charakters reich bestückt waren.[11] In Reflexion des zusammengeführten Materials setzte schließlich eine verstärkte Beschäftigung mit neuen Ausdruckstechniken ein, ablesbar etwa in der Entwicklung der mehrfarbigen Landschaftsskizze in Kreide,[12] der kleinformatigen Ölskizze[13] oder dem bewussten non finito.[14]

Drittens: Der Status jener Künstler, die mit dem Prager Hof Rudolfs II. assoziiert waren, lässt sich auf eine Weise konkretisieren, die das klassische Paradigma des Hofkünstlers revidiert. Die Ernennung zum Kammermaler, Kammerbildhauer oder Kammergoldschmied war nur eine von mehreren Formen kaiserlicher Privilegierung.[15] Sie schrieb weder eine Anwesenheit am Hofe vor,[16] noch schloss sie die Mitgliedschaft in lokalen Gilden oder Auftragsverhältnisse außerhalb des Hofes aus.[17] Eine Aufnahme in die Hoffamilie scheint ebenso wie die in Prag um 1600 besonders häufige Erhebung von Künstlern in den Adelsstand[18] vor allem in einer Ehrerweisung bestanden zu haben. Ununterbrochene Verhandlungen über Höhe und Auszahlung der Gelder, wie sie aus den kaiserlichen Akten hervorgehen,[19] geben

11 Das Kunstkammerinventar von 1607–1611 listet etliche Sammelobjekte in experimenteller Technik auf. Vgl. Rotraud Bauer, Herbert Haupt (Hg.): Das Kunstkammerinventar Kaiser Rudolfs II., 1607–1611. Wien 1976, passim.

12 Nördlich der Alpen zuerst Roelandt Saverys sogenannte Alpenzeichnungen; katalogisiert in Günter Schilder, Bernard Aikema, Peter van der Krogt (Hg.): The Atlas Blaeu-van der Hem. 6 Bde. 't Goy-Houten 1996 – voraussichtlich 2007, hier Bd. 2, Kat. Nr. 13:66; Bd. 5, Kat. Nr. 46:1–14. Die Verbindung von Rötel und schwarzer Kreide setzte in der Figuration bereits der Prager Künstler Joseph Heintz d. Ä. ein. Vgl. Jürgen Zimmer: Joseph Heintz der Ältere. Zeichnungen und Dokumente. Berlin, München 1988, Kat. Nr. A 16, S. 117–119. Landschaften in farbiger Kreide finden sich zuvor schon unter den Reiseskizzen Federico Zuccaris (frühes Beispiel: eine Ansicht der Teufelsbrücke von Cividale). Vgl. Bert W. Meijer (Hg.): Italian Drawings from the Rijksmuseum Amsterdam (Ausstellungskatalog). Florence 1995, Kat. Nr. 70, S. 156f., Farbtafel LXXIV.

13 Als Werke eigenen Rechts etwa bei Bartholomäus Spranger: Grablegung Jesu, Öl auf Holz, 15 x 10 cm, Prag, Národní Galerie; Lukasmadonna, Öl auf Kupfer, 18,3 x 12 cm, München, Alte Pinakothek, datiert auf den 24. September 1582.

14 Insbesondere im Spätwerk von Adriaen de Vries. Vgl. Francesca G. Bewer: The Sculpture of Adriaen de Vries. A Technical Study. In: Debra Pincus (Hg.): Small Bronzes in the Renaissance (Ausstellungskatalog). New Haven 2001 (Studies in the History of Art 62, Center for Advanced Study in the Visual Arts. Symposium Papers 39), S. 159–193, bes. S. 179–183.

15 Ein Privileg konnte etwa – wie im Falle Jan Sadelers – den Nachdruck von Kupferstichen verbieten: Hans von Voltelini: Urkunden und Regesten aus dem K. u. K. Haus-, Hof- und Staatsarchiv. In: Jahrbuch der Kunsthistorischen Sammlungen des Allerhöchsten Kaiserhauses 15 (1894), S. LXXX, Nr. 11938; S. LXXX–LXXXI, Nr. 11939; S. LXXXII, Nr. 11949; S. CXII, Nr. 12138.

16 Hans von Aachen wurde 1592 zunächst zum „Kammermaler von Hause aus" ernannt. Von Joris Hoefnagel ist bis heute nicht sicher, ob er jemals in Prag wohnte. Privilegien wie jenes von Jan Sadeler (siehe Anm. 15) waren ortsunabhängig.

17 Bartholomäus Spranger wurde beispielsweise im selben Jahr zum Kammermaler ernannt, in dem er der Altstädter Malergilde beitrat. Dies hinderte ihn nicht daran, fortwährend auch für andere weltliche und kirchliche Auftraggeber tätig zu sein.

18 Eine Auflistung bei Martin Warnke: Hofkünstler. Zur Vorgeschichte des modernen Künstlers. 2. Aufl. Köln 1996, S. 219f.

19 Ablesbar aus den Regesten des Jahrbuchs der Kunsthistorischen Sammlungen des Allerhöchsten Kaiserhauses.

dagegen zu erkennen, dass die Stellung auch der herausragendsten Künstler nach wie vor prekär blieb und sie sich zusätzlich anderweitig absichern mussten.[20]

Viertens: Ein Reflexionsprozess über die eigene künstlerische Tätigkeit setzte bereits vor der Bindung an den Prager Hof und vor der Gewährung besonderer Privilegien ein, die hiermit gewöhnlich in Verbindung gebracht werden.[21] Das Metier des Künstlers wurde sowohl in seinen geistigen[22] als auch in seinen handwerklichen Dimensionen[23] wahrgenommen. Die Auseinandersetzung mit diesen Themen erfolgte allerdings ausschließlich im bildnerischen Werk selbst und nicht etwa – wie in der gleichzeitigen Disegno-Debatte italienischer Prägung – in der Fixierung einer schriftlichen Theorie oder durch institutionelle Verankerung im entstehenden Akademiewesen. Künstlerische Emanzipation behauptete sich durch eine Aufwertung des Handwerklichen, durch den vermehrten Einsatz künstlerischer Mittel als Ausdrucksträger und durch das freie Verfügen über ein Zeichenrepertoire heterogener Herkunft.

Fünftens: Im hermetischen Charakter rudolfinischer Bildwerke artikulieren sich Ambivalenzerfahrungen, die bereits im Werdegang der Künstler angelegt waren. Stil und Thematik der frühesten Werke lassen zunächst eine schrittweise Aneignung von Traditionen erkennen, die den Künstlern auf ihrer Wanderschaft begegneten. Insbesondere in der Figuration machen sich italienische Einflüsse bemerkbar. Im häufigen Wechsel von künstlerischem Umfeld und Auftraggebern konnten die Künstler nicht nur ihr Bildrepertoire stetig erweitern, sondern gelangten auch zunehmend zu der Erkenntnis der Mehrdeutigkeit von Zeichen.[24] Der gesellschaftliche Aufstieg und die Festigung an den nördlichen Fürstenhöfen gab ihnen schließlich den gestalterischen Freiraum, diese Erfahrung von Ambivalenz künstlerisch zu ver-

---

20 Die ältere Forschung wollte den hohen sozialen Status der Künstler in einem Majestätsbrief Rudolfs II. von 1595 bestätigt sehen, da dieser die Malerei vom übrigen Handwerk entschieden abgrenzte. Vgl. Karel Chytil: Malířstvo Pražské XV. a XVI. věku a jeho cechovní kniha staroměstská z let 1490–1582 [Die Prager Maler des 15. und 16. Jahrhunderts und ihr Altstädter Zunftbuch aus den Jahren 1490–1582]. Praha 1906 (Rozpravy České Akademie v Praze, Třída 1 [Arbeiten der Tschechischen Akademie in Prag, erste Klasse] 36), S. 310–314. Neuere Deutungen sehen in der Erklärung der Malerei zur Kunst nicht so sehr emanzipatorische Bestrebungen bekräftigt, sondern vielmehr einen Schlichtungsversuch nach internen Streitigkeiten innerhalb der Gilde. Vgl. den jüngst erschienenen Beitrag von Blanka Ernest-Martinec, Hessel Miedema: Der Majestätsbrief Rudolfs II. für die Prager Maler vom 27. April 1595 und seine Implikationen rund um den Begriff Kunst. In: Studia Rudolphina 5 (2005), S. 32–39.

21 Dazu gehören – wie bereits erwähnt – die Ernennung zum Kammerkünstler, das Druckprivileg (vgl. Anm. 15) und der Majestätsbrief von 1595 (vgl. Anm. 20).

22 Als Prozess des Geistigen reflektiert in einem Kupferstich von Aegidius Sadeler d. J. nach einer Zeichnung Hans von Aachens und dem ikonographischen Entwurf Joris Hoefnagels: Hermathena, um 1590, 394 x 287 mm, Illustrated Bartsch 7201.116 S1.

23 Den handwerklichen Prozess hebt unter anderem ein Relief von Adriaen de Vries hervor: Die Werkstatt des Vulkan, München, Bayerisches Nationalmuseum, Inv. Nr. 69/ 57, 47 x 56 cm, Bronzelegierung, 1611.

24 Dies manifestieren Bild und Begleittext einer Zeichnung Hans von Aachens, die den Titel „Curriculum vitae christianae" trägt, von Joris Hoefnagel entworfen und von Aegidius Sadeler d. J. gestochen wurde: Prag, Nationalgalerie, Inv. Nr. K1157, Feder in Braun, braun laviert, weiß gehöht, 345 x 272 mm, um oder kurz vor 1589, Illustrated Bartsch 7201.112.

arbeiten.[25] Ein freies Verfügen über Bildmittel und -zeichen lässt sich zuallererst dort beobachten, wo der kulturelle Austausch besonders groß war, etwa am bayerischen Hof in München.[26]

Sechstens: In seinem Mäzenatentum trat Rudolf II. vornehmlich als Beobachter,[27] Kunstliebhaber[28] und Sammler[29] in Erscheinung. Persönliche und herrschaftliche Repräsentation waren dagegen zweitrangig. Sie fanden ihren Ort oft in kleinen, niederen Gattungen, die in der Kunstkammer untergebracht und einem kleinen Betrachterkreis vorbehalten waren.[30] In allegorischen Werken ließ sich zunehmend eine Herrschaftssymbolik ablesen, durch die Überlagerung angesammelter Motive blieben sie jedoch semantisch vielschichtig.[31] Eine nachträgliche Fokussierung auf die repräsentative Deutungsoption setzte bereits zu Lebzeiten Rudolfs II. in der Emblematik ein[32] und fand ihre Fortsetzung im frühabsolutistischen Kunstpatronat Albrecht von Waldsteins.[33]

---

25 Engten die Vorgaben der Höfe den Künstler generell weniger ein als das Patronat der gegenreformatorischen Kirche, so galt für die Kunst des Nordens außerdem, dass Programme seltener schriftlich fixiert wurden.

26 Neues Material präsentiert Thea Vignau-Wilberg: In Europa zu Hause – Niederländer in München um 1600 (Ausstellungskatalog). München 2005. Wichtigste Schnittstelle künstlerischen Austausches im Bereich der Skulptur war unbestritten Florenz.

27 Die Quellen berichten – wie der Forschung hinlänglich bekannt ist – vom regelmäßigen Besuch des Kaisers in den Werkstätten der Künstler. Vgl. Thomas DaCosta Kaufmann: The School of Prague. Painting at the Court of Rudolf II. Chicago 1988, S. 17f.

28 Rudolf II. hatte sehr genaue Vorstellungen, welche Werke (etwa Dürer-Zeichnungen) und welche Künstler (etwa Giambologna) er an seinen Hof holen wollte, und verfolgte seine Vorhaben mit entsprechendem Nachdruck. Zugänglich waren die Sammlungen allerdings nur sehr Wenigen.

29 Die Kunstkammer war den Wohngemächern des Kaisers direkt benachbart und nahm auf der Prager Burg mehr Raum ein als Pinakothek und Glyptothek zusammen. Vgl. Monika Brunner: Päpstliches „Capriccio“ und kaiserliche „Representatio“. Das Ovaltreppenhaus der rudolfinischen Kunstkammern als Form habsburgischer Architekturpolitik. In: Zeitschrift für Kunstgeschichte 60 (1997), S. 516–520.

30 Das politischste Werk Hans von Aachens in seiner Prager Zeit, ein 14-teiliger Bilderzyklus zu den Türkenkriegen, präsentiert sich in kleinem Format auf Pergament. Erwähnt werden die Blätter bald nach ihrer Fertigstellung in der Dresdener Kunstkammer. Das repräsentativste aller Themen – die Historie – wurde damit in die engste kennerschaftliche Verwahrung genommen. Den neuesten Forschungsstand zum Bilderzyklus fasst zusammen Joachim Jacoby: Hans von Aachen 1552–1615. München 2000 (Monographien zur deutschen Barockmalerei), Kat. Nr. 60 (1–11), S. 182–203.

31 So in Hans von Aachens Stuttgarter Allegorie, deren Deutungen nach wie vor stark divergieren: Staatsgalerie Stuttgart, Inv. Nr. 2130, Öl auf Kupfer, 55,5 x 47,0 cm, um 1598. Zum Forschungsstand vgl. Jacoby: Hans von Aachen (Anm. 30), Kat. Nr. 55, S. 170–174. Seitdem erschienen: Günter Irmscher: Iam redit et virgo, redeunt Saturnia regna. Zu zwei Pendantgemälden Hans von Aachens – Addenda. In: Barockberichte 31 (2001), S. 5–14.

32 Insbesondere im Hauptwerk der Prager Emblematik: Jacobus Typotius: Symbola divina et humana pontificium imperatorum regum. 3 Bde. Pragae 1601–1603. ND Graz 1972 (Instrumentaria Artium 7).

33 Ablesbar an der Geschichte seines Prager Skulpturengartens. Vgl. hierzu umfassend Lars Olof Larsson: Ein neues Rom an der Moldau? Der Skulpturengarten Albrecht von Wallensteins in Prag. In: Klaus Bußmann, Heinz Schilling (Hg.): 1648. Krieg und Frieden in Europa (Ausstellungskatalog). Textbd. 2: Kunst und Kultur. München 1998 (Council of Europe exhibitions 26), S. 201–208.

Die entstehende Arbeit gliedert sich in drei thematische Abschnitte, für die folgende Teilergebnisse erzielt wurden:

1. Erkundung des Fremden / Landschaft

Die Prager Landschaftsgraphik und -malerei nahm ihren Ausgang in privaten Reiseskizzen, die sich auf fremde Phänomene, die den Künstlern in ihrem bisherigen Lebensumfeld nicht begegnet waren, konzentrierten.[34] Im Prozess der Bildfindung zeichneten sich mehrere Stufen der Wirklichkeitsaneignung ab, die vom Abtasten charakteristischer Formerscheinungen bis zur freien Einbindung des gesammelten Skizzenmaterials in eine durchorganisierte Bildstruktur führte. Auf mythologische oder religiöse Rückbindungen durch Staffage wurde zunehmend verzichtet.[35] An deren Stelle trat die Erprobung zeichnerischer Verfahren, deren Einsatz als Ausdrucksträger und eine neue Symbolsprache. Das vielschichtige Diktum „naar het leven" vermag dies kaum zu erfassen.

Eine Neuerung bestand etwa darin, im Werkprozess einer Freiluftskizze den Landschaftsausblick vom Vordergrund des Bildes zu scheiden. Wurde ersterer im Naturstudium topographisch möglichst genau festgehalten, blieb letzterer zunächst frei, um später im Atelier ergänzt zu werden – ein Verfahren, das sich bereits bei Paulus van Vianen abzeichnet.[36] Auf dieser Grundlage brachte Roelandt Savery eine neue Synthese von künstlerischen Ausdrucksmitteln und kompositorischen Eingriffen zum Einsatz, die in seinen Gebirgszeichnungen Dramatik erzeugten. Extreme Nahsicht und Vertikalität wurden von ihm mit den immer wiederkehrenden Bildmotiven abgeknickter, wild im Weg stehender Äste und Baumstämme verbunden und mit der Überarbeitung der Blätter in farbiger Kreide zu einem Bildganzen verschmolzen. In beiden Fällen sah der Werkprozess eine Reflexion der Wirklichkeitserfahrung vor.

Mit dem Motiv eines kleinen Zeichners wurde die Subjektivierung des Landschaftsbildes zum Topos. In künstlerischen Verarbeitungen begegnete er zuerst

---

34 In den Zeichnungen Paulus van Vianens und dem Werk Roelandt Saverys sind dies konkret Gebirge, Wasserfälle, fremde Trachten sowie das jüdische Leben in Prag. Einzelaspekte hierzu untersucht Joaneath Spicer: The Star of David and Jewish Culture in Prague around 1600 Reflected in Drawings of Roelandt Savery and Paulus van Vianen. In: The Journal of the Walters Art Gallery 54 (1996), S. 203–224; Ders.: Roelant Savery und die „Entdeckung" des alpinen Wasserfalls. In: Eliška Fučíková (Hg.): Rudolf II. und Prag. Kaiserlicher Hof und Residenzstadt als kulturelles und geistiges Zentrum Mitteleuropas (Ausstellungskatalog). Mailand 1997, S. 146–156.

35 Die Entwicklung ist auch andernorts, vor allem jedoch bei reisenden Niederländern zu beobachten. Vergleichbar wäre beispielsweise der Werdegang des Gillis van Coninxloo. Vgl. Martin Papenbrock: Landschaften des Exils. Gillis van Coninxloo und die Frankenthaler Maler. Köln 2001 (Europäische Kulturstudien 12), S. 133–182.

36 Anders noch Pieter Bruegel d. Ä. oder Matthijs Bril, die den Vordergrund ihrer Zeichnungen grundsätzlich ausfüllten. Eine spätere Ergänzung durch bedeutungsstiftende Staffage war möglich, jedoch für den Werkprozess nicht konstitutiv. Beispiele hierzu bei Nils Büttner: Rezension zu Papenbrock: Landschaften des Exils (Anm. 35). In: Zeitschrift für Kunstgeschichte 66 (2003), S. 561f.; Louisa Wood Ruby: Paul Bril: The Drawings. Brepols 1999 (Pictura nova 4), S. 158f., Abb. 14, 15.

bei Pieter Bruegel d. Ä.,[37] dann bei Federico Zuccari,[38] bevor ihn eine breitere Gruppe reisender Niederländer als Bildzitat immer wieder in Landschaftsdarstellungen einbrachte.[39] Über den kartographischen Authentizitätsanspruch eines „Ich war hier und so sah es aus" gehen diese zeichnerischen Wirklichkeitsentwürfe weit hinaus.[40] Kunsttheoretiker wollten in dem Verfahren später ein überbietendes Prinzip erkennen.[41]

Die verstärkte Reflexion von Darstellungsmodi mündete schließlich in einer Neubewertung von Zeichen, deren Grundlage nicht mehr allein die geistesgeschichtliche Tradition, sondern in zunehmendem Maße auch das Naturstudium bildete. So ging dem Motiv der Gemse auf Felsen im Prager Umfeld um 1600 seine traditionelle religiöse Bedeutung als Symbol von Unglauben und Versuchung verloren,[42] gleichzeitig wurden neue Sinnebenen in der Natur- und Herrschaftsallegorie erschlossen.[43]

---

37 Alpine Landschaft mit Zeichner, London, Count Antoine Seilern Collection. Vgl. Ludwig Münz: Bruegel. The Drawings. Complete Edition. London 1961, Kat. Nr. 14. In Kupferstichen überliefert: Zeichner vor den Wasserfällen von Tivoli u. Zeichner vor einer Landschaft mit Amor und Psyche (Hollstein 1 u. 3). Abbildung in: Jürgen Müller, Uwe M. Schneede (Hg.): Pieter Bruegel invenit. Das druckgraphische Werk (Ausstellungskatalog). Hamburg 2001, Kat. Nr. 1, S. 41, Kat. Nr. 81, S. 143.

38 Albertina, Wien, Inv. Nr. 13329, 271 x 395 mm, Rötel und schwarze Kreide, Aufschrift: „1576 adi [...] agosto [...]." Vgl. Piera Giovanna Tordella: Federico Zuccari disegna nell'abetaia di Vallombrosa. In: Cristina Acidini Luchinat (Hg.): Magnificenza alla corte dei Medici. Arte a Firenze alla fine del Cinquecento (Ausstellungskatalog). Milano 1997, S. 248.

39 Etwa Joris Hoefnagel, Paul Bril, Paulus van Vianen, Roelandt Savery und Allaert van Everdingen. Vgl. Bruno Weber: Die Figur des Zeichners in der Landschaft. In: Zeitschrift für Schweizerische Archäologie und Kunstgeschichte 34 (1977), S. 44–82; Stefan Bartilla: Die Wildnis. Visuelle Neugier in der Landschaftsmalerei. Eine ikonologische Untersuchung der niederländischen Berg- und Waldlandschaften und ihres Naturbegriffs um 1600. Freiburg i. Br. 2005 (Freiburger Dissertationsreihe 6), S. 170–184.

40 Paulus van Vianen beispielsweise wich in einer Überarbeitung seiner ersten Ansicht von Salzburg bewusst vom topographischen Vorbild ab. Vgl. Teréz Gerszi (Hg.): Die Salzburger Skizzenbücher des Paulus van Vianen. Landschaftszeichnungen und Stadtansichten des Hofgoldschmiedes von Erzbischof Wolf Dietrich von Raitenau. Mit topographischen Erläuterungen von Herbert Klein (Ausstellungskatalog). Salzburg 1983, Kat. Nr. 1 u. 2, S. 30–32.

41 Etwa Hendrick Roghman in einem Gedicht auf Roelandt Savery 1647, zit. in: Kurt Erasmus: Roelant Savery, sein Leben und seine Werke. Halle 1908, S. 3, Anm. 3.

42 Zur Herleitung bis Pieter Bruegel d. Ä. vgl. Werner Busch: Landschaftsmalerei. Berlin 1997 (Geschichte der klassischen Bildgattungen in Quellentexten und Kommentaren 3), S. 26–29. Ein Kupferstich nach Joris Hoefnagel von 1598 rekurriert auf dasselbe Bildmotiv, lässt es jedoch nur noch als topographischen Verweis deuten: Abbildung der Vorzeichnung und ihrer druckgraphischen Adaption mit Gemsen in Vignau-Wilberg: In Europa zu Hause (Anm. 26), S. 21, 51.

43 Als Attribut der Natura in einem Brunnenentwurf von Friedrich Sustris: Stuttgart, Staatsgalerie, Inv. Nr. 123, Feder in Schwarz, grau laviert, weiß gehöht über Stiftskizze, 178 x 391 mm, zwischen 1568 und 1570. Als Herrschaftssymbol im Emblemwerk von Typotius: Symbola divina et humana (Anm. 32), Bd. 3, S. 55.

2. Dialog mit dem Fremden / Figuration

In der Skulptur entwickelten Prager Künstler Prinzipien des Florentiner Figurenparagone fort. Ihre Hauptvertreter gingen sämtlich aus dem Umkreis Giambolognas hervor, der selbst aus Flandern stammte, sich jedoch bald in Italien durchsetzte.[44] Hatte sich im Florentiner Künstlerwettstreit bereits ein dialogisches Prinzip entwickelt, in dem ein Kunstwerk jeweils auf ein anderes reagierte, generierte sich die spätere Prager Bildhauerkunst hauptsächlich durch das Prinzip überbietender Nachahmung.[45] Das Auftreten der Niederländer in Florenz, insbesondere Giambolognas, bewirkte eine qualitative Veränderung der Figuration, deren hervorstechendstes Merkmal die Serpentinata war.[46] Auf der Fortführung ihrer stilistischen und inhaltlichen Eigenschaften bauten spätere Prager Werke der Bildhauerkunst auf. Wurde die Serpentinata bei Giambologna schnell mit einer relativen thematischen Offenheit in Verbindung gebracht,[47] so geriet aus dem Blickfeld, was erst in seiner Rezeption durch Adriaen de Vries vollends zur Geltung kam: dass die Ausdrucksqualitäten der Kunstform ihrerseits sehr präzise Inhalte nahelegten.

Die Synthese der Spirale vermittelte einerseits Einheit und Geschlossenheit, sowie, im Einklang mit Lomazzo, Leichtigkeit und Grazie.[48] Andererseits waren in der künstlerischen Verschmelzung der Figuren eine organisch logische Fortsetzung des Bewegungsablaufs und mit ihr weitere Handlungen nicht mehr denkbar.[49] Handlungslogisch waren die Körper in der Kunstform gefangen, ästhetisch gingen sie in ihr auf. Diese ambivalente Spannung legte bestimmte Themenkomplexe nahe. Längst hat die Genderforschung das häufige Auftreten von Raptusgruppen für sich entdeckt, ohne sich der gestalterischen Implikationen vollends bewusst zu werden:[50]

---

44 Im Wesentlichen Hans Mont, Gregor van der Schardt und Adriaen de Vries.

45 Vgl. Lars Olof Larsson: Imitatio and aemulatio. Adriaen de Vries and classical sculpture. In: Peter Scholten u. a. (Hg.): Adriaen de Vries (1556–1626), imperial sculptor (Ausstellungskatalog). Amsterdam 1998, S. 52–58.

46 Zur Herleitung aus dem Kontrapost vgl. David Summers: Maniera and Movement: The Figura Serpentinata. In: The Art Quarterly 35 (1972), S. 269–301. Zu den formalen Qualitäten vgl. Lars Olof Larsson: Von allen Seiten gleich schön. Studien zum Begriff der Vielansichtigkeit in der europäischen Plastik von der Renaissance bis zum Klassizismus. Stockholm 1974 (Acta Universitatis Stockholmiensis, Stockholm Studies in the History of Art 26).

47 Verschiedene Deutungsoptionen eröffnet bereits eine erste Gedichtsammlung zu Giambolognas Raub einer Sabinerin, die noch im Jahr der Enthüllung erschien: Michelagnolo Sermartelli: Composizioni di diversi autori in lode del ritratto della Sabina scolpito in marmo dall'eccellentissimo M. Giovanni Bologna, posto nella Piazza del Serenissimo Gran Duca di Toscana. In: Paola Barocchi (Hg.): Scritti d'arte del Cinquecento. Bd. 2. Milano u. a. 1973, S. 1211–1242.

48 „[…] la maggior gratia, & leggiadria che possa hauere vna figura […]“: Giovanni Paolo Lomazzo: Trattato dell'arte della pittvra, scoltvra et architettvra. Milano 1585, S. 23.

49 Andeutungsweise bereits bei Emil Maurer: „Figura serpentinata“. Studien zu einem manieristischen Figurenideal. In: Ders. (Hg.): Manierismus – Figura serpentinata und andere Figurenideale. Studien, Essays, Berichte. Zürich 2001, S. 21–79, bes. S. 42–44.

50 Da sie die Werke ausschließlich aus ihrer Funktion heraus begreift, muss in widersprechenden gestalterischen Aussagen wie der Ästhetisierung eines Gewaltaktes eine bewusste Verschleierung des einen, ‚wahren' Inhaltes vermutet werden. Vgl. Yael Even: The Loggia dei Lanzi. A Showcase of Female Subjugation. In: Norma Broude, Mary D. Garrard (Hg.): The Expanding Dis-

Die formale Synthese von (künstlerischer) Grazie und (bewegungstechnischer) Gefangenschaft fand im Motiv des Frauenraubes, der Zwang und Anmut miteinander verbindet, ein inhaltliches Pendant.

Adriaen de Vries zog in einer Adaption des Raptusthemas in Prag ein zweites kompositorisches Schema heran, das einen inhärenten Widerspruch von An- und Ablehnung vermitteln konnte.[51] Ursprünglich weder mit einem Mann-Frau-Verhältnis noch mit der Form der Serpentinata verbunden, ging es auf eine ikonographische Neuerung Antonio del Pollaiuolos zum Thema „Herkules und Antaeus" zurück. In Auseinandersetzung mit den verschiedenen, teils einander widersprechenden Überlieferungen des Herkules-Mythos hatte der Florentiner Bildhauer einen neuzeitlichen Prototyp der Figurengruppe geschaffen, in welchem er den Widerspruch zwischen Tugendideal und kämpferischer Rohheit in eine ambivalente Spannung der Form überführte.[52] Erstmals waren hier die Körper der beiden Kontrahenten einander zugewandt. Herkules zog Antaeus an sich, während letzterer sich mit der Hand vom Kopf des Gegners wegzudrücken versuchte. Dieses gleichzeitige An-sich-Ziehen und Wegdrücken nahm die manieristischen Adaptionen des Themas auf[53] und verknüpfte es schließlich – wiederum zuerst von niederländischer Seite – mit der Spiralform der Serpentinata.[54] Die Übertragung des ambivalenten Ausdrucksschemas auf einen neuen Themenbereich macht bei Adriaen de Vries schließlich ein Vorgehen deutlich, das in der Aneignung klassischer Bildinhalte von der Form, nicht von der Funktion ausging. Weitere inhaltliche Dimensionen des Ausdrucks konnten erschlossen und fortentwickelt werden.[55] Die grundlegende Neuerung Giambolognas, Form- und Inhaltsaspekte in eine Synthese zu überführen, fand im rudolfinischen Prag ihre letzte Konsequenz.

---

course. Feminism and Art History. Boulder 1992, S. 133–135; Diane Wolfthal: Images of Rape. The „Heroic" Tradition and its Alternatives. Cambridge 1999, S. 18, 20, 22–24.

51 Adriaen de Vries: Raub einer Sabinerin oder Raub der Proserpina, Berlin, Bodemuseum, Bronze, Höhe: 192 cm, 1621.

52 Vgl. Dieter Blume: Mythos und Widerspruch. Herkules oder die Ambivalenz des Heros. In: Herbert Beck u. a. (Hg.): Natur und Antike in der Renaissance (Ausstellungskatalog). Frankfurt/M. 1985, S. 130–139.

53 Beispielsweise Bartolomeo Ammannati: Herkules und Antaeus, Florenz, Villa Medicea di Castello, Bronze, Höhe: 201 cm, ca. 1560.

54 Zuerst Willem van Tetrode: Herkules und Antaeus, London, Victoria & Albert Museum, Bronze, Höhe: 46,8 cm, 1562-1567; dann Giambologna: Herkules und Antaeus, Wien, Kunsthistorisches Museum, Inv. Nr. 5845, Bronze, ca. 1577.

55 Etwa in einer Adaption des Laokoon, welche das antike Thema szenisch zuspitzt, oder in einem auf Dürer rekurrierenden Christus als Schmerzensmann, der – seiner Attribute entledigt – eine verstärkte Psychologisierung erfährt: Adriaen de Vries: Laokoon und seine Söhne, Stockholm, Nationalmuseum, Inv. Nr. Drh Sk 68, Bronze, Höhe: 172 cm, 1623; Ders.: Christus im Elend, Vaduz, Sammlungen des Fürsten Liechtenstein, Bronze, Höhe: 149 cm, 1607.

3. Formulierung des Fremden / Allegorie

Mit der Allegorie war den Pragern eine Bildform in die Hand gegeben, in der sie die Ambivalenzerfahrung ihrer Migration zu einem kompositorischen Gefüge zusammenführen und damit ein Stück weit bewältigen konnten. Durch den Verlust, zumindest aber die Relativierung von Heimat und Religion im Zuge der Wanderschaft hatten bildliche Muster des Heilsversprechens zunehmend an Verbindlichkeit verloren. Ihr Zeichencharakter wurde manifest und leistete auf diese Weise Säkularisierungstendenzen Vorschub.[56] An die Stelle des christlichen Gottes konnten nun Sinnbilder des Schicksals treten, die an pagane Mythologien anknüpften.[57] Im Kontext der Säkularisierung wurde eine künstlerische Aneignung und Neubewertung von Zeichen möglich, über die der Allegoriker in bislang unbekannter Freiheit verfügte.[58]

Der Prozess lässt sich exemplarisch am Werdegang Hans von Aachens verfolgen: Nachdem er in Venedig, Rom und Florenz die zeitgenössische Figurenmalerei des italienischen Manierismus kennengelernt und stilistisch aufgenommen hatte, war in seiner Münchener Zeit eine inhaltliche Neuausrichtung zu beobachten. Erstmals setzte er hier mythologische Bildmotive als Träger allegorischer Inhalte ein. In Auseinandersetzung mit seinen Künstlerkollegen am bayerischen Hof fand er zu jener paganen Bildsprache, die für seine spätere Malerei in Prag charakteristisch ist. Der künstlerische Austausch lässt sich zunächst in motivischen Anleihen etwa bei Friedrich Sustris, dann in einer intensiven Zusammenarbeit mit Joris Hoefnagel verfolgen. Am rudolfinischen Hof in Prag verband sich die so entwickelte mythologisch-allegorische Ikonographie mit den Ansprüchen kaiserlicher Repräsentation. Die Werke Hans von Aachens ließen vermehrt Herrschaftssymbolik erkennen, blieben aber aufgrund der angesammelten symbolischen Muster semantisch vielschichtig und legten, wie eine nähere Bildinterpretation zeigen kann, auch großen Wert auf die Erhaltung dieser Vielschichtigkeit.

In ähnlicher Weise löste sich Bartholomäus Spranger auf seiner Wanderschaft von erzählerischen Zusammenhängen und überließ es der Form, inhaltliche Bezüge zu stiften.[59] Die Prager Maler nutzten bedeutungsstiftende Prinzipien der Komposition für die Erzeugung einer ambivalenten Spannung, die erst in der Erkenntnis der Mehrdeutigkeit der Zeichen entstehen konnte.[60] Das innovationsof-

---

56 Zur Erkenntnis des Zeichencharakters durch Entäußerung vgl. Jan Sadeler in Voltelini: Urkunden und Regesten (Anm. 15), S. LXXX, Nr. 11938.

57 So tritt in der Stuttgarter Allegorie Hans von Aachens (vgl. Anm. 31) der Zeitengott Chronos an jenen Ort, den vorher, in einem Bild des hl. Sebastian, kleine Engel mit ihrem Heilsversprechen ausgefüllt hatten: Hans von Aachen: Der heilige Sebastian, München, St. Michael, Kapelle des heiligen Sebastian, Öl auf Leinwand, ca. 310 x 205 cm, 1588–1591.

58 Vgl. Anm. 24.

59 Deutlich insbesondere im hochorganisierten Gedenkblatt Sprangers für seine verstorbene Frau: Kupferstich, 298 x 423 mm, 1600, Hollstein 332.

60 Etwa im Symbol des Pfeiles, der gleichzeitig auf den Tod und die Liebe verweisen kann. In Rekurs auf ein Emblem Alciatis wurde das Symbol von Jan Sadeler aufgenommen (Jan Sadeler nach Matthijs Bril, Kupferstich, 219 x 262 mm, Illustrated Bartsch 70,3.521) und von Bartholomäus Spranger in dieser Doppeldeutigkeit in ein Gedenkblatt für seine verstorbene Frau eingebaut. Vgl.

fene Mäzenatentum Rudolfs II., ein humanistisch geprägtes Umfeld am Prager Hof und die Bestimmung der Werke für eine nicht primär auf Repräsentation ausgerichtete Studiensammlung boten den Künstlern die Möglichkeit, mehr als andernorts den eigenen Erkenntnishorizont in ihre Produktion einfließen zu lassen.

Martin Lang: Künstlervita inszeniert: Bartholomäus Sprangers Gedenkblatt für seine verstorbene Frau. Magisterarbeit FU Berlin 1994, S. 59. Wie noch zu zeigen sein wird, wurde es in eben diesem Sinne auch von Hans von Aachen in seiner Stuttgarter Allegorie aufgegriffen (vgl. Anm. 31).

Katrin Möller-Funck

Existenzielle Bedrohung und Kommunikation im ehemaligen Herzogtum Preußen zu Beginn des 18. Jahrhunderts

Im Rahmen des hier vorzustellenden Dissertationsvorhabens meint der Begriff „Existenzielle Bedrohung“ das zeitgleiche Auftreten von Pestepidemien und Naturkatastrophen. Die Furcht vor solchen Ereignissen sowie deren Allgegenwärtigkeit in der Frühen Neuzeit setzten vielfältige Formen von Kommunikation in Gang und schufen Kommunikationswege. Diese kommunikativen Praktiken erhielten bei Ausbruch von Epidemien und Seuchen einen völlig neuen Stellenwert. Um diesen in die historischen Untersuchungen zur Seuchen- und Katastrophenforschung einzuordnen, müssen Ansätze in der historischen Krisen- bzw. Seuchenforschung mit Forschungen zur Kommunikationstheorie und -geschichte verbunden werden. Trotz des erkennbaren Stellenwerts dieses Forschungsansatzes wurde er in der Geschichtsschreibung der Frühen Neuzeit bislang eher wenig berücksichtigt. Eine historische Katastrophenforschung der Frühen Neuzeit existiert bisher nur in Ansätzen, die Zahl einschlägiger wissenschaftlicher Arbeiten ist noch gering.[1]

Das Dissertationsvorhaben setzt sich die Rekonstruktion von sozialer Kommunikation und sozialem Handeln am Beispiel der aufgetretenen Seuchen und Katastrophen zu Beginn des 18. Jahrhunderts im Herzogtum Preußen zum Ziel. Dabei verlangt die Kombination der Untersuchung von Kommunikationsprozessen und Ereignisgeschichte unter dem Aspekt sozialgeschichtlicher Forschung eine fächerübergreifende Betrachtungsweise. Medizingeschichte, Volkskunde und moderne Sozial- und Kulturgeschichte unter Berücksichtigung von kirchen-, frömmigkeits- und literaturgeschichtlichen Fragestellungen sowie Kommunikationstheorie und -geschichte müssen mit einbezogen werden, können aber nicht vollständig Berücksichtigung finden.[2] Dabei wird vorausgesetzt, dass Epidemien und Naturkatastrophen den Erfahrungshorizont einer Gesellschaft so radikal verändern, dass man sie für einen wesentlichen auslösenden Faktor des verstärkten interaktiven Austauschs im historischen Geschehen halten muss.

1 Hartmut Lehmann: Die Krisen des 17. Jahrhunderts als Problem der Forschung. In: Manfred Jakubowski-Tiessen (Hg.): Krisen des 17. Jahrhunderts. Interdisziplinäre Perspektiven. Göttingen 1999, S. 13–24; Manfred Jakubowski-Tiessen: Kommentar [zu Teil 4: Wahrnehmung und Verarbeitung von Katastrophen]. In: Paul Münch (Hg.): „Erfahrung“ als Kategorie der Frühneuzeitgeschichte. München 2001 (Historische Zeitschrift, Beihefte N. F. 31), S. 261–267; Dieter Groh, Michael Kempe, Franz Mauelshagen (Hg.): Naturkatastrophen. Beiträge zu ihrer Deutung, Wahrnehmung und Darstellung in Text und Bild von der Antike bis ins 20. Jahrhundert. Tübingen 2003 (Literatur und Anthropologie 13).

2 Zur Notwendigkeit eines interdisziplinären Vorgehens vgl. Otto Ulbricht: Einleitung: Die Allgegenwärtigkeit der Pest in der Frühen Neuzeit und ihre Vernachlässigung in der Geschichtswissenschaft. In: Ders. (Hg.): Die leidige Seuche. Pest-Fälle in der Frühen Neuzeit. Köln u. a. 2004, S. 1–63, hier S. 37.

Als Untersuchungsgebiet wurde ein Territorium gewählt, das zu Beginn des 18. Jahrhunderts von der „Pest" sowie fast gleichzeitig von Naturkatastrophen wie Viehsterben, Missernten und Heuschreckenplagen heimgesucht wurde: das ehemalige Herzogtum Preußen. Diese Region hat jedoch in der historischen Seuchen- und Katastrophenforschung, bis auf eine Monographie von Wilhelm Sahm,[3] bisher nur sehr geringe Berücksichtigung gefunden. Die „Große Pest" wütete in den Jahren 1709 bis 1711. Sie brach im Osten der Provinz aus und griff auf Königsberg über. Rund 240.000 der rund 600.000 Einwohner starben durch direkte oder indirekte Folgen des Seuchenzuges. Vor allem der ländliche Raum[4] war überproportional stark betroffen. Gleichzeitig kam es zu Missernten und damit zu einer großen Hungersnot.

Die durchgeführten Vorarbeiten bezogen sich schwerpunktmäßig auf die Einarbeitung in die vorhandene Forschungsliteratur. Gleichzeitig umfassten sie intensive Archivrecherchen und die Sichtung des Quellenmaterials. Die überlieferten und zugänglichen Quellen befinden sich fast ausschließlich im Geheimen Staatsarchiv Preußischer Kulturbesitz in Berlin-Dahlem. Sowohl für die Dokumente auf territorialer als auch auf zentralbehördlicher Ebene kann eine gute bis sehr gute und überschaubare Überlieferungsgrundlage festgestellt werden. Diese Bestände umfassen folgende Quellentypen bzw. -arten: Protokolle und Schriftverkehr des Collegium Sanitatis,[5] Pestverordnungen und -edikte, Korrespondenz der mit der Pest beschäftigten Personen, Korrespondenz mit auswärtigen Städten und Regierungen, Briefe und Stellungnahmen des preußischen Königs, Berichte untergeordneter Behörden, Verwaltungsschriftgut, Sterblichkeitstabellen, Beschreibungen ungewöhnlicher Naturzustände sowie Gedichte, Predigt- und Gebetstexte.

Die reiche quellenmäßige Überlieferung gestattet es, sehr konkrete Fragen nach dem Grad der Betroffenheit einzelner Dörfer, Ortschaften und Städte einschließlich Königsbergs auch in demographischer Hinsicht zu beantworten. Vor allem auch die kleinen Städte und ländlichen Regionen sind quellenmäßig überproportional gut erfasst. Sie bieten die Möglichkeit für Untersuchungen auch auf lokaler Ebene. Die durch die preußische Regierung wie auch durch das Königsberger Collegium Sanitatis regelmäßig angeforderten Berichte aus den Städten und Ämtern geben Auskunft über alle Aspekte, die in der Seuchenforschung relevant sind.[6] Besondere Berücksichtigung müssen Erlebnisberichte betroffener Personen finden, die das Alltagsleben und die zeitgenössischen Denkmuster erhellen.[7]

---

3 Wilhelm Sahm: Geschichte der Pest in Ostpreußen. Leipzig 1905 (Publikation des Vereins für die Geschichte von Ost- und Westpreußen 20).

4 Betroffen waren vor allem die kleinlitauischen Ämter Insterburg, Tilsit, Memel und Ragnit.

5 Beim Collegium Sanitatis handelte es sich um ein in Seuchenzeiten eingesetztes Kollegium, das sich in diesem Fall aus Vertretern der Regierung, des Militärs, der Justiz, der Kammer, des Forstamtes, der medizinischen Fakultät der Universität Königsberg sowie aus Stadträten zusammensetzte.

6 Anforderungen von Berichten mit umfangreichen Fragekatalogen ermöglichen sehr genaue Untersuchungen zu allen wichtigen Fragen in der Pestforschung; hier z. B. Geheimes Staatsarchiv Preußischer Kulturbesitz zu Berlin: E.M. 107b Nr. 64.

7 Vgl. z. B. ebd.: HA Rep. 7, Nr. 42 a: Kurtze und auffrichtige Nachricht, von den gesamten Anstalten

Darüber hinaus ist es möglich, die durch das Königsberger Collegium Sanitatis getragene Organisation der konkreten Seuchenabwehr als sozialen Kommunikationstransfer zu betrachten und zu analysieren. Die außerordentliche Stellung dieses eingesetzten Organs kann damit aufgrund sowohl der im Herzogtum Preußen eingeleiteten Interaktionen als auch ihres Verhältnisses zur Berliner Zentralbehörde völlig neu bewertet werden. Es soll herausgearbeitet werden, bis zu welchem Grad Abwehrmaßnahmen organisiert und durchgeführt wurden, wenn eine bestimmte Informationslage und Bedrohungssituation vorlag. Weiterhin ist es möglich zu zeigen, in welcher Weise sich die Abwehrmaßnahmen im Moment der Wahrnehmung der ersten Seuchen- und Katastrophenopfer beschleunigten und diversifizierten.

Kommunikationsgeschichtlich muss erstens der wechselseitige Informationsaustausch von Obrigkeit und Untertanen (Verhöre, Aussperrung, Gesundheitszeugnisse, Informationspolitik, Vorgabe religiöser Seuchenbewältigung, Gerüchte, Umsetzung von Pestedikten und Ahndung ihrer Übertretung, magische Bräuche der Untertanen, jeweils auch in geschlechtsabhängiger Betrachtungsweise) in den Blick genommen werden. Verschiedene Formen und Ebenen von Kommunikation sind gleichzeitig einzuordnen (z. B. Verhöre als Form der erzwungenen Kommunikation, Aussperrung auf der Ebene der gestörten Kommunikation, Gesundheitszeugnisse als angeordnete Kommunikation, Gerüchte als nicht kontrollierbare Form der Kommunikation).

Zweitens geht es um die wechselseitige Interaktion zwischen Obrigkeiten und drittens um die Kommunikation der Untertanen untereinander. Kommunikatives Handeln wird hier von der Interessenlage, den Werten und Normen der Akteure her rekonstruiert. Zu den Besonderheiten beim Auftreten von Seuchen wie der „Pest", die Gegenstand behördlichen Austausches geworden sind, gehören einerseits die strikte Durchsetzung der notwendigen Abschottungsmaßnahmen gerade jenen Bevölkerungsgruppen gegenüber, die wie die Armen und Fremden als „Pestträger" galten, andererseits der politische Wille, eine umfassende Absperrung der Städte (hier Königsbergs) und damit eine Unterbindung des Austausches von Waren und Gütern nicht zuzulassen. Zu diesen durchgreifenden strukturellen und funktionalen Veränderungen etablierter Kommunikationsformen und -netze sowie der Verschiebung geltender Rationalität angesichts der bestehenden Ansteckungsgefahr zählt ebenso die Umgestaltung und Anpassung des Postwesens: Umlegung der Postwege, Räucherung der Briefe, Aufnahme von Passagieren nur an Poststationen und mit Gesundheitszeugnis. Das Hinzutreten weiterer Naturkatastrophen wie Viehsterben, Missernten und Heuschreckenplagen im Untersuchungszeitraum verstärkte nicht nur die existenzielle Bedrohung der Menschen, sondern dürfte in

---

die bey der im Königreich Preußen, in annis 1709 et 1710 eingefallenen Pest gemachet worden aufgezeichnet und zum Druck befordert von Christoph Holtz Preußischen Hoff- und Tribunals-Rath als damahligen und von allen im Sanitatis Collegio gewesenen Beysitzern anjetzo allein noch am Leben gebliebenen Membro Collegii Sanitatis herausgegeben im Jahr 1756 (67 Blatt); E.M. 106e2 Nr. 25: Bestallungsurkunden wegen an der Pest gestorbener Diakone, darin enthalten: Kuvert, Bericht über die Lage in der verpesteten Stadt.

der historischen Untersuchung auch vertiefende Einblicke in die Komplexität der Kommunikationsprozesse erlauben.

Drei Fragestellungen sind in der Arbeit auf allen Forschungsebenen zentral: Zum ersten soll untersucht werden, wie das Zusammenspiel von Krise und Kommunikation letztere transformieren und gegebenenfalls intensivieren kann. Zum zweiten ist die Frage zu beantworten, welche spezifischen Funktionen Kommunikation in einer Katastrophensituation erfüllen muss und welche Veränderungen sich in der Verfahrensweise kommunikativen Handelns manifestieren. Zum dritten soll auch auf die ambivalente Wirkung von Kommunikation in Extremsituationen eingegangen werden. So müssen die überlieferten Äußerungen darauf untersucht werden, ob sie in der Bewältigungssituation eine abschwächende oder bestärkende Wirkung hatten.

Marta Patrycja Skrzyniarz

Stereotype in der Literatur am Beispiel Pommerns

Mit Stereotypen gibt es nur Probleme. Schon auf der grammatikalischen Ebene muss man die Entscheidung treffen, ob man „das Stereotyp" bzw. „die Stereotype" oder aber „den Stereotyp" und dann entsprechend „die Stereotypen" untersucht. Ich habe mich für die erste Möglichkeit entschieden, verlasse mich also auf die Autorität des Deutschen Universalwörterbuchs, des Duden. Nach der Lektüre theoretisch einführender Texte können einem freilich Zweifel daran kommen, ob man sich überhaupt mit ‚Stereotypen' beschäftigt. Als Konkurrenzbegriffe oder Synonyme treten „Vorurteile", „Prototypen", „Klischees", „Images", „Mythen", „Schemata", „Ideologien" etc. auf, die ebenso als ein bestimmtes Erwartungssystem fungieren und das menschliche Denken beeinflussen und vereinfachen. Deshalb definiere ich Stereotype als ein durch und für eine Gesellschaft bzw. soziale Gemeinschaft relativ starres, über Generationen hinweg übertragenes systemartiges Wissen über bestimmte Sachverhalte oder Menschengruppen, das in der Sprache oder in einem anderen ähnlichen Zeichencode – z. B. einem Bild – realisiert wird und eine Einstellung und eine Überzeugung enthält, wodurch es die menschlichen Emotionen, Denk- und Verhaltensweisen beeinflusst und somit eine positive oder negative Rolle spielen kann.

Weil Stereotype derart komplex sind, werden sie von verschiedenen wissenschaftlichen Disziplinen erforscht. Die Psychologie betont ihre biologische Bedingtheit und betrachtet sie als eine Art der Anpassung an die für Menschen zu komplexe Umwelt. Die Soziologie beschäftigt sich mit der Vermittlung der Stereotype beim sozialen Lernen und ihrer Korrelation mit der sozialen Wahrnehmung sowie mit der Kreation von Auto- und Heterostereotypen auf der Intra- und Intergruppenebene. Die Linguistik analysiert die sprachliche Realisation der Stereotype bzw. reduziert sie auf Sätze, seltener auf Worte, und untersucht ihre Rolle in der sprachlichen Kommunikation. Die Geschichtswissenschaft befasst sich mit der diachronen Rolle von Stereotypen, mit den Ursachen ihrer Entstehung und Wirkung sowie mit ihrer Interaktion mit historischen Ereignissen. Die Kulturwissenschaft betrachtet Stereotype als ein Teil des Kultursystems bzw. des soziokulturellen Codes und untersucht die „Stereotypenhaushalte eines Kulturraumes" (Kurt Imhof). Die Literaturwissenschaft, insbesondere die kontrastive Imagologie, dagegen beschäftigt sich mit den Stereotypen bzw. den Images in der Literatur – ihrer Konstruktion, ihren Funktionen im Text und ihrer Wiederholbarkeit – sowie mit der Rolle der Literatur bei der Verbreitung des stereotypen Wissens. Wie dieser kurze Überblick über die sich ergänzenden Disziplinen der Stereotypologie zeigt, wird das Stereotyp in allen seinen Facetten mit Hilfe von verschiedenen Methodiken und mit unterschiedlichen Schwerpunkten untersucht. Deshalb ist es notwendig, dem Untersuchungsgegenstand einen klar definierten methodischen Ansatz zuzuordnen. Diese Arbeit entsteht im

Rahmen des literaturwissenschaftlichen Ansatzes, bedient sich aber, soweit das nötig und begründet ist, der Instrumente auch der anderen Ansätze.

Wenn jemand sagt, dass er sich mit Stereotypen beschäftigt, wissen alle, worum es geht – alle halten sich für Experten auf diesem Gebiet. Und teilweise haben sie damit auch Recht. In Stereotypen finden wir ja ein gemeinsames Wissen, ein gemeinsames Gesprächsthema und das Gefühl der Gemeinsamkeit mit den anderen Mitgliedern unserer Gesellschaft. Ohne Kenntnisse der Stereotype droht Unverständlichkeit in der Kommunikation mit dem sozialen Umfeld. Das stereotype Wissen ist also nützlich – man hat von allem Ahnung, ohne eigene Erfahrungen auf dem bestimmten Gebiet gemacht haben zu müssen. Man muss sich keine Gedanken darüber machen, man spart Zeit, und vor allem riskiert man mit entsprechenden Aussagen keine Blamage – schließlich sind ja alle derselben Meinung. In der Ära der interaktiven Medien und des *global village,* das wir auf Last-Minute-Reisen kennenlernen, sind vor allem die Stereotype von Bedeutung, die uns in dem Informationschaos der Lippmanschen „summenden Welt" selbst zu definieren helfen – die Nationalstereotype.

Dieses stereotype Wissen erwirbt man ganz harmlos und unbewusst schon in der Kindheit: auf dem Weg unserer Sozialisation in Familie, Schule und unserer Umgebung, durch Massenmedien (Fernsehen, Radio, Presse), Literatur, Songtexte, Filme, Bilder, Fotos, Politiker, Kirche etc. So werden Stereotype innerhalb einer Gesellschaft von einer Generation auf die andere übertragen, sodass sie als ein starres, unveränderliches Wissen gelten, das nicht in Frage gestellt zu werden braucht. Diese zwei Eigenschaften der Stereotype – unbewusster Erwerb und Automatismus der Verbreitung – verursachen, dass sie neben ihrer positiven Seite, also ihrer Förderung der Denkökonomie und Unterstützung der Entwicklung eigener Identität, auch einen gefährlichen Nachteil haben: Sie (und mit ihnen auch wir) lassen sich manipulieren und können zu negativen Zwecken verwendet werden, z. B. als Instrument einer Ideologie, zur Durchsetzung eines politischen Ziels oder zum Ausschluss einer sozialen Gruppe aus dem öffentlichen Leben. Meine These ist, dass sich jeder positiven Funktion der Stereotype eine negative Entsprechung zuschreiben lässt. So könnte man die Rollen der Nationalstereotype paarweise wie folgt verallgemeinernd zusammenstellen:

1. Orientierungsfunktion (Erkenntnisfunktion, Entlastungsfunktion) vs. falsche Lösung und Wahrnehmungsfilter;

2. Gruppenbildung (Sozialisation, eine identitätsbildende und -stiftende Rolle, Anpassungsinstrument an die Gruppe, Selbstdarstellung, Schutz der eigenen Gruppe) vs. Gruppenteilung und Übernahme der Gruppenidentität bei gleichzeitigem Verlust der eigenen Identität, Ausgrenzung von Randgruppen, falsche Selbstdarstellung, aggressions- und diskriminierungsunterstützende Rolle;

3. Unterscheidung bzw. Abgrenzung vs. Annäherung an die fremde Gruppe;

4. Kommunikationsunterstützung als gemeinsamer Code, phatische Funktion mit integrierendem Ergebnis, Unterstützung der Sprachökonomie, kulturfördernde Rolle vs. Kommunikationsblockade, Blockade in den interkulturellen Kontakten, phatische Funktion mit abgrenzendem Ergebnis, Unverständlichkeit;

5. Wertsystem, ideologisch-politische Funktion, Erziehungsfunktion vs. falsche Einschätzung, Instrument der negativ verstandenen Ideologie, Manipulationswerkzeug, Vermittlung eines falschen Bildes von der Welt;

6. Stereotypenfördernde Rolle vs. stereotypenlöschende Rolle (wenn man Stereotype als System betrachtet).

In Bezug auf diese Mannigfaltigkeit der möglichen Funktionen und Aufgaben tragen die Nationalstereotype eine große Gefahr in sich, unabhängig davon, ob wir sie im Kontext des *global village*, der Europäischen Union oder der internationalen Nachbarschaft erfassen. Deshalb ist es wichtig, die Stereotype bewusst zu machen und ihre gewöhnlichen Verbreitungswege zu ihrer Modifikation oder Ersetzung zu verwenden (ein absolutes Löschen eines Stereotyps ist meiner Meinung nach unmöglich). Stereotype werden als Teil der Kultur und als eine vorwiegend sprachliche Erscheinung meist mittels sprachlicher Kommunikate festgehalten und vermittelt. Hierzu gehört als Sonderfall auch die Literatur.

Die Analyse der Nationalstereotype in der Literatur soll davon ausgehen, dass Europa nicht nur politisch, sondern auch literarisch eine Gemeinschaft bildet, die aus unterschiedlichen, aber in Wechselwirkung zueinander stehenden Bausteinen besteht. So werden die literarischen Autostereotype mit den literarischen Heterostereotypen und vermuteten Autostereotypen im Rahmen der Komparatistik und der vergleichenden Imagologie konfrontiert (unter Berücksichtigung des historischen bzw. des politischen und geographischen Hintergrundes). Die in der Literatur konkretisierten Stereotype können tatsächlich den nationalen Stereotypen in der Gesellschaft entsprechen, aber sie können sie auch modifizieren, stark verändern oder neu gestalten. Erst wenn ein Stereotyp sich mehrfach in verschiedenen Werken wiederholt, kann man schlussfolgern, dass es die literarische Realisation der sozialen Wirklichkeit von dem Standpunkt einer sozialen Gruppe aus ist. Falls ein Nationalstereotyp sich in den Werken eines Autors mehrmals wiederholt, kann man über das Stereotyp einer Nation bei einem Schriftsteller sprechen. Die Anwendung der Nationalstereotype als literarischer Stoff setzt voraus, dass die virtuellen Leser zu derselben nationalen Gruppe gehören wie der Erzähler, damit die Intention richtig verstanden werden kann. Es ist aber auch ein Spiel mit dieser Konvention möglich, um einen bestimmten Effekt zu erzielen (z. B. eine Stereotypenenthüllung). Nach Zofia Mitosek kann die Literatur bei der Verbreitung der Stereotype folgende Funktion erfüllen: Stiftung, Bestätigung oder Destruktion nationaler Stereotype.

Es scheint aber auch andere Möglichkeiten einer Verbindung zwischen den Stereotypen und der Rolle der Literatur zu geben: die literarische Modifikation des Stereotyps sowie das Ersetzen des Stereotyps durch ein anderes. Im ersten Fall kommt es zur punktuellen Veränderung des Stereotyps durch Zugabe oder Löschung seiner einzelnen Elemente, was seine positive oder negative Seite betonen kann. Die zweite Möglichkeit der Ersetzung geht davon aus, dass es unmöglich ist, Stereotype zu zerstören, und man sie daher nur durch andere zu einem bestimmten Zeitpunkt aus bestimmten Gründen erwünschte Stereotype ersetzen kann. Der polnische Schriftsteller Witold Gombrowicz, der soziale Stereotype enthüllen und verändern wollte, schrieb in seinem Roman *Ferdydurke*, die einzige Möglichkeit der Flucht vor den Stereotypen sei eine Zufluchtnahme zu anderen Stereotypen. So muss anstelle des zerstörten Stereotyps ein anderes eingesetzt werden. Dies ist möglich, wenn die Ersetzung in einem langwierigen Prozess stattfindet.

Eine andere, eher pragmatische Funktion in diesem Zusammenhang ist die therapeutische Verarbeitung von Erlebnissen auf internationaler Ebene. So werden in der Literatur Stereotype geschaffen, die für eine Nation eine therapeutische Rolle erfüllen. Sie können etwa die Kriegserlebnisse oder die Erfahrungen der deutschen Wende in den neunziger Jahren thematisieren – ihre Gemeinsamkeit liegt darin, dass sie eine Reaktion auf ein neues Ereignis sind, das man mit Hilfe von Literatur verarbeiten will.

So kann die Literatur Stereotype verbreiten und in der Gesellschaft verfestigen, demaskieren, modifizieren oder neu kreieren. Man kann sagen, dass Stereotype als literarischer Stoff den virtuellen Empfänger (Leser) bestimmen (d. h. sie funktionieren als Verständigungscode zwischen dem Leser und dem Erzähler) und die Konkretisierung von Unbestimmtheitsstellen steuern (d. h. die dargestellte Welt beruht auf einer gemeinsamen Erfahrung). Auf diese Art und Weise ist es möglich, jedes Werk unbewusst bzw. in der „Situation des guten Glaubens" (Zofia Mitosek) und der Identifikation mit den vorgeschlagenen Stereotypen oder bewusst mit einer kritischen Einstellung gegenüber der in der Literatur dargestellten Welt zu lesen.

Die Nationalstereotype werden aktiv oder, anders gesagt, kommen zum Vorschein vor allem in Zeiten der politischen Konflikte, Kriege, sozialen Unruhen oder in anderen Situationen eines intensiven interkulturellen Kontaktes. Deshalb gelten Grenzgebiete (also Räume der ständigen Inklusion und Exklusion, des kulturellen Miteinander- oder Gegeneinanderlebens) als ein ergiebiger Untersuchungsgegenstand der Stereotypenforschung. In Pommern existierten während des Zweiten Weltkrieges und nach dem Jahre 1945 – zum Teil gewollt, zum Teil ungewollt – nebeneinander und miteinander drei Nationen: Deutsche, Polen und Russen. Die historischen Ereignisse zwangen sie zu interkulturellen Kontakten, die zum Zusammenstoß der Auto- und Heterostereotype sowie der vermuteten Autostereotype führten. Dieser Prozess wurde zum Stoff der deutschen und der polnischen Literatur, die den Untersuchungsgegenstand der entstehenden Arbeit darstellt. Das findet seinen Grund nicht nur in der Grenzverschiebung nach dem Zweiten Weltkrieg, sondern auch in der Annahme, dass die deutsch-polnische Grenze keine unpassierbare Linie bildet, sondern den Ort einer ständigen Diffusion darstellt. Sie kann einen unmittelbaren kulturellen Kontakt bedingen, aber auch eine stetige Auseinandersetzung mit der Grenze und mit dem Leben im Grenzgebiet als eine ständige Bewegung von der Grenze weg oder zu ihr hin.

Die im Grenzgebiet entstandene Literatur hat in der Literaturwissenschaft mehrere Bezeichnungen gefunden, die sich teilweise mit anderen Teilen der Nationalliteratur decken: von der „Grenzlandliteratur" und der „literatura kresowa" (Literatur der ehemaligen polnischen Ostgebiete) über die „literatura małych ojczyzn" (Literatur der kleinen Heimaten) und die „regionale Literatur" bis hin zur „literatura ojczyzn prywatnych" (Literatur der privaten Heimaten) bzw. der „Literatur der verlorenen Heimat". Eine interessante Metamorphose des Begriffs der deutschen Grenzlandliteratur, die in einem Zusammenhang mit den in ihr verwendeten Nationalstereotypen steht, beschreibt Hubert Orłowski in einem seiner Texte: In der ersten Hälfte des 20. Jahrhunderts (vor 1945) habe diese Literatur das Leben im Grenzgebiet (wobei hier die „Grenze“ eine stark trennende Rolle spielt) als Nationalitätenkonflikt mit der Voraussetzung eines deutschen Sieges thematisiert. Seit 1945 hingegen umfasse die Grenzlandliteratur infolge der Grenzverschiebungen die Literatur der verlorenen Heimat (also der Heimat, deren Existenz sich aus der Realität in die Literatur verschoben hat), die Vertreibungs- und Erinnerungsliteratur sowie solche literarischen Texte, die die Auseinandersetzung mit dem neuen Leben im neuen (Grenz-)Gebiet und mit der lokalen Geschichte zum Thema haben und eine literarische Verarbeitung der psychischen Reaktion auf die historischen Ereignisse darstellen.

Die von mir angewandte Bezeichnung der „pommerschen Literatur“ muss aber präzisiert werden. Im Unterschied zur „Literatur in Pommern“, die das literarische Leben in dieser Region widerspiegelt, bezeichnet die „pommersche Literatur“ nicht nur die dort entstandene Literatur, sondern auch solche Werke, die diese Region als Handlungshintergrund verwenden. So wird – neben dem geographischen Kriterium und dem Kriterium der Geburt bzw. des Lebensschwerpunkts des Verfassers – auch der thematische Faktor in begründeten Fällen berücksichtigt. Auf diese Art und Weise werden der pommerschen Literatur auch solche Schriftsteller wie Christian Graf von Krockow (Geburtskriterium, thematisches Kriterium), Christine Brückner (thematisches Kriterium), Piotr Zaremba und Daniel Liskowacki (Lebensschwerpunkt und thematisches Kriterium) zugeordnet. So verbindet der Sammelbegriff die deutsch- und polnischsprachige Literatur, deren Gemeinsamkeiten auf dem Erlebnis der pommerschen Region beruhen.

Auch unter dem Gesichtspunkt der literarischen Gattungen stellt die pommersche (binationale) Literatur eher ein Konglomerat als ein durchschaubares System dar. Hohe Kunst verflicht sich mit Trivialliteratur, Persönliches mit Historischem, Symbolischem und Universalem. Die Grenze zwischen fiktiven Romanen und Tagebüchern oder Erinnerungen wird fließend, aber vor allem wartet das Entdeckte auf das zu Entdeckende. Neben Romanen und Gedichten werden auch solche Grenzgattungen analysiert, die zwischen der literarischen Fiktionalität und dem Status des Dokuments verschiedene Werte annehmen, wie z. B. die „literatura dokumentu osobistego“ (Literatur des persönlichen Dokuments), die „literatura faktu“ (Faction-Literatur), die „literatura produkcyjna“ (Produktionsliteratur), die „literatura propagandowa“ (Propagandaliteratur) sowie die „literatura tendencyjna“ (Tendenzliteratur). In dieser Pluralität der Gattungen, Kulturen, Themen, Sprachen und Verfasser, die durch das pommersche Kriterium miteinander verbunden sind, werden Nationalstereotype von unterschiedlichen Standpunkten aus als Zeichen ihrer Zeit festgehalten. Sie aufzuspüren, einzeln und in Wechselwirkung zueinander zu analysieren, zu beschreiben und auszuwerten, ist das Ziel dieser Dissertation.

Anna Jakubowska

Der Bund der Vertriebenen in der (west)deutschen und polnischen Publizistik 1957–2004

Im Zentrum des Dissertationsprojekts steht die Frage nach der Selbstdarstellung und Rezeption des Bundes der Vertriebenen (BdV) in der deutschen[1] und der polnischen Presse: Einerseits wird danach gefragt, wie sich der BdV selbst in den Medien präsentierte, und andererseits, welches Bild von ihm in den Medien präsentiert wurde. Es geht also nicht darum, das reale, sondern das öffentliche und das mediale BdV-Bild zu untersuchen, so wie es der deutsche und der polnische Leser über die Presse gewinnen konnte. Die Untersuchung beginnt mit der Gründung des Bundes der Vertriebenen im Jahre 1957 und endet mit der Osterweiterung der Europäischen Union um zehn neue Mitgliedsstaaten, darunter Polen, 2004. Der lange Untersuchungszeitraum zielt darauf ab, die Entwicklung des BdV-Bildes in ihrer Dynamik, ihren Kontinuitäten und Brüchen, Zusammenhängen und Diskrepanzen möglichst genau zu erfassen. Der Bund der Vertriebenen wird also im Kontext der deutsch-polnischen Beziehungen untersucht.

In der Fragestellung lassen sich vier Untersuchungsebenen unterscheiden: die Selbstdarstellung des BdV, seine mediale Rezeption, die Mediendiskurse in der Bundesrepublik und Polen sowie die Erinnerungskultur in beiden Ländern. Erstens soll das Selbstbild des BdV mit all seinen Veränderungen seit 1957 erfasst und so ein Hinweis auf die Identitätsentwicklung des BdV geliefert werden. Es wird danach gefragt, welcher Rhetorik und welcher Argumentationsweise sich der BdV in seiner Selbstdarstellung bediente und welches Bild er von sich selbst in der medialen Öffentlichkeit zu zeichnen versuchte. Zweitens wird danach gefragt, welches Bild die deutsche und die polnische Presse vom BdV entwarfen. Wie ist die Thematisierung bzw. Nicht-Thematisierung des BdV in der überregionalen deutschen und polnischen Presse zu unterschiedlichen Zeitpunkten zu deuten? Inwieweit lässt sich dies mit innenpolitischen Krisenzeiten in der Bundesrepublik und in Polen in Verbindung bringen und inwieweit bildet der Oder-Neiße-Konflikt dabei den Hintergrund? Wie ist die Wahl einer bestimmten Begrifflichkeit in der deutschen und polnischen Presse zu verstehen? Welche Veränderungen lassen sich in der medialen Darstellung des BdV feststellen und worauf sind sie zurückzuführen?

Die parallele Untersuchung von Selbstdarstellung und medialer Rezeption zielt darauf ab, die Präsenz des BdV in der deutschen und der polnischen Medienöffentlichkeit zu analysieren. Damit erweitert sich die Perspektive der ersten beiden Untersuchungsebenen, indem sie jetzt im Kontext der in Deutschland und Polen geführten Mediendiskurse betrachtet werden. Drittens wird danach

1 Die verwendeten Begriffe „Deutschland“ bzw. „deutsche Presse/Öffentlichkeit“ beziehen sich für den Zeitraum vor 1989/90 ausschließlich auf die Bundesrepublik. Die DDR wird in der Arbeit aus pragmatischen Überlegungen nicht behandelt.

gefragt, wie sehr der deutsche und der polnische Mediendiskurs differenziert und innenpolitisch instrumentalisiert waren. Wie wurde der Stand der deutsch-polnischen Beziehungen in dem jeweiligen deutschen und polnischen Mediendiskurs zu verschiedenen Zeitpunkten kommentiert und wie wirkte sich die Kommentierung auf die Berichterstattung über den BdV aus? Wie ist die Durchsetzung bzw. Nicht-Durchsetzung bestimmter BdV-Bilder im deutschen und im polnischen Mediendiskurs zu deuten? Was charakterisiert die Mediendiskurse in beiden Ländern und worauf sind diese Spezifika zurückzuführen? Viertens schließlich soll das BdV-Bild im Hinblick auf die Erinnerungskultur analysiert, also die Stellung des BdV im kollektiven Gedächtnis der Deutschen und der Polen herausgearbeitet werden. Ausgehend von der Hypothese, dass Mediendiskurse das kollektive Gedächtnis genauso stark prägen können wie das kollektive Gedächtnis die Existenz bestimmter Mediendiskurse befördert oder begrenzt, wird in der Arbeit nach der Wirkung von Mediendiskursen bei der Gestaltung der Erinnerungskultur gefragt. Die Erweiterung der Untersuchungsperspektive auf die Erinnerungskultur ist durch die Tatsache bedingt, dass die Aufnahme oder Ablehnung bestimmter Bilder in der Öffentlichkeit nicht nur durch die Medien, sondern auch durch das kollektive Gedächtnis einer Nation beeinflusst wird.[2]

Den Rahmen der Untersuchung bilden zwei Länder, die bis 1989 zwei unterschiedlichen politischen Systemen angehörten und deren Öffentlichkeit von zwei verschiedenen Typen einer Medienlandschaft geprägt wurde. Aus diesem Grund ist es erforderlich, sich in der Arbeit zweier Medien- und Öffentlichkeitsdefinitionen zu bedienen. Als Quellenmaterial wird grundsätzlich das herangezogen, was sich als „freie Medien" definieren lässt. Eine Ausnahme bildet allerdings das polnische Pressematerial bis 1989, das im Rahmen des kommunistischen Systems der Zensur unterlag. Die von den freien Medien hergestellte Öffentlichkeit wird in der Arbeit als „Raum" bzw. „Sphäre" (engl. *public sphere*) aufgefasst, innerhalb deren verschiedene Akteure agieren. Sie wird als ein Kommunikationssystem bzw. Kommunikationsforum verstanden, in dem Informationen und Meinungen ausgetauscht werden. Dieser Austausch besteht darin, dass verschiedene Themen durch die Massenmedien aufgenommen, in der Öffentlichkeit verarbeitet und schließlich in Form von öffentlicher Meinung an die Bürger und das politische System vermittelt werden. Öffentlichkeit lässt sich in verschiedene Teilöffentlichkeiten differenzieren, unter denen die massenmediale Teilöffentlichkeit eine Sonderstellung einnimmt, da

---

2 Zum Begriff der „Erinnerungskultur" und des „kollektiven Gedächtnisses" vgl. Maurice Halbwachs: Das kollektive Gedächtnis. Frankfurt/M. 1991; Pierre Nora: Zwischen Geschichte und Gedächtnis. Berlin 1990; Aleida Assmann: Erinnerungsräume. Formen und Wandlungen des kulturellen Gedächtnisses. München 1999; Jan Assmann: Das kulturelle Gedächtnis. Schrift, Erinnerung und politische Identität in frühen Hochkulturen. München 1992; Hans-Günter Hockerts: Zugänge zur Zeitgeschichte: Primärerfahrung, Erinnerungskultur, Geschichtswissenschaft. In: Konrad H. Jarausch, Martin Sabrow (Hg.): Verletztes Gedächtnis. Erinnerungskultur und Zeitgeschichte im Konflikt. Frankfurt/M. u. a. 2002, S. 39–74; Christoph Cornelißen: Was heißt Erinnerungskultur? Begriff – Methoden – Perspektiven. In: Geschichte in Wissenschaft und Unterricht 54 (2003), S. 548–563.

fast jede andere Teilöffentlichkeit in sie hineinragt. Träger der Kommunikation in der Öffentlichkeit sind Medien, die auch als „Kommunikationskanäle" bezeichnet werden können. Sie sammeln Informationen für die massenmediale Öffentlichkeit, verarbeiten sie und leiten sie anschließend an das Publikum in Form der öffentlichen Meinung weiter. Dabei sind sie natürlich keine neutralen Informationsvermittler, sondern auch Kommentatoren der Medieninhalte, die sie aufnehmen und weitergeben.[3]

Die zensierten Medien werden in der Arbeit genauso wie die freien Medien als Kommunikationskanäle verstanden, durch die Medieninhalte ausgetauscht werden. Bei ihnen ist allerdings der freie Informationsaustausch sehr stark durch die Zensur begrenzt. Da den meisten zensierten Medien häufig die Aufgabe zukommt, die Gesellschaft nach den Vorgaben der Staatsideologie zu formen, mutiert die Informationsfunktion der Massenmedien in Diktaturen oft zu einer Propagandafunktion. Trotzdem wird Öffentlichkeit in der Diktatur ähnlich wie in der Demokratie in hohem Maße durch Massenmedien hergestellt. Sie bildet aber kein Kommunikationsforum, in dem alle Meinungen und Informationen zwischen den einzelnen Teilöffentlichkeiten frei ausgetauscht werden können. Denn in der Diktatur wird Öffentlichkeit einseitig kontrolliert, d. h., die Zensur lässt nur solche Akteure als Sprecher fungieren, die das politische Herrschaftszentrum direkt oder indirekt repräsentieren, während „Andersdenkenden" der Zugang zur Öffentlichkeit erschwert wird. Die Medienöffentlichkeit in Diktaturen schafft folglich auch weniger Transparenz als die Medienöffentlichkeit in Demokratien.[4]

Die Notwendigkeit, mit zwei unterschiedlichen Konzepten von Medien und Öffentlichkeit arbeiten zu müssen, schlägt sich in der Struktur der Untersuchung nieder, insbesondere bei der Analyse der Mediendiskurse. Für den Untersuchungszeitraum bis 1989 werden die Mediendiskurse in Deutschland und Polen parallel untersucht, mit all ihren politischen, kulturellen und sprachlichen Besonderheiten, da Form und Funktion der Medien sowie der Öffentlichkeit in beiden Ländern bis

---

3 Zur Definition von Öffentlichkeit und Medien in der Demokratie vgl. Jürgen Habermas: Strukturwandel der Öffentlichkeit. Untersuchungen zu einer Kategorie der bürgerlichen Gesellschaft. Frankfurt/M. 1990; Jürgen Gerhards, Friedhelm Neidhardt: Strukturen und Funktionen moderner Öffentlichkeit. Fragestellungen und Ansätze. In: Stefan Müller-Doohm (Hg.): Öffentlichkeit, Kultur, Massenkommunikation. Beiträge zur Medien- und Kommunikationssoziologie. Oldenburg 1991, S. 31–88; Jörg Requate: Öffentlichkeit und Medien als Gegenstände historischer Analyse. In: Geschichte und Gesellschaft. Zeitschrift für Historische Sozialwissenschaft 25 (1999), S. 5–32; Kurt Imhof: Öffentlichkeitstheorien. In: Günter Bentele, Hans-Bernd Brosius, Otfried Jarren (Hg.): Öffentliche Kommunikation. Handbuch Kommunikations- und Medienwissenschaft. Wiesbaden 2003, S. 193–209; Nancy Fraser: Rethinking the Public Sphere: A Contribution to the Critique of Actually Existing Democracy. In: Social Text 25/26 (1990), S. 56–80.

4 Zur Definition der zensierten Medien und der Öffentlichkeit in Diktaturen vgl. Gerd Strohmeier: Politik und Massenmedien. Eine Einführung. Baden-Baden 2004; Stefan Garsztecki: Das Deutschlandbild in der offiziellen, der katholischen und der oppositionellen Publizistik Polens 1970–1989. Feindbild kontra Annäherung. Marburg 1997 (Materialien und Studien zur Ostmitteleuropa-Forschung 1); Eduard Mühle (Hg.): Vom Instrument der Partei zur „Vierten Gewalt". Die ostmitteleuropäische Presse als zeithistorische Quelle. Marburg 1997 (Tagungen zur Ostmitteleuropa-Forschung 4).

dahin unterschiedlich waren. Für diesen Zeitraum wird der Schwerpunkt auf die Analyse der nationalen Mediendiskurse gelegt. Es wird danach gefragt, inwieweit sich überhaupt ein (west)deutscher und ein polnischer Gesamtdiskurs feststellen lassen. In einem weiteren Schritt wird nach den Diskursen innerhalb einzelner Presseorgane bzw. zwischen den einzelnen Zeitungen und Zeitschriften in Deutschland und Polen gefragt. Für den Zeitraum nach 1989 wird die Parallelität der Untersuchung weiter beibehalten, wobei jetzt allerdings stärker das Verhältnis des deutschen und des polnischen Mediendiskurses zueinander herausgearbeitet wird. Es wird also vermehrt nach eventuellen Zusammenhängen und Überschneidungen zwischen den beiden nationalen Mediendiskursen gesucht.

Bei den herangezogenen Quellen handelt es sich um den *Deutschen Ostdienst* (DOD) und die überregionale, meinungsbildende deutsche und polnische Presse. Für die Analyse der Selbstdarstellung des BdV stellt der seit 1959 erscheinende *Deutsche Ostdienst* die Hauptquelle dar. In diesem einzigen offiziellen Nachrichtenmagazin des BdV werden bis heute politische, kulturelle und historische Themen aus dem mittel- und osteuropäischen Raum in Bezug auf die Vertriebenenproblematik behandelt und kommentiert. Neben den Berichten über die Tätigkeit des BdV wird darin auch zu Pressestimmen aus Deutschland und Polen Stellung genommen. In die Analyse der Selbstdarstellung werden ergänzend Interviews mit BdV-Funktionären einbezogen, die in der überregionalen deutschen und polnischen Presse erschienen sind.

Für die Analyse der medialen Rezeption des BdV in der Bundesrepublik wurden *Die Zeit*, *Der Spiegel* und die *Frankfurter Allgemeine Zeitung* ausgewählt. Das unterschiedliche politische Profil dieser Blätter soll garantieren, die Entwicklung des BdV-Bildes in den Medien in einer möglichst breiten Perspektive zu erfassen. Ähnliche Auswahlkriterien wurden auch an das polnische Quellenmaterial angelegt, wobei hier eine deutlich größere Komplexität der Medienlandschaft zu berücksichtigen ist. Herangezogen werden die Zeitungen *Tygodnik Powszechny*, *Polityka*, *Trybuna Ludu* und *Rzeczpospolita*. Die *Trybuna Ludu* war bis 1989 das offizielle Presseorgan der kommunistischen Partei und zugleich die einzige offizielle überregionale Tageszeitung in der Volksrepublik Polen. Da sie ihre Sonderstellung in der polnischen Presselandschaft nach 1989 endgültig verloren hat, wird sie für den anschließenden Zeitraum nicht mehr berücksichtigt. Neben der Parteizeitung *Trybuna Ludu* wurde im Jahre 1982 die *Rzeczpospolita* als Regierungszeitung gegründet, um angesichts der Staatskrise um die Solidarność-Bewegung einen größeren Meinungspluralismus zu suggerieren. Nach der Wende von 1989 entwickelte sie sich zur zweitgrößten polnischen Tageszeitung und wird wegen ihrer liberal-konservativen Positionen heute mit der deutschen *FAZ* verglichen. Weiterhin wird der *Tygodnik Powszechny* in die Untersuchung mit einbezogen. Die außerordentliche Attraktivität dieser katholischen Wochenzeitung bestand im kommunistischen Polen darin, dass sie weder ein Sprachrohr des Regimes noch des Episkopats war. Zusammen mit den anderen unabhängigen katholischen Blättern in Polen lehnte sie offen die herrschende Doktrin ab und stellte insofern eine eigene Medienkategorie dar. Damit wurde der

Tygodnik Powszechny zum Symbol des „anderen Denkens“,[5] dessen große Bedeutung für die deutsch-polnische Versöhnung bis heute stark betont wird. Die Konkurrenz mit der unabhängigen katholischen Presse war einer der Gründe dafür, dass einigen Parteiblättern wie z. B. der *Polityka* bei der Behandlung mancher politisch kontroverser Themen vom Regime ein größerer Spielraum zugestanden wurde als anderen polnischen Zeitungen. Während der *Tygodnik Powszechny* also ein Beispiel für die offiziell geduldete unabhängige Presse im kommunistischen Polen war, stellten *Polityka* und *Rzeczpospolita* eine Zwischenstufe zwischen der unabhängigen katholischen Presse und der vollständig von der Partei gelenkten Presse dar, wie sie von der *Trybuna Ludu* verkörpert wurde.[6] Das gesamte publizistische Quellenmaterial wird in der Arbeit diskursanalytisch untersucht.[7]

Das Dissertationsprojekt ist im Kontext der komplexen Vertreibungsdebatte zu verorten, die seit einigen Jahren in Polen und Deutschland auf medialer, wissenschaftlicher und politischer Ebene geführt wird. Die entstehende Arbeit soll einen Beitrag sowohl zur Geschichte der Vertriebenenverbände als auch zur Vertreibungsdebatte zwischen Deutschland und Polen bzw. in den beiden Ländern leisten. Durch die Untersuchung des BdV im Kontext der deutsch-polnischen Beziehungen zwischen 1957 und 2004 und vor dem Hintergrund der in Deutschland und in Polen geführten Mediendiskurse soll eine in beiden Ländern noch bestehende Forschungslücke geschlossen werden, da sich bislang nur wenige Autoren mit der Thematik beschäftigt haben.[8] Eine Studie, die das mediale Bild des BdV parallel in Deutschland und Polen untersucht, stellt in der deutschen wie der polnischen Forschungsliteratur bis heute ein Desiderat dar.

---

5 So die Einschätzung von Krzysztof Kozłowski, zit. nach Leonid Luks: Polnisch-russische Beziehungen im Spiegel der unabhängigen katholischen Publizistik Polens (1956–1989) – eine Skizze. In: Mühle (Hg.): Vom Instrument der Partei (Anm. 4), S. 67–81.

6 Andrzej Paczkowski: Zur politischen Geschichte der Presse in der Volksrepublik Polen (1944–1989). Ebd., S. 25–45, unterscheidet zwischen der „freien Presse“, der „kontrollierten Presse“ und der „gelenkten Presse“.

7 Zur Diskursanalyse vgl. Achim Landwehr: Geschichte des Sagbaren. Einführung in die historische Diskursanalyse. Berlin 2001 (Historische Einführungen 8); Siegfried Jäger: Text- und Diskursanalyse. Eine Anleitung zur Analyse politischer Texte. 4. Aufl. Duisburg 1993 (DISS-Texte 16); Ders.: Kritische Diskursanalyse. Eine Einführung. Duisburg 1993.

8 Vgl. Beata Ociepka: Związek Wypędzonych w systemie politycznym RFN i jego wpływ na stosunki polsko-niemieckie 1982–1992 [Der Bund der Vertriebenen im politischen System der BRD und sein Einfluss auf die polnisch-deutschen Beziehungen 1982–1992]. Wrocław 1997 (Acta Universitatis Wratislaviensis 1918, Niemcoznawstwo 7); Patrik von zur Mühlen, Bernhard Müller, Kurt Thomas Schmitz: Vertriebenenverbände und deutsch-polnische Beziehungen nach 1945. In: Carl Christoph Schweitzer, Hubert Feger (Hg.): Das deutsch-polnische Konfliktverhältnis seit dem Zweiten Weltkrieg. Multidisziplinäre Studien über konfliktfördernde und konfliktmindernde Faktoren in den internationalen Beziehungen. Boppard/Rh.1975, S. 96–161.

Annotationen. Neuerscheinungen aus Ostmitteleuropa

Vorbemerkung

Die folgenden bibliographischen Anzeigen beziehen sich auf in den Staaten Ostmittel-, Nordost- und Südosteuropas erschienene Literatur (Monographien, Sammelbände, Zeitschriften und Reihen, Editionen) aus den Wissenschaftsbereichen Geschichte, Kunstgeschichte, Volkskunde/Soziologie und Germanistik. Verfasst wurden sie von Wissenschaftlerinnen und Wissenschaftlern aus den genannten Ländern. Berücksichtigt werden Titel, die im weitesten Sinne die Kultur und Geschichte der ehemaligen deutschen Ostgebiete sowie der Siedlungsgebiete der Deutschen im östlichen Europa (mit)betreffen. Um den interdisziplinären Charakter der Rubrik zu betonen, sind die Annotationen wie in den Vorjahren nicht nach Fachgebieten, sondern nach den folgenden – zum Teil historischen – Regionen angeordnet:

1. Regional übergreifende Werke,
2. Baltikum,
3. Ostpreußen, Westpreußen, Danzig,
4. Pommern, Neumark,
5. Schlesien,
6. Großpolen, Zentralpolen, Kleinpolen,
7. Böhmen, Mähren,
8. Slowakei,
9. Ungarn, Rumänien,
10. Ehemaliges Jugoslawien,
11. Russland.

Gelegentliche regionale Abgrenzungsprobleme sind dabei natürlich unvermeidlich.

Bei thematisch über die Bereiche ‚Deutsche im östlichen Europa' bzw. ‚deutsch-ostmitteleuropäische Beziehungen' hinausreichenden Sammel- oder Zeitschriftenbänden werden in der Regel nur die einschlägigen Beiträge genannt.

Nicht berücksichtigt wurden die vom Deutschen Akademischen Austauschdienst (DAAD) herausgegebenen germanistischen Jahrbücher, die zwar in den Staaten Ostmitteleuropas erscheinen, in Deutschland jedoch leicht zugänglich (d. h. beim DAAD kostenlos erhältlich) sind. Übersetzungen von bereits in deutscher Sprache publizierten Titeln wurden in der Regel nur dann aufgenommen, wenn sie gegenüber der Originalfassung ein neues wissenschaftliches Vor- oder Nachwort bzw. eine inhaltliche Erweiterung aufweisen.

Die Ortsnamen werden grundsätzlich in ihrer deutschen Form (soweit vorhanden) gebraucht, bei der ersten Erwähnung jedoch durch die in der jeweiligen Landessprache gebräuchliche Form ergänzt, z. B.: Allenstein/Olsztyn.

Allen Autorinnen und Autoren sei für ihre Mitarbeit an dieser Stelle sehr herzlich gedankt.[1]

Roland Gehrke (Redaktion)

---

1 Die Annotationen aus Estland wurden von Vilve Seiler und Kiira Schmidt dankenswerterweise übersetzt.

1. Regional übergreifende Werke

Biuletyn Polskiej Misji Historycznej. Bulletin der Polnischen Historischen Mission. Polska Misja Historyczna przy Instytucie Maxa Plancka w Getyndze [Die polnische Historische Mission am Max-Planck-Institut in Göttingen]. Nr. 3. Toruń: Wydawnictwo Uniwersytetu Mikołaja Kopernika 2005. 198 S. ISBN 83-231-1823-X.

Das Bulletin der 2001 gegründeten Polnischen Historischen Mission enthält sowohl wichtige Informationen über die gegenwärtige Tätigkeit und die Aufgabenfelder der Mission als auch Beiträge polnischer Historiker; es wird einmal jährlich in deutscher und polnischer Sprache in Thorn/Toruń herausgegeben. Eingangs findet sich eine Chronik der Polnischen Historischen Mission, die Auskunft über die polnischen Gäste und Stipendiaten des Max-Planck-Instituts für Geschichte im Jahr 2004 gibt. Der zweite Teil enthält Studien und Materialien, die sich mit folgenden Themen befassen: Zygmunt Szultka: „Die ethnischen und sprachlichen Veränderungen in Pommern vom 5. bis zum 20. Jahrhundert"; Piotr Oliński: „Die Anfänge der Bruderschaften in den preußischen Hansestädten"; Grzegorz Myśliwski: „Breslau und die süddeutschen Städte – wirtschaftliche Beziehungen (ca. 1270–1450)"; Krzysztof Mikulski, Jan Wroniszewski: „Das Vorwerk und die Wandlungen der wirtschaftlichen Konjunktur in den polnischen Ländern im 14.–17. Jahrhundert"; Mikołaj Szoltysek: „Am Rande von Nordwest-Europa? Haushalt, Familie und Besitz in einem oberschlesischen Kirchspiel im 18. Jahrhundert"; Mateusz Hartwich: „Körper der Nation": Weibliche Nationalallegorien des 19. und 20. Jahrhunderts"; Eugeniusz Cezary Król: „Der Warschauer Aufstand 1944 und der polnische Film".

Piotr Zariczny

Włodzimierz Bonusiak (Hg.): Polscy robotnicy przymusowi w Trzeciej Rzeszy [Polnische Zwangsarbeiter im Dritten Reich]. Rzeszów: Uniwersytet Rzeszowski 2005. 287 S. ISBN 83-7338-151-1.

Der Band thematisiert in neun Beiträgen (von denen acht von polnischen Autoren stammen und einer von einem deutschen Wissenschaftler verfasst wurde) das Problem der polnischen Zwangsarbeiter im Dritten Reich. Er ist als Darstellung historischer, politischer, soziologischer und psychologischer Aspekte des Problems aus polnischer Sichtweise konzipiert, stellt aber auch dessen Bewältigung auf deutscher Seite dar, indem Thomas Lutz von der Stiftung Topographie des Terrors in Berlin die gesellschaftlich-politische Diskussion um Entschädigungsleistungen für ehemalige Zwangsarbeiter referiert. Stanisław Zieliński stellt in seinem Beitrag juristische Aspekte in den Mittelpunkt, wenn er die individuellen Entschädigungen für Zwangsarbeiter im Dritten Reich als Frage des internationalen Rechts thematisiert. Der zwischenzeitlich verstorbene Karol Gawłowski erörtert die Frage der Entschädigung, wobei er zwischen moralischen und materiellen Entschädigungsleistungen differenziert. Der Band verfolgt in erster Linie das Ziel, die polnische Gesellschaft, insbesondere die Jugend, an das tragische Schicksal der polnischen Zwangsarbeiter zu erinnern, leistet zugleich allerdings auch einen wichtigen Beitrag zur Erforschung der gemeinsamen deutsch-polnischen Geschichte im 20. Jahrhundert.

Grzegorz Jaśkiewicz

Roman Czaja, Jürgen Sarnowsky (Hg.): Selbstbild und Selbstverständnis der geistlichen Ritterorden. Toruń: Wydawnictwo Uniwersytetu Mikołaja Kopernika 2005 (Ordines Militares – Colloquia Torunensia Historica 13). 285 S., 23 Abb. ISSN 0867-2008.

Der vorliegende, vollständig in deutscher Sprache veröffentlichte Band dokumentiert die Beiträge der zwölften Konferenz aus dem Zyklus „Ordines Militares – Colloquia Torunensia Historica", die vom 26. bis 28. September 2003 in Thorn/Toruń stattfand und dem Selbstverständnis der geistlichen Ritterorden gewidmet war. Damit knüpft das Werk an eine Problematik an, die bereits 1999 während der zehnten „Ordines Militares"-Tagung unter dem Titel *Vergangenheit und Gegenwart der Ritterorden. Die Rezeption der Idee und die Wirklichkeit* diskutiert worden war. Den Ausgangspunkt dafür bildet die Erkenntnis der neueren Forschung, dass die eingehende Analyse zeitgenössischer Identitäten eine grundlegende Voraussetzung für das Verständnis des sozialen und politischen Handelns von sozialen Gruppen bildet. Die Erforschung der Selbstwahrnehmung der geistlichen Ritterorden und der Elemente ihrer Identität ist also eine Bedingung für ein historisch angemessenes Verständnis ihrer mittelalterlichen Rolle. Die Verfasser der einzelnen Beiträge decken das gesamte Spektrum vom 12. bis zum 19. Jahrhundert ab; sie gehen auf ganz verschiedene Aspekte des Selbstbildes und der Selbstdarstellung ein – in künstlerischer, literarischer und religiöser Form, durch Titulaturen, Siegel etc. – und stützen sich dabei auf entsprechend vielfältige Quellengattungen. Urkundliche Quellen zeigen eindeutig die Verpflichtung der Ritterorden gegenüber dem geistlichen Demutsideal, darüber hinaus wird aber auch die hohe Bedeutung des gemeinschaftlichen Zusammenhalts, des Gehorsams und des ritterlichen Ehrbegriffs deutlich. Ein Orts- und Personenregister schließt die Arbeit ab.

Piotr Zariczny

Olgierd Czerner (Hg.): Schola architecturae. Budynki szkół architektury [Schola architecturae. Die Gebäude von Architekturschulen]. Wrocław: Oficyna Wydawnicza Politechniki Wrocławskiej 2005. 235 S., 149 Abb., engl. Zusammenfassungen. ISBN 83-7085-857-0.

Der Band entstand anlässlich des hundertjährigen Bestehens des Gebäudes der Abteilung Architektur der Breslauer Technischen Universität am Lehmdamm/ul. Bolesława Prusa 53–55, in dem bis 1945 die Städtische Baugewerkschule untergebracht war. Er versammelt die Beiträge der Konferenz „Schola Architekturae: Ideen – Projekte – Realisierungen", die vom 21. bis 23. Oktober 2004 an der Technischen Universität Breslau/Wrocław stattfand. Obwohl die Ausbildung von Architekten und Baumeistern bereits eine lange Tradition besaß, wurde Architektur meist gemeinsam mit anderen Fakultäten in einem Gebäude gelehrt. So war es beispielsweise in Lemberg/L'viv, worüber die von dort stammenden Referentinnen Tatiana Klimeniuk („Die Entwicklung der Lemberger Architekturschule") und Helena Stasiuk („Die Lemberger Gewerbeschule: Geschichte des Baus im Kontext der Fakultätsgeschichte") berichten. Häufig wurden die Architekturfakultäten in bereits bestehenden Bauten untergebracht, die für die neue Funktion umgebaut wurden. Ein Beispiel hierfür ist die Fakultät in Krakau, die sich im ehemaligen Hauptgebäude der Erzherzog-Rudolf-Kaserne befindet (hierzu der Beitrag von Andrzej Kadłuczek und Wacław Seruga). Dem Ideenkonzept des Breslauer Baus geht der Beitrag von Agnieszka Gryglewska nach, während Jerzy Ilkosz und Beate Störtkuhl die Architekturlehre an der Breslauer Kunstakademie zwischen 1900 und 1932 vorstellen. Wanda Kononowicz erläutert die „Entstehung des städtischen Raumes in der Oder- und Sandvorstadt in der Nachbarschaft der Baugewerkschule". Weitere Beiträge sind den Bauten der Architekturfakultäten im oberschlesischen Industriegebiet, in Warschau/Warszawa und Danzig/Gdańsk gewidmet.

Maria Zwierz

Anna M. Drexlerowa, Andrzej K. Olszewski: Polska i Polacy na powszechnych wystawach światowych 1851–2000 [Polen und die Polen auf den allgemeinen Weltausstellungen 1851–2000]. Warszawa: Instytut Sztuki Polskiej Akademii Nauk 2005. 314 S., farb. u. s.-w. Abb., engl. Zusammenfassung, CD-ROM. ISBN 83-89101-42-4.

In der polnischen Historiographie fehlte bislang eine Monographie zur Geschichte der Weltausstellungen und zum polnischen Anteil an diesen Veranstaltungen; der vorliegende Band kann daher als Pionierleistung gelten. Zeitlich umfasst er sowohl die Zeit der Teilung Polens als auch die Phase nach der Wiedererlangung der staatlichen Souveränität im 20. Jahrhundert. Dies veranlasste die Autoren zu einer jeweils unterschiedlichen Herangehensweise und zur Gliederung des Bandes in zwei Teile. Der erste Abschnitt (bis 1893) wurde von Anna M. Drexlerowa bearbeitet, der zweite (1900–2000) von Andrzej K. Olszewski. Die einzelnen Ausstellungen werden in jeweils eigenen Kapiteln behandelt, wobei zunächst allgemeine Informationen gegeben werden und dann der jeweilige polnische Beitrag dargestellt wird. In einigen Fällen sind zur Ergänzung Quellentexte im Anhang beigefügt. Zu jedem der beiden Abschnitte gibt es Informationen über die polnischen Aussteller und die erlangten Auszeichnungen, die dem Buch in Form einer CD beigegeben sind. Die Erläuterungen zur Architektur der Ausstellungsbauten hat für beide Teile A. K. Olszewski übernommen. Besonders ausführliche Beiträge sind der polnischen Mitwirkung auf den Ausstellungen in Paris 1925 und 1937 sowie in Brüssel 1935 gewidmet. Der Band enthält zudem eine umfangreiche Bibliographie und ein Personenregister.

Maria Zwierz

Stanisław Jankowiak: Wysiedlenie i emigracja ludności niemieckiej w polityce władz polskich w latach 1945–1970 [Aussiedlung und Emigration der deutschen Bevölkerung in der Politik der polnischen Regierungen in den Jahren 1945–1970]. Warszawa: Instytut Pamięci Narodowej 2005 (Instytut Pamięci Narodowej, Komisja Ścigania Zbrodni Przeciwko Narodowi Polskiemu: Seria Monografie [Institut für das nationale Gedenken, Kommission zur Verfolgung der gegen das polnische Volk begangenen Verbrechen, Monographische Reihe] 13). 555 S. ISBN 83-89078-80-5.

Der Prozess der Aussiedlung und Emigration in beide deutsche Staaten betraf zunächst ausschließlich die deutschstämmige Bevölkerung, seit Ende der fünfziger Jahre jedoch zunehmend auch Polen, für die die Auswanderung eine Chance auf politische Freiheit und einen höheren Lebensstandard bot. Die Monographie stellt den ersten Versuch auf polnischer Seite dar, das Problem umfassend darzustellen. Gegliedert ist der Band in fünf Abschnitte: Zunächst wird die Geschichte der Deutschen in Polen in den Jahren 1945–1970 dargestellt (chronologisch unterteilt in drei Unterkapitel zur unmittelbaren Nachkriegszeit, zu den fünfziger und den sechziger Jahren), es folgen die Aussiedlung der deutschen Bevölkerung aus Polen in den Jahren 1945–1949, die erste Auswanderungswelle von Deutschen in die Bundesrepublik und die DDR in den Jahren 1949–1954, schließlich die weiteren Auswanderungsschübe von 1955–1959 sowie in den siebziger Jahren, deren Ziel vornehmlich die Bundesrepublik war.

Maria Wojtczak

Basil Kerski, Wolf-Dieter Eberwein (Hg.): Stosunki polsko-niemieckie 1949–2005 [Die polnisch-deutschen Beziehungen 1949–2005]. Olsztyn: Stowarzyszenie Wspólnota Kulturowa „Borussia". 291 S. ISBN 83-89233-24-X.

Das vorliegende Buch in polnischer Sprache ist eine erweiterte und aktualisierte Ausgabe des 2001 im Opladener Leske + Budrich-Verlag erschienenen deutschsprachigen Bandes *Die deutsch-polnischen Beziehungen 1949–2000. Eine Werte- und Interessengemeinschaft?* Die Aktualisierung des Materials war insbesondere durch den zwischenzeitlich vollzogenen Beitritt Polens zu NATO und EU notwendig geworden, der Polen und Deutschland zu Bündnispartnern gemacht hat. Ungeachtet dessen machen sich verschiedene Probleme bemerkbar, die in der heiklen deutsch-polnischen Geschichte wurzeln. Die Autoren des Sammelbandes sind überwiegend deutsche Politologen, Publizisten und Historiker: Wolf-Dieter Eberwein, Peter Bender, Dieter Bingen, Ludwig Mehlhorn, Markus Mildenberger, Matthias Ecker-Ehrhardt, Kai-Olaf Lang. Von polnischer Seite sind Basil Kerski, Anna Niewiadomska-Frieling und Piotr Buras beteiligt, die sich seit Jahren mit der Problematik der deutsch-polnischen Beziehungen befassen. Informationen über die einzelnen Autoren beschließen den Band.

Alina Kuzborska

Lech Kolago (Hg.): Studia Niemcoznawcze. Studien zur Deutschkunde. Tom/Bd. XXXI. Warszawa 2005. 934 S. ISSN 0208-4597.

Dieser Band enthält 62 deutsch- und polnischsprachige Aufsätze namhafter polnischer, deutscher und österreichischer Wissenschaftler und Künstler – auch ein Fachkollege aus Neuseeland ist vertreten – zu Themen aus den Bereichen Kultur-, Literatur- und Sprachwissenschaft. Darüber hinaus findet man 35 Buchbesprechungen und Berichte. Die Abteilung „Kulturwissenschaft" enthält unter anderem folgende Texte: Jan Papiór befasst sich mit dem Ironie-Problem; Tomasz Pszczółkowski berichtet über seinen Plan, ein Geschichtsbuch für Germanisten zu schreiben; Sabine Seelbach widmet sich der heiligen Hedwig als Integrationsfigur deutscher Adelsdynastien; Rüdiger Bernhardt schreibt über „die Studentenakte des Friedrich Wilhelm Weber im Kontext der ‚Demagogenriecherei' von 1836"; Anna Warakomska beschäftigt sich mit den Aporien des politischen Denkens im deutschsprachigen Raum während und nach der Märzrevolution; Krystyna Radziszewska konzentriert sich auf die Lodzer *Getto-Chronik*. Die Abteilung „Literaturwissenschaft" bietet unter anderem Folgendes: Ulrich Müller und Margarete Springeth befassen sich mit interkulturellen Konflikten zwischen Islam und Europa; Harro Zimmermann informiert über den Schriftsteller Eberhard Hilscher; Lech Kolago nimmt Josef Weinhebers Experimente in lyrischer Technik unter die Lupe; Katarzyna Grzywka beleuchtet Herbert Rosendorfers Beziehung zur Stadt Venedig; Małgorzata Grabowska analysiert das Werk Peter Härtlings; Joanna Oleksiewicz macht einige Bemerkungen zu *Horns Ende* von Christoph Hein.

Lech Kolago

Lech Kolago (Hg.): Studia Niemcoznawcze. Studien zur Deutschkunde. Tom/Bd. XXXII. Warszawa 2006. 873 S. ISSN 0208-4597.

In diesem Band haben 57 deutsch- und polnischsprachige Aufsätze sowie 31 Buchbesprechungen und Berichte Platz gefunden. Jan Papiór befasst sich mit Begriffsbestimmungen zum Ironie-Phänomen; Tomasz Pszczółkowski schreibt „aus polnischer Sicht" über Kontinuitäten und Brüche in drei deutschen Nachkriegsgesellschaften; Agnieszka Sochal arbeitet das Hauptmotiv des Romans *Die Waffen nieder* von Bertha von Suttner heraus; Katarzyna Grzywka betrachtet das Kunstmärchen *Eine Geschichte vom Galgenmännlein* von Friedrich de la Motte Fouqué; Robert Małecki interpretiert E. T. A. Hoffmanns Erzählung *Prinzessin Brambilla*; Justyna M. Krauze präsentiert ihre Überlegungen zu der Israeltrilogie von Gerald Szyszkowitz; Przemysław Jóskowiak schreibt über Louis Ferdinand von Preußen in der Einschätzung Karl August Varnhagen von Enses; Renata T. Kopyść thematisiert die Freundschaft zwischen Paula Modersohn-Becker und Rainer Maria Rilke; Elżbieta Kozłowska deutet Alfred Döblins Figur Franz Biberkopf als Adam, Isaak und Hiob; Ewa Jarosz-Sienkiewicz konzentriert sich auf die Breslauer Juden in der Epik schlesischer Autoren; Magdalena Mistewicz beleuchtet die Vater-Sohn-Beziehung in Joseph Roths Roman *Radetzkymarsch*; Grażyna Łopuszańska analysiert das prußische Substrat in den in Ermland und Masuren vorkommenden Personennamen.

Lech Kolago

Alina Kowalczyk, Jan Pacholski (Hg.): Stereotype in interkultureller Wahrnehmung. Stereotypy w postrzeganiu kulturowym. Stereotypy z interkulturního hlediska. Nysa: Oficyna Wydawnicza Państwowej Wyższej Szkoły Zawodowej w Nysie 2005. 195 S., dt., poln. u. tschech. Zusammenfassungen. ISBN 83-60081-07-7.

Der anzuzeigende Sammelband ist das Ergebnis einer interdisziplinären wissenschaftlichen Tagung, die im Mai 2005 in Neisse/Nysa stattfand, und enthält aufschlussreiche Beiträge zur Rolle von Stereotypen im deutsch-tschechisch-polnischen Kulturraum: Tomasz Drewniak: *Stereotypy, światoobraz i świat przeżywany. Wprowadzenie do fenomenologii stereotypu* („Weltbild und erlebte Welt. Einführung in die Phänomenologie des Stereotyps"); Zdeněk Jirásek: *K vývoji českých stereotypních názorů na Poláky a Němce* („Zur Entwicklung tschechischer stereotyper Ansichten gegenüber Polen und Deutschen"); Zofia Tarajło-Lipowska: *O českých národních autostereotypach* („Über tschechische nationale Autostereotype"); Karsten Rinas: *Deutsche und Tschechen in Grenzlandromanen von Fritz Mauthner und Gottfried Rothacker*; Wojciech Kunicki: *Wilhelm Pleyers Bild der Tschechen im Roman „Der Pulchner. Ein Grenzlandschicksal" (1934)*; Jan Pacholski: *Wie der Preuße Fontane gegen die Stereotype gekämpft hat*; Sebastian Mrożek: *Horst Bieneks Auseinandersetzung mit deutsch-polnischen Stereotypen in Oberschlesien*; Karsten Dahlmanns: *Die Klischees der Deutschen über die Polen. Jenseits des bloß Phänomenalen*; Aleksandra Pająk: *„Czesi są narodem katolickim" – próba przezwyciężenia stereotypu* („‚Die Tschechen sind eine katholische Nation' – Versuch der Überwindung eines Stereotyps"); Alina Kowalczyk: *Die Bedeutung interkultureller Wahrnehmung für die Fremdphilologien vor dem Hintergrund ihrer Bezugswissenschaften*; Heinz-Peter Keuten: *Stereotype, interkulturelles Lernen und konstruktivistische Fremdsprachendidaktik. Didaktische Überlegungen und Workshopbericht.* Je nach ihrer Originalsprache sind die einzelnen Artikel mit deutschen, tschechischen oder polnischen Zusammenfassungen versehen.

Marta Kopij

Eugeniusz Cezary Król: Polska i Polacy w propagandzie narodowego socjalizmu 1919–1945 [Polen und die Polen in der Propaganda des Nationalsozialismus 1919–1945]. Warszawa: Instytut Studiów Politycznych u. a. [2006]. 848 S., 322 Abb., dt. Zusammenfassung. ISBN 83-7399-019-4.

Die Publikation beschäftigt sich mit der Darstellung Polens und seiner Bewohner in der NS-Propaganda, die sich an die deutsche Gesellschaft bzw. nach dem Ausbruch des Krieges auch an die in Polen tätigen Besatzungsorgane, die SS und die Polizei, richtete. Der Autor versucht dabei, Vergleiche zur Propaganda in anderen Ländern zu ziehen. Die benutzten Quellen – audiovisuelle Quellen, Presse, Amtsdokumente – stammen sowohl aus deutschen und polnischen Archiven als auch aus der Sammlung des Autors selbst. Das Buch gliedert sich chronologisch in zwanzig Abschnitte. Das Einführungskapitel behandelt die deutsch-polnischen Beziehungen in der Neuzeit und die Entstehung nationaler Stereotype. Im Hauptteil werden Wendepunkte in der Geschichte der NSDAP und der deutsch-polnischen Beziehungen dargestellt, wobei der deutschen Propaganda vor dem Angriff auf Polen, dem Massenmord in Katyn sowie der Endphase des Krieges besondere Aufmerksamkeit gewidmet wird.

Krzysztof Ruchniewicz

Lech Leciejewicz, Marian Rębkowski (Hg.): Civitas Cholbergiensis. Transformacja kulturowa w strefie nadbałtyckiej w XIII w. [Civitas Cholbergiensis. Die kulturelle Transformation im Ostseeraum im 13. Jahrhundert]. Kołobrzeg: Wydawnictwo Le Petit Café 2005. 169 S., Abb. ISBN 83-900271-7-8.

Die Publikation dokumentiert die Beiträge der gleichnamigen Konferenz, die im Mai 2005 anlässlich des 750. Jahrestages der Verleihung des Kolberger Stadtrechts stattfand. Das Ziel der Tagung war es, den kulturellen Wandel nachzuzeichnen, der sich im Ostseeraum im 13. Jahrhundert vollzog, und die kulturellen Muster aufzuzeigen, die diesen Teil Europas in seiner lateinisch-zivilisatorischen Prägung von anderen Regionen unterscheiden. Der Band versammelt insgesamt 13 Aufsätze polnischer, norwegischer, lettischer und deutscher Wissenschaftler zu den Themenkreisen Urbanistik, Architektur, Schifffahrt und Handwerk in einzelnen Stadtgemeinden (Kolberg/Kołobrzeg, Danzig/Gdańsk, Elbing/Elbląg) sowie weiter gefassten Regionen (Mecklenburg, Litauen, Norwegen, Mitteleuropa).

Krzysztof Kowalski

Halina Ludorowska: Strategien der Selbstdarstellung in Schriftstellerautobiographien aus der DDR. Lublin: Wydawnictwo Uniwersytetu Marii Curie-Skłodowskiej 2006. 286 S., poln. u. engl. Zusammenfassung. ISBN 83-227-2573-6.

Gegenstand der Arbeit der Lubliner Germanistin ist das Subgenre der Schriftstellerautobiographie aus dem Bereich der DDR-Literatur. In ihre Untersuchung bezog sie autobiographische Werke vom Anfang der siebziger bis in die neunziger Jahre ein; dazu zählen Franz Fühmann: *Zweiundzwanzig Tage oder die Hälfte des Lebens* und *Vor Feuerschlünden / Der Sturz des Engels*; Günter de Bruyn: *Zwischenbilanz* und *Vierzig Jahre* sowie Günter Kunert: *Erwachsenenspiele. Erinnerungen*. Im sechsten Kapitel ihrer Arbeit untersucht die Autorin Frauenautobiographien am Beispiel unter anderem von Christa Wolfs *Sommerstück*. In den gewählten Texten wird nach Selbstprojektionen gesucht: einerseits nach Modellen von Selbstporträts, andererseits nach aufrichtigen Rechtfertigungen oder Selbstrevisionen. In ihrer theoretisch sehr gut fundierten Analyse stellt Ludorowska auch die Entwicklung und Geschichte des Genres der Autobiographie im 20. Jahrhundert generell dar, obwohl das nicht das Hauptziel der Arbeit ist.

Izabella Golec

Marek Maciejewski, Maciej Marszał (Hg.): Pod znakiem swastyki. Polscy prawnicy wobec Trzeciej Rzeszy 1933–1939. Wybór pism [Unter dem Hakenkreuz. Polnische Juristen angesichts des Dritten Reiches 1933–1939. Ausgewählte Texte]. Kraków: Ośrodek Myśli Politycznej 2005 (Biblioteka Klasyki Polskiej Myśli Politycznej [Bibliothek der Klassiker des polnischen politischen Denkens] 13). 395 S. ISBN 83-60125-25-2.

Das Buch setzt sich zum Ziel, ausgewählte Schriftstücke herausragender polnischer Juristen und Rechtswissenschaftler der Zwischenkriegszeit (unter anderem Edward Dubanowicz, Wacław Makowski, Konstanty Grzybowski, Andrzej Mycielski, Ludwik Krajewski, Stanisław Gołąb, Tadeusz Bingo, Leopold Caro, Ignacy Czuma, Zygmunt Cybichowski, Władysław Wolter, Jan Józef Bossowski, Emil St. Rappaport, Szymon Rundstein) über die Staatsform, die Gesellschaftsordnung und das Rechtswesen des Dritten Reiches zu dokumentieren. Der Nationalsozialismus, seine Entwicklung und Erfolge erregten damals das Interesse der polnischen sowie der gesamten europäischen Öffentlichkeit. Die in dem Band versammelten Autoren, die selber unterschiedliche politische Anschauungen vertraten, verfolgten vor allem die Transformation des Verfassungs-, Verwaltungs-, Straf- und Bürgerrechts im NS-Staat mit besonderem Interesse. Die vorgestellten Texte sind entsprechend nach unterschiedlichen Rechtsgebieten geordnet. Abschließend finden sich eine Bibliographie und ein Personenregister.

Agnieszka Palej

Joanna Nowosielska-Sobel, Edward Włodarczyk (Hg.): Prasa jako źródło do dziejów Śląska i Pomorza w XIX i XX wieku [Die Presse als Quelle zur Geschichte Schlesiens und Pommerns/Westpreußens im 19. und 20. Jahrhundert]. Szczecin: Wydawnictwo Naukowe Uniwersytetu Szczecińskiego 2005 (Uniwersytet Szczeciński: Materiały, konferencje [Universität Stettin: Materialien, Konferenzen] 71). 182 S., Abb. ISSN 1232-5848.

Der Band dokumentiert die Beiträge der von den historischen Instituten der Universitäten Breslau/Wrocław und Stettin/Szczecin in der Zeit vom 6. bis 8. Mai 2004 in Kreisau/Krzyżowa veranstalteten Konferenz. Er umfasst insgesamt zehn Aufsätze, von denen vier die pommersche, weitere vier die schlesische sowie zwei die allgemeine Situation in den West- und Nordgebieten Nachkriegspolens behandeln. Andrzej Romanow erläutert die Rolle der Pelpliner Zeitschrift *Pielgrzym* („Der Pilger") innerhalb der polnischen Presse Pommerellens, Edward Włodarczyk die Rolle der sozialdemokratischen Tageszeitung *Volksbote* im gesellschaftlichen und politischen Leben Pommerns 1885–1933. Tomasz Krzemiński schreibt über den politischen Standpunkt der *Gazeta Grudziądzka* („Graudenzer Zeitung") in der Zwischenkriegszeit, während Joanna Nowosielska-Sobel die *Schlesischen Monatshefte* als wichtigste Kulturzeitschrift Schlesiens in der Zeit der Weimarer Republik vorstellt. Tomasz Przerwa berichtet über schlesische Zeitschriften für Tourismus (unter anderem den *Wanderer im Eulengebirge*, den *Eulengebirgsfreund*, den *Altvater* sowie den *Wanderer im Riesengebirge*) vor 1945. Robert Stokłosa beschäftigt sich mit der antijüdischen NS-Propaganda in Breslau im Spiegel der *Nationalsozialistischen Schlesischen Tageszeitung* 1933–1939. Weitere Beiträge gelten der Nachkriegszeit und behandeln unter anderem die polnische Propaganda bezüglich der sogenannten „Wiedergewonnenen Gebiete" in der Presse 1944–1948 sowie die Probleme der Bevölkerung Nord- und Westpolens bei der Gewinnung einer regionalen Identität.

Ewelina Kamińska

Leszek Olejnik: Zdrajcy narodu? Losy volksdeutschów w Polsce po II wojnie światowej [Verräter an der Nation? Schicksale der „Volksdeutschen" in Polen nach dem Zweiten Weltkrieg]. Warszawa: Wydawnictwo Trio 2006. 276 S., Abb. ISBN 83-7436-083-6.

Das Buch behandelt eines der kompliziertesten Themen der polnischen Geschichte des 20. Jahrhunderts. Sein Gegenstand sind rund drei Millionen polnische Bürger der Vorkriegszeit, die sich in den Kriegsjahren freiwillig oder durch Zwang auf der sogenannten „Deutschen Volksliste" wiederfanden. Den Rahmen der chronologisch aufgebauten Arbeit bildet der Zeitraum 1944–1951. Die Untersuchung basiert auf einer detaillierten Recherche in polnischen Regional- und Zentralarchiven, ergänzt durch die Auswertung bereits existierender Quelleneditionen. Im ersten der insgesamt sechs Abschnitte werden die Richtlinien der „Nationalitätenpolitik" der deutschen Besatzer sowie das Verhältnis der polnischen Gesellschaft einschließlich der Untergrundkämpfer gegenüber den „Volksdeutschen" dargestellt. In den darauf folgenden Kapiteln befasst sich der Autor mit der Gesetzgebung der kommunistischen Behörden gegenüber dieser Gruppe auf dem Gebiet des vormaligen Generalgouvernements und im Gebiet von Białystok sowie in den nach 1939 direkt in das Reich eingegliederten Gebieten. Der anschließende Teil beschäftigt sich mit dem alltäglichen Leben – in Freiheit ebenso wie im Lager – und dem Verhältnis zur übrigen Gesellschaft. Die letzten zwei Kapitel widmen sich den gesetzlichen Lösungen sowie der Beseitigung der aus der „Volksliste" resultierenden Folgen. Ein Quellenanhang vervollständigt die Studie.

Krzysztof Ruchniewicz

Orbis Linguarum. Vol. 28. Red.: Edward Białek, Eugeniusz Tomiczek. Wrocław: Oficyna Wydawnicza ATUT – Wrocławskie Wydawnictwo Oświatowe 2006. 464 S. ISBN 83-7432-048-6; ISSN 1426-7241.

Der erste Teil des 28. Bandes ist der Erinnerung an Professor Alois Vogel gewidmet. Peter Paul Wiplinger und Edward Białek reflektieren über die Schreibkunst, Humanität und Tragweite der von dem Wiener Geisteswissenschaftler propagierten Ideen. Der Band enthält darüber hinaus Referate, die im Rahmen der vom 28. bis 31. März 2004 in Breslau/Wrocław veranstalteten Begegnung „Grenzen und Grenzüberschreitungen in der polnischen und französischen Literatur" gehalten worden sind, z. B. Brigitte Schultze: *Eine unendliche Geschichte: Kontexte in literarischen Übersetzungen*; Elżbieta Skibińska: *Granice transgresji. Czy współczesna powieść polska jest przekładalna?* („Die Grenzen der Transgression. Ist der zeitgenössische polnische Roman übersetzbar?"); Marcin Cieński: *Miasto, prowincja, historia. Przestrzenie pamięci, przestrzenie transgresji* („Stadt, Provinz, Geschichte. Räume der Erinnerung, Räume der Transgression"); Tomasz Stróżyński: *Stać się pisarzem francuskim, by wyrazić tragedię polskich Żydów: Anna Langfus i Piotr Rawicz* („Französischer Schriftsteller werden, um die Tragödie der polnischen Juden zu bezeugen: Anna Langfus und Piotr Rawicz"); Andrzej Zawada: *Ślady niemieckie w polskiej literaturze lat dziewięćdziesiątych*

(„Deutsche Spuren in der polnischen Literatur der neunziger Jahre“). Das Heft enthält auch einige interessante literaturgeschichtliche Beiträge: Udo Grausam: *Waldemar von Grumbkow (1888–1959). Ein Rechercheberich*t; Maciej Walkowiak: *Ernst von Salomons Kampf um ‚deutsches Subjektbewusstsein' nach 1945*; Włodzimierz Bolecki: *Gombrowicz i nauka* („Gombrowicz und die Wissenschaft“); Anna Gajdis: *„Historie oglądane z okna oszklonego powozu“? Pruscy Litwini w „Litewskich opowieściach“ Hermanna Sudermanna i Ernsta Wicherta* („Geschichten aus dem Fenster einer Glaskutsche gesehen“? Preußische Litauer in den ‚Litauischen Geschichten' von Hermann Sudermann und Ernst Wichert“); Emil Pasierski: *Jerzy Putrament we Lwowie lat 1939–1941* („Jerzy Putrament in Lemberg in den Jahren 1939–1941“); Łukasz Laskowski: *Polska recepcja Rainera Marii Rilkego w latach 1980–2005. Bibliografia komentowana* („Die polnische Rezeption Rainer Maria Rilkes in den Jahren 1980–2005. Kommentierte Bibliographie“). Im Abschnitt „Miscellanea“ finden sich unter anderem folgende Beiträge: Agnieszka K. Haas: *Historyczna krytyka przekładu – możliwości i wyzwania* („Historische Kritik der Übersetzung – Möglichkeiten und Herausforderungen“); Renata Wójs: *Miasto utrapienia? Mityzacja Warszawy* („Stadt des Kummers? Die Mythisierung Warschaus“).

Marta Kopij

Orbis Linguarum. Vol. 29. Red.: Edward Białek, Eugeniusz Tomiczek. Wrocław: Oficyna Wydawnicza ATUT – Wrocławskie Wydawnictwo Oświatowe 2006. 495 S. ISBN 83-7432-092-3; ISSN 1426-7241.

Den 29. Band des Periodikums eröffnet ein „Gedenkblatt“ von Jürgen Joachimsthaler zu Henryk Bereska (1926–2005), dem herausragenden Übersetzer, Kulturvermittler, Dichter und Literaturkritiker. Es sei zu betonen, dass Bereska durch seine Übersetzungen der polnischen Literatur – unter anderem der Werke von Adam Mickiewicz, Tadeusz Różewicz, Witkacy, Jerzy Andrzejewski und Zofia Nałkowska – ins Deutsche einen wesentlichen Beitrag zum deutsch-polnischen Kulturtransfer geleistet habe. Weiterhin finden sich insgesamt 14 Aufsätze aus dem Bereich der Literaturgeschichte und 13 Miszellen, darunter die folgenden Beiträge: Torben Recke: *Eine editionsphilologische und quellenkritische Untersuchung der Studie „Die Synagoge des Satan“ von Stanisław Przybyszewski*; Patryk Czepanis: *Tematy przestrzenne „Agaj-Hana“ Zygmunta Krasińskiego. Wybrane zagadnienia* („Die räumlichen Themen in Zygmunt Krasińskis [historischem Roman] ‚Agaj-Han'“); Wojciech Kunicki, Krzysztof Polechoński: *Polska recepcja Ernsta Jüngera w roku 2002. Bibliografia wraz z komentarzem* („Die polnische Rezeption Ernst Jüngers im Jahr 2002. Bibliographie mit Kommentar“); Krzysztof Ruchniewicz: *„Ohne Verzweiflung, ungebeugt im nationalen Stolz. Musterhaft!“ Die Deutschen über den Warschauer Aufstand*; Waldemar Gakan: *Jakub Szela – ein Volksführer oder ein Volksverführer?*; Justyna Kubocz: *Śląsk jako miejsce pamięci w liryce Moniki Taubitz* („Schlesien als Erinnerungsort in der Lyrik von Monika Taubitz“).

Marta Kopij

Orbis Linguarum. Vol. 30. Red.: Edward Białek, Eugeniusz Tomiczek. Wrocław: Oficyna Wydawnicza ATUT – Wrocławskie Wydawnictwo Oświatowe 2006. 494 S. ISBN 83-7432-146-6; ISSN 1426-7241.

Der 30. Band der Schriftenreihe enthält 20 Aufsätze aus dem Bereich der Literaturgeschichte, 14 Miszellen, einen Beitrag aus dem Bereich der Literaturdidaktik und einen umfangreichen Rezensionsteil. Insgesamt wird ein breites thematisches Spektrum präsentiert. Im literaturgeschichtlichen Teil finden sich unter anderem die folgenden Aufsätze: Georg Schuppener: *Scheitern in Wolfgang Koeppens Nachkriegsromanen*; Torben Recke: *Die Tragödie in Tiflis. Eine editionsphilologische Analyse der Berichte vom tragischen Ende der Dagny Juel Przybyszewska*; Sebastian Mrożek: *Die unbekannte Seite des Ziehvaters der Gruppe 47 – Hans Werner Richter als Lyriker*; Bonifacy Miązek: *Blaski i cienie literatury polskiej na Zaolziu* („Licht und Schatten der polnischen Literatur im Olsa-Gebiet"); Magdalena Piękoś: *Recepcja powieści Andrzeja Szczypiorskiego „Die schöne Frau Seidenman" w Niemczech* („Die Rezeption von Andrzej Szczypiorskis Roman ‚Die schöne Frau Seidenmann' in Deutschland"); Krzysztof Polechoński: *Polska przygoda z paleniem książek – Śląski protest przeciwko reportażowi Ferdynanda Goetla* („Ein polnisches Abenteuer mit der Bücherverbrennung – schlesischer Protest gegen eine Reportage Ferdynand Goetels"). Unter den Kurzbeiträgen finden sich unter anderem Helmut Hofbauer, Evelyna Schmidt: *Entwurf eines Curriculums für das Fach Interkulturelle Kommunikation am Germanistischen Institut der Universität Wrocław*; Marta Torenc: *Zur Praxis der Interkulturalität im Fremdsprachenunterricht*; Gabriela Ociepa: *Gerhart und Carl Hauptmann – Leben, Werk und ihre kulturbildende Tätigkeit. Tagung anlässlich des 60. Todesjahres von Gerhart Hauptmann und des 85. Todesjahres von Carl Hauptmann, Wrocław/ Breslau 19.04.–22.04.2006.*

Marta Kopij

Jan Pacholski: Das ganze Schlachtfeld – ein zauberhaftes Schauspiel. Theodor Fontane als Kriegsberichterstatter. Wrocław: Oficyna Wydawnicza ATUT, Görlitz: Neisse-Verlag 2001 (Dissertationes inaugurales selectae 14). 331 S., Abb. ISBN 83-7432-074-5, 3-934038-47-6.

Die Monographie des Breslauer Germanisten stellt Theodor Fontane in einer der Öffentlichkeit wenig bekannten Facette dar, nämlich als Kriegsberichterstatter, und ordnet die Genese von dessen Kriegsbüchern in drei Phasen ein: „Reisen", „Notizen", „Niederschrift". Die militärhistorischen Bücher *Der Schleswig-Holsteinische Krieg im Jahre 1864, Der deutsche Krieg von 1866* und *Der Krieg gegen Frankreich 1870–1871* analysiert der Autor als literarische Werke. Die Rekonstruktion des Entstehungsprozesses der genannten Kriegsbücher basiert auf einer Auswertung der im Theodor-Fontane-Archiv in Potsdam erhaltenen handschriftlichen Quellen, auf umfangreichen Recherchen auf den historischen Schlachtfeldern Böhmens, Mährens, Schlesiens, der Slowakei und der Mark Brandenburg sowie auf Forschungen in der Potsdamer Bibliothek des Militärhistorischen Forschungsamtes, der Staatsbibliothek zu Berlin sowie der Universitätsbibliothek in Breslau/Wrocław. Das Buch gliedert sich in vier Abschnitte – *Forschungsstand und Wirkung*; *Entstehung: Reisen, Notizen, Niederschrift*; *Poetik: „Der Krieg, der Krieg ist gut". Ein Exkurs über das Bildwerk*; *Stellung im Œuvre* – und ist mit zahlreichen Abbildungen sowie drei Anhängen (unter anderem einem Register geographischer Namen) versehen. Seine Analyse führt den Autor zu dem Ergebnis, dass Fontanes Kriegsbücher ein Bindeglied zwischen einer romantischen und einer poetisch-realistischen Tradition darstellen, zwar noch Spuren der *Wanderungen durch die Mark Brandenburg* aufweisen, aber bereits eine Brücke zu Fontanes Romanwerk schlagen.

Marta Kopij

Anna-Sophia Pappai, Michał Oskar Pec, Krzysztof Marcin Zalewski (Hg.): Wypędzenia i co dalej? Materiały z seminarium polsko-niemieckiego dla studentów [Vertreibung und was weiter? Materialien eines polnisch-deutschen Seminars für

Studierende]. Warszawa: Wydawnictwo DiG 2006. 185 S., poln. u. dt. Text, poln. u. dt. Zusammenfassungen. ISBN 83-7181-420-8.

Die in dem Band dokumentierten Referate haben Zwangsmigrationen der polnischen und der deutschen Bevölkerung nach dem Zweiten Weltkrieg zum Thema. Unter den elf Beiträgen finden sich solche über die Gründe der Entscheidung zur Aussiedlung, über psychische Schäden nach der Trennung von der Familie, über die propagandistische Behandlung der Thematik, über die Rolle der Vertriebenenverbände im Prozess der gesellschaftlichen Integration und über den polnischen Widerstand gegen die Politik der kommunistischen Regierung, die die Erinnerung an die verlorenen polnischen Ostgebiete auszulöschen trachtete. Das Buch schließt mit Texten, die sich auf Themen der Gegenwart beziehen, konkret auf die Debatte über das geplante „Zentrum gegen Vertreibungen" sowie die von einzelnen deutschen Vertriebenen geforderten Entschädigungsleistungen.

Krzysztof Ruchniewicz

Postanowienia i konsekwencje konferencji w Jałcie i Poczdamie. Materiały z części historycznej VIII Seminarium Śląskiego [Die Beschlüsse und Konsequenzen der Konferenzen in Jalta und Potsdam. Materialien der historischen Sektion des achten Schlesien-Seminars]. Gliwice: Dom Współpracy Polsko-Niemieckiej 2003. 158 S. ISBN 83-917362-9-6.

Die insgesamt zwölf Beiträge dieses Tagungsbandes konzentrieren sich auf das Thema des Bevölkerungstransfers in der Nachkriegszeit. Eröffnet wird der Band durch die Texte eines russischen und eines englischen Historikers, die den sowjetischen bzw. den britischen Standpunkt hinsichtlich der deutschen Grenzen wiedergeben. Im Folgenden werden der polnische Standpunkt bezüglich Grenzziehung und Aussiedlung der Deutschen sowie die polnisch-tschechische Auseinandersetzung um die Grenze dargestellt. Zudem wird ein Vergleich gezogen, der sich zum einen auf die Migration der Polen und der Deutschen aus den jeweils verlorenen Ostgebieten, zum anderen auf die Politik gegenüber den Umgesiedelten und die Reaktionen der jeweiligen Gesellschaft auf den Bevölkerungstransfer bezieht. Abschließend wird eine Podiumsdiskussion zusammengefasst, die sich mit den Entscheidungen der Großmächte im Jahre 1945 sowie ihren Auswirkungen auf die deutsch-polnischen Beziehungen beschäftigt.

Krzysztof Ruchniewicz

Rudolf Schieffer, Jarosław Wenta (Hg.), Martina Giese (Mitarb.): Die Hofgeschichtsschreibung im mittelalterlichen Europa. Projekte und Forschungsprobleme. Toruń: Wydawnictwo Uniwersytetu Mikołaja Kopernika 2006 (Subsidia historiographica 3). 251 S. ISBN 83-231-1916-3.

Der Band enthält unter anderem folgende Beiträge zur mittelalterlichen Historiographie: Jarosław Wenta: *„Die Annalen des Königreiches". Das Problem der Anfänge der Annalistik in Polen*; Marie Blahova: *Die Hofgeschichtsschreibung am böhmischen Herrscherhof im Mittelalter*; Piotr Oliński: *Am Hofe Boleslaw Schiefmunds. Die Chronik des Gallus Anonymus*; Ryszard Grzesik: *Die ungarisch-polnische Chronik – ein Blick des ungarischen Hofes auf die eigene Vergangenheit*; Marketa Dlouha: *Rex pius et largus. Das Bild Wenzels II. in der Königsaaler Chronik*; Wojciech Mrozowicz: *Cronica principum Polonie und Cronica ducum Silesie – Die*

Hauptwerke der Fürstenchronistik Schlesiens (einige Überlieferungs- und Deutungsprobleme); Marek Derwich: *In Polemik gegen den Hof Ludwigs von Anjou. Die historiographische Tätigkeit Johanns von Czarnków (Janko z Czarnkowa)*; Norbert Kersken: *Bischöfe als Historiker. Geistliche Höfe als Zentren der Geschichtsschreibung im Mittelalter*; Thomas Wünsch: *Zur Funktion der humanistischen Geschichtsschreibung im politischen Konzept ostmitteleuropäischer Höfe am Ende des 15. Jahrhunderts (Krakau und Buda).*

Piotr Zariczny

Jerzy Serczyk, Włodzimierz Zientara (Hg.): Kurzer Abriss der deutschen Geschichte bis 1945 für Germanistik-Studenten. Toruń: Wydawnictwo Uniwersytetu Mikołaja Kopernika 2006. 167 S., Abb., Kt., ISBN 83-231-1936-8.

Dieser skizzenhafte Überblick über die deutsche Geschichte wendet sich an Studentinnen und Studenten, die in Polen Geschichte und Germanistik studieren und an einer Wiederholung bzw. Systematisierung des Stoffes zur Vorbereitung für entsprechende Prüfungen interessiert sind. Der Band ist darüber hinaus aber auch für Schul- und Hochschullehrer im Fach Geschichte in Deutschland, Österreich und der Schweiz sehr hilfreich. Als vertiefte und erweiterte Fortsetzung eines gemeinsamen Werkes zweier Historiker und Germanisten ist das Handbuch in drei chronologisch geordnete Hauptkapitel zur Geschichte Deutschlands, Österreichs und der Schweiz gegliedert und verfügt zudem über bibliographische Hinweise zum selbständigen Studium der deutschen Geschichte sowie über mehrere Karten der deutschen Länder vom Frühmittelalter bis in die Gegenwart.

Piotr Zariczny

Jacek Staszewski: Wettynowie [Die Wettiner]. Olsztyn: Ośrodek Badań Naukowych im. Wojciecha Kętrzyńskiego 2005. 278 S. ISBN 83-87643-24-6.

Einleitend schildert der Autor seine Monographie als den ersten Versuch der polnischen Historiographie, eine Geschichte der sächsischen Dynastie der Wettiner zu schreiben. Dargestellt werden vor allem jene drei Vertreter des Herrscherhauses, die auch in der Geschichte Polens eine zentrale Rolle spielten: die polnischen Könige August II. der Starke (als sächsischer Kurfürst Friedrich August I.) und August III. (Friedrich August II.) sowie der Herzog von Warschau in den Jahren 1806–1815 Friedrich August (Friedrich August III.). Die Abhandlung hat einen populärwissenschaftlichen Charakter und verzichtet gänzlich auf einen wissenschaftlichen Anmerkungsapparat. Im bibliographischen Anhang am Ende der Abhandlung finden sich lediglich 17 Darstellungen verzeichnet, wohingegen Abbildungen oder eine fremdsprachige Zusammenfassung fehlen.

Alina Kuzborska

Izabela Surynt, Marek Zybura (Hg.): Opowiedziany naród. Literatura polska i niemiecka wobec nacjonalizmów XIX wieku [Die erzählte Nation. Die polnische und deutsche Literatur angesichts der Nationalismen des 19. Jahrhunderts]. Wrocław: Wydawnictwo Uniwersytetu Wrocławskiego 2006 (Centrum Studiów Niemieckich i Europejskich im. Willy Brandta Uniwersytetu Wroclawskiego, Monografie [Willy-Brandt-Zentrum für Deutschland- und Europastudien an der Universität Breslau, Monographien] 20). 332 S. ISBN 83-229-2738-X.

Der Band dokumentiert die Ergebnisse eines vom Willy-Brandt-Zentrum für Deutschland- und Europa-Studien durchgeführten internationalen Projekts, dessen Ziel die Analyse der polnischen und deutschen Literatur als eines Mediums zur Kreation nationaler Welten und zur Formierung von Massenvorstellungen war. Ein Beitrag von Izabela Surynt und Mirosława Zielińska, der in die Problematik der nationalen Diskurse in Polen und Deutschland im 19. Jahrhundert einführt, eröffnet den Band. Ihm folgen zwölf weitere Aufsätze: Unter anderem beschäftigt sich Walter Schmitz mit der Konstruktion des Nationaldichters im Kanon der deutschen Literatur, während Mirosława Zielińska und German Ritz mit derselben Fragestellung die polnische Literatur der Romantik analysieren. Marek Zybura und Izabela Surynt arbeiten das Bild des Deutschen Ordens in der Literatur der beiden Länder heraus, R. Urban befasst sich mit dem deutschen Siedlungsroman. Ein Aufsatz von Hubert Orłowski über die heutige nationale Identität und das kulturelle Gedächtnis in der zeitgenössischen Literatur Polens und Deutschlands schließt den Band ab.

Małgorzata Ruchniewicz

Matthias Thumser, Janusz Tandecki (Hg.), Antje Thumser (Mitarb.): Editionswissenschaftliche Kolloquien 2003/2004. Historiographie, Briefe und Korrespondenzen, editorische Methoden. Toruń: Wydawnictwo Uniwersytetu Mikołaja Kopernika 2005 (Publikationen des Deutsch-Polnischen Gesprächskreises für Quellenedition. Publikacje Niemiecko-Polskiej Grupy Dyskusyjnej do Spraw Edycji Źródeł 3). 445 S., teilw. lat. Text. ISBN 83-231-1843-4.

Deutsche und polnische Wissenschaftler präsentieren in diesem Sammelband die Ergebnisse ihres gemeinsamen Gesprächskreises zu Fragen der Quellenedition, der seine wesentlichen Aufgaben in der Aufarbeitung der vielen in polnischen Archiven lagernden deutschsprachigen Quellen sieht, deren Edition in enger Abstimmung zwischen polnischen und deutschen Wissenschaftlern in Angriff genommen wird. Über die historischen Regionen Pommern, Schlesien, Preußen und Livland hinaus, die die regionalen Schwerpunkte in der Tätigkeit des Gesprächskreises bilden, hat sich das Interesse auf die editorischen Belange bezüglich der deutschen und polnischen Geschichte insgesamt ausgedehnt, wobei auch eine übergreifende europäische Perspektive zum Ausdruck kommt. Der Band dokumentiert Tagungsbeiträge, die am Friedrich-Meinecke-Institut der Freien Universität Berlin sowie am Institut für Geschichte und Archivkunde der Nikolaus-Kopernikus-Universität in Thorn/Toruń präsentiert wurden. Im ersten Teil sind historiographische Abhandlungen von folgenden Autoren und zu folgenden Themen versammelt: Tomasz Jasiński: *Die Edition der polnischen Annalen*; Stanisław Rosik: *Zur polnischen Übersetzung der Chronik des Thietmar von Merseburg*; Wojciech Mrozowicz: *Die deutschsprachige Annalistik Schlesiens im Spätmittelalter. Aus den Arbeiten an der Gesamtedition*; Piotr Dymmel: *Zwischen Original und Kopie. Kritische Überlegungen zur Neuedition der „Annales seu cronicae incliti Regni Poloniae" des Jan Długosz*; Thomas Brück: *Rigaer Chronistik im 17. Jahrhundert. Johann Witte und seine Bearbeitung der Chronik des Hermann Helewegh. Briefe und Korrespondenzen*; Janusz Tandecki: *Die Katalogisierung von Urkunden und Briefen aus polnischen Sammlungen am Beispiel des Thorner Staatsarchivs*; Waldemar Bukowski, Tomasz Płóciennik, Anna Skolimowska: *Der lateinische Schriftverkehr des Krakauer Salzherrn Nikolaus Serafin (1437–1459)*; Tomasz Ososiński: *Die Korrespondenz des Johann Dantiscus (1485–1548)*. Im zweiten Teil werden Editionsfragen behandelt: Przemysław Wiszewski: *Die Erwartungen des Historikers und die Möglichkeiten des Herausgebers. Zur Edition der frühneuzeitlichen Briefe der Liegnitz-Brieger Piasten. Editorische Methoden*; Marek Słoń: *Zur Edition der Grundbücher einer mittelalterlichen Großstadt.*

Die Breslauer Schöffenbücher; Piotr Oliński: *Die Stadtbücher der Jungstadt Danzig und die Probleme ihrer Edition*; Anette Löffler: *Die Edition liturgischer Quellen des Deutschen Ordens. Der Liber Ordinarius*; Edward Potkowski, Jerzy Kaliszuk: *Die Digitalisierung von Kolophonen mittelalterlicher Handschriften in Polen*; Wojciech Krawczuk: *Epigraphik und Didaktik. Das Projekt „Deutsche Inschriften in Polen". Berichte über neuere Editionen (1990–2005)*; Marc Jarzebowski: *Neuere Editionen zur Geschichte Preußens im Mittelalter*; Ralf Lützelschwab: *Neuere Editionen zur Geschichte Livlands im Mittelalter*; Michaela Scheibe: *Neuere Editionen zur Geschichte Pommerns im Mittelalter*; Waldemar Könighaus: *Neuere Editionen zur Geschichte Schlesiens im Mittelalter.* Der Band enthält eingangs eine Liste von Abkürzungen und Siglen und schließt mit einem umfangreichen Personen- und Ortsregister.

Piotr Zariczny

Mihaela Zaharia: Die andere Wirklichkeit. Phantastik in der verfilmten deutschsprachigen Literatur. Bucureşti: Editura Paideia 2001 (GGR-Beiträge zur Germanistik 8). 213 S. ISBN 973-596-038-9.

Diese literatur- und medienwissenschaftliche Studie untersucht gattungstheoretische Fragen mit Bezug auf die Phantastik in Literatur und Film, wobei sie sich insgesamt weniger auf theoretische Aspekte als auf die Analyse einiger aufschlussreicher Beispiele konzentriert. Sowohl anhand von Interviews mit den behandelten Autoren als auch anhand der Analyse einzelner Literaturverfilmungen gelingt der Nachweis, dass der Rezipient den Glauben an die hinter dem Sichtbaren und hinter dem bewusst Denkbaren verborgenen Dinge, also den Glauben an die Macht des Unbewussten, benötigt, um die „andere Wirklichkeit", die Phantastik in Literatur und Film aufzuspüren. Bei den paradigmatisch zusammengestellten Beispielen handelt es sich unter anderem um Analysen von Paul Wegeners *Golem* sowie der filmischen Aufbereitung von Franz Kafkas Erzählung *Die Verwandlung* und von Günter Grass' Romanen *Die Blechtrommel* und *Die Rättin.*

Ana-Maria Palimariu

Zbliżenia. Polska – Niemcy. Annäherungen. Polen – Deutschland. Pismo Uniwersytetu Wrocławskiego [Zeitschrift der Universität Breslau]. Hg. v. Karol Bal, Karol Fiedor, Romuald Gelles, Norbert Honsza. Wrocław 2005. [H.] 1 (40), [H.] 2 (41). 209, 262 S. ISSN 00867-7417.

Die beiden Hefte des Jahrgangs enthalten eine Vielzahl von Beiträgen zur Literaturgeschichte, Philosophie und regionalen Kulturgeschichte, außerdem Interviews und Rezensionen zu aktuellen Publikationen. Zu nennen sind unter anderem: Michael Segner: *Pieron! Kurt Tucholsky und der Kampf um O[ber]S[chlesien]*; Agnieszka Centkowska: *Wokół literatury ‚wypędzonych' z ojczyzny* („Um die Literatur der aus dem Vaterland ‚Vertriebenen'"); Joanna Dobrosz-Krakowczyk: *O działalności Fundacji Współpracy Polsko-Niemieckiej* („Über die Tätigkeit der Stiftung deutsch-polnische Zusammenarbeit") Norbert Honsza, Stephan Wolting: *„Einer der lebendigsten Köpfe der Republik". Zum Jubiläum Marcel Reich-Ranickis*; Hans Hecker: *Krieg und Grenzen. Überlegungen nicht nur aus Anlass eines Jahrestages*; Olga Sisáková: *Philosophiegeschichte und Gadamers Prinzip der Wirkungsgeschichte*; Marcel Reich-Ranicki: *Brecht w Warszawie* („Brecht in Warschau"); Wolfgang Bittner: *Aufgewachsen in Ostfriesland. Eine Rückbesinnung*; Norbert Honsza: *Elias Canetti*; Artur Kamiński: *Ważne sprawy dla Dolnego Śląska* („Wichtige Fragen für Niederschlesien").

Marta Kopij

Zeszyty Naukowe Uniwersytetu Rzeszowskiego [Wissenschaftliche Hefte der Universität Rzeszów]. Nr. 26. Seria Filologiczna [Reihe Philologie], Studia Germanica Resoviensia 3. Hg. v. Zdzisław Wawrzyniak, Zbigniew Światłowski. Rzeszów: Uniwersytet Rzeszowski 2005. 191 S. ISSN 1643-0484.

Der dritte Band der Reihe *Studia Germanica Resoviensia* ist in fünf Teile gegliedert, in denen sich wissenschaftliche Beiträge aus den Bereichen der Kultur- und Translations-, Literatur- und Sprachwissenschaft sowie Rezensionen und Berichte finden. Den Band eröffnet ein Beitrag von Małgorzata Sieradzka, die Kleists Komödie *Der zerbrochene Krug* hinsichtlich der Symbolik der Figuren und Namen in den Übertragungen ins Polnische analysiert. Zur Theorie der Übersetzung, die englische bzw. die schwedische Sprache betreffend, schreiben auch Krzysztof Hejwowski und Monika Jazowy-Jarmuł. Den kultur- und translationswissenschaftlichen Teil beschließen zwei landeskundlich ausgerichtete Aufsätze von Ewa Cwanek-Florek, die zu ausgewählten Aspekten der Gedenkrezeption berühmter Polen in Wien schreibt, und von Jadwiga Madej, die mit einer Übersicht zu den polnisch-schweizerischen Beziehungen im 20. Jahrhundert aufwartet.

Grzegorz Jaśkiewicz

2. Baltikum

Liivi Aarma: Põhja-Eesti kogudused ja vaimulikkond 1525–1885. Bd. 1: Põhja-Eesti kirikud, kogudused ja vaimulikud. Matriklid 1525–1885. Die Kirchen, Gemeinden und Pastoren des Konsistorialbezirks Nord-Estland. Herdaminne för Norden-Estlands stift. Tallinn: Aarma Maja 2005. 200 S., Abb. ISBN 9949-13-056-5.

Das auf zwei Bände angelegte Lexikon folgt mehreren früheren Veröffentlichungen, die est- und livländischen Pastoren gewidmet waren. Der erste Teil umfasst Matrikeln der Pastoren des Konsistorialbezirks Estland sowie Verzeichnisse der Kirchengemeinden und der jeweiligen Gutshöfe. Dabei werden jeweils auch knappe Angaben über die Gründung der Kirchen und ihre Baugeschichte gemacht. Der Matrikelteil beginnt mit einem Verzeichnis der führenden Geistlichen des Bistums, es folgen die Matrikeln der Domgemeinde Reval/Tallinn (zusammen mit der schwedischen Gemeinde und der finnisch-estnischen Gemeinde der Karlskirche), der Gemeinden der Revaler Unterstadt sowie der historischen Landkreise Nord-Estlands: Harrien/Harju, Wierland/Viru (zusammen mit den Gemeinden in Narva), Jerwen/Järva und Wiek/Läänemaa. Zudem enthält das Buch ein Namensregister der verzeichneten Pastoren.

Lea Teedema

Vytautas Ališauskas (Hg.): Krikščionybės Lietuvoje istorija [Die Geschichte des Christentums in Litauen]. Vilnius: Aidai 2006. 595 S., Abb., Kt. ISBN 995-565618-2.

Die Geschichte der christlichen Kirchen in Litauen ist bereits seit dem 19. Jahrhundert eines der zentralen Themen der Historiographie des Landes. Daher ist es schon ein wenig verwunderlich, dass bis jetzt keine umfangreiche wissenschaftliche Gesamtdarstellung zu dieser Geschichte vorliegt. Eine Gruppe litauischer Historiker versucht nun, diese Lücke auszufüllen. Die Autoren standen vor der schwierigen Aufgabe, die fast tausendjährige Geschichte des Christentums im Baltikum und in Litauen konzeptionell zu bewältigen. Das

Ergebnis fällt insgesamt positiv aus, was vor allem dem konsequent durchgehaltenen Ansatz zu verdanken ist, die Geschichte des Christentums aus der innerkirchlichen Perspektive zu beschreiben. Dabei wurden solche Themen und Probleme ausgewählt, die für die Entwicklung des christlichen Glaubens in Litauen besonders wichtig sind. So finden sich in diesem Band auch Kapitel, die man in anderen Abhandlungen zur litauischen Geschichte vermisst, etwa über die Ausbreitung und Veränderung der religiösen Praktiken, die Struktur der Seelsorge, den Bildungsgrad der Geistlichen, die Formen des geistlichen Lebens zur Zeit der Okkupation u. a. m. Andererseits wird die Geschichte der Kirche(n) nicht von der Gesellschaftsgeschichte abgekoppelt. In diesem Sinne werden auch die politischen Voraussetzungen für die Annahme des Christentums, die unterschiedlichen Prozesse der Christianisierung von Adel und Bauernschaft, die konfessionelle Disziplinierung im Reformenzeitalter und schließlich das Verhältnis der katholischen Kirche zur Nationalbewegung sowie zum antisowjetischen Widerstand beleuchtet. Trotz der nachvollziehbaren inhaltlichen Dominanz der katholischen Kirche werden auch die Verdienste anderer christlicher Konfessionen für die Christianisierung Litauens thematisiert.

Rimvydas Petrauskas

Arūnas Baublys: Lietuvos evangelikų reformatų bažnyčios sinodas. Organizacija, bažnytinė savivalda ir konfesinės inteligentijos formavimasis 1795–1830 metais [Die Synode der Evangelischen Reformierten Kirche Litauens. Organisation, kirchliche Selbständigkeit und die Formierung der konfessionellen Intelligenz in den Jahren 1795–1830]. Vilnius: Versus aureus 2006. 502 S., Abb., dt. Zusammenfassung. ISBN 9955-699-04-3.

In dieser großangelegten Monographie werden Wandlungsprozesse innerhalb der Reformierten Kirche Litauens in den ersten Jahrzehnten nach dem Ende der polnisch-litauischen Adelsrepublik analysiert. Durch die russische Besetzung war in Litauen eine neue politische und konfessionelle Situation entstanden, die auch die Reformierte Kirche betraf. Hauptziel der Studie ist es, die Organisation der Kirche in diesem Zeitraum zu untersuchen und die Möglichkeiten zur Anpassung einer konfessionellen Minderheit an das autokratische System des Zarenreiches zu erhellen. Dabei werden folgende Themen behandelt: die Änderungen in der Sitzordnung der Synode, die Bestellung von Angestellten, die Aufzeichnung der Beschlüsse sowie die Art der Beziehungen zwischen der Synode und der staatlichen Verwaltung. Im zweiten Teil der Arbeit wird die Bildungspolitik der Synode eingehend untersucht, konkret das Netz von Grund- und Mittelschulen, die Ausbildung der Lehrerschaft, die Vergabe von Stipendien etc. In geographischer Hinsicht umfasst die Abhandlung das gesamte Territorium des ehemaligen Großfürstentums Litauen.

Rimvydas Petrauskas

Daina Bleiere, Ilgvars Butulis, Inesis Feldmanis, Aivars Stranga, Antonijs Zunda: Latvijas Vēsture. 20. gadsimts [Geschichte Lettlands. Das 20. Jahrhundert]. Rīga: Jumava 2005. 443 S., Abb. ISBN 9984-05865-4.

Der Band vermittelt allgemeine Kenntnisse über die Zeitgeschichte Lettlands, wobei die unterschiedlichen Sichtweisen lettischer Historiker und Politiker zusammenfassend dargestellt werden. Darin vor allem besteht der Wert dieser Publikation, der allerdings dadurch geschmälert wird, dass die Studie keinerlei Angaben über die Quellen und die Literatur enthält, auf die sich die Verfasser – Dozenten der Fakultät für Geschichte an der Universität Riga und Mitglieder der Kommission lettischer Historiker – bei ihrer Arbeit gestützt haben.

Helēna Šimkuva

Vydas Dolinskas (Hg.): Lietuvos krikščionėjimas Vidurio Europos kontekste. Die Christianisierung Litauens im mitteleuropäischen Kontext. Vilnius: Lietuvos dailės muziejus 2005. 383 S., Abb., lit. u. dt. Text. ISBN 9986-669-48-0.

Die zweisprachige Publikation dokumentiert die Materialien einer 2001 in Wilna/Vilnius durchgeführten internationalen Konferenz. Insgesamt 15 Historiker haben es dabei unternommen, den langen Weg des letzten heidnischen Landes Europas zur Christianisierung in einem möglichst breiten thematischen und chronologischen Rahmen nachzuzeichnen. In die Thematik führt Klaus Zernack ein, der den Themenkomplex *Staatsbildung, Christentum und frühes Nationalbewusstsein in Ostmitteleuropa* abhandelt. Tore Nyberg verfolgt den skandinavischen Einfluss auf die Christianisierung des Baltikums. Die übrigen Beiträge sind speziellen Fragen der Christianisierung Litauens gewidmet. Über die Rolle der mittelalterlichen Orden während dieses Prozesses denkt Kaspar Elm nach. Sven Ekdahl beleuchtet die langjährigen Beziehungen Litauens zum Deutschen Orden im Kontext der Missionspolitik. Die Angaben über die Fortschritte der Christianisierung während der quellenarmen Mindaugas-Epoche (Mitte des 13. Jahrhunderts) werden von Edvardas Gudavičius und Jonas Boruta ausgewertet. Tadeusz Krahel beschäftigt sich mit dem komplizierten Zusammenhang zwischen der Taufe des Herrschers und der Christianisierung des Volkes, während Mečislovas Jučas und Bolesław Kumor die innere Struktur der früheren katholischen Kirchen Litauens analysieren. Verschiedene Probleme aus dem Zeitalter der Konfessionalisierung werden in den Beiträgen von Ingė Lukšaitė, Guido Michelini und Irena Vaišvilaitė untersucht. Marceli Kosman schließlich beschreibt die Entwicklung des Katholizismus in Litauen als den langwierigen Prozess der Durchsetzung einer monotheistischen Religion.

Rimvydas Petrauskas

Dzintars Ērglis (Hg.): Okupētā Latvija 20. gadsimta 40. gados: Latvijas Vēsturnieku Komisijas 2004. gada pētījumi [Das besetzte Lettland in den vierziger Jahren des 20. Jahrhunderts. Forschungen der Kommission Lettischer Historiker für das Jahr 2004]. Rīga: Latvijas Vēstures institūta apgāds 2005 (Latvijas vēsturnieku komisijas raksti [Abhandlungen der Kommission Lettischer Historiker] 16). 450 S., Abb. ISBN 9984-60157-9.

Der Sammelband präsentiert Beiträge von elf Historikern und gliedert sich in drei Abschnitte. Der erste enthält unter dem Titel „Die sowjetische Okkupation in Lettland" zwei Aufsätze: Aleksandrs Ivanovs schreibt über den Wechsel der Okkupationsmächte in Lettland 1940/41 aus der Sicht der Historiographie, Antonijs Zunda betrachtet das Verhältnis zwischen den baltischen Staaten und Großbritannien in den Jahren 1939–1941. Der zweite Abschnitt „Die Okkupation Lettlands durch das nationalsozialistische Deutschland (1941–1945)" wird mit komparativen Überlegungen von Inesis Feldmanis über die deutsche Besatzungspolitik in Lettland, Litauen und Estland eingeleitet. Der Beitrag von Heinrihs Strods behandelt die Verfolgung der Aktivisten der sowjetischen Okkupation in Lettland in der zweiten Hälfte des Jahres 1941. Juris Pavlovičs erhellt den Wechsel der Okkupationsmächte in Riga im Sommer 1941, während Kaspars Zellis die Propaganda des nationalsozialistischen Deutschland in

Lettland in der zweiten Jahreshälfte 1941 analysiert. Der Artikel von Kārlis Kangeris zeigt die Struktur der Polizei im deutsch besetzten Lettland auf. Inese Dreimane setzt sich mit der Kollaboration von Frauen mit den Straf- und Verfolgungsbehörden 1941–1945 auseinander. Uldis Neiburgs untersucht die politische Haltung der Diplomaten der Republik Lettland im Westen und die Tätigkeit des lettischen Zentralrats in den Jahren 1943–1945. Im Rahmen des dritten Kapitels „Sowjetische Okkupation in Lettland 1944–1945" beleuchtet Ritvars Jansons den Einfluss der kommunistischen Partei Lettlands auf die Tätigkeit des Volkskommissariats für innere Angelegenheiten der Lettischen Sozialistischen Sowjetrepublik. Der Artikel von Jānis Riekstiņš schließlich ist der Zwangsrekrutierung lettischer Bürger durch die Rote Armee 1943/44 gewidmet.

Helēna Šimkuva

[Mati Graf:] XX sajandi kroonika. Eesti ja maailm [Die Chronik des 20. Jahrhunderts. Estland und die Welt]. III. 1961–1981. Aluskäsikiri [Auf der Grundlage einer Handschrift v.] Mati Graf. Tallinn: Eesti Entsüklopeediakirjastus 2005. 414 S., Abb. ISBN 9985-70-217-4.

Der dritte Teil des auf der Grundlage des Manuskripts von Mati Graf verfassten Werks (zum ersten und zweiten Teil siehe „Berichte und Forschungen" 11 [2003], S. 227; 13 [2005], S. 278) umfasst die Zeitspanne vom 1. November 1961 (Ende des XXII. Parteitags der KPdSU) bis zum 20. Januar 1981 (Amtseinführung von Ronald Reagan als Präsident der USA) und behandelt parallel die Ereignisse in Estland und in der Welt. Während diese Jahrzehnte im Rahmen des Ost-West-Gegensatzes durch eine allmähliche Entspannung gekennzeichnet waren, herrschte in Estland und in der übrigen UdSSR ein relativer Wohlstand; in Estland verbesserte sich vor allem die wirtschaftliche Lage der Landbevölkerung spürbar. Der Band behandelt in 1.000 Artikeln mit mehr als 800 Abbildungen alle Lebensbereiche: Politik, Wirtschaft, Kultur und Sport. Ein Sach-, Orts- und Personenregister beschließt die Chronik.

Kersti Taal

Voldemar Ilja: Vennastekoguduse (herrnhuutluse) ajalugu Liivimaal (Lõuna-Eesti) 1750–1765 [Die Geschichte der Brüdergemeine (des Herrnhutertums) in Livland (Süd-Estland) 1750–1765]. [Bd.] IV. Tallinn: Logos 2005. 368 S., dt. u. finn. Zusammenfassung. ISBN 9949-402-54-9.

Der vierte Band (zum ersten bis dritten Teil siehe „Berichte und Forschungen" 7 [1999], S. 257; 9 [2001], S. 218; 11 [2003], S. 242) der Geschichte der Herrnhuter Brüdergemeine setzt die Erforschung des Wirkens der Herrnhuter in den Gebieten Südestlands, besonders im Kirchspiel Wenden/Võnnu, fort. Das Gut Brinkenhof/Kriimani war Zentrum der estnischen und lettischen Brüdergemeine, von dort sowie von Wolmar/Valmiera aus wurde die Zusammenarbeit der Glaubensbrüder koordiniert. Intensiver noch gestaltete sich die Tätigkeit der Brüdergemeine in den südestländischen Kirchspielen Anzen/Urvaste, Kamby/Kambja und Randen/Rannu, ein entsprechender Überblick wird aber auch für die anderen Kirchspiele Südestlands gegeben. Das besondere Interesse des Verfassers gilt der Kinderarbeit in der Brüdergemeine, die als Anfang der Sonntagsschularbeit gelten kann. In Deutschland waren die Herrnhuter überwiegend eine Handwerkerbewegung, während sie in Estland ihre Anhänger vor allem unter den Landarbeitern fanden. Ausführlicher beschrieben wird im Buch die Rolle des Tischlers und Vorstehers der Bauarbeiten in Brinkenhof, Christian David, des Privatlehrers im Kirchspiel Wenden, Johann Friedrich Franke, sowie des Gutsherrn von Brinkenhof, Karl Fabian von Gavel. Der Autor wendet sich der Frage zu, wieso diese Bewegung das Denken der Bauern so nachhaltig beeinflusst hat, und nennt hierfür vor allem spiritualistische Motive, etwa eine ausgeprägte Friedenssehnsucht. Der Anhang enthält die Lebensläufe von Christoph Michael Königseer, Gottfried Michael Norien, Christian Lindig, Kasper Meder und Heinrich Johann Frost.

Kersti Taal

Merike Ivask (Hg): Narva usuelust: 660 aastat Narva kiriku esmamainimisest [Über das Glaubensleben in Narva: 600 Jahre seit der ersten Erwähnung der Narvaer Kirche]. Narva: Narva Muuseum 2005 (Narva Muuseumi Toimetised [Veröffentlichungen des Narvaer Museums] 4). 147 S., Abb., russ. u. engl. Zusammenfassungen. ISBN 9949-132-46-0.

Der erste schriftliche Bericht über die Stadtrechte Narvas sowie die dortige Kirche stammt aus dem Jahr 1345. Im Lauf der Zeit wechselten die Konfessions- und Staatszugehörigkeit Narvas mehrmals. Der vorliegende Band versammelt die folgenden Beiträge, die das Glaubensleben der Stadt durch sechs Jahrhunderte hindurch beleuchten: Merike Ivask, Galina Sinjakova: „Über die Geschichte des religiösen Lebens in Narva"; Jaan Tamm: „Die Dominikaner in Estland und ihre Klöster in Reval/Tallinn, Dorpat/Tartu und Narva"; Piret Lotman: „Die Konversion der Orthodoxen in Ingermanland in der Zeit der Superintendantur Heinrich Stahls aus religiöser Sicht"; Enn Küng: „Die anglikanische Gemeinde in Narva in den letzten Jahrzehnten des 17. Jahrhunderts"; Sirje Lusmägi: „Die Geschichte der Narvaer Kirchenbibliothek"; Andrei Ivanen: „Die Kirche der Heiligen Gottesmutter in der Burg Ivangorod"; Heinrich Johann Hansen: „Berichte über griechisch-russische Kirchen (1861)".

Lea Teedema

Paul Johansen: Kaugete aegade sära [Der Glanz vergangener Zeiten]. Hg. v. Jüri Kivimäe. Tartu: Ilmamaa 2005 (Eesti mõttelugu [Estnische Geistesgeschichte] 65). 527 S. ISBN 9985-77079-X.

Der Sammelband würdigt die schöpferische Tätigkeit Paul Johansens (1901–1965), eines außerordentlich verdienten und produktiven Wissenschaftlers, dessen Forschungen über die älteste Geschichte Estlands und der Esten ihre Aktualität auch heute nicht verloren haben. Wie der Herausgeber einleitend ausführt, haben die wissenschaftlichen Ideen und die profunde Quellenkenntnis Johansens viele jüngere Historiker nachhaltig inspiriert. Die 26 abgedruckten Aufsätze stammen aus den Jahren 1923–1964 und sind in die folgenden Themenblöcke eingeteilt: Ältere Besiedlungsgeschichte und Ortsnamen; Esten und Deutsche im alten Reval/Tallinn; Geschichte der estnischen Sprache und des estnischen Buches; Kulturgeschichte Livlands; Geschichte der Hanse. Alle Aufsätze sind datiert und mit einem Anmerkungsapparat versehen.

Kersti Taal

Benedikts Kalnačs, Inguna Daukste-Silasproģe, Māra Grudule, Zanda Gūtmane, Jana Vērdiņa: Vācu literatūra un Latvija: 1890–1945 [Deutsche Literatur und Lettland: 1890–1945]. Rīga: Zinātne 2005. 878 S., Abb. ISBN 9984-767-34-5.

Der umfangreiche Band versammelt mehrere Abhandlungen: Benedikts Kalnačs betrachtet die deutsche Literatur und Gesellschaft gegen Ende des 19. und in der ersten Hälfte des 20. Jahrhunderts, während Inguna Daukste-Silasproģe sich mit der Entwicklung der deutschen Prosa von 1890 bis 1945 auseinandersetzt. Zanda Gūtmane wiederum analysiert die modernen ästhetischen Richtungen in der deutschen Prosa. Die deutsche Dichtung und das deutsche Drama sind Gegenstand weiterer Beiträge von Jana Vērdiņa und Kalnačs. Der deutschbaltischen Literatur im Zeitraum 1890–1939 ist die Abhandlung von Māra Grudule gewidmet. Die deutsche Literatur, die in Lettland entweder in der Presse oder in Form von Buchpublikationen erschienen ist, wird in zwei weiteren Artikeln von Daukste-Silasproģe beleuchtet, wobei der erste die Zeitspanne von 1890 bis 1918 umfasst, der zweite diejenige von 1919 bis 1944. Im umfangreichen Anhang des Buches finden sich Angaben über die bedeutendsten deutschen literarischen Werke in Lettland und die wichtigsten hierzu erschienenen wissenschaftlichen Abhandlungen, Informationen zum deutschen Drama auf lettischen Bühnen sowie Quellennachweise der in der lettischen Presse veröffentlichten Werke.

Helēna Šimkuva

Jānis Kalnačs: Tēlotājas mākslas dzīve nacistiskās Vācijas okupētajā Latvijā: 1941–1945 [Die bildende Kunst in Lettland während der nationalsozialistischen Okkupation 1941–1945]. Rīga: Neptūns 2005. 303 S., Abb., engl. Zusammenfassung. ISBN 9984-72961-3.

Der anzuzeigende Band untersucht den Einfluss der deutschen Besatzungsmacht auf das künstlerische Leben in Lettland, den Kunstmarkt, die Tätigkeit der Museen sowie die Kunstausstellungen in den Museen Rigas und anderer lettischer Städte bzw. in Kunstsalons und Studios. Analysiert werden zudem die in jener Zeit erschienenen Rezensionen über Ausstellungen und Veröffentlichungen in der Presse über das Kunstleben. Einzelne Kapitel sind dem Ausdruck der Epoche in der Kunst und nicht verwirklichten künstlerischen Ideen gewidmet. Abschließend werden der Einfluss des sowjetischen und des nationalsozialistischen Regimes auf das Kunstleben Lettlands miteinander verglichen. Auf dieser Grundlage gelangt der Autor zu dem Schluss, dass die Zeit der deutschen Okkupation verhältnismäßig leichter zu überstehen war als der ideologische Terror und die Verwaltung der sowjetischen Besatzer, insbesondere in den ersten Nachkriegsjahren. Auch weist er darauf hin, dass die bildende Kunst zu jener Zeit ein wichtiger Faktor im Prozess der geistigen Selbstbehauptung war und damit eine Rolle bei der Bewahrung der nationalen Identität spielte.

Helēna Šimkuva

Arnis Kluinis: LETA. Nacionālās ziņu aģentūras lomas 20./21. gs. Latvijā [LETA. Die Rolle der nationalen Nachrichtenagentur im 20. und 21. Jahrhundert in Lettland]. Rīga: SIA LETA 2005. 120 S., Abb. ISBN 9984-76734-5.

Das Buch widmet sich in gegenchronologischer Folge dem Wirken und der Bedeutung der am 5. Mai 1920 offiziell gegründeten Nachrichtenagentur LETA. Während der erste Abschnitt die jüngste Vergangenheit der LETA betrachtet, schildert der zweite den Zeitraum zwischen dem Jahr 1945 und dem Beginn der 1990er Jahre, in dem die LETA das wichtigste Instrument der Sowjetpropaganda in Lettland darstellte. Das dritte Kapitel beleuchtet die Rolle der Agentur während der Zeit des autoritären Ulmanis-Regimes, der ersten zwei Jahre der Sowjetherrschaft sowie der nationalsozialistischen Okkupation. Im vierten Abschnitt schließlich wird die Bedeutung der LETA während der Freiheitskämpfe und der anschließenden Jahre der demokratischen Republik Lettland abgehandelt. Der Band ist reich illustriert und enthält zahlreiche Quellendokumente aus den Beständen der staatlichen Archive Lettlands.

Helēna Šimkuva

Latvijas Vēstures institūta žurnāls [Zeitschrift des Instituts für die Geschichte Lettlands]. 2005. Nr. 1–4. Je 210 S., Abb., dt. u. engl. Zusammenfassungen. ISSN 1025-8906.

Die Zeitschrift des Instituts für die Geschichte Lettlands bietet in ihren vier Heften zahlreiche Aufsätze, gelegentlich auch Quellenpublikationen, aktuelle Mitteilungen und Rezensionen, die ihrem klar definierten Profil entsprechen. – Aus Nr. 1 sind unter anderem die folgenden Aufsätze zu nennen: Ilze Boldāne: „Über die Theorie der ethnischen Stereotype. Ein vorläufiger Einblick in die Situation Lettlands"; Mārīte Jakovļeva: „Der Kampf um die Macht im Herzogtum Kurland nach dem Tod von Herzog Friedrich Kasimir (1701–1703)"; Līga Dumpe: „Aus der Geschichte des Branntweins in Lettland"; Jānis Stradiņš, Dzintra Cēbere: „Der Flug von E. G. Robertson im Jahre 1804 in der Kulturgeschichte Rigas und Lettlands". – Aus Nr. 2: Rita Grāvere: „Die Auswertung des odontologischen Materials aus dem Mittelalter und der Frühen Neuzeit in Bezug auf die Entstehung des lettischen Volkes"; Valdis Bērziņš: „Die ersten acht Monate der Verfassunggebenden Versammlung Lettlands"; Ainārs Lerhis: „Die historiographische Auswertung des auswärtigen Handels der Republik Lettland (1918–1925)". – Aus Nr. 3: Guntis Gerhards: „Die bioarchäologische Erforschung der Einwohner von Windau/Ventspils"; Mārīte Jakovļeva: „Die Beziehungen des Herzogs Jakob von Kurland zu Russland"; Dzintars Ērglis: „Die Kriegsgefangenenlager für Sowjetarmisten im nationalsozialistisch besetzten Lettland: ein historiographischer Überblick". Tatjana Berga und Andris Celmiņš liefern ferner eine Miszelle zu einem mittelalterlichen Münzschatz, der im November 2003 in der Rigaer Altstadt gefunden wurde. Kaspars Kļaviņš veröffentlicht unbekannte Briefe von August Bielenstein. – Aus Nr. 4: Tatjana Berga: „Eine seltene Münze aus den Ausgrabungen im Schloss von Cēsis/Wenden"; Uldis Krēsliņš: „Die Entstehung und Entwicklung der lettischen bürgerlichen Parteien 1917–1918"; Valdis Bērziņš: „Die Verfassunggebende Versammlung Lettlands: die Jahre 1921 und 1922"; Artūrs Žvinklis: „Die Einwohner Lettlands in der Roten Armee (September 1940 bis Juni 1944)". In einer Miszelle von Ieva Ose wird der Beitrag von Carl von Löwis of Menar zur Erforschung der mittelalterlichen Kirchen Lettlands bilanziert.

Andris Levāns

Latvijas Zinātņu akadēmijas vēstis. A. daļa: Sociālās un humanitārās zinātnes [Mitteilungen der Akademie der Wissenschaften Lettlands. Teil A: Soziale und humanitäre Wissenschaften] 59 (2005). Nr. 1–6. Je 64 S., Abb., dt. u. engl. Zusammenfassungen. ISSN 1407-0081.

Die in dem vorliegenden Jahrgang der „Mitteilungen" veröffentlichten Beiträge sind bezüglich ihrer Themenauswahl den Vorgaben verpflichtet, die im Rahmen des staatlich geförderten nationalen Forschungsprogramms „Letonika: Forschungen zur Geschichte, Sprache und Kultur" festgelegt wurden. Das Gebiet Sēlija/kurisches Oberland in Lettland stellt einen Sonderforschungsbereich dar, der in den Jahren 2002–2005 systematisch und fachübergreifend bearbeitet wurde. Die Autoren der hier in einer Auswahl genannten Aufsätze präsentieren in ihren allerdings sehr kurzgefassten und keinesfalls analytischen Texten ihre diesbezüglichen Ergebnisse. – Aus Nr. 2 ist der Beitrag von Mārīte Jakovļeva: „Die Manufakturen des Herzogs von Kurland in Sēlija/kurisches Oberland im 17.–18. Jahrhundert“ hervorzuheben. – Aus Nr. 3: Andris Caune: „Die archäologische Erforschung Rigas als Quelle für die ‚Letonika‘“. – Aus Nr. 6: Ojārs Spārītis: „Die Kanzel als Mittel für didaktische und politische Botschaften in den lutherischen Kirchen Lettlands“.

Andris Levāns

Mati Laur, Enn Küng, Stig Örjan Ohlsson (Hg.): Die baltischen Länder und der Norden. Festschrift für Helmut Piirimäe zum 75. Geburtstag. Tartu: Akadeemiline Ajalooselts 2005 (Nordistica Tartuensia 13). 564 S., dt., engl. u. schwed. Text. ISSN 1406-6149, ISBN 9949-13-208-8.

Die anzuzeigende Festschrift ist dem Skandinavisten Helmut Piirimäe zum 75. Geburtstag gewidmet. Sie enthält 23 in deutscher, englischer und schwedischer Sprache verfasste Aufsätze von Schülern, Kollegen und Freunden des Gelehrten aus Estland, Deutschland, Schweden und Finnland, außerdem eine Bibliographie der Werke Piirimäes. Unter den deutschsprachigen Beiträgen sind zu nennen: Heinz von zur Mühlen: *Die baltischen Länder im europäischen Kraftfeld*; Ivar Leimus: *Einige Beiträge zur Münzgeschichte Livlands am Ende des 14. Jahrhunderts*; Norbert Angermann: *Zum Rußlandhandel von Dorpat/Tartu in der Zeit seiner höchsten Blüte (Mitte des 16. Jahrhunderts)*; Ralph Tuchtenhagen: *Das Dorpater Hofgericht als Bestandteil der schwedischen Politik gegenüber den Ostseeprovinzen 1629–1710*; Enn Küng: *Zwischen Mars und Merkur. Narvaer und Revaler Kaufleute im Handel mit den Niederlanden um 1675*; Vello Helk: *Ein Bericht über den großen Brand in Riga 1677*; Sulev Vahtre: *Aus dem Leben und Werk von Pastor Reiner Broocmann (ca. 1640–1704)*; Arvo Tering: *Zur Rezeption der kopernikanischen Lehre im Baltikum im 17. Jahrhundert*; Aleksander Loit: *Die Abwicklung des Lehnswesens in Estland und Livland am Ende der schwedischen Herrschaft*; Mati Laur, Katrin Kello: *Zum Rechtsstatus der livländischen Bauern im Übergang von der schwedischen zur russischen Zeit.*

Kersti Taal

Inga Leonavičiūtė (Hg.): 1009 metai: Šv. Brunono Kverfurtiečio misija [Das Jahr 1009: Die Mission des Heiligen Bruno von Querfurt]. Vilnius: Aidai 2006. 287 S., 15 Abb. ISBN 9955-656-22-0.

Der Name „Litauen“ tauchte erstmals 1009 in einem kurzen Satz der Quedlinburger Annalen auf, der den gewaltsamen Tod des Missionars Bruno von Querfurt beschreibt. Davon ausgehend, ist für das sich nähernde Jubiläumsjahr 2009 ein litauisches „Millennium“ geplant, dessen internationale Dimension schon daran deutlich wird, dass Wilna/Vilnius 2009 Kulturhauptstadt Europas sein wird. Im vorliegenden Buch werden alle bekannten Quellentexte dokumentiert (in lateinischer Originalfassung und in litauischer Übersetzung), die die Mission Brunos von Querfurt im Baltikum und deren Hintergrund beleuchten. Das gesamte Material wird systematisch und quellenkritisch ausgewertet und nach den voneinander unabhängigen Versionen sortiert, außerdem enthält der Band eine umfangreiche Bibliographie zu Brunos Missionstätigkeit. Die Quellen und ein einführender Artikel von Edvardas Gudavičius lassen erkennen, was der Name „Litauen“ zu Beginn des zweiten Jahrtausends bedeutet haben könnte.

Rimvydas Petrauskas

Mākslas vēsture un teorija. Art History and Theory. Rīga: LMA Mākslas Vēstures Institūts 2004. [H.] 1, [H.] 2. 96, 88 S., engl. Zusammenfassungen. ISSN 1691-0869.

Die ursprünglich geplante Periodizität dieser Zeitschrift – vier Hefte pro Jahr – wurde von der Redaktion offenbar aufgegeben, da für den Jahrgang 2003 lediglich eine Nummer erschien, für 2004 hingegen zwei. Die darin enthaltenen Abbildungen sind drucktechnisch eher minderwertig, die Texte zeichnen sich dafür durch eine umso höhere Qualität aus. Es besteht kein Zweifel, dass dieses Periodikum die bislang noch recht dürre wissenschaftliche Zeitschriftenlandschaft in Lettland beleben und bereichern wird. – Aus Heft 2 sind die folgenden Aufsätze zu nennen: Aija Taimiņa entwirrt die Rätsel um „Das Schicksal der Metall- oder ‚Schrotenblätter' des 15. Jahrhunderts und der Bücher aus der Sammlung des Rigaer Patriziers Reinhold Soltrump" und beschäftigt sich mit der neuaufgefundenen Inkunabel in der Bibliothek der Aglona-Basilika. Rūta Kaminska befasst sich mit dem Erbe des italienischen Malers Filippo Castaldi in den Kirchen Südlettlands aus der ersten Hälfte des 18. Jahrhunderts. Anita Bistere schreibt über „Die Architektur russisch-orthodoxer Holzkirchen des 19. Jahrhunderts in Lettgallen/Latgale". In der Rubrik „Archive" werden aktuelle Quellenfunde vorgestellt: Brigita Sturme geht dem Schicksal der lettischen Kunst „unter dem Joch der stalinistischen Ideologie (1944–1953)" nach, während Elita Grosmane „Einige Ergänzungen zur Geschichte des Orgel-Prospektes in der Kirche von Lesten/Lestene" im 18. Jahrhundert vornimmt. – Aus Heft 3: Daina Lāce erkundet bislang wenig bekannte Details zum Thema „Johann Daniel Felsko und der Umbau der Kleinen Gilde in Riga" in den sechziger Jahren des 19. Jahrhunderts. Elita Grosmane stellt „Das Phänomen der Emblematik in der Kunst Lettlands im 17. und 18. Jahrhundert" methodologisch sehr instruktiv vor. Dieselbe Autorin gibt, in lettischer Übersetzung und mit einem knappen Kommentar versehen, die etwas gekürzte Fassung einer Abhandlung von Wilhelm L. Bockslaff (1858–1945) wieder, in der dieser Fragen der Erhaltung von mittelalterlichen Kirchen in Riga und Reval/Tallinn unter dem Titel „Ein Beitrag zur Denkmalpflege" erörterte. Der Text entstand erst kurz vor Bockslaffs Tod im besetzten Polen und wurde von der Autorin im Archiv der Universität Posen/Poznań entdeckt.

Andris Levāns

Imants Mednis: Savu vēsturi mēs rakstījām visi kopā [Unsere Geschichte haben wir alle gemeinsam verfasst]. Rīga: Latvijas Universitātes žurnāla „Latvijas Vēsture" fonds 2005. 136 S. ISBN 9984-643071-9.

Der Autor beginnt seine Darstellung mit den Worten: „Lettlands Geschichte ist der gemeinsame Lebenslauf der in Lettland ansässigen Völker". Seine Aufgabe sieht er darin, die wichtigsten Werke über die Geschichte Lettlands zusammenzufassen, die Entstehung historischer Kontroversen nachzuzeichnen und dabei die in verschiedenen Phasen der Wissenschaftsgeschichte jeweils aktuellen theoretischen und methodischen Ansätze der einzelnen Strömungen und Schulen der Historiographie zu berücksichtigen. Das Buch verfolgt zusammenfassend die Entwicklung der lettischen Geschichtsschreibung, angefangen von der *Livländischen Chronik* bis zum Ende der achtziger Jahre des 20. Jahrhunderts, als die Traditionen der ideologisch gefärbten sowjetischen Historiographie allmählich verblassten. Abschließend wird betont: „In der Historiographie der lettischen Geschichte ist noch eine umfassende Forschungs- und Auswertungsarbeit zu leisten. Es ist alles zu sammeln, zu verwerten und aufzuarbeiten, was seinerzeit über die Geschichte Lettlands geschrieben worden ist. Offensichtlich ist das ein aktuelles Anliegen für eine neue Generation von Historikern."

Helēna Šimkuva

Daiva Narbutienė: Lietuvos Didžiosios Kunigaikštijos lotyniškoji knyga XV–XVII a. [Das lateinische Buch im Großfürstentum Litauen im 15.–17. Jahrhundert]. Vilnius: Lietuvių literatūros ir tautosakos institutas 2004. 245 S., Abb., franz. Zusammenfassung. ISBN 995-547583-8.

Dieses Buch stellt einen wichtigen Beitrag zu der in letzter Zeit wiederbelebten Beschäftigung mit der neulateinischen Kultur in Europa dar. Lateinische Texte waren ein wichtiges kulturelles Bindeglied unter den sprachlich und konfessionell heterogenen Ländern Alteuropas. Seit seiner Christianisierung nahm auch das Großfürstentum Litauen aktiv an der Verbreitung und (seit dem 16. Jahrhundert) an der Produktion lateinischer Bücher teil. Daiva Narbutienė untersucht beide Aspekte der lateinischen Buchkultur: sowohl den verlegerischen als auch den rezeptionellen. Im ersten Teil der Monographie wird die Organisation der Buchproduktion im Großfürstentum Litauen behandelt. Interessanterweise berücksichtigt die Autorin dabei auch solche Werke, die zwar in Litauen erarbeitet, aber im Ausland ediert wurden. Im zweiten Teil wird das Repertoire der Bücher analysiert, wobei spezifische regionale Merkmale aufgedeckt werden. Im dritten Abschnitt geht es um die Verbreitung lateinischer Bücher in der multiethnischen Gesellschaft des Großfürstentums. Es zeigt sich, dass das Interesse an diesen Werken viel größer war, als dies in der Forschung bisher angenommen wurde. Auch wenn die Verfasserin gelegentlich mit etwas veralteten Kategorien operiert, etwa indem sie manche Buchautoren allzu apodiktisch als „Bürger des Großfürstentums Litauen“ einordnet, so ist es ihr doch gelungen, die neulateinische Kultur des alten Litauen anschaulich zu rekonstruieren.

Rimvydas Petrauskas

Valters Nollendorfs, Erwin Oberländer (Hg.): The Hidden and Forbidden History of Latvia under Soviet and Nazi Occupations 1940–1991. Selected Research of the Historians of Latvia. Rīga: Institute of the History of Latvia 2005 (Latvijas Vēsturnieku Komisijas raksti [Symposium der Kommission lettischer Historiker] 14). 383 S., Abb., engl. Text. ISBN 9984-601-92-7.

Das Vorwort zu diesem Band wurde von der Staatspräsidentin der Republik Lettland, Vaira Vīķe-Freiberga, verfasst. In der Einleitung findet sich ein Essay von Alfred Senn, das Einblicke in das Schicksal der baltischen Länder seit den vierziger Jahren des 20. Jahrhunderts vermittelt. Bei den meisten Aufsätzen handelt es sich um englischsprachige Versionen von Beiträgen, die in den vorangegangenen Sammelbänden der Kommission lettischer Historiker abgedruckt waren. Der erste Abschnitt umfasst Artikel von Irēne Šneidere, Rudīte Vīksne und Jānis Riekstiņš über die Zeit der sowjetischen Okkupation 1940/41. Im Rahmen des zweiten Teils gehen die Beiträge von Inesis Feldmanis, Kārlis Kangeris, Antonijs Zunda, Juris Pavlovičs und Uldis Neiburgs auf das nationalsozialistische Besatzungsregime in Lettland zwischen 1941 und 1945 ein. Der dritte Teil widmet sich dem Holocaust in Lettland. Der Artikel von Aivars Stranga gewährt einen Einblick in die Holocaust-Forschung in Lettland und fasst die damit verbundenen Probleme sowie die noch bestehenden Desiderata zusammen. Der Beitrag von Dzintars Ērglis schildert den Ablauf des Judenmordes in Kreutzburg/Krustpils, während Rudīte Vīksne auf der Grundlage von Materialien aus sowjetischen Gerichtsarchiven das Einsatzkommando unter dem Befehl von Viktor Arājs beleuchtet. Im vierten Teil beschäftigen sich Heinrihs Strods, Jānis Riekstiņš, Daina Bleiere, Aleksandrs Ivanovs, Aldis Bergmanis, Ritvars Jansons und Indulis Zālīte mit der zweiten sowjetischen Okkupation von 1944/45.

Helēna Šimkuva

Aistė Paliušytė u. a. (Hg.): Lietuvos dailininkų žodynas. I. Tomas: XVI–XVIII a. [Lexikon der bildenden Künstler Litauens. Bd. 1: 16.–18. Jahrhundert]. Vilnius: Kultūros, filosofijos ir meno institutas 2005. 311 S. ISBN 9986-638-60-7.

Es handelt sich um die erste Publikation im Rahmen des umfangreichen Forschungsprojekts „Lexikon der bildenden Künstler Litauens vom 16. bis 20. Jahrhundert". Der Band präsentiert die Biographien der im Großfürstentum Litauen wirkenden Künstler, seien es Maler, Bildhauer oder Graphiker. Die Herausgeber haben sich anstelle des besonders für die ältere Zeit unklaren ethnischen bzw. regionalen Zuordnungskriteriums für das Prinzip des Wirkungsbereichs der vorgestellten Künstler entschieden. Daher werden in diesem Lexikon nicht nur Litauer, Polen und Russen, sondern auch Künstler aus den deutschen Ländern, Italien, Frankreich etc. aufgeführt. Da es hierfür nur wenige brauchbare Vorarbeiten gab, hatten die Herausgeber und die Autoren der einzelnen Biographien eine große bibliographische und archivalische Arbeit zu leisten. Ein beträchtlicher Teil der Biographien mag angesichts der schwierigen Quellenlage dürftig erscheinen, doch erlaubt das Gesamtmaterial gleichwohl einen tiefen Einblick sowohl in die Kunst als auch in das allgemeine kulturelle Leben des Großfürstentums Litauen.

Rimvydas Petrauskas

Raimo Pullat (Bearb.): Die Nachlassverzeichnisse der Einwohner der Stadt Pernau 1702–1800. Pärnu elanike varandusinventarid 1702–1800. Tallinn: Estopol 2005. 463 S. ISBN 9985-9272-8-1.

Das im Rahmen des Forschungsprojekts „Modus vivendi" erschienene Buch widmet sich der historischen Erforschung von Mentalität, Alltagsleben und Kultur der Hafen- und Hansestadt Pernau/Pärnu, deren Einwohnerzahl zu Beginn des 18. Jahrhunderts ca. 3.000 betrug. Zugleich ist die Auswertung der Nachlassverzeichnisse ein Teil des internationalen Projekts „Urbanisierung im Ostseeraum". In früheren Studien hat Raimo Pullat bereits die Nachlassverzeichnisse der Revaler Kaufleute untersucht (Siehe „Berichte und Forschungen" 7 [1999], S. 266; 11 [2003], S. 259; 13 [2005], S. 288). Die Nachlassverzeichnisse von Pernau sind im Vergleich zu denen von Reval/Tallinn sogar genauer und informativer. Insgesamt enthält das Buch 53 Nachlassverzeichnisse, die sich Stadtbewohnern verschiedenster Professionen (Chirurgen, Notare, Hebammen, Apotheker, Kürschner, Kaufleute, Schuster, Tischler etc.) zuordnen lassen.

Kersti Taal

Heivi Pullerits (Hg): Tartu: ajalugu ja kultuurilugu [Dorpat: Geschichte und Kulturgeschichte]. Tartu: Ilmamaa 2005. 650 S., Abb. ISBN 9949-13-152-9.

Der erste Teil des vorliegenden Sammelbandes bietet einen Gesamtüberblick über die Geschichte der Stadt Dorpat/Tartu von der Frühgeschichte bis in die heutige Zeit, wobei die Symbole und Rechtsverhältnisse der Stadt, ihre Bevölkerung, Migrationsprozesse, die städtische Verwaltung im Wandel der Zeit sowie die finanziellen Bedingungen betrachtet werden. Der zweite Teil widmet sich der Kulturgeschichte im engeren Sinne und vermittelt einen Überblick über Glaubensleben, Bildungswesen, Geschichte der Bibliotheken, Museen und Archive, künstlerisches und literarisches Leben, Journalismus, Sängerfeste, Sport, Rundfunk und Fernsehen. Der anzuzeigende Sammelband versteht sich als die Fortsetzung eines 1927 von der Stadtforschungsgruppe herausgegebenen Sammelbandes zu Geographie und Natur der Stadt sowie eines 1980 von Raimo Pullat zusammengestellten Werkes, das der politischen Geschichte der Stadt gewidmet war.

Lea Teedema

Āris Puriņš: Andrievs Niedra. Četri gadi un viss mūžš [Andrievs Niedra. Vier Jahre und das ganze Leben]. Rīga: Valters un Rapa 2005. 511 S., Abb. ISBN 9984-76853-8.

Das Buch widmet sich dem Leben des lettischen Politikers, Literaten und Pfarrers Andrievs Niedra, dessen Name geradezu zum Sinnbild eines „Volksverräters" geworden ist. Niedra, der 1919 an der Spitze der prodeutsch orientierten Regierung Lettlands gestanden hatte, wurde 1924 wegen Landesverrats vor Gericht gestellt und verurteilt. Die verhängte Haftstrafe wurde 1926 durch eine lebenslange Verbannung ersetzt, ein Strafmaß, das bis heute nicht aufgehoben wurde. Der Autor geht detailliert auf Niedras Leben, sein literarisches Schaffen und seine Publizistik ein und bemüht sich dabei, den historischen Kontext aus der Sicht der Epoche zu rekonstruieren. Der Darstellung sind im Anhang zahlreiche Dokumente aus Archiven und Museen, Pressematerialien, Abhandlungen aus der Feder Niedras und seiner Zeitgenossen sowie eine Bibliographie zum Thema beigegeben.

Helēna Šimkuva

Vilma Urbonavičiūtė (Hg.): Georgas Sauerweinas ir lietuvių tautos atgimimas XIX a. pabaigoje [Georg Sauerwein und die Wiedergeburt des litauischen Volkes]. IV tarptautinis G. Sauerweino mokslinis simpoziumas Klaipėdoje. IV International George Sauerwein scientific symposium in Klaipėda. Klaipėda: Klaipėdos universiteto leidykla 2005. 231 S., lit., engl. u. dt. Text. ISBN 995-518051-X.

Der Band dokumentiert die Referate einer internationalen Konferenz, die sich dem Verhältnis des deutschen Publizisten und Sprachwissenschaftlers Georg Sauerwein (1831–1904) zur litauischen Volkskultur und zur nationalen Bewegung in Litauen widmete. Er enthält unter anderem folgende Beiträge: S. Gaižiūnas: „Georg Sauerwein in den balto-skandinavischen literarischen Beziehungen"; Domas Kaunas: „Georg Sauerwein in der litauischen Nationalbewegung"; Bernardas Aleknavičius: „Georg Sauerwein und Klein-Litauen"; Arūnas Baublys: „Die Kirche in Preußen zur Zeit Georg Sauerweins: Ein Blick auf die ethnische, konfessionelle und politische Lage"; Oskar Vistdal: „Natur versus Kultur in Georg Sauerweins sprachpolemischer Rhetorik"; G. Puhrsch: „Das zentrale Georg Sauerwein-Archiv in Gronau: Gliederung und Bestände".

Rimvydas Petrauskas

Irena Valikonytė, Lirija Steponavičienė (Hg.): Pirmasis Lietuvos Statutas ir epocha [Das Erste litauische Statut und seine Epoche]. Vilnius: Vilniaus universiteto leidykla 2005. 301 S., Abb., lit., poln., russ., ukrain., weißruss. u. dt. Text. ISBN 9986-19771-6.

Das litauische Statut von 1529 gilt in der Historiographie als der Höhepunkt rechtlichen Denkens im vormodernen Litauen. Es ist schon mehrfach zum Gegenstand monographischer Abhandlungen geworden, auch eine kritische Edition sowie Übersetzungen in mehrere moderne Sprachen liegen vor. Gleichwohl bieten runde Jahrestage stets die Gelegenheit, sich mit den strittigen Fragen in der Erforschung dieses Gesetzbuchs neu auseinanderzusetzen.

So fand 2004 anlässlich des 475. Jubiläums des Statuts eine internationale Tagung an der Universität Wilna/Vilnius statt, an der Wissenschaftler aus Litauen, Polen, der Ukraine und Weißrussland teilnahmen, also aus jenen Ländern, auf deren Territorium das erste litauische Statut mehr als 300 Jahre lang galt bzw. (wie in Polen) rezipiert wurde. In einen noch breiteren Kontext stellt Dietmar Willoweit das Statut in seinem Beitrag, indem er es aus der Sicht des okzidentalen Europa beurteilt. Die Aufsätze des Tagungsbandes sind in drei Themenkreise gegliedert: „Das litauische Statut und die Gesellschaft des Großfürstentums Litauen"; „Das litauische Statut und die Formen der Rechtskultur im Großfürstentum Litauen"; „Politische, ökonomische und kulturelle Zusammenhänge des litauischen Statuts".

Rimvydas Petrauskas

Vana Tallinn [Das alte Reval/Tallinn]. Bd. 16: Modus vivendi II. Tallinn: Estopol 2005. 445 S., estn., dt. u. engl. Zusammenfassungen. ISSN 1406-5908.

Der 16. Band dieses Periodikums dokumentiert Vorträge, die auf der internationalen Konferenz „Modus vivendi: Alltag, Mentalität und Kultur der Stadtbewohner" gehalten wurden. Gewidmet war die Konferenz dem 70. Geburtstag des Historikers und Herausgebers des Sammelwerkes „Das alte Tallinn", Raimo Pullat, dem auch ein in estnischer und deutscher Sprache gedruckter Aufsatz von David Vseviov gilt. An der Konferenz nahmen Wissenschaftler aus Polen, Ungarn, Deutschland, Tschechien, Finnland und Island teil. Unter den insgesamt 21 Beiträgen sind die folgenden hervorzuheben: Tiina Kala: „Der Stadtsekretär Johannes tor Hove und die Geschäftsführung des spätmittelalterlichen Reval/Tallinn"; Anu Mänd: „Die St.-Knuts-Gilde und deren Oldermänner im Mittelalter"; Tiiu Reimo: „Das Buch in Reval/Tallinn im 15. und 16. Jahrhundert"; Lauri Suurmaa: „Über das Leben in Pernau/Pärnu und die Beschreibung der Wirtschaftsgebäude in den Güterverzeichnissen des 18. Jahrhunderts"; Helve Russak: „Kopfbedeckungen der Revaler Kaufleute in den Nachlassverzeichnissen aus der ersten Hälfte des 18. Jahrhunderts"; Kaja Tiisel: „Festliche Ereignisse und Unterhaltung in Reval/Tallinn in der ersten Hälfte des 19. Jahrhunderts".

Kersti Taal

Aldur Vunk: Jeesus läks kõndimaie. Ristisõjad ja palverännakud Eesti keskajal [Jesus wandelte auf der Erde. Kreuzzüge und Wallfahrten im mittelalterlichen Estland]. Tallinn: Argo 2005. 399 S., Abb. ISBN 994-941528-4.

Den mittelalterlichen Wallfahrten ist in der estnischen Geschichtsschreibung früher keine besondere Aufmerksamkeit geschenkt worden. Grund dafür ist eine lückenhafte Überlieferung. Der Verfasser hat in seinem Werk die Wallfahrten in ganz Europa behandelt. Bis zum 12. Jahrhundert (bzw. in Estland bis zum Beginn des 13. Jahrhunderts) dienten sie der Mission und wurden daher unter Waffen durchgeführt. Gerade diese blutigen Wallfahrten sind in den Quellen ausführlich dokumentiert, während es aus späterer Zeit keine vollständigen Schilderungen mehr gibt. Die Wallfahrten in Alt-Livland wurden als weite oder nahe Wallfahrten, als unbewaffnete Wallfahrten oder als Wallfahrten nach Riga bezeichnet. Im mittelalterlichen Estland gab es drei Zielorte: die Kapelle des heiligen Kreuzes in Friedrichsheim/Vanamõisa, das weiße Kreuz in Neuhausen/Vastseliina sowie das schwarze Kreuz in der Kapelle der Nikolai-Kirche von Neu-Pernau/Uus-Pärnu. An den Wallfahrten nahmen sowohl Landesherren und Kreuzritter als auch Bürger und Bauern teil. Obwohl die nahen Wallfahrten überwogen, sind aus dem Mittelalter auch lange (weite) Wallfahrten ins

Heilige Land, nach Rom oder Santiago de Compostela bekannt. Zeichen von Pilgern hat man auch bei archäologischen Grabungen in Reval/Tallinn und Pernau/Pärnu gefunden.

Kersti Taal

3. Ostpreußen, Westpreußen, Danzig

Stanisław Achremczyk, Władysław Ogrodziński (Hg.): Olsztyn. Kultura i nauka 1945–2005. Praca zbiorowa [Allenstein. Kultur und Wissenschaft 1945–2005. Sammelband]. Olsztyn: Ośrodek Badań Naukowych im. Wojciecha Kętrzyńskiego w Olsztynie 2006. 928 S., Abb. ISBN 83-87643-44-0.

Der reich bebilderte Band umfasst die Nachkriegsgeschichte der Stadt an der Alle/Łyna. Präsentiert wird ein breites Spektrum von Themen zur kulturellen Entwicklung zwischen dem Jahr 1945, als die Stadt in Trümmern lag und lediglich 45.000 Einwohner zählte, und der Gegenwart, in der Olsztyn als wichtiges Kultur- und Bildungszentrum des nordöstlichen Polens rund 180.000 Einwohner hat. Eine Reihe von Autoren zeigt verschiedene Aspekte des gesellschaftlichen und kulturellen Wandels innerhalb dieser sechs Jahrzehnte auf, von Landeskunde und Tourismus, dem literarischen, künstlerischen und musikalischen Leben der Stadt über die Beschreibung der Bibliotheken, Verlage, Museen, des Theaters, des Rundfunks und der Presse bis hin zur Präsentation der drei wichtigsten Hochschulen, die sich 1999 zur „Universität des Ermlands und Masurens" zusammengeschlossen haben. Den insgesamt 14 Beiträgen folgen eine umfangreiche Bibliographie sowie ein Namensregister. Leider nützt diese einzigartige Enzyklopädie von Allenstein/Olsztyn in der Nachkriegszeit nur Lesern, die des Polnischen mächtig sind, da fremdsprachige Zusammenfassungen fehlen.

Alina Kuzborska

Stanisław Achremczyk (Hg.): Życie codzienne na dawnych ziemiach pruskich. Krzewienie wiedzy [Alltagsleben in den Gebieten des ehemaligen Preußenlandes. Verbreitung des Wissens]. Olsztyn: Ośrodek Badań Naukowych im. Wojciecha Kętrzyńskiego 2005 (Rozprawy i Materiały Ośrodka Badań Naukowych im. Wojciecha Kętrzyńskiego w Olsztynie [Abhandlungen und Materialien des Wojciech-Kętrzyński-Forschungsinstituts in Allenstein] 224). 131 S. ISBN 83-87643-09-2.

Die Autoren dieses Sammelbandes befassen sich mit verschiedenen Aspekten der Bildungsanstalten und der Gelehrtenbiographien im ehemaligen Preußen. Edmund Kotarski behandelt die Karrieren Danziger Gelehrter des 17. Jahrhunderts, Sławomir Augusiewicz die Geschichtsschreibung Christoph Hartknochs und Krystyna Jarosz den Lebensweg des Angerburger Pfarrers und Naturforschers Georg Andreas Helwing (1666–1748). Janusz Jasiński beleuchtet die Studienzeit und die Anfänge der wissenschaftlichen Laufbahn von Wojciech Kętrzyński, während Małgorzata Sztąberska die ethnographisch-historischen Studien von Juliusz Jan Ossowski (1855–1882) über Ostpreußen beschreibt und Izabela Lewandowska den Beitrag von Jerzy Antoniewicz zur Organisation des wissenschaftlichen Lebens und der polnischen Archäologie in Ermland und Masuren nach dem Zweiten Weltkrieg herausarbeitet. Stanisław Achremczyk widmet sich der Autobiographie des Historikers Karol Górski, Izabela Bogdan handelt über die Tätigkeit der Pädagogen und Komponisten Johannes Eccard und Johannes Stobaeus in Königsberg an der Schwelle vom 16. zum

17. Jahrhundert. Janusz Hochleitner präsentiert die Persönlichkeiten, die zur Entwicklung des Elbinger Gymnasiums im 16. und 17. Jahrhundert beigetragen haben. Der masurische Schriftsteller und Publizist Erwin Kruk schließlich berichtet über die Mohrunger Schriftsteller und Zeitgenossen Herders, Johann Gottlieb Willamovius-Willamov und Sebastian Friedrich Trescho. Leider verfügt der Band weder über deutsche Zusammenfassungen noch über ein Vorwort. Der Leser bleibt somit im Unklaren darüber, dass unter dem Titel „Alltagsleben in den Gebieten des ehemaligen Preußenlandes" bereits mehrere wissenschaftliche Tagungen durchgeführt wurden, und erfährt auch nicht, wann genau die in dem Band dokumentierte Konferenz zur Wissensverbreitung stattgefunden hat.

Alina Kuzborska

Sławomir Augusiewicz, Janusz Jasiński, Tadeusz Oracki: Wybitni Polacy w Królewcu XVI–XX wiek [Bedeutende Polen in Königsberg vom 16. bis 20. Jahrhundert]. Olsztyn: Littera 2005. 350 S., Abb., engl., dt. u. russ. Zusammenfassungen. ISBN 83-89775-03-4.

Das Buch versammelt die Lebensbilder von 35 bedeutenden Persönlichkeiten der polnischen Geschichte und Kultur, die biographisch mit Königsberg verbunden sind, darunter Jan Kochanowski, Jerzy Ossoliński, Bogusław Radziwiłł, Wincenty Pol, Krzysztof Celestyn Mrongovius und Wojciech Kętrzyński. In einem einleitenden Kapitel erörtern die Autoren die politischen und kulturellen Beziehungen zwischen Königsberg und Polen und beleuchten die Handelskontakte bis zum 18. Jahrhundert. Dabei gehen sie auch auf die frühere Präsenz der polnischen Sprache in der Stadt am Pregel ein. Mit ihrem Buch erinnern sie daran, dass die Geschichte Königsbergs „zugleich ein Teil der Geschichte Polens" ist.

Mirosław Ossowski

Romana Barnycz-Gupieniec: Planigrafia materiału Zabytkowego z osady podgrodowej wczesnośredniowiecznego Gdańska (stanowisko 1) [Planigraphie der Funde aus der Burgstadt-Siedlung des frühmittelalterlichen Danzig (Fundstelle 1)]. Gdańsk: Muzeum Archeologiczne w Gdańsku 2005. 284 S., Abb., Kt., Beilage, dt. Zusammenfassung. ISBN 83-85824-22-7.

Ziel dieser Arbeit ist die Vorstellung der Planigraphie aller beweglichen häuslichen Funde sowie jener Funde, die bei den Ausgrabungsarbeiten an der Fundstelle 1 in Danzig, in der Literatur bekannt als „Danziger Garten" des 10. bis 13. Jahrhunderts, in besonderen Siedlungsschichten entdeckt wurden. Die Fundstelle wird seit über 50 Jahren erforscht und ist in zahlreichen Studien beschrieben worden, die unter anderem das Bauwesen, die Formen des Handwerks oder die gefundenen Knochen- und Pflanzenreste zum Gegenstand hatten. Der vorliegende Band stellt hierzu eine Ergänzung dar, indem weitere Siedlungsschichten den entsprechenden Symbolen und Farben zugeordnet und alle beweglichen Funde nach Sortiment und Material unterteilt werden. Die Funde sind gemäß den Siedlungsschichten tabellarisch registriert, wobei einzelne Siedlungsschichten mit besonderen Kommentaren versehen wurden. Die Arbeit enthält zudem eine kurze Beschreibung von Bogdan Kościński und Henryk Paner zu einer neuen Datierung des Danziger Gartens (Fundstelle 1, Ausgrabung I–V), basierend auf einer dendrologischen Analyse.

Krzysztof Kowalski

Anastazy Ludwik Bławat: Henryk Nitschmann. Życie i dzieło [Heinrich Nitschmann. Leben und Werk]. Elbląg: Wydawnictwo Wilk Stepowy [2005]. 116 S. ISBN 83-922828-2-5.

Die faktenreiche und sich auf detaillierte Analysen stützende Monographie stellt Leben und Werk des Schriftstellers und Übersetzers Heinrich Nitschmann (geb. 1826 in Elbing, gest. ebenda 1905) vor dem Hintergrund der deutsch-polnischen Beziehungen dar. Sie beginnt mit einem biographischen Abriss und der Darstellung der literarischen Interessen und Auffassungen Nitschmanns. In den folgenden Kapiteln werden Nitschmanns literarische Werke, insbesondere die darin aufscheinenden polnischen Motive, und seine Übersetzungen fremdsprachiger Literatur behandelt. Die letzteren stellen für den Autor das bedeutendste Vermächtnis Nitschmanns dar. Einen anderen Aspekt der Untersuchung bilden Nitschmanns *Geschichte der polnischen Literatur* sowie seine Aufsätze über die polnische Kultur.

Mirosław Ossowski

Aleksander Bobko: Wartość i nicość. Teoria wartości Heinricha Rickerta na tle neokantyzmu [Wert und Nichtigkeit. Die Werttheorie Heinrich Rickerts vor dem Hintergrund des Neukantianismus]. Rzeszów: Uniwersytet Rzeszowski 2005. 136 S. ISBN 83-7338-221-6.

Seit langem gehört die klassische deutsche Philosophie zu den Forschungsgebieten des Autors, der Philosophie an der Universität Rzeszów lehrt. 1993 erschien seine Übersetzung von Immanuel Kants Schrift *Die Religion innerhalb der Grenzen der bloßen Vernunft*, zudem publizierte er zu Kant und Schopenhauer. Nun wartet er mit einer Analyse des Gedankenguts von Heinrich Rickert (geb. 1863 in Danzig, gest. 1936), insbesondere von dessen Wertlehre, auf, die er vor dem Hintergrund des Neukantianismus auslegt. Die Darstellung beginnt mit einer Beschreibung des Neukantianismus, wendet sich dann der Erkenntnistheorie Rickerts zu und unterzieht diese abschließend einer philosophischen Kritik.

Grzegorz Jaśkiewicz

Borussia. Kultura – Historia – Literatura [Borussia. Kultur – Geschichte – Literatur]. Nr 35. Olsztyn: Wspólnota Kulturowa „Borussia" 2004. 224 S., Abb. ISSN 0867-6402.

Die 35. Nummer der Zeitschrift *Borussia* widmet sich in erster Linie der neuesten regionalen Literatur, also jungen Autoren und Autorinnen in Allenstein/Olsztyn. In der Rubrik „Wietrzenie" („Lüftung") stellt Karol Maliszewski diese neue Literatengeneration vor; der Titel seines Beitrags, „Von *Borussia* zu *Porträt*", bezieht sich auf die ältere Generation aus dem Umkreis der Kulturgemeinschaft „Borussia", die zunehmend von jüngeren Autoren aus dem Umfeld der literarischen Zeitschrift *Portret* („Porträt") ersetzt wird. Iwona Łazicka-Pawlak gibt eine Einführung in die neue literarische Stadtlandschaft und belegt diese mit Texten von Joanna Wylengowska, Marcin Włodarski, Tomasz Białkowski, Grzegorz Giedrys, Ewa Schilling, Marcin Cielecki, Filip Onichimowski, Jacek Biała, Marta Syrwid, Piotr Makowski und anderen. Die Rubrik „Über Randgebiete" eröffnet Jerzy Kochanowski mit seinem Beitrag „Paradoxien des Randgebiete-Gedächtnisses". Robert Traba befasst sich mit der gegenwärtigen Diskussion über die Mythologie des Ortes. Bogusław Dybaś äußert sich zum Thema „Livland – Mythos oder historische Tatsache?" Drei Artikel sind dem Problem der nationalen Minderheiten gewidmet: Jakub Reichman: „Vergessene Gemeinschaft – Juden in

Ostpreußen"; Joanna Wańkowska-Sobiesiak: „Die deutsche nationale Minderheit Ermlands und Masurens in der polnischen Presse"; Grzegorz Strauchold: „Zum Problem der sog. einheimischen Bevölkerung in den westlichen und nördlichen Gebieten Polens nach dem Zweiten Weltkrieg". Ein Rezensionsteil beschließt das Heft.

Alina Kuzborska

Borussia. Kultura – Historia – Literatura [Borussia. Kultur – Geschichte – Literatur]. Nr 36. Olsztyn: Wspólnota Kulturowa „Borussia" 2005. 216 S., Abb. ISSN 0867-6402.

Die 36. Nummer der Zeitschrift *Borussia* gliedert sich in vier Abschnitte: Der erste Teil ist der Verleihung des Lew-Kopelew-Friedens- und Menschenrechtspreises an die Kulturgemeinschaft „Borussia" im Jahr 2004 gewidmet. Der einleitende Artikel von Waleria Radziejowska-Hahn, der Leiterin des Lew-Kopelew-Forums in Köln, stellt die Persönlichkeit Kopelews vor. Die Rede des Vorsitzenden des Forums und ARD-Intendanten Fritz Pleitgen *(Der Lew-Kopelew-Friedens- und Menschenrechtspreis)* wird in polnischer Übersetzung wiedergegeben. Abgedruckt sind auch die Laudationes von Adam Michnik, dem Chefredakteur der *Gazeta Wyborcza*, und Gesine Schwan, der Rektorin der Europa-Universität Viadrina in Frankfurt/Oder, zweier weiterer wichtiger Stimmen des deutsch-polnischen Dialogs, die der Tätigkeit der „Borussia" eine hohe Bedeutung zumessen. Die Dankesrede von Robert Traba, dem Vorsitzenden der Kulturgemeinschaft und Chefredakteur der gleichnamigen Zeitschrift, trägt den Titel „Vier Reflexionen über die Überlegenheit der Mikro- über die Makroperspektive", unter dem er die vier Schwerpunkte des Programms der „Borussia" hervorhebt: 1. Ostpreußen, d. h. Ermland und Masuren, 2. Tabus, 3. Das Phänomen der Kulturlandschaft, 4. die polnisch-deutschen Beziehungen. Der zweite Teil des Heftes versammelt Beiträge von Robert Traba, Ewa Romanowska und Iwona Łazicka-Pawlak zum Thema „Kaliningrad nach zehn Jahren". Der dritte Abschnitt ist der Kulturlandschaft Ermland und Masuren gewidmet; hier finden sich sowohl Fachtexte zur regionalen Architektur und Kultur als auch literarische Texte. Abschließend finden sich wie stets Besprechungen relevanter Bücher und Zeitschriften.

Alina Kuzborska

Borussia. Kultura – Historia – Literatura [Borussia. Kultur – Geschichte – Literatur]. Nr 37. Olsztyn: Wspólnota Kulturowa „Borussia" 2005. 208 S., Abb. ISSN 0867-6402.

Dieses Heft befasst sich schwerpunktmäßig mit diversen Tabus, die einleitend als „(Un-) Gedächtnis" bezeichnet und in den folgenden Beiträgen als historische oder gesellschaftliche Tabus thematisiert werden. Nicht zufällig leitet der Artikel von Otto Gerhard Oexle *Pamięć i zapominanie* („Gedächtnis und Vergessen") den Band ein. Piotr Lachmann reflektiert in seinem Essay *Tabu(la) rasa* verschiedene Begrenzungen des Menschen, während Kornelia Kończal („Das universale Phänomen") über die terminologische Verflochtenheit des Tabu-Begriffs nachdenkt. In der Rubrik „Völker. Regionen" werden heikle Themen aus der Geschichte verschiedener Nationalitäten angeschnitten: Konstantin M. Azadowski („Niederlage nach dem großen Sieg") stellt dabei die russische Perspektive vor. Zwei weitere Artikel sind der französischen Geschichte gewidmet, darunter Thomas Serrier: „Vertreiben und vergessen: Die Republik Frankreich und die Aussiedlung der Deutschen aus dem Elsass in den Jahren 1918 und 1945". Wojciech Wieczorek („Alles anders?") fokussiert die polnische Perspektive im deutsch-polnischen Dialog nach der Wende in Deutschland. Berücksichtigt werden außerdem die Perspektive des Balkans (Jolanta Sujecka), Ungarns (Krzysztof Ćwikliński, Wojciech Chmielewski) sowie des polnischen Schlesien (Henryk Waniek, Grzegorz Bębnik). Hubert Orłowski („Ungedächtnis des Gedenkens") befasst sich mit dem „Defizit der Ligaturen" in Bezug auf die deutsch-polnische Beziehungsgeschichte. Adam Krzemiński greift das Thema der deutschen Widerstandsbewegung während des Zweiten Weltkriegs auf. Die jüdische Thematik wird von Reinhold Vetter und Kazimierz Brakoniecki behandelt. Magdalena Bartnik schreibt über die Liquidation des jüdischen Friedhofs in Allenstein/Olsztyn, Robert Traba über das Mendelsohn-Haus in Allenstein.

Alina Kuzborska

Józef Borzyszkowski (Hg.): Wysiedlenia na Pomorzu w latach 1939–1948. Materiały pokonferencyjne [Aussiedlungen in Pommerellen in den Jahren 1939–1948. Konferenzmaterialien]. Gdańsk, Wejherowo: Instytut Kaszubski w Gdańsku, Muzeum Piśmiennictwa i Muzyki Kaszubsko-Pomorskiej w Wejherowie, Związek Przyjaciół Pomorza 2004. 125 S. ISBN 83-89079-37-1, ISBN 83-89692-10-4.

Der Sammelband geht auf ein Symposium am 27. Januar 2004 in Dirschau/Tczew zurück und enthält Referate und Diskussionsbeiträge sowie im Anhang ein Verzeichnis der von 1939 bis 1945 im Kreis Konitz/Chojnice umgebrachten bzw. vermissten Einwohner. Während sich Anna Wolff-Powęska mit der deutsch-polnischen Nachbarschaft unter dem Aspekt des historischen Gedächtnisses befasst, geht Jan Sziling auf die Aussiedlung der polnischen Bevölkerung in Pommerellen 1939/40 ein. Andrzej Gąsiorowski untersucht, wie sich die Aussiedlungen in diesem Raum zwischen 1939 und 1945 in konspirativen Publikationen widerspiegelten. Grzegorz Berendt erörtert die Veränderungen der nationalen Verhältnisse infolge der Aussiedlungen auf dem Gebiet der früheren Freien Stadt Danzig und in der nördlichen Kaschubei 1939–1945. Bolesław Hajduk behandelt die deutsche Aussiedlungsaktion in der kaschubischen Schweiz während des Zweiten Weltkrieges. Jerzy Gajewicz wendet sich in seinem Diskussionsbeitrag der Flucht und Aussiedlung der Deutschen aus Pommerellen 1944–1948 zu.

Mirosław Ossowski

Wiesław Długokęcki (Hg.): Henryk Nitschmann 1826–1905. Materiały z sesji naukowej zorganizowanej z okazji setnej rocznicy śmierci. Elbląg 18. IX. 2005 [Heinrich Nitschmann 1826–1905. Materialien eines anlässlich seines hundertsten Todestages organisierten wissenschaftlichen Symposiums in Elbing am 18.9.2005]. Elbląg: Wydawnictwo Wilk Stepowy 2005. 125 S. ISBN 83-922828-7-6.

Der Band enthält zehn Aufsätze über den in Elbing geborenen und dort ansässigen Literaten und Vermittler zwischen der polnischen und der deutschen Kultur. Die Beiträge betreffen die polenfreundliche Haltung in den Schriften Nitschmanns (Anastazy Ludwik Bławat), seine polnischen Kontakte (Zbigniew Opacki, J. M. Małecki und Rafał Panfil), sein altpreußisches Epos *Hogia* (Wiesława Rynkiewicz-Domino), seine *Erinnerungen an Oliva* unter dem Aspekt des kulturellen Gedächtnisses (Justyna Kłopotowska), das musikalische Leben in Elbing anhand seiner Feuilletons und Essays (Piotr Towarek) sowie seine Musikalien (Waldemar Górski, Małgorzata Skorupa). Jerzy Domino befasst sich mit den Wohnverhältnissen des Elbinger Bildungsbürgertums um die Wende vom 19. zum 20. Jahrhundert.

Mirosław Ossowski

Klemens Frenszkowski: Pamiętnik Warmiaka [Tagebuch eines Ermländers]. Hg. von Jan Chłosta. Olsztyn: Ośrodek Badań Naukowych im. Wojciecha Kętrzyńskiego 2005 (Rozprawy i Materiały Ośrodka Badań Naukowych im. Wojciecha Kętrzyńskiego w Olsztynie [Abhandlungen und Materialien des Wojciech-Kętrzyński-Forschungsinstituts in Allenstein] 225). 167 S. ISBN 83-87643-19-X.

Das Tagebuch von Klemens Frenszkowski befindet sich seit über vierzig Jahren in den Sonderbeständen der Bibliothek des Wojciech-Kętrzyński-Forschungsinstituts in Allenstein/ Olsztyn. Es wurde schon häufig von Historikern benutzt, um die in den Archivalien dokumentierten Tatsachen mit der subjektiven Schilderung eines Zeitzeugen zu vergleichen. Frenszkowski führte sein Tagebuch bis Anfang der 1960er Jahre, die entscheidende Zäsur in seinen Erinnerungen bildete aber das Jahr 1947. Der Herausgeber Jan Chłosta schildert in seiner Einleitung ausführlich den Lebenslauf des 1899 in Tollack/Tuławki (in der Nähe von Wartenburg/Barczewo) geborenen Autors. Das Diarium wurde in sieben unbetitelte Kapitel gegliedert. Die Edition schließt mit Erläuterungen zum Text. Es mangelt jedoch an einer fremdsprachigen Zusammenfassung, die den überregionalen Wert des Buches hätte steigern können.

Alina Kuzborska

Piotr Fudziński, Lidia Cymek: Cmentarzysko grupy wielkowiejskiej we Władysławowie-Chłapowie, pow. Puck [Das Gräberfeld der Großendorfer Gruppe in Großendorf-Chlapau, Kreis Putzig]. Gdańsk: Muzeum Archeologiczne w Gdańsku 2005. 102 S., Abb., dt. Zusammenfassung. ISBN 83-85824-23-5.

Die vorliegende Monographie widmet sich einem bei Danzig/Gdańsk in Küstennähe gelegenen archäologischen Gräberfeld. Die Fundstelle wird datiert auf die Hallstein-Epoche C und ist verbunden mit der „Großendorfer Gruppe“ (diese Bezeichnung wurde 1929 von dem deutschen Archäologen E. Petersen eingeführt) der pommerellischen Kultur. In ihrem Umkreis wurden 29 Objekte registriert, von denen 25 als Urnengräber gedeutet werden. Ihrer Konstruktion nach unterscheiden sich die Grabstätten in a) mit Steinen gesicherte Gräber, b) Kastengräber sowie c) Urnengräber. Neben der speziellen archäologischen Untersuchung enthält das Buch eine umfassende Beschreibung der anthropologischen Erforschung verbrannter menschlicher Knochenreste, die aufgrund physischer Parameter wie Durchschnittsalter und Geschlecht analysiert wurden.

Dorota Kozłowska-Skoczka

Mirosław Fudziński, Henryk Paner (Hg.): Aktualne problemy kultury pomorskiej [Aktuelle Probleme der pommerellischen Kultur]. Gdańsk: Muzeum Archeologiczne w Gdańsku 2005. 413 S., Abb., dt. Zusammenfassungen. ISBN 83-85824-24-3.

Die Publikation entstand auf der Grundlage von Referaten, die im Jahr 2002 während eines Symposiums gehalten wurden. Teilnehmer waren Archäologen verschiedener Forschungsinstitutionen, die auf die frühgeschichtliche Kultur Pommerellens und insbesondere die frühe Eisenzeit spezialisiert sind. Der Band versammelt insgesamt 29 Artikel, die das beginnende Interesse für die pommerellische Kultur in Polen widerspiegeln, wobei ethnische, interkulturelle und wirtschaftliche Aspekte ebenso angesprochen werden wie Begräbnisrituale, Symbolik und Brauchtum. Vorgestellt werden zudem der Wandel der Grabinschriften, ihre Verzierung und Deutung, aber auch ihre archäologische und archäozoologische Aufbereitung.

Krzysztof Kowalski

Małgorzata Grupa: Ubiór mieszczan i szlachty z XVI–XVIII wieku z kościoła p. w. Wniebowzięcia Najświętszej Marii Panny w Toruniu [Die Kleidung der Bürger und der Adeligen im 16.–18. Jahrhundert aufgrund archäologischer Forschungen, durchgeführt in der Marienkirche in Thorn]. Toruń: Wydawnictwo Uniwersytetu Mikołaja Kopernika 2005. 238 S., Abb., dt. u. engl. Zusammenfassung. ISBN 83-231-1896-5.

Mode war und ist in den verschiedenen Epochen stets auch ein Signal der gesellschaftlichen Stellung. Nicht zuletzt bei Begräbnissen zeigte sich der Wohlstand der jeweiligen Familie: Man wollte nicht nur dem Verstorbenen besonderen Glanz verleihen, sondern auch die eigene soziale Position nach außen demonstrieren. Der Tote wurde in möglichst teurer Kleidung und mit kostbarem Schmuck bestattet. Die archäologischen Untersuchungen im Innenraum der Thorner Marienkirche haben diverse Elemente der Grabausstattung, z. B. Gewänder aus Seide, ans Tageslicht gebracht. Die Analyse der Kleidungsreste eröffnet einen Blick auf die mit der Seidenproduktion verbundenen textilkundlichen und technologischen Probleme. In der Abhandlung werden 20 Analysen von einzelnen Kleidungsstücken (Herren-, Damen- und Kinderkleidung, einem Gürtel und einem Handschuhpaar) präsentiert. Bei der Analyse werden auch ikonographische und schriftliche Quellen herangezogen, um das Modeverhalten des Thorner Bürgertums in einem breiteren Spektrum darzustellen. Die interessante Studie besteht aus neun Hauptkapiteln, in denen der Forschungsstand, die Geschichte der archäologischen Forschungen in der Marienkirche, die Geschichte des Seidengewerbes, die Charakteristik der Kleidungsreste sowie die Kleidermode im Thorn des 16. bis 18. Jahrhunderts abgehandelt werden. Sie verfügt über einen profunden Katalog mit zahlreichen Abbildungen, ein Literaturverzeichnis und ein Register.

Piotr Zariczny

Andrzej Januszajtis: Mr. Fahrenheit, dżentelmen z Gdańska [Mr. Fahrenheit, ein Gentleman aus Danzig]. Gdańsk: L & L 2005. 144 S., Abb. ISBN 83-885959-88-1.

Nachdem der Autor in einem 2002 erschienenen Buch bereits die Kindheit und Jugend Daniel Fahrenheits in Danzig dargestellt hatte, wendet er sich nun dem späteren Leben und Wirken des Forschers zu, der nach einem Zwischenaufenthalt in Berlin seinen Wohnsitz in Amsterdam nahm. In den einzelnen Kapiteln geht es um Fahrenheits Lehrtätigkeit, seine physikalischen Auffassungen und thermodynamischen Erkenntnisse, die von ihm hergestellten Thermometer sowie seine Kontakte nach England. Beschrieben wird auch das Privatleben Fahrenheits, dessen Tod nach Januszajtis' Vermutung wohl auf jahrelangen Umgang mit Quecksilber zurückzuführen ist. Der Autor weist ferner auf die Fahrenheit gewidmeten Erinnerungsstätten in Danzig und den Niederlanden hin und stellt abschließend die Entdeckungen und Erfindungen Fahrenheits vor sowie jene Forscher, die sich in seinem Umfeld bewegten.

Mirosław Ossowski

Dariusz Kaczor: Przestępczość kryminalna i wymiar sprawiedliwości w Gdańsku w XVI–XVIII wieku [Kriminalität und Strafvollstreckung in Danzig im 16.–18. Jahrhundert]. Gdańsk: Wydawnictwo Uniwersytetu Gdańskiego, Officina Ferberiana 2005 (Gdańskie Studia z dziejów nowożytnych [Danziger Studien zur Geschichte der Neuzeit] 2). 448 S., dt. Zusammenfassung. ISBN 83-7326-345-4, ISBN 83-917026-3-4.

Die vorliegende Abhandlung betrachtet die Kriminalität im Danzig der frühen Neuzeit als soziokulturelles Phänomen. Als Quellengrundlage dienen die Protokolle des Danziger Schöffengerichts, Strafbücher und Kriminalakten. Der Autor untergliedert die von der städtischen Obrigkeit verfolgten und geahndeten Verbrechen zum einen in Eigentumsdelikte, zum anderen in Verbrechen gegen Leib und Leben, gegen die Ehe, die Sittlichkeit und die religiöse Ordnung. Darüber hinaus werden die sozialen Aspekte von Kriminalität untersucht: die gesellschaftlichen Ursachen, die soziale Kriminalitäts- und Altersstruktur sowie die Frauenkriminalität. Der Verfasser beschäftigt sich auch mit dem Strafsystem, konkret mit der Rolle und Form der Todesstrafe, der Verweisung aus der Stadt sowie mit Leibes-, Ehren- und Freiheitsstrafen, und analysiert Entwicklungstendenzen im Bereich der Strafpolitik. Abschließend wird das Phänomen Kriminalität periodisiert und in Zusammenhang mit Konjunkturverläufen, Kriegszeiten und Epidemien gesetzt.

Mirosław Ossowski

Alina Kardas: Elity władzy w Toruniu w XVII wieku. Mechanizmy kształtowania się i wymiany grup rządzących [Machteliten im 17. Jahrhundert in Thorn. Gestaltungs- und Austauschmechanismen regierender Gruppen]. Toruń: Towarzystwo Naukowe w Toruniu 2004 (Roczniki Towarzystwa Naukowego w Toruniu [Jahrbücher des Wissenschaftlichen Vereins in Thorn] 91, 1). 294 S., 14 Abb., dt. Zusammenfassung. ISBN 83-87639-67-2.

Das Ziel der vorliegenden Studie liegt in der Bestimmung von Faktoren, die die Beschaffenheit der politischen Elite in Thorn/Toruń während des 17. Jahrhunderts beeinflusst haben, etwa die schwedische Besetzung Polens während des Ersten Nordischen Krieges (1655–1660). Im ersten Teil der Arbeit werden die beruflichen Strukturen der Thorner Machtelite sowie ihre soziale und finanzielle Position erörtert, während der zweite Teil sich dem eigentlichen Prozess der Elitenbildung zuwendet. Dabei werden die Laufbahnen von Angehörigen der Machtelite und die sie bestimmenden Faktoren – Abstammung, Verwandtschaftsverhältnisse, Vermögen, Ausbildung, Mobilität und Einbindung in Netzwerke – detailliert analysiert. Die Veränderungen in Zusammensetzung und Charakter der Thorner Machtelite wurden durch Wirtschaftskrisen (vor allem die Krise des Ostseehandels), durch die starke Konkurrenz des Adels im Handel, durch Kriegzerstörungen und Epidemien, durch Kontributionszahlungen aus der Zeit des polnisch-schwedischen Krieges, durch eine steigende Sterblichkeitsrate sowie durch zunehmende Xenophobie und religiöse Intoleranz bewirkt. Zu den relevanten Ursachen für den Niedergang der Eliten zählt die Autorin neben den genannten Faktoren vor allem die Selbstisolierung des sogenannten Erbpatriziats und dessen Heiratspolitik, die auch zu einer genetischen Verarmung geführt habe. Die Abhandlung wird ergänzt durch eine Genealogie der tonangebenden Thorner Familien vom 15. bis zum 18. Jahrhundert.

Piotr Zariczny

Komunikaty Mazursko-Warmińskie. Kwartalnik. Czasopismo poświęcone przeszłości ziem Polski północno-wschodniej [Masurisch-Ermländische Mitteilungen. Vierteljahresschrift. Zeitschrift zur Geschichte der nordöstlichen Gebiete Polens] Towarzystwo Naukowe i Ośrodek Badań Naukowych im. W. Kętrzyńskiego w Olsztynie / Stacja Naukowa Polskiego Towarzystwa Historycznego (Instytut Mazurski) w Olsztynie [Wissenschaftliche Gesellschaft und Wojciech-Kętrzyński-Forschungsinstitut in Allenstein / Forschungsstelle der Polnischen Historischen Gesellschaft (Masurisches Institut) in Allenstein]. Nr 1 (247) – 4 (250). S. 1–122, 123–276, 277–468, 469–612. Olsztyn 2005. Tab., dt. Zusammenfassungen. ISSN 0023-3196.

Der Jahrgang 2005 setzt die traditionelle Gliederung der Vierteljahresschrift fort. Den meisten Raum nehmen in jedem Heft die „Aufsätze und Materialien" ein, die jeweils eine deutsche Zusammenfassung enthalten. Weitere feste Rubriken sind die „Rezensionen und Besprechungen", die „Forschungschronik", die „Miszellen" (fehlend in Heft Nr. 1 des Jahrgangsbands 2005) sowie die „Quellen" (fehlend in den Heften Nr. 2 und 3). Der Inhalt ist stets dreisprachig in polnischer, deutscher und russischer Sprache angegeben. Das letzte (vierte) Heft beschließen das Autoren- und das Inhaltsverzeichnis für den gesamten Jahrgang. – Andrzej Pieczunko eröffnet mit seinem Aufsatz „Vermessungskunde und Feldmesser in Ermland. Eine Skizze zur Geschichte preußischer Limitation im Mittelalter und in der Neuzeit (14.–18. Jh.)" die Rubrik „Aufsätze und Materialien" in Heft Nr. 1. Die Geschichte des Deutschen Ordens in Bezug auf seine Kontakte mit dem ermländischen Dominium in den Jahren 1399–1409 anhand des Marienburger Tresslerbuches behandelt Marek Radoch. Izabela Bogdan befasst sich mit dem Thema „Musik in den lateinischen Schulen von Königsberg im 16. und in der ersten Hälfte des 17. Jahrhunderts". Marcin Markiewicz widmet sich der Nachkriegsgeschichte der Region („Die Kollektivierung der Landwirtschaft in den masurischen Kreisen der Woiwodschaft Białystok in den Jahren 1948–1956"), während Danuta Bogdan einen Beitrag zur Quellenforschung leistet, indem sie das Testament des ermländischen Landvogts Krzysztof Pfaff von 1606 vorstellt und im Anhang in Originalfassung veröffentlicht. Jan Chłosta publiziert in den „Quellen" die Briefe des Pfarrers Wojciech Mondry an Eugen Buchholz aus den Jahren 1909–1912. – Nr. 2: Janusz Jasiński behandelt die Rolle der Polen in der Kulturgeschichte Königsbergs. Mariusz Horanin informiert über die Leprosorien im Ordensstaat. Jerzy Sikorski schreibt über die „Besetzung von Kanonikaten, die Zuteilung von Altären und die Frage der Beisetzungen" im Dom zu Frauenburg/Frombork zwischen dem 15. und dem 18. Jahrhundert und Monika Pawłowska über die Kanzel in der Pfarrkirche in Neumark/Nowe Miasto Lubawskie einschließlich ihrer konservatorischen Behandlung. Małgorzata Dajnowicz befasst sich mit den politischen Präferenzen der Bewohner des Gouvernements Suwałki vor dem Ersten Weltkrieg unter besonderer Berücksichtigung der polnischen Bevölkerung. Marcin Wakar widmet sich einer neuen Konzeption der Entwicklung von Regionalkultur und der Entstehung des gesellschaftlich-kulturellen Vereins „Pojezierze" in der Nachkriegszeit. – Nr. 3: Auch hier repräsentieren die Beiträge ein breites Spektrum der Regionalgeschichte. Irena Makarczyk befasst sich mit dem Leben von Wojciech Nowiejski (um 1620–1664), einem „Kanoniker im Ermland und Wohltäter der Stadt Allenstein", während Anna Bogdanowicz die Bestände des Archivs der Familie Dohna-Finckenstein im Geheimen Staatsarchiv Preußischer Kulturbesitz in Berlin vorstellt. Adam Szymanowicz beleuchtet die Tätigkeit des Masurenbundes in Lyck und Berlin in den Jahren 1923–1933, Cezary Tryk wendet sich dem Problem der ausländischen Zwangsarbeiter in der Forstwirtschaft Ostpreußens während des Zweiten Weltkrieges am Beispiel des Oberforstbezirks Kudippen zu. Der regionalen Nachkriegsgeschichte widmen sich Marcin Płotek („Das Schicksal der deutschen Waisenkinder aus den Gebieten Ermlands und Masurens nach dem Zweiten Weltkrieg"), Robert Syrwid („Das Stefan-Jaracz-Denkmal in Allenstein/Olsztyn"), Krystian Smoliński („Die konspirative Pfadfinderorganisation ‚Funke' [1949–1950]") und Stanisław Achremczyk („Der Beitrag Allensteiner Forscher zur Geschichte Königsbergs und Kaliningrads nach 1945"). – Nr. 4: Dieses Heft ist die 250. Nummer der seit 1946 erscheinenden „Masurisch-Ermländischen Mitteilungen" und damit zugleich eine Jubiläumsschrift. Es enthält den Ertrag einer Reihe von wissenschaftlichen Tagungen zum Thema „Alltagsleben in den ehemaligen preußischen Gebieten", die seit zehn Jahren in Allenstein/Olsztyn organisiert werden. Alle hier präsentierten Beiträge befassen sich mit dem Problem der Rezeption Preußens in der Vergangenheit. Die Autoren stammen nicht nur aus Allenstein, sondern auch aus mehreren anderen akademischen Zentren Polens; sie beleuchten die Regionalgeschichte vor allem aus der Perspektive fremder Reiseberichte und der Erinnerungsliteratur. Im Heft finden sich Beiträge von Marek Radoch („Das Preußenland in den Augen von Gilbert de Lannoy"), Janusz Hochleitner („Das Preußenland in der hagiographischen Überlieferung über das Leben des Heiligen Adalbert [bis Ende des 15. Jahrhunderts]"), Bernadetta M. Puchalska-Dąbrowska („Das literarische Bild Preußens in englischen Erinnerungsberichten des 16. und 17. Jahrhunderts"), Andrzej Korytko („Das Preußenland in der Erinnerung von John Fowler, Sekretär der englischen diplomatischen Mission im Jahr 1635"), Irena Makarczyk („Der 1685 nach Rom gesandte Bericht von Bischof Michał Stefan Radziejowski über den Zustand der Diözese"), Adam Perłakowski („Das Königliche Preußen zwischen 1703 und 1704 in der Beschreibung von Johann Wendel Bardili"), Filip Wolański („Das Preußenland in den ‚Początki krajopisarstwa' von Jan Paweł Edling in Bezug auf Schilderungen des Königlichen Preußen in landeskundlichen Handbüchern des 18. Jahrhunderts"), Stanisław Achremczyk („Das Preußenland in den Augen von Ignacy Krasicki"), Piotr Grabowski („Die detaillierte Topographie von Ost- und Westpreußen auf der Landkarte Friedrich Leopold Schrötters [1796–1802]"), Janusz Małłek („Studentisches Alltagsleben an der Königsberger Albertina zu Anfang des 19. Jahrhunderts anhand der Erinnerungen von Karl Gottlieb Rehesener, einem Studenten aus Hinterpommern"), Grzegorz Świderski („Das Bild Ostpreußens in den Berichten polnischer Reisender aus dem russischen Teilungsgebiet und dem Königreich Polen in der ersten Hälfte des 19. Jahrhunderts"), Małgorzata Sztąberska („Das Bild Ostpreußens in volkskundlichen und geschichtlichen Presseveröffentlichungen in der zweiten Hälfte des 19. Jahrhunderts in Warschau"), Jerzy Kiełbik („Das Ermland in den Berichten der ‚Gazeta Olsztyńska' vom Ende des 19. und Anfang des 20. Jahrhunderts") und Jan Chłosta („Der Zweite Weltkrieg in ostpreußischen Erinnerungen und Berichten").

Alina Kuzborska

Józefa Krośnicka: W cieniu Gdańska. Zarys dziejów Pruszcza Gdańskiego i okolicy na tle historii ziemi gdańskiej [Im Schatten Danzigs. Abriss der Geschichte von Praust und Umgebung vor dem Hintergrund der Geschichte des Danziger Gebiets]. Tom I: Od czasów najdawniejszych do roku 1572 [Bd. 1: Von der Urgeschichte bis zum Jahr 1572]. Pruszcz Gdański: Towarzystwo Przyjaciół Pruszcza Gdańskiego 2003. 272 S., Abb. ISBN 83-912395-5-1, 83-919523-0-4.

Das als historische Darstellung der heutigen Kreisstadt Pruszcz Gdański/Praust konzipierte Buch bietet eine populäre Geschichte der Region. Zu den Schwerpunkten gehören unter anderem die preußisch-pommersche Urgeschichte, die Rivalität zwischen dem Deutschen Ritterorden und dem polnischen Königreich, der wirtschaftliche Aufschwung des Hochmittelalters, die Geschichte des Königlichen Preußen unter Berücksichtigung der beginnenden Reformation und der sozialen Konflikte sowie das „goldene Zeitalter“ Danzigs.

Mirosław Ossowski

Stefan Kwiatkowski: Zakon Niemiecki w Prusach a umysłowość średniowieczna. Scholastyczne rozumienie prawa natury a etyczna i religijna świadomość Krzyżaków do około 1420 roku [Der Deutsche Orden in Preußen und die mittelalterliche Gedankenwelt. Die scholastische Auffassung des Naturgesetzes und das ethische und religiöse Bewusstsein der Deutschordensbrüder bis ca. 1420]. Szczecin: Wydawnictwo Naukowe Uniwersytetu Szczecińskiego 2005 (Uniwersytet Szczeciński. Rozprawy i Studia [Universität Stettin. Abhandlungen und Studien] 604). 201 S., dt. Zusammenfassung. ISBN 83-7241-508-0, ISSN 0860-2751.

Die in sechs Kapitel untergliederte Arbeit befasst sich mit Existenz und Funktion allgemeiner Begriffe des abendländischen Denkens und ihrer Rezeption durch den Deutschen Orden. Den Ausgangspunkt bildet die sich wandelnde Auffassung vom Naturgesetz (Kapitel 1). Im zweiten Kapitel wird die Rolle der augustinischen Doktrin in der geistigen Identität des Deutschen Ordens dargestellt, im dritten das Problem des potentiellen Zusammenhangs zwischen dem Scotismus und der Chronik Peters von Dusburg aufgegriffen. Das vierte Kapitel behandelt die wichtigsten Veränderungen in der Religiosität der Deutschordensbrüder, wobei die wesentlichen Zäsuren im 14. Jahrhundert anzusiedeln sind. In den letzten beiden Kapiteln wird das religiöse Bewusstsein der Deutschordensbrüder zur Zeit des Konstanzer Konzils am Beispiel der Auffassung von Krieg und Frieden dargestellt. Der Verfasser der Studie ist bestrebt, Entwicklungen und Wandlungen innerhalb des Deutschen Ordens herauszuarbeiten, die maßgeblich auf die Rezeption des Aristotelismus in der abendländischen Philosophie zurückzuführen sind.

Ewelina Kamińska

Peter Oliver Loew: Gdańsk literacki (1793–1945) [Das literarische Danzig (1793–1945)]. Gdańsk: Wydawnictwo „Mestwin“ 2005 (Księga Pisarzy Gdańskich [Buch der Danziger Schriftsteller] 2). 199 S., Abb. ISBN 83-901559-7-4.

Das aufwendig gestaltete Buch ist als Fortsetzung der 1997 mit einem Band von Edmund Kotarski begonnenen Literaturgeschichte Danzigs konzipiert. Der Autor stellt in bündiger Darstellung die mit Danzig durch ihre Biographie oder ihre literarischen Texte verbundenen Autoren vor. Ungeachtet des von ihm im Vorwort hervorgehobenen provinziellen Charakters Danzigs im Untersuchungszeitraum führt er neben lokalen Größen (Friedrich Genée, Robert Reinick, Johannes Trojan, Walther Domansky, Bruno Pompecki, Paul Enderling, Willibald Omankowski, Fritz Jaenicke u. a.) auch bedeutende deutsche Autoren (Joseph von Eichendorff, E. T. A. Hoffmann, Arthur Schopenhauer, Paul Scheerbart und Max Halbe) sowie bekannte polnische Schriftsteller an. Weitere Kapitel sind den Danziger Sagen, dem literarischen Leben, den Danziger Motiven in der deutschen Literatur, der Memoirenliteratur und den führenden Danziger Wissenschaftlern gewidmet.

Mirosław Ossowski

Irena Makarczyk: Tomasz Ujejski (1612–1689): biskup kijowski, prepozyt warmiński, jezuita [Tomasz Ujejski: Bischof von Kiew, Präpositus von Ermland, Jesuit]. Olsztyn: Ośrodek Badań Naukowych im. Wojciecha Kętrzyńskiego 2005 (Rozprawy i Materiały Ośrodka Badań Naukowych im. Wojciecha Kętrzyńskiego w Olsztynie [Abhandlungen und Materialien des Wojciech-Kętrzyński-Forschungsinstituts in Allenstein] 225). 328 S., 1 Abb. ISBN 83-87643-29-7.

Die umfangreiche Monographie von Irena Makarczyk widmet sich der Persönlichkeit eines bedeutenden Geistlichen des 17. Jahrhunderts. Ujejskis Leben und Werk weisen über das katholische Ermland, in dem er ein gutes Vierteljahrhundert lang den Posten eines Präpositus des ermländischen Kapitels bekleidete, hinaus. Die Autorin teilt die Monographie in neun Kapitel ein: I. „Herkunft und Jugend"; II. „Kirchliche Benefizien"; III. „Vor und während des Zweiten Schwedischen Krieges"; IV. „Als Diözesanbischof von Kiew"; V. „Als Senator der Polnischen Republik"; VI. „Ujejski im Domkollegium seiner Zeit"; VII. „Zusammenarbeit mit den ermländischen Diözesanbischöfen"; VIII. „Aufträge des Heiligen Stuhls an Ujejski"; IX. „Verzicht auf Posten und Benefizien und Beitritt zum Jesuitenorden". Darüber hinaus enthält der Band eine Bibliographie, ein Namensregister sowie einen umfangreichen Anhang mit insgesamt 39 Dokumenten in zumeist lateinischer oder polnischer Sprache. Ein Porträt von Ujejski beschließt das Buch.

Alina Kuzborska

Mirosław Pietrzak, Janusz Tadeusz Podgórski: Chłapowo 2: powiat pucki, woj. pomorskie. Cmentarzysko fazy wielkowiejskiej kultury pomorskiej [Chlapau 2 im Landkreis Putzig in der Woiwodschaft Pommern. Ein Gräberfeld aus der Phase der Großendorfer pommerellischen Kultur]. Gdańsk: Muzeum Archeologiczne w Gdańsku 2005. 85 S., Abb., dt. Zusammenfassung. ISBN 83-85824-17-0.

Gegenstand der vorliegenden Monographie sind Funde aus einem archäologischen Gräberfeld, das 1973 zufällig im Danziger Gebiet entdeckt wurde. Der erste Teil des Buches behandelt einführende Fragestellungen, die mit der Geschichte und den örtlichen Bedingungen der Fundstätte verbunden sind. Im zweiten Teil werden die Inschriften von 33 zumeist kastenförmigen Gräbern analysiert und die Ergebnisse anthropologischer Forschungen zu verbrannten Knochenresten präsentiert. Auch bieten die Autoren ein Verzeichnis aller beweglichen archäologischen Quellen. Die folgenden Abschnitte widmen sich den Formen des Begräbnisrituals, den unterschiedlichen Keramiktypen und den verschiedenen Kategorien von Metallgegenständen. Im Schlussteil werden kurz die Ergebnisse dargestellt, die bei der Erforschung des Gräberfelds in Verbindung mit der Großendorfer Gruppe der pommerellischen Kultur aus der Hallstein-Epoche C gewonnen wurden.

Dorota Kozłowska-Skoczka

Elżbieta Pilecka: Średniowieczne Dwory Artusa w Prusach. Świadectwo kształtowania się nowej świadomości mieszczańskiej [Die mittelalterlichen Artushöfe in Preußen als Zeugnis für die Entstehung eines neuen bürgerlichen Bewusstseins]. Toruń: Wydawnictwo Uniwersytetu Mikołaja Kopernika 2005. 390 S., Abb., engl. u. dt. Zusammenfassung. ISBN 83-231-1810-8.

Erklärtes Ziel der Untersuchung ist es, die sogenannten Artushöfe als einen spezifischen Typus städtischer Gebäude zu präsentieren, die als Quelle zum Verständnis für Wandlungsprozesse innerhalb der städtischen Gesellschaft dienen können. Die Arbeit versucht darüber hinaus, das Phänomen der bisher überwiegend als regionale Besonderheiten betrachteten mittelalterlichen Artushöfe synthetisch aus einer weiten historischen und auch vergleichenden Perspektive darzustellen. Hierzu analysiert die Verfasserin die symbolische Sprache der Artushöfe, aus deren Fassaden und Innenräumen vielfältige sakrale und ritterlich-höfische Bedeutungen abgelesen werden können. Diese erweisen sich jedoch durchaus als regionstypisch und gewinnen in den einzelnen Städten so ihren jeweils ganz eigenen künstlerischen Ausdruck. Die Autorin gelangt zu dem Schluss, dass die Spezifik der spätgotischen Kunst im Wesentlichen durch gesellschaftliche Bedürfnisse bestimmt war, was gerade an repräsentativen Bauwerken wie Rathäusern oder Artushöfen leicht zu erkennen ist. Die Arbeit gliedert sich in zehn Kapitel. Neben der kritischen Präsentation des Forschungsstands wird die Geschichte der Artushöfe in den preußischen Städten im 13., 14., und 15. Jahrhundert abgehandelt. Relevant erscheinen auch die Abschnitte über Modelle und Genealogie sowie über Sinn und Bildersprache der spätmittelalterlichen Artushöfe. Die Studie enthält einen Katalog der Artushöfe, ein profundes Quellen- und Literaturverzeichnis sowie ausführliche Zusammenfassungen in deutscher und englischer Sprache.

Piotr Zariczny

Else/Elżbieta Pintus: Moje prawdziwe przeżycia. Meine wahren Erlebnisse. Hg. v. Józef Borzyszkowski. Gdańsk: Instytut Kaszubski w Gdańsku in Zusammenarbeit mit der Academia Baltica in Lübeck 2005. 303 S., Abb., poln. u. dt. Text. ISBN 83-89079-40-2.

Das in polnischer und deutscher Sprache veröffentlichte und reich illustrierte Buch ist der Erlebnisbericht der Jüdin Else Pintus (1893–1980) aus der Zeit des Zweiten Weltkrieges, den sie in Karthaus/Kartuzy, Danzig/Gdańsk und Chmielno/Schmellen überlebte. Zugleich ist es ein Zeitdokument über die jüdischen Bewohner Pommerellens und Danzigs. Die Memoiren der Autorin werden mit einem Text des Danziger Historikers Józef Borzyszkowski eingeleitet, der darin weiße Flecken in der Erforschung der jüdischen Geschichte Pommerellens benennt.

Mirosław Ossowski

Zuzanna Prószyńska (Red.): Zegary gdańskie. Wystawa zorganizowana w 35-lecie Muzeum Historycznego Miasta Gdańska [Danziger Uhren. Ausstellung anlässlich des 35-jährigen Bestehens des Historischen Museums der Stadt Danzig]. Gdańsk: Muzeum Historyczne Miasta Gdańska 2005. 495 S., Abb., poln. u. dt. Text. ISBN 83-918610-9-0.

Der zweisprachige, künstlerisch aufwendig gestaltete Katalog der vom Historischen Museum der Stadt Danzig/Gdańsk organisierten Jubiläumsausstellung enthält Beiträge über das Bild der Stadt und das Leben ihrer Bewohner vom 16. bis zum 18. Jahrhundert. Edmund Kotarski befasst sich mit der Rolle der Zeit in der Kultur des alten Danzigs. Edmund Kizik widmet sich dem Werktag und den Feiertagen der Danziger. Grzegorz Szychliński wendet sich den Danziger Turmuhren zu, Dariusz Kaczor dem Uhrmacherhandwerk. E. Brylewska-Szymańska und W. Szymański stellen die Hausuhren in der zweiten Hälfte des 18.

Jahrhunderts vor, Konrad Nawrocki und Stefan Mieleszkiewicz die Uhren aus dem Danziger Werder. Neben dem eigentlichen Katalog enthält der Band auch ein von Zuzanna Prószyńska erstelltes Lexikon der Danziger Uhrmacher und Gnomiker, einen Quellenanhang sowie ein Personenverzeichnis.

Mirosław Ossowski

Rocznik Toruński [Thorner Jahrbuch]. Bd. 32. Toruń: Wydawnictwo Uniwersytetu Mikołaja Kopernika 2005. 404 S. ISSN 0557-2177.

Der 32. Band des Jahrbuches des Vereins der Freunde der Stadt Thorn (Towarzystwo Miłośników Torunia) an der Nikolaus-Kopernikus-Universität enthält sechs Aufsätze zur Thorner Stadtgeschichte, sieben Miszellen, zwei Quellenbesprechungen, eine Rezension und eine Chronik samt Informationen über die Tätigkeiten des Vereins. Die Aufsätze widmen sich den folgenden Themen: „Die Spionagetätigkeit des Thorner Bürgers Piertas Czyres im Königreich Polen im zweiten und dritten Jahrzehnt des 15. Jahrhunderts", „Das Leben und die wissenschaftliche Tätigkeit von Franciszek Tidicaeus, Stadtphysikus und Professor am akademischen Gymnasium in Thorn", „Patriotische Akzente in der Wehrerziehung der Bevölkerung der Woiwodschaft Pommerellen in der Zwischenkriegszeit", „Ordnungsvorschriften in Thorn in der Zwischenkriegszeit", „Kinderbetreuung in Thorn in den Jahren 1918–1949", „Seelsorge der Jesuiten in Thorn 1945–1970". In den Miszellen werden unter anderem Themen wie „Mittelalterliche Bewaffnung auf einem Bild aus der St.-Jakobus-Kirche in Thorn", „Die Zusammensetzung der Thorner Garnison 1920–1939" oder „Thorner Theaterwettbewerbe in den Jahren 1959 und 1961–1963" behandelt. In den Quellenbesprechungen finden sich eine Abhandlung zu Grabkleidern von Kindern aus dem 17. Jahrhundert in Thorn sowie ein Aufsatz zu bislang unbekannten Dokumenten, die die Suche nach der Leiche des 1984 von Agenten des polnischen Staatssicherheitsdienstes ermordeten Pfarrers Jerzy Popiełuszko betreffen. Der Band schließt mit einer sehr verdienstvollen Bibliographie der Stadt Thorn/Toruń für das Jahr 2004.

Piotr Zariczny

Leszek Rybicki (Hg.): Gdańsk w literaturze. Bibliografia od roku 997 do dzisiaj. Zeszyt próbny: 1959–1964 [Danzig in der Literatur. Bibliographie vom Jahr 997 bis heute. Ein Probeheft: 1959–1964]. Danzig: słowo / obraz terytoria 2006. 62 S., Abb. ISBN 83-7453-683-7.

Das Heft ist ein Auszug aus einer Bibliographie, die für 2007 angekündigt ist. Es bietet übersichtliche bibliographische Angaben über 122 Publikationen aus dem Bereich der schönen Literatur in polnischer und deutscher Sprache. Neben Informationen über die Erstveröffentlichungen werden auch Angaben über weitere Auflagen, Übersetzungen sowie literaturkritische Besprechungen und literaturwissenschaftliche Bearbeitungen geboten. Bei wichtigeren Titeln wird die Handlung zusammengefasst, manche Bücher werden auch mit der Abbildung ihres Einbands vorgestellt.

Mirosław Ossowski

Jerzy Samp: Orunia, Stare Szkoty i Lipce [Ohra, Altschottland und Lepitz]. Gdańsk: Polnord – Wydawnictwo Oskar 2005. 264 S., Abb. ISBN 83-89923-04-1.

Das populärwissenschaftlich geschriebene und reich illustrierte Buch stellt den historischen Wandel von drei ehemaligen (heute zum südlichen Stadtgebiet gehörenden) Vororten von Danzig/Gdańsk dar. Zunächst werden die Namen und die historischen Grenzen der Orte erläutert. Die detaillierte historische Beschreibung beginnt mit archäologischen Funden zur Frühgeschichte und wird bis zum Jahr 2001, in dem eine Überschwemmung leider viele historische Spuren verwischte, fortgeführt. Weitere Kapitel sind der Geschichte der Kirchen, Schulen und alten Parkanlagen in den drei Orten gewidmet. Relativ breit werden auch die Beschreibungen dieser Orte in literarischen Texten erörtert. Im Anhang finden sich 16 kurze Lebensbilder von mit Ohra verbundenen historischen Persönlichkeiten sowie ein Straßenverzeichnis mit den alten Straßennamen.

Mirosław Ossowski

Błażej Śliwiński (Hg.): Komturzy, rajcy, żupani [Komture, Ratsherren, Vögte]. Malbork: Muzeum Zamkowe w Malborku, Zakład Historii Średniowiecza Polski i Nauk Pomocniczych Historii Uniwersytetu Gdańskiego 2005 (Studia z dziejów średniowiecza [Studien zur Geschichte des Mittelalters] 11). 542 S., Abb., dt. Zusammenfassungen. ISBN 83-86206-93-4.

Der elfte Band dieser der Geschichte des Mittelalters gewidmeten Reihe enthält Beiträge, die zum überwiegenden Teil Danzig/Gdańsk, das spätere Westpreußen und den Deutschordensstaat betreffen. In einer umfassenden Studie befasst sich Błażej Śliwiński polemisch mit den neuesten Ansichten über die Beziehungen zwischen Polen und dem Deutschen Orden in den Jahren 1310–1312. Beata Możejko erörtert den Schiffbau in Danzig in der von der bisherigen Forschung vernachlässigten zweiten Hälfte des 15. Jahrhunderts. Die Geschichte der Stadt behandeln auch die Beiträge von Marcin Grulkowski über das älteste Kämmereibuch aus den Jahren 1379–1382 sowie von E. Bojuraniec über die Genese des Wappens der Danziger Patrizierfamilie von der Beke. Agnieszka Błażewicz berichtet über die Ausstattung der Kapellen in den Ordensvogteischlössern in Herrengrebin/Grabiny Zameczek, Leske/Laski und Stuhm/Sztum, während Grzegorz Jacek Brzustowicz sich dem pommerschen Geschlecht von Wedel und dessen Haltung zum Deutschen Orden gegen Ende des 14. Jahrhunderts widmet. Marek Radoch beleuchtet die Ausgaben des Hochmeisters Konrad von Jungingen für den Unterhalt des litauischen Großfürsten Swidrigiello 1402–1404. Agnieszka Rusakiewicz schreibt über das älteste Stadtsiegel von Preußisch Stargard/Starogard Gdański um 1348, während Edward Rymar über das einflussreiche pommersche Rittergeschlecht von Manteuffel im 13. und 14. Jahrhundert berichtet. Joachim Zdrenka schließlich beschäftigt sich mit einem Brief des Hochmeisters Konrad Zöllner von Rotenstein von 1389.

Mirosław Ossowski

Robert Traba: „Wschodniopruskość". Tożsamość regionalna i narodowa w kulturze politycznej Niemiec [„Ostpreußentum". Regionale und nationale Identität in der politischen Kultur Deutschlands]. Poznań: Wydawnictwo Poznańskiego Towarzystwa Przyjaciół Nauk 2005 (Prace Komisji Historycznej / Poznańskie Towarzystwo Przyjaciół Nauk, Wydział Historii i Nauk Społecznych [Arbeiten der Historischen Kommission / Posener Gesellschaft der Freunde der Wissenschaften, Abteilung Geschichts- und Gesellschaftswissenschaften] 64). 470 S., Abb., Kt. ISBN 83-7063-461-3.

In den öffentlichen Debatten zwischen 1914 und 1933 kommt der Begriff „Ostpreußentum" als Bezeichnung einer regionalen bzw. nationalen Identität nicht vor. Es wurde jedoch in dieser Zeit auf verschiedene Art und Weise versucht, eine ostpreußische Identität zu konstruieren. Diesem Prozess widmet Robert Traba seine Aufmerksamkeit. Er formuliert dabei die These, dass die Kategorie „Ostpreußentum" erst nach 1914 als moderne regionale und nationale Identifikationsmöglichkeit einen Wert darstellte, der von vielen Ostpreußen als Bestandteil ihrer Identität akzeptiert wurde. Die Darstellung der mentalen Prozesse, die die Herausbildung der regionalen und nationalen Identität der ostpreußischen Bevölkerung entscheidend beeinflussten, vollzieht sich in der Studie auf drei Ebenen. Im ersten Kapitel werden die kollektiven Akteure des öffentlichen Lebens in Ostpreußen vorgestellt, wobei die gesellschaftlichen Organisationen und politischen Bewegungen, der Staat und die Kirchen Berücksichtigung finden. Im zweiten Kapitel schildert der Verfasser die Konstruktion von Wirklichkeit. In drei Begriffspaaren werden hier die Grundlagen für diese Konstruktion erfasst: „Heimat" – „Volk", „Bollwerk" – „Bastion des Deutschtums" sowie „Krieg" – „Feind". Der dritte Teil der Arbeit enthält Ausführungen über die gesellschaftliche Inszenierung des „Ostpreußentums" und der nationalen Einheit. In drei Unterkapitel gegliedert, berücksichtigt dieser Abschnitt politische Symbole und Rituale wie den politischen Totenkult, die Verehrung der „Helden" der Schlacht bei Tannenberg sowie die Plebiszite als Ausdruck des ostpreußischen Traums von der Einheit mit dem Vaterland. Im letzten Kapitel, das den Charakter eines Exkurses hat, wendet sich der Verfasser der Frage zu, ob die Ereignisse in Ostpreußen nach 1933 als Ausdruck der Kontinuität oder des Wandels im totalitären System des „Dritten Reiches" anzusehen sind.

Maria Wojtczak

Małgorzata Tuszyńska: Ulkowy. Cmentarzysko kultury wielbarskiej na Pomorzu Gdańskim (Badania na trasie autostrady A 1 Gdańsk – Toruń) [Uhlkau. Ein Gräberfeld der Wielbark-Kultur in Pommerellen (Forschungen entlang der Trasse der Autobahn A 1 Danzig – Thorn)]. Gdańsk: Muzeum Archeologiczne w Gdańsku 2005. 176 S., Abb., dt. Zusammenfassung. ISBN 83-85824-28-6.

Die Arbeit behandelt ein flaches Gräberfeld aus der Gegend von Praust/Pruszcz Gdański, das bei Autobahnbauarbeiten entdeckt wurde. Die Fundstelle zeigt die Besiedlung der Gegend durch die Bevölkerung der Wielbark-Kultur (Willenberger Kultur) auf, die unter römischen Einflüssen stand. Die Studie gliedert sich in drei Hauptkapitel. Das erste enthält einen umfassenden archäologischen Katalog samt einer Analyse der beweglichen Materialien. Die Ausstattung der insgesamt 130 Gräber wird nach folgenden Objektkategorien unterschieden: Haarklemmen, Gürtelteile, Schmuck, Gegenstände des täglichen Gebrauchs sowie Keramik. Beschrieben werden auch Formen des Begräbnisrituals, außerdem setzt die Autorin sich mit den Methoden der Chronologieerstellung sowohl im Allgemeinen als auch bezogen auf Friedhöfe auseinander. Der zweite Abschnitt des Buches behandelt die anthropologische Analyse von Knochenmaterial. Das letzte Kapitel beschreibt die Textilherstellung anhand der Funde von Uhlkau/Ulkowy.

Dorota Kozłowska-Skoczka

Jacek Wijaczka (Hg.): Wizytacja biskupstwa sambijskiego z 1570 roku [Die Visitation des Bistums Samland im Jahr 1570]. Toruń: Towarzystwo Naukowe w Toruniu 2005 (Fontes / Towarzystwo Naukowe w Toruniu [Quellen / Wissenschaftliche Gesellschaft in Thorn] 96). 144 S. ISBN 83-87639-75-3.

Die Studie ist die Fortsetzung einer Publikation desselben Verfassers zur Visitation des Bistums Samland durch den Bischof Joachim Mörlin in den Jahren 1569 und 1570: Im Jahr 2001 veröffentlichte Wijaczka die anlässlich der Visitation von 1569 erstellten Berichte aus 18 Kirchspielen. Die somit dokumentierte Visitation wurde von Mörlin 1570 in Natangen fortgesetzt. Im Februar jenes Jahres besuchte er Bartenstein/Bartoszyce, im März Gallingen/Galiny und Schippenbeil/Sępopol. Weitere geplante Besuche kamen wegen einer Verschlechterung seines Gesundheitszustandes nicht mehr zustande. Die Quellengrundlage dieser Abhandlung sind also Mörlins Visitationsprotokolle der drei genannten Kirchspiele, die heute im Geheimen Staatsarchiv Preußischer Kulturbesitz in Berlin aufbewahrt werden. Die Aufhebung von Klöstern und die Säkularisierung des Kirchenbesitzes warfen viele Probleme auf, mit denen sich die neu entstandene Lutherische Kirche konfrontiert sah. Die neuen Eigentümer der Kirchspiele weigerten sich, einen Teil ihrer Einnahmen für Seelsorge und Gottesdienst bzw. für die Armen- und Krankenpflege aufzuwenden. Ein Zweck der Visitationen sollte es daher sein, die finanziellen Verhältnisse durch die Einrichtung einer gemeinsamen Kasse auf eine sichere Grundlage zu stellen. In den vier Hauptkapiteln finden sich die Rezesse der Visitationen in Bartenstein, Gallingen und Schippenbeil sowie – als Appendix – im Kirchspiel Borken/Borki. Neben einer deutschsprachigen Einführung verfügt das Buch auch über ein Orts- und Namensregister.

Piotr Zariczny

4. Pommern, Neumark

Wieland Barthelmess: Hans Hartig (1873–1936). Szczecin: Zamek Książąt Pomorskich 2005. 107 S., Abb. ISBN 83-916790-7-1.

Diese Veröffentlichung basiert auf einer Ausstellung, die dem aus Pommern gebürtigen Berliner Maler Hans Hartig gewidmet war und im Stettiner Schloss gezeigt wurde. Hartig malte mehrfach Ansichten von Stettin/Szczecin, jener Stadt, in der er seine Schulzeit verbrachte und seine ersten künstlerischen Schritte unternahm. Die Einführung in das Werk übernimmt der Sammler von Hartigs Bildern, wobei sowohl die Etappen seines Lebens nachgezeichnet als auch Beispiele aus dem Schaffen des talentierten und produktiven Landschafts- und Städtemalers sowie hervorragenden Koloristen gezeigt werden. Hartig malte unvergessene pommersche Stadtansichten, Bilder von Landschaften und Häfen wie Stettin und Neuwarp/Nowe Warpno, aber auch Ansichten von Dresden, Masuren, Hamburg, Berlin und seiner Umgebung sowie Stillleben und einzelne Porträts. Die farbigen Reproduktionen aller in der Ausstellung gezeigten Bilder geben einen guten Eindruck von der Schaffenskraft Hartigs, die sich aus verschiedenen Kunstrichtungen speiste – vom Pleinairismus bis zum Expressionismus – und dabei einen eigenen Malstil entstehen ließ. Der Band schließt mit einer Überblicksdarstellung des Lebenslaufs von Hans Hartig ab.

Ewa Gwiazdowska

Małgorzata Bartosik u. a. (Red.): Od Stadtbibliothek do Książnicy Pomorskiej 1905–2005. From the Stadtbibliothek to the Pomeranian Library 1905–2005. Von der Stadtbibliothek zur Pommerschen Bibliothek 1905–2005. Szczecin: Książnica Pomorska 2005. 484 S., farb. u. s.-w. Abb., poln., engl. u. dt. Text. ISBN 83-87879-53-3.

Das Buch erschien anlässlich des hundertjährigen Bestehens der Bibliothek und beschreibt deren Geschichte, wichtigste Aufgabenbereiche sowie gegenwärtige Tätigkeit. Eingangs wird die Geschichte der Stettiner Bibliothek im Zeitraum 1905–1945 mit besonderer Berücksichtigung der Verdienste ihres Direktors Erwin Ackerknecht abgehandelt, bevor dann auf die Nachkriegsentwicklung bis 2005 eingegangen wird. In einem separaten Kapitel werden die Sammlungen besprochen und dabei auch die deutschen Vorkriegsbestände berücksichtigt. Besonderes Augenmerk gilt überdies der wissenschaftlichen Arbeit und den Publikationen der Bibliothek. Die Studie verfolgt das Ziel, die Kontinuität des Bibliothekswesens in Stettin/ Szczecin hervorzuheben; diese Kontinuität wird durch ein Kalendarium für die gesamte Periode 1905–2005 sowie eine Liste der Veröffentlichungen der Bibliothek bzw. über die Bibliothek für diesen Zeitraum unterstrichen.

Ewelina Kamińska

Alicja Biranowska-Kurtz: Świnoujście. Fortyfikacje nowożytne w planach, projektach i rycinach [Swinemünde. Neuzeitliche Befestigungsanlagen in Plänen, Entwürfen und Zeichnungen]. Szczecin: Uniwersytet Szczeciński 2005. 266 S., Abb., poln. u. dt. Text. ISBN 83-917043-3-5.

Das zweisprachige wissenschaftliche Werk stützt sich auf kartographisches und ikonographisches Material aus den Beständen der Archive in Berlin, Stockholm, Warschau und Stettin/Szczecin sowie auf einschlägige Literatur. Behandelt werden die Geschichte der neuzeitlichen Befestigungsanlagen und auch der gegenwärtige Zustand der noch erhaltenen Festungsteile. Die Autorin gliedert ihre Ausführungen wie folgt: Zunächst werden die Forts unter schwedischer Herrschaft vom Dreißigjährigen Krieg bis zum Jahr 1837, als die Preußen den Umbau der Festung planten und umsetzten, dargestellt. Dann folgt ein Blick auf die entscheidende Ausbauzeit der Seefestung Swinemünde 1837–1876. Anschließend wird der 1876 aufgrund militärischer Notwendigkeiten begonnene Umbau beleuchtet, dessen Spuren bis heute sichtbar sind. Im vierten Kapitel schließlich wird die Nutzung des Forts durch die Rote Armee 1945–1992 bzw. nach deren Abzug durch zivile öffentliche wie private Träger behandelt. Der Band enthält zahlreiche Pläne, Fotografien, ein Namens- und Ortsregister.

Maciej Szukała

Colloquia Germanica Stetinensia. Bd. 13. Szczecin: Wydawnictwo Naukowe Uniwersytetu Szczecińskiego 2005 (Uniwersytet Szczeciński, Zeszyty Naukowe [Universität Stettin, Wissenschaftliche Hefte] 390). 273 S. ISSN 0867-5791.

In dem Heft dominieren Beiträge zur Sprachwissenschaft. Im literaturwissenschaftlichen Teil gebührt die Aufmerksamkeit dem Beitrag von Ewa Hendryk, die lyrische Bilder des hinterpommerschen Herkunftsmilieus von Hans-Jürgen Heise behandelt, dem 1930 in der Kleinstadt Bublitz/Bobolice geborenen und nun in Kiel lebenden Dichter. Der Teil „Miszellen“ enthält mehrere Texte zur deutsch-polnischen Thematik. Hier kommentiert abermals Ewa Hendryk Hans-Jürgen Heises Buch *Die Zeit kriegt Zifferblatt und Zeiger. Autobiographische Stationen und ein verschattetes Reiseziel* (2003). Mit Hinterpommern befasst sich auch Ewelina Kamińska: In ihrem Aufsatz *Lebenslauf eines kleinen Mannes oder deutsch-polnische Schicksale in einem polnischen Buch* bespricht sie Piotr Zielińskis Roman *Der Stammbaum* (2000), der als Beitrag zur Diskussion über die Identität der heutigen Einwohner der grenznahen Region (konkret der Kleinstädte Berlinchen/Barlinek und Bernstein/Pełczyce) verstanden werden kann. Ryszard Lipczuk gibt einen kurzen Bericht über die internationale Tagung „Ost-West“ in Stolp/Słupsk (September 2003) ab, auf der unter anderem die Kriegs- und Vertreibungsromane im deutsch-polnischen Dialog und die Ansichten des aus Stolp gebürtigen Literarhistorikers Eduard Engel (1851–1938) diskutiert wurden.

Ewelina Kamińska

Colloquia Germanica Stetinensia. Bd. 14. Szczecin: Wydawnictwo Naukowe Uniwersytetu Szczecińskiego 2005 (Uniwersytet Szczeciński, Zeszyty Naukowe [Universität Stettin, Wissenschaftliche Hefte] 407). 268 S. ISSN 0867-5791.

Auch das hier anzuzeigende Jubiläumsheft enthält hauptsächlich sprachwissenschaftliche Beiträge; unter anderem schreibt Werner Westphal über die Vorarbeiten des 1802–1804 in Stolp lebenden protestantischen Theologen, Philosophen, Übersetzers und Publizisten der deutschen Frühromantik, Friedrich Daniel Schleiermacher, zur Begründung einer allgemeinen Hermeneutik. Den weniger umfangreichen literaturwissenschaftlichen Teil eröffnet Ewelina Kamińskas Aufsatz *Zwischen Erbe und Eigentum oder Auf der Suche nach den gerissenen Fäden in Artur Daniel Liskowackis Zyklus über S[tettin]*. Kommentiert werden hier Bücher, die sich mit Geschichte und Gegenwart von Stettin/Szczecin und Pommern/Pomorze beschäftigen. Besondere Beachtung verdient dabei Liskowackis Roman *Eine kleine* (2000), in dem mit dem Kollektivhelden, den Stettiner Deutschen, ein großes Panorama Stettins gezeichnet wird.

Ewelina Kamińska

Roman Czejarek: Szczecin na starych pocztówkach. Stettin auf alten Ansichtskarten. Szczecin in Old Postcards. Łódź: Piątek Trzynastego Wydawnictwo 2005. 136 S., 120 s.-w. Abb., 2 farb. Kopien der Karten als Beilage, poln., dt. u. engl. Text. ISBN 83-88742-99-X.

Der Autor hat aus seiner privaten Sammlung 120 Postkarten ausgewählt, die zu einer ungewöhnlichen Reise durch das alte Stettin und seine Umgebung einladen. Die Postkarten werden dreisprachig erläutert und zeigen unter anderem einen Blick auf die Oder oder auf Stettiner Brücken, die Schiffe und Werften, das Alltagsleben (den Fischmarkt, den Hafen, den Hauptbahnhof, Naherholungsziele der Stettiner und Sportklubs) sowie einzelne Straßen und Plätze der Stadt mit ihren charakteristischen Sehenswürdigkeiten. Viel Aufmerksamkeit wird der Hakenterrasse, den nicht mehr vorhandenen Denkmälern (für Kaiser Wilhelm I., Sedina, Friedrich den Großen, Ernst Moritz Arndt) und Gebäuden (dem Stadttheater, der Centralhalle, dem Konzerthaus und dem Bellevue-Theater) sowie ehemaligen Musikgruppen geschenkt. In der Bibliographie finden sich Verweise auf interessante Quellen und Webseiten über Stettin/Szczecin.

Ewelina Kamińska

Cecylia Zofia Gałczyńska: Bibliografia Szczecina 1501–2004 [Bibliographie Stettins 1501–2004]. Szczecin: Wydawnictwo „Dokument” Oficyna Archiwum Państwowego w Szczecinie 2005 (Kronika Szczecina: Suplement [Chronik Stettins: Supplement]). 364 S. ISBN 83-89341-31-X.

Der Band ist eine erweiterte Ausgabe der *Bibliografia Szczecina od XVI wieku do roku 2002* („Bibliographie Stettins vom 16. Jahrhundert bis zum Jahr 2002“). Es wurden insgesamt 4.903

Titel gesammelt, die die Geschichte der Stadt dokumentieren. Das älteste Dokument ist hier die 1501 in Leipzig herausgegebene *Tragicomedia* von Johannes Kitschner. Berücksichtigt wurden Veröffentlichungen in deutscher und polnischer Sprache, außerdem noch Publikationen in Latein, Französisch, Englisch, Russisch, Schwedisch, Dänisch, Tschechisch und Lettisch. Eine Auflistung von Schlüsselbegriffen soll die Arbeit mit dem Band erleichtern.

Ewelina Kamińska

Radosław Gaziński, Andrzej Chudziński (Hg.): Dzieje wsi pomorskiej. IV Międzynarodowa Konferencja Naukowa, Włościbórz 13–15 maja 2005 [Die Geschichte des pommerschen Dorfes. Vierte Internationale wissenschaftliche Konferenz, Lustebuhr, 13.–15. Mai 2005]. Dygowo, Szczecin: Gminny Zespół Oświaty i Kultury w Dygowie, Uniwersytet Szczeciński 2005. 403 S., Abb., dt. Zusammenfassung. ISBN 83-917447-2-8.

Der Band basiert auf einer alljährlich stattfindenden wissenschaftlichen Tagung, die 2005 den folgenden Themen gewidmet war: I. „Quellenkunde und Geschichte", II. „Ethnographie und Literaturwissenschaft", III. „Sprachwissenschaft", IV. „Kunstgeschichte, Architektur und Landeskunde". Das Buch umfasst insgesamt 30 Artikel und Beiträge. Einleitend betrachtet Tadeusz Białecki die aktuellen Forschungsrichtungen zur pommerschen Geschichte und die in diesem Zusammenhang noch bestehenden Desiderata. Im historisch-quellenkundlichen Kapitel werden die nachstehenden Themen behandelt: Radosław Gaziński: „Akten über das pommersche Land im Staatsarchiv Stettin/Szczecin"; Edward Rymar: „Der Familienbesitz der Manteuffels im Mittelalter"; Tomasz Rembalski: „Mittelalterliche Grenzen im Dorf Damsdorf/Niezabyszewo"; Radosław Skrycki: „Die Kartographie des pommerschen Landes in neuzeitlichen Karten"; Hieronim Kroczyński: „Dörfliche Geschichte im Kreis Kolberg/Kołobrzeg vom 17. bis 20. Jahrhundert"; Agnieszka Chlebowska: „Kriegspropaganda auf dem pommerschen Land während der militärischen Auseinandersetzungen 1864, 1866 und 1870/71"; Maciej Szukała: „Die Verwaltungstätigkeit der preußischen Administration angesichts der Cholera-Epidemie im 19. Jahrhundert in Pommern"; Sylwia Wesołowska: „Die Geschichte des Dorfes Karnitz/Karnice"; Wojciech Skóra: „Die Tätigkeit des polnischen Geheimdienstes in Konitz/Chojnice in den zwanziger Jahren des 20. Jahrhunderts"; Maciej Hejger: „Deutsche Landarbeiter in der Gegend von Danzig/Gdańsk in den Jahren 1945–1956". Im ethnographischen und literaturwissenschaftlichen Teil werden folgende Fragen thematisiert: Maciej Kwaśkiewicz: „Grausamkeit und Gewalt in Texten der pommerschen Volksdichtung"; Adela Kuik-Kalinowska: „Pommern im Werk des polnischen Schriftstellers Stefan Żeromski"; Urszula Chęcińska: „Die tragische Gestalt der Sydonia Borke in der Poesie von Joanna Kulmowa"; Daniel Kalinowski: „Literatur über landwirtschaftliche Staatsgüter". Im sprachwissenschaftlichen Teil widmen sich die Autoren den nachstehenden Fragestellungen: Edward Breza: „Familiennamen in Mittelpommern, die Ortsnamen gleichen"; Lidia B. Sudakiewicz: „Die Familiennamen der Kirchengemeindemitglieder von Flatow/Złotów im 17. Jahrhundert"; Andrzej Chludziński: „Die Vornamen in der Gemeinde Degow/Dygowo"; Małgorzata Milewska-Stawiany: „Archaismus und Dialektalismus in den Ortsnamen im Kreis Tuchel/Tuchola"; Valerij M. Molienko, Tatjana Valodzina, Harry Walter: „Die slawisch-deutsche Projektion pommerscher Redewendungen"; Maria Pająkowska-Kensik: „Das sprachliche Bild von der Arbeit im Kociewier Dorf"; Róża Wosiak-Śliwa: „Werkzeugnamen in der Kaschubei"; Małgorzata Klinkosz: „Namen von Erholungsorten in der Kaschubei". Im Kapitel zur Kunstgeschichte, Architektur und Landeskunde schließlich werden die folgenden Themen vertieft: Ewa Gwiazdowska: „Die Ikonographie von Degow/

Dygowo"; Joanna Bryl: „Nostalgische Landschaften des Malers Günter Machemehl"; Tomasz Siemiński: „Volkskunst auf dem kaschubischen Land"; Maria Witek: „Die Querholzhütte in der dörflichen Landschaft"; Radosław Barek: „Holzhandwerk in Pommern"; Waldemar Witek: „Die Kulturlandschaft des Ortes Schlawin/Słowino"; Zbigniew Sobisz: „Das Wachstum der Friedhöfe in Degow/Dygowo. Der Band enthält zudem Illustrationen und Informationen über die Autoren.

Maciej Szukała

Radosław Gaziński, Piotr Fink: Szczecin-Skolwin [Stettin-Scholwin]. Szczecin: Stowarzyszenie Czas Przestrzeń Tożsamość 2005 (Czas przestrzeń tożsamość [Zeit, Raum, Identität] 3). 99 S., s.-w. Abb, poln. u. dt. Text. ISBN 83-923059-0-6.

Der dritte Band der zweisprachigen Reihe „Zeit, Raum, Identität" widmet sich dem ehemaligen Dorf Scholwin auf dem Hochufer der Oder, das heute den nordöstlichsten Stadtteil Stettins bildet. Die systematische Darstellung beginnt mit einer Beschreibung der geographischen Lage und einer Untersuchung der Herkunft des Ortsnamens. Die Geschichte des Dorfes vom Mittelalter bis in die Gegenwart wird illustriert durch kartographisches Material, Baupläne aus der Zeit der Umgestaltung des Dorfes in einen Arbeitervorort, Fotografien und Postkarten aus der ersten Hälfte des 20. Jahrhunderts sowie aktuelle Architekturaufnahmen. Breiten Raum nehmen die Geschichte des seinerzeit größten Papier- und Zellulosewerks in Deutschland sowie die wirtschaftliche Entwicklung des Stadtteils nach dem Zweiten Weltkrieg ein. Weitere Kapitel befassen sich mit der räumlichen und städtebaulichen Entwicklung einschließlich des mit Scholwin verbundenen Nachbarortes Cavelwisch/Babin sowie mit der architektonischen Gestaltung des Ortsbildes. Besondere Aufmerksamkeit gilt dem Denkmalwert der erhaltenen Wohn- und Industriebauten. Eine Bibliographie sowie ein Orts- und Straßenregister schließen den reich illustrierten Band ab.

Ewa Gwiazdowska

Kazimiera Kalita-Skwierzyńska, Mirosław Opęchowski, Tomasz Wolender: Moryń [Mohrin]. Moryń: Urząd Miejski w Moryniu 2005. 64 S., Abb., poln. u. dt. Text. ISBN 83-86334-32-0.

Diese zweisprachige Monographie des Städtchens Mohrin/Moryń, das früher zur Neumark gehörte und heute im Südwesten der Woiwodschaft Westpommern liegt, ist reich illustriert mit Stadt- und Bauplänen, historischen und aktuellen Fotografien von Bauten und Kunstwerken sowie mit Reproduktionen von Graphiken. Die Einführung gibt einen allgemeinen Überblick über die Stadt. Die einzelnen Kapitel behandeln deren Geschichte von der Gründung im Mittelalter bis zur Gegenwart, die städtebauliche und architektonische Entwicklung sowie die Kunstdenkmäler, zu denen die Pfarrkirche mit ihrer barocken Ausstattung, das mittelalterliche Wehrsystem, das Rathaus, die wohltätige Stiftung des Dr. Christian Friedrich Koch einschließlich dessen Denkmals, die Burgruine und die alte Holländer-Windmühle zählen. Eigene Abschnitte sind bemerkenswerten Kunstdenkmälern in der Umgebung von Mohrin gewidmet, unter anderem den Kirchen in Klein Wubisser/Stary Objezierz, Vietnitz/Witnica und Dölzig/Dolsk sowie der Schlossruine in Vietnitz. Eine Bibliographie und ein Namenregister sowie ein Verzeichnis nützlicher Adressen (Ämter und Dienstleister) runden den Band ab.

Ewa Gwiazdowska

Kazimiera Kalita-Skwierzyńska, Mirosłąw Opęchowski: Stolec, Rzędziny, Łęgi [Stolzenburg, Nassenheide, Laake]. Szczecin: Stowarzyszenie Czas Przestrzeń Tożsamość 2005 (Czas przestrzeń tożsamość [Zeit, Raum, Identität] 2). 127 S., farb. u. s.-w. Abb., poln. u. dt. Text. ISBN 83-919654-1-4.

Mit dem zweiten Band der Reihe „Zeit, Raum, Identität" liegt eine zweisprachige, reich illustrierte Monographie einiger Dörfer im nordwestlichen Umland von Stettin/Szczecin, in der Uecker-Ebene/Równina Wkrzańska sowie der Ueckermünder Heide/Puszcza Wkrzańska vor, die in der Vergangenheit zum Besitz der Familie von Ramin gehörten und kulturgeschichtlich von Bedeutung sind. Im 19. Jahrhundert lebte im Gutshaus Nassenheide, das seit dem 18. Jahrhundert der Familie von Lepel gehörte, die Schriftstellerin Elizabeth von Arnim, auch die Schwiegertochter Goethes hielt sich hier auf. Unter Einbeziehung des regionalen und nationalen Kontextes behandelt der vorliegende Band die Geschichte der Dörfer systematisch vom Siedlungsbeginn bis in die Gegenwart. Die verschiedenen Besitzer und deren Familien treten auf; ihre jeweilige Bedeutung für die Geschichte der Güter wird dargelegt. Sowohl Natur und Landschaft als auch Kunstdenkmäler – v. a. Architektur und Plastik der Schloss- und Gartenanlagen sowie der Kirche in Stolzenburg – werden vorgestellt, ebenso Kulturdenkmäler wie ein Gedenkstein, der an den Tod des pommerschen Herzogs Barnim II. erinnert. Auch die ökonomische Situation der Vorwerke wird thematisiert. Historische Pläne und Ansichten, Postkarten, Porträts sowie aktuelle Fotografien illustrieren den Band, der von einem Ortsregister erschlossen wird und eine Bibliographie enthält. Im Anhang findet sich eine kurze Information über den Verein „Zeit, Raum, Identität".

Ewa Gwiazdowska

Janina Kochanowska (Hg.): Trzebiatów – spotkania pomorskie – 2004 [Treptow a. d. Rega – pommersche Begegnungen – 2004]. Wołczkowo: Oficyna IN PLUS 2004. 175 S., farb. u. s.-w. Abb. ISBN 83-89402-33-5, 83-89402-05-X.

Der Band dokumentiert die gleichnamige deutsch-polnische wissenschaftliche Tagung. Er umfasst die Themenbereiche Geschichte, Kultur und Kunst, regionales Museumswesen, Restaurierung von Sehenswürdigkeiten sowie Porträts Treptower Familien. Zwei einleitende Referate konzentrieren sich auf Pommern im Allgemeinen: Hans-Udo Vogler schildert zweisprachig die Tätigkeit des Bischofs Otto von Bamberg und seine erste Missionsreise nach Pommern 1124, während Zygmunt Boras die Zusammenhänge zwischen den humanistischen Ideen im Spätmittelalter und der Verbreitung der Lehre Luthers in Pommern erläutert. Weitere Beiträge gelten lokalen Angelegenheiten: Andrzej Chludziński untersucht die Ortsnamen im Kreis Treptow/Trzebiatów, Dariusz Bienek behandelt die Geschichte des Dorfes Voigtshagen/Włodarka bis 1945 und Halina Szkudlarek-Feliksiak beschäftigt sich mit der Geschichte und Entwicklung der Häfen an der Regamündung. Im Rahmen des zweiten Themenkomplexes werden unter anderem architektonische Fragen diskutiert. Kazimiera Kalita-Skwierzyńska geht auf die Geschichte der mittelalterlichen Stadtmauern von Treptow ein, Olga Ewa Kulesza-Szerniewicz auf die Militärgebäude. Janina Kochanowska beschreibt den barocken Altar der Kirche in Zirkwitz/Cerkwica, Zbigniew Sobisz die ehemaligen Schlossparkanlagen der Gemeinde Karnitz/Karnice. Dem Museumswesen widmen sich Beiträge von Ignacy Skrzypek über das Kreisheimatmuseum in Labes/Łobez und dessen Sammlungen sowie von Piotr Żak über die Bestände der sog. Regionalen Kammer im Treptower Kulturzentrum. Die Denkmalrestaurierung wird von Małgorzata Zyzik am Beispiel der Attikaornamente an einem Haus in Swinemünde/Świnoujście kommentiert. Den Band beschließen Porträts der deutschen Familie Bischof (zweisprachig) und der polnischen Familie Żukowski sowie die fotografisch dokumentierte Chronik der Tagung.

Ewelina Kamińska

Przemysław Kołosowski (Hg.): Dzieje Gryfina i okolic [Die Geschichte von Greifenhagen und Umgebung]. 2. Aufl. Gryfino: Gmina Gryfino 2005. 436 S., farb. u. s.-w. Abb. ISBN 83-922544-2-2.

Der zweiteilige Band dokumentiert die Beiträge einer anlässlich des 750-jährigen Jubiläums der Verleihung der Stadtrechte abgehaltenen Tagung. Der erste Teil stellt die Geschichte der Stadt Greifenhagen/Gryfino in chronologischer Abfolge vor; dargestellt werden die Ur- und Frühgeschichte (Przemysław Kołosowski), das Mittelalter (Krzysztof Guzikowski), die Zeit der schwedischen und preußischen Herrschaft (Lucyna Turek-Kwiatkowska), die Weimarer Republik und die Zeit des Nationalsozialismus (Edward Włodarczyk), die Endphase des Zweiten Weltkrieges (Piotr Brzeziński), die Nachkriegszeit (Adam Makowski) und die neueste Geschichte Greifenhagens seit 1989 (Piotr Romanicz). Als epochenübergreifende Themen werden Bildung und Schulwesen (Lucyna Turek-Kwiatkowska), das kulturelle Leben (Julian Dalidowicz), die Volkskultur (Bogdan Matlawski) sowie Körperkultur und Sport (Henryk Laskowski, Ryszard Techman) abgehandelt. Im zweiten Teil des Bandes befassen sich die Autoren mit unterschiedlichen Fragestellungen wie der Quellenlage im Bereich der Ikonographie (Ewa Gwiazdowska) bzw. der Aktenüberlieferung (Radosław Gaziński), der Geschichte ländlicher Siedlungen im Bereich der Gemeinde Greifenhagen (Edward Rymar), der Denkmäler Greifenhagens und seiner Umgebung (Mirosław Opęchowski) sowie der mit der Gegend verbundenen Legenden und Sagen (Marian Anklewicz). Das reich illustrierte Buch schließt mit einer umfangreichen Bibliographie.

Maciej Szukała

Janusz Ławrynowicz: Szczecińskie miejsca [Stettiner Plätze]. Szczecin: Wydawnictwo „Kurier-Press" 2005. 143 S., farb. Abb. ISBN 83-86798-13-0.

Das Album präsentiert insgesamt 60 Plätze, die auf den Besucher eine magische Anziehungskraft ausüben oder Erinnerungen wachrufen. Das Anliegen des Autors ist es, Stettin/Szczecin als Stadt mit einer oft dramatischen Geschichte mehrerer Völker darzustellen und den Spuren dieser Vergangenheit in Architektur und Landschaft nachzugehen. Das Augenmerk gilt primär der Gegenwart, doch in den Kommentaren zu den Bauwerken oder Plätzen wird meist auch an die deutsche Vergangenheit erinnert. Erwähnt werden die barocken Brunnen und die charakteristischen Straßenpumpen, die imposanten Bauwerke – unter anderem die Hakenterrasse, die Jakobi-Kirche und mehrere prächtige Villen –, aber auch Grünanlagen und Seen. Die Publikation stellt einen interessanten Versuch dar, Vergangenheit und Gegenwart einer multikulturellen Stadt miteinander zu verbinden.

Ewelina Kamińska

Marek Łuczak: Szczecin Gocław, Golęcino [Stettin-Gotzlow, Stettin-Frauendorf]. Szczecin: Agencja Wydawnicza GLOBAL 2005. 104 S., s.-w. Abb., poln. u. dt. Text. ISBN 83-922880-0-9.

Die Studie widmet sich zwei Stettiner Stadtvierteln, die infolge der Kriegshandlungen stark zerstört wurden und dadurch ihre Identität und ihren ursprünglichen Charakter verloren haben. Die Pommersche Gesellschaft für Geschichte (Pomorskie Towarzystwo Historyczne) will damit einige interessante Plätze und Ereignisse vor dem Vergessen bewahren. Dargestellt werden die Geschichte und der städtebauliche Wandel beider Stadtteile. Bezüglich Gotzlows gilt das Augenmerk unter anderem der Hedwigshütte, den stimmungsvoll am Oderufer gelegenen Gaststätten und Vergnügungslokalen sowie dem Bismarckturm. Erinnert wird auch an zwei mit diesem Bauwerk verbundene Persönlichkeiten, den auf Denkmalskulpturen spezialisierten Bildhauer Hermann Kurt Hoseus und den Architekten Wilhelm Kreis. Daran anschließend wird ein Überblick zur Entwicklung Gotzlows nach 1945 gegeben. Dem Stadtteil Frauendorf wird mehr Platz eingeräumt. Nach der eingehenden Schilderung der Geschichte vor und nach 1945 beschäftigt sich der Autor mit Vergangenheit und Gegenwart der wichtigsten Sehenswürdigkeiten. Im Zuge der Schilderung der Frauendorfer Kirche wird auch der verdiente Pfarrer Johann Peter Michaelis vorgestellt. Erwähnung finden zudem zahlreiche Restaurants und Erholungslokale, die Zichorien-Fabrik, die Kaltwasserheilanstalt „Bergquell" sowie die Werften und Schulen des Stadtviertels. Der reich illustrierte Band enthält eine Karte der wichtigsten Plätze, ein Verzeichnis der geographischen und Straßennamen, Abbildungen von Dokumenten zur Geschichte der beiden Stadtteile und ihrer Bewohner sowie eine Bibliographie mit deutschen und polnischen Quellen.

Ewelina Kamińska

Marek Łuczak: Szczecin Klęskowo [Stettin-Hökendorf]. Szczecin: Agencja Wydawnicza GLOBAL 2006. 96 S., s.-w. Abb., Kt., poln. u. dt. Text. ISBN 83-922880-2-5.

Hierbei handelt es sich um den zweiten Band der Serie über die Stettiner Stadtviertel. Der Autor beschreibt die Geschichte Hökendorfs vom 11. Jahrhundert bis in die Gegenwart. Anschließend widmet er sich den wichtigsten Baudenkmälern, zu denen er unter anderem die Kirche des heiligen Bischofs Stanislaus, Friedhöfe, Schulen, die Kinderheime in der ehemaligen Mühlenstraße, die Höfe der Familien Zietelmann und Dohrn, das Forsthaus, das Krankenhaus und das Sanatorium „Bismarckhöhe" zählt. Auf drei Seiten werden die Vertreter der um den Stadtteil verdienten Familie Dohrn vorgestellt. Abschließend wird die Gegenwart des Stadtviertels veranschaulicht, dessen Charakter sich durch Neubausiedlungen stark verändert hat. Das Buch ist reich illustriert: Die Schwarzweiß-Abbildungen zeigen das Gestern und Heute der beschriebenen Plätze und Bauwerke und sind mit zweisprachigen Erläuterungen versehen. Eine Karte erleichtert die Orientierung. Der Band schließt mit einem Verzeichnis der geographischen und Straßennamen sowie einer Bibliographie zu Stettin und Hökendorf.

Ewelina Kamińska

Zdzisław Machura: Zamek Książąt Pomorskich w Słupsku [Das Schloss der pommerschen Herzöge in Stolp]. Słupsk: Muzeum Pomorza Środkowego w Słupsku, Stowarzyszenie Przyjaciół Muzeum Pomorza Środkowego w Słupsku 2004. 118 S., Abb., dt. Zusammenfassung. ISBN 83-89329-11-5.

Der reich illustrierte Band zur Architekturgeschichte des ehemaligen Schlosses der pommerschen Herzöge erschien anlässlich des 80-jährigen Jubiläums des Museumswesens in Stolp, da der Bau der Hauptsitz des Stolper Museums ist. Die Einführung gibt einen Überblick über den Forschungsstand. Die Darstellung der Geschichte des Schlosses beginnt mit der Anlage eines befestigten Fürstensitzes im 9. Jahrhundert und führt weiter über den Bau des Schlosses durch Boguslaw X., die Umgestaltung durch Johann Friedrich, die Zeit der Herzöge von Croy und die preußische Ära bis hin zum Wiederaufbau nach 1945. Historische Pläne, Graphiken mit Ansichten des Schlosses und der Stadt, historische und aktuelle Fotografien des Baus und seiner Umgebung mit dem gotischen Mühlentor, Porträts der Herzöge, Urkunden und Kunstwerke vermitteln einen vielfältigen Eindruck über den aktuellen Kenntnisstand zum Stolper Schloss in leicht zugänglicher und attraktiver Form.

Ewa Gwiazdowska

Wrzesław Mechło: Kraina pomorskich wysp i wybrzeży. Przewodnik z legendami [Das Land der pommerschen Inseln und Ufer. Reiseführer mit Sagen]. Szczecin: Wydawnictwo Zapol [2004]. 241 S., farb. u. s.-w. Abb., Kt., poln., dt. u. engl. Text. ISBN 83-89260-18-2.

Das Buch versucht, die Funktion eines Reiseführers mit Elementen der Unterhaltung zu verbinden. Der polnischsprachige Teil enthält eine Charakteristik der Region, insbesondere der Inseln Usedom und Wollin, unterbreitet insgesamt 21 Vorschläge für landeskundliche Ausflüge und enthält Informationen für Angler. Daneben finden sich pommersche Sagen, Legenden und historische Erzählungen sowie Balladen und Gedichte. Auf unterhaltsame Weise wird dabei unter anderem über die Missionsreise des Bischofs Otto von Bamberg und über die Denkmäler der Region informiert. Die sich anschließenden Abschnitte in englischer und deutscher Sprache sind deutlich kürzer und beschränken sich auf die Charakteristik der Region nebst jeweils einem Dutzend Ausflugstipps.

Ewelina Kamińska

Aleksy Pawlak: Szczecin – miasto szczecinian. Plac Tobrucki i najstarsze szczecińskie pocztówki [Stettin – Stadt der Stettiner. Der Rathausplatz und die ältesten Stettiner Postkarten]. Szczecin: Wydawnictwo Zapol 2004. 111 S., Abb. ISBN 83-89260-14-X.

Der vorliegende zweite Band, den der Autor, ein Stettiner Sammler historischer Postkarten, herausgegeben hat, ist dem ehemaligen Rathausplatz gewidmet. Hier wurde im Kontext der Entstehung und Entwicklung der sogenannten Stettiner Neustadt in der zweiten Hälfte des 19. Jahrhunderts das neue Rathaus erbaut (1875–1879). 1898 wurde davor das populärste aller Stettiner Denkmäler enthüllt, die vom Bildhauer Ludwig Manzel angefertigte Sedina, eine Allegorie der Stadt. Am Rathausplatz entstand auch das neue Postamt, und in unmittelbarer Nähe wurde der Neubau des Städtischen Gymnasiums errichtet. Der Autor stellt 42 Ansichtskarten in Bild und Text vor, von bekannten Motiven bis zu sehr seltenen Exemplaren. Jeder Eintrag umfasst eine Farbreproduktion der jeweiligen Postkarte mit Erscheinungsjahr und Angaben zu Herausgeber und Technik, zum Text des Poststempels sowie fallweise zum Adressaten. Der Textkommentar informiert über den Bildausschnitt auf der Postkarte sowie die Geschichte der wichtigsten dargestellten Bauten und gibt den Inhalt der Korrespondenz in polnischer Übersetzung wieder. Der Katalog wird ergänzt durch einen illustrierten Überblick über die Geschichte des Postkartenwesens in Deutschland. Abschließend gibt der Autor Informationen zur Klassifizierung der Postkarten, die nach deren Seltenheit erfolgt.

Ewa Gwiazdowska

Jan Maria Piskorski: Miasta Księstwa Szczecińskiego do połowy XIV wieku [Die Städte des Stettiner Herzogtums bis zur Mitte des 14. Jahrhunderts]. Poznań, Szczecin: Wydawnictwo Poznańskiego Towarzystwa Przyjaciół Nauk 2005 (Prace Komisji Historycznej / Poznańskie Towarzystwo Przyjaciół Nauk we współpracy z Museum Narodowym w Szczecinie. Wznowienia [Arbeiten der Historischen Kommission / Posener Gesellschaft der Freunde der Wissenschaften in Zusammenarbeit mit dem Nationalmuseum in Stettin. Neuauflagen] 25). 332 S., 34 s.-w. Abb., dt. Inhaltsverzeichnis. ISBN 83-7063-453-2.

Es handelt sich um eine Neuauflage des gleichnamigen Bandes von 1987. Die Studie versteht sich als Kompendium der Forschungserkenntnisse über die mittelalterlichen pommerschen Städte auf beiden Seiten der heutigen deutsch-polnischen Grenze. Sie gliedert sich in vier Abschnitte. In der Einleitung wird der Versuch einer Definition der mittelalterlichen Stadt in Pommern unternommen, im Anschluss werden Anfänge und Entwicklung der Städte auf dem Gebiet des späteren Stettiner Herzogtums bis zur Mitte des 13. Jahrhunderts erläutert. Die beiden anschließenden Abschnitte sind wesentlich umfangreicher. Das dritte Kapitel beschäftigt sich mit der Lokation von deutschrechtlichen Städten im Stettiner Herzogtum. Dabei geht der Autor auf die pommerschen Quellen und die daraus resultierenden Kriterien für die Feststellung deutschrechtlicher Städte, auf den Verlauf der deutschrechtlichen Stadtgründungen, auf die Rolle der Evolutions- und Kolonisationstheorie sowie die Beurteilung der Städtepolitik Herzog Barnims I. ein. Das vierte Kapitel ist der Entwicklung der deutschrechtlichen Städte im Stettiner Herzogtum gewidmet. Berücksichtigung finden hier unter anderem die Verfassung dieser Städte, ihre wirtschaftlichen Grundlagen (ländlicher Besitz und Landwirtschaft, Handel, Handwerk und Finanzwesen), die ethnische und soziale Struktur der Bevölkerung, der Kampf der Städte um politische Unabhängigkeit, die Rolle der Städte im religiösen Leben, das Hospital- und Schulwesen sowie die städtische Soziotopographie und Urbanistik. Im Anhang findet sich ein Lexikon der Städte des Stettiner Herzogtums bis zur Mitte des 14. Jahrhunderts, daneben enthält der Band ein umfangreiches Literaturverzeichnis mit zahlreichen deutschen Quellen sowie ein Ortsregister.

Ewelina Kamińska

Pogranicza. Szczeciński Dwumiesięcznik Kulturalny [Grenzgebiete. Stettiner Zweimonatsschrift für Kultur.] Nr. 54–59. Szczecin: Wydawnictwo 13 Muz 2005. ISSN 1233-3654.

Die Hefte des Jahrgangs 2005 bringen nur vereinzelt Informationen über deutsche bzw. deutsch-polnische Fragen. Vorwiegend handelt es sich im Rahmen der Chronik *Z biegiem dni* („Im Lauf der Tage") um kurze Berichte über Ausstellungen, die die Vergangenheit Stettins und der Region reflektieren. Buchbesprechungen zu dieser Thematik sind diesmal die Ausnahme. – In Heft 2 (Nr. 55) findet sich Ewelina Kamińskas Rezension zu Piotr Zielińskis *Autostrada* (2004), einem Roman über wechselvolle deutsch-polnische Schicksale mit einer Schilderung der Situation hinterpommerscher Kleinstädte im und nach dem Zweiten Weltkrieg. In der Chronik werden folgende Ereignisse vermerkt: eine Lesung von Janusz Władysław Szymański, dem populären Autor pommerscher Sagen und Geschichten; die Präsentation des von Marita Mezer, der DAAD-Lektorin des Germanistischen Instituts, bearbeiteten und von Studenten der Germanistik an der Universität Stettin/Szczecin verfassten Buches *Szczecin – miasto jako powieść* („Stettin. Die Stadt als Roman"); ein Vortrag von Wojciech Łopuch über Ereignisse aus der deutschen Geschichte der Stadt, erzählt in Form von Sagen. – In Heft 3 (Nr. 56) wird im Rahmen der Chronik die in Zusammenarbeit mit dem Historischen Arbeitskreis Stettin in Lübeck eröffnete Ausstellung *Impresje* („Impressionen") von Gertraude Nath-Krüger erwähnt. – Das vierte Heft (Nr. 57) ist größtenteils der polnischen Regionalliteratur gewidmet. Bei den Rezensionen finden sich jedoch Marta Szczesiaks Kommentar zu Armin Müllers Roman *Der Puppenkönig und ich* („Lalkarz König i ja. Powrót na dolny Śląsk"), dessen Handlung im schlesischen Eulengebirge spielt, sowie Ewelina Kamińskas Besprechung von Andrzej Palmirskis Roman *Taniec śmierci. Niby fantazja szczecińska* („Der Totentanz. Quasi eine Stettiner Phantasie"), der anschaulich das Schicksal der im deutschen Stettin lebenden Polen schildert. – In der Chronik des fünften Heftes (Nr. 58) kommt die Ausstellung im Nationalmuseum *Skarby Archiwum Książąt Wołogoskich* („Schätze des Archivs der Wolgaster Herzöge") zur Sprache, die in Zusammenarbeit der Staatlichen Archive in Warschau, des Stettiner Staatsarchivs sowie des Greifswalder Landesarchivs konzipiert wurde. – Die Chronik des sechsten Heftes (Nr. 59) berücksichtigt die Jubiläumsausstellungen *Skarby Książnicy Pomorskiej* („Schätze der Pommerschen Bibliothek") und *Od Stadtbibliothek do Książnicy Pomorskiej 1905–2005* („Von der Stadtbibliothek zur Pommerschen Bibliothek 1905–2005"). Für den Herbst 2005 werden auch die Treffen im Rahmen des Zyklus *Dialog Szczecina ze Stettinem* („Dialog zwischen Szczecin und Stettin") erwähnt, deren Themen unter anderem die Identitätssuche, das historische Gedächtnis sowie die Frage nach der trennenden und/oder verbindenden Funktion der Grenze waren.

Ewelina Kamińska

Włodzimierz Rączkowski, Jan Sroka (Hg.): Historia i Kultura Ziemi Sławieńskiej [Geschichte und Kultur des Schlawer Landes]. T. 4: Gmina Malechowo [Bd. 4: Die Gemeinde Malchow]. Sławno: Fundacja „Dziedzictwo" 2005. 299 S., Abb., dt. Zusammenfassung. ISBN 83-89178-85-0.

Dieser weitere Band der Stiftung „Dziedzictwo" („Erbe") geht auf eine seit 2002 jährlich stattfindende Fachtagung zu Geschichte und Kultur des Schlawer Landes zurück, die sich 2005 der Gemeinde Malchow/Malechowo widmete. Die Publikation versammelt 12 Artikel zu folgenden Themen: das zeitgenössische Bild der Gemeinde (Danuta Andrzejewska), Archäologie (Ignacy Skrzypek, Jacek Wierzbicki), die Eigentumsgeschichte von Borken/Borków (Łukasz Michalski), Architektur (Marek Ober), Schulwesen (Sylwia Wesołowska), das Bild der Gemeinde Malchow in Grafik und Fotografie (Ewa Gwiazdowska), Friedhöfe (Jadwiga Kowalczyk-Kontowska, Konstanty Kontowski), Ortsnamen (Andrzej Chludziński), das Entstehen von Parks als Teil der Herrensitze der Gemeinde Malchow (Zbigniew Sobisz), Erinnerungen an Urlaubsaufenthalte vor 1945 im Rittergut Borken (Derk Steggewetz). Der Band enthält zudem Illustrationen, ein Namens-, Sach- und Ortsregister sowie Informationen über die beteiligten Autoren.

Maciej Szukała

Krystyna Rypniewska: Koszalin na starych pocztówkach [Köslin auf alten Postkarten]. Szczecin: PPH Zapol [ca. 2005]. 96 S., 90 s.-w. Abb., dt. Vorwort. ISBN 83-89260-24-7.

Der Bildband zeigt Postkarten mit Ansichten von Köslin/Koszalin aus den Beständen des dortigen Museums bzw. der privaten Sammler Stanisław Kułaga und Stanisław Michalak.

Dem heutigen Betrachter bringt er das Antlitz der Stadt und das Alltagsleben aus der Zeit vor dem Zweiten Weltkrieg näher. Die präsentierten Karten reichen bis in die Endphase des 19. Jahrhunderts zurück, diejenigen aus der Zeit nach 1939 sind zudem mit kurzen zweisprachigen Unterschriften versehen, die Informationen über ihren Inhalt wie auch ihr vermutliches Entstehungsdatum vermitteln. Zu sehen sind Panoramen der Stadt, zahlreiche Altstadt-Szenen, Bilder aus der Zeit des Baubooms zu Ende des 19. Jahrhunderts und in der ersten Hälfte des 20. Jahrhunderts, Mietshäuser, Schul- und Amtsgebäude, Spitäler, Tanzlokale und nahe gelegene Ausflugsziele wie der Aussichtsturm und das Denkmal in Golmberg/Góra Chełmska. Zu den seltenen und interessanten Zeugnissen pommerscher Volkskultur gehört die Ansicht einer Bauernkate des Dorfes Jamno, deren Interieur 1912 auf der Industrie- und Handwerksausstellung gezeigt wurde.

Ewa Gwiazdowska

Sedina.pl Magazyn. Rocznik Miłośników Dawnego Szczecina [Sedina.pl Magazin. Jahrbuch für die Liebhaber des alten Stettin]. Nr. 1. Szczecin: Walkowska Wydawnictwo 2006. 96 S., s.-w. Abb., DVD mit poln., engl. u. dt. Überschriften. ISSN 1895-989X.

Die Herausgeber des Magazins unternehmen den Versuch, den Inhalt der Webseite „www.sedina.pl“ auch in traditioneller Form wiederzugeben. Dargestellt werden unter anderem die Biographie der Kronprinzessin Elisabeth, der Ehefrau des preußischen Königs Friedrich Wilhelm IV., sowie der Besuch des österreichischen Kaisers Franz Joseph I. in Stettin. Eingegangen wird zudem auf die Orgelbauerfamilie Grüneberg und ihre bis 1945 in Finkenwalde/Zdroje ansässige Orgelbaufabrik sowie auf viele architektonische Besonderheiten Stettins: das Alte Rathaus, die Festungsanlagen, das Ziegelwerk Zabelsdorf/Niebuszewo, die Heilanstalt Hohenkrug bei Augustwalde/Wielgowo, die Bebauung der Altstadt und der Insel Lastadie/Łasztownia, das Flora-Denkmal und das verlorengegangene Sedina-Denkmal (auch Manzelbrunnen genannt). Das Magazin ist reich illustriert, es enthält beispielsweise kommentierte Luftbilder von 1944. Den Abschluss bilden Beiträge von Arkadiusz Bis, dem Administrator der Webseite, der unter anderem über die Teilnahme der sedina.pl-Mitglieder am 54. Tag der Stettiner in Lübeck im Jahr 2005 berichtet.

Ewelina Kamińska

Piotr Szyliński (Hg.): Z archiwum Sz. Śladem szczecińskich historii niezwykłych XX wieku [Aus dem Archiv von Stettin. Auf den Spuren seltsamer Stettiner Geschichten des 20. Jahrhunderts]. Poznań: Dom Wydawniczy REBIS 2005. 280 S., s.-w. Abb. ISBN 83-7301-788-7.

Das Buch enthält Reportagen, die 2001–2004 in der Stettiner Ausgabe der Zeitung „Gazeta Wyborcza“ erschienen sind. Das Ziel der Autoren ist es, das Vergangene festzuhalten. Die Mehrheit der Geschichten gilt dem Nachkriegsleben der Stadt, nur wenige beschäftigen sich mit dem alten Stettin. So schreibt Michał Rembas über die Militäranlagen in der Buchheide bei Podejuch/Podjuchy, während Alexis Kiriakou sich mit dem einzigen deutschen Flugzeugträger „Graf Zeppelin“, den auf der Stettiner Vulcan-Werft gebauten Luxusdampfern und den Kraftfahrzeugen der Firma Stoewer beschäftigt. Ewa Podgajna widmet ihren Beitrag dem von Wilhelm Meyer-Schwartau entworfenen Friedhof und den Persönlichkeiten der Stadt (unter anderem Hermann Haken), die dort ihre letzte Ruhe gefunden haben. Adam

Zadworny erinnert an eine einzigartige Parkanlage, das „Tal der Liebe". Edyta Wnuk berichtet über den in Finkenwalde/Zdroje tätigen Pastor Dietrich Bonhoeffer und dessen Freundschaft mit den Familien von Kleist und von Wedemeyer. Kinga Konieczny schildert eines der tragischsten Ereignisse in der Geschichte Stettins, den ersten großen Luftangriff der Alliierten vom 20. April 1943.

Ewelina Kamińska

Janusz Władysław Szymański: Siedem świętych kręgów. Legendy pomorskie [Sieben heilige Kreise. Pommersche Sagen]. Kielce: Oficyna Wydawnicza „STON2" 2002. 246 S., farb. u. s.-w. Abb. ISBN 83-7273-077-6.

Der an der Popularisierung des historischen Wissens interessierte Pädagoge leistet mit dem Band erneut einen Beitrag zur Verbreitung von Kenntnissen über das regionale Kulturerbe. Die Sagen werden in sieben Themenkreise eingeteilt: Götter; Priester und Orden; Herzöge, Familienoberhäupter und Rittertum; Kaufleute, Bürger und Handwerker; Freivolk, Hofbedienstete und Bauern; Frauen und Kinder; Rechtlose. In unterhaltsamer Form wird unter anderem auf das Schicksal der Adelsfamilien von Wedel und von Bork, des Zisterzienserordens in Kolbatz/Kołbacz und der Herzöge der Greifendynastie sowie auf die Geschichte der Städte Gollnow/Goleniów, Stargard/Stargard Szczeciński, Wollin/Wolin, Köslin/Koszalin und Belgard/Białogard eingegangen. Viele der Sagen sind mit einem kurzen Kommentar zur Geschichte des betreffenden Ortes versehen.

Ewelina Kamińska

Bogdan Wachowiak: Gospodarka folwarczna w domenach Księstwa Pomorskiego w XVI i na początku XVII wieku [Die Vorwerkwirtschaft in den Domänen des Herzogtums Pommern im 16. und am Anfang des 17. Jahrhunderts]. Warszawa: Wydawnictwo Neriton, Instytut Historii PAN 2005. 235 S., Faltkt., dt. Zusammenfassung. ISBN 83-89729-15-6.

Der Verfasser stützt sich unter anderem auf im Staatsarchiv Stettin/Szczecin und im Landesarchiv Greifswald aufbewahrte Quellenmaterialien. Die Studie setzt sich aus fünf Abschnitten zusammen. Im ersten Kapitel werden die Anfänge des Fronvorwerks, die Veränderungen in der Größe des Fronareals sowie die Bebauung der Vorwerkgüter untersucht. Das zweite Kapitel ist der sozialen Organisation der Vorwerkwirtschaft in den herzoglichen Domänen gewidmet, das dritte der Pflanzenproduktion in den herzoglichen Vorwerken, das vierte der Zuchtwirtschaft und anderen Einnahmequellen dieser Domänen. Im letzten Kapitel wird die Rolle der Vorwerksproduktion in der Wirtschaft der herzoglichen Domänen dargestellt. Die Studie enthält eine umfangreiche Bibliographie mit zahlreichen Verweisen auf deutsche Quellen, außerdem ein Ortsnamensregister mit deutsch-polnischer Konkordanz.

Ewelina Kamińska

5. Schlesien

Paweł Banaś: Orbis pictus. Świat dawnej karty pocztowej [Orbis pictus. Die Welt der historischen Postkarte]. Wrocław: Wydawnictwo Uniwersytetu Wrocławskiego 2005 (Acta Universitatis Wratislaviensis 2773). 512 S., 767 Abb., dt., engl. u. franz. Zusammenfassung. ISBN 83-229-1928-X, ISSN 0239-6661.

Das Erscheinen eines weiteren Bandes zu historischen Postkarten bezeugt das große Interesse, das in Breslau/Wrocław und in Polen allgemein an diesem Thema herrscht. Der Autor stützt seine Untersuchung auf seine eigene Sammlung sowie auf den mit über 700.000 Objekten wohl reichsten Bestand in Polen, der sich im Besitz von Marek Sosenka befindet. Das Material ist nach Themengruppen geordnet. Den größten Raum nehmen Grußkarten aus verschiedenen Städten und exotischen Regionen der Erde ein. Eine weitere Gruppe bilden Glückwunschkarten zu Feiertagen und anderen Anlässen. Besonders interessant sind humoristische, groteske und satirische Darstellungen und Künstlerpostkarten zu unterschiedlichen Themen wie Religion, Sport oder prominenten Persönlichkeiten. Aufschlussreich sind zudem Karten von den Welt-, Länder- und Regionalausstellungen des 19. und 20. Jahrhunderts, etwa von der Pariser Weltausstellung des Jahres 1900, der Ausstellung der Darmstädter Künstlerkolonie von 1901 oder den Regionalausstellungen in Schweidnitz/Świdnica 1892 bzw. in Lemberg/L'viv 1896. Jeder dieser Gruppen widmet der Autor eine einführende Erläuterung, die einzelnen Karten werden durch ausführliche Beschreibungen erschlossen. Zudem enthält der Band ein Register der Herausgeber und Druckereien der Karten.

Maria Zwierz

Antoni Barciak (Hg.): Regesty dokumentów przechowywanych na Górnym Śląsku. Tom 1: Do roku 1400 [Regesten der in Oberschlesien aufbewahrten Dokumente. Bd. 1: Bis zum Jahr 1400]. Wrocław: Uniwersytet Wrocławski, Centrum Badań Śląskoznawczych i Bohemistycznych 2004. 155 S., poln. u. tschech. Text. ISBN 83-88430-26-2.

Die neue Reihe mit ihren Angaben zur Überlieferung archivalischer Quellen soll den Historikern die Arbeit erleichtern. Sie ist das Resultat einer polnisch-tschechischen Kooperation, an der auch die Universität Breslau/Wrocław und die Regionalarchive in Polen und Tschechien beteiligt waren. Die Sammlung basiert auf Materialien nicht allein aus den Staatsarchiven, sondern ebenso aus den Museen, Bibliotheken und Pfarrhäusern. Je nach Aufbewahrungsort des Dokuments sind die Regesten in tschechischer oder in polnischer Sprache verfasst. Sie beinhalten die Datierung und den Entstehungsort, ein Inhaltsverzeichnis, eine Zeugenliste, eine Beschreibung des Dokuments, den Aufbewahrungs- sowie gegebenenfalls den Druckort.

Małgorzata Ruchniewicz

Krystyna Bartnik, Grzegorz Grajewski (Red.): Prace konserwatorskie na terenie województwa dolnośląskiego w latach 1979–1999 [Denkmalpflegerische Maßnahmen auf dem Gebiet der Woiwodschaft Niederschlesien 1979–1999]. Wrocław: Wojewódzki Urząd Ochrony Zabytków we Wrocławiu 2005. 571 S., 134 Abb. ISBN 83-923290-0-7.

Diese sehr verdienstvolle Publikation stellt die Fortsetzung dreier früherer Berichte über denkmalpflegerische Maßnahmen auf dem Gebiet der heutigen Woiwodschaft Niederschlesien dar. Nach dem Muster der früheren Bände sind auch hier die Einträge alphabetisch nach den Ortsnamen geordnet. In knapper Form stellen sie die wichtigsten Maßnahmen vor, sowohl was die äußere Pflege von Baudenkmälern als auch was die Restaurierung von Innenraumgestaltungen und Ausstattungen betrifft. Aufgenommen sind lediglich Arbeiten an Objekten, die in die Denkmalliste eingetragen sind. Nicht verzeichnet wurden kleinere Reparaturen, die keine Auswirkungen auf das Aussehen des Baus oder seiner Umgebung haben. Eine Neuerung im vorliegenden Band sind die in einigen Fällen recht ausführlichen Informationen zum Schutz von Stadtensembles durch raumplanerische Maßnahmen. Zur Illustration dienen Abbildungen aus den Beständen des Denkmalamtes, die die Objekte vor und nach der Restaurierung zeigen.

Maria Zwierz

Iwona Bińkowska: Natura i Miasto. Publiczna zieleń miejska we Wrocławiu od schyłku XVIII do początków XX wieku. Wystawa prezentowana w Muzeum Architektury we Wrocławiu od 6 lipca do 28 sierpnia 2006 roku [Natur und Stadt. Die öffentlichen Grünanlagen in Breslau vom Ende des 18. bis zum Beginn des 20. Jahrhunderts. Eine im Breslauer Architekturmuseum vom 6. Juli bis zum 28. August 2006 präsentierte Ausstellung]. Wrocław: Muzeum Architektury we Wrocławiu 2006. 254 S., Abb., engl. Zusammenfassung. ISBN 83-89262-29-0.

Das bahnbrechende Werk befasst sich mit einer noch unerforschten Facette der schlesischen Kunst, nämlich der Landschaftsarchitektur. Die Autorin wählt Breslau/Wrocław in der Periode seiner intensivsten städtischen Entwicklung als Beispiel. Sie zeigt, wie sich das Verhältnis zwischen der Urbanisierung und dem Bedürfnis nach Kontakt mit der Natur veränderte. Ihre Quellengrundlage bilden Archivalien, Zeitungen und ikonographisches Material. Die Arbeit gliedert sich in zwei Teile. Im ersten Teil werden einführend die Terminologie und die methodologischen Probleme erörtert, sodann die Künstler, Mäzene und Bürger, die die Landschaftsarchitektur bewunderten, charakterisiert sowie die Veränderungen geschildert, die das Ansehen von Grünanlagen im Zuge der urbanen Entwicklung Breslaus erfuhr. Im zweiten Teil werden weitere Grünanlagen, Parks und Promenaden aufgeführt, die im Untersuchungszeitraum entstanden und die Landschaftsarchitektur in Wohngebieten beispielhaft repräsentierten.

Małgorzata Ruchniewicz

Jadwiga Biszkont: Późnośredniowieczne szklarstwo na Śląsku [Spätmittelalterliche Glaskunst in Schlesien]. Wrocław: Uniwersytet Wrocławski, Instytut Archeologii 2005 (Wratislavia Antiqua. Studia z dziejów Wrocławia [Studien zur Geschichte Breslaus] 7). 225 S., 10 farb. Abb., engl. Zusammenfassung. ISBN 83-921090-1-5.

Das Vorhandensein von Glaskunst wird von vielen Forschern als Kriterium des „Städtischen" betrachtet: Die Nachfrage nach diesem Material regte die Produktion an und damit Wirtschaft und Handel insgesamt. Die Materialgrundlage des vorliegenden Bandes bilden Grabungsfunde aus schlesischen Städten und Burgen. In den ersten Kapiteln beschreibt die Autorin die Glasproduktion in Schlesien, vor allem in Zentren wie Nimptsch/Niemcza, Oppeln/Opole und Breslau/Wrocław (hier konnten Werkstätten auf der Dominsel und am Neumarkt lokalisiert werden). In den Folgekapiteln werden das spätmittelalterliche Glashüttenwesen in Schlesien, die verwendeten mineralischen Rohstoffe und die chemische Zusammensetzung des Glases sowie die Ikonographie der Erzeugnisse vorgestellt. Auf dieser Grundlage wird das schlesische Glasgeschirr in den mitteleuropäischen Kontext eingeordnet. Den Hauptteil des Bandes bildet ein Katalog mit 906 Einträgen, der die Objekte in alphabetischer und chronologischer Ordnung im Rahmen der Fundorte auflistet. In den Beschreibungen werden Gefäßform, Ornament, Maße, Glasart, Farbe und Datierung des jeweiligen Objekts erläutert. Der Band enthält eine umfangreiche Bibliographie.

Maria Zwierz

Barbara Brandt-Golecka, Marek Burak (Hg.): Politechnika wrocławska 1945–1951. Wybór źródeł [Die Breslauer Technische Hochschule 1945–1951. Eine Quellenauswahl]. Wrocław: Oficyna Wydawnicza Politechniki Wrocławskiej 2005. 298 S., Abb. ISBN 83-708592-9-1.

Die Technische Hochschule im polnisch gewordenen Breslau/Wrocław entstand 1945 und wurde 1951 zu einer eigenständigen Universität ausgebaut. Diese ersten Jahre werden in der vorliegenden Quellenauswahl geschildert, für die erstmals gründliche Recherchen in den Archiven der Einrichtung und in anderen Sammlungen durchgeführt wurden. Dabei wurden 133 Dokumente – darunter viele Fotos – gefunden, die zuvor größtenteils unbekannt waren. Das Material wird in thematischer Gliederung und in chronologischer Reihenfolge in insgesamt fünf Kapiteln präsentiert. Deren erstes befasst sich mit den ersten Monaten nach der Eroberung der Stadt, das zweite mit der Entstehung der Hochschule. Im dritten Abschnitt werden die Übernahme der Materialien der vormaligen (deutschen) Technischen Hochschule sowie der Umbau geschildert, während das vierte Kapitel die Studierenden in den Mittelpunkt rückt. Abschließend werden die Quellen, die das Engagement der Technischen Hochschule im politisch-gesellschaftlichen Bereich zeigen, aufgelistet und mit bibliographischen Anmerkungen versehen. Geplant ist die Herausgabe weiterer Studien zur Geschichte der Technischen Hochschule.

Krzysztof Ruchniewicz

Wojciech Brzezowski: Dom mieszkalny we Wrocławiu w okresie baroku [Das Breslauer Wohnhaus im Zeitalter des Barock]. Wrocław: Oficyna Wydawnicza Politechniki Wrocławskiej 2005. 335 S., Abb., dt. u. engl. Zusammenfassung. ISBN 83-7085-885-6.

In Breslau sind zahlreiche Barockkirchen und -klöster erhalten, denen eine umfangreiche Sekundärliteratur gewidmet ist. Der Wohnbau dieser Epoche hingegen wurde bislang nicht näher untersucht. Ein Großteil der Gebäude wurde im Laufe des 19. Jahrhunderts und zu Beginn des 20. Jahrhunderts umgebaut, vieles wurde 1945 zerstört. Die Schwierigkeiten des Wiederaufbaus in der Nachkriegszeit – vor allem finanzieller Art – führten dazu, dass die Originalsubstanz großen Veränderungen unterlag. Der Autor versucht anhand von Bildquellen die ursprüngliche Gestalt der barocken Wohnhäuser und deren Nutzung zu rekonstruieren. Vorangestellt ist ein Kapitel über die Genese des neuzeitlichen Stadthauses. Die Veränderungen der Fassaden sowie der Einfluss von Vorbildern aus Italien, Wien und Berlin werden untersucht. Die funktionale Aufteilung der Häuser ist ebenso thematisiert wie die Anlage der Gärten. Einen wesentlichen Bestandteil des Bandes bildet ein umfangreicher und mit ca. 550 Zeichnungen, Fotos und Grafiken sehr reich illustrierter Objektkatalog, der eine Zusammenstellung der bildlichen und der bibliographischen Quellen zur Breslauer Wohnarchitektur in der zweiten Hälfte des 17. und im 18. Jahrhundert bietet, geordnet nach Straßen und Plätzen. Aufgenommen wurden auch Architekturdetails, Portale, Fensterrahmen etc. Im Anhang findet sich zudem die „Verbesserte Bauordnung des Jahres 1668“, die dem Leser die Bauvorschriften der Barockzeit vor Augen führt.

Maria Zwierz

Cezary Buśko (Hg.): Wschodnia strefa Starego Miasta we Wrocławiu w XII–XIV wieku. Badania na placu Nowy Targ [Der Ostteil der Breslauer Altstadt im 12. bis 14. Jahrhundert. Forschungen am Neumarkt]. Wrocław: Uniwersytet Wrocławski, Instytut Archeologii 2005. 212 S., 161 Abb., engl. Zusammenfassungen. ISBN 83-921090-2-3.

Im Zuge der zwischen 1994 und 2000 durchgeführten Erneuerung des unterirdischen Versorgungsnetzes konnten archäologische Untersuchungen in der Sandstraße/ul. Piaskowa und in der Katharinenstraße/ul. Św. Katarzyny sowie an der Ostseite des Neumarkts in Breslau vorgenommen werden. Dies war von umso höherer Bedeutung, als hier eine der ältesten Siedlungen im Breslauer Stadtgebiet lag, die sich noch vor der eigentlichen Stadtgründung entwickelte und später dann in der Neugründung aufging. Ein Teil der Forschung lokalisiert daher eben hier den Kern der Stadtgründung durch Heinrich den Bärtigen. Die Grabungen erbrachten bedeutende Erkenntnisse hinsichtlich der Veränderungen in der Raumnutzung; zahlreiche dendrochronologische Daten ermöglichten zudem die Erstellung einer exakten Chronologie der einzelnen Siedlungsschichten. Dadurch kann der kulturelle Wandel, der sich im 12. und 13. Jahrhundert in Breslau vollzog, näher charakterisiert werden. In insgesamt neun Beiträgen kann in dem Band nur ein Teil der Grabungsergebnisse abgehandelt werden. Cezary Buśko etwa schreibt über Breslau an der Schwelle zur Stadtgründung, während Jerzy Niegoda sich über den stratigraphischen Aufbau und die Veränderungen in der räumlichen Bewirtschaftung in der Gegend des Neumarkts im 12. und 13. Jahrhundert äußert. Über die am Platz gefundene Gebrauchskeramik berichtet Paweł Rzeźnik, über die Baukeramik Maciej Małachowicz. Viel Neues zur frühen Architektur Breslaus erbringt der Beitrag von Jacek Michniewicz über die „Analyse der Baukeramik aus dem Dominikanerkloster, der Maria-Magdalenen- und der Dorotheenkirche in Breslau“.

Maria Zwierz

Małgorzata Chorowska (Hg.): Nie tylko zamki. Szkice ofiarowane profesorowi Jerzemu Rozpędowskiemu w siedemdziesiątą piątą rocznicę urodzin [Nicht nur Burgen. Festschrift für Jerzy Rozpędowski zum 75. Geburtstag]. Wrocław: Oficyna Wydawnicza Politechniki Wrocławskiej 2005. 595 S., 390 Abb. ISBN 83-7085-861-9.

Der umfangreiche Band enthält 46 Beiträge von Schülern, Doktoranden und Kollegen des emeritierten Professors der Abteilung Architektur an der TU Breslau/Wrocław, Jerzy Rozpędowski. Der Einführung dient eine Biographie des Jubilars mit einer Liste seiner Publikationen, Forschungen und Entwürfe. Die Beiträge spiegeln ein breites Themenspektrum wider, zu dem Architekten, Archäologen und Kunsthistoriker in den letzten Jahren in Breslau geforscht haben. Sie sind in fünf Unterkapitel gegliedert: „Burgen und Herrenhäuser“, „Verschwundene Bauten“, „Architekturdetails und Farbe“, „Stadt –

Straßen – Häuser" sowie „Varia". Der erste Abschnitt ist schlesischen Burgen und Schlössern gewidmet: Małgorzata Chorowska und Andrzej Kudła informieren über Architektur und Geschichte der mittelalterlichen Burg in Militsch/Milicz, während Krzysztof Eysymontt die mittelalterliche Residenz in Teichenau/Bagieniec bei Schweidnitz/Świdnica vorstellt. Artur Kwaśniewski befasst sich mit dem „Problem der Wehrhaftigkeit der Adelssitze in Schlesien und dem Glatzer Land in der Renaissance". Der zweite Teil enthält unter anderem einen Beitrag von Edmund Małachowicz über den Beginn der Backsteinarchitektur in Schlesien. Im dritten Abschnitt beschäftigen sich Agnieszka Gyglewska und Jadwiga Urbanik anhand von Breslauer Beispielen mit Form und Farbe der modernen Architektur der Zwischenkriegszeit in Deutschland. Auch folgende Beiträge im vierten Teil betreffen die schlesische Hauptstadt: Jerzy Piekalski unternimmt einen neuen Versuch zur Datierung der Anfänge des Breslauer Rings, während Wojciech Brzezowski über die bis heute erhaltene Barockresidenz an der Weidenstraße/ul. Wierzbowa 30 berichtet, deren historischen Charakter Denkmalpfleger und Architekten seit kurzem wiederherzustellen versuchen. Jerzy Ilkosz stellt das Säuglingsheim und das Städtische Bad von Max Berg vor; Marzenna Jagiełło-Kołaczyk befasst sich mit dem im 18. Jahrhundert entstandenen Garten des Kasper Wilhelm Scholz (Sculteus) in der Schweidnitzer Vorstadt und verweist auf die künstlerischen Verbindungen zu ähnlichen Anlagen in Europa. Unter den „Varia" findet sich ein Text von Marek Batycki und Rainer Sachs über die wenig bekannte Geschichte der Turmuhr des Breslauer Domes.

Maria Zwierz

Janusz Chutkowski: Głogów w XX wieku [Glogau im 20. Jahrhundert]. Głogów: Towarzystwo Ziemi Głogowskiej 2004 (Biblioteka Encyklopedii Ziemi Głogowskiej [Enzyklopädische Bibliothek des Glogauer Landes] 37). 240, XLX S., Abb., Kt. ISBN 83-89306-04-2.

Es handelt sich um einen redaktionell bearbeiteten Text des allzu früh verstorbenen Historikers, eines Kenners der Geschichte Glogaus. Von der ursprünglich geplanten Gesamtdarstellung der Stadtgeschichte konnte er lediglich den Abschnitt über das 20. Jahrhundert vollenden. Der Autor griff auf Archivmaterialien aus Glogau/Głogów und Breslau/Wrocław, die Regionalpresse sowie die vorliegende polnische und deutsche Literatur zurück. Das Buch zeichnet sich durch einen chronologischen und problemorientierten Aufbau aus, wobei der Zeitraum von 1900 bis 1945, dem Jahr der Zerstörung der Festungsstadt am Ende des Zweiten Weltkriegs, knapp ein Drittel des Inhalts in Anspruch nimmt und vier Kapitel umfasst. Der Nachkriegszeit (bis ins Jahr 2000) sind ebenfalls vier Kapitel gewidmet, die sich ausführlich mit der Sozial- und Wirtschaftsgeschichte der Stadt befassen, aber auch mit ihrem langjährigen Wiederaufbau.

Małgorzata Ruchniewicz

Bogdan Cybulski (Hg.): Dolny Śląsk 1945 – Dolny Śląsk 2005 [Niederschlesien 1945 – Niederschlesien 2005]. Wrocław: Stowarzyszenie na Rzecz Promocji Dolnego Śląska 2005. 575 S., Abb. ISBN 83-923255-0-8.

Der anzuzeigende Band, der aus Anlass der sechzigjährigen Zugehörigkeit Niederschlesiens zu Polen erschien, bietet eine Darstellung ausgewählter Lebensbereiche der Region in der Kriegs- und Nachkriegszeit, wobei auch die Beschäftigung von Zwangsarbeitern berücksichtigt wird. Ähnliche Probleme werden bezüglich des Zeitraums 1945–1947 erörtert, des Weiteren die

Kirchengeschichte sowie die Repressionspolitik des kommunistischen Regimes. Schließlich werden auch ein Vergleich Niederschlesiens mit dem übrigen Polen gezogen sowie die Perspektiven seiner weiteren Entwicklung berücksichtigt. Der zweite Teil behandelt, unter Einbeziehung statistischer Angaben, die Besonderheiten der einzelnen niederschlesischen Kreise.

Małgorzata Ruchniewicz

Henryk Czech: Ethos wsi śląskiej. Badania w gminie Olesno [Das Ethos des schlesischen Dorfes. Untersuchungen in der Gemeinde Rosenberg]. Warszawa: TRIO 2006. 282 S., Abb., dt. Zusammenfassung. ISBN 83-7436-072-0.

Im Oppelner Land, zu dem Rosenberg/Olesno gehört, trafen infolge der Nachkriegsmigration die angestammte Bevölkerung und die Zuwanderer aus anderen Regionen Polens aufeinander. Das Buch bietet zunächst eine Einführung in die Geschichte und Gesellschaft des Landes; daran anschließend werden Elemente des traditionellen Ethos (Familie, Religiosität, Arbeit, Folklore und gesellschaftliche Aktivitäten) untersucht. Die Ergebnisse der soziologischen Forschungen deuten auf einen langsamen Desintegrationsprozess der lokalen Gemeinschaft sowie einen Schwund traditioneller Werte als Folge urbaner Veränderungen (Modernisierung) und wirtschaftlicher Krisen (Arbeitslosigkeit) hin.

Małgorzata Ruchniewicz

Bogusław Czechowicz: Książęcy mecenat artystyczny na Śląsku u schyłku średniowiecza [Das künstlerische Mäzenatentum der schlesischen Herzöge am Ausgang des Mittelalters]. Warszawa: Wydawnictwo DiG 2005. 727 S., 416 Abb. ISBN 83-7181-380-5.

Der Autor befasst sich mit dem Mäzenatentum der schlesischen Herzöge im Mittelalter, unter anderem in den Herzogtümern Glogau/Głogów, Sagan/Żagań, Oels/Oleśnica und Oppeln/ Opole. Zu jedem Herzogtum gibt er einen historischen Abriss. Die einzelnen Phänomene des Mäzenatentums werden anhand ausgewählter Beispiele aufgezeigt und in einem weiteren Kapitel die wichtigsten Kategorien und Funktionen der im Rahmen des Mäzenatentums entstandenen Objekte behandelt, unterteilt nach Residenzen, Städten, Kirchen und Grablegen. Vorgestellt werden zudem fürstliche Sammlungen und reproduzierbare Objekte wie Münzen und Siegel, deren Bedeutungen im Prozess der politischen und kulturellen Identitätsbildung analysiert wird. Der Autor betont, nicht eine böhmische, deutsche oder österreichische Sichtweise gewählt zu haben, sondern eine spezifisch schlesische bzw. Breslauer Perspektive. Der Text ist mit Abbildungen, Schnitten und Grundrissen der Bauten sowie mit Karten der einzelnen Herzogtümer reich illustriert, eine ausführliche Bibliographie und eine Tafel der Steinmetzzeichen schließen den Band ab.

Maria Zwierz

Dolny Śląsk [Niederschlesien]. Nr. 11. Wrocław: Ministerstwo Kultury i Sztuki, Dolnośląskie Towarzystwo Społeczno-Kulturalne 2005. 168 S., Abb. ISSN 1234-9941.

Der anzuzeigende Jahrbuchband widmet sich wie stets der Vergangenheit und Gegenwart Niederschlesiens, wobei der Schwerpunkt diesmal auf der regionalen Entwicklung liegt. Im ersten Teil werden drei Jahrestage vorgestellt, die für die Geschichte der Region im

20. Jahrhundert sehr wichtig sind: die Entstehung eines eigenständigen kirchlichen Metropolitanverbandes, die Übernahme des Gebiets durch Polen sowie die Geburt der Solidarność-Bewegung. Das Thema Kirche wird auch im zweiten Teil des Bandes in einem Artikel angesprochen, der sich den Bischöfen von Breslau/Wrocław, Bolesław Kominek und Henryk Grzondziel, widmet. Der der Kultur gewidmete Abschnitt rückt einen Text über die Breslauer Porzellanmaler in den Mittelpunkt des Interesses. Abschließend finden sich biographische Artikel über den ersten polnischen Woiwoden, Stanisław Piaskowski, und den Vater des Kupferbeckens in Lüben/Lubin, Tadeusz Zastawnik. Eine Bibliographie der bisherigen zehn Ausgaben der Zeitschrift beschließt den Band.

Małgorzata Ruchniewicz

Květoslav Growka (Hg.): IV. Svatováclavské setkání. Česko-polsko-německé setkání v Jeseníku 2004. Historický seminář na téma „Slezsko a Jesenicko v literárním zobrazení". [Das vierte Wenzel-Treffen. Tschechisch-polnisch-deutsches Treffen in Freiwaldau 2004. Historisches Seminar zum Thema „Schlesien und die Freiwaldauer Gegend in Literaturdarstellungen"]. Opava: Zemský archiv v Opavě, Jeseník: Vlastivědné muzeum Jesenicka 2004. 88 S., Zusammenfassungen. ISBN 80-86388-25-5, 80-903430-2-3.

Die in tschechischer, polnischer und deutscher Sprache verfassten (und jeweils mit einem anderssprachigen Resümee versehenen) Beiträge dieses Sammelbandes beschäftigen sich mit Schriftstellern, deren Leben oder Werk mit der Region Freiwaldau/Jeseník verknüpft ist. Konkret gilt die Aufmerksamkeit Autoren wie Stanisław Bełza (Krzysztof Pawlik), Joseph von Eichendorff (Herbert Reinelt), Franz Karl Mohr (Gustav Krause), Oldřich Šuleř (Jiří Urbanec) und Vladimír Körner (Jindřich Garčic). Über die Darstellung der Landschaft in der Heimatliteratur denkt Hermann Hauke nach. Die umfangreichste Studie über das Bild der Freiwaldauer Region in der tschechischen Literatur nach 1945 wird von Libor Martinek vorgelegt.

Václav Maidl

Henryk Grzybowski (Hg.): Polanica Zdrój wczoraj i dziś. Księga Pamiątkowa 1347–2005 [Bad Altheide gestern und heute. Ein Gedenkbuch 1347–2005]. Bd. 1: Księga Pamiątkowa 1347–1945 [Ein Gedenkbuch 1347–1945]. Bd. 2: Księga Pamiątkowa 1945–2005 [Ein Gedenkbuch 1945–2005]. Polanica Zdrój: Towarzystwo Miłośników Polanicy 2006. 602, 480 S., Abb., dt. Nachwort. ISBN 83-88842-94-3.

Diese umfangreiche Publikation ist das Ergebnis der Zusammenarbeit ehemaliger und derzeitiger Einwohner von Bad Altheide/Polanica Zdrój und bringt damit den Willen zum Ausdruck, die Ursprünge der gemeinsamen Heimat kennenzulernen. Das Buch erschien dementsprechend in einer polnisch- und einer deutschsprachigen Version. Es bietet in mehreren Einzelkapiteln einen Überblick über Geschichte und Alltagsleben und enthält neben der historischen Darstellung auch eine Reihe von Quellentexten (Dokumente, Fragmente von Erinnerungen). Der erste Band betrifft die Zeit der Aussiedlung der deutschen Bevölkerung im Jahre 1946. Weitere Texte werden den folgenden Themen zugeordnet: der Stadtentwicklung, dem Kurort, dem politischen Leben, der Wirtschaft, Bevölkerung, Religion, Kultur und Bildung sowie einzelnen herausragenden Persönlichkeiten. Ähnlich strukturiert ist der zweite Band zur Nachkriegszeit. Die Autoren der Texte sind hauptsächlich Lokalhistoriker.

Małgorzata Ruchniewicz

Andrzej Gwóźdź (Hg.): Historie celuloidem podszyte. Z dziejów X muzy na Górnym Śląsku i w Zagłębiu Dąbrowskim [Geschichten mit Zelluloid gefüttert. Aus der Geschichte der zehnten Muse in Oberschlesien und im Dąbrowa-Becken]. Kraków: Rabid 2005. 276 S., Abb. ISBN 83-922574-1-3.

Der Band beschäftigt sich mit der Entwicklung der Filmkunst in Oberschlesien und dem angrenzenden Dąbrowa-Becken. Insgesamt dreizehn Aufsätze lassen sich drei verschiedenen Themenkreisen zuordnen: Der erste Abschnitt behandelt die Entwicklung des Kinos in der Region (unter anderem in Gleiwitz/Gliwice und Breslau/Wrocław), während im zweiten Abschnitt einige Einzelaspekte dieser Filme angesprochen werden (Oberschlesien in deutschen Stummfilmen, antijüdische Filmpropaganda etc.). Der dritte Themenblock befasst sich sehr detailliert mit den Filmemachern, Filmschauspielern und -regisseuren. Hier findet sich auch ein Text über das Verhältnis des Schriftstellers Horst Bienek zum Film.

Krzysztof Ruchniewicz

Beata Halicka: Krosno Odrzańskie 1005–2005. Wspólne dziedzictwo kultury [Crossen (Oder) 1005–2005. Das gemeinsame Kulturerbe]. Skórzyn: Wydawnictwo Instytutowe 2005. 215 S., Abb. ISBN 83-922273-0-1.

Die Quellenbasis des Buches über die einst schlesische, vor 1945 ostbrandenburgische Stadt bilden vor allem gedruckte Materialien (darunter ältere Stadtgeschichten), die mit Blick auf die Nachkriegszeit um ausgewählte Archivalien ergänzt wurden. Die gleichzeitig in polnischer und deutscher Sprache veröffentlichte populärwissenschaftliche Monographie zeichnet sich durch einen chronologischen und problemorientierten Aufbau aus und ist der erste aus der Feder eines polnischen Autors stammende Abriss der Stadtgeschichte. Die aus sechs Teilen bestehende Darstellung reicht vom frühen Mittelalter bis ins Jahr 2005. Das Buch ist den in den letzten Jahren zunehmend beliebten Veröffentlichungen aus dem Bereich der Regionalgeschichte zuzurechnen, die an einen breiten Leserkreis gerichtet sind.

Małgorzata Ruchniewicz

Marek Hałub, Anna Mańko-Matysiak (Hg.): Śląska Republika Uczonych. Schlesische Gelehrtenrepublik. Slezská Vždecká Obec. Bd. 2. Wrocław: Oficyna Wydawnicza ATUT – Wrocławskie Wydawnictwo Oświatowe 2006. 583 S., Abb. ISBN 83-7432-124-5, ISBN 3-934038-59-X.

Im Jahre 2004 wurde der erste Band der neuen wissenschaftlichen Reihe *Schlesische Gelehrtenrepublik* vorgelegt, deren Ziel die internationale und interdisziplinäre Erforschung der Bildungs- und Wissenschaftslandschaft innerhalb der schlesischen Kulturregion ist. Gemäß dem zweijährigen Erscheinungsturnus der Reihe bekommt der Leser nunmehr den zweiten Band in die Hand. Unter den insgesamt 28 Beiträgen finden sich unter anderem: Gabriela Wąs: *Kaspar von Schwenckfeld – reformator i myśliciel religijny* („Kaspar von Schwenckfeld – Reformator und religiöser Denker"); Eckhard Grunewald: *„Keiner unser spraach' ist mächtiger gewesen." Martin Opitz als Übersetzer des Genfer Psalters*; Dietrich Meyer: *„Der Prophet". Eine theologisch-liberale Zeitschrift des Vormärz*; Józef Koredczuk: *Kontakty naukowe Theodora Mommsena z wrocławskim środowiskiem uniwersyteckim* („Wissenschaftliche Kontakte Theodor Mommsens zum Breslauer Universitätsmilieu"); Detlef Haberland: *Der schlesische Arzt und Schriftsteller Balthasar Ludewig Tralles*; Waldemar Kozuschek: *Wilhelm*

Waldeyer (1863–1921) – der erste Ordinarius für Pathologische Anatomie in Breslau; Jürgen Joachimsthaler: *Lesen in Oberschlesien. Teil 1: Das System der wilhelminischen Schul- und Volksbüchereien*; Alfons Nossol: *Dietrich Bonhoeffer und Edith Stein – zwei große Breslauer ökumenische Persönlichkeiten im Dienste des Weltfriedens*; Roman Duda: *Ślązacy z wyboru – pionierzy matematyki w powojennym Wrocławiu* („Wahlschlesier – Pioniere der Mathematik im Breslau der Nachkriegszeit"); Eugeniusz Tomiczek: *Marian Adamus – poliglota, lingwista, profesor dwóch śląskich uczelni* („Marian Adamus – ein Polyglotter, Linguist und Professor an zwei schlesischen Hochschulen"); Barbara Garczyńska, Dariusz Doliński: *Historia wrocławskiej psychologii od jej początków do roku 2005* („Geschichte der Breslauer Psychologie von ihren Anfängen bis zum Jahr 2005"); Winfried Irgang: *Die Rolle der Historischen Kommission für Schlesien in der deutschen schlesienkundlichen Forschung der beiden letzten Jahrzehnte.*

Marta Kopij

Arno Herzig, Małgorzata Ruchniewicz: Dzieje Ziemi Kłodzkiej [Geschichte des Glatzer Landes]. Wrocław: Wydawnictwo ATUT 2006. 568 S., Abb. ISBN 83-7432-133-4.

Das Buch ist das Ergebnis jahrelanger Zusammenarbeit der beiden Autoren aus Deutschland und Polen. Bislang fehlte eine aktuelle Darstellung der Geschichte der Grafschaft Glatz/Kłodzko, einer Region, in der tschechische, deutsche und polnische Einflüsse zusammentreffen. Die Publikation will diese Forschungslücke schließen. Als Quellenbasis dienten tschechische, deutsche und polnische Archivalien sowie die reichhaltige jüngere und ältere Literatur zum Thema. Über die napoleonische Zeit schreibt Arno Herzig, während Małgorzata Ruchniewicz die Geschichte der Region im weiteren 19. und im 20. Jahrhundert beschreibt. Die Autoren beschränken sich nicht nur auf die politische Geschichte, sondern gehen ausführlich auf Themen der Kulturgeschichte und der Religion, der wirtschaftlichen Entwicklung sowie des Alltagslebens des Glatzer Landes ein. Aufmerksamkeit verdienen auch die Kapitel über Gegenreformation und Rekatholisierung, die Zeit des Nationalsozialismus, die Aussiedlung der deutschen Bevölkerung nach 1945 oder die Wiederbelebung einer regionalen Identität in den letzten Jahren. Die Ereignisse nach 1989 sowie das Schicksal der deutschen Aussiedler werden in Form ergänzender Exkurse berücksichtigt. Als wertvoll erweist sich auch die reiche Bibliographie. Das Buch erschien in einer polnisch- und einer deutschsprachigen Version.

Krzysztof Ruchniewicz

Paulina Hojny (Hg.): Europejskie dziedzictwo Edyty Stein. Materiały z konferencji z okazji 15-lecia Towarzystwa im. Edyty Stein w Polsce [Das europäische Erbe von Edith Stein. Materialien anlässlich einer Konferenz zum fünfzehnjährigen Bestehen der Edith-Stein-Gesellschaft in Polen]. Wrocław: Towarzystwo im. Edyty Stein 2005. 197 S., Abb. ISBN 83-922670-0-1.

Diese außergewöhnliche Publikation dokumentiert fünf Vorträge zu Leben und Wirken von Edith Stein (geb. 1891 in Breslau, gest. 1942 in Auschwitz). Grundlage hierfür bildet die Auswertung des Archivnachlasses in Breslau/Wrocław. Präsentiert werden Überlegungen zu Themen der mystischen Philosophie sowie der Funktion der Erinnerung an Edith Stein und ihr Erbe im Dienste des katholisch-jüdischen Dialogs im europäischen Kontext. Vorgestellt wird auch die Edith-Stein-Gesellschaft, deren Schutzpatronin die 1998 kanonisierte Heilige aus Breslau ist.

Krzysztof Ruchniewicz

Martin Hollender: O politycznym i ideologicznym zawłaszczaniu twórczości Josepha von Eichendorffa [Über die politische und ideologische Vereinnahmung des Werkes von Joseph von Eichendorff]. Wrocław: Oficyna Wydawnicza ATUT 2005 (Studia Brandtiana. Translationes 1). 713 S. ISBN 83-7432-097-4.

Die Monographie von Martin Hollender ist der erste Band der am Willy Brandt-Zentrum Breslau begründeten und von dem Germanisten Marek Zybura herausgegebenen Reihe „Studia Brandtiana Translationes". Dank der mühevollen Arbeit der Übersetzer Jacek Dąbrowski, Elżbieta Herden, Magdalena Lasowy, Marek Lotko, Gabriela Ociepa, Daniel Pietrek, Katarzyna Postrzednik, Piotr Przybyła, Izabela Surynt und Mirosława Zielińska konnte der umfangreiche Band in einer polnischen Fassung erscheinen. Das 1997 bei Peter Lang publizierte deutsche Original weckte großes Interesse und rief auch Kontroversen und lebhafte Diskussionen hervor. Man darf hoffen, dass Hollenders Buch, das die Geschichte der Eichendorff-Rezeption sowie Tendenzen zur Instrumentalisierung und Popularisierung seines Schaffens und seiner Person behandelt, eine entsprechende Resonanz auch unter der polnischen Leserschaft finden und im Rahmen eines intellektuellen Diskurses neue, innovative Auslegungen der Werke Eichendorffs ermöglichen wird. Der deutsche Romantiker wurde mehrmals zum Prüfstein in den deutsch-polnischen Wechselbeziehungen, wobei er vor allem in Oberschlesien zum schlesischen Dichter *pur sang* stilisiert wurde. Das Werk Eichendorffs ist heute im Grunde nur unter Germanisten bekannt, während der Dichter einer breiteren Öffentlichkeit fremd blieb. Die Übersetzung des Buches von Hollender ins Polnische schafft nun die Voraussetzungen dafür, dass das Augenmerk stärker sowohl auf Eichendorff selbst als auch auf seine Wirkungsgeschichte gelenkt wird.

Marta Kopij

Janusz Janeczek, Marek S. Szczepański (Hg.): Dynamika śląskiej tożsamości [Die Dynamik der schlesischen Identität]. Katowice: Wydawnictwo Uniwersytetu Śląskiego 2006 (Prace naukowe Uniwersytetu Śląskiego w Katowicach [Wissenschaftliche Arbeiten der Schlesischen Universität Kattowitz] 2415). 175 S., Abb. ISBN 83-226-1552-3.

Der vorliegende Band versammelt die Schriftfassungen mündlicher Referate, die am 10. Juli 2005 im Rahmen einer gleichnamigen Tagung präsentiert wurden. Organisatoren des Treffens waren die Rektoren mehrerer schlesischer Universitäten: der Schlesischen Universität Troppau/Opava, der Universität Mährisch Ostrau/Ostrava, der Universität Oppeln/Opole, der Universität Breslau/Wrocław, der Schlesischen Universität Kattowitz/Katowice sowie der Wirtschaftsakademie Kattowitz. Die Texte sind in zwei große Themenblöcke unterteilt. Der erste konzentriert sich unter dem Titel „Die schlesische Identität zwischen Ort und historischem Gedächtnis" auf die geschichtlichen Aspekte der Identität, der zweite lautet: „Die schlesische Identität: Symbolik und Elemente des Bewusstseins". Der einleitende Aufsatz von Marek S. Szczepański widmet sich den Begrifflichkeiten und versucht, das Phänomen der Identität zu umschreiben. Tadeusz Sławek macht sich Gedanken über das Verhältnis von Identität und Gemeinschaft. Es folgen drei Aufsätze von Maria Wanda Wanatowicz, Marek Czapliński und Rudolf Žáček, die das Phänomen der Identität in geschichtlicher Perpektive analysieren. Tadeusz Siwek denkt über die verschiedenen Ebenen von Identität in der Tschechischen Republik nach, während Vladimir Baar die Wahrnehmung des geographisch-geschichtlichen Begriffs „Schlesien" in Tschechien behandelt. Der Aufsatz von Krystian Heffner über die Migration nach Deutschland und die polnische regionale

Politik im Kontext der schlesischen Identität eröffnet den zweiten Teil der Publikation. Teresa Smolińska versucht sich an einer Definition schlesischer Symbolik. Der Religiosität als einem wesentlichen Element der schlesischen Identität widmet sich Kazimierz Dola. Dušan Janák skizziert die Einstellung der tschechischen Gesellschaft gegenüber der schlesischen Identität nach dem Zweiten Weltkrieg. Den Band beschließt ein Text von Blažena Gracova, der zeigt, welche Rolle Schlesien in tschechischen bzw. tschechoslowakischen Schulbüchern und im historischen Gedächtnis der tschechischen Jugend spielt.

Michał J. Witkowski

Dorota Kanafa (Hg.): Rafał Maszkowski 1838–1902. Wrocław: Akademia Muzyczna im. Karola Lipińskiego we Wrocławiu, Zakład Historii Śląskiej Kultury Muzycznej 2005 (Tradycje śląskiej kultury muzycznej [Traditionen der schlesischen Musikkultur] 10). 360 S., 86 Abb., dt. Zusammenfassungen. ISBN 83-86534-33-8.

Hiermit liegt bereits der zehnte Band einer Reihe vor, die die Beiträge der seit 1980 regelmäßig von der Breslauer Karol Lipiński-Musikakademie veranstalteten Tagungen zu den „Traditionen der schlesischen Musikkultur" versammelt. Die Jubiläumskonferenz fand 2001 statt, fast genau zum 100. Todestag von Rafał Maszkowski, der als der bedeutendste polnische Dirigent am Ausgang des 19. Jahrhunderts gilt und dem der vorliegende Band gewidmet ist. Der Schwerpunkt Maszkowskis lag auf der symphonischen Musik, weshalb er seine Karriere auch nicht in Polen machte – dort waren Operntheater die Basis des Musiklebens, die kaum Möglichkeiten zur Entfaltung der Konzerttätigkeit boten –, sondern in Deutschland. 1869 wurde Maszkowski zum Direktor des Musikinstituts in Koblenz berufen, wo er 21 Jahre lang tätig war. Die letzten elf Jahre seines Lebens verbrachte er als Dirigent des Breslauer Orchestervereins. Diese Jahre bescherten ihm zahlreiche Erfolge und bedeuteten für sein Orchester eine Phase ungeahnter Entwicklung. Trotz seiner bedeutenden Leistungen war bislang wenig über die Persönlichkeit des Dirigenten bekannt; die vorliegende Publikation versucht, diese Lücke zu schließen. Ein großer Teil des Bandes ist der Biographie Maszkowskis gewidmet, den Einzelheiten seiner künstlerischen Tätigkeit, aber auch seinem Grabmal, das auf dem Gräbschener Friedhof/cmentarz Grabiszyński in Breslau erhalten ist. Erwähnenswert sind auch die Beiträge von Marzenna Jagiełło-Kołaczyk über Breslauer Konzertsäle im 19. Jahrhundert, von Dariusz Galewski über den Entwurf des barocken Orgelprospekts in der Jesuitenkirche in Glatz/Kłodzko sowie die Aufsätze von Krzysztof Rottermund über Breslauer Klavierbaumeister im späten 18. und 19. Jahrhundert und über Instrumente Breslauer Provenienz im Berliner Museum für Musikinstrumente.

Maria Zwierz

Krystyna Kirschke: Fasady wrocławskich obiektów komercyjnych z lat 1890–1930 [Die Fassaden von Breslauer Handelsbauten aus den Jahren 1890–1930]. Wrocław: Oficyna Wydawnicza Politechniki Wrocławskiej 2005. 308 S., 417 Abb., dt. und engl. Zusammenfassung. ISBN 83-7085-918-6.

Die Industrialisierung des 19. Jahrhunderts beeinflusste alle Lebensbereiche, unter anderem führte sie zu einer Nobilitierung der Handelsbauten, die neue gesellschaftliche Funktionen im Leben der Bürger übernahmen. Die Autorin, Mitarbeiterin der Abteilung Architektur an der Technischen Universität Breslau/Wrocław, beschäftigt sich seit langem mit der Architektur der Kaufhäuser und der Schaufenstergestaltung in Breslau. Zwar legt die Publikation den

Schwerpunkt auf die Bauten ab dem letzten Jahrzehnt des 19. Jahrhunderts, doch gibt der erste Teil der Arbeit einen Überblick auch über die Entwicklung vor diesem Boom, beginnend mit dem Jahr 1807. Im zweiten Teil werden Struktur und Farbgestaltung von Breslauer Bankgebäuden der Jahre 1889 bis 1930 untersucht. Neben einzelnen Investitionsschüben spielen hier technische Innovationen, Änderungen der Bauvorschriften und der sich wandelnde Publikumsgeschmack eine Rolle. Der dritte Teil konzentriert sich auf die Struktur und Farbgebung von Breslauer Kauf- und Geschäftshäusern im Untersuchungszeitraum. Dank ihrer feuersicheren Konstruktion und ihrer Stein- oder Keramikfassaden sind 20 Bankgebäude, 37 Geschäftshäuser, zwei Kaufhäuser und eine der beiden Markthallen heute in annähernd ursprünglichem Zustand erhalten. Um architektonische Dekorationselemente mit deutlich lesbarer Handelssymbolik bereichert, machten die Fassaden die Funktion der Gebäude deutlich und bildeten ein Element im Konkurrenzkampf der Unternehmen. Die Gebäude verliehen der Innenstadt einen großstädtischen Charakter und dienen ihr bis heute als architektonische Visitenkarten. Der Band bietet auch einen Katalog der Breslauer Handelsbauten sowie eine umfangreiche Bibliographie.

Maria Zwierz

Robert Klementowski: Urząd Bezpieczeństwa w powiecie Lwówek Śląski (1945–1956) [Die Sicherheitsbehörden im Kreis Löwenberg (1945–1956)]. Wrocław: Oddział Instytutu Pamięci Narodowej, Komisji Ścigania Zbrodni przeciwko Narodowi Polskiemu we Wrocławiu 2006. 287 S., Abb., Kt. ISBN 83-924281-2-9.

Das Buch stellt einen der bislang wenigen Versuche dar, den lokalen Sicherheitsapparat in Niederschlesien in einem Zeitraum zu beschreiben, der sehr stark von politischer Repression geprägt war. Als Quellen dienen Materialien der Sicherheitsorgane, der Staatsanwaltschaft und der Gerichte, die in Breslau/Wrocław, Warschau/Warszawa, Posen/Poznań und Rzeszów tätig waren, sowie Dokumente der lokalen Verwaltung. Nach einer Einführung in die Geschichte des Kreises Löwenberg/Lwówek Śląski in der Nachkriegszeit werden die Entstehungsgeschichte des Sicherheitsamtes geschildert und die Biographien seiner Funktionäre vorgestellt. Anschließend befasst sich der Autor mit der konkreten Tätigkeit des Amtes, also der Unterdrückung der politischen Opposition und der Kontrolle der Kirche, aber auch der Bekämpfung der Kriminalität. Im Anhang sind die einzelnen Funktionäre aufgelistet.

Krzysztof Ruchniewicz

Irma Kozina: Chaos i uporządkowanie. Dylematy architektoniczne na przemysłowym Górnym Śląsku w latach 1763–1955 [Chaos und Ordnung. Architektonische Dilemmata im oberschlesischen Industriegebiet 1763–1955]. Katowice: Wydawnictwo Uniwersytetu Śląskiego 2005 (Prace naukowe Uniwersytetu Śląskiego w Katowicach [Wissenschaftliche Arbeiten der Schlesischen Universität Kattowitz] 2348). 286 S., 60 Abb., engl. u. dt. Zusammenfassung. ISBN 83-226-1470-5.

In den letzten Jahren veröffentlichten die Kunsthistoriker an der Schlesischen Universität Kattowitz/Katowice eine Reihe von Arbeiten, die die Kenntnis über die Architektur und den Städtebau in Oberschlesien entscheidend erweitert haben; dazu gehört auch die vorliegende Publikation. Die Autorin verfolgt die Architekturgeschichte Oberschlesiens vom Hubertusburger Frieden 1763, der die Herrschaft Friedrichs II. über den größten Teil des Landes festschrieb, bis zu jener Phase, in der der sozialistische Realismus das Geschehen bestimmte. Die Anfangskapitel befassen sich mit der Errichtung der ersten Gruben und Hütten; breiten Raum nimmt z. B. die Gründung der Königshütte in Chorzów 1797–1802 ein. Weitere wichtige Objekte sind die Kolonisten- und Arbeitersiedlungen aus dem frühen 20. Jahrhundert, etwa in Knurów/Knurow, Gieschewald/Giszowiec und Nikischschacht/Nikiszowiec. Von der enormen wirtschaftlichen Entwicklung Oberschlesiens ab der zweiten Hälfte des 19. Jahrhunderts zeugt Kattowitz, das erst 1865 das Stadtrecht erhielt und bereits um 1914 einen ausgeprägt städtischen Charakter zeigte, mit öffentlichen Plätzen, Verwaltungsbauten, Kirchen, Hotels, Schulen, Theatern und Wohnbauten, darunter etwa die „Familioki" genannten Arbeiterwohnhäuser. Das fünfte Kapitel behandelt Architektur und Städtebau in der Zwischenkriegszeit, nachdem 1922 der östliche Teil Oberschlesiens mit Kattowitz an Polen gefallen war. Aus dieser Zeit stammen das Gebäude des Schlesischen Sejm, die Christkönig-Kathedrale und die ersten Hochhäuser der Region. Auf deutscher Seite wirkten Architekten wie Carl Schabik in Gleiwitz/Gliwice, Albert Stütz in Beuthen/Bytom und Moritz Wolf in Hindenburg/Zabrze. Sie versuchten, ein konsequentes städtebauliches Programm umzusetzen, auch wenn es ihnen nicht gelang, die Finanzierung für ihr Projekt der „Dreistädteeinheit Beuthen – Hindenburg – Gleiwitz" zu sichern. Die folgenden Kapitel stellen die Architektur der totalitären Regimes in Oberschlesien vor; den Bauten des „Dritten Reichs" folgte der sozialistische Realismus der Jahre 1949 bis 1955. Ein großer Vorzug des Buches ist es, dass die oberschlesische Architekturgeschichte im Kontext der gesamteuropäischen Entwicklung dargestellt wird. Dabei versucht die Autorin, die Chaostheorie, die seit den siebziger Jahren in den Naturwissenschaften diskutiert wird, auf die Geisteswissenschaften zu übertragen. Sie folgt der These, dass Anlagen, die auf der Grundlage der Symmetrie errichtet wurden, zumeist in autoritären Systemen Verwendung gefunden hätten. Demokratische Systeme hingegen hätten eher städtebauliche Konzepte entwickelt, die auf den ersten Blick chaotisch scheinen, dabei aber eine freie Raumentwicklung nach den Bedürfnissen der Nutzer ermöglichen. Diese generelle Beobachtung überträgt die Autorin konsequent auf den komplexen Sachverhalt in Oberschlesien, wo es häufig zu Herrschaftswechseln kam, die den Bewohnern eine Redefinition ihrer nationalen Identität abverlangten.

Maria Zwierz

Waldemar Kozuschek: Ludwik Hirszfeld (1884–1954). Rys życia i działalność naukowa [Ludwik Hirszfeld (1884–1954). Lebenslauf und wissenschaftliche Tätigkeit] Wrocław: Wydawnictwo Uniwersytetu Wrocławskiego 2006 (Acta Universitatis Wratislaviensis 2799, Biografie uczonych wrocławskich [Biographien Breslauer Gelehrter]). 226 S., Abb., dt. Zusammenfassung. ISBN 83-229-2653-7.

Das Buch erschien im Rahmen der neuen Reihe „Biographien Breslauer Gelehrter" und ist dem herausragenden Mikrobiologen und Bakteriologen Ludwik Hirszfeld, Professor an den Universitäten von Warschau/Warszawa und Breslau/Wrocław, gewidmet, der vor allem durch seine Forschungen über die Blutgruppen bekannt wurde. Die Studie entstand unter Rückgriff auf die persönlichen Materialien und den Familiennachlass des Gelehrten, die Universitätsakten sowie die Materialien der Polnischen Akademie der Wissenschaften. In elf Kapiteln präsentiert der Autor die Schlüsselereignisse im Leben Hirszfelds – von seiner Kindheit und Schulzeit über sein immer stärker werdendes Engagement in der Wissenschaft, seine Aufenthalte in europäischen Forschungseinrichtungen und schließlich den Beginn seiner eigenen Forschungen. Berücksichtigt wird auch das Privatleben des Gelehrten, unter anderem die für ihn wegen seiner jüdischen Abstammung äußerst schwierige Kriegszeit.

Małgorzata Ruchniewicz

Jacek Kurek, Krzysztof Maliszewski (Hg.): Śląsk miejsce spotkania [Schlesien als Ort der Begegnung]. Chorzów: Miejski Dom Kultury „Batory“ 2005 (Medium Mundi 1). 112 S., farb. Abb. ISBN 83-908549-5-3.

Der Band dokumentiert die Materialien einer interdisziplinären Konferenz in Königshütte/Chorzów. Er enthält insgesamt zehn Beiträge aus den Bereichen Philosophie (Jan Kiełbasa, Tadeusz Sławek), Geschichtswissenschaft (Jacek Kurek, Michał J. Witkowski), Philosophie der Erziehung (Krzysztof Maliszewski), Anthropologie (Ewelina Pępiak), städtische Denkmalpflege (Henryk Mercik), Philologie (Zbigniew Kadłubek), Soziologie (Adam Bartoszek) und Journalismus (Krzysztof Karwat), die sich dem Raum Oberschlesien auf ganz unterschiedliche Weise nähern. Es handelte sich bereits um die neunte entsprechende Tagung in Königshütte, das dank der organisatorischen Bemühungen des Kattowitzer Historikers Jacek Kurek einmal jährlich zu einem Ort der interdisziplinären intellektuellen Reflexion über Oberschlesien, seine Kultur, Geschichte und Gegenwart wird. Nach jeder Konferenz wurden die Beiträge publiziert, wobei der hier angezeigte Band zugleich der erste der neuen Reihe „Medium Mundi“ ist. Die Inspiration für diesen Titel lieferte das Werk von Mircea Eliade sowie die Konzeption von Heimat als dem „Zentrum der Welt“, das mehr oder weniger für alle traditionellen Gesellschaften bzw. Kulturen gilt und eine große Bedeutung für die Ausbildung von Selbstbewusstsein und Identität hat, wobei durch den Vergleich mit anderen Regionen auch neue Perspektiven erschlossen werden.

Michał J. Witkowski

Anna Mańko-Matysiak: Schlesische Gesangbücher 1525–1741. Eine hymnologische Quellenstudie. Wrocław: Wydawnictwo Uniwersytetu Wrocławskiego 2005 (Acta Universitatis Wratislaviensis 2800). 407 S., Abb., CD. ISBN 83-229-2639.

Mit dieser Monographie wird die Entstehungs-, Entwicklungs- und Wirkungsgeschichte jener Literaturgattung erforscht und dokumentiert, die „über Jahrhunderte hinweg fester Bestandteil eines Schlesienbildes gewesen ist“, nämlich diejenige der Gesangbücher. Besonders hervorgehoben wird ihre mehrfache Bedeutung, die nicht nur auf der theologischen und der kirchenmusikalischen, sondern auch auf der kulturgeschichtlichen Ebene zu konstatieren ist. In dem Band werden schlesische Gesangbücher aus drei Jahrhunderten analysiert, die als äußerst wichtige Zeitdokumente gelten können, da sie nicht nur das damalige kirchliche Leben und die jeweils vorherrschenden Glaubensvorstellungen veranschaulichen, sondern auch eine Vorstellung über die Frömmigkeit unterschiedlicher Bevölkerungsschichten vermitteln. Die Monographie ist in vier Themenkomplexe gegliedert: *Reformatorische Gesangbücher des 16. Jahrhunderts*; *Kantionalien: Zum Wort-Ton-Verhältnis um die Jahrhundertwende*; *Konfessionalismus in den Gesangbüchern des 17. Jahrhunderts*; *Zwischen Orthodoxie und Pietismus*. Einen wesentlichen Teil macht der Anhang mit Gesangbuchverzeichnis und Quellenteil aus, der eine Orientierungs- und Visualisierungshilfe bietet. Mit ihren Forschungsergebnissen füllt Anna Mańko-Matysiak eine seit langem bestehende Lücke im Bereich der Hymnologie aus und leistet mit ihrem interdisziplinären Ansatz einen wichtigen, innovativen Beitrag zur wissenschaftlichen Diskussion über die schlesische Kulturgeschichte.

Marta Kopij

Roman Nowacki: Duszniki Zdrój [Bad Reinerz]. Opole: Oficyna Wydawnicza Politechniki Opolskiej 2005 (Studia i Monografie – Politechnika Opolska [Studien und Monographien – Oppelner Politechnikum] 170). 261 S., Abb. ISBN 83-88492-90-X.

Die Monographie behandelt die Geschichte des bekannten Kurorts in der Grafschaft Glatz/Kłodzko, wobei sie ihren Schwerpunkt auf die Zeit nach 1945 legt. Als Grundlage dienen gedruckte Quellen, die im Zuge von Recherchen in Regionalarchiven und Museen zum Vorschein kamen. Das erste Kapitel bietet, vorwiegend auf der Grundlage polnischer Publikationen, einen kurzen Abriss der Geschichte der Ortschaft bis 1945, es folgt eine Darstellung der Entwicklung zwischen Kriegsende und Gegenwart. Weitere Abschnitte behandeln die wichtigsten Denkmäler, die Entwicklung Bad Reinerz' als Kurort und Tourismuszentrum sowie die wichtigsten kulturellen Aktivitäten vor Ort: das Chopin-Festival und die Ausstellungen des Papiermuseums. Eine Darstellung der Entwicklung der Wintersportzentren in der Umgebung schließt den Band ab.

Małgorzata Ruchniewicz

Joanna Nowosielska-Sobel: Spór o nowoczesność. Konfrontacje postaw środowisk twórczych i odbiorców sztuki we Wrocławiu w latach 1900–1932 [Der Streit um die Moderne. Konfrontationen von Künstlern und Kunstliebhabern in Breslau 1900–1932]. Wrocław: Wydawnictwo Uniwersytetu Wrocławskiego 2005 (Acta Universitatis Wratislaviensis 2839, Historia 172). 328 S. ISBN 83-229-2733-9.

Thema des Buches sind die Reaktionen der Einwohner der schlesischen Metropole auf die Avantgarde in der Kunst bzw. die Modernität in der Architektur. Als Quellen dienen hauptsächlich in Breslau/Wrocław herausgegebene Schriften der Epoche, Archivmaterialien, die das Wirken der dortigen Kunstakademie dokumentieren, sowie autobiographisches Material. Das erste Kapitel stellt das Kunst- und Kunstgewerbeschulwesen vor (Kunstakademie, Städtische Handwerker- und Kunstgewerbeschule), während das zweite die Verbreitung der Avantgarde durch die Museen schildert. Anschließend werden der Breslauer Kunstmarkt, das Wirken ausgewählter Kunst- und Kulturorganisationen sowie die wichtigsten Kunstausstellungen im Zusammenhang mit der Avantgarde vorgestellt.

Małgorzata Ruchniewicz

Joanna Nowosielska-Sobel, Grzegorz Strauchold (Hg.): Trudne dziedzictwo. Tradycje dawnych i obecnych mieszkańców Dolnego Śląska [Ein schwieriges Erbe. Die Traditionen der ehemaligen und heutigen Bewohner Niederschlesiens]. Wrocław: Oficyna Wydawnicza ATUT 2006. 183 S. ISBN 83-7432-125-3.

Der Band versammelt zwölf Beiträge, in denen Wissenschaftler aus Breslau/Wrocław, Oppeln/Opole, Grünberg/Zielona Góra, Hirschberg/Jelenia Góra und Bunzlau/Bolesławiec auf unterschiedliche Aspekte des Themas aus historischer, ethnographischer und kulturwissenschaftlicher Sicht eingehen. A. Brakoniecki stellt die Lage der deutschen Bevölkerung im Kreis Bunzlau in den Jahren 1945–1949 dar; Bernard Linek beschäftigt sich mit dem Schicksal des Kulturerbes im Oppelner Schlesien. Die zwangsweise erfolgte Ansiedlung des ruthenischen Volksstamms der Lemken in Niederschlesien behandelt Rościsław Żerelik. Die Vorstellung von Niederschlesien unter denjenigen Polen, die sich bei Kriegsende auf die Aussiedlung aus den an die Sowjetunion abgetretenen Ostgebieten vorbereiteten, umreißt G. Gryciuk. Joanna Nowosielska-Sobel schreibt über das beginnende Hineinwachsen der polnischen Bevölkerung in die Landschaft des Riesengebirges. Mit dem Problem alter und neuer Traditionen in der Dorfbevölkerung befassen sich Marek Ordyłowski und Izolda Topp-Wójtowicz. Ivo Łaborewicz schließlich gibt einen Überblick über die deutschen Archivalien in Niederschlesien.

Małgorzata Ruchniewicz

Mariusz Olczak: Kampania 1813. Śląsk i Łużyce [Der Feldzug von 1813. Schlesien und die Lausitz]. Warszawa: Oppidum 2004. 605 S., Abb. ISBN 83-920174-3-9.

Das Ziel des Buches besteht darin, die Lücken, die sich in der polnischen Forschung bezüglich der Befreiungskriege in Niederschlesien und der Oberlausitz auftun, zu schließen. Die detaillierte Studie basiert hauptsächlich auf gedruckten Materialien (Quellenausgaben, Erinnerungen, Korrespondenz). Ihre 14 Kapitel bieten einen Überblick über die Marschrouten der Truppen, sämtliche Schlachten und Gefechte sowie die politischen Ereignisse, die die bewaffneten Auseinandersetzungen begleiteten. Selbst die Kuraufenthalte der an den Kämpfen Beteiligten nach den Kriegen werden beleuchtet. Es ist ein Verdienst des Autors, nicht nur die Biographien der Oberbefehlshaber, sondern auch der Offiziere berücksichtigt zu haben.

Krzysztof Ruchniewicz

Daria Dorota Pikulska: Carl Johann Christian Zimmermann (1831–1911). Architekt w służbie miasta [Carl Johann Christian Zimmermann (1831–1911). Architekt im Dienste der Stadt]. Wrocław: Muzeum Architektury we Wrocławiu 2005. 127 S., farb. u. s.-w. Abb., 1 Falttafel, dt. Zusammenfassung. ISBN 83-89262-21-5.

Diese anlässlich einer gleichnamigen Ausstellung im Breslauer Architekturmuseum erschienene Monographie erweitert die Kenntnis über die Architektur des 19. Jahrhunderts in der schlesischen Hauptstadt und die dortige Architektenszene. Zimmermann war Absolvent der Berliner Bauakademie, bekleidete von 1864 bis 1871 das Amt des Stadtbaurats in Breslau und wechselte dann als Baudirektor nach Hamburg. Der Band enthält eine Einführung von Zofia Ostrowska-Kęblowska über die Breslauer Stadtbauräte des 19. Jahrhunderts im Kontext der damaligen Architektenausbildung in Frankreich und Preußen. Daria Pikulska stellt die Biographie des Architekten vor und erläutert Zimmermanns Werke in Breslau, zu denen Ingenieurbauten, städtebauliche und architektonische Entwürfe, Sakral- und Wohnbauten, öffentliche Gebäude sowie Entwürfe für Friedhöfe und Grünanlagen zählen. Außerdem werden Zimmermanns stilistische Entwicklung und seine Bedeutung für Breslau dargelegt. Neben einer tabellarischen Darstellung zu Leben und Werk des Architekten enthält der Band einen Katalog der wichtigsten Entwürfe und baulichen Ausführungen in Breslau, darunter die Spitalkirche zur heiligen Dreifaltigkeit, die Erlöserkirche, das Maria-Magdalenen-Gymnasium, das Johannes-Gymnasium, den Umbau des St.-Bernhard-Hospitals und die Regulierung der Stadtohle. Eine ausführliche Zusammenfassung in deutscher Sprache, Bibliographie und Personenregister vervollständigen den Band.

Maria Zwierz

Józef Pilch: Leksykon zabytków architektury Dolnego Śląska [Lexikon der Kunstdenkmäler Niederschlesiens]. Warszawa: Wydawnictwo Arkady 2005. 511 S., 220 farb. Abb. ISBN 83-213-4366-X.

Auf dem Gebiet der Woiwodschaft Niederschlesien gibt es die größte Zahl von in die Denkmalliste eingetragenen Kunstdenkmälern in Polen. Unter den 7.641 Objekten befinden sich 127 städtebauliche Ensembles, 1.301 Sakral- und Klosterbauten unterschiedlicher Konfessionen, 761 Burgen, Schlösser und Herrenhäuser, 100 Wehranlagen, 534 öffentliche Bauten, 2.105 Wohngebäude, 276 Industriedenkmäler sowie 821 Park- und Gartenanlagen. Ihr Erhaltungszustand ist unterschiedlich, doch alle zeugen von der außerordentlichen Bedeutung dieser Region für die europäische Kultur. Der vorliegende Band versucht, die Informationen über diese Baudenkmäler zusammenzutragen und einem breiten Leserkreis zugänglich zu machen. Das reich illustrierte Lexikon enthält 2.512 Einträge in topographischer Ordnung. Zu den behandelten Stadtanlagen gibt es kurze historische Angaben. Gegliedert sind die Objekte in Sakral- und öffentliche Bauten, Wohn- sowie Infrastruktur- und Verkehrsbauten (Wassermühlen, Brücken, Wassertürme etc.), darüber hinaus werden ausgewählte Beispiele der Industriearchitektur präsentiert. Das Lexikon enthält ein Register der Architekten, Maler und Bildhauer, ein Schema der Verwaltungsgliederung Niederschlesiens in 27 Kreise sowie Karten der Landkreise mit den Ortsnamen, die im Katalog erscheinen. Ein Register erschließt die historischen deutschen Ortsnamen, darüber hinaus enthält der Band eine Auswahlbibliographie.

Maria Zwierz

Rocznik Ziemi Kłodzkiej [Jahrbuch des Glatzer Landes]. Nr. 25–27 (2000–2002). Kłodzko: Towarzystwo Miłośników Ziemi Kłodzkiej 2005. 344 S., Abb. ISSN 0137-4141.

Die aktuelle Ausgabe der Zeitschrift, die mit Unterbrechungen seit 1948 erscheint, enthält mehrere Artikel zur Geschichte des Glatzer Landes und zu aktuellen Fragen, die diese Region betreffen. Weitere Themen sind etwa eine Biographie des mit Glatz/Kłodzko verbundenen Prager Bischofs Ernest von Pardubice, die Geschichte des Bergbaus ab 1945, ausgewählte Aspekte der Entwicklung der Kurorte im Glatzer Bergland und des kulturellen Lebens. Vorgestellt werden außerdem Biographien von Personen, die für die Region von Bedeutung sind. Am Ende des Bandes findet sich ein Verzeichnis der Literatur über das Glatzer Land für die Jahre 1981–1990.

Małgorzata Ruchniewicz

Rozwój Śląska wczoraj – dziś – jutro. Publikacja pokonferencyjna [Die Entwicklung Schlesiens gestern – heute – morgen. Ein Konferenzband]. Gliwice: Dom Współpracy Polsko-niemieckiej 2004. 256 S. ISBN 83-917362-9-6.

Die Veröffentlichung umfasst die 23 Referate, die 2004 im Rahmen des alljährlich in Groß Stein/Kamień Śląski stattfindenden deutsch-polnischen Schlesien-Seminars gehalten wurden. Ein Großteil der Beiträge widmet sich Themen aus der neueren Geschichte Oberschlesiens. Hierzu gehören die Bestimmungen des Versailler Vertrags, die Politik Polens und Deutschlands im Hinblick auf die geteilte Region, die politische Situation in der Zwischenkriegszeit, die wirtschaftliche Lage, die Entwicklung der NSDAP in der Region, das Verhältnis von Katholizismus und Nationalsozialismus, die Rolle der Kirche im Oppelner Land nach dem Krieg sowie die kulturelle Entwicklung der deutschen Minderheit. Die übrigen Texte betreffen zeitgenössische Themen: die kulturelle Vielfalt der Region, das Phänomen der Arbeitsmigration nach Deutschland sowie das Schulwesen der Minderheiten.

Krzysztof Ruchniewicz

Janusz Spyra: Żydzi na Śląsku Austriackim (1742–1918). Od tolerowanych Żydów do żydowskiej gminy wyznaniowej [Juden im österreichischen Schlesien (1742–1918). Von den tolerierten Juden zur jüdischen Glaubensgemeinde]. Katowice: Muzeum Śląskie 2005. 321 S., engl. u. dt. Zusammenfassung. ISBN 83-87455-14-8.

Der Autor analysiert das Vereins- und Gemeindeleben der jüdischen Bevölkerung in dem nach 1740 bei Österreich verbliebenen Teil Schlesiens. Die Arbeit zerfällt in zwei Abschnitte, wobei der „Völkerfrühling“ des Jahres 1848 die Zäsur bildet. In der ersten Phase wurden die Juden lediglich geduldet, während ihnen die Gründung von Gemeinden und der Bau von Synagogen gesetzlich untersagt blieben. Erst nach den Ereignissen von 1848 änderte sich dies grundlegend. Der Autor kommt zu dem Schluss, dass der komplizierte Prozess der Gemeindebildung hier anders verlief als in den übrigen Teilen Schlesiens bzw. in den habsburgischen Nachbarländern Galizien, Böhmen und Mähren. Wesentliche Faktoren, die die Bildung jüdischer Strukturen in Österreichisch Schlesien maßgeblich beeinflussten, waren das Bedürfnis der gläubigen Juden, sich zum Zwecke der Realisierung wirtschaftlicher, religiöser und sozialer Ziele zu vereinigen, aber auch die hier geltende Gesetzgebung, die demographischen Prozesse sowie die finanziellen Möglichkeiten der hier ansässigen jüdischen Bevölkerung.

Michał J. Witkowski

Włodzimierz Suleja: Dolnośląski Marzec '68. Anatomia protestu [Der niederschlesische März '68. Anatomie des Protests] (Instytut Pamięci Narodowej, Komisja Ścigania Zbrodni przeciwko Narodowi Polskiemu, Monografie [Institut für das Nationale Gedenken, Kommission zur Aufklärung der gegen das polnische Volk begangenen Verbrechen, Monographien] 23). Warszawa: Instytut Pamięci Narodowej 2006. 381 S., Abb., engl. Zusammenfassung. ISBN 83-60464-00-6.

Die Studie bietet die bisher vollständigste Darstellung der gesellschaftlichen Krise des Jahres 1968, und das nicht nur aus der Perspektive der polnischen Hauptstadt, sondern auch aus dem Blickwinkel des Regionalzentrums Breslau/Wrocław. Diese Krise manifestierte sich vor allem in einer Revolte der akademischen Kreise und der Jugendlichen gegen das kommunistische System, wobei Breslau als wichtiges akademisches Zentrum zur Bühne des Protests wurde. Quellengrundlage sind die Archivalien der kommunistischen Partei und ihrer Unterdrückungsorgane sowie die gesammelten Augenzeugenberichte. Der Autor behandelt einerseits das Aufbegehren der studentischen Kreise, andererseits die Haltung der Behörden. Die Breslauer Vorfälle stellt er in den Kontext der das ganze Land erfassenden Protestbewegung und thematisiert auch die von der polnischen Regierung zeitgleich inszenierte antisemitische Kampagne. Berücksichtigt werden zudem der sogenannte Prager Frühling des Jahres 1968 sowie der davon ausgehende Einfluss auf die Entwicklung in Breslau.

Krzysztof Ruchniewicz

Barbara Szczypka-Gwiazda, Michał Lubina (Hg.): Sztuka sakralna Rudy Śląskiej [Sakrale Kunst in Ruda O. S.]. Ruda Śląska: Muzeum Miejskie im. Maksymiliana Chroboka 2005. 262 S., Abb. ISBN 83-919344-8-9.

Mit diesem Band, der Forschungsergebnisse von Kunsthistorikern, Architekten, Historikern und Archivaren vereint, liegt die erste Untersuchung zur Sakralarchitektur der Region Ruda im oberschlesischen Industriegebiet vor. Er ist nach thematischen Aspekten in vier Teile untergliedert. Im ersten Teil werden Forschungen zur Architekturgeschichte präsentiert, im zweiten wird die Glaskunst behandelt. Der dritte Abschnitt stellt die zahlreichen Kapellen und Wegkreuze des Raudener Landes vor, der vierte die historischen Orgeln und Glocken. In mehreren Beiträgen werden hinsichtlich der Urheberschaft verschiedener Sakralbauten neue Zuschreibungen vorgenommen, womit zugleich die Bedeutung des Mäzenatentums der Industriellen in Oberschlesien verdeutlicht wird. Die wohlhabenden Magnaten und Eigentümer der Schwerindustriebetriebe engagierten im 19. und frühen 20. Jahrhundert bekannte Architekten und Baumeister, etwa Christoph Worbs aus Groß-Strehlitz/Strzelce Opolskie, Franziskus Klomp aus Dortmund, August Menken aus Berlin, Felix Henry aus Breslau/Wrocław und Max Giemsa aus Kattowitz/Katowice. Für fast alle Kirchen in Ruda wurden dekorative Glasfenster gestiftet, die in namhaften deutschen Firmen hergestellt wurden, unter anderem bei Ferdinand Kliem in Ratibor/Racibórz, Carl Lersch in Düsseldorf, Carl Busch in Berlin oder Franz Borgias Mayer in München. Ausführlich behandelt werden auch die von den Grafen von Ballestrem nach Ruda gebrachten Plastiken des Berliner Bildhauers Joseph Limburg, die sich noch heute in der Josephskirche und auf dem örtlichen Friedhof befinden. Nach 1945 entstanden in der Region Ruda sieben weitere moderne Sakralbauten (darunter ein Krematorium), für die die Glasfenster ebenfalls bei bekannten Werkstätten in Auftrag gegeben wurden; die Entwürfe hierfür stammten von herausragenden polnischen Künstlern wie Adam Bunsch, Wiktor Ostrzołek oder Maria Roga-Skąpska. Die in dem Band versammelten Beiträge zur Kleinarchitektur, zu Paramenten, Orgeln und Glocken können zudem zahlreiche archivalische Entdeckungen zum örtlichen Handwerkermilieu und zur Firmengeschichte präsentieren. Mehrere Aufsätze weisen dabei über bloße lokalhistorische Studien hinaus und ermöglichen eine Interpretation der Kunstwerke im mitteleuropäischen Kontext.

Irma Kozina

Dariusz Tabor: Iluminacje cysterskich kodeksów śląskich XIII wieku [Illuminierte Zisterzienserhandschriften des 13. Jahrhunderts aus Schlesien]. Kraków: Księgarnia Akademicka 2004. 219 S., 180 Abb., engl. und franz. Zusammenfassung. ISBN 83-7188-660-8.

Der Band behandelt eine Sammlung von Handschriften aus dem 13. Jahrhundert, die aus den schlesischen Zisterzienserklöstern Leubus/Lubiąż, Kamenz/Kamieniec Ząbkowicki, Heinrichau/Henryków, Grüssau/Krzeszów, Rauden/Rudy und Himmelwitz/Jemielnica stammen. Die Codices befinden sich heute in der Universitätsbibliothek Breslau/Wrocław, wohin sie nach 1810 von Johann Gustav Gottlieb Büsching, dem Leiter der Säkularisierungskommission, verbracht worden waren. Als die wichtigsten Bände des Bestandes gelten die Heinrichauer Bibel, das Leubuser Antiphon, das Kamenzer Graduale, der Trebnitzer Psalter, das Leubuser Homiliar und das Leubuser Lektionar. Typologisch unterscheidet der Autor die verschiedenen Gruppen von Illuminationen in ganzseitige Miniaturen, ornamentale und figürlich-ornamentale Initialien, wobei er die einzelnen

Darstellungen und ihren ikonographischen Gehalt erörtert. Auf dieser Basis versucht er, die stilistische Provenienz und die Entstehungszeit zu ergründen, und ermittelt insgesamt 19 Maler, die die Handschriften illuminiert haben. Der Band enthält eine umfangreiche Bibliographie, die sich nicht nur auf die künstlerische Problematik der Illuminationen, sondern auch auf die Handschriftenkunde und den Inhalt der Texte erstreckt. Besonders hervorgehoben seien die qualitativ hochwertigen Farbabbildungen.

Maria Zwierz

Krzysztof Wachowski (Hg.): Śląsk w czasach Henryka IV Prawego [Schlesien zur Zeit Heinrichs IV. Probus]. Wrocław: Uniwersytet Wrocławski, Instytut Archeologii 2005 (Wratislavia Antiqua. Studia z dziejów Wrocławia [Wratislavia Antiqua. Studien zur Geschichte Breslaus] 8). 107 S., 41 Abb., poln. u. dt. Text. ISBN 83-921090-3-1.

Während der im Jahre 2001 durchgeführten archäologischen Grabungen am Universitätsplatz wurde eine Reihe von Gegenständen aus der Zeit des Herzogs Heinrich IV. Probus gefunden (unter anderem eine bemerkenswerte Schachfigur). Dies veranlasste das archäologische Institut der Universität Breslau/Wrocław, im Mai 2003 eine deutsch-polnische Tagung über Heinrich zu veranstalten. Die meisten der dabei gehaltenen Referate sind im vorliegenden Band publiziert. Sie lassen sich drei Themengruppen zuordnen: der historische Kontext; materielle Objekte, die mit der Person des Herzogs verbunden sind; die Persönlichkeit Heinrichs IV. Zur ersten Gruppe gehört der Beitrag von Hendrik Samsonowicz über „Schlesien in Europa zur Zeit Heinrichs IV. Probus". Über die ehrgeizigen Pläne des Herzogs zur Erlangung der Königskrone berichtet Tomasz Jurek. Unter der Fragestellung „Heinrich IV. – homo oeconomicus oder homo ludens" untersuchen Krzysztof Wachowski und Jerzy Wistowski die oben erwähnte Schachfigur und verweisen im Kontext ähnlicher Funde in Europa auf deren hohen künstlerischen Wert. Dabei gehen sie auch auf die höfische Kultur im Polen des 13. Jahrhunderts ein. Die schlesischen Städte jener Zeit werden in den Beiträgen von Jerzy Piekalski: „Breslau, die Stadt Heinrichs IV." und Mateusz Goliński: „Die Städte und die Wirtschaftspolitik Heinrichs IV." behandelt. Die Spannungen zwischen dem freiheitsliebenden Fürsten und der Kirche untersucht Winfried Irgang (in deutscher Sprache). Besonders bemerkenswert ist der Artikel von Romuald Kaczmarek über die Kollegienkirche zum Heiligen Kreuz in Breslau als Gründung Heinrichs IV. Der Autor konzentriert sich auf wenige ikonographische Zeugnisse, unter anderem die ehemals in der Kirche und heute im Breslauer Nationalmuseum befindliche Grabtumba des Herzogs; dabei gelingt es ihm, die monumentale Stiftung Heinrichs IV. unter einem neuen Aspekt zu betrachten.

Maria Zwierz

Marek L. Wójcik (Hg.): Człowiek, obraz, tekst. Studia z historii średniowiecznej i nowożytnej [Mensch, Bild, Text. Studien aus der Geschichte des Mittelalters und der Neuzeit]. Dzierżoniów: Studio Edytor 2005. 129 S., Abb. ISBN 83-89818-20-5.

Der Band ist das Ergebnis der Forschungen jüngerer Mitarbeiter des Instituts für Hilfs- und Archivwissenschaften am Historischen Institut der Universität Breslau/Wrocław. Er enthält acht chronologisch geordnete Artikel über den Zeitraum vom 12. bis zum 18. Jahrhundert. Großenteils behandeln sie Themen aus unterschiedlichen Zweigen der historischen Hilfswissenschaften oder betreffen die schlesische Historiographie. Agata Tarnas-Tomczyk beschäftigt sich unter anderem mit den Johanniter-Stiftungen in Schlesien. Jarosław Maliniak setzt sich mit den Privilegien des Schweidnitzer Stadtrates auseinander, Beata Marcisz befasst sich mit der Ikonographie der Heiligen auf den mittelalterlichen Klostersiegeln und Lucyna Harc mit der Entwicklung der schlesischen Biographie im 17. und 18. Jahrhundert.

Małgorzata Ruchniewicz

Jan Wrabec: Architektoniczny język Dientzenhoferów czeskich na Śląsku [Die Architektursprache der böhmischen Vertreter der Familie Dientzenhofer in Schlesien]. Wrocław: Wydawnictwo Uniwersytetu Wrocławskiego 2004 (Acta Universitatis Wratislaviensis 2700, Historia sztuki [Kunstgeschichte] 19). 349 S., 381 Abb., dt. Zusammenfassung. ISBN 83-229-2583-2.

Der Autor, Professor für Kunstgeschichte an der Universität Breslau/Wrocław, untersucht die Architektursprache einer geographisch weiten Kunstlandschaft, die sich im 18. Jahrhundert von Rom nach Norden über Piemont, Österreich, Bayern, Franken und Böhmen bis nach Schlesien erstreckte. Zur Verbreitung dieses Stils trugen berühmte Architekten wie Francesco Borromini, Guarino Guarini sowie Christoph und Kilian Ignaz Dientzenhofer bei. Wrabec weist darauf hin, dass zahlreiche charakteristische Motive aus dem Werk der Dientzenhofer in Schlesien bis ins frühe 19. Jahrhundert hinein immer wieder aufgegriffen wurden, wenn auch in begrenzter Auswahl und vereinfachten Formen. Besonders gern wurde auf das Vorbild der Kirche St. Nikolaus auf der Prager Kleinseite rekurriert, ein Gemeinschaftswerk beider Architekten. Dies gilt vor allem für die Benediktinerkirche in Liebenthal/Lubomierz und für die St.-Martins-Kirche in Seitsch/Siciny: Hier werden die Verbindungen zu den kreativen Experimenten hinsichtlich einer Synthese von Zentral- und Längsbau, die Kilian Ignaz Dientzenhofer in den dreißiger Jahren des 18. Jahrhunderts unternahm, besonders deutlich. Die bildhauerische Durchbildung der Fassade der Klosterkirche in Grüssau/Krzeszów und die Form der schräg gestellten Pfeiler in der Kreuzherrenkirche in Neisse/Nysa sind als besonders schöpferische Interpretationen der Formensprache der beiden Prager Meister zu interpretieren – nach Meinung des Autors gibt es nichts Vergleichbares. Ob die beiden Architekten neben der Klosterkirche von Wahlstatt/Legnickie Pole noch weitere Bauten für Schlesien entworfen und diese auch realisiert haben, lässt sich anhand der Quellen nicht belegen. Dennoch plädiert Wrabec für eine Zuschreibung aufgrund von historischen Argumenten, vor allem angesichts der engen Verbindungen zwischen den in Böhmen und Schlesien aktiven Orden wie den Kreuzherren mit dem roten Stern, den Jesuiten, Zisterziensern und Benediktinern. Wrabec analysiert die Formensprache der beiden Dientzenhofer, ihre Tätigkeit in Schlesien im Licht der bisherigen Forschung, von ihnen abhängige Werke sowie das Werk ihrer Schüler und Epigonen. Der Band enthält eine umfangreiche Bibliographie.

Maria Zwierz

Wojciech Wrzesiński (Hg.): Dolny Śląsk. Monografia historyczna [Niederschlesien. Eine historische Monographie]. Wrocław: Wydawnictwo Uniwersytetu Wrocławskiego 2006. Abb., 915 S., engl. Zusammenfassung. ISBN 83-229-2763-0.

Hierbei handelt es sich um die erste Gesamtdarstellung der Geschichte Niederschlesiens in der polnischen Historiographie. Die insgesamt dreizehn Autoren sind Mitarbeiter des Historischen Instituts an der Universität Breslau/Wrocław und gehören der mittleren und jüngeren Generation an. Das Werk reiht sich ein in den Prozess der Herausbildung einer neuen regionalen Identität und richtet sich an ein breites Publikum. Es ist chronologisch und problemorientiert strukturiert und berücksichtigt die neuesten, auf einem bisher unbekannten Quellenmaterial fußenden Forschungsergebnisse (dies betrifft vor allem die Zeit nach 1945). Das mit Abbildungen und Karten reich illustrierte Werk besteht aus fünf Teilen, in denen neben der politischen Geschichte verschiedene Aspekte der Gesellschafts-, Kultur- und Religionsgeschichte behandelt werden.

Krzysztof Ruchniewicz

Agnieszka Zabłocka-Kos: Zrozumieć miasto. Centrum Wrocławia na drodze ku nowoczesnemu city 1807–1858 [Die Stadt verstehen. Das Breslauer Stadtzentrum auf dem Weg zur modernen City 1807–1858]. Wrocław: Wydawnictwo Via Nova 2006. 447 S., 170 Abb., dt. Zusammenfassung. ISBN 83-88649-98-1.

Der Band enthält die neuesten Forschungsergebnisse zu Architektur und Städtebau in Breslau in der ersten Hälfte des 19. Jahrhunderts. Die Autorin, die am Kunsthistorischen Institut der Universität Breslau/Wrocław tätig ist, fragt darin nach den Gründen, die zu der verhältnismäßig frühen Umgestaltung der Breslauer Altstadt in eine moderne Geschäftsstadt führten. Dazu werden die Bedeutung der einzelnen Bauten, die Beziehungen der Gebäude zueinander und das Verhältnis zwischen alter und neuer Architektur untersucht. Besondere Aufmerksamkeit gilt den Motiven für die Wahl eines bestimmten Bauplatzes; die Autorin sieht hierin ein entscheidendes Element für die Ausprägung einer neuen Raumsymbolik in der Innenstadt. Auf der Grundlage von bislang weitgehend unbekannten Archivmaterialien aus Marburg und Berlin sowie anhand historischer Stadtpläne wird der Prozess der Schleifung der Befestigungen und der Anlage der Promenaden in den ersten Jahrzehnten des 19. Jahrhunderts erörtert. Vorgestellt werden Gebäude, die in der ersten Jahrhunderthälfte im Auftrag des Königs, des Bürgertums und des Adels entstanden sind. Besondere Aufmerksamkeit verdient das Kapitel über die Projekte von Breslauer Architekten wie Carl Gotthard Langhans d. Ä., Karl Gottfried Geißler und Johann Friedrich Knorr für ihre eigenen Wohnhäuser. Anhand der bedeutendsten Bauten aus der ersten Hälfte des 19. Jahrhunderts wirft die Autorin einen interdisziplinären Blick auf die Geschichte Breslaus, vor allem seines Stadtzentrums. Der Band enthält einen reichen Anmerkungsapparat, eine Bibliographie sowie ein Register der Personen und Institutionen.

Maria Zwierz

6. Großpolen, Zentralpolen, Kleinpolen

Majer Bałaban (Bearb.), Anna Jakimyszyn (Vorw.): Statut krakowskiej gminy żydowskiej z roku 1595 i jego uzupełnienia [Die Satzung der jüdischen Gemeinde in Krakau aus dem Jahr 1595 samt ihren Ergänzungen]. Kraków: Uniwersytet Jagielloński 2005 (Studia judaica cracoviensia: Series fontium 10). 115, LXXVII S., engl. Zusammenfassung. ISBN 83-7188-717-5.

Es handelt sich um die erste vollständige polnische Übersetzung der Satzung der Krakauer jüdischen Gemeinde aus dem Jahr 1595 sowie ihrer Ergänzungen aus den Jahren 1604–1615. Die von Majer Bałaban und seinem Schwager Moses Alter angefertigte und im Jahrbuch der Jüdisch-Literarischen Gesellschaft 1913 (§§ 1–73) bzw. 1916 (§§ 74–93) publizierte

Abschrift diente der Übersetzung als Grundlage. Das Buch enthält auch die auf Hebräisch verfasste Originalversion der Satzung, ein Personen- und ein Ortsregister.

Agnieszka Palej

Zdzisław Grot, Antoni Czubiński: Powstanie Wielkopolskie 1918–1919 [Der Großpolnische Aufstand 1918–1919]. Poznań: Wydawnictwo Poznańskie 2006. 168 S., Abb. ISBN 83-7177-294-7.

Der Großpolnische Aufstand von 1918/19 war eines der wichtigsten Ereignisse in der polnischen Geschichte des 20. Jahrhunderts. Er krönte die Freiheitsbestrebungen der Bewohner der Stadt Posen/Poznań und ihrer Umgebung und übte einen direkten Einfluss auf die Wiederherstellung des polnischen unabhängigen Staates aus. Der hier anzuzeigende, von zwei namhaften Posener Historikern verfasste Band enthält neben drei ausführlichen Aufsätzen zum Thema auch einen Überblick über die bisherigen Arbeiten Grots und Czubińskis zu den polnischen Unabhängigkeitsbestrebungen im preußischen Teilungsgebiet. Die Studie bietet somit wichtige Informationen sowohl zur Realgeschichte des Posener Aufstands als auch zum Forschungsstand.

Maria Wojtczak

Dobrosława Horzela, Beata Biedrońska-Słota (Red.): Wokół Wita Stwosza. Katalog wystawy w Muzeum Narodowym w Krakowie 2005 [Um Veit Stoß. Katalog der Ausstellung im Krakauer Nationalmuseum 2005]. Kraków: Muzeum Narodowe w Krakowie 2005. 382 S., Abb. ISBN 83-89424-35-5.

Es handelt sich um den Katalog zu der 2005 im Krakauer Nationalmuseum veranstalteten gleichnamigen Ausstellung, in der zahlreiche Stücke aus der eigenen Krakauer Sammlung sowie aus anderen polnischen Museen und Kirchen ausgeliehene Exponate gezeigt wurden. Den Kern der Ausstellung und somit der Publikation bilden die Werke von Veit Stoß aus seinen Krakauer Jahren. Die anderen Teile des Bandes betreffen die Rezeption und die Wirkung seines künstlerischen Werks in Krakau, in Kleinpolen, in anderen Gebieten Polens und im Ausland. Der Katalog umfasst folgende Kapitel: *Rzeźba w Małopolsce przed Witem Stwoszem* („Schnitzwerke in Kleinpolen vor Veit Stoß"), *Wit Stwosz w Krakowie* („Veit Stoß in Krakau"), *W cieniu Mistrza – rzeźba w Małopolsce 1480–1530* („Im Schatten des Meisters – Bildhauerkunst in Kleinpolen 1480–1530"), *Architektura w Krakowie w czasach Wita Stwosza* („Die Krakauer Architektur in den Zeiten von Veit Stoß"), *Rzemiosło artystyczne w Małopolsce w czasach Wita Stwosza* („Kunstgewerbe in Kleinpolen in den Zeiten von Veit Stoß"), *Spisz* („Zips"), *Śląsk* („Schlesien"), *Pomorze* („Pommern"), *Wit Stwosz w polskiej sztuce XVII–XXI wieku* („Veit Stoß in der polnischen Kunst vom 17. bis zum 21. Jahrhundert"). Die einzelnen Kapitel enthalten zahlreiche Abbildungen, Essays, Anmerkungen und Beschreibungen der einzelnen Werke. Das Buch ist außerdem mit einem ausführlichen Literatur- und Abbildungsverzeichnis versehen.

Agnieszka Palej

Adam Kopciowski: Zagłada Żydów w Zamościu [Die Vernichtung der Juden in Zamość]. Lublin: Wydawnictwo Uniwersytetu Marii Curie-Skłodowskiej 2005. 224 S., Abb., engl. Zusammenfassung. ISBN 83-227-2419-5.

Dieser Band beschäftigt sich mit dem Schicksal der jüdischen Bevölkerung der Stadt Zamość im Zweiten Weltkrieg. Der Autor versucht, ein komplettes und detailliertes Bild der „Endlösung der Judenfrage" in Zamość zu geben. Die Monographie beruht auf einer umfassenden Auswertung sowohl gedruckter als auch ungedruckter polnischer und ausländischer Quellen. Die Arbeit beginnt mit einem Überblick über die Lage der Juden in Zamość in der Zwischenkriegszeit. In den darauf folgenden sechs Kapiteln informiert der Autor über die einzelnen Etappen der Vernichtung: Aussiedlungen, Fluchtversuche, die Errichtung des Ghettos und seine Verwaltung (Judenrat, Judenpolizei, Jüdische Selbsthilfe), die antijüdischen Anordnungen der deutschen Besatzungsmacht, Gewaltakte, Zwangsarbeit, Lager, den jüdischen Widerstand sowie die polnisch-jüdischen Beziehungen. Das Buch ist reich illustriert und enthält eine ausführliche Bibliographie.

Agnieszka Palej

Andrzej Machejek (Hg.): Niemcy łódzcy. Die Lodzer Deutschen. Łódź: Wydawnictwo Hamal 2005. 120 S., Abb., dt. u. poln. Text. ISBN 83-919329-4-X.

Der anzuzeigende Band, der 2005 anlässlich des Jahres der deutschsprachigen Länder erschien, ist ein Versuch, die Geschichte der Lodzer Deutschen von den Anfängen der deutschen Ansiedlung in Lodz/Łódź vom 18. Jahrhundert bis in die Gegenwart darzustellen. Neben aufschlussreichen Informationen zu Geschichte, Kultur und Tradition der deutschen Einwohner der Stadt bietet er eine Vielfalt an farbigen Abbildungen, darunter Karten, Stadtpläne, Postkarten, Fotos und Werbeprospekte. Die Autoren, zumeist Historiker, Kultur- und Literaturwissenschaftler, beschreiben in einzelnen Kapiteln das kirchliche Leben der Deutschen in Lodz, befassen sich mit dem Phänomen der deutschen Zeitungen bis 1939, reflektieren die Schicksale der Lodzer Deutschen in der Zeit des Zweiten Weltkrieges und schildern das Leben danach. Der letzte Abschnitt des Bandes enthält einen Überblick über die gegenwärtige Präsenz der Deutschen in Lodz im kulturellen sowie im industriellen Bereich. Im Anhang findet man eine umfangreiche Bibliographie zur Geschichte der Lodzer Deutschen.

Anna Byczkiewicz

Małgorzata Omilanowska: Świątynie handlu. Warszawska architektura komercyjna doby wielkomiejskiej [Kathedralen des Handels. Die Architektur der Warschauer Geschäftshäuser in der Zeit der Großstadtbildung]. Warszawa: Instytut Sztuki Polskiej Akademii Nauk 2004. 359 S., 607 Abb., engl. Zusammenfassung. ISBN 83-89101-32-7.

Die Autorin, Mitarbeiterin des Instituts für Kunstgeschichte an der Polnischen Akademie der Wissenschaften, zeigt die Entwicklung der Warschauer Handelsbauten im europäischen Kontext, vor allem im Hinblick auf französische und englische Vorbilder, rezipiert die umfangreiche Literatur zum Thema und erörtert terminologische Fragen. Ausgehend von Nikolaus Pevsners Begriff des Bautypus in seiner historischen Entwicklung, konzentriert sie sich auf die räumlichen und funktionalen Lösungen der behandelten Bauten. Die erste Phase der Entwicklung neuer Strukturen für die Bedürfnisse des Handels fällt in Warschau in die vierziger und fünfziger Jahre des 19. Jahrhunderts. Moderne Markthallen, Passagen und Warenhäuser entstanden in Warschau hingegen verhältnismäßig spät: Erst 1902 wurden die beiden sogenannten Mirowskihallen eröffnet, bis 1916 entstanden drei weitere. Das erste große Bekleidungshaus wurde 1897 von Bogusław Heise eröffnet. Das bis 1939 einzige Kaufhaus mit breitem Warensortiment in Warschau war das Haus der Gebrüder Jabłkowski, das 1914 seine Pforten öffnete. Die Anzahl und die Entstehungszeit der Bauten lässt Warschau nicht in der ersten Reihe der europäischen Städte stehen, dennoch ist deren Bedeutung für seine Entwicklung zur Großstadt unbestritten. Das reiche Abbildungsmaterial ermöglicht Vergleiche zwischen Warschau und anderen europäischen Hauptstädten. Das Schlusskapitel geht auf die Situation der Warschauer Handelsbauten nach dem Zweiten Weltkrieg ein.

Maria Zwierz

Joanna Podolska (Bearb.): Litzmannstadt-Getto. Ślady. Przewodnik po przeszłości [Das Litzmannstädter Ghetto. Spuren. Ein Stadtführer durch die Vergangenheit]. Łódź: Wydawnictwo Piątek Trzynastego 2004. 144 S., s.-w. Abb. ISBN 83-7415-000-9.

Der kleine Führer im Taschenbuchformat ist kein gewöhnlicher Stadtführer; die Autorin führt den Leser durch das Gebiet, auf dem sich das Lodzer Ghetto befand, hält bei wichtigen, zum größten Teil erhaltenen Gebäuden inne und erklärt die Funktion, die sie für die im Ghetto lebenden Menschen hatten. Neben den polnischen Straßennamen werden jeweils in Klammern die ehemaligen deutschen angegeben, und zu jeder Straße findet sich ein kleiner Stadtplanausschnitt, der die Straße auf dem heutigen Stadtplan von Lodz/Łódź lokalisiert. Ein alphabetisches Straßenregister erleichtert die Orientierung. Außer einführenden Texten und Beschreibungen findet der Leser zahlreiche Ausschnitte aus zeitgenössischen Quellentexten (unter anderem aus der Lodzer Ghetto-Chronik), welche die Autorin sorgfältig ausgewählt und zusammengestellt hat.

Anna Byczkiewicz

Hanna Różanek (Red.): Okupowany Poznań i Wielkopolska w niemieckich fotografiach i dokumentach (1939–1941) [Posen und Großpolen während der nationalsozialistischen Besetzung in deutschen Fotos und Dokumenten (1939–1941)]. Poznań: Instytut Zachodni 2006 (Documenta ocupationis 15). 108 S., Abb., Kt. ISBN 83-87688-62-2.

Der Band präsentiert deutsche Bildaufnahmen, die aus der Zeit zwischen 1939 und 1941 stammen und die Stadt Posen/Poznań sowie die Region Großpolen zur Zeit der deutschen Besatzung zeigen. Der damals herrschenden Propagandaterminologie zufolge war Posen 1939 mit der Einverleibung in das „Dritte Reich" „befreit" worden. Die Aufnahmen stammen aus dem Archiv des Zweiten Weltkriegs und aus der Bibliothek des West-Instituts (Instytut Zachodni) in Posen.

Maria Wojtczak

Krystyna Samsonowska: Wyznaniowe gminy żydowskie i ich społeczności w województwie krakowskim (1918–1939) [Die jüdischen Gemeinden und ihre Gesellschaft in der Woiwodschaft Krakau (1918–1939)]. Kraków: Wydawnictwo Towarzystwa Naukowego „Societas Vistulana" 2005. 308 S., Abb. ISBN 83-88385-48-8.

Das Interesse der Autorin gilt sowohl der jüdischen Gemeinschaft in der Woiwodschaft Krakau/Kraków in der Zwischenkriegszeit als auch der Institution der Gemeinde als solcher. Im ersten und zweiten Kapitel wird die Einrichtung der Gemeinden abgehandelt und die jüdische Bevölkerung in der Krakauer Woiwodschaft umfassend charakterisiert. In den folgenden drei Abschnitten stellt die Autorin die wichtigsten Bereiche des jüdischen Lebens in Kleinpolen dar, im Einzelnen die politischen Aktivitäten, die öffentlichen Organisationen, das Kulturleben sowie das Schul- und Sportwesen. Das Buch enthält außerdem ein umfassendes Literaturverzeichnis und ein Personenregister.

Agnieszka Palej

Paweł Spodenkiewicz: Piasek z Atlantydy. Rozmowy z Jerzym Grohmanem [Sand aus Atlantis. Gespräche mit Jerzy Grohman]. Łódź: Wydawnictwo HOBO 2006. 120 S., Abb. ISBN 83-923186-1-7.

Der vorliegende Band dokumentiert die Gespräche, die der Lodzer Journalist und Soziologe Paweł Spodenkiewicz zwischen September 2003 und Dezember 2004 mit Jerzy Grohman geführt hat. Die Interviews mit dem Abkömmling einer der einst einflussreichsten deutschen Fabrikantenfamilien in Lodz/Łódź sind ein höchst persönliches Dokument vergangener Zeiten. Lodz gleicht in den Erinnerungen Grohmans dem legendären, im Titel erwähnten Atlantis. Nach dem Zweiten Weltkrieg ist die besondere Atmosphäre der multikulturellen Stadt ebenso spurlos verschwunden wie die Menschen, die die Stadt und ihre Geschichte einst geprägt haben. Der Leser wird auch mit dem Schicksal anderer bekannter deutscher Familien in Lodz vertraut gemacht. Die Interviews werden durch zahlreiche Abbildungen und ein Namensregister ergänzt.

Anna Byczkiewicz

Wanda Stróżczyńska, Ewa Stróżczyńska-Wille (Hg.): Es war einmal ... Erinnerungen an Betsche/Pszczew von Franciszek Golz und anderen Zeitzeugen. Poznań: Wydawnictwo „Pomost" 2004. 90 S., Abb. ISBN 83-916091-3-8.

In Betsche/Pszczew im Kreis Meseritz/Międzyrzecz, einer Kleinstadt in einer deutsch-polnischen Grenzregion, lebten bis 1945 sowohl Polen als auch Deutsche und Juden. Gemäß dem Motto von Jean Paul: „Die Erinnerung ist das einzige Paradies, aus dem wir nicht vertrieben werden können", wird in Erzählungen, Memoiren und Briefen der ehemaligen Bewohner des Ortes die Vergangenheit in all ihren Facetten wieder lebendig. Der Band umfasst drei Teile: Nach einer Einführung in die Geschichte der Ortschaft kommen „alte" Betscher zu Wort. Im dritten Abschnitt erzählen ehemalige deutsche Ortsbewohner Betscher Legenden. Das reich illustrierte Büchlein lädt zu einer Wanderung in die Vergangenheit ein und ist zugleich ein Zeugnis dafür, dass die gemeinsame deutsch-polnische Geschichte heute noch lebendig ist.

Maria Wojtczak

Jacek Wijaczka, Grzegorz Miernik (Hg.): Z przeszłości Żydów Polskich: polityka – gospodarka – kultura – społeczeństwo [Aus der Vergangenheit der polnischen Juden: Politik – Wirtschaft – Kultur – Gesellschaft]. Kraków: Instytut Pamięci Narodowej 2005. 402 S. ISBN 83-88385-62-3.

Der Band dokumentiert die Vorträge, die auf einer von der geisteswissenschaftlichen Fakultät der Akademia Świętokrzyska (Heiligkreuz-Akademie) und dem Institut für das Nationale Gedenken im Oktober 2004 in Kielce veranstalteten wissenschaftlichen Konferenz von

Historikern mehrerer polnischer Universitäten und Forschungsinstitutionen gehalten wurden. Er erhält unter anderem folgende Aufsätze: Zenon Guldan: *Żydzi w Polsce do końca XVIII wieku. Wybrane zagadnienia* („Juden in Polen bis zum Ende des 18. Jahrhunderts. Ausgewählte Fragen"); Szymon Kazusek: *Handel kupców żydowskich i chrześcijańskich miast województwa sandomierskiego* („Der Handel jüdischer und christlicher Kaufleute in den Städten der Woiwodschaft Sandomir"); Wojciech Saletra: *Żydzi wobec powstania listopadowego 1830–1831 na przykładzie województwa krakowskiego i sandomierskiego* („Die Juden und der polnische Novemberaufstand 1830–1831 am Beispiel der Woiwodschaften Krakau und Sandomir"); Grzegorz Berendt: *Emigracja Żydów z Polski w latach 1960–62* („Die Emigration der Juden aus Polen in den Jahren 1960–1962"); Dariusz Jarosz: *Problematyka żydowska w listach do Polskiego Radia z 1962* („Die jüdische Problematik in den Briefen an den Polnischen Rundfunk im Jahre 1962"); Jerzy Eisler: *Rok 1968: Żydzi, antysemityzm, emigracja* („Das Jahr 1968: Juden, Antisemitismus, Exil"); Wiesława Młynarczyk: *Holocaust we współczesnej edukacji polskiej młodzieży* („Der Holocaust in der zeitgenössischen Erziehung der polnischen Jugend").

Agnieszka Palej

Andrzej Żbikowski (Hg.): Polacy i Żydzi pod okupacją niemiecką 1939–1945: studia i materiały [Polen und Juden unter der deutschen Besatzung 1939–1945: Studien und Materialien]. Warszawa: Instytut Pamięci Narodowej 2006 (Instytut Pamięci Narodowej, Komisja Ścigania Zbrodni przeciwko Narodowi Polskiemu, Monografie [Institut für das nationale Gedenken, Kommission für die Verfolgung der gegen das polnische Volk begangenen Verbrechen, Monographien] 24). 1026 S., engl. Zusammenfassung. ISBN 83-60464-01-4.

Der Band enthält eine Reihe von Aufsätzen, in denen ausgewählte Aspekte der polnisch-jüdischen Beziehungen unter der deutschen Okkupation dargestellt werden. Die Beiträge sind nach regionalen Gesichtspunkten gruppiert und betreffen die Gebiete um Białystok, Krakau/Kraków, Lodz/Łódź, Kattowitz/Katowice, Rzeszów und Warschau/Warszawa. Darüber hinaus sind einige thematische Studien aufgenommen, die sich mit der Einstellung der Polnischen Heimatarmee (Armia Krajowa) und der Regierungsdelegatur für das Land (Delegatura Rządu na Kraj) zum Holocaust an den polnischen Juden, mit dem Juden-Hilfsrat „Żegota" (Rada Pomocy Żydom) und den polnischen „Gerechten", mit den negativen Aspekten des Verhältnisses zwischen Polen und Juden in der Okkupationszeit sowie mit der Einstellung polnischer nationaler Kreise zum Holocaust befassen. Jeder Aufsatz enthält einen Anhang mit einer Auswahl an Quellenmaterialien, die bei der Veranschaulichung der Kriegszeit und der damaligen Lebensumstände sehr hilfreich sind. Zu den Autoren des Bandes gehören unter anderem Jan Żaryn, Andrzej Żbikowski, Marcin Urynowicz und Krystyna Samsonowska.

Maria Wojtczak

Barbara Zbroja: Miasto Umarłych. Architektura publiczna Żydowskiej Gminy Wyznaniowej w Krakowie w latach 1868–1939 [Die Stadt der Toten. Die öffentliche Architektur der jüdischen Gemeinde in Krakau in den Jahren 1868–1939]. Kraków: Wydawnictwo WAM 2005. 212 S., Abb. ISBN 83-7318-619-0.

Die vorliegende Monographie gliedert sich in zwei Teile. Im ersten Abschnitt zeichnet die Autorin die Entwicklung des jüdischen Stadtviertels in Krakau/Kraków in den Jahren 1800–1919 nach, charakterisiert seine Einwohner und beschreibt die Bautätigkeit der jüdischen

Gemeinde zwischen 1868 und 1919. Der zweite Teil schließt sich chronologisch an und behandelt die Bautätigkeit in der Zwischenkriegszeit sowie die jüdischen Architekten und Baumeister. Die auf Initiative der jüdischen Gemeinde ausgeführten Bauvorhaben wurden von der Autorin aufgrund des Verzeichnisses der Vermögensobjekte der jüdischen Gemeinde in Krakau ausgewählt. Die Untersuchung stützt sich auf die Bauakten im Stadtarchiv von Krakau und im Archiv der Krakauer jüdischen Gemeinde (Jüdisches Historisches Museum in Warschau) sowie auf Fachzeitschriften. Die behandelten Bauprojekte der damals in Krakau tätigen jüdischen Architekten sind durch ein Register erschlossen. Eine Bibliographie, zahlreiche Abbildungen sowie ein Personenregister runden den Band ab.

Agnieszka Palej

Konrad Zieliński: Stosunki polsko-żydowskie na ziemiach Królestwa Polskiego w czasie pierwszej wojny światowej [Die polnisch-jüdischen Beziehungen auf dem Gebiet des Königreichs Polen während des Ersten Weltkriegs]. Lublin: Wydawnictwo Uniwersytetu Marii Curie-Skłodowskiej 2005. 496 S., engl. Zusammenfassung. ISBN 83-2272-439-X.

Der Autor des Bandes setzt es sich zum Ziel, die polnisch-jüdischen Beziehungen im Königreich Polen in den Jahren 1914–1918 unter Berücksichtigung der Spezifik des Milieus und der Region zu analysieren. Diese Beziehungen werden auf allen Ebenen herausgearbeitet: innerhalb der großstädtischen Intelligenz, des Großbürgertums, des Stadtproletariats, im Kreise der Kleinstadt- und Dorfbewohner sowie in den einzelnen politischen Parteien und Fraktionen. Die Arbeit beginnt mit einem Kapitel über die demographische Struktur des Königreichs Polen unter Berücksichtigung der rechtlichen und wirtschaftlichen Lage der jüdischen Bevölkerung. In den folgenden vier Abschnitten behandelt der Autor die Politik der russischen Verwaltung gegenüber der jüdischen Bevölkerung und die politische Situation im Königreich Polen im ersten Kriegsjahr, die Einsetzung der Besatzungsverwaltung, ihre Politik und deren Folgen für die polnisch-jüdischen Beziehungen, die Beteiligung von Juden an der polnischen Freiheitsbewegung und die politisch-gesellschaftliche Situation im letzten Kriegsjahr. Das Buch wird durch Tabellen, eine umfangreiche Bibliographie und ein Namens- und Ortsregister ergänzt.

Agnieszka Palej

Anna Ziółkowska: Obozy pracy przymusowej dla Żydów w Wielkopolsce w latach okupacji hitlerowskiej (1941–1943) [Zwangsarbeitslager für Juden in Großpolen in den Jahren der nationalsozialistischen Besatzung (1941–1943)]. Poznań: Wydawnictwo Poznańskie 2005. 353 S., Abb. ISBN 83-7177-364-1.

Die Autorin zeichnet in insgesamt sieben Kapiteln die Strukturen der Zwangsarbeiterlager für Juden in Großpolen, die Wohn- und Lebensbedingungen der Gefangenen in den einzelnen Lagern, ihren Gesundheitszustand, ihren Überlebenskampf und schließlich den Prozess der Auflösung der Lager nach. In einem umfangreichen Anhang sind die archivalischen Quellen, die deutschen Unternehmen und Institutionen, die die Zwangsarbeiter beschäftigten, die Baufirmen, die den Einsatz von jüdischen Arbeitskräften beim Bau der Reichsautobahn östlich von Frankfurt/Oder förderten, sowie die Namen der in den Zwangsarbeitslagern umgekommenen Juden verzeichnet. Der Band enthält zudem umfangreiches Bildmaterial, Fotos aus den Lagern sowie Abbildungen von Lagerdokumenten.

Maria Wojtczak

7. Böhmen, Mähren

Peter Becher, Ingeborg Fiala-Fürst (Hg.): Literatur unter dem Hakenkreuz. Böhmen und Mähren 1938–1945. [Prag], Furth im Wald: Vitalis 2005 (Vitalis Scientia 6). 372 S. ISBN 80-7253-106-9, 3-89919-030-0.

Der Sammelband enthält Beiträge zweier Konferenzen, die 2000 in München und 2001 in Olmütz/Olomouc stattfanden und die Literaturgeschichte Böhmens und Mährens während der NS-Herrschaft zum Thema hatten. Allgemeiner ausgerichtet sind etwa die Texte von Uwe Baur, der sich mit institutionellen Aspekten der literarischen Beziehungen zwischen Österreich und den böhmischen Ländern im besagten Zeitraum beschäftigt, oder von Andrea Hohmeyer, die die deutschsprachige Literaturgeschichtsschreibung in den böhmischen Ländern zwischen 1938 und 1945 behandelt. Weitere Beiträge widmen sich konkreten Genres oder Personen. So beschäftigt sich Diether Krywalski mit der Jugendbuchliteratur, während Jörg Krappmann und Petra Knápková sich der Person und dem Werk von Erwin Ott zuwenden und Karin Gradwohl-Schlachter über Karl Hans Strobl schreibt. Der Band enthält auch Beiträge zur tschechischen Literaturgeschichte zwischen 1938 und 1945 (Ludger Udolph, Alena Štěrbová) oder solche mit komparatistischen bzw. interdisziplinären Ansätzen: So vergleicht Susanne Fritz das literarische Leben in Dresden, Reichenberg und Prag, während Stephan Zwicker sich mit deutschen Spielfilmen aus dieser Zeit auseinandersetzt.

Václav Maidl

Karol Jonca: Dekrety prezydenta Edvarda Beneša. Niemcy w czechosłowackiej doktrynie politycznej i prawnej z lat 1920–1945 [Die Dekrete des Präsidenten Edvard Beneš. Die Deutschen in der tschechoslowakischen politischen und juristischen Doktrin in den Jahren 1920–1945]. Wrocław: Wydawnictwo Uniwersytetu Wrocławskiego 2005 (Acta Universitatis Wratislaviensis 2821). 162 S., Abb., engl. Zusammenfassung. ISBN 83-229-2687-1.

Die Studie des herausragenden Breslauer Juristen behandelt die immer noch kontrovers diskutierte Frage der Aussiedlung der Deutschen aus der Tschechoslowakei in der Nachkriegszeit, ordnet diese jedoch in den breiten Kontext der politischen und rechtlichen Ideengeschichte der Tschechoslowakei in der Zwischenkriegszeit ein. Die Darstellung fußt sowohl auf Archivrecherchen (unter anderem in Prag/Praha) als auch auf gedrucktem Material und gliedert sich in drei Kapitel mit chronologischem bzw. problembezogenem Charakter. Im ersten Kapitel setzt sich der Autor mit der Politik der tschechoslowakischen Regierung gegenüber den Nationalitäten, den Organisationen der deutschen Minderheit, dem Einfluss des Nationalsozialismus sowie der Zersplitterung der Tschechoslowakei in den Jahren 1938–1939 auseinander. Der zweite Abschnitt behandelt die Kriegszeit und die Problematik der tschechoslowakischen Emigrationsbehörden. Hier werden unter anderem die Projekte des Bevölkerungstransfers und die Bemühungen um deren internationale Sanktionierung dargestellt. Das letzte Kapitel schildert die tschechische Gesetzgebung bezüglich der Deutschen (die Beneš-Dekrete) sowie den Verlauf der Aussiedlungen. Die Darstellung schließt mit einem Unterkapitel über den polnisch-tschechoslowakischen Streit um das Gebiet um Glatz/Kłodzko.

Krzysztof Ruchniewicz

Kristina Kaiserová (Hg.): Duch zakladatelů. Průmyslová společnost a společenská emancipace. Konference v Ústí nad Labem, 7.–9. října 2005. Der Geist der Gründer. Industriegesellschaft und gesellschaftliche Emanzipation. Konferenz in Aussig, 7.–9. Oktober 2005. Ústí nad Labem: Muzeum města Ústí nad Labem 2006. 102 S., Abb. ISBN 80-86971-08-2, 90-86475-08-5.

Die Publikation dokumentiert die Beiträge der gleichnamigen wissenschaftlichen Konferenz, die es sich zum Ziel gesetzt hatte, die Verflechtung der Gründungsprozesse im 19. Jahrhundert aufzuzeigen. Parallel zur industriellen Entwicklung entstanden dabei soziale, kulturelle, nationale und auch religiöse Emanzipationsbewegungen, an deren Symbolik gegenwärtige Gründungsbewegungen teilweise wieder anknüpfen. Das Buch informiert nicht nur über historische Themen, sondern auch über aktuelle politische Fragen und die Herausforderung, die Regionen der ehemals auch von Deutschen bewohnten böhmischen Länder wiederzubeleben. Der erfolgreiche Verlauf der Konferenz lieferte zugleich ein zusätzliches Argument dafür, den Gedanken der Gründung eines tschechisch-deutschen Museums „Collegium Bohemicum" weiter zu verfolgen.

Kristina Kaiserová

Tomáš Knoz (Hg.): Tschechen und Österreicher. Gemeinsame Geschichte, gemeinsame Zukunft. Brno: Matice moravská, Wien: Kirchliches Institut Janineum 2006. 344 S. ISBN 80-86488-31-4, 3-901194-14-2.

Der Band enthält annähernd 40 Beiträge, die von tschechischen und österreichischen Wissenschaftlern und Publizisten zu Themen der gemeinsamen Geschichte in Mitteleuropa sowie der jüngsten Zeitgeschichte und Gegenwart verfasst wurden. Gegliedert sind die Aufsätze in die folgenden Themenblöcke: *Gemeinsame Geschichte*; *Kulturverwandtschaften*; *Ein Glaube*; *Geteilte Tragödie*; *Gegenseitige Hilfe*; *Leben in Gemeinschaft*; *Miteinander in Kunst und Wissenschaft*; *Einander kennenlernen* und *Rückblick und Zukunftschau*. Die Einleitung wurde von den Kardinälen Christoph Schönborn und Miroslav Vlk verfasst.

Václav Maidl

Petr Mikšíček (Hg.): Znovuobjevené Krušnohoří. Průvodce po živoucích i zaníklých místech centrálního Krušnohoří. Publikace k výstavě [Das wiederentdeckte Erzgebirge. Ein Führer durch die lebendigen und die verschwundenen Orte des Zentralerzgebirges. Publikation zur Ausstellung]. Boží Dar: Česko-Německý Fond Budoucnosti 2005. 402 S., Abb. Ohne ISBN.

Die Publikation begleitet die gleichnamige tschechische Wanderausstellung „Das wiederentdeckte Erzgebirge". Ihr Thema ist das böhmisch-sächsische Grenzgebiet im Wandel der Geschichte unter Berücksichtigung auch der Nachkriegsentwicklung. Nachdem die deutsche Bevölkerung das Land verlassen musste, wurden viele Orte verwüstet oder verfielen. Die in diesem Buch vorzufindenden Texte und das Abbildungsmaterial vermitteln allerdings nicht nur einen Einblick in die Vergangenheit, sondern geben auch Auskunft darüber, wie das Erzgebirge heute von den Tschechen wiederentdeckt wird.

Kristina Kaiserová

Tomáš Staněk: Poválečné „excesy" v českých zemích v roce 1945 a jejich vyšetřování [Nachkriegs-„Exzesse" in den böhmischen Ländern im Jahr 1945 und ihre juristische Aufarbeitung]. Praha: Ústav pro Soudobé Dejiny Akad. Ved České 2005 (Sešity Ústavu pro soudobé dějiny AV ČR [Hefte des Instituts für Zeitgeschichte an der Akademie der Wissenschaften der Tschechischen Republik] 41). 366 S., engl. Zusammenfassung. ISBN 80-7285-062-8.

Das Buch hat Formen extremer Gewalt zum Gegenstand, wie sie nach Kriegsende gegen Deutsche ausgeübt wurde. Geschildert werden aber ebenso Willkürakte gegenüber anderen Personen, die als Feinde der Republik und des tschechischen Volkes gebrandmarkt wurden. Die Mehrzahl dieser Verbrechen wurde in der unmittelbaren Nachkriegszeit (Mai bis Juli 1945) begangen. Der Autor widmet sich in seiner Untersuchung unter anderem der Frage, wie es zu diesen „Exzessen" kommen konnte. Wichtigste Ursache war seiner Meinung nach der Schock, den der Umfang der nationalsozialistischen Verbrechen in der Bevölkerung ausgelöst hatte. Zugleich sei in Teilen der tschechischen Bevölkerung zu dieser Zeit eine problematische Erosion von rechtlichen Prinzipien und moralischen Werten festzustellen gewesen.

Kristina Kaiserová

Anikó Zsigmond: Marie von Ebner-Eschenbach. Das Frauenbewußtsein einer österreichischen Aristokratin. Szombathely: Maedinfo 2001 (Acta germanistica Savariensia 5). 153 S. ISBN 963-929045-9.

Die Budapester Dissertation stellt einen Versuch dar, das Werk der aus Mähren gebürtigen Schriftstellerin Marie von Ebner-Eschenbach aus feministischer Perspektive zu analysieren. Um der Gefahr der Einseitigkeit zu entgehen, wird das Schaffen der Autorin aber nicht ausschließlich unter diesem Aspekt betrachtet. Die Vorgehensweise ist dreifach geprägt: kulturhistorisch, literatursoziologisch und biographisch. Das erste Kapitel der Monographie liefert einen historisch-kulturellen Überblick über die Epoche. Dabei rücken die veränderte Stellung der Frau in der Gesellschaft und die Schilderung der wissenschaftlichen Rezeption der österreichischen Literatur des Nachmärz in den Vordergrund. Das zweite Kapitel nimmt die Biographie Marie von Ebner-Eschenbachs in den Blick und betont dabei besonders die Diskrepanz zwischen ihrem sozialen Status und ihrem künstlerischen Bewusstsein. Dieser Dichotomie wird im ganzen Buch besondere Aufmerksamkeit gewidmet. Der Schwerpunkt des dritten Kapitels liegt auf dem Menschenbild, das im Werk der österreichischen Dichterin konturiert ist, wobei die darin aufscheinenden slawischen Züge bzw. die religiösen Themen besonderes Interesse finden. Das letzte Kapitel konzentriert sich auf die Frauenproblematik. Die Schriften Marie von Ebner-Eschenbachs werden in Bezug auf das gezeichnete Frauenideal und die Frauenschicksale, die frauenspezifischen Themen, die Geschlechterbeziehungen und die Typologie der Charaktere untersucht. Die Arbeit bedient sich nicht nur eines ganz neuen Forschungsansatzes, sie möchte auch neue, bisher übersehene Nuancen der Persönlichkeit und des Schaffens der Dichterin herausarbeiten und dabei den Nachweis führen, dass ihr Werk nicht zum Bereich der Trivialliteratur gezählt werden kann.

Enikő Dácz

8. Slowakei

Dušan Buran (Hg.): Gotika [Gotik]. Bratislava: SNG a Slovart 2003 (Dejiny slovenského výtvarného umenia [Geschichte der slowakischen bildenden Kunst]). 879 S., 505 Abb. ISBN 80-8059-080-X.

Zur Kunst der Gotik vom 14. bis zum 16. Jahrhundert auf dem Gebiet der Slowakei bietet dieses Werk, das an der Slowakischen Nationalgalerie entstand, einen hervorragenden Überblick. In einzelnen Studien werden Aspekte des Kulturtransfers untersucht, beispielsweise das Lehrer-Schüler-Verhältnis zwischen dem in Krakau tätigen Veit Stoß und Meister Paul von Leutschau/Levoča. In den Blick genommen werden ferner die kulturellen Beziehungen zwischen mittelalterlichen Städten in der heutigen Slowakei und deutschen Regionen und Städten, etwa Nürnberg, München, Regensburg, Augsburg, Freiburg, Magdeburg oder Meissen.

Igor Zmeták

Miroslava Domová (Hg.): Kniha 2003. 2004. Zborník k dejinám knižnej kultúry [Das Buch. 2003. 2004. Sammelschrift zur Geschichte der Buchkultur]. Martin: Slovenská národná knižnica. 2004. 209, 188 S. ISBN 80-89023-42-8.

Der Band vereint die Referate verschiedener Tagungen zur Geschichte der Buchkultur. Für das Jahr 2003 sind dies die Buchkultur der Region Scharosch/Šariš und der Stadt Bartfeld/Bardejov und für das Jahr 2004 die Buchkultur der Region Neutra/Nitra. Die Stadt Bartfeld ist mit frühen Drucken von Luthers Bibel vertreten. Hier befinden sich auch Bücher von Philipp Melanchthon oder des Weltreisenden Martin von Baumgarten aus dem 16. Jahrhundert. Aus dem Teil zur Region und zur Stadt Neutra sind die Beiträge von Michaela Kujovičová („Neue Erkenntnisse über Bücher aus der Bibliothek der Familie Fugger"), Igor Zmeták („Die Adelsbibliothek der Familie Friesenhof") oder Eva Frimmová („Erhaltene Bücher aus dem Besitz der Familie Fugger in der Slowakei") erwähnenswert.

Igor Zmeták

Radoslav Hlúšek (Hg.): Codex Bratislavensis. Zámorské objavy podľa slovenského prameňa zo XVI. storočia [Codex Bratislavensis. Überseeische Entdeckungen nach einer slowakischen Quelle aus dem 16. Jahrhundert]. Bratislava: Chronos 2001. XIV, 126 S., 15 Abb. ISBN 80-89027-03-2.

Diese neu entdeckte Quelle aus der Lyzeumsbibliothek in Pressburg/Bratislava ist von überragender Bedeutung. Bislang war nicht bekannt, dass der deutsche Kaufmann Lazarus Nuremberger aus Pressburg 1502 mit Vasco da Gama nach Indien gefahren war. Sehr interessant ist auch seine Handschrift aus den Jahren 1517/1518. Dieses Dokument enthält Berichte von seinen Reisen in Diensten der Unternehmen der Welser, Fugger, Gossenprot, Imhoff und Hirschvogel nach Afrika und Amerika. Mitteleuropa hat daher mit diesem Kaufmann Anteil an den Entdeckungen des 16. Jahrhunderts. Zwei der Berichte sind in der deutschen Sprache verfasst.

Igor Zmeták

Ivona Kollárová: Vydavatelia v 18. storočí [Die Verleger im 18. Jahrhundert]. Bratislava: VEDA 2006. 182 S., 12 Abb. ISBN 80-224-0889-1.

Mit dieser Monographie erscheint eine Geschichte des typographischen Mediums in der Slowakei in drei Teilen. Der erste Teil ist der größten Persönlichkeit der slowakischen Aufklärung, Matej (Matthias) Bel, gewidmet. Aufschlussreich ist auch der Briefwechsel zwischen Bel und seinem Freund August Hermann Francke in Halle. Im zweiten Teil wird die Tätigkeit des Verlegers Ján Michal Landerer aus Pressburg/Bratislava beschrieben, dessen Familie aus Bayern stammte. Da es in dieser Zeit zuweilen notwendig war, wegen der habsburgischen und ungarischen Zensur Bücher in Deutschland zu drucken, waren die Kontakte und die Zusammenarbeit zwischen deutschen und slowakischen Verlegern sehr eng.

Igor Zmeták

Mária Novotná (Hg.): Pohľady do minulosti. Zv. II [Blicke in die Vergangenheit. Bd. II]. Levoča: SNM – Spišské múzeum v Levoči 2002. 134 S. ISBN 80-85167-22-0.

Der Band vereint Referate zur Geschichte der Stadt Leutschau/Levoča, die auf verschiedenen Tagungen gehalten worden sind. Unter anderem enthält er den Beitrag von Ivan Chalupecký über die bedeutendsten Persönlichkeiten der Stadt: Stephan Xylander Holtzmann (1572–1619), der in Frankfurt/Main und Wittenberg studiert hat, Petrus Zabler (1578–1645), gleichfalls Student in Wittenberg, Christian Pfanschmiedt (17. Jh. – 1741), der Theologie in Jena studierte, sowie Johann Ludwik Topertzer (1805–1880), Student in Halle. Sie hatten in den Auseinandersetzungen um die Religionsfreiheit in Ungarn mit Protagonisten der deutschen Reformation und mit den evangelischen Kirchen im Heiligen Römischen Reich Deutscher Nation zusammengearbeitet. Weitere Referate sind der Kultur in der Zips/Spiš sowie speziell in der Stadt Georgenberg/Spišská Sobota gewidmet.

Igor Zmeták

Mária Novotná (Hg.): Pohľady do minulosti. Zv. IV [Blicke in die Vergangenheit. Bd. IV]. Levoča: SNM – Spišské múzeum v Levoči 2004. 93 S. ISBN 80-85167-33-6.

In diesem Band schreibt Miloslava Bodnárová über Johannes Henckel, der zu den bedeutendsten Humanisten seiner Zeit zählt, und über die Anfänge der Reformation in Ungarn. Henckel stand in engem Kontakt zu Erasmus von Rotterdam, Martin Luther und Philipp Melanchthon. Großen Einfluß auf das reformatorische Geschehen in Ungarn hatte die in Deutschland entstandene Reformationsliteratur, doch auch die persönlichen und Geschäftskontakte zwischen den Städten und Bürgern aus dieser Region mit jenen im Heiligen Römischen Reich spielten eine wichtige Rolle. Interessant ist auch der Beitrag von František Žifčák über die „Alte Leutsch" (Leutschau/Levoča) von der Römerzeit bis zum Mittelalter.

Igor Zmeták

Mária Novotná (Hg.): Pohľady do minulosti. Zv. V [Blicke in die Vergangenheit. Bd. V]. Levoča: SNM – Spišské múzeum v Levoči 2005. 93 S. ISBN 80-8060-184-4.

In diesem Band findet sich eine informative Studie über die Zipser Familie Spilenberger vom 16. bis zum 19. Jahrhundert. Das Geschlecht der Spilenberger stammte aus Augsburg und profilierte sich vor allem in Ärzte- und Apothekerberufen. Es ließ sich in der Zips/Spiš bereits um die Mitte des 16. Jahrhunderts nieder und gehört seither zu den bedeutendsten Familien der Region. Die Schicksale der Mitglieder dieser Familie sind jedoch sehr wenig bekannt. Samuel Spilenberger war ein Pionier der Papierherstellung in der Zips – er errichtete im 16. Jahrhundert eine Papiermanufaktur in Zeplitz/Spišská Teplica – und Privatarzt des Palatins Georg Thurzo.

Igor Zmeták

Peter Sabov (Hg.): Sprievodca po historických knižniciach na Slovensku. Zv. 1 [Begleiter zu historischen Bibliotheken in der Slowakei. Bd. 1]. Martin: Slovenská národná knižnica 2001. 164 S., Abb., engl. u. franz. Zusammenfassung. ISBN 80-89023-10-X.

Das Autorenkollektiv stellt im ersten Band dieses Wegweisers zu historischen Buchbeständen in der Slowakei die wichtigsten Sammlungen vor. Die Beiträge widmen sich den Bibliotheken des Adels, der Kirchen und einzelner Sammler, aber auch Buchbeständen in Vereinshäusern und Schulen. In diesen Sammlungen befinden sich viele historische Bücher, die von deutschen Autoren verfasst oder im deutschen Sprachraum gedruckt wurden. Die Wege der deutschen Bücher in das Gebiet der heutigen Slowakei waren zugleich die Wege der Glaubenslehren. Daher findet man die Schriften Luthers, Melanchthons und Sebastian Münsters, aber auch die Werke Kants, Goethes, Schillers oder Heines in slowakischen Bibliotheken (wie z. B. in der Lyzeumsbibliothek in Käsmark/Kežmarok). Der Benutzer kann dem Band auch wichtige praktische Hinweise, wie die Adressen und Kontaktdaten der vorgestellten Sammlungen, entnehmen.

Igor Zmeták

Peter Sabov (Hg.): Sprievodca po historických knižniciach na Slovensku. Zv. 2 [Begleiter zu historischen Bibliotheken in der Slowakei. Bd. 2]. Martin: Slovenská národná knižnica 2004. 164 S., Abb., engl. Zusammenfassung. ISBN 80-89023-10-X.

Das Autorenkollektiv stellt in diesem zweiten Band des Bibliotheksführers weitere wichtige historische Buchbestände in der Slowakei vor: die Bibliothek der Adelsfamilie Edelsheim, die aus einem badisch-hessischen Geschlecht stammte, und die Lyzeumsbibliothek in Schemnitz/Banská Štiavnica. Für die Sammlungen sind die Adressen und Kontaktdaten der heutigen Verwaltungsstellen angegeben.

Igor Zmeták

Ján Tibenský, Viera Urbancová: Slovensko očami Európy. 900–1850 [Die Slowakei in den Augen Europas. 900–1850]. Bratislava: Academic Electronic Press 2003. 326 S., Abb. ISBN 80-89104-23-1.

Das Buch enthält Berichte, die Kartographen, Geographen, Reisende, Diplomaten und andere Personen aus verschiedenen Ländern Europas auf ihren Reisen in das Gebiet der heutigen Slowakei verfasst haben. Sie haben sowohl über die Bewohner von Städten geschrieben als auch über die Bevölkerung auf dem Lande, Angehörige der unterschiedlichen Ethnien, somit auch über die Deutschen in den Karpaten. Unter den deutschen Autoren der Reiseberichte findet man H. Ortelius, S. Schweiger, W. A. von Steinach, Ch. Wallsdorf, M. Zeiler,

B. C. P. Hahn, G. Kirchner, A. Werner, W. Retschir, C. von Driesch, F. E. Brückmann, J. von Heinbrucher, J. Friedel, G. Jars, A. Zipser und G. Horn. Einige der abgedruckten Berichte und Reisebriefe sind nur in slowakischen Archiven und Museen vorhanden.

Igor Zmeták

Pavel Uhorskai (Hg.): Evanjelici v dejinách slovenskej kultúry. Zv. 3 [Die Protestanten in der Geschichte der slowakischen Kultur. Bd. 3]. Liptovský Mikuláš: Tranoscius 2002. 504 S., Abb. ISBN 80-7140-175-7.

Die Geschichte der protestantischen, gegen Rom gerichteten Bewegung ist sehr eng mit der deutschen Reformation verbunden. Die Reformbewegung erreichte das Gebiet der heutigen Slowakei bereits in der ersten Hälfte des 16. Jahrhunderts. Unter den deutschsprachigen Bürgern und auch bei den Slowaken setzte sich die evangelisch-lutherische Kirche Augsburgischen Bekenntnisses auf der Synode von Sillein/Žilina im Jahre 1610 durch. Die Protestanten aus der Slowakei und Ungarn mussten an deutschen Universitäten studieren. In der Zeit des Absolutismus unter den katholischen Habsburgern haben die deutschen und die slowakischen Protestanten sehr eng zusammengearbeitet. Die vorliegende Kulturgeschichte der Protestanten in der Slowakei beschreibt auch das Kirchenleben und sonstige Aktivitäten der deutschen Bürger dieser Region.

Igor Zmeták

Igor Zmeták: Formovanie predstáv o prírodných národoch podľa historických knižničných dokumentov zachovaných na Slovensku [Die Bildung der Vorstellungen über Naturvölker nach historischen Buchdokumenten aus der Slowakei]. Bratislava: Filozofická fakulta Univerzity Komenského 2006. 133 S., 27 Abb. Diss.

Diese erste wissenschaftliche Arbeit über Berichte über Naturvölker in historischen Dokumenten, die heute auf dem Gebiet der Slowakei aufbewahrt werden (unter der Leitung von Professor Milan Leščák), vermittelt die Kenntnis vieler wertvoller Materialien. Im 16. und 17. Jahrhundert war das Gebiet der Slowakei mit dem deutschen Kulturkreis verbunden. Die meisten historischen Bücher über Naturvölker stammten aus deutschen Druckorten. Die besten Reisewerke des 16. Jahrhunderts waren diejenigen von Theodor de Bry, dem berühmten Drucker aus Frankfurt am Main. Er druckte auch den Bericht des deutschen Seemanns Johannes Staden aus Homburg in Hessen. Staden war Autor der ersten mitteleuropäischen Schrift über die Eingeborenen in Brasilien.

Igor Zmeták

9. Ungarn, Rumänien

Fernanda Agócs (Hg.): Ungarndeutsche Spiele früher und heute. Baja: Eötvös J. Főisk. Ped. Fakultás 2004. 68 S., Abb. ISBN 963-7290-25-7.

Die Arbeit versteht sich als Ergänzungsmaterial zu den lokalen Erziehungsprogrammen und richtet sich hauptsächlich an Pädagogen. Wie im Vorwort betont, möchte sie einen Beitrag zur Stärkung der ungarndeutschen Identität leisten. Der im Einführungsteil angeschlagene nostalgische Ton klingt stellenweise auch in den Spielbeschreibungen an, was dem Werk eine subjektive Färbung verleiht. Der erste Teil skizziert die Problematik des Spielens und ist synthetisierend konzipiert, doch werden, gemessen am Stand der fachwissenschaftlichen Forschung, letztlich nur Schlagwörter reproduziert. Den längeren thematischen Teil bildet die Sammlung ungarndeutscher Spiele in Mundart und auf Hochdeutsch. Neben der Beschreibung einzelner Spiele werden ausgewählte Gedichte und Lieder zitiert, die dem ungarndeutschen oder ungarischen Leser wohlbekannt klingen. Im Anhang finden sich veranschaulichende Zeichnungen und Fotos von Spielzeugen und spielenden Kindern. Insgesamt erlaubt der Band durch die Schilderung der Spielgewohnheiten und deren bildliche Darstellung einen Einblick in die lokale Vergangenheit.

Enikő Dácz

Attila Ambrus (Hg.): In memoriam dr. Paul Binder. Emlékkönyv. Festschrift. Volum omagial. Kronstadt: Brassói Lapok Kiadó/Verlag/Editura 2005. 60 S. Ohne ISBN.

Das Gedenkbändchen enthält eine Selbstbiographie und mehrere Schriften des Kronstädter Historikers und Geographen Dr. Paul Binder (1935–1995), dazu Beiträge, in denen Freunde und Kollegen wie Paul Cernovodeanu und Gernot Nussbächer an Episoden aus der Kindheit, Schulzeit und Studienzeit sowie aus dem Berufsleben des Heimatforschers erinnern. Am Schluss des Buches steht eine Auswahlbibliographie der Veröffentlichungen von Paul Binder, deren Zahl in die Hunderte geht.

Stelian Mândruţ

Susana Andea (Hg.): Transilvania (sec. XIII–XVII). Studii istorice [Siebenbürgen (13.–17. Jahrhundert). Historische Studien]. Bucureşti: Editura Academiei Române 2005. 357 S. ISBN 973-27-1256-2.

Der Band enthält Beiträge der Mitarbeiter der Abteilung für mittelalterliche Geschichte des Geschichtsinstituts „George Bariţ“ in Klausenburg/Cluj-Napoca, das zur Rumänischen Akademie gehört. Hervorzuheben sind die Beiträge, die sich auf vergleichende Studien der rumänischen, ungarischen und siebenbürgisch-sächsischen Geschichte und Kultur konzentrieren. Lidia Gross beleuchtet die Genealogie des siebenbürgischen Vizewoiwoden Nikolaus Senior von Salzburg/Ocna Sibiului und veröffentlicht eine Fallstudie über die Heiliggeist-Bruderschaft in Hermannstadt/Sibiu. Daniela Mitea analysiert die Beziehungen Siebenbürgens und der Walachei auf der Grundlage von Hermannstädter Rechnungen aus den Jahren 1507–1508.

Stelian Mândruţ

Miklós Asztalos: A korszerű nemzeteszme. A nemzetiségek története Magyarországon [Der zeitgemäße Nationalgedanke. Geschichte der Nationalitäten in Ungarn]. Máriabesnyő, Gödöllő: Attraktor Kiadó 2004 (Historia Incognita, I. Történettudomány [Geschichtswissenschaft] 12). 234 S. ISBN 963-958-018-X.

Der Band stellt eine Neuauflage zweier Schriften von Miklós Asztalos dar, die ursprünglich 1933 und 1934 in Budapest erschienen und sich an ein breites Publikum richteten. Der erste Teil über den Nationalgedanken entsprang der Erkenntnis, dass im ersten Drittel des 20. Jahrhunderts unter anderem auch die führende Idee des 19. Jahrhunderts, der Nationalgedanke, in eine Krise geraten war. Asztalos ging von der These aus, dass sich die

Entwicklung der nationalen Idee in Osteuropa von den Prozessen in Westeuropa gelöst habe, und sah darin eine Gefahr auch für Ungarn. Daher fasste er in seiner Schrift die damals neueste Literatur zur geschichtlichen Entwicklung der Begriffe ‚Nation' und ‚Nationalgedanke', zu den verschiedenen Interpretationen dieser Begriffe und generell zur Rolle des nationalen Gedankens in der damaligen Welt zusammen. Schließlich skizzierte er auch, wie ein zeitgemäßer ungarischer Nationalgedanke seiner Auffassung nach aussehen sollte. Der zweite Teil über die Nationalitätenfrage widmet sich der „Zerstörung des Gebietes des historischen ungarischen Staates" und versucht, die Ursachen dieses territorialen Zusammenbruchs aus mitteleuropäischer Perspektive zu schildern.

Zsolt Vitári

Axel Azzola: Jüdische und andere Geschichten von der Schöpfung bis zur Gegenwart. Hermannstadt/Sibiu: Hora Verlag 2005. 156 S. ISBN 973-8226-37-6.

Der erste Teil dieser Sammlung beinhaltet einmal „anders" erzählte Geschichten aus der Heiligen Schrift, die die alttestamentarische Überlieferung halb ernsthaft, halb scherzhaft kommentieren. Der zweite Abschnitt ist der siebenbürgisch-sächsischen Vergangenheit und Gegenwart gewidmet. Kommentare zur Problematik der Herkunft und der Identität der Texte als literarische Quellen runden die Sammlung ab.

Ana-Maria Palimariu

Hannelore Baier (Hg.): Germanii din România. 1944–1956 [Die Deutschen in Rumänien. 1944–1956]. Sibiu: Editura Honterus 2005. 168 S. ISBN 973-87070-7-2.

Das Buch ist eine Sammlung von Dokumenten in rumänischer Sprache, die die Verfasserin im Laufe von 15 Jahren in verschiedenen inländischen Archiven gefunden hat. Die Quellen beziehen sich auf jenen Zeitabschnitt nach dem Zweiten Weltkrieg, der für die Rumäniendeutschen der schwerste war. Die insgesamt 52 Dokumente sind in vier Kapitel gegliedert und nehmen Bezug auf die „deutsche Frage" in Rumänien, die Deportation zur Zwangsarbeit in die Sowjetunion und die Rückkehr von dort, die Agrarreform und die Umsiedlung von Banater Bauern in die Bărăgan-Steppe.

Stelian Mândruţ

Piroska Baksa: A német nemzetiségű lakosság kitelepítése a gannai körjegyzőségben 1945–48 [Die Aussiedlung der Bevölkerung deutscher Nationalität im Gebiet Ganna 1945–1948]. Diplomarbeit. Pécs 2005. 68, 10 S.

Gegenstand dieser Hochschulschrift ist die Aussiedlung der deutschen Bevölkerung zweier Dörfer – Ganna und Dewerente/Döbrönte – im Bakony-Gebirge (Buchenwald). Grundlage der Forschung sind Akten des Komitatsarchivs in Wesprim/Veszprém, des dortigen Erzbischöflichen Archivs und des Pfarramtes Ganna sowie aufgrund von Zeugenaussagen. Nach einführenden Angaben zur geographischen Lage und Geschichte der Ortschaften schildert die Autorin die Tätigkeit des Volksbundes der Deutschen in Ungarn und der SS in Ganna und Dewerente. Die Aussiedlung, deren Darstellung den Hauptteil der Arbeit ausmacht, wird in einen größeren Rahmen eingefügt, indem die außen- und innenpolitischen Ursachen, die Vorbereitung der Aussiedlungen sowie deren Vollzug auf Landes- und Komitatsebene behandelt werden. Schließlich beschreibt die Autorin das Leben der beiden Dörfer unmittelbar nach dem Zweiten Weltkrieg und analysiert die drei Phasen der dortigen Aussiedlung sowie das weitere Schicksal der Vertriebenen in der neuen Heimat.

Zsolt Vitári

Barbara Bank, Sándor Őze: A „német ügy" 1945–1953: A Volksbundtól Tiszalökig [Die „deutsche Angelegenheit" 1945–1953: Vom Volksbund bis zu Tiszalök]. Budapest: Magyarországi Németek Szövetsége 2005. 275 S., Abb., dt. Zusammenfassung. ISBN 963-217-863-7.

Mit der Veröffentlichung bis jetzt nicht publizierter und daher kaum bekannter Quellen trägt der Band dazu bei, die zeitlichen Umstände und Ereigniszusammenhänge zu erhellen. Thematisiert werden die Protokolle über die Nationalität der Ungarndeutschen, der illegale „Volksbund der Deutschen in Ungarn", die Erstellung von Namenverzeichnissen der Bevölkerung mit deutscher Muttersprache und Nationalität in den Städten des Komitats Pest und seiner Umgebung, die zeitliche Abfolge der einzelnen Aussiedlungswellen der Ungarndeutschen sowie die theoretischen Grundlagen der Tätigkeit des Ungarischen Zentralamtes für Statistik im Zusammenhang mit den Aussiedlungsverfahren. Mit der Publikation des Bandes stellen die Herausgeber ein Gedenkbuch zum 60. Jahrestag der Verschleppung der Ungarndeutschen im Rahmen des „Malenki Robot" zur Verfügung.

Edina Zvara

Sorina Paula Bolovan, Ioan Bolovan, Corneliu Pădurean (Hg.): Transilvania în secolele XIX–XX. Studii de demografie istorică [Siebenbürgen im 19./20. Jahrhundert. Studien zur historischen Demographie]. Cluj-Napoca: Presa Universitară Clujeană 2005 (Supliment al masteratului de socio-antropologie istorică [Beilage zum Masterat für historische Sozioanthropologie] 4). 413 S. ISBN 973-610-384-6.

Es handelt sich um Fallstudien zu einzelnen Pfarrgemeinden oder Dorfgemeinschaften, die mit Blick auf das demographische Verhalten einzelner ethnischer und religiöser Gruppen in den Blick genommen wurden. Bogdan Crăciun betrachtet die Dynamik der sächsischen Bevölkerung in der zweiten Hälfte des 19. und zu Beginn des 20. Jahrhunderts. Ioan Munteanu schreibt über die ländlichen Gemeinden des historischen Banats zu Beginn des 20. Jahrhunderts. Zsolt Grigoruţ stellt die demographische Lage in mehreren Landkreisen Mittelsiebenbürgens dar. Corneliu Pădureanu widmet sich den Berufen und den Konfessionen in Arad zu Beginn des 20. Jahrhunderts. Sorina Paula Bolovan und Ioan Bolovan untersuchen die Zusammensetzung der Klausenburger Bevölkerung im 20. Jahrhundert. Adina Maria Oltean schreibt über „Multiculturalism in Transylvania (an overview on history and mentalities through ethnic minorities)".

Stelian Mândruţ

Martin Bottesch: Landler-Büchlein. Mediasch: Central Verlag 2004. 48 S., Abb., Kt. ISBN 973-87076-0-9.

Diese erweiterte Fassung einer 2001 in rumänischer Sprache veröffentlichten Informationsbroschüre über die Nachkommen österreichischer, im 18. Jahrhundert in über 20 siebenbürgische Ortschaften deportierter Lutheraner aus dem Salzburgischen hat das Ziel, die

Vergangenheit der Landler und ihre Identität als Gruppe zu erläutern. Der Autor fasst in drei Kapiteln die Kenntnisse über die drei wichtigsten bis heute existierenden Landlergemeinden Großau/Cristian, Grosspold/Apoldu de Jos und Neppendorf/Turnişor zusammen und zieht in wenigen Fällen auch Primärquellen heran.

Stelian Mândruţ

Johann Boros Brambauer: Véménd. Vergangenheit, Gegenwart und Zukunft. Véménd: Publikation der Deutschen Minderheitenselbstverwaltung Véménd 2004. 173 S., Abb., Kt. ISBN 963-217-453-4.

Die als Heimatbuch konzipierte Schrift, deren Verfasser Lehrer ist, soll dem Vergessen entgegenwirken. Sie ist vor allem für die jetzigen und ehemaligen Bewohner des Dorfes Wemend/Véménd bestimmt, aber auch für weitere Interessierte. Brambauer stellt die Umgebung Wemends, die geographische Lage und die Struktur des Dorfes dar und behandelt anschließend die Geschichte des Dorfes bis zur Ansiedlung der Deutschen. Den größten Teil der Monographie macht die Schilderung des Lebens im 18. und 19. Jahrhundert aus, der unterschiedlichen Tätigkeiten im Dorf, der einzelnen sozialen Gruppen und der kulturellen Traditionen (Volkstracht, Lieder, Tänze, Mundart etc.). Für das 19. und 20. Jahrhundert werden die demographische Entwicklung, das wirtschaftliche, kirchliche und kulturelle Leben sowie die lokalen Bildungseinrichtungen skizziert. Der Band schließt mit einer Auflistung der einzelnen deutschen Organisationen, der Bürgermeister, Ehrenbürger etc.

Zsolt Vitári

Iulian Cătălui: Biserici fortificate din judeţul Braşov. O sinteză şi un dicţionar [Wehrkirchen aus dem Kreis Kronstadt. Gesamtdarstellung und Lexikon]. Braşov: Editura Orator 2005. 350 S., Abb. ISBN 973-763-00-25.

In diesem Buch, dem Ergebnis einer dreijährigen Dokumentationsarbeit des Verfassers, werden dem Leser die 42 sächsischen Wehrkirchen vorgestellt, die sich im Kreis Kronstadt/Braşov befinden. Im Vorwort drückt der Historiker Gernot Nussbächer seine Hoffnung aus, dass das Werk das Interesse des Publikums für die Baudenkmäler erwecken und fördern werde. Im ersten Teil wird ein kunsthistorischer Überblick gegeben, im zweiten Teil werden die einzelnen Kirchen und ihre Wehranlagen ausführlich vorgestellt. Das umfangreiche Literaturverzeichnis ist ein Beleg für die akribische dokumentarische Arbeit des Autors.

Stelian Mândruţ

Dragomir Ciobanu: Valori şi tradiţii. Momente din universul spiritual al oraşului Jimbolia (1945–2004) [Werte und Traditionen. Augenblicke aus dem geistigen Universum der Stadt Hatzfeld (1945–2004)]. Timişoara: Editura Solness 2004. 240 S. ISBN 973-8472-86-5.

In neun Kapiteln werden sechs Jahrzehnte der Geschichte von Hatzfeld/Jimbolia im rumänischen Banat geschildert, mit besonderen Schwerpunkten auf den tiefgreifenden Veränderungen, die im wirtschaftlich-sozialen Bereich, aber auch im kulturellen Leben stattfanden und die auch einen Wertewandel in der Gesellschaft zur Folge hatten. Gestützt auf ein reichhaltiges Quellen- und Bildmaterial werden auf diese Weise wichtige Aspekte der Zeitgeschichte auf einer klar umrissenen Untersuchungsebene dargestellt. Interessant sind auch die Kapitel über die Gründung und die Bedeutung des seit 1969 bestehenden Gedenkhauses für Stefan Jäger, über das 2000 eingerichtete Gedenkhaus für Dr. Karl Diel und über die 1995 ins Leben gerufene Deutsch-Rumänische Kulturstiftung Petre Stoica („Fundația culturală româno-germană Petre Stoica"). Als bedeutende Persönlichkeiten der Stadt werden der Dichter Peter Jung (1887–1966), der Historiker Anton Peter Petri (gest. 2003), der Maler Stefan Jäger (1877–1962), der Journalist Emmerich Reichrath (geb. 1947) und der Wirtschaftshistoriker Alexander Krischan (geb. 1921) gewürdigt.

Stelian Mândruț

Zoltán Czibulka, Heinz Ervin, Miklós Lakatos (Hg.): A magyarországi németek kitelepítése és az 1941. évi népszámlálás [Die Aussiedlung der Ungarndeutschen und die Volkszählung im Jahr 1941]. Budapest: Központi Statisztikai Hivatal 2004. 377 S., Kt. ISBN 963-215-799-0.

Dass die Geschichte des 20. Jahrhunderts von einer Reihe von Tragödien und Untaten geprägt war, ist eine Binsenweisheit. Über die heiklen Themen der Vergangenheit objektiv zu berichten, ist gleichwohl eine schwierige Aufgabe, die am besten dann erfüllt werden kann, wenn konkrete Zahlen und Dokumente zur Verfügung stehen. Dieser Erwartung entspricht das hier anzuzeigende Buch, das im Auftrag des Zentralen Statistischen Amtes erschien und das Produkt langjähriger Forschung ist. Das wichtigste Ziel der Herausgeber besteht nach eigener Aussage in der Veröffentlichung von Dokumenten und Listen, die dem breiten Publikum bis jetzt nicht zugänglich waren. Der Band enthält zwei umfassende Studien, deren erste unter dem Titel „Die Rolle des Zentralen Statistischen Amtes bei der Aussiedlung der ungarndeutschen Einwohner" von Heinz Ervin und Miklós Lakatos verfasst wurde. Im Anschluss daran sind zeitgenössische Dokumente abgedruckt, die es dem Leser ermöglichen, den Aussiedlungsprozess sowie die ihm zugrundeliegenden politischen Konzeptionen und Gesetzesnormen bzw. die Rolle des Statistischen Amtes dabei nachzuvollziehen. Es wird deutlich, dass das Amt seine bei der Volkszählung von 1941 gesammelten vertraulichen Daten zur Verfügung stellte und dadurch wesentlich zur Aussiedlung der Ungarndeutschen beitrug. Der zweite Beitrag von Zoltán Czibulka („Namensregister und Daten der Aussiedlung") enthält zusätzliches Material, das exakte Informationen über das Ausmaß des beschriebenen Prozesses vermittelt. Das umfangreiche Werk kann als wichtiger Beitrag zur Vergangenheitsbewältigung in Ungarn gelten, da es ein authentisches Bild von der damaligen Minderheitenpolitik des Landes liefert und zugleich die Rolle des Staatsapparates und seiner „Effizienz" im Zuge des geschilderten Prozesses erhellt.

Enikő Dácz

Ágnes Diósi: Szent Márton védencei: Az 1946–47-es lakosságcsere dokumentumokban és szigetszentmártoniak emlékezetében [Schützlinge des hl. Martin: Bevölkerungsaustausch in den Jahren 1946/47 in Dokumenten und Erinnerung der Einwohner von Sankt Martin]. Budapest: Gladiátor Kiadó 2004. 141 S. ISBN 963-8043-60-1.

Die Tatsache, dass die Ungarndeutschen vertrieben und in die Zwangsarbeit verschleppt wurden, war jahrzehntelang ein Tabu. Man durfte davon nicht anders als im Zusammenhang mit der deutschen Kriegsschuld reden. Aber die Betroffenen waren in ihrer Gesamtheit genauso wenig Verbrecher, wie man das ganze ungarische Volk für die Rolle Ungarns als

„letzter Satellit" Nazideutschlands verantwortlich machen kann. Dass es eine Kollektivschuld nicht gibt, sondern lediglich eine „Sündenbockmacherei" (bűnösség nincs), ist die Überzeugung der Autorin Ágnes Diósi. Entsprechend waren auch die armen Bauern, deren Anspruch auf Boden und Wohnung von der Staatsmacht mit fremdem, ungarndeutschem Eigentum befriedigt wurde, unschuldig, trotzdem gerieten sie im schwäbischen Dorf Sankt Martin/Szigetszentmárton in die Rolle von Feinden. Nach 50 Jahren sind nunmehr die Dokumente zugänglich geworden, die Licht in die Vorgeschichte der Tragödie bringen können. Die Verfasserin sieht daher den Zeitpunkt als gekommen an, die ganze Wahrheit zu rekonstruieren und die Betroffenen auf beiden Seiten sowie diejenigen, die mit der heiklen Situation umgehen mussten, zu Wort kommen zu lassen.

Edina Zvara

Gábor Egry, István Feitl (Hg.): A Kárpát-medence népeinek együttélése a 19–20. században: tanulmányok / szerk [Das Zusammenleben der Völker des Karpatenbeckens im 19. und 20. Jahrhundert: Studien]. Budapest: Napvilág 2005. 495 S. ISBN 963-935058-3.

Im Jahre 2003 endete ein Forschungsprojekt, das sich mit der Geschichte der Nationalitätenfrage in ihren verschiedensten Aspekten beschäftigte und dem anzuzeigenden Band zugrundeliegt. Das Deutschtum betreffen die folgenden (ungarischsprachigen) Beiträge: Szabolcs Boronkai: „Assimilation und Dissimilation in Ödenburg/Sopron im 19. Jahrhundert. Die Kultur als historische Quelle"; Ildikó Németh: „Sprach- und Lehrsprachverhältnisse in der Schulstadt Ödenburg zur Zeit des Dualismus und zur Jahrhundertwende"; Imre Tóth: Lage und Beurteilung des örtlichen Deutschtums in Ödenburg in der Zwischenkriegszeit"; Ernő Csekő: „Die Wahlen des Jahres 1947 als Hinweisgeber auf die Nationalitäten im Komitat Tolnau/Tolna. Auswirkungen der Migrationsbewegungen nach dem Zweiten Weltkrieg auf die örtlichen Ergebnisse"; Krisztina Kaltenecker: „Deutsch-ungarisches Zusammenleben im Spiegel der Diskussion Schieder-Weidlein"; Gábor Egry: „Die wirtschaftliche Eroberung Siebenbürgens – Zukunftsbild der Siebenbürger Sachsen zu Beginn des 20. Jahrhunderts"; András Joó: „Ethnische Verhältnisse in Österreich-Ungarn und die Politik der europäischen Großmächte zu Beginn des 20. Jahrhunderts"; Gizella Föglein: „Nationalitätenkonzepte in Ungarn 1945–1993".

Edina Zvara

Gizella Föglein: Etnikum és educatio. A magyarországi nemzetiségek és alsó fokú oktatásuk állami szabályozása 1945–1985 [Ethnie und educatio. Die staatliche Regelung der Grundschulbildung der ungarländischen Nationalitäten 1945–1985]. Budapest: Napvilág Kiadó 2006 (Politikatörténeti Füzetek [Politikhistorische Hefte] 22). 209 S. ISBN 963-9350-71-0.

Am Anfang des Bandes werden die Begriffe ‚Nationalität' und ‚nationale Minderheiten' erklärt und historisch-rechtlich interpretiert. Auf den Überblick über die einzelnen Nationalitäten Ungarns – deren geographische Lage, gesellschaftliche und soziale Strukturen, Bevölkerungszahl und -anteil – folgt eine chronologisch angelegte Darstellung der niederen Schulbildung in den sogenannten Koalitionsjahren 1945/1946 und nach dem Friedensvertrag von Paris sowie der Lage des schulischen Bildungswesens in der Rákosi- und der Kádár-

Ära. Den zweiten Teil des Bandes bildet ein umfangreicher Dokumentenanhang mit den wichtigsten Verordnungen, Unterrichtsplänen etc.

Zsolt Vitári

K. Erik Franzen, Hans Lemberg: Elűzöttek. Hitler utolsó áldozatai [Die Vertriebenen. Hitlers letzte Opfer]. [Übersetzung, Anmerkungen, Nachwort: Zsolt Vitári]. Nagykanizsa: Canissa Kiadó [2004]. 344 S., Abb., Kt. ISBN 963-9379-25-5.

Das in Deutschland stark rezipierte Buch ist eher als Beitrag zur Oral History zu betrachten denn als ein umfassendes Handbuch zum Thema. Das Hauptgewicht wird auf Flucht und Vertreibungen aus bzw. in Polen gelegt, während die Tschechoslowakei nur am Rande behandelt wird. Zwar sind damit jene Länder angesprochen, aus denen die meisten Deutschen geflohen sind oder vertrieben wurden, doch wäre es widersinnig gewesen, ähnliche Ereignisse in Ungarn in einer ungarischen Buchausgabe zu verschweigen. Dies veranlasste Zsolt Vitári dazu, in seinem umfangreichen Nachwort mit dem Titel *Kínálkozó alkalom vagy bosszú? Elűzések Magyarországon* („Sich ergebender Anlass oder Rache? Vertreibungen in Ungarn") einen Überblick über Flucht und Vertreibung der Ungarndeutschen zu geben, zumal das Werk an ein breites Publikum gerichtet ist. Nach einer kurzen Zusammenfassung der Geschichte des Deutschtums in Ungarn, wobei der Schwerpunkt auf das 20. Jahrhundert gelegt wird, werden die ungarischen Ereignisse nach den gleichen Gesichtspunkten behandelt wie in den vorangehenden Kapiteln. So bekommt der Leser ein Bild von den Fluchtbewegungen, dem Ablauf der Verschleppungen in die Sowjetunion und dem Leben der Verschleppten in den Lagern. Der letzte Teil schildert die Vorbereitung der Vertreibungen in Ungarn und befasst sich mit der Rolle der ungarischen politischen Elite und der Alliierten sowie mit der Abwicklung der Vertreibungen. Auch wird ein kurzer Ausblick auf die Ankunft in der neuen Heimat gegeben sowie auf das Leben derjenigen Ungarndeutschen, die in Ungarn bleiben durften.

Zsolt Vitári

Bujor Georgescu: Monografia comunei Văliug [Monographie der Gemeinde Franzdorf]. Reşiţa: Editura Timpul 2004. 175 S. ISBN 973-8136-84-9.

Der Autor fasst erstmals die bekannten Daten über den Ort zusammen und ergänzt sie um viele unbekannte Details zum wirtschaftlichen, sozialen, kulturell-geistigen und kirchlichen Leben der Gemeinde Franzdorf/Văliug. Eingehend wird die Geschichte des Ortes beschrieben, die mit der Ansiedlung der Banater Schwaben im Jahre 1793 begann. Der deutschen Bevölkerung Franzdorfs ist ein eigenes Kapitel gewidmet. Im Anhang finden sich unveröffentlichte Dokumente, Zeitzeugenberichte und Fotografien mit Darstellungen von Volkstracht, Volksfesten und einzelnen Persönlichkeiten.

Stelian Mândruţ

Konrad Gerescher: Batschkaer Ahnenspiegel. Vermögensform, Arbeitsweise, Lebensart, Szeged: Verlag für Hochschulbildung ‚Gyula Juhász' 2004. 427 S., 3 Abb. ISBN 963-9167-86-X.

Der ohne wissenschaftlichen Anspruch verfasste Band will eine Hilfestellung für das Lehrfach deutsche Nationalitätenkunde in allen Stufen ungarischer Lehranstalten anbieten. Die

Materialien des Buches waren vorher nur in Mundart publiziert und daher für den Unterricht schwer zu benutzen. Für die Untersuchung wurde ein repräsentativer Bevölkerungsquerschnitt herangezogen, anhand dessen sich die Vermögens-, Arbeits- und Lebensumstände der Batschka-Deutschen aufzeigen lassen. Der erste Teil zählt die wichtigsten Vermögensformen in der Landwirtschaft, im Immobilienwesen, im Kleinhandel, in der Industrie etc. auf. Im zweiten Abschnitt wird ähnlich schematisch die Arbeitswelt der Donauschwaben behandelt, etwa die verschiedenen Tätigkeiten in der Landwirtschaft, die angebauten Pflanzen, Hofwirtschaft und Lebensmittelproduktion, Handarbeit, Tierhaltung und ländliche Handwerke. Kapitel drei schließlich skizziert einzelne Aspekte der Lebenswelt, die in die thematischen Bereiche Gott und Weltanschauung, Werden und Vergehen, Alltag, Feiertage, Kultur, Vereinsleben, Sport, Mensch und Öffentlichkeit, Politik etc. untergliedert werden.

Zsolt Vitári

Zsuzsanna Gerner: Sprache und Identität in Nadasch/Mecseknádasd. Eine empirische Untersuchung zur Sprachkontaktsituation und Identitätsbildung in der ungarndeutschen Gemeinde Nadasch. Budapest: ELTE Germanistisches Institut 2003 (Ungarndeutsches Archiv 7, Schriften zur Sprache, Literatur, Kultur und Geschichte der Deutschen in Ungarn). 170 S. ISBN 963-463-666-7.

Das Dorf Nadasch/Mecseknádasd östlich von Fünfkirchen/Pécs steht stellvertretend für die sprachliche Situation und die doppelte Identität der ungarndeutschen Bevölkerung. Obwohl es bis heute als deutsches Dorf gilt, findet man hier viele Personen, die sich zwar zum Deutschtum bekennen, aber trotzdem das Deutsche kaum beherrschen, oder umgekehrt Deutschsprachige, die sich als Ungarn fühlen. Daraus ergibt sich die Leitfrage der Autorin: „Was bedeutet es also, in Nadasch bzw. in Ungarn Deutscher zu sein?“ Nach einer Darstellung des Forschungsgegenstandes und des methodischen Ansatzes wird der Leser mit der Bevölkerung von Nadasch und deren ethnischer Zusammensetzung, der sprachlichen Situation und den Wegen und Formen des Sprachkontaktes vertraut gemacht. Das empirische Material der Autorin beruht auf Befragungen der Dorfbewohner (mit Hilfe des im Anhang publizierten Interviewguides). Den Schluss bildet die Auswertung der erhobenen Daten, verbunden mit einem Ausblick auf die mögliche weitere Entwicklung.

Zsolt Vitári

Lidia Gross: Confreriile medievale în Transilvania (secolele XIV–XVI) [Die mittelalterlichen Bruderschaften in Siebenbürgen (14.–16. Jahrhundert)]. Cluj-Napoca: Editura Grinta, Presa Universitară Clujeană 2004. 332 S., dt. Zusammenfassung. ISBN 973-7924-26-6; 973-610-263-7.

Die Dissertation behandelt ein in der rumänischen Geschichtsschreibung bislang vernachlässigtes Phänomen; auch die übrige europäische Geschichtsforschung hat in diesem Bereich des religiösen Lebens noch nicht alle Facetten ausgeleuchtet. Die Bruderschaften in den mittelalterlichen Städten Siebenbürgens, deren Bürger Deutsche waren, werden mit Blick auf ihre Zusammensetzung, ihre Rolle im kirchlichen und gesellschaftlichen Leben, ihre karitativen Aufgaben und viele andere Aspekte untersucht. Die sechs Kapitel berücksichtigen den europäischen Rahmen, die städtische Gesellschaft und die kirchlichen Einrichtungen in Siebenbürgen, die klerikalen Bruderschaften und jene der Mönchsorden, die Heiligleichnams- und andere weltliche Bruderschaften in den siebenbürgischen Städten. Eine reichhaltige

Bibliographie, Register sowie eine umfangreiche deutsche Zusammenfassung erleichtern den Zugang zu dieser ins Detail gehenden Monographie, die die engen Verbindungen und Parallelen zwischen den gesamteuropäischen und den siebenbürgischen Entwicklungen aufzeigt.

Stelian Mândruț

George Guțu, Mihaela Zaharia (Hg.): Identität und Alterität. Imagologische Materialien für den Landeskundeunterricht. București: Editura Universității 2004 (GGR-Beiträge zur Germanistik 11). 346 S. ISBN 973-575-846-6.

Vorliegender Band will deutschsprachige Landeskunde aus der Perspektive der Imagologie präsentieren und spricht die Themen Identität und Alterität an. Er enthält literatur- und sprachwissenschaftliche Beiträge, die ein möglichst genaues Spektrum der anvisierten Problematik aufzeigen, etwa: „Fremdheit" im kulturellen Bereich; Aspekte der Alteritätserfahrungen im deutschsprachigen Raum nach 1945; insulare Differenz und europäische Identität; deutsche Literaturen in Rumänien im Überblick; Alterität am Beispiel der Siebenbürger Sachsen; die „Metapher der Fremde" bei Nikolaus Lenau. Beigegeben sind Lesestoffe, die eine Möglichkeit bieten, die Problematik zu vertiefen oder die Kenntnisse anhand weiterführender Fachliteratur nach Belieben zu erweitern. Aus didaktischen Gründen wurde der Band mit einem Glossar versehen, in dem die wichtigsten Begriffe erläutert werden.

Stelian Mândruț

George Guțu, Doina Sandu (Hg.): Beiträge zur Geschichte der Germanistik in Rumänien. Bd. 2: Der Bukarester Germanistiklehrstuhl. București: Editura Universității din București 2005 (GGR-Beiträge zur Germanistik 15). 356 S., Abb. ISBN 973-737095-3.

Der erste Abschnitt dieses Bandes zur Geschichte des Bukarester Germanistiklehrstuhls vereinigt Beiträge von George Guțu, Sorin Gădeanu, Bianca Bican und Doina Sandu. Im zweiten Teil werden Porträts herausragender Germanisten wie Simion C. Mândrescu, Konrad Richter, Ion Sân-Georgiu, Bernhard Capesius, Viktor Theiss, Mihai Isbășescu, Hans Müller und Valeriu Munteanu gezeichnet. Erinnerungssplitter der am Bukarester Lehrstuhl einst tätigen Wissenschaftler wie etwa Karl Emmerich oder Dieter Schlesak werden im dritten Teil des Bandes gesammelt. Der vierte Abschnitt enthält Ausführungen von Theodor Berchem, Hans Bergel, Stefan Sienerth und Wendelin Schmidt-Dengler. Einige Dokumente mit Abbildungen schließen den Band ab.

Ana-Maria Palimariu

Wendelin Hambuch (Red.): Deutsche im ersten Stadtbezirk von Ofen. Budapest: Deutscher Kulturverein 2004. 355 S., Abb., ungar. u. dt. Text. ISBN 963-214-229-2.

Dieser zweisprachige Studienband behandelt die Geschichte des Deutschtums im Burgviertel, das heute zum ersten Budapester Stadtbezirk gehört, sowie in den angrenzenden Stadtteilen von den Anfängen bis heute. Er vermittelt zudem einen Einblick in das wirtschaftliche, kulturelle, wissenschaftliche und kirchliche Leben. Das Deutschtum blickt im Burgviertel auf eine annähernd achthundertjährige Geschichte zurück. Vielen heutigen Bewohnern ist gar nicht mehr bewusst, dass Budapests erster Bezirk lange Zeit praktisch eine ‚deutsche

Stadt' war, deren Bewohner einen bayerisch-österreichischen Dialekt sprachen und deutschsprachige Literatur und Zeitungen lasen, in deren Theatern deutschsprachige Werke von deutschen und österreichischen Autoren aufgeführt wurden und deren Straßen, Plätze, Fluren und Stadtteile zumeist deutsche Namen trugen. Die meisten und auch bedeutendsten Bauten im Burgviertel wurden von österreichischen und deutschen Architekten entworfen und erbaut.

Edina Zvara

Ioan Haţegan: Habitat şi populaţie în Banat (secolele XI–XX) [Habitat und Bevölkerung im Banat (11.–20. Jahrhundert)]. Timişoara: Editura Mirton 2003. 235 S., Abb. ISBN 973-661-251-1.

Die Monographie beruht auf einer wissenschaftlichen Untersuchung des Habitats im Banat des 11. bis 20. Jahrhunderts, wobei besondere Aufmerksamkeit auf die Siedlungen, Gehöfte, Inneneinrichtungen und Trachten in einem multiethnischen und -konfessionellen Raum gerichtet wird. In fünf Kapiteln werden die wirtschaftlichen und kulturellen Interferenzen behandelt, die sich aus dem Zusammenleben verschiedener Völker und Kulturen ergeben haben. Hevorzuheben sind die Ausführungen über die ethnisch-religiöse Zusammensetzung der Banater Bevölkerung im Mittelalter, über die Bedeutung der deutschen Besiedlung im 18. Jahrhundert, über die konfessionelle Gliederung und den interkulturellen Austausch im Lauf der Jahrhunderte.

Stelian Mândruţ

Gudrun-Liane Ittu: Cultura germanilor din România în perioada 1944–1989 reflectată în publicaţii [Die Kultur der Rumäniendeutschen in den Jahren 1944–1989 im Spiegel von Publikationen]. Sibiu: Editura Universităţii „Lucian Blaga“ 2004. 222 S. ISBN 973-651-878-7.

Die Monographie stellt die Entwicklung der deutschen Kultur in Rumänien in der Nachkriegszeit und bis zum Ende des Kommunismus aufgrund von zehn Periodika dar. Zunächst wird der historische Kontext zwischen den beiden Eckdaten 23. August 1944 und 22. Dezember 1989 beschrieben, danach werden Schulwesen, literarisches und wissenschaftliches Leben, Theater, Musik, Kunst und Fragen des Umgangs mit dem kulturellen Erbe behandelt. Dank der Auswertung dieses umfangreichen Quellenmaterials konnte eine erste zusammenhängende Darstellung rumäniendeutscher Kultur und Geschichte erreicht werden. Durch Hinzuziehung weiterer Quellengattungen dürfte das Bild weiter differenziert und vertieft werden. Darauf aufmerksam gemacht zu haben, ist ein weiteres Verdienst dieser Monographie.

Stelian Mândruţ

Horst Klusch (Hg.): Aus der Volkskunde der Siebenbürger Sachsen. Hermannstadt: Honterus Verlag 2003. 289 S., Abb. ISBN 973-86634-0-7.

In diesem Band sind volkskundlich relevante Aufsätze von sieben Autoren (Erhard Antoni, Roswith Capesius, Karl Fisi, Herbert Hoffmann, Horst Klusch, Hanni Markel, Paul Niedermaier, Era Nußbächer, Rose Schmidt, Maria Schuster, Paul Schuster-Stein) veröffentlicht, gegliedert nach den Sachbereichen Bevölkerung und Siedlungsformen,

Volkskunst, Brauchtum, Rechtsfragen, Gemeinschaftsleben und Folklore. Die Beiträge vermitteln ein umfassendes Detailwissen und bündeln sich zu einer zusammenfassenden Übersicht über die siebenbürgisch-sächsische Volkskunde. Da sie die Gesamtentwicklung der historischen, wirtschaftlichen und sozialen Gegebenheiten Siebenbürgens berücksichtigen, sind komparatistische Ansätze zu erkennen.

Stelian Mândruţ

Franz König: Cronica înotului sportiv reşiţean. 1924–2004. Oameni, fapte, întâmplări [Chronik des Reschitzaer Schwimmsports. 1924–2004. Menschen, Tatsachen, Ereignisse]. Vol. I: 1924–1984. Reşiţa: Editura Intergraf 2005. 400 S., Abb. ISBN 973-87345-1-7.

Der Verfasser, der selbst als Schwimmer aktiv und viele Jahre lang als Trainer im Banater Bergland tätig war, berichtet in diesem Band über die Geschichte des Schwimmsports in Reschitza/Reşiţa, einer der Hochburgen dieser Sportart in Rumänien. Die Chronik nennt die Persönlichkeiten, die sich in Reschitza über Jahrzehnte hinweg für eine intensive Kultur- und Sporttätigkeit eingesetzt haben. Wie ein roter Faden zieht sich beispielsweise der Werdegang von Professor Johann Schuster durch das Werk. Erhebliche Teile des Buches enthalten Auszüge aus Tages- und Fachzeitungen. Der Autor verfolgte vor allem das Ziel, die rein sportliche Seite der Ereignisse zu schildern und den politischen Einflüssen, die es durchaus gegeben hat, nicht mehr als den ihnen gebührenden Stellenwert einzuräumen. Der zweite Band, der sich den Jahren von 1984 und 2004 zuwenden soll, ist für das kommende Jahr angekündigt.

Stelian Mândruţ

Tamás Kozma: Kisebbségi oktatás Közép-Európában [Minderheitenunterricht in Mitteleuropa]. Budapest: Felsőoktatási Kutatóintézet – Új mandátum 2005 (Társadalom és oktatás [Gesellschaft und Unterricht] 27). 195 S., 6 Kt., engl. Zusammenfassung. ISBN 963-9494-60-7.

Minderheitenunterricht bedeutet heutzutage nicht mehr ausschließlich Nationalitätenunterricht, da nicht mehr nur die Nationalitäten als Minderheiten betrachtet werden, sondern auch andere Gruppen der Gesellschaft. Nachdem der Autor das Problem der Abgrenzung Mitteleuropas angesprochen hat, analysiert er anhand ausgewählter Beispiele Veränderungen, Wendepunkte und Neuanfänge im Bereich des Minderheitenunterrichts. Der erste Teil des Buches enthält einen kurzen Überblick über die bisherigen Forschungen zum Thema Minderheitenunterricht, wobei neue internationale Trends und aktuelle Aspekte und Methoden herausgestellt werden. Das Hauptgewicht wird auf die die Minderheiten betreffende Unterrichtspolitik in sieben ausgewählten Beispielregionen (polnisch-litauische Grenzregion, Oder-Region, Südtirol, Kärnten, Karpatoukraine, Partium/Rumänien, Gagauz-Yeri/Moldawien) gelegt. Der Verfasser beleuchtet die historische und demographische Situation, die geistige Kultur sowie die Lage des Bildungswesens und stellt wichtige Institutionen wie die Universität Viadrina in Frankfurt an der Oder oder die Freie Universität in Bozen vor.

Zsolt Vitári

Gheorghe Mândrescu: Renaissancestil in der Bistritzer Architektur. Cluj-Napoca: Presa Universitară Clujeană 2004. 162 S., Abb. ISBN 973-610-251-3.

Der Autor schildert zunächst die historische Entwicklung von Bistritz/Bistriţa, das im Mittelalter und in der Frühen Neuzeit zu den vier wichtigsten Städten Siebenbürgens gehört hat. Daraus leitet sich auch die Rolle als bedeutendes künstlerisches und kulturelles Zentrum Siebenbürgens ab. In der Architektur habe man hier – durch Berufung italienischer Baumeister – erstmals den Übergang von der Gotik zur Renaissance vollzogen. In der Stadt Bistritz haben sich zahlreiche Elemente der Baukunst im Stil der Renaissance erhalten. Der Autor konzentriert sich vor allem auf folgende Bauwerke: Beuchel-Haus, Petermann-Haus, evangelisches Pfarramt, „Kornmarkt", Haus der Silberschmiede, die imposante evangelische Kirche. Auch Details an verschiedenen anderen Häusern und religiösen Bauten werden beschrieben. Die Analyse der Baukunst im Renaissancestil in Bistritz zeigt die engen Beziehungen dieser siebenbürgischen Stadt zu anderen Regionen Europas auf und beweist, dass sie im 16. Jahrhundert eines der künstlerischen Zentren Siebenbürgens war.

Stelian Mândruţ

Elisabeta Marin (Hg.): Tezaur arhivistic braşovean [Kronstädter Archiv-Schätze]. Braşov: Editura C 2 design 2005. 52 S., Abb. ISBN 973-842-43-48.

Der Bildband zeigt 52 der wichtigsten Urkunden aus dem Besitz der Kreisdirektion Kronstadt/Braşov der Nationalen Archive Rumäniens sowie aus den Archiven der Schwarzen Kirche, des Kreisgeschichtsmuseums und des Museums der ersten rumänischen Schule in der oberen Vorstadt als Farbreproduktionen. Zeitlich werden Quellen erfasst, die aus den Jahren 1342 bis 1880 stammen. Gewidmet ist das Werk der ersten urkundlichen Erwähnung von Kronstadt vor 770 Jahren.

Stelian Mândruţ

Elisabeth Martschini: Hans Bergel – Minderheitendasein, Schriftstellerexistenz und politische Systeme. Eine Untersuchung zu Leben und Werk. Mit einem Anhang von Hans Bergel und George Guţu. Bucureşti: Editura Universităţii din Bucureşti 2005. 174 S. ISBN 973-596-255-1.

Der erste Teil der Arbeit untersucht die Geschichte der Deutschen in Siebenbürgen und Rumänien bis 1968. Wesentliche beleuchtete Stationen dabei sind die Bildung eines eigenen Nationalbewusstseins und die Hinwendung der deutschen Volksgruppe in Rumänien zum Nationalsozialismus, die Königsdiktatur und der Eintritt Rumäniens in den Zweiten Weltkrieg, der Beginn der Volksrepublik Rumänien und schließlich die kommunistische Kulturpolitik und Minderheitendiskriminierung. Der zweite Teil befasst sich mit dem Schriftsteller Hans Bergel in Rumänien in den Jahren 1925–1968. Hier werden unter anderem der autobiographische historische Roman *Wenn die Adler kommen*, die Folgen des rumänischen Frontwechsels, die Haftzeit Bergels und seine letzten Jahre im kommunistischen Rumänien behandelt. Der dritte Teil widmet sich dem Schaffen Bergels in Westdeutschland unter besonderer Berücksichtigung seines Romans *Der Tanz in Ketten*. Im Anhang kommt Hans Bergel durch seinen Beitrag *Interferenţe edificatoare. Recurs la romanitate în opera unui neamţ* („Aufschlussreiche Begegnungen. Rückkehr zum Rumänentum im Werk eines Deutschen") selbst zu Wort. Abschließend entwirft George Guţu die *Skizze eines Südosteuropäers: Hans Bergel*.

Ana-Maria Palimariu

István Monok (Hg.), András Emődi (Bearb.): A Nagyváradi Római Katolikus Egyházmegyei Könyvtár régi állománya. I: Ősnyomtatványok XVI. századi nyomtatványok, régi magyar könyvtár. Katalógus [Altbücherbestand der Bibliothek der Diözese in Großwardein. Bd. 1: Inkunabeln und Drucke aus dem 16. Jahrhundert, Alte Ungarische Bibliothek. Katalog]. Budapest, Nagyvárad: Akadémiai Kiadó, Egyházmegyei Könyvtár, Országos Széchényi Könyvtár 2005 (A Kárpát-medence magyar könyvtárainak régi könyvei [Alte Bücher in ungarischen Bibliotheken des Karpatenbeckens] 1). XLVI, 295 S., Katalogteil in ungar., lat. u. dt. Sprache. ISBN 963-200-489-2, 963-05-8213-9.

Der vorliegende Band bietet eine katalogartige Darstellung der wertvollsten Bestände der Bibliothek der römisch-katholischen Diözese von Großwardein/Oradea. Mit diesem Katalog, in dem die Inkunabeln und frühen Drucke aus dem Bereich der Alten Ungarischen Bücherei erfasst sind, startet zugleich eine neue Reihe, die am Ende den gesamten Bestand der Bibliothek an Druckwerken aus dem Zeitraum vor 1801 erfassen soll. Mit ihrem heutigen Namen und Bestand ist die Bibliothek das Ergebnis der vollständigen oder partiellen Fusion mehrerer Büchersammlungen auf dem Gebiet der Diözese. Den Grundstock bilden dabei die Sammlungen des Bistums und des Priesterseminars, die unter den wiederholten Verstaatlichungen arg gelitten haben, sowie die größtenteils unversehrten Bestände des Domkapitels. Alle drei Sammlungen wurden im 18. Jahrhundert gestiftet, eine vollständige Rekonstruktion gelang freilich nur im Fall der letzteren.

Edina Zvara

Daniel Nazare, Ruxandra Nazare, Bogdan Florin Popovici (Hg.): In honorem Gernot Nussbächer. Kronstadt: Editura Foton 2005. 460 S., Abb., rumän., ungar. u. dt. Text. ISBN 973-86855-6-2.

Die Festschrift ist dem Kronstädter Geschichtsforscher Gernot Nussbächer zum 65. Geburtstag gewidmet. Der Jubilar zählt nach rund vierzig Berufsjahren zu den kompetentesten Archivaren des Landes und erfreut sich als Historiker internationaler Anerkennung. Im Vorwort wird Nussbächers Biographie vorgestellt, es folgt eine Bibliographie der 1.340 Titel, die er veröffentlicht hat, darunter 25 Bücher und Broschüren, 50 Beiträge für verschiedene Geschichtsbände und über 100 Studien in Fachpublikationen. Es folgen drei Artikel über Gernot Nussbächer als Persönlichkeit und als Archivforscher. Den Hauptteil des Bandes bilden wissenschaftliche Aufsätze der fast 40 beteiligten Historiker in mehreren Sprachen aus den Themenbereichen Geschichtsquellen, Historische Hilfswissenschaften, Geschichte des Mittelalters und der Neuzeit, Kulturgeschichte. Unter den Autoren finden sich bekannte in- und ausländische Fachwissenschaftler wie Harald Zimmermann, Paul Cernovodeanu, Paul Philippi, Lajos Demény, Ulrich Andreas Wien, Costin Feneşan.

Stelian Mândruţ

Krisztina Neumann: Németkér község betelepítése és népesedési viszonyai 1790–1945 között [Ansiedlung und demographische Verhältnisse von Kremling/Németkér 1790–1945]. Diplomarbeit. Pécs 2005. 95, 59 S.

Die charakteristische „schwäbische Siedlung" Kremling/Németkér in Transdanubien feierte 2005 die 230. Wiederkehr ihrer Gründung. Der Ort war eines von zwei Dörfern (neben

Dunakömlőd), das erst Ende des 18. Jahrhunderts von Deutschen besiedelt wurde. Der erste Teil der Arbeit behandelt die Geschichte der Gemeinde vor der Ansiedlung, die Ansiedlung selbst sowie das Leben danach, während sich der zweite Teil anhand der Personenstandsregister den demographischen Verhältnissen vor Ort zwischen dem Ende des 18. Jahrhunderts und dem Ende des 20. Jahrhunderts widmet. Das letzte Kapitel behandelt die Geschichte der Grundschule im Dorf, wobei der deutsche Nationalitätenunterricht im Mittelpunkt steht.

Zsolt Vitári

Gernot Nussbächer: Beiträge zur Honterus-Forschung. 1989–2004. Band 2. Kronstadt: aldus verlag 2005. 193 S., Abb. ISBN 973-7822-03-X, 3-929848-44-9.

Diese Aufsatzsammlung bietet einen Überblick über die Forschungsarbeit des in Kronstadt/Braşov tätigen Historikers Gernot Nussbächer in den letzten 15 Jahren. Insbesondere hat der Autor hier die neuesten Ergebnisse seiner Forschungen zu Persönlichkeit und Werk des siebenbürgisch-sächsischen Humanisten und Reformators Johannes Honterus zusammengefasst. Diese Forschungen beruhen auf Recherchen in ausländischen Archiven und Bibliotheken, auf heimatkundlichen Studien und der Korrespondenz mit Fachkollegen, deren neue Forschungen eingehend referiert werden. Die Thematik der 37 Forschungsbeiträge reicht von der Herkunft und Studienzeit des in Kronstadt geborenen Honterus über seinen Aufenthalt in Basel bis hin zur Tätigkeit der Kronstädter Druckerei. Ein präziser Anmerkungsapparat unterstreicht die hohe wissenschaftliche Qualität der Arbeit und hilft bei weiterführenden Forschungen.

Stelian Mândruţ

Gernot Nussbächer: Caietele Corona. Contribuţii la istoria Braşovului [Corona Hefte. Beiträge zur Geschichte von Kronstadt]. Heft 4. Braşov: Editura aldus 2005. 66 S. ISBN 973-7822-13-7.

In der vierten Folge seiner Heftreihe behandelt der Verfasser drei wichtige Themen der Lokalgeschichte von Kronstadt/Braşov: die Entwicklung der Schwarzen Kirche in einer chronologisch angelegten Dokumentation der wichtigsten Bauphasen dieses größten gotischen Gotteshauses Südosteuropas; den Stadtbrand aus dem Jahre 1689, der die Stadt in Schutt und Asche verwandelte und der Kirche – aufgrund ihrer rauchgeschwärzten Mauern – den bis heute geläufigen Namen gab; die Orgeln der Schwarzen Kirche in Vergangenheit und Gegenwart. Eine Einleitung, eine reichhaltige Bibliographie sowie Daten über den Verfasser und dessen bisher veröffentlichte Arbeiten ergänzen das vorliegende Heft.

Stelian Mândruţ

Zeno-Karl Pinter, Ioan Marian Ţiplic, Maria Emilia Ţiplic (Hg.): Relaţii interetnice în Transilvania (secolele VI–XVIII) [Interethnische Beziehungen in Siebenbürgen vom 6. bis 18. Jahrhundert]. Bucureşti: Editura Economică 2005 (Bibliotheca septemcastrensis 12). 269 S., Abb. ISBN 973-709-158-2.

Der Band vereint 13 gediegene wissenschaftliche Arbeiten von anerkannten Archäologen und Historikern Rumäniens, die sich mit der Entwicklung der interethnischen Beziehungen in Siebenbürgen im Laufe von zwölf Jahrhunderten auseinandersetzen. Ein erster Block ist der siebenbürgischen Frühgeschichte gewidmet und behandelt insbesondere die Zeit, in der die Gepiden in dieser Region geherrscht und mit anderen Völkern zusammengelebt haben. Themen des zweiten Teils sind das Eindringen der Madjaren und ihre Beziehungen zu den Rumänen und den Petschenegen. Im dritten Teil werden Ergebnisse von Grabungen auf frühmittelalterlichen Gräberfeldern mitgeteilt. Der letzte Teil enthält drei Aufsätze, die sich auf spezielle Phänomene der Frühgeschichte der Siebenbürger Sachsen beziehen: Adrian Ioniţă stellt eine Verbindung zwischen den anthropomorphen Gräbern in Siebenbürgen und der ersten Gruppe deutscher Siedler in diesem Raum her. Daniela Marcu-Istrate weist auf die Bedeutung der Kopfnischengräber für die Identifikation westlicher Siedler in Siebenbürgen hin. Maria Emilia Ţiplic behandelt die liturgischen Geräte, die aus der Zeit der Ansiedlung der Siebenbürger Sachsen stammen dürften. Zahlreiche Abbildungen, Skizzen und Pläne ergänzen den Band.

Stelian Mândruţ

Ioan Aurel Pop, Thomas Nägler (Hg.): Istoria Transilvaniei [Geschichte Transsilvaniens]. Bd. 1: până la 1541 [bis 1541]. Cluj-Napoca: Institutul Cultural Român 2003. 374 S., Abb. ISBN 973-85894-6-3.

Ioan Aurel Pop, Thomas Nägler, András Magyari (Hg.): Istoria Transilvaniei [Geschichte Transsilvaniens]. Bd. 2: de la 1541–1711 [von 1541 bis 1711]. Cluj-Napoca: Institutul Cultural Român. Centrul de Studii Transilvae 2005. 448 S., Abb. ISBN 973-7784-06-5.

Koordiniert von bekannten Vertretern der rumänischen, deutschen und ungarischen Geschichtsschreibung, zeichnen insgesamt 17 Autoren unterschiedlicher ethnischer Herkunft ein vielschichtiges Bild Transsilvaniens von der Vorgeschichte bis in die Neuzeit. Dabei suchen sie vor allem nach den Gemeinsamkeiten, die sich angesichts einer jahrhundertelangen Prägung durch unterschiedliche Völker und Religionen zwischen dem historischen Siebenbürgen, dem Banat, dem Kreischgebiet und der Marmarosch ergeben haben. Doch werden auch die Gegensätze zwischen Rumänen, Ungarn, Deutschen und Juden nicht verschwiegen, sondern objektiv und ausgewogen dargestellt. Die im 12. Jahrhundert angesiedelten Siebenbürger Sachsen werden in beiden Bänden im Kontext des Neben- und Miteinanders mit den Rumänen, den Ungarn und den anderen Ethnien der Region als ein Faktor gewürdigt, der wirtschaftliche und kulturelle Entwicklungen gefördert und im labilen Kräfteverhältnis zwischen unterschiedlichen Völkern und sozialen Schichten, Religionen und Kulturen ausgleichend gewirkt hat. Während der erste Band die Entwicklung Transsilvaniens bis zum Untergang des mittelalterlichen Königreichs Ungarn schildert, steht im zweiten Band das autonome Fürstentum Siebenbürgen unter osmanischer Oberhoheit im Mittelpunkt. Ein weiterer Unterschied besteht zwischen dem eher chronologisch, an politischen Entwicklungen ausgerichteten ersten und dem stärker kulturgeschichtlich konzipierten zweiten Band, in dem wirtschaftliche und gesellschaftliche Strukturen, Kultur und Kunst einen großen Raum einnehmen. Mit dem Übergang Transsilvaniens an das Haus Habsburg, der auch die Voraussetzungen für die Ansiedlung der Banater und der Sathmar-Schwaben schuf, endet der zweite Band. Ausführliche Literaturhinweise, ein Register und zahlreiche Abbildungen ergänzen die auch graphisch gelungenen Bände.

Stelian Mândruţ

Ioan Aurel Pop (Hg.): Patrimoniul cultural al României. Transilvania [Das Kulturerbe Rumäniens. Siebenbürgen]. Cluj-Napoca: Institutul Cultural Român, Centrul de Studii Transilvane 2004. 292 S., Abb., rumän., engl., franz., dt. u. ital. Text. ISBN 973-86871-6-0.

Das Buch berücksichtigt Siebenbürgen, das Sathmarer Land, die Marmarosch und das Kreischgebiet sowie das Banat. Es sind fast alle relevanten Baudenkmäler erfasst – vor allem Kirchen, Rathäuser, historische Wehranlagen, Burgen und Schlösser –, und zwar in einer ausgewogenen, alle Ethnien der Region berücksichtigenden Weise. Viele siebenbürgisch-sächsische Bauwerke werden dem allgemeinen kulturellen Erbe Rumäniens zugerechnet, etwa die Kirchen von Mühlbach/Sebeş Alba, Hermannstadt/Sibiu, Kronstadt/Braşov und Schäßburg/Sighişoara oder die Kirchenburgen von Schaas/Şaeş, Birthälm/Biertan und Baassen/Bazna. Ein Schwerpunkt des Bildbandes liegt auf der Dokumentation von Monumenten des UNESCO-Weltkulturerbes in Siebenbürgen wie Birthälm oder Schäßburg. Der Band richtet sich an Leser unterschiedlicher Herkunft, was schon in der sprachlichen Gestaltung zum Ausdruck kommt. So sind die Einführung und die Begleittexte zu den 240 Fotos fünfsprachig.

Stelian Mândruţ

Ioan Popa: Liceele teoretice sibiene între 1918–1948 [Die „theoretischen Lyzeen" in Hermannstadt zwischen 1918 und 1948]. Sibiu: Editura Magister 2005. 98 S. ISBN 973-87402-4-X.

Der Verfasser hebt hervor, dass die Hermannstädter Gymnasien („theoretischen Lyzeen") im rumänischen Unterrichtssystem der Zwischenkriegs- und der unmittelbaren Nachkriegszeit eine privilegierte Stellung eingenommen haben, da sie zum einen durch die Minderheitenschutzregelungen gesichert waren, zum anderen dem damals stark ausgeprägten Bedürfnis entgegenkamen, den klassischen Bildungskanon zu vermitteln und den Jugendlichen ein umfassendes Allgemeinwissen mit auf den Weg zu geben. Aufgrund eines reichen, zum Teil unbekannten Quellenmaterials wird ein chronologischer Abriss geboten, der mit der 1380 erstmals urkundlich belegten Brukenthalschule beginnt. Die allgemeinen Entwicklungen und die zeitgenössische Gesetzgebung werden ebenso berücksichtigt wie die Organisation der Schule, die Lehrpläne und Studienprogramme, das Benotungssystem, die Lehrkräfte und die Zusammensetzung der Schüler in sozialer, nationaler und konfessioneller Hinsicht. In der Darstellung wird auf ein gewisses Gleichgewicht zwischen den vier behandelten Einrichtungen – den beiden evangelischen und den beiden orthodoxen „theoretischen Lyzeen" – geachtet. Ein aus Abbildungen, Grafiken und Tabellen bestehender Anhang illustriert den Text vorzüglich.

Stelian Mândruţ

Carmen Elisabeth Puchianu (Hg.): Kronstädter Beiträge zur germanistischen Forschung. Bd. 7. Kronstadt: aldus Verlag 2005 (Reihe Academica 7). 246 S. ISBN 973-7822-06-4.

Der erste Teil des anzuzeigenden Bandes widmet sich der Literaturwissenschaft und versammelt unter anderem Beiträge von Mariana-Virginia Lăzărescu über eine Projektarbeit mit Studierenden, von Carmen Elisabeth Puchianu über die rumäniendeutsche Lyrik der achtziger Jahre in der Zeitschrift *Neue Literatur*, von Réka Sánta Jakabházi über Naturmystik in der rumäniendeutschen Frauenlyrik der sechziger und siebziger Jahre, von Laura Manea über Literaturkreise in der deutschsprachigen Literatur Rumäniens, von Laura Laza über Eginald Schlattners Roman *Rote Handschuhe* sowie von Enikő Gocsman über ungarische Faust-Übersetzungen. Der zweite Teil ist der Sprachwissenschaft gewidmet und enthält unter anderem Beiträge von Hermann Scheuringer über lexikalische Rumänismen in der *Hermannstädter Zeitung* 2003, von Daniela Vladu über die Probleme der Zweisprachigkeit und von Ileana Maria Ratcu über Hermannstädter Urkunden aus dem 18. Jahrhundert. Der dritte Teil schließlich beschäftigt sich mit Didaktik und Methodik; hier schreibt Alina Crăciunescu über Sprachvermittlung bei Migranten.

Ana-Maria Palimariu

Carmen Elisabeth Puchianu (Hg.): Kronstädter Beiträge zur germanistischen Forschung. Bd. 8. Kronstadt: aldus Verlag 2006 (Reihe Academica 8). 175 S. ISBN 973-7822-16-1.

Im literaturwissenschaftlichen Teil äußern sich unter anderem Roxana Nubert über Rainer Maria Rilke und die bildende Kunst, Peter Varga über Zigeunerdarstellungen bei ungarisch-jüdischen Autoren, Mariana Virginia Lăzărescu über Karin Gündischs Prosa, Laura Cheie über die Lyrik von Rainer Kunze, Enikő Dácz über die Nibelungen aus doppelter Sicht, Graziella Predoiu über Oskar Pastior, Anitta Szell über Hans Bergel und Ioana Diaconu über Günter Grass. Der zweite Teil ist der Übersetzungswissenschaft gewidmet und enthält einen Beitrag von Daniela Vladu über die Übersetzbarkeit des poetischen Codes. Im didaktisch-methodischen Teil schreibt zum Beispiel Anca Tudose über die Prinzipien interkulturellen Lesens.

Ana-Maria Palimariu

Béla Pukánszky: A magyarországi német irodalom története. A legrégibb időktől 1848-ig [Geschichte der deutschen Literatur in Ungarn. Von den ältesten Zeiten bis 1848]. Máriabesnyő, Gödöllő: Attraktor Kiadó 2002 (Historia Incognita, I. Történettudomány [Geschichtswissenschaft] 1). 527 S., dt. Zusammenfassung. ISBN 963-202-619-5.

Es handelt sich um eine Neuauflage eines umfangreichen Buches des bekannten Philologen Béla Pukánszky, das zuerst 1926 in Budapest erschienen ist. Indem er sich auf frühere wissenschaftliche Monographien und Beiträge stützt, versucht der Autor, die deutschen literarischen Bestrebungen in Ungarn zusammenzufassen, die er als organischen Teil des ungarischen Geisteslebens betrachtet. Er stellt fest, dass diese Literatur in ihrer Sprache zwar deutsch, in ihrem Geist jedoch vollkommen ungarisch ist, und betont, dass sich die deutschsprachigen Autoren immer zum gesamtungarischen Staatskörper bekannt und durch ihr Schaffen das ungarische Kulturleben bereichert haben. Eine separate Behandlung der deutschen Literatur in Ungarn ist vor allem deswegen nützlich, weil die allgemeine deutsche Literaturgeschichte diese Autoren nicht mit einbezieht. Pukánszky gliedert sein Thema in sieben größere Abschnitte (Germanische Denkmäler in Ungarn vor der Landnahme; Frühmittelalter; Christliches Mittelalter; Zeitalter der Reformation; Literatur des Barock; Zeit der Aufklärung und zuletzt das Zeitalter der Romantik). Sein Material unterteilt der Autor in die Gattungen allgemeine Bildungsliteratur, religiöse Literatur, Epik und Lyrik, Dramatik und Schauspiel sowie wissenschaftliche Literatur. Die umfangreiche und detaillierte deutschsprachige Zusammenfassung macht Pukánszkys Buch immer noch zu einem wichtigen Nachschlagewerk.

Zsolt Vitári

Jakob Romvári: Das Leben und die Sitten der Deutschen in Alsónána bis 1946. Übertragen von Katharina Fehér. Szekszárd: Kerényi 2004. 207 S., Abb. ISBN 963-8242-31-0.

Das Werk ist als Beilage zu einer in Deutschland schon 1993 erschienenen Darstellung der Geschichte von Alsónána konzipiert und schildert die Lebensweise und -bedingungen der ehemaligen Dorfbewohner, die 1946 ausgesiedelt wurden. Es werden in der Hauptsache zwei Themenkomplexe – Arbeit und Brauchtum – behandelt, die durch Informationen aus anderen Bereichen – etwa Gesundheits- oder Schulwesen – ergänzt werden. Die Lektüre leidet ein wenig unter sprachlichen Mängeln, die wohl auf die Übersetzung ins Deutsche zurückzuführen sind. Auf den einleitenden Teil, der die Siedlung geographisch lokalisiert und die wichtigsten geschichtlichen Koordinaten skizziert, folgt der erste thematische Schwerpunkt: Geschildert wird, wie das Alltagsleben der Bewohner hauptsächlich um Feldarbeit und Tierzucht kreiste. Im zweiten Teil des Bandes liegt der Akzent auf den Sitten und Gebräuchen der in Alsónána lebenden Deutschen. Der Leser lernt die wichtigsten Feierlichkeiten kennen – Taufe, Hochzeit und Beerdigung –, wobei der Ritus der Eheschließung am detailliertesten dargestellt ist. Eine kurzweilige Lektüre bildet eine Sammlung abergläubischer Vorstellungen. Die folgenden Sätze könnten dem Buch als Motto dienen: „Diejenigen, die hier lebten, arbeiteten viel und lebten ehrenhaft. Für sie war das Dorf ein Tal der Glückseligkeit".

Enikő Dácz

Alexander Rubel, Cătălin Turliuc (Hg.): Totalitarismus: Ideologie und soziale Wirklichkeit in Rumänien und in der DDR. Iaşi: Editura Universităţii „Alexandru Ioan Cuza" 2006. 242 S. ISBN 973-703-141-5, 978-973-703-141-9.

Die Beiträge dieses Bandes versuchen, die Auswirkungen des ideologisch fundierten totalitären Herrschaftssystems auf unterschiedlichen gesellschaftlichen Ebenen in der DDR und in Rumänien komparativ zu beleuchten. Das Ergebnis ist, dass bei allen Unterschieden die totalitäre Grundtendenz zu ähnlich menschenfeindlichen Überwachungsstrukturen und einer nur scheinbar sachdienlichen Wirtschafts- und Sozialpolitik führte. Der Band ist in drei Teile gegliedert. Der erste Abschnitt befasst sich mit den Themen Unterdrückung und Terror, Geheimpolizei und politische Elite. Wolfgang Schuller behandelt die durch die Geheimpolizei hervorgerufenene psychische Zersetzung, Sorin Ivănescu die Mechanismen der politischen Unterdrückung und Luzian Geier die Unterdrückung der katholischen Kirche in Rumänien, während Liviu Marius Bejenaru einen Vergleich zwischen der Vergangenheitsbewältigung in den Ländern Mittel- und Osteuropas anstellt. Mihai Dinu Gheorgiu wirft einen Blick auf die Offiziersschulen der kommunistischen Partei und ihre Entwicklung. Der zweite Teil ist der Wirtschafts- und Außenpolitik gewidmet. Brigitte Mihok untersucht die Funktion der Industrialisierung in der mulitethnischen Region Siebenbürgen zwischen 1965 und 1989. Ulrich Burger macht einige Anmerkungen zu den Interessenkonflikten zwischen der DDR und Rumänien. Der dritte Teil schließlich stellt Geschichte und Geschichtswissenschaft einander gegenüber. Alexandru Zub beschreibt die Position der rumänischen Historiographie zwischen totalitärer Gängelung von oben und wissenschaftlicher Methodik. Andi Mihalache schlägt eine neue Methode zur Analyse des Mythos, der Memoria und des Symbols in der stalinistischen Historiographie vor. Steliu Lambru erklärt die Herauskristallisierung des Konzepts der „sozialistischen Nation". Mihai Stefan Ceauşu analysiert die geschichtlichen Mythen der kommunistischen Ideologie in der Zeit Ceauşescus. Alexander Rubel tritt „aus westlicher Sicht" in die rumänische Mythendiskussion ein. Mihai Cioveanu schließlich widmet sich dem Totalitarismus als einer Reaktion auf die westliche Herausforderung in der Nachkriegszeit.

Ana-Maria Palimariu

Gábor Ruda (Hg.): Kisebbségi oktatás és gyermekirodalom: Muravidék, Rábavidék, magyarországi németek. Manjšinsko šolstvo in otroška literatura: Pomurje, Porabje, Nemci na Madžarskem. Minderheitenschulen und Kinderliteratur: Murgebiet, Raabgebiet, Ungarndeutsche. Pilisvörösvár: Muravidék Baráti Kör Kulturális Egyesület 2003. 195 S., ung., slowen. u. dt. Text. Keine ISBN.

Eine grundlegende Voraussetzung für das Überleben sprachlicher Minderheiten ist ein gut funktionierendes zweisprachiges Minderheitenschulwesen, so auch im Mur- und Raabgebiet. Kinderliteratur und Minderheitenbibliotheken spielen dabei eine unterstützende Rolle. Der erste Teil des Buches behandelt vor allem den „Scheideweg", auf dem sich die Minderheitenschulen befinden. Elisabetha Bernjak analysiert die soziokulturellen Gründe für den Verlust der Minderheitensprache bei den Ungarnslowenen. Im Beitrag von Györgyi Bindorffer geht es um die theoretischen Grundlagen eines Forschungsvorhabens über die doppelte Identität der Ungarndeutschen in Dunabogdány/Ungarn. Koloman Brenner thematisiert die Problematik mit Bezug auf das ungarndeutsche Schulsystem. András Bertalan Székely beschäftigt sich mit dem ungarisch-slowenischen Brückenbauer Avgust Pavel. Abschließend stellt István Varga das neue, vor zwei Jahren versuchsweise eingeführte neunklassige Programm in einer zweisprachigen Grundschule im Murgebiet vor. Der zweite Teil des Sammelbandes widmet sich dem Thema Kinderliteratur. Er beginnt mit Überlegungen von József Varga zur ungarischsprachigen Kinder- und Jugendliteratur in Slowenien. Es folgt ein Beitrag von József Kanizsa über die Entwicklung der Lyrik und der Märchenwelt an der Mur. Miklós Tarján beschäftigt sich mit der ungarndeutschen Kinderliteratur. Judit Zágorec-Csuka schließlich berichtet über die Minderheitenbibliotheken in Slowenien im Spiegel des europäischen Integrationsprozesses. Alle Beiträge des Bandes sind in drei Sprachen (Ungarisch, Deutsch und Slowenisch) abgedruckt.

Zsolt Vitári

Dorin Ioan Rus: Contribuţii la cunoaşterea emigraţiei saşilor reghineni în perioada anilor 1944–1964 [Beiträge zur Kenntnis der Auswanderung der Sächsisch Reener Sachsen in den Jahren 1944–1964]. Cluj-Napoca: Editura Accent 2005. 193 S. ISBN 973-8445-99-X.

Das Interesse an den Siebenbürger Sachsen ist in Rumänien auch aus dem Gefühl des Verlustes erwachsen, den ihre massive Auswanderung in der Zeit nach dem Zweiten Weltkrieg und bis heute verursacht hat. Der Autor untersucht die Auswanderung am Fallbeispiel von Sächsisch Reen/Reghin und bezieht auch die Aktivitäten der Diaspora mit ein. Die Darstellung beruht auf Archivquellen und Augenzeugenberichten, die nach Methoden der Oral history ausgewertet wurden, aber auch auf Berichten in der Heimatzeitung *Hihnemuerk*. Die Evakuierung der Nordsiebenbürger Sachsen im September 1944 wird am Beispiel der Sächsisch Reener geschildert, ihrer Flucht bis zu ihrer Ankunft im oberösterreichischen Vöcklabruck. Doch auch das Leben in der Stadt in der Zwischenkriegszeit wird beschrieben, wodurch der große Verlust noch deutlicher wird, den die Evakuierten erlitten, die zusammen mit der Heimat auch erheblichen Besitz zurücklassen mussten. Dieser Besitz wird erstmals aufgrund von Quellen dokumentiert. Auch die Lage im Zielgebiet wird untersucht, sowohl hinsichtlich der Aufnahmebereitschaft der Alteingesessenen als auch mit Blick auf die seelische Verfassung der Entwurzelten. Die Bedeutung der regelmäßigen Treffen in Dinkelsbühl sowie anderer Begegnungen in der Diaspora wird angemessen beurteilt.

Stelian Mândruţ

Nikolaus Schmelzer: Zwischen 2 Systemen oder Immer in der „zweiten" Reihe. 1937–2002. Temeschburg: Artpress Verlag 2003. 206 S. ISBN 973-7911-14-8.

Dieses Buch ist aus der Erinnerungsperspektive des Verfassers geschrieben und gibt persönliche Erlebnisse wieder. Gegliedert in acht Kapitel (beginnend mit „Die Jahre 1937–1949. Geburt und Kindheit", bis zu „Retro- und Perspektiven in Rumänien und Deutschland. 1987–2002") schreibt der in Tschanad/Cenad geborene Banater Schwabe eine kleine, chronologisch geordnete Lebensgeschichte. Er beschreibt seine Empfindungen in unterschiedlichen Epochen der Zeitgeschichte und bietet damit einen Einblick in die Mentalität seiner Volksgruppe. Er stellt zahlreiche Bezüge zur allgemeinen Geschichte der Banater Schwaben her, erklärt deren Lage in den letzten Jahrzehnten und bietet eine subjektive Interpretation dieser schwierigen Zeit.

Stelian Mândruţ

Josef Schmidt: Die Deutschböhmen im Banat. Ein Heimatbuch um die Jahrhundertwende. Reschitza: InterGraf Verlag 2003. 381 S. ISBN 973-97258-3-54.

Diese 1938 erschienene umfassende Dorfchronik wurde anlässlich der 175-Jahr-Feier der Gründung des deutsch-böhmischen Ortes Wolfsberg/Gărâna im Banater Bergland neu aufgelegt. Geschildert werden Heimat, Geschichte, Natur und Volk. Der Verfasser beschreibt im ersten, historisch ausgerichteten Teil die Etappen der Auswanderung aus den deutschen Ländern, die Ansiedlung allgemein und im Besonderen die Ansiedlung von Deutschen aus Böhmen, geht auf die kulturelle Entwicklung in verschiedenen Zeiträumen ein und schildert die Lage entlang der Militärgrenze vor und nach 1872. Das zweite Kapitel enthält Angaben zur Verteilung der Deutschböhmen auf die Orte Wolfsberg und Weidenthal/Brebu Nou. Im letzten Teil werden die Volkstracht, die Wohnkultur, die Mundarten, das Kirchenjahr, Wallfahrten, Volkslieder und -tänze sowie Feste wie Fasching oder Kirchweih dargestellt.

Stelian Mândruţ

Mária Schőn: Hajósi sváb népi elbeszélések. Schwäbisches Erzählgut aus Hajosch. Kecskemét: Kiadja a Cumania Alapítvány 2005. 444 S., dt. u. ungar. Text. ISBN 963-7216-84-7.

Das Erzählgut einer Gruppe spiegelt deren Selbst- bzw. Weltverständnis wider und zeugt von Kreativität. In diesem Sinne kann man sich durch die Lektüre des Sammelbandes ein buntes und nuancenreiches Bild von den Schwaben aus Hajosch machen. Der verwendete Begriff des Erzählgutes fasst ein breites Feld zusammen, er subsumiert Sprichwörter, längere Erzählungen, alltägliche Mitteilungen, dichterische Schöpfungen, aber auch Flüche und Rätsel. Ernstes, Heiteres, Humorvolles und Lehrreiches ist in synthetisierende Oberbegriffe gegliedert, die unterschiedliche Segmente der Lebenswelt bezeichnen und gleichzeitig den einzelnen Abschnitten als Überschriften dienen (*Die Welt*, *Das Wasser*, *Die Zeit* etc.). Einen besonderen Wert erlangt die Sammlung dadurch, dass die Texte auch im schwäbischen

Dialekt abgedruckt wurden, was den Lesegenuss noch steigert. Neben den Materialien aus Hajosch sind auch Erzählungen aus den donauschwäbischen Nachbarsiedlungen enthalten. Das Ziel des Bandes ist es nicht, eine wissenschaftliche Perspektive zu eröffnen, sondern den gesammelten umfangreichen Stoff durch wortwörtliche Aufzeichnung für die Nachwelt zu erhalten. Die Textwiedergabe in der Mundart macht das Buch zudem für Dialektologen anregend, und auch für Ethnographen oder Religionswissenschaftler ist es eine Fundgrube.

Enikő Dácz

Johann Schuth (Hg.): Literatur, Literaturvermittlung, Identität. Budapest: VUdAK 2004 (Veröffentlichungen des Verbandes Ungarndeutscher Autoren und Künstler. Reihe Literatur 10). 143 S. ISBN 963-8333-12-X.

Das Bewusstsein nationaler Minderheiten beruht wesentlich auf zwei Säulen, auf ihrer Sprache und ihrer Kultur. Entsprechend sind diese beiden identitätsstiftenden Konstanten auch Gegenstand von Minderheitenpolitik und wissenschaftlichen Debatten. Der anzuzeigende Band ist das Produkt eines Symposions des Verbandes Ungarndeutscher Autoren und Künstler (VUdAK), das in Fünfkirchen/Pécs anlässlich eines dreifachen Jubiläums veranstaltet wurde. Die einzelnen Beiträge thematisieren Fragen der Vermittlung ungarndeutscher Literatur in Bildungsinstitutionen, Schulen und Medien und erörtern diese mit ständigem Blick auf ihre identitätsbildende Rolle. Die erste (und umfangreichste) Studie von András F. Balogh bietet einen geschichtlichen Streifzug durch die ungarndeutsche Literatur und skizziert jenen Grundgedanken, der sich wie ein roter Faden auch durch die anderen Beiträge zieht: die Untrennbarkeit von Literatur und Identität. Der Verfasser analysiert die Kontinuität und Homogenität der ungarndeutschen Literatur und arbeitet ihren interkulturellen Charakter bzw. ihren soziologischen Kontext heraus. Es folgen Aufsätze, die die literarische Vermittlung an unterschiedlichen Schauplätzen in den Mittelpunkt stellen. Sándor Komáromi berichtet über den Stellenwert der ungarndeutschen literarischen Werke in den Bibliothekbeständen, weitere Beiträge lenken den Blick auf den schulischen Unterricht und das dort verwendete Material. In Bezug auf das Identitätsbewusstsein der Jugend werden auch die Rolle des Lenau-Vereins sowie die der Massenmedien kurz skizziert. Die Vielfalt der behandelten Themen ermöglicht ein nuancenreiches und vielschichtiges Bild der ungarndeutschen Kultur. Eine chronologische Bibliographie zur ungarndeutschen Gegenwartsliteratur schließt den Band ab und bietet dem Leser eine weitere Orientierung.

Enikő Dácz

Flavius Solomon, Alexandru Zub, Marius Chelcu (Hg.): Ethnic Contacts and Cultural Exchanges North and West of the Black Sea from the Ottoman Conquest to the Present. Iaşi: Trinitas 2005. 314 S., 18 Abb., Beiträge in dt., engl., franz. u. russ. Sprache. ISBN 973-7834-50-X.

Dieser Sammelband enthält Beiträge zur Erforschung der interethnischen und interkulturellen Geschichte in dem genannten Gebiet. Der Aufsatz von Andi Mihalache handelt von Streitigkeiten über die rumänische und die deutsche Identität in der Historiographie in den Jahren 1948–1965. Flavus Solomon betrachtet die ethnische Struktur der Bevölkerung Bessarabiens bzw. der Republik Moldau zwischen 1812 und 2004. Der Beitrag von Katja Lasch schließlich widmet sich einer vergessenen Minderheit in Bessarabien, nämlich den Schweizer Weinbauern von Chabag.

Ana-Maria Palimariu

Norbert Spannenberger: A magyarországi Volksbund Berlin és Budapest között 1938–1944 [Der ungarische Volksbund zwischen Berlin und Budapest 1938–1944]. Budapest: Lucidus 2005. 415 S., Abb. ISBN 963-946530-5.

Unter den Ungarndeutschen hielten auch diejenigen, die Mitglieder des Volksbundes waren, an ihrer Heimat fest; sie wollten nicht nur Deutsche, sondern Ungarndeutsche bleiben. Bei der Lektüre des anzuzeigenden Bandes erfährt man, dass der angeblich die Interessen der Nazis vertretende Volksbund in den innenpolitischen Auseinandersetzungen in Ungarn eine verlässliche Stütze der jeweiligen ungarischen Regierung bildete. Auch mit anderen verbreiteten Irrtümern wird aufgeräumt, etwa der Vorstellung, der ungarische Volksbund sei nichts weiter als eine Filiale der deutschen nationalsozialistischen Ideologie gewesen. Nach dem Krieg ging die Organisation unter, wobei die neuen Machthaber das Ausmaß der Kollaboration des Volksbundes mit dem „Dritten Reich" entschieden übertrieben. Im propagandistischen Begleitorchester der 1945 beginnenden Aussiedlungen dienten die „Sünden" des Volksbundes bzw. der Schwaben allgemein als „moralische" Rechtfertigung dafür, die gesamte deutsche Minderheit mit einer Kollektivstrafe zu belegen. Das Buch fußt auf der 2002 von Spannenberger publizierten Studie *Der Volksbund der Deutschen in Ungarn 1938–1944 unter Horthy und Hitler.*

Edina Zvara

Attila M. Szabó: Erdély, Bánság és Partium történeti és közigazgatási helységnévtára. Dicţionarul istoric şi administrativ al localităţilor din Transilvania, Banat, Crişana şi Maramureş. Historisch-administratives Ortsnamenbuch von Siebenbürgen, Banat und Partium. Historical and administrative dictionary of localities from Transilvania, Banat, Crisana, Maramures Counties. Csíkszereda: Pro-Print Kiadó 2003. Köt. [Bd.] I: A–O. 714 S. – Köt. [Bd.] II: P–Z. 1329 S., ungar., rumän. u. dt. Vorwort. ISBN 973-8468-01-9.

In diesem zweibändigen Lexikon sind 5.818 Siedlungen (Städte, Dörfer, Einzelbauernhöfe, Wohngebiete, Stadtviertel, Dorfteile) in alphabetischer Reihenfolge nach den heutigen rumänischen Ortsnamen aufgeführt. Die Lemmata beinhalten die rumänischen und die anderssprachigen – vor allem ungarischen und deutschen – Namen und Namensvarianten der einzelnen Ortschaften. Das Werk enthält auch einen Kartenteil zu den Verwaltungsgebieten und den Komitaten.

Zsolt Vitári

László Szarka: Kisebbségi léthelyzetek – közösségi alternatívák. Az etnikai csoportok helye a kelet-közép-európai nemzetállamokban [Lebenssituationen der Minderheiten – Gemeinschaftsalternative. Der Platz der ethnischen Minderheiten in den ostmitteleuropäischen Nationalstaaten]. Budapest: Lucidus Kiadó 2004 (Kisebbségkutatás könyvek [Schriften zur Minderheitenforschung]). 342 S. ISBN 963-9465-20-8.

Das Buch des bekannten Minderheitenforschers László Szarka gliedert sich in drei größere Kapitel. Im ersten Abschnitt („Ethnizität, Identität, Geschichte") stellt der Autor das Verhältnis von Mehrheitsnationen und Minderheiten der Länder des engeren Mitteleuropa dar. Hierbei werden ethnische, ethnoregionale und nationale Eigenschaften in den Vordergrund gerückt. Gefragt wird, inwieweit diese in der Verfassung oder im Staatsrecht ihren Niederschlag fanden, welche Gründe für das Scheitern der föderalen Staaten der Region sich nennen lassen und was die Folgen waren. Der zweite Teil befasst sich mit der Lebenssituation der Minderheiten und mit deren Rechtsstatus. Der dritte Teil behandelt die Lage der Minderheiten in den Nationalstaaten und in der Europäischen Union, wobei der Begriff der Nation und seine Wandlungen am Ende des 20. Jahrhunderts ebenso untersucht werden wie die identitätspolitischen Ziele des sogenannten Statusgesetzes und die Gegenwart und Zukunft der Minderheitenselbstverwaltungen in Ostmitteleuropa. Der Autor hat insgesamt eine sehr gründliche und fundierte Analyse der Veränderungen im national einst so buntscheckigen Ostmitteleuropa vorgelegt.

Zsolt Vitári

Edit Szegedi: Tradiţie şi inovaţie în istoriografia săsească între baroc şi iluminism [Tradition und Erneuerung in der sächsischen Historiographie zwischen Barock und Aufklärung]. Cluj-Napoca: Casa Cărţii de Ştiinţă 2004. 351 S. ISBN 973-686-649-1.

Die Dissertation macht deutlich, wie groß die Bedeutung der Geschichtsschreibung im 17. und 18. Jahrhundert für die Kultur und die Identitätsfindung der Siebenbürger Sachsen war. Einführend schildert die Autorin die Entwicklung der Historiographie in Europa, wobei sie die nationale wie die religiöse, die lokale wie die regionale Darstellung berücksichtigt. Danach analysiert sie die Anfänge der siebenbürgisch-sächsischen Geschichtsschreibung im Zeitalter des Humanismus und der Reformation. Den Schwerpunkt der Arbeit bilden die Kapitel, in denen die Werke der siebenbürgisch-sächsischen Chronisten und Historiker des 17. und 18. Jahrhunderts untersucht werden und ihr Stellenwert innerhalb der siebenbürgischen und der europäischen Geschichtswissenschaft bestimmt wird. Dabei wird deutlich, wie Traditionsverbundenheit und Erneuerung auch in der Historiographie Hand in Hand gingen, wie im Zeitalter des Barock und der Aufklärung alte Denkschemata überwunden wurden, gewisse Selbstbilder aber erhalten blieben und vertieft wurden.

Stelian Mândruţ

Vasile Aurel Toroc: Jahrhunderte vergehen. Das Heim bleibt trotzdem [Monographie des Dorfes Charlottenburg]. Timişoara: Eurostampa Verlag 2003. 115 S., Abb. ISBN 973-687-146-0.

Die Monographie ist einer habsburgischen Gründung aus dem Jahre 1771 gewidmet, als später so genannte Donauschwaben im Banat angesiedelt worden sind. Die planmäßige Durchführung des Siedlungswerkes wird durch den typisch barocken Ortsplan Charlottenburgs verdeutlicht. Geschildert werden die Ankunft der Bewohner aus verschiedenen Gebieten des alten Reiches wie auch die Veränderungen, die sich im Lauf der Zeit auf ökonomischer, sozialer, politischer und kultureller Ebene ergaben. Sehr detailliert werden in mehreren Kapiteln die Geschichte, die Zusammensetzung der Bevölkerung, das kirchliche Leben, die Schule sowie die Deportation der deutschen Bewohner in die Sowjetunion dargestellt. Mit seiner Veröffentlichung trägt der Verfasser zu einer besseren Kenntnis des Dorfes und seiner Bewohner bei und weist auf das Zusammenleben von Angehörigen unterschiedlicher Ethnien hin, das sich auch auf die gute Zusammenarbeit mit jenen Charlottenburgern ausgewirkt hat, die jetzt in Deutschland leben.

Stelian Mândruţ

Casia Zaharia: Expresiile idiomatice în procesul comunicării. Abordare contrastiva pe terenul limbilor romană şi germană [Die idiomatischen Ausdrücke im Kommunikationsprozess. Eine kontrastive Untersuchung auf dem Gebiet der deutschen und der rumänischen Sprache]. Iaşi: Editura Universităţii „Alexandru Ioan Cuza" 2004. 399 S. ISBN 973-703-041-9.

Die Studie unternimmt den Versuch, durch die Analyse zahlreicher komplexer phraseologischer Phänomene die deutsche und die rumänische Sprache aus semantischer Sicht einander gegenüberzustellen. Auf der Folie der typologischen Unterschiede beider Sprachen gelangt die Autorin zu dem systematischen Befund, dass sich in den idiomatischen Ausdrücken sowohl grundsätzliche Ähnlichkeiten als auch Unterschiede zwischen der deutschen und der rumänischen Kultur widerspiegeln, wobei letztere auf die unterschiedlichen geschichtlichen Entwicklungen der deutschen und der rumänischen Tätigkeitsfelder zurückzuführen seien.

Ana-Maria Palimariu

Tibor Zinner: A magyarországi németek kitelepítése. Die Aussiedlung der Ungarndeutschen. Budapest: Magyar Hivatalos Közlönyk 2004. 284 S., Abb., ungar. u. dt. Text, engl. Zusammenfassung. ISBN 963-922155-4.

Die Aussiedlung der Ungarndeutschen ist eine geschichtliche Tatsache, die sowohl Ungarn als auch Deutsche betrifft. Somit ist es von symbolischer Relevanz, dass der vorliegende Band beide Nationalitäten in ihrer eigenen Sprache anspricht und zudem eine englische Zusammenfassung enthält. Dieses Konzept sowie der gut lesbare Stil ermöglichen dem Werk eine bedeutende Breitenwirkung. Ein in der Einleitung des ungarischen Justizministers geäußerter Gedanke, der auch von seiner deutschen Amtskollegin in ihrem Vorwort aufgegriffen wird, hebt hervor, dass diejenigen, die ihre Vergangenheit vergessen, dazu verurteilt sind, sie stets aufs Neue zu erleben – eine Mahnung, die sich in der etablierten Erinnerungskultur, in deren Geiste das Werk verfasst wurde, stets widerspiegelt. Der in- und ausländische politische Kontext der Aussiedlung wird in mehreren Kapiteln dargestellt. Die behandelten Schwerpunkte erstrecken sich von der Frage der Auslandsungarn und den Moskauer wie Prager Plänen zur Vertreibung der Ungarndeutschen über die Stellungnahmen der politischen Parteien bis hin zur Rolle der Ämter für Volksversorgung. Der zweite, kürzer gefasste Abschnitt beschreibt den eigentlichen Prozess der Aussiedlung der Ungarndeutschen. Der Abbildungsteil am Ende des Bandes macht die bedrückende Stimmung, in der sich die Aussiedlung vollzog, nachvollziehbar. Der Autor gelangt zu dem eingangs schon angedeuteten Schluss, dass das von ihm behandelte Problem ein „unauswischbarer Schandfleck" in der ungarischen Geschichte des 20. Jahrhunderts bleiben werde.

Enikő Dácz

Alexandru Zub: Romanogermanica. Secvente istorigrafice [Das Rumänisch-Germanische. Historiographische Sequenzen]. Iaşi: Editura Universităţii „Alexandru Ioan Cuza" 2006. 222 S. ISBN 973-703-100-8.

Der Alexander von Humboldt gewidmete Band wirft ein Streiflicht auf das 18. Jahrhundert in Deutschland. Der Autor analysiert den Einfluss großer deutscher Denker wie Humboldt, Leopold von Ranke und Johann Gottfried Herder auf die rumänische Kultur. In den Mittelpunkt gerückt wird dabei die Epoche der Kulturgesellschaft „Junimea" („Jugend"), die, insbesondere durch das Wirken Mihai Eminescus, deutsche kulturelle Einflüsse aufnahm und der kulturellen Szenerie Rumäniens neue Perspektiven eröffnete. Zugleich setzt sich der Verfasser kritisch mit den bisherigen Ergebnissen der vergleichenden Literaturwissenschaft und der Geschichtswissenschaft zu diesem Themenkomplex auseinander. Damit eröffnet er neue Perspektiven für einen kulturellen Austausch zwischen Deutschen und Rumänen nach der Überwindung zweier verschiedener totalitärer Regime.

Ana-Maria Palimariu

10. Ehemaliges Jugoslawien

Predrag Finci: Umjetnost uništenog. Estetika, rat i holokaust [Die Kunst des Zerstörten. Ästhetik, Krieg und der Holocaust]. Zagreb: Antibarbarus 2005. 235 S. ISBN 953-249-000-0.

Bei dem vorliegenden Band handelt es sich um den Versuch, den „Sinn" von Destruktion und Gewalt philosophisch-ästhetisch zu konzeptualisieren. Von seinem eigenen privaten Hintergrund ausgehend, betrachtet der Autor Tendenzen in der deutschen Kunst, vor allem im „Dritten Reich", und nimmt dabei Bezug auf den Holocaust. Berücksichtigt werden zudem der Begriff der „Entarteten Kunst" sowie die Schicksale von Künstlern, die in der Emigration oder auf andere Weise den Holocaust überlebt haben. Darüber hinaus geht Finci auch auf den Krieg in Bosnien ein, wobei die Kunst stets den Mittelpunkt seiner Philosophie bildet.

Rikard Puh

Ivan Kosić (Hg.): Plava krv, crna tinta. Knjižnice velikaških obitelji od 1500. do 1700. Međunarodna putujuća izložba: Zagreb, Bratislava, Martin, Budapest, Forchtenstein, jesen 2005. – jesen 2007. [Blaues Blut, schwarze Tinte. Bibliotheken adeliger Familien von 1500 bis 1700. Internationale Wanderausstellung: Agram, Pressburg, Sankt Martin, Budapest, Forchtenstein, Herbst 2005 bis Herbst 2007]. Zagreb: Nacionalna i sveučilišna knjižnica 2005. 179 S. Abb., Kt. ISBN 953-500-043-8.

Es handelt sich um einen an Texten besonders reichen Katalog zur gleichnamigen Ausstellung. Obwohl der an den östlichen Grenzen des heutigen Österreich ansässige Adel zwischen 1500 und 1700 stets in Furcht vor den Türkeneinfällen lebte, bemühten sich bekannte Großgrundbesitzerfamilien wie die Zrinski (Zriny), Valvasor, Esterházy oder Révay intensiv um ein lebendiges Kulturleben. Im Dienste einer möglichst breiten Allgemeinbildung legten sie reich ausgestattete und exklusive Bibliotheken an.

Rikard Puh

Vestnik. Bd. 39, Nr. 1–2. Ljubljana: Oddelek za germanistiko z nederlandistiko in skandinavistiko Filozofske fakultete Univerze v Ljubljani 2005. ISSN 0351-3513.

Der 39. Jahrgang des Periodikums des slowenischen Verbands für Fremdsprachen und -literaturen ist wie gewöhnlich als Doppelnummer erschienen. Die 33 darin enthaltenen Beiträge sind in slowenischer, deutscher, englischer und französischer Sprache verfasst. An dieser Stelle sei auf den Beitrag von Helena Kuster *Der klassische literarische Kanon aus der Sicht der Interkultur* hingewiesen. Die Autorin behandelt darin den deutschen literarischen Kanon, dem aufgrund seiner ästhetischen und in nationaler Hinsicht identitätsstiftenden Funktion die Aufgabe der Erhaltung und der Übertragung des kulturellen Kapitals zufällt. Da sich diese Werke als besonders „rewriting"-fähig erweisen, eignen sie sich auch zur interkulturellen Übertragung im weiteren Sinne, da es dabei um die produktive Aneignung von Artefakten der deutschen Kultur geht. „Der Raum", so die Autorin, „in dem die slowenische Kultur der deutschen begegnet, also der Raum der Interferenz zwischen den beiden Polysystemen, hat dadurch einen besonderen Status."

Mira Miladinović Zalaznik

12. Russland

Viktor Dönninghaus: Nemcy v obščestvennoj žizni Moskvy: simbioz i konflikt (1494–1941) [Die Deutschen in der Moskauer Gesellschaft: Symbiose und Konflikt (1494–1941)]. Moskva: ROSSPEN 2004. 502 S., Abb. ISBN 5-8243-0525-0.

Der Band stellt den ersten historiographischen Versuch dar, eine Gesamtdarstellung der Geschichte der deutschen Gemeinde in Moskau vorzulegen. Der Autor legt den Schwerpunkt auf soziale und kulturelle Aspekte und setzt sich mit dem gesellschaftlichen Leben Moskaus auseinander. Im Mittelpunkt der Untersuchung steht das Spannungsverhältnis der ethnischen Deutschen zu der russischen Stadtbevölkerung, das im Zeichen von „Symbiose und Konflikt" stand. Prozesse der Integration von Deutschen in die russischsprachige Umgebung werden ebenso analysiert wie die Bewahrung der nationalen, sprachlichen und religiösen Identität. Der Hauptakzent liegt auf der Zeit vom 19. bis zum Beginn des 20. Jahrhunderts.

Nadja Wulff

Arkadij A. German, Tat'jana S. Illarionova, Igor' R. Pleve: Istorija nemcev Rossii. Učebnoe posobie [Geschichte der Deutschen in Russland. Ein Lehrbuch]. Moskva: Izdatel'stvo „MSNK-press" 2005. 544 S. ISBN 5-98355-016-0.

Das vorliegende Lehrbuch bietet erstmals eine Gesamtdarstellung der Geschichte der Deutschen in Russland. Berücksichtigt werden der Stand der Forschung in Russland und im Ausland sowie noch unveröffentlichte Archivmaterialien. Die Autoren zeichnen die wirtschaftliche, soziale, politische und kulturelle Entwicklung der Deutschen in Russland seit der Ankunft der ersten Siedler nach. Die Spezifika dieser Entwicklung werden im Kontext der allgemeinen russischen Geschichte dargestellt und mit der Entwicklung der anderen Völker Russlands verglichen.

Nadja Wulff

Arkadij A. German, Tat'jana S. Illarionova, Igor' R. Pleve: Istorija nemcev Rossii. Hrestomatija. Priloženie k učebnomu posobiju „Istorija nemcev Rossii" [Geschichte der Deutschen in Russland. Lesebuch. Beilage zum Lehrbuch „Geschichte der Deutschen in Russland"]. Moskva: Izdatel'stvo „MSNK-press" 2005. 544 S. ISBN 5-98355-017-9.

Dieses Lesebuch ergänzt das Lehrwerk zur Geschichte der Deutschen in Russland. Es soll eine weitere Vertiefung der erworbenen Kenntnisse durch eine selbständige Auseinandersetzung mit konkreten Dokumenten ermöglichen. Präsentiert werden wichtige Quellentexte, die die Besonderheiten der Geschichte der Russlanddeutschen veranschaulichen und dabei den gesamten Zeitraum von der Ankunft der ersten deutschen Siedler bis hin zur Gegenwart abdecken. Aus den Texten lassen sich die rechtliche Lage der Deutschen, ihr wirtschaftliches, soziales und geistiges Leben sowie die Probleme der Wechselbeziehungen zwischen den ethnischen Deutschen und dem russischen Staat bzw. der russischen Gesellschaft rekonstruieren.

Nadja Wulff

Arkadij A. German, Tat'jana S. Illarionova, Igor' R. Pleve: Istorija nemcev Rossii. Metodičeskie materialy. Priloženie II k učebnomu posobiju „Istorija nemcev Rossii" [Geschichte der Deutschen in Russland. Methodische Materialien. Zweite Beilage zum Lehrbuch „Geschichte der Deutschen in Russland"]. Moskva: Izdatel'stvo „MSNK-press" 2005. 240 S. ISBN 5-98355-018-9.

Flankiert wird das angezeigte Lehrbuch von einer methodisch-didaktischen Handreichung, die sich zur Vertiefung des Lehrstoffs eignet. Die Gliederungsstruktur ist mit derjenigen des Hauptwerks identisch. Zu jedem Kapitel werden zusätzliche Angaben zur weiterführenden Literatur gemacht, ferner gibt es Kontrollfragen, Übungen und methodische Empfehlungen zum Umgang mit Kartenmaterial und Quellentexten.

Nadja Wulff

Vladislav M. Karev u. a. (Red.): Nemcy Rossii [Die Deutschen Russlands]. Tom 1: A–I [Bd. 1: A–I]. Moskva: „ERN" 1999. 832 S. Tom 2: K–O [Bd. 2: K–O]. Moskva: „ERN" 2004. 747 S. ISBN 5-93227-002-0.

Diese bislang in zwei Bänden vorliegende Enzyklopädie ist das Ergebnis der gemeinsamen Arbeit von Historikern aus Russland, Deutschland und einer Reihe anderer Länder. Sie bietet Wissenschaftlern ebenso wie interessierten Laien einen Überblick über den herausragenden Beitrag der Deutschen in Russland zum Aufbau und zur Entwicklung der russischen Gesellschaft und Kultur. Beleuchtet werden dabei die wirtschaftlichen, sozialen, religiösen und kulturellen Aspekte des Lebens der Deutschen in Russland. Berücksichtigt sind auch die Biographien herausragender Persönlichkeiten deutscher Abstammung.

Nadja Wulff

Igor' R. Pleve: Nemeckie kolonii na Volge vo vtoroj polovine XVIII veka [Deutsche Kolonien an der Wolga in der zweiten Hälfte des 18. Jahrhunderts]. Moskva: Gotika 2000. 448 S. ISBN 5-7834-0040-8.

In diesem Buch wird auf der Grundlage eines umfangreichen und zum Großteil erstmals ausgewerteten archivalischen Quellenmaterials die Geschichte der Deutschen im Wolgagebiet in der zweiten Hälfte des 18. Jahrhunderts dargestellt. Besondere Aufmerksamkeit wird dabei der Anwerbung und Ansiedlung der deutschen Kolonisten an der Wolga gewidmet. Erstmals wird die wirtschaftliche Lage der Kolonien untersucht. Detailliert fällt auch die Schilderung des Verwaltungssystems der deutschen Kolonien aus.

Nadja Wulff

Tatjana F. Šrader (Bearb.): Nemcy v Sankt-Peterburge (XVIII–XX veka): biografičeskij aspekt. Vypusk 1 [Deutsche in Sankt Petersburg (18.–20. Jh.): Der biographische Aspekt. Ausgabe 1]. Sankt-Peterburg: MAE RAN 2003. 256 S. ISBN 5-88431-086-2.

Der vorliegende Band dokumentiert die Ergebnisse einer wissenschaftlichen Konferenz „Deutsche in Sankt Petersburg“. Die Beiträge widmen sich den Schicksalen der Familien Kleinberger, Almendingen, Keibel, Bach und Erenburg. Das Augenmerk wird dabei besonders auf die Biographien einzelner Persönlichkeiten gerichtet, etwa des Politikers Christoph Minich, des Kriegsministers Alexander F. Rediger sowie mehrerer Gelehrter, Lehrer und Unternehmer.

Nadja Wulff

Sergej A. Voznesenskij: Russkie nemcy i starye russkie: dokumenty, dnevniki, očerki. [Russlanddeutsche und alte Russen: Dokumente, Tagebücher, Aufzeichnungen]. Tver': Tverskaja oblastnaja Tipografija 2003. 168 S., Abb. ISBN 5-87049-317-X.

Auf der Grundlage von familien- und personenbezogenen Dokumenten setzt sich der Verfasser mit der Geschichte der Russlanddeutschen auseinander und betrachtet diese aus dem Blickwinkel einzelner Angehöriger dieser ethnischen Gruppe. Der Band umfasst den Zeitraum von der zweiten Hälfte des 18. Jahrhunderts bis in die Gegenwart.

Nadja Wulff

Mitarbeiterinnen und Mitarbeiter

Anna Byczkiewicz, Uniwersytet Łódzki, Katedra Literatury i Kultury Niemiec, Austrii i Szwajcarii, ul. Sienkiewicza 21, 90-114 Łódź, Polen.

Enikő Dácz, Szegedi Tudományegyetem, Germanisztika Intézet, Egyetem u. 2. II. em., 6722 Szeged, Ungarn.

Dr. Roland Gehrke, Universität Stuttgart, Historisches Institut, Abteilung Geschichte der Frühen Neuzeit / Projektbereich Schlesische Geschichte, Keplerstr. 17, 70174 Stuttgart.

Dr. Izabella Golec, Uniwersytet Marii Curie-Skłodowskiej, Zakład Filologii Germańskiej, pl. Marii Curie-Skłodowskiej 4, 20-031 Lublin, Polen.

Prof. Dr. Rainer Grübel, Carl von Ossietzky Universität Oldenburg, Seminar für Slavistik, 26111 Oldenburg.

Dr. Ewa Gwiazdowska, Muzeum Narodowe w Szczecinie, ul. Staromłyńska 27, 70-561 Szczecin, Polen.

Anna Jakubowska, Kaulbachstr. 27–29, 80539 München.

Dr. Grzegorz Jaśkiewicz, Uniwersytet Rzeszowski, Instytut Filologii Germańskiej, al. Rejtana 16B, 35-959 Rzeszów, Polen.

PhDr. Kristina Kaiserová, Ústav slovansko-germánských studií Univerzity J. E. Purkyně, Brněnská 2, 400 96 Ústí nad Labem, Tschechische Republik.

Dr. Ewelina Kamińska, Uniwersytet Szczeciński, Instytut Filologii Germańskiej, ul. Rycerska 3, 70-537 Szczecin, Polen.

Prof. Dr. Lech Kolago, Uniwersytet Warszawski, Instytut Germanistyki, ul. Browarna 8-10, 00-311 Warszawa, Polen.

Dr. Marta Kopij, Uniwersytet Wrocławski, Instytut Filologii Germańskiej, pl. Nankiera 15, 50-140 Wrocław, Polen.

Krzysztof Kowalski, Mgr., Muzeum Narodowe w Szczecinie, ul. Staromłyńska 27, 70-561 Szczecin, Polen.

Dr. Irma Kozina, Uniwersytet Śląski, Zakład Historii Sztuki, ul. Bankowa 11, 40-007 Katowice, Polen.

Dorota Kozłowska-Skoczka, Mgr., Muzeum Narodowe w Szczecinie, ul. Staromłyńska 27, 70-561 Szczecin, Polen.

Dr. Alina Kuzborska, Mgr., Uniwersytet Warmińsko-Mazurski, Zespół Filologii Germańskiej, ul. Ks. Feliksa Szrajbera 11, 10-007 Olsztyn, Polen.

Dr. Andris Levāns, Latvijas Universitāte, Vēstures un filozofijas fakultāte, Latvijas vēstures katedra, Brīvības bulv. 32, 1054 Rīga, Lettland.

PhDr. Václav Maidl, Österreichisches Kulturforum Prag, Jungmannovo nám. 18, 110 00 Praha 1, Tschechische Republik.

Dr. Stelian Mândruţ, Institutul de Istorie „George Bariţ", Str. Napoca 11, 400088 Cluj-Napoca, Rumänien.

Katrin Möller-Funck, Voßstr. 14, 18059 Rostock.

Prof. Dr. Mirosław Ossowski, Uniwersytet Gdański, Instytut Filologii Germańskiej, ul. Wita Stwosza 55, 80-952 Gdańsk, Polen.

Dr. Agnieszka Palej, Uniwersytet Jagielloński, Instytut Filologii Germańskiej, al. Mickiewicza 9–11, 31-320 Kraków, Polen.

Dr. Ana-Maria Palimariu, Universitatea „Alexandru Ioan Cuza", Facultatea de Litere, Catedra de Germanistică, Bd. Carol I 11, 700506 Iaşi, Rumänien.

Dr. Rimvydas Petrauskas, Vilniaus Universitetas, Istorijos fakultetas, Universiteto g. 7, 01513 Vilnius, Litauen.

Rikard Puh, Sveučilište u Zagrebu, Filozofski fakultet, Odsjek za germanistiku, Ivana Lučića 3, 10000 Zagreb, Kroatien.

Evelyn Reitz, Veteranenstr. 26, 10119 Berlin.

Dr. Rüdiger Ritter, Carl von Ossietzky Universität Oldenburg, Institut für Geschichte, 26111 Oldenburg.

Dr. Krzysztof Ruchniewicz, Centrum Studiów Niemieckich i Europejskich im. Willy Brandta na Uniwersytecie Wrocławskim, ul. Straznicza 1–3, 50-206 Wrocław, Polen.

Dr. Małgorzata Ruchniewicz, Uniwersytet Wrocławski, Instytut Historyczny, Zakład historii gospodarczej, ul. Szewska 49, 50-139 Wrocław, Polen.

Dr. habil. Jan Salm, Politechnika Łódzka, Instytut Architektury i Urbanistyki, al. Politechniki 6, 93-924 Łódź, Polen.

Prof. Dr. Helēna Šimkuva, Nīcgales iela 20-53, 1035 Rīga, Lettland.

Marta Patrycja Skrzyniarz, Stampfmüllerstr. 25, 18057 Rostock.

Dr. Maciej Szukała, Archiwum Państwowe w Szczecinie, ul. Św. Wojciecha 13, 70-410 Szczecin, Polen.

Kersti Taal, Tartu Ülikooli Raamatukogu, Struve 1, 51003 Tartu, Estland.

Lea Teedema, Deutsches Kulturinstitut Tartu, Kastani 1, 50409 Tartu, Estland.

Dr. Armin von Ungern-Sternberg, Projektleiter Europäische Integration, Gemeinnützige Hertie-Stiftung, Grüneburgweg 105, 60323 Frankfurt am Main.

Dr. Zsolt Vitári, Pécsi Tudományegyetem, Bölcsészettudományi Kar, Modernkori Történeti Tanszék, Rókus u. 2, 7624 Pécs, Ungarn.

Prof. Dr. Axel E. Walter, Klaipėdos universitetas, Vokiečių filologijos katedra, Herkaus Manto g. 84, 92294 Klaipėda, Litauen.

Michał J. Witkowski, Uniwersytet Śląski, Instytut Historii, Zakład Historii Śląska, ul. Bankowa 12, 40-007 Katowice, Polen.

Dr. Maria Wojtczak, Uniwersytet im. Adama Mickiewicza, Instytut Filologii Germańskiej, al. Niepodległości 4, 61-874 Poznań, Polen.

Dr. Nadja Wulff, Ėntuziastov 40-II-276, 195279 Sankt-Peterburg, Russland.

Univ.-Doz. Dr. Mira Miladinović Zalaznik, Univerza v Ljubljani, Filozofska fakulteta, Oddelek za germanistiko, Askerčeva 2, 1000 Ljubljana, Slowenien.

Dr. Piotr Zariczny, Uniwersytet im. Mikołaja Kopernika, Katedra Filologii Germańskiej, Fosa Staromiejska 3, 87-100 Toruń, Polen.

PhD. Igor Zmeták, Mgr., Slovenská národná knižnica, Odbor správy historických knižničných dokumentov a fondov SR, Nám. J. C. Hronského 1, 036 01 Martin, Slowakische Republik.

Edina Zvara, Szegedi Tudományegyetem Juhász Gyula Tanárképző Főiskolai Kar, Könyvtártudományi Tanszék, Szilléri sgt. 12, 6723 Szeged, Ungarn.

Maria Zwierz, Muzeum Architektury we Wrocławiu, ul. Bernardyńska 5, 50-156 Wrocław, Polen.